DU MÊME AUTEUR :

ÉCOLE DES CUISINIÈRES

MÉTHODES ÉLÉMENTAIRES

Première édition

250 FIGURES DÉMONSTRATIVES, DONT 3 PLANCHES GRAVÉES HORS TEXTE

Prix : 6 francs

CUISINE CLASSIQUE

Cinquième édition

2 GRANDS VOLUMES IN-QUARTO, 65 PLANCHES GRAVÉES HORS TEXTE

Prix : 20 fr. le volume

POUR PARAITRE TRÈS-PROCHAINEMENT :

CUISINE ARTISTIQUE

OUVRAGE EN DEUX PARTIES

Renfermant CENT ET UNE planches gravées hors texte

MÊME FORMAT, MÊME LUXE QUE LA Cuisine classique

Planche du Frontispice.

CORBEIL. — Typ. et stér. de CRÉTÉ FILS.

CUISINE

DE

TOUS LES PAYS

DU MÊME AUTEUR :

ÉCOLE DES CUISINIÈRES

MÉTHODES ÉLÉMENTAIRES

Première édition

250 FIGURES DÉMONSTRATIVES, DONT 3 PLANCHES GRAVÉES HORS TEXTE

Prix : 6 francs

CUISINE CLASSIQUE

Cinquième édition

2 GRANDS VOLUMES IN-QUARTO, 65 PLANCHES GRAVÉES HORS TEXTE

Prix : 20 fr. le volume

POUR PARAITRE TRÈS-PROCHAINEMENT :

CUISINE ARTISTIQUE

OUVRAGE EN DEUX PARTIES

Renfermant CENT ET UNE planches gravées hors texte

MÊME FORMAT, MÊME LUXE QUE LA Cuisine classique

Planche du Frontispice.

CORBEIL. — Typ. et stér. de CRÉTÉ FILS.

CUISINE

DE

TOUS LES PAYS

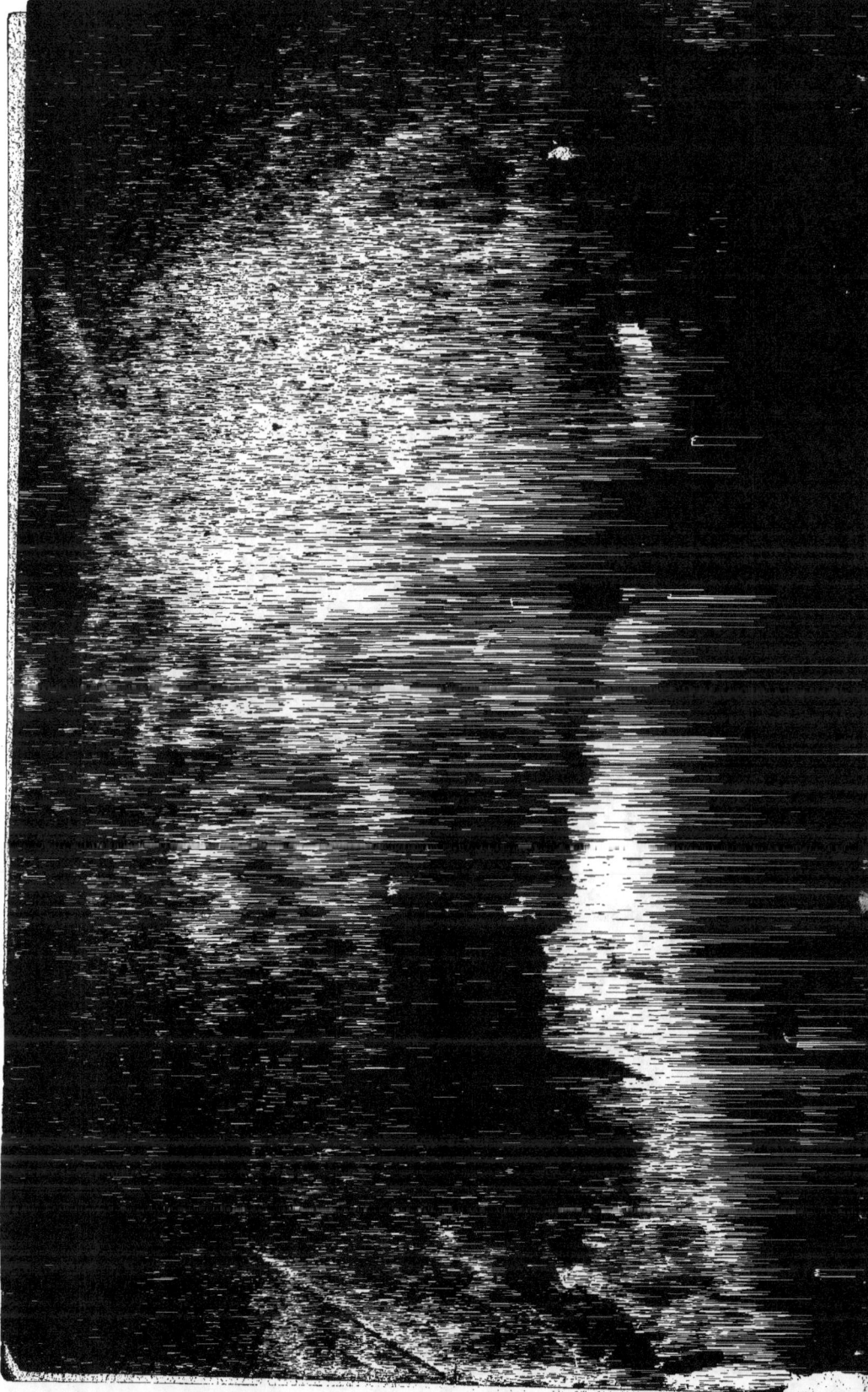

14152.

CUISINE

DE

TOUS LES PAYS

ÉTUDES COSMOPOLITES

AVEC 392 DESSINS COMPOSÉS POUR LA DÉMONSTRATION

DONT TROIS PLANCHES GRAVÉES HORS TEXTE

PAR

URBAIN DUBOIS

Auteur de la *Cuisine classique* et de l'*École des cuisinières*

Si la Langue universelle est encore un grand rêve, on n'en
saurait dire autant de la Cuisine universelle.

TROISIÈME ÉDITION

PARIS

A LA LIBRAIRIE E. DENTU

AU PALAIS-ROYAL

ET DANS TOUTES LES GRANDES LIBRAIRIES.

1872

Les formalités que la loi exige ayant été remplies, le droit de traduction et de reproduction est interdit.

SIGNATURE DE L'AUTEUR-PROPRIÉTAIRE,

PRÉFACE

DE LA PREMIÈRE ÉDITION.

En cette heure clémente où les peuples civilisés, toute distance étant abolie, prennent, pour ainsi dire, les mêmes habitudes et les mêmes goûts, un livre de Cuisine, simple et précis, renfermant un choix varié de mets populaires et nationaux, empruntés à tous les pays, aura peut-être le mérite d'intéresser, à un égal degré, les gastronomes et les hommes du métier.

Si la Langue universelle est encore un grand rêve, on n'en saurait dire autant de la Cuisine universelle : les peuples, de progrès en progrès, vont sans cesse à la perfection ! Or, il n'est pas douteux que de leurs rapports intimes sorte enfin une assimilation complète, et, par suite, l'adhésion unanime aux formules fondamentales de la cuisine.

En tout cas, ces conditions nouvelles réclament désormais, des praticiens, plus d'application et d'aptitude : quiconque est digne de la profession qu'il exerce fera de persévérants efforts pour élargir le cercle étroit de ses procédés.

Naguère encore, un cuisinier laborieux, même avec un répertoire restreint, pouvait se faire une certaine renommée ; aujourd'hui, il ne lui suffit plus d'être un bon praticien, il faut qu'il possède le génie, ou, pour être plus modeste, l'instinct des ressources inépuisables, aussi variées que les goûts différents des gens qui savent manger.

C'est pour faciliter cette tâche à mes confrères studieux, que je me suis mis à cette œuvre nouvelle ; j'ai tout lieu d'espérer que le résultat de mes recherches, s'ajoutant aux ressources actuelles, ne sera pas sans influence sur l'avenir du métier.

Quel que soit le sort réservé à cette étude, tenant de si près au bien-être commun, il est un point qui ressort de son examen, c'est que je n'ai rien négligé pour être exact et clair : l'exactitude et la clarté constituent, en effet, dans toutes les sciences, et dans la nôtre surtout, les véritables bases de l'enseignement.

J'ai, dans la mesure de mes facultés, redoublé d'activité et de zèle afin de justifier le titre de ce livre ; mais pour que le résultat fût plus complet, et de plus grand profit, je n'ai point hésité à mettre à contribution le savoir et l'expérience de tous les hommes intelligents que j'ai connus. C'était, selon moi, le plus sûr moyen d'arriver à une élaboration pratique et sincère des procédés culinaires, si diversement appliqués. Je constate, avec une profonde gratitude, que j'ai partout rencontré obligeance, empressement.

Et maintenant que l'œuvre est achevée, attendons l'arrêt du public, juge absolu du labeur d'autrui ! Pour moi, je puise dans l'accueil si bienveillant que mes confrères ont fait à la *Cuisine classique*, la confiance la plus entière.

Urbain DUBOIS.

Paris, mars 1868.

PRÉFACE

DE LA DEUXIÈME ÉDITION.

La presse française et la presse étrangère, n'ont pas dédaigné de s'occuper de la *Cuisine de tous les pays*. Des praticiens en renom lui ont prodigué de bienveillants éloges.

A ces esprits élevés, qui, pour servir la cause du progrès, se sont généreusement appliqués à propager l'œuvre d'un humble travailleur, j'adresse l'expression de ma vive reconnaissance et mes remercîments. Aux encouragements de mes confrères, je répondrai par de nouveaux efforts au profit de l'art culinaire, auquel je dévoue toute l'activité d'une expérience jalouse de justifier l'estime dont on l'a honorée.

La *Cuisine de tous les pays*, sans être une œuvre de premier ordre, tiendra cependant une large place dans l'enseignement culinaire, autant par la variété des éléments et des ressources qu'elle renferme, que par la diversité des méthodes qu'elle présente.

L'originalité exceptionnelle de ce livre n'est pas la moindre de ses qualités. Ses magnifiques dessins, ses définitions théoriques, en font un recueil à part, digne d'être consulté et étudié, non-seulement par les cuisiniers, mais encore par les personnes désireuses de traiter leurs convives d'après les meilleures traditions gastronomiques en usage dans toutes les contrées civilisées.

J'appelle particulièrement l'attention des gourmets et des gens du métier, sur la collection de menus d'origine authentique, rédigés par des hommes intelligents; ils sont d'un intérêt universel, car ils peuvent fournir d'utiles renseignements sur les productions alimentaires de tous les points de notre géographie gastronomique.

A ces divers titres, ce livre, je l'espère, sera bientôt popularisé dans tous les pays.

URBAIN DUBOIS.

Paris, mars 1869.

PRÉFACE

DE LA TROISIÈME ÉDITION.

Cette nouvelle édition paraît avec de notables améliorations touchant au fond et à la forme du livre : il est embelli, il est épuré ; le format est agrandi ; le texte, plus beau, soigneusement revisé, enrichi de productions nouvelles, variées, instructives. Les dessins, multipliés dans des proportions très-grandes, constituent à eux seuls une étude sérieuse.

Cette perfection progressive du livre, prouve toute la sollicitude que je lui porte : je n'ai reculé devant aucun effort pour lui donner plus d'importance et une plus grande extension, car j'ai la ferme confiance qu'il est appelé à rendre des services réels à mes confrères. Les prescriptions qu'il renferme sont le résultat d'incessantes recherches ; il n'en est aucune d'impraticable ; pour la plupart, je les ai décrites en les exécutant.

Si, parmi les mets étrangers, il s'en trouve qui paraissent peu en rapport avec nos goûts, c'est que le goût des nations se développe et s'affirme en raison des produits que la nature leur fournit, selon que leurs ressources sont étendues, selon l'influence des climats.

Au point de vue de l'étude, et pour rester fidèle au titre de mon livre, j'ai dû mettre en lumière toutes les théories connues, toutes les méthodes acceptées ; j'ai voulu que les praticiens pussent se familiariser avec elles, car, pour bizarres qu'elles apparaissent, mieux vaut les approfondir que les dédaigner.

Désormais, il n'y aura donc plus d'obstacles pour que la cuisine ne progresse pas, puisque son domaine est plus vaste, et la voie tracée. Les praticiens n'auront plus de prétextes pour négliger de s'instruire, puisqu'il suffira d'une étude facile pour perfectionner leurs connaissances, et se créer des ressources nouvelles ; il leur suffira de comprendre qu'étudier c'est grandir !

Urbain DUBOIS.

Paris, mars 1872.

L'ART DE MANGER A TABLE.

Il y aurait sans doute une longue étude à faire sur l'art de manger chez les différents peuples civilisés. Ces recherches judicieusement coordonnées, ne seraient peut-être pas sans intérêt, même pour les gens instruits; mais un travail de cette nature et de cette importance, dépasserait de beaucoup le cadre dans lequel ce livre doit se renfermer. Je me bornerai donc à signaler des règles générales résumant toutes mes observations.

Je ne veux pas examiner ici la manière de manger des diverses sociétés modernes, d'après leur rang et leur degré de civilisation, il pourrait en résulter des rapprochements fâcheux ou des comparaisons gênantes. Mais, je ne peux cependant m'abstenir de constater, tout d'abord, que l'art de manger à table selon les principes admis chez le bon monde, est beaucoup moins avancé qu'il ne devrait l'être dans l'état actuel des rapports internationaux.

Toutes les personnes qui ont parcouru l'Europe, ceux qui ont assisté à des dîners, petits ou grands, ceux qui ont vu manger beaucoup de monde, savent parfaitement que cette assertion n'a rien d'exagéré.

Serait-ce donc afficher trop de présomption que de chercher, d'un côté, à faire disparaître des habitudes surannées et au fond défectueuses; de l'autre, à propager une méthode plus en harmonie avec le bon goût et les meilleures traditions de la gastronomie? Je ne le crois pas.

Si j'avais pu soupçonner que ma pensée pût être ainsi interprétée, j'eusse bien vite renoncé à ajouter ce hors-d'œuvre à la *Cuisine de tous les pays;* mais tout me confirme, au contraire, que mon initiative vient à propos combler une lacune, en attendant que quelqu'un de plus habile nous donne, sur cette matière, un traité complet.

Aujourd'hui, que les relations des habitants des contrées les plus éloignées les unes des autres sont si faciles et si fréquentes, que l'art culinaire tend à devenir une science universelle, à laquelle nul ne veut rester étranger, on ne saurait se montrer indifférent à tout ce qui peut directement ou indirectement contribuer à resserrer le lien le plus naturel des nationalités. Il serait donc à désirer qu'on pût arriver à l'adoption d'une méthode générale et unique, sur l'art de manger selon les règles les plus rationnelles.

Manger à table en société, chez soi ou ailleurs, est un acte aussi sérieux que toutes les autres manifestations de la bienséance et de l'urbanité. Seul, on est toujours libre de prendre ses repas comme on l'entend ; toutes les fantaisies peuvent se satisfaire ; mais en présence de convives attentifs et experts, on ne serait pas excusable de se faire remarquer par son ignorance ou le dédain des usages établis dans les meilleures réunions.

Il ne s'agit point, d'ailleurs, des raffinements de l'étiquette, mais uniquement d'une méthode dont l'application raisonnée, en réglant les mouvements de celui qui mange, lui donne par ce fait l'aisance à table.

Ce court exposé me dispense de considérations plus motivées. Il me suffit d'énoncer que la méthode anglaise est, sinon la plus répandue, du moins la plus pratiquée dans le grand monde, et que, selon toutes probabilités, elle primera un jour les autres.

Les Anglais, sous ce rapport, ont en effet une notoriété européenne, ils mangent avec aisance et sans gêner leurs commensaux : voilà les deux points qui, à mon avis, donnent à leur méthode une supériorité incontestable. Et cependant, cette méthode est aussi simple en pratique qu'en théorie, aussi facile à comprendre qu'à démontrer. Si je ne craignais que l'on se méprît sur ma pensée, je dirais : ce qui me paraît difficile et gênant, c'est de ne pas manger selon les règles de cette méthode.

Pour manger à table sans roideur automatique, il faut d'abord être assis commodément et d'aplomb, ni trop haut, ni trop bas ; tenir le buste droit, à une égale distance du dossier de la chaise et de la table. Il faut avoir, à gauche de son assiette, une fourchette solide, lourde, plutôt que légère ; à droite, la cuiller et le couteau, celui-ci à large lame, arrondie à son extrémité.

Quand les mains ne sont pas occupées à découper ou à porter les aliments à la bouche, on peut les appuyer contre les parties angulaires de la table, mais à la hauteur du poignet seulement.

Dès qu'on se dispose à manger, si ce n'est le potage qui s'absorbe toujours en tenant la cuiller de la main droite, ou à couper les aliments déposés dans son assiette, on doit prendre sa fourchette de la main gauche, en renverser les pointes, et l'appuyer avec l'index allongé, afin de la maintenir dans une position presque horizontale, et non point perpendiculaire. On prend alors le couteau avec la main droite, et, à l'aide de sa lame arrondie, on enveloppe le morceau coupé, soit avec la sauce, soit avec les garnitures qui se trouvent associées à la viande, pour les porter à la bouche, mais uniquement avec le concours de la fourchette, et par conséquent de la main gauche : le couteau [1] ne doit jamais être porté à la bouche.

A mesure qu'on cesse de couper ou de manger, soit qu'on prenne part à la conversation, soit qu'on attende un autre mets, le couteau et la fourchette doivent être posés sur l'assiette, le manche de l'un tourné vers la droite, et la poignée de l'autre tournée vers la gauche, de façon à pouvoir les enlever d'un trait, lorsqu'on a besoin de s'en servir de nouveau, mais sans les mettre en croix ; ce n'est que lorsque l'on a fini de manger, qu'on doit croiser le couteau et la fourchette sur l'assiette.

Comme on le voit, la méthode que je préconise repose en quelque sorte tout entière sur ce principe que, la fourchette reste invariablement au service de la main gauche, tandis que la cuiller et le couteau appartiennent à la main droite ; dans tous les cas, il ne faut pas les déplacer, en les passant de gauche à droite ou de droite à gauche ; ce déplacement est quelquefois le résultat d'une distraction qu'on ne saurait trop éviter ; car dès que les instruments sont dérangés de l'emploi qui leur est naturellement assigné, l'embarras se manifeste. La gaucherie apparente ou réelle tient donc tout simplement à l'observation plus ou moins attentive de quelques règles qu'on croirait insignifiantes, mais dont un convive expérimenté ne se départ jamais.

Ainsi, s'habituer à tenir la fourchette de la main gauche pour porter les aliments à la bouche, le potage excepté, tenir le couteau ou la cuiller de la main droite, sans aucune transposition, c'est en résumé ce qui constitue le principe de la méthode.

Le reste n'est plus qu'une question secondaire et d'accessoire, rentrant dans un code de cérémonie que je n'ai ni le désir ni le droit de rédiger. Je ne veux être ici que le promoteur d'une réforme que réclame le progrès dans l'ordre gastronomique.

---

1. Ici, je tiens à faire cette remarque, pleine d'intérêt pour les gourmets délicats, que les Anglais, à table, ne touchent jamais au poisson avec leur couteau.

MENUS.

Pour tout homme qui n'est pas suffisamment initié aux formes pratiques de l'art culinaire, le menu n'a qu'une signification banale, car il ne peut se rendre un compte exact de son importance ou de son utilité; mais les praticiens et les gourmets savent parfaitement en apprécier la portée.

Aux yeux de l'amphitryon, le menu est l'éloquente expression du dîner qu'il attend. Pour le praticien, il est d'un intérêt plus grand encore, car il résume ses efforts, ses aptitudes, ses recherches, ses veilles et ses labeurs ; il porte sous ses plis les secrètes espérances d'un triomphe, en même temps que les appréhensions d'un insuccès : reflet de sa science, il est aussi le symbole de son avenir.

Si d'ailleurs on réfléchit qu'un menu mal combiné est toujours le précurseur d'un dîner médiocre, on comprendra combien de déceptions, de mécomptes se reflètent sur la surface glacée de ces petits carrés de papier. Ces conséquences tiennent à des détails si infimes, en apparence, que les jeunes gens ne sauraient trop s'inspirer de l'expérience des hommes compétents, pour méditer et étudier la composition des menus ; car ils doivent surtout ne jamais perdre de vue qu'un menu bien rédigé et savamment exécuté, a plus d'une fois changé les destinées d'un cuisinier.

Ainsi donc, contester la nécessité absolue du menu, son rôle et son importance, c'est, selon moi, commettre une hérésie culinaire, car c'est méconnaître un des sentiments de l'art, qui, à côté de ses œuvres, de ses principes matériels exige aussi un certain prestige.

Au surplus cette nécessité s'affirme d'elle-même : le premier soin d'un amphitryon qui veut traiter, c'est celui de composer ou d'exiger un menu, et le premier désir qu'éprouve un gourmet, en prenant place au festin, c'est de consulter le menu. D'autre part, il est à peu près impossible à un praticien de se mettre à l'œuvre sans avoir son menu sous les yeux. Il n'en faudrait donc pas davantage pour expliquer l'indispensable nécessité des menus, en même temps que la valeur de leur rôle. Mais il est un autre cas où le menu acquiert une incontestable importance, c'est dans les premiers rapports de l'amphitryon avec son cuisinier. Ce premier menu devient aux yeux du gourmet éclairé, une véritable pierre de touche qui, en lui révélant la science de son chef de cuisine, lui donne en même temps la juste mesure de la confiance qu'il peut mettre en la réussite de son dîner. Si la première impression est satisfaisante, l'amphitryon tranquillise son esprit; si elle ne l'est pas, il reste inquiet : car on ne saurait méconnaître qu'il n'y ait toujours une certaine solidarité entre celui qui commande un dîner et celui qui l'exécute ; le succès ou l'échec de ce dernier est toujours un peu partagé ou supporté par celui qui préside au repas. Or donc, pour le cuisinier, négliger de composer son menu dans les meilleures conditions pratiques, c'est en quelque sorte compromettre sa situation avant même d'avoir concouru pour l'obtenir.

Le menu est bien tout à la fois le programme du festin, et le guide du chef de cuisine, avant d'être celui des convives eux-mêmes.

Jusqu'au moment où le dîner apparaît sur table, le menu est du plus grand intérêt ; aux yeux des gourmets, il conserve toute son importance : s'il est bien combiné, si sa composition est distinguée, il fait rêver à des jouissances recherchées, il sème, pour ainsi dire, des illusions charmantes. Si, au contraire, il est basé sur un principe faux, la crainte et le doute s'emparent des convives. Voilà précisément l'écueil que le praticien doit éviter à tout prix, car il est toujours difficile de lutter avec avantage contre des préventions acquises.

De ces considérations il ressort, évidemment, que le fait de composer un menu est un acte très-sérieux qu'un cuisinier ne doit accomplir qu'avec beaucoup de réserve et après mûre réflexion.

Dans la pratique, un menu bien rédigé et bien compris doit, avant tout, être clair, précis et correct. Il doit encore être d'une concision facile à saisir, mais surtout scrupuleusement exact.

Les matières qui entrent dans la composition du dîner, doivent être variées, distinctes, et distribuées avec discernement, de telle façon qu'on ne puisse les confondre. Les séries de mets doivent être classées avec ordre, et se trouver en rapport avec celles qui leur correspondent ; chaque mets doit avoir un caractère particulier qui le distingue, par le fond et par la forme, de celui qui le précède, ou de celui qui le suivra. Les sauces elles-mêmes doivent être variées par leur nature, et toujours en rapport avec la valeur du mets : toute erreur sur ce point décèle l'inexpérience, et peut compromettre le résultat général.

Cependant il peut arriver qu'un menu bien coordonné, et même un dîner préparé avec art, soient, par une cause imprévue, sujets à des modifications ultérieures ; l'absence ou le défaut d'une matière sur laquelle on a compté, un accident qui survient, sont autant d'obstacles contre lesquels le cuisinier se heurte souvent : mais un menu ne saurait être qualifié de menteur, un dîner n'est pas manqué, et ne saurait être déconsidéré, par ce fait qu'on substitue un mets à celui convenu ; l'essentiel, c'est qu'il soit convenablement remplacé, c'est-à-dire, qu'il ne jure pas avec le complément du dîner. Eh bien, pour un cuisinier intelligent, ce n'est jamais là un obstacle insurmontable : l'instinct du danger, la froide raison, et cette assurance qu'inspire le sentiment d'un acte sérieux, triomphent toujours des embarras du moment.

De tout ce que je viens de dire, il faut conclure que l'étude des menus ne saurait être considérée comme insignifiante par les cuisiniers; ils doivent au contraire y apporter une grande attention, d'autant plus sérieuse que leur rôle est capital. C'est surtout par le raisonnement calme, par des points de comparaison, qu'ils peuvent apprendre à les rédiger selon les règles de la pratique.

C'est afin de populariser cette étude que j'ai voulu produire ici une série de menus authentiques, provenant des points les plus éloignés, mais composés par des hommes dont l'expérience est un garant. Ces menus ne sont pas tous établis d'après le même principe. Cela s'explique par la différence des méthodes appliquées au service de la table, dans les diverses contrées de l'Europe. En les produisant, tels qu'ils m'ont été communiqués, j'ai voulu mettre les cuisiniers à même d'étudier les nuances qui constituent cette différence.

Ces menus, comme le livre même, ont donc une origine Européenne ; à ce titre, j'estime qu'ils ne sont que plus remarquables et plus utiles à consulter.

CUISINE
DE TOUS LES PAYS

BATTERIE DE CUISINE, MEUBLES, USTENSILES

Dans ce livre, où sont sans cesse mentionnés les différents ustensiles servant aux opérations culinaires, j'ai jugé utile de reproduire des modèles variés d'une batterie de cuisine, en la complétant par la reproduction d'un certain nombre de meubles de cuisine, dont les praticiens pourront tirer quelque profit.

Les casseroles, les marmites, les plats-à-sauter, les braisières, les poissonnières, les poêlons et bassines, les plaques et plafonds, et enfin les moules de différents genres, constituent en fait ce qu'on appelle la *batterie de cuisine*; cette batterie doit être plus ou moins complète, plus ou moins variée, selon que le travail est important. Mais, dans une cuisine bien organisée, ce n'est pas seulement la variété des pièces en cuivre que les cuisiniers doivent avoir à leur disposition, il faut aussi que la quantité, que le nombre de ces pièces soit en rapport avec les exigences du travail journalier, comme aussi du travail plus compliqué que les circonstances imprévues peuvent exiger.

Dans une cuisine où la batterie est incomplète, ou insuffisante, les opérations deviennent difficiles, gênées, et par ce fait imparfaites : il ne saurait en être autrement.

Le travail de la cuisine a, dans certains moments, des exigences toutes particulières desquelles il faut absolument tenir compte; et ce n'est certes pas en diminuant les facilités qu'il réclame, qu'on peut espérer en atteindre la perfection.

En reproduisant une série à peu près complète des pièces en cuivre, applicables aux cuissons, j'ai voulu non-seulement en faire ressortir l'importance et l'utilité, mais encore préciser et définir les perfectionnements applicables à chaque genre; c'est dans ce but que j'ai signalé les diverses variétés que chaque genre comporte.

Les meubles ou ustensiles de cuisine dont la description suit celle des vases en cuivre, mérite à un égal degré l'attention des praticiens; ces descriptions, s'appuyant sur des dessins exacts, renferment des éléments instructifs et profitables.

Les dessins de 1 à 6 représentent des vases en cuivre destinés à la cuisson des poissons; dans une grande cuisine, les poissonnières doivent être nombreuses, de dimensions graduées et de formes diverses; il en faut pour cuire les grands et les moyens poissons de forme allongée, tels que: saumons, brochets, carpes, etc.; il en faut aussi pour cuire entiers les poissons plats, tels que: turbots, barbues, carrelets.

Les dessins de 3 à 6 représentent les poissonnières adaptées pour la cuisson des poissons de forme allongée: ces vases sont à anses latérales; ils sont munis d'une grille percée, en cuivre étamé, ils doivent aussi être munis d'un couvercle.

Les poissons plats, turbots et barbues, sont cuits entiers dans des turbotières, dont le dessin 1 représente un spécimen: ces vases sont de forme basse, ovale, se rapprochant de celle des turbots; ils sont munis d'une grille percée et d'un couvercle; de même que les autres poissonnières, les turbotières sont étamées en dedans.

Mais si les poissons plats sont divisés en morceaux, ou simplement coupés en deux, ils peuvent être cuits dans des vases, larges et plats, représentés par les dessins 25, 26, 32 et 34.

Le dessin 7 représente une casserole à fond rond, plus large que haute; elle est spécialement destinée à la réduction des sauces.

Les dessins 8 et 9 représentent des casseroles plates: la première est à couvercle, en cuivre épais: c'est ce qu'on appelle un *sautoir;* la deuxième est aussi un sautoir, mais à cuivre mince: celles-ci sont spécialement destinées à faire sauter les filets, les escalopes, les côtelettes, etc. Les sautoirs doivent être nombreux dans une cuisine, il faut absolument en avoir de toute dimension, des plus grands aux plus petits.

Les dessins 10, 11, 12, représentent des casseroles à cuisson, de dimensions graduées; elles ne diffèrent entre elles que par la forme; elles sont de deux genres: la première (dessin 10) est de forme haute, à anse courbe: l'anse ou plutôt la queue de la casserole et celle du couvercle sont percées aux extrémités ; ces casseroles sont destinées à être appendues aux étagères, tandis que les deux suivantes, n'ayant pas les queues percées, doivent être posées sur les étagères, dans l'ordre où elles se trouvent représentées par le dessin.

Les casseroles à anse courbe sont plus élégantes et bien plus commodes dans

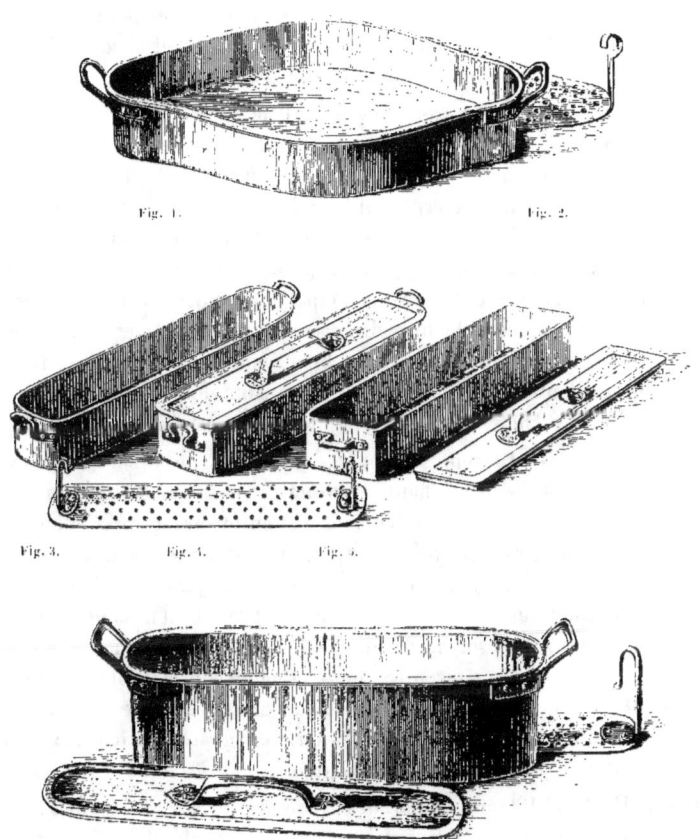

Fig. 1.   Fig. 2.

Fig. 3.   Fig. 4.   Fig. 5.

Fig. 6.

la pratique que celles à anse droite : c'est le système français. Les casseroles à anse droite représentent plutôt le système anglais.

La première de ces casseroles (10) est de forme plus haute que les suivantes : les casseroles hautes sont ordinairement employées à contenir des liquides, la deuxième et la troisième (11 et 12), sont de forme basse, plus larges que hautes : celles-ci sont ordinairement employées pour faire glacer les viandes.

Ces trois casseroles (10, 11 et 12) ont chacune un couvercle de forme différente, jouant un certain rôle dans la pratique du travail. Le couvercle de la première est bombé ; en le renversant, on peut l'employer comme sautoir : dans les grands travaux ces couvercles rendent des services continuels. Le couvercle de la deuxième casserole est creux, et rentrant ; il convient pour l'apprêt des viandes qui ont besoin de cuire hermétiquement fermées, et avec du feu sur le couvercle. Le couvercle de la troisième casserole est plat.

Dans une grande cuisine, les casseroles de cuisson doivent être nombreuses, et de dimensions graduées, depuis celles de la contenance d'un litre jusqu'à celles qui en contiennent vingt ou trente : toutes doivent y figurer, et elles doivent porter chacune un numéro d'ordre correspondant à celui de son couvercle. Dans les cuisines modernes, ces casseroles sont placées sur des étagères en fer ou en fonte, mais à jour ; elles doivent être disposées par rang de hauteur, et avoir les queues tournées toutes du même côté. Le luxe principal d'une cuisine consiste à posséder beaucoup de casseroles ; mais le luxe des casseroles elles-mêmes consiste en ce qu'elles soient soigneusement entretenues, bien étamées en dedans, et très-luisantes en dehors : l'entretien d'une batterie de cuisine doit toujours être sévèrement surveillé par les chefs.

Les dessins 13, 14 et 15 représentent des braisières de différents genres, à anses : la première est de forme haute, arrondie sur les bouts ; son couvercle creux peut contenir de la braise. La deuxième est en forme de carré long, ayant les anses sur les bouts ; son couvercle est plat en dessus, et s'emboîte à l'extérieur. Ces braisières conviennent pour la cuisson des jambons et des viandes salées : fermées hermétiquement, les liquides qu'elles renferment conservent longtemps l'ébullition sans qu'il soit nécessaire de faire beaucoup de feu ; les viandes cuisent dans une atmosphère concentrée qui augmente considérablement la force du calorique. La troisième braisière est de forme basse, arrondie sur les bouts ; son couvercle s'emboîte à l'extérieur. Par sa forme, ce vase convient pour poêler ou braiser les dindes, les oies et les gros chapons.

Les dessins 16, 17 et 18 représentent des caisses à jus ; ces vases sont de forme plutôt large que haute. La première caisse est à anses latérales et à couvercle rentrant. La deuxième est aussi à anses latérales, mais son couvercle s'emboîte à l'extérieur ; ce couvercle, renversé, peut servir de plafond. La troisième caisse est à anse courbe et à couvercle rentrant ; elle ne diffère pas des précédentes par la forme.

Les dessins 19 et 20 représentent des casseroles carrées, servant à braiser ou à poêler les viandes ou les volailles : la première est à couvercle creux, s'emboî-

BATTERIE DE CUISINE.

tant à l'extérieur; il peut contenir de la braise. Le couvercle de la deuxième casserole s'emboîte à l'intérieur.

Le dessin 21 représente une casserole longue, arrondie sur les bouts; son

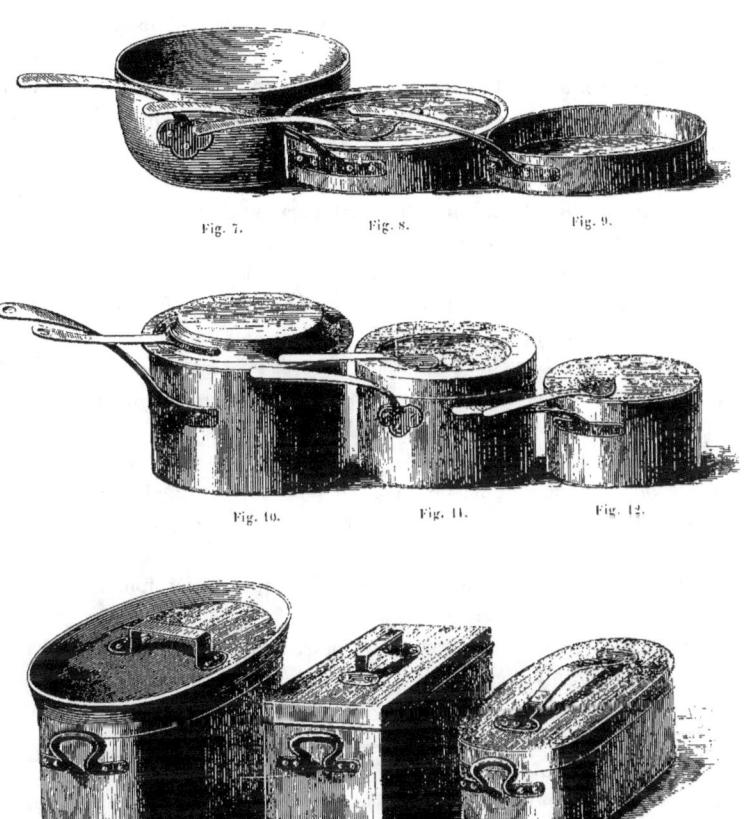

Fig. 7.   Fig. 8.   Fig. 9.
Fig. 10. Fig. 11. Fig. 12.
Fig. 13. Fig. 14. Fig. 15.

couvercle est plat sur le haut, et à rebord, il s'emboîte à l'extérieur; ce couvercle, renversé, peut servir de casserole plate ou de plafond.

Les dessins 22, 23 et 24 représentent des marmites à bouillon, de constructions différentes : la première est à anses latérales et à robinet, ce genre convient seulement pour les grands vases, de forte capacité, difficiles à remuer quand ils sont pleins. Le robinet adapté à cette marmite sert à l'écoulement du liquide : ces marmites sont indispensables dans les grandes cuisines. — La deuxième marmite est à anse courbe; c'est la forme des moyennes marmites, c'est-à-dire de la contenance de 20 litres jusqu'à 40.

Le dessin 24 représente une marmite à potage, à anses latérales, à couvercle rentrant, semblable à ceux des bainmaris. Ces marmites sont usitées pour tenir au chaud les potages liés, qui ne doivent plus bouillir, dès qu'ils sont terminés; en ce cas, ces marmites sont placées dans une casserole ou un plafond creux contenant de l'eau chaude, et tenu sur le côté du feu : ces marmites ne sont généralement pas très-grandes.

Les dessins 25, 26 et 27 représentent des casseroles de forme longue, mais de construction différente : la première est plate, arrondie sur les bouts; elle convient pour la cuisson des selles de chevreuil, de mouton ou de veau; son couvercle est à rebords rentrants, et à anses : renversé, il peut lui-même servir de plafond, de sautoir ou de caisse à bain-marie. La deuxième est aussi de forme basse, carrée sur les bouts; elle est usitée surtout pour la cuisson des filets de bœuf; son couvercle est aussi à anses et à rebords : renversé, il peut servir de plafond, et aux mêmes usages que le précédent. La troisième casserole ne diffère de la deuxième que par sa forme arrondie sur les bouts.

Les dessins 28, 29, 30 représentent des casseroles « bainmaris, » c'est-à-dire hautes de forme, étamées en dedans et en dehors, dans lesquelles on tient les sauces au chaud, dans la caisse à « bain-marie, » (v. dessin 3) : les couvercles de ces casseroles sont rentrants, étamés sur toutes leurs surfaces : l'utilité des bainmaris est tellement manifeste qu'il est en quelque sorte impossible de s'en passer, même dans les petites cuisines.

Dans une grande cuisine, on dispose ordinairement de deux séries de bainsmarie : l'une, dont le premier numéro est de la contenance d'un quart de litre, et le dernier d'un litre. La seconde série commence par la contenance, d'un litre et s'élève jusqu'à 4, 6 et 8 litres.

Le dessin 31 représente le bainmari à glace, ayant son pinceau dedans : cette casserole est à double fond; celui-ci est représenté par des points sur le dessin : le vase où est la glace est mobile, et se trouve plongé dans l'eau chaude contenue au fond de la grande casserole : par cette combinaison la glace chauffe sans bouillir.

Les dessins 32 et 33 représentent des plafonds creux, de forme carrée, avec des anses sur les bouts; ces plafonds sont munis d'une grille en métal, à jour; leur couvercle à rebords peut, quand il est renversé (dessin 34), servir à son tour de plafond. Ces vases conviennent pour la cuisson des asperges, et même du poisson; ils sont d'une grande utilité dans le travail.

Les dessins 35 à 37 sont des casseroles à sauce, hautes de forme, à couvercle plat, à anses courbes : c'est dans ces casseroles qu'on fait ordinairement dépouiller les sauces, sur le côté du feu, après qu'elles ont été liées. Ces vases ne sont étamés qu'à l'intérieur.

Les dessins de 38 à 40 représentent des caisses à transporter le bouillon ou les

Fig. 16.   Fig. 17.   Fig. 18.

Fig. 19.   Fig. 20.   Fig. 21.

Fig. 22.   Fig. 23.   Fig. 24.

sauces, en voyage; elles sont très-commodes, car elles tiennent peu de place; leur couvercle est vissé dans le goulot, et recouvert d'un tube vissé, muni d'une poignée en fer. Ces vases doivent être étamés à l'intérieur et à l'extérieur.

Les dessins 41, 42, 43 représentent un chaudron et deux bassines; les chaudrons sont de grandes bassines à fond presque plat : ils ne sont jamais étamés. Ces vases servent à différents usages, mais surtout au blanchissage des légumes verts. La plus grande des deux bassines est à anses latérales ; elle n'est pas étamée, et peut être employée soit à la cuisson du sucre, soit au blanchissage des légumes. La petite bassine n'a qu'une anse, se composant d'un simple anneau ; ce genre est spécialement adopté pour fouetter les blancs d'œuf. Les bassines à blancs d'œuf ne sont généralement pas étamées ; cependant bien des cuisiniers les font étamer, car les blancs d'œufs fouettés dans des vases rouges prennent souvent une teinte verte, mais les blancs d'œuf fouettés dans une bassine étamée, sont susceptibles de grener.

Les dessins de 44 à 46 représentent des poêlons d'office; ces casseroles ne sont étamées ni en dehors, ni en dedans : elles ne peuvent donc servir à la cuisson d'aucune sauce, d'aucune viande, ni surtout du lait ou des crèmes ; elles sont employées soit à la cuisson du sucre, soit au blanchissage des légumes verts. Le premier de ces poêlons est à fond plat, les deux autres à fond rond ; les petits poêlons à bec sont ordinairement employés pour filer le sucre.

Le dessin 47 représente un moule en cuivre, à macédoine, c'est-à-dire un moule à gelée, ayant un double fond en cuivre étamé. Ce double fond est mobile ; il est maintenu à une égale distance des bords et du fond du moule, à l'aide de trois agrafes adhérant à celui-ci. Avec un tel moule, il est facile d'obtenir un joli entremets.

Les dessins 48 et 49 représentent deux moules à gelée, ouvragés ; ces moules sont à cylindre, munis d'un couvercle s'adaptant à leur calibre ; ce couvercle est creux en dessus, afin qu'il puisse contenir de la glace pilée. J'ai toujours vu avec peine que la plus grande partie des moules à entremets, livrés au commerce soient sans couvercle : ils sont par ce fait incommodes, et occasionnent souvent des désagréments aux cuisiniers : cette remarque s'adresse aux chaudronniers Parisiens.

Le dessin 50 représente le couvercle du moule, vu à l'envers, afin de faire observer qu'il porte sur son centre un tube en relief, s'adaptant au cylindre du moule.

Les dessins de 51 à 55 représentent une série de casseroles de voyage, s'emboîtant les unes dans les autres, de façon à tenir peu de place, et à ne pas devenir gênantes. Ces séries sont composées de six ou de douze casseroles ; celles-ci sont munies d'un couvercle à rebords, qui, renversé, peut servir de sautoir ou de plafond. Pour le maniement de ces vases on emploie différents crochets dont je donne ici le modèle (dessins 53, 54), car ils ne sont pas semblables. Si les casseroles sont tout à fait unies, c'est-à-dire, sans aucune espèce d'anses, il faut alors employer le double crochet, tandis que si elles sont munies d'une petite anse, un simple crochet suffit.

Le dessin 55 représente le couvercle à anse, renversé.

Le dessin 56 représente un moule en cuivre de forme unie, et conique ; ces moules, fermant hermétiquement, conviennent pour mouler les fromages glacés, et même les mousses. — Le dessin 57 représente un moule à dôme, ou à mousse,

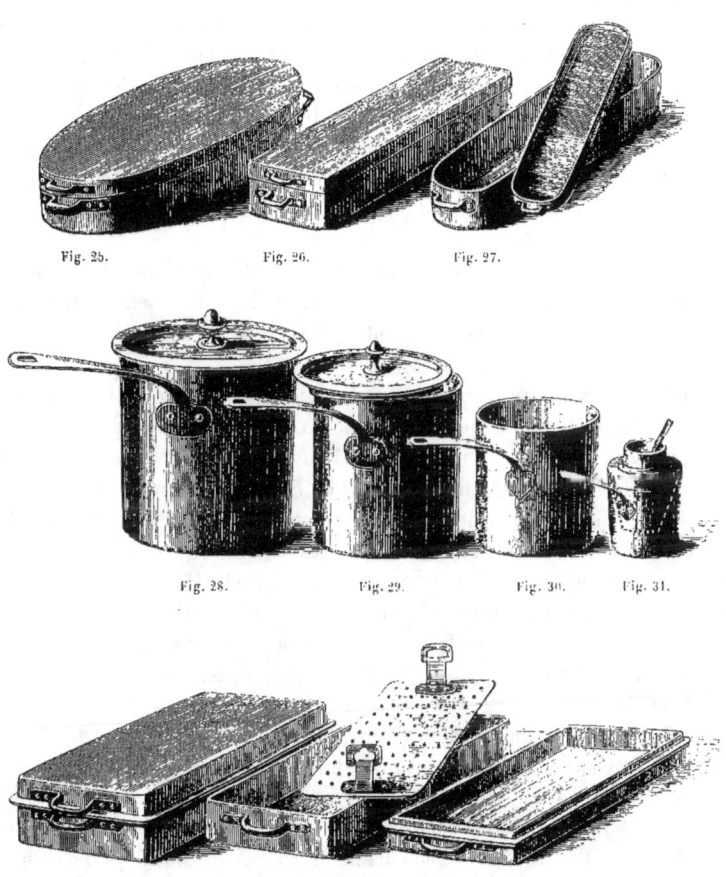

Fig. 25. Fig. 26. Fig. 27.

Fig. 28. Fig. 29. Fig. 30. Fig. 31.

Fig. 32. Fig. 33. Fig. 34.

avec son couvercle s'emboîtant à l'extérieur. Ces moules sont en cuivre, étamés à l'intérieur et à l'extérieur. — Le dessin 58 représente un moule à bombe, ayant un double fond. Ces moules conviennent aussi pour les poudings froids. — Le dessin 59 représente un moule à pouding chaud. — Le dessin 60 représente un moule à calotte.

Le dessin 61 représente un baquet à *frapper* les glaces moulées, ou les soufflés glacés. — Le dessin 62 représente la caisse dans laquelle est placée la grille à étages, représentée par le dessin 63. La caisse à frapper doit être en cuivre mince : on les fait quelquefois en fer-blanc ; mais, dans ces conditions, elles sont bien vite abîmées par l'action de la glace salée.

Le dessin 64 représente un moule uni, à charlotte, ayant deux anses latérales. Ces moules sont très-utiles dans une cuisine ; ils sont étamés seulement à l'intérieur. — Le dessin 65 représente un moule à cylindre de forme hexagone. Ces moules servent tout à la fois pour mouler des entrées ou des entremets. — Le dessin 66 représente un moule à cylindre ayant le fond bombé ; ces moules simples sont très-jolis. — Le dessin 67 représente un moule à cylindre, uni ; ce moule, de même que les précédents, est applicable aussi bien pour mouler des entrées que des entremets.

Ces quatre spécimens de moules sont en quelque sorte indispensables dans une cuisine où le travail est suivi ; les moules, en général, doivent être non-seulement variés, mais nombreux, car dans les grandes affaires, ils jouent toujours un rôle considérable.

Le dessin 68 représente un moule à corbeille, en cuivre, forme droite, composé de deux pièces : le pied et la coupe. Avec ce moule, on peut exécuter des corbeilles en nougat, en pâte d'office ou en pastillage. Dans une cuisine bien montée, les moules à corbeille doivent être nombreux, et de dimensions graduées : les plus grands sont appliqués à former des pièces de pâtisserie ; les plus petits sont appliqués à l'ornementation ; avec ceux-ci, on peut exécuter de petites corbeilles en glace royale ou en sucre filé. Les grands moules à corbeille, de forme droite, sont souvent employés à former le corps d'un socle d'entremets.

Le dessin 69 représente un moule à pâté-chaud, à charnières ; ces moules sont généralement en fer-blanc. Je donne, plus loin, des modèles de moules à pâté-froid, ronds et longs.

Le dessin 70 représente une corne d'abondance : ces moules sont en fer-blanc et à charnières ; ils servent le plus souvent à former des cornes d'abondance en nougat, en pastillage ou en pâte d'office, mais ils peuvent aussi être appliqués comme ornementation de pièces froides. De même que les moules à corbeille, ceux-ci sont d'un grand usage dans la cuisine ; c'est par ce motif qu'il convient d'en posséder de formes et de dimensions variées.

Les dessins 71 à 75 représentent différents moules à bordure : le premier est à fond concave ; il est surtout employé pour dresser les entrées de quenelles, ou de filets de volaille ou de gibier. Le deuxième est un moule ovale, à fond plat ; il est employé pour les grandes bordures de relevés. Le troisième moule est à fond bombé, on l'appelle moule à savarin ; dans ces moules, on peut, en effet, cuire des gâteaux, ou mouler des bordures en riz ou en farce. Le quatrième moule est à fond uni ; le cinquième est de forme hexagone : dans celui-ci, on peut également cuire des gâteaux ou mouler des bordures.

Fig. 35.   Fig. 36.   Fig. 37.

Fig. 38.   Fig. 39.   Fig. 40.

Fig. 41.   Fig. 42.   Fig. 43.

Le dessin 77 représente un moule à filer les sultanes : il est muni, à l'intérieur, d'un tube qui en facilite le maniement ; même avec sa douille, ce moule peut servir à monter des croquembouches. Ces moules sont ordinairement de haute forme, étamés en dehors et en dedans.

Les deux dessins 76 et 78 représentent l'ensemble d'un moule à entremets froid : le premier, est un moule plein, formé par six tourelles rondes, graduées, et bombées sur le haut. Le deuxième, constitue le double fond de ce moule ; il est composé d'une colonne centrale et de six colonnes plus petites, à torsades ; ces colonnes sont mobiles et vides, mais à chacune d'elles est adapté un petit tube destiné à donner de l'air à l'intérieur, et à faciliter le démoulage.

Pour préparer un entremets à l'aide de ces deux pièces, il faut placer le moule plein dans un vase, l'entourer avec de la glace, poser le double-fond bien d'aplomb, et emplir le moule avec de la gelée blanche ; quand celle-ci est prise, emplir tour à tour les colonnes avec de l'eau tiède, et les enlever, en les tournant dans le sens de la torsade ; le vide laissé par les différentes colonnes, est alors empli avec de la gelée rouge, ou même avec un pain de fruits rouges. Comme variété, on peut aussi emplir le moule plein avec une gelée nuancée, et le vide des colonnes avec un appareil blanc. — Ce moule est d'origine anglaise.

Le dessin 79 représente un gaufrier creux à carreaux, servant à cuire des gaufres légères pour entremets ; les gaufriers d'office sont plats, de forme ronde ou carrée, ils servent à cuire des gaufres pouvant être roulées. Autrefois, on faisait un grand usage de ces ustensiles, aujourd'hui on les emploie moins, parce que les cuisiniers font peu de cas des gaufres, qui cependant offrent une variété d'entremets très-agréable.

Les dessins 80 et 82 représentent deux moules à pâté-froid, de forme ronde, à charnières. Les pâtés cuits dans ces moules, peuvent servir comme entrée froide. — Le dessin 81 représente un grande moule à pâté-froid, de forme ovale. Ces moules sont, ou en cuivre ou en fer-blanc ; ils sont d'un usage trop journalier pour que les cuisiniers négligent d'en avoir à leur disposition de différentes formes te grosseurs.

Les dessins 83 et 84 représentent deux salamandres de forme différente : la salamandre est employée à glacer à chaud les entremets, les gratins de légumes, de farinages ou de poisson, et enfin tous les mets exigeant d'être colorés vivement sans le secours du four. Les salamandres sont en fer épais ; avant de les employer, elles doivent être rougies en plein feu.

Four en fer (Dess. 87). — Ce four existe en Angleterre et en Allemagne, en France il est moins répandu ; je ne saurais trop recommander son admission dans une cuisine petite ou grande, car il y est d'une utilité incontestable.

Ce four est construit en fer, il est à double fond, et chauffé par un foyer placé à sa base, pouvant être alimenté au charbon ou au bois ; mais le charbon est préférable, en ce qu'il produit une chaleur plus intense et plus régulière ; avec l'emploi du charbon, l'entretien du foyer devient peu coûteux, en raison surtout des facilités qu'on en tire. Ce four peut, au besoin, être placé en relief

BATTERIE DE CUISINE.

dans la cuisine ; mais, du moment que cela est possible, il est préférable de l'établir dans l'épaisseur d'un mur, ou de l'envelopper de maçonnerie, afin qu'il conserve davantage sa chaleur. Ces fours ont deux ou trois compartiments, selon

Fig. 44.   Fig. 45.   Fig. 46.

Fig. 47.   Fig. 48.   Fig. 49.   Fig. 50.

Fig. 51.   Fig. 52.   Fig. 53.   Fig. 54.   Fig. 55.

leurs dimensions, dans lesquels la chaleur est plus ou moins active, selon que le compartiment est plus rapproché du foyer : ainsi, dans le compartiment inférieur, on peut cuire de gros pâtés, ou faire rôtir de grosses pièces de boucherie, tandis que dans le second ou le troisième compartiment, on ne peut cuire que de la petite pâtisserie ; cependant, pour quelqu'un qui a la pratique de ces fours, et sait en diriger la chaleur, il est facile d'en tirer les plus grands avantages.

En somme, si ces fours n'ont pas la régularité précise des fours en maçonnerie, puisque le feu est continu, ils sont néanmoins plus parfaits et plus sûrs que les fours adaptés aux fourneaux de cuisine : voilà pourquoi j'en recommande l'acquisition même dans les cuisines où il existe de grands fours.

Étuve de cuisine en fer (Dess. 88). — Cette étuve est construite pour être placée à côté du fourneau de la cuisine, dont le conduit même du foyer lui communique la chaleur : c'est à la fois une économie, et un embarras de moins, puisqu'il n'est pas nécessaire d'allumer ni d'entretenir continuellement du feu pour la chauffer.

Mais, pour que cette étuve puisse être chauffée extérieurement par le conduit du foyer, il est nécessaire qu'elle soit placée ou dans l'épaisseur d'un mur, ou enveloppée de maçonnerie, en laissant tout autour d'elle, sur le côté et le fond, un espace vide, dans lequel la chaleur se répand et enveloppe la caisse dans son ensemble, excepté du côté où se trouvent les portes. Afin d'introduire le moins d'air possible à l'intérieur, quand l'étuve est chaude, les portes s'ouvrent par compartiments ; il est évident que cette fermeture doit être en quelque sorte hermétique. Le compartiment placé sur le haut de l'étuve, est ordinairement la partie la plus chaude ; cette chaleur convient pour faire sécher les meringues, et même pour faire légèrement colorer des mets meringués.

Les deux compartiments inférieurs de l'étuve sont disposés pour recevoir une lampe à esprit-de-vin ou des becs de gaz, de la braise ou du charbon, afin de la chauffer au cas où elle serait, par nécessité, placée loin du fourneau, et par conséquent privée de la chaleur du conduit.

Rôtisserie à l'Anglaise (Dess. 89, 90). — Les rôtisseries, en Angleterre, sont, en général, d'une grande perfection, bien construites, bien entretenues : à mon avis, ce sont les mieux comprises ; il est à désirer que ce genre se propage sur le continent, dans les grandes cuisines, car elles sont tout à la fois plus luxueuses et pratiques.

Le premier de ces deux dessins, représente le feu de broche, devant lequel est posée une étuve mobile, en forme de paravent ; elle est en bois, doublée en fer-blanc, à l'intérieur ; elle est munie de trois grilles, sur lesquelles on peut déposer les plats du service, les cloches, et enfin les rôtis, quand ils sont retirés de la broche. Le côté de l'étuve faisant face au feu de broche est ordinairement garni d'une toile en fil de fer très-fin, destinée à garantir son intérieur de la poussière et des éclats du feu de broche ; des deux côtés, l'étuve est munie d'un petit paravent, se repliant au besoin sur lui-même, mais dont l'emploi, pendant

BATTERIE DE CUISINE. 15

la cuisson des rôts, est de rester ouvert, afin de garantir des courants d'air les rôts et le feu, et en même temps de concentrer la chaleur : ces paravents sont aussi doublés du côté exposé au feu.

L'étuve est à roulettes; elle est par ce fait facile à mouvoir; mais pendant que

Fig. 56.   Fig. 57.   Fig. 58.   Fig. 59.   Fig. 60.

Fig. 61.   Fig. 62.   Fig. 63.

Fig. 64.   Fig. 65.   Fig. 66.   Fig. 67.

le feu est allumé il n'est pas nécessaire de la remuer : pour prendre ou remettre les plats sur les grilles, il suffit d'ouvrir les portes du côté extérieur, qui sont ou à pivot ou à coulisses, et à compartiments : par ces dispositions, on n'est pas dans la nécessité d'ouvrir toute l'étuve pour mettre les plats au chaud ou les retirer.

Le deuxième dessin, représente l'étuve vue du côté exposé à la chaleur du feu quand a broche est allumée. J'ai tenu à produire deux dessins de cette étuve, afin d'en donner au lecteur une idée exacte, et à ceux qui voudraient en faire construire de semblables, des indications positives, sur lesquelles aucune méprise n'est possible.

Rôtisserie à l'ancienne (Dess. 91). — Le dessin 10 représente la rôtisserie ancienne qu'on a si longtemps employée en France, et qui existe encore dans beaucoup de pays, en Italie et en Allemagne. En France, cependant, les rôtisseries à volant sont établies aujourd'hui dans toutes les grandes cuisines; dans bien des endroits on trouve même des rôtisseries à l'anglaise.

Le tournebroche à contre-poids était une merveilleuse invention, alors que les broches étaient encore tournées à la main par des hommes ou par des chiens placés dans des tambours. Mais aujourd'hui, ces grands tournebroches n'existent plus guère que dans les cuisines des vieux châteaux, et dans celles où les dispositions de la cheminée ne permettent pas de poser un volant. Aussi, est-ce moins comme exemple que je produis ce dessin que comme motif de curiosité des choses du vieux temps, qui sont sur le point de disparaître.

Armoire à glace (Dess. 92). — Cette armoire est une innovation moderne, peu répandue encore, mais que je crois destinée à être acceptée dans les grandes comme dans les petites cuisines.

Dans les grandes cuisines, cette armoire ne remplace pas précisément les *timbres* à glace, elle a un autre rôle à remplir; elle est surtout appliquée à recevoir les mets froids, entrées ou entremets, qui sont généralement dressés d'avance, et qui, pour être conservés intacts, exigent une température froide. A ce point de vue, cette armoire peut rendre les plus grands services dans les dîners, mais surtout dans les soupers froids.

Dans les moyennes cuisines, où les timbres n'existent pas, l'armoire à glace devient indispensable, en toute saison, pour conserver les aliments frais, les viandes de toute nature, les poissons, le beurre, les œufs, les fruits, et même les légumes de choix.

En dehors de son utilité, il faut tenir compte aussi du peu de glace nécessaire au maintien d'une température froide dans l'intérieur de cette armoire; cette économie résulte des soins qui ont présidé à sa construction.

L'extérieur de cette armoire est en bois doublé de zinc, mais laissant tout autour un vide, dans lequel l'action de la glace laisse pénétrer le froid. Le tiroir placé à sa base, est destiné à recevoir l'écoulement des eaux provenant de la fonte de la glace; cette eau, étant toujours très-froide, peut avantageusement servir à rafraîchir les bouteilles ou les carafes destinées au repas.

A mon avis, ce genre d'armoire n'est pas seulement destiné à être accepté dans toutes les cuisines; j'estime que les pâtissiers, les charcutiers, les marchands de comestibles pourront avantageusement l'utiliser : tous les restaurateurs devraient en avoir une, sinon pour la cuisine, du moins pour le service de leurs salons ou salles à manger.

Fig. 68.   Fig. 69.   Fig. 70.

Fig. 71.   Fig. 72.   Fig. 73.   Fig. 74.   Fig. 75.

Fig. 76.   Fig. 77.   Fig. 78.

Timbre de cuisine (Dess. 93). — Les timbres établis dans les cuisines sont d'un entretien coûteux, en France surtout où la glace est relativement peu commune et, par ce fait, d'un prix élevé ; mais si on réfléchit aux services qu'ils rendent, on comprend sans peine l'importance que les cuisiniers mettent à leur possession, dans la cuisine. Et en effet, il est évident que, dans certaines saisons, là où les timbres font défaut, non-seulement les pertes sont considérables, mais le travail ne peut être ni aussi parfait, ni aussi facile, ni même économique : il ne peut être que coûteux et défectueux ; j'ai connu des cuisines dans lesquelles la valeur des comestibles perdus ou détériorés dans le cours d'un mois de travail, aurait suffi à l'acquisition d'un timbre, et à son entretien pour le restant de l'année.

Ainsi, hésiter à faire l'acquisition d'un timbre, par esprit d'économie, c'est précisément aller à l'encontre du but qu'on veut atteindre.

Les timbres de cuisine sont construits en bois, doublés en zinc, à l'intérieur ; les mieux compris, sont ceux qui, entre le bois et le zinc, ont un espace étroit empli avec de la poussière de charbon de bois, ou même avec de la sciure de bois.

La construction bien comprise du timbre influe naturellement sur la conservation de la glace qu'il renferme. Le dessin que je donne de ce meuble de cuisine, est un des plus pratiques que je connaisse ; la caisse à glace est à parois, vides sur les côtés ; il est à double ouverture, et les portes sont disposées de façon à éviter le plus possible l'introduction de l'air dans l'intérieur. Au-dessous de la caisse, sont ménagées deux ouvertures à grillage dans lesquelles peuvent être tenus au frais certains comestibles auxquels l'action directe de la glace pourrait nuire ; mais ces grilles sont surtout d'un grand secours pour maintenir au frais les mets froids dressés d'avance.

Fourneau de cuisine en fer (Dess. 94). — Le fourneau dont je produis le dessin à la page 72, est d'origine française : c'est le système adopté dans toutes les grandes cuisines, car il est le plus parfait, le mieux adapté à notre travail. Néanmoins, malgré les avantages que ce système présente, il ne dispense pas d'un fourneau à gaz, de quelques bouches à charbon, d'une rôtisserie, ni surtout d'un bon four.

Ce fourneau est à un foyer, et à double four ; il est muni sur ses côtés, d'un réservoir à eau chaude et d'une petite étuve. Le foyer est alimenté au charbon de terre.

La grillade et la rôtisserie, adaptées à ce fourneau, sont mobiles, ou tout au moins indépendantes l'une de l'autre, elles conviennent dans les cuisines où l'espace est restreint. La rôtissoire, quoique tenant peu de place, peut cependant être disposée de façon à suffire aux exigences d'un ordinaire de maison bourgeoise, là où aucune rôtisserie n'existerait. Cette broche, ainsi placée sous les yeux de celui qui travaille au fourneau, a ceci d'avantageux, que le rôt ne peut pas être oublié.

La grillade est à coulisse : la qualité indispensable à une machine à griller, consiste en ce qu'elle ne laisse pas échapper au dehors la fumée que produit l'écoulement de la viande sur la braise ; eh bien, si le tirage est convenablement établi, celle dont je donne ici le dessin, et celles que représentent les dessins 90 et 95 remplissent exactement le but.

BATTERIE DE CUISINE.

J'ai tenu à multiplier les modèles des grillades afin de bien pénétrer les cuisiniers qu'elles sont indispensables dans une bonne cuisine, et qu'aucun obstacle ne peut les dispenser de les adopter : les viandes bien grillées sont d'une telle supériorité aux yeux des gourmets, qu'un cuisinier, mieux que personne, doit com-

Fig. 79.

Fig. 80.   Fig. 81.   Fig. 82.

Fig. 83.   Fig. 84.

prendre l'indispensable nécessité de les faire griller dans les conditions les mieux entendues.

Fourneau de cuisine, système mixte (Dess. 95). — Le corps de ce fourneau est construit en maçonnerie, les agents et les détails sont en fer; il est à double four, à un seul foyer; celui-ci peut être alimenté soit au bois, soit à la houille.

L'installation de ces fourneaux est moins dispendieuse que ceux en fer, mais leur durée n'est pas comparable. Ce genre de fourneau est très-usité dans le nord de l'Europe, en Russie, en Pologne et en Allemagne.

La grillade et le foyer à gaz sont indépendants du fourneau lui-même. Le foyer à gaz est tout simplement une application sur laquelle j'ai voulu appeler l'attention des cuisiniers et des maîtres de maison : en effet, un foyer à gaz dans une cuisine, n'est pas seulement un auxiliaire utile, il est aussi économique, plus qu'on ne semble le croire : il est économique en ce sens, que le gaz ne brûle que juste le temps qu'on veut s'en servir; quant à son utilité, elle est évidente, incontestable, les services qu'il peut rendre sont inappréciables : n'aurait-il que l'immense avantage de fournir instantanément, à toute heure, la nuit comme le jour, un foyer ardent ou modéré selon les besoins, qu'il faudrait le considérer comme un bienfait; mais ce foyer, appliqué aux cuissons prolongées, exigeant une ébullition modérée, régulière, continue, devient d'une utilité supérieure, que tous les hommes du métier sont à même d'apprécier.

L'usage des fourneaux à gaz, dans les cuisines françaises, est encore à l'état de problème, tandis qu'en Angleterre il est passé à l'état patent, en quelque sorte indispensable. Je me suis souvent demandé quel pourrait être le motif de cette répugnance à introduire dans nos cuisines, un auxiliaire d'une si grande importance : est-ce la cherté du gaz, serait-ce la dépense des frais d'installation, qui feraient reculer devant son adoption ? Je n'hésite pas à répondre non; car dans une grande maison, privée ou publique, ce n'est ni le prix de revient, ni même l'entretien d'un appareil, en somme si peu dispendieux, qui pourraient effrayer ceux qui auraient le désir de l'adopter, puisque dans ces maisons il se fait souvent des dépenses plus considérables qui sont loin de donner des résultats aussi avantageux. Ce n'est donc qu'à l'indifférence et, disons-le, à l'influence pernicieuse de la routine qu'il faut attribuer cette répulsion.

L'heure viendra sans doute où, mieux inspirés, les maîtres de maison et les cuisiniers, comprenant enfin les ressources qu'ils doivent retirer de cette innovation, n'hésiteront plus, les uns à l'accepter, les autres à l'exiger.

Buffet de salle à manger (Dess. 96). — Dans une salle à manger, un joli buffet en bois de chêne, est tout à la fois un meuble de luxe et d'utilité : il orne la salle, et facilite le service.

C'est sur le buffet que sont déposés les couverts de réserve, les verres fins, les vins choisis qui doivent être bus au dîner, les compotes, et enfin le dessert, quand il n'est point placé sur la table dès le début du repas. Dans les dîners familiers, c'est sur le buffet que sont découpés les mets ayant paru sur la table.

Le dessin représenté à la page 85, est d'une simplicité élégante ; en le produisant j'ai voulu donner une idée du style qui lui convient, et de l'emploi auquel il est destiné.

Fig. 85.

SOUPES.

Les soupes sont servies chez tous les peuples familiarisés avec la gastronomie. Les Français, les Italiens, les Allemands, les Russes, et généralement les populations du nord de l'Europe les estiment. En Russie la soupe est souvent le mets le plus luxueux d'un dîner, et coûte plus à elle seule que le dîner lui-même. Si en quelques contrées on sert les soupes dans des conditions différentes, il n'est pas moins vrai qu'elles ont une égale importance partout.

Dans le nord de l'Europe, et en Angleterre, on sert de préférence les soupes garnies avec de la viande, de la volaille, du gibier ou du poisson. En France, les garnitures légères sont généralement préférées.

Les purées, les crèmes, et enfin les soupes ou potages liés, peuvent se passer de garniture, tandis que les soupes liquides, consommés ou bouillons clairs, exigent d'être associés à une garniture quelconque.

Les garnitures des soupes peuvent être plus ou moins abondantes et variées selon qu'elles sont destinées aux repas familiers ou aux dîners d'apparat. Il est certaines circonstances où la soupe se trouve être un des mets les plus importants du repas : en ce cas, toute licence est tolérée, puisqu'il faut la servir avec les exigences que sa nature comporte. Mais dans un dîner régulier, où les mets sont choisis et distingués, où la soupe n'est plus qu'un accessoire relatif et sans caractère distinctif, elle ne doit briller que par sa délicate succulence, sa riche simplicité.

Mais quelle que soit la nature des soupes, et en quelque lieu qu'on les serve, il est une règle qu'on ne saurait enfreindre, parce qu'elle s'applique également à toutes, c'est de les servir chaudes. La soupe et le café qu'on sert, l'un au début du dîner, l'autre à la fin, ont cependant cela de commun ensemble, aux yeux des gourmets, qu'ils doivent être absorbés à l'état bouillant. Ce n'est qu'à cette condition, en effet, qu'on peut en apprécier la bienfaisante et agréable saveur.

La collection variée de soupes et potages que je produis dans ce chapitre, mérite d'être étudiée avec la plus sérieuse attention; les uns et les autres, appartenant à tous les pays, à toutes les écoles, sont par ce fait intéressants, dans leur ensemble comme dans leurs détails.

1. **Bouillon blanc.** — On emploie le bouillon blanc à la préparation des soupes et des potages légers qui doivent rester blancs, tels que : les crèmes de volaille, d'orge, de riz, d'asperges, etc.

Mettre dans une marmite 2 jarrets de veau, quelques os ou parures de veau, les abatis de deux poulets, ou une poule; les mouiller avec 4 à 5 litres d'eau, ajouter un peu de sel; faire bouillir le liquide, en l'écumant. Au premier bouillon la retirer sur le côté, la couvrir aux trois quarts, en réglant le feu de façon que le liquide ne bouille que d'un côté; une demi-heure après, lui adjoindre une grosse carotte, un petit morceau de navet, un brin de céleri, un bouquet composé de deux poireaux et une pincée de persil. Continuer l'ébullition modérée jusqu'à ce que la viande des jarrets de veau soit cuite. Passer alors le liquide à travers une serviette humide, le dégraisser, le laisser déposer avant de l'employer.

2. **Bouillon succulent.** — Prendre 2 kilogrammes de viande maigre, en supprimer les os, la distribuer en carrés de 150 grammes environ, les mettre dans une marmite, les mouiller avec 8 à 10 litres d'eau froide; poser la marmite sur le feu, la soigner exactement comme le *pot-au-feu* ordinaire. Faire bouillir le liquide d'un seul côté, et tout doucement. Deux heures après, ajouter un os de rosbif ou de gigot de mouton rôti; quand la viande est cuite passer le bouillon à la serviette, le dégraisser; il doit alors se trouver succulent, de belle couleur, d'une limpidité semblable à celle du consommé.

SOUPES.

3. Pot-au-feu (Dess. 86). — Quand on veut obtenir un bon pot-au-feu, il ne faut pas regarder à employer quelques livres de viande de plus, car la succulence et la perfection du bouillon sont toujours en raison directe de la quantité de viande qui lui sert de base : ce fait n'a pas besoin d'être démontré. L'essentiel, c'est de porter à l'opération les soins les plus vigilants.

Pour un pot-au-feu devant servir à 8 ou 10 personnes, prendre une tranche de culotte de bœuf de 2 à 3 kilogrammes, la laver à l'eau froide, la désosser, la ficeler, la placer dans une marmite en terre, propre, ajouter deux abatis de volaille ou un petit jarret de veau ; mouiller les viandes avec 6 à 7 litres d'eau froide, en ob-

Fig. 86.

servant que la marmite soit à peu près pleine ; ajouter une petite poignée de sel, la poser sur un feu modéré, faire bouillir le liquide, en l'écumant ; lui mêler un verre d'eau froide, le retirer sur le côté du feu, de façon qu'il ne reçoive la chaleur que partiellement : c'est l'unique moyen d'obtenir un bouillon limpide ; l'ébullition doit être très-modérée, régulière et continue pendant 5 heures au moins ; le vase ne doit pas être tout à fait couvert.

Deux heures après que le liquide est entré en ébullition, lui adjoindre un demi-chou frisé, blanchi, un gros oignon coloré au four, 4 carottes fraîches, 3 poireaux, un gros navet coupé, une racine de céleri, un panais. Quand la viande est à peu près cuite, ajouter un petit bouquet de cerfeuil, quelques clous de girofle, une demi-feuille de laurier. Continuer l'ébullition.

Vingt minutes avant de servir, ranger des tranches de pain grillé, dans une soupière, les saupoudrer avec une pincée de poivre fin; dégraisser légèrement le bouillon, le passer au tamis fin, sans le troubler, le verser dans la soupière, en tout ou en partie; lui mêler la moitié des légumes coupés, réserver le restant pour entourer le bœuf, envoyer celui-ci après la soupe.

Le dessin adjoint à cet article représente la cuisson du pot-au-feu sur un fourneau à gaz; c'est la méthode la plus sûre, la plus usitée dans les grandes cuisines.

Les deux marmites plus petites sont en terre : la première représente, par sa forme, celle employée à l'usage du pot-au-feu dans le midi de la France; la deuxième, celle employée dans le nord; la troisième est en cuivre, elle est destinée à la cuisson des grands bouillons, qui, eux aussi, gagnent considérablement à être cuits sur un fourneau à gaz.

4. **Cucido, pot-au-feu à la Portugaise.** — Mettre dans une marmite en terre un kilogramme de bœuf, un morceau de jambon cru, le manche d'un gigot de mouton, une poule, 2 ou 3 poignées de *garbanços* ramollies; ajouter 5 ou 6 litres d'eau froide, poser la marmite sur le feu, écumer le liquide; au premier bouillon le retirer sur le côté; 2 heures après, lui additionner un petit chou frisé, blanchi, et attaché avec une ficelle, 2 poireaux, une tomate coupée, une carotte, quelques clous de girofle; une heure plus tard, plonger dans le liquide 2 saucisses fumées; quand les viandes sont cuites, passer le bouillon dans une casserole, le tenir au chaud.

Hacher un oignon, le faire revenir de belle couleur avec un peu de saindoux, lui mêler 500 grammes de bon riz, le mouiller avec du bouillon de la marmite, trois fois sa hauteur; le couvrir, le laisser cuire tout doucement; quand il est à sec, et bien atteint, lui mêler une cuillerée-à-bouche de poivre doux et une cuillerée de sauce tomate. — Avec le restant du bouillon passé et dégraissé, préparer une soupe au tapioka; quand elle est à point, la verser dans la soupière. Retirer les viandes de la marmite, le bœuf, la poule, le jambon et les saucisses, les dresser ensemble sur un plat long, en les entourant avec les garbanços et le chou divisé. Envoyez le riz séparément.

5. **Rosol, pot-au-feu à la Polonaise.** — Préparer un pot-au-feu, avec un morceau de poitrine de bœuf et de poitrine de veau, un morceau de petit-salé, un os de jambon cru, blanchi, quelques légumes et de l'eau. Quand les viandes sont à peu près cuites, ajouter 2 petits poulets et leurs abatis; égoutter les poulets aussitôt cuits, passer et dégraisser le bouillon, en mettre 2 litres dans une casserole, le faire bouillir, lui mêler 200 grammes de gruau de sarrasin, ou simplement de la belle semoule; 25 minutes après, dégraisser la soupe, lui mêler

les poulets dépecés, une partie du petit-salé, coupé, et enfin une pincée de feuilles de fenouil hachées; la verser dans la soupière.

6. Puchero, pot-au-feu à l'Espagnole. — A l'égal du pot-au-feu français, le puchero est en Espagne le mets quotidien des familles. Il faut l'avoir mangé dans le pays même pour bien se rendre compte de sa valeur.

Mettre un kilogramme de poitrine de bœuf dans une marmite en terre, avec les abatis d'un poulet, une oreille de porc, 200 grammes de petit-salé ou de jambon blanchi, et enfin 3 poignées de *garbanços* ramollies. Mouiller les viandes avec 5 ou 6 litres d'eau; poser la marmite sur le feu, écumer le liquide; au premier bouillon, le retirer sur le côté; 2 heures après, ajouter 2 poireaux liés ensemble, un bouquet de cerfeuil mêlé avec une pincée d'*hierba beuna* (menthe sauvage), une tranche de bonne courge sans écorce ni semences, une tête de laitue, une grosse carotte, un demi-chou frisé, blanchi. Une heure après, ajouter un *choriso;* continuer l'ébullition modérée.

Au moment de servir, retirer la marmite du feu, la pencher tout doucement afin de verser le bouillon dans une casserole, en le passant, le verser ensuite dans la soupière; lui mêler la laitue et les poireaux coupés, ainsi que des tranches de pain grillées. Dresser le bœuf sur un plat, l'entourer avec le jambon, le *choriso*, les légumes; envoyer les viandes en même temps que la soupe.

7. Consommé aux quenelles. — Prendre les chairs d'un poulet cru, les parer, et avec elles, préparer une petite farce à quenelles.—Hacher fin 200 grammes de viande maigre de bœuf, autant de veau, les déposer dans une casserole, leur mêler 2 œufs battus, délayer le hachis avec 3 litres de bon bouillon froid, dégraissé. Couper en morceaux la carcasse d'une volaille rôtie, les mêler au bouillon, ainsi que les ailerons, les pattes, les abatis et la carcasse du poulet cru, une carotte, un poireau, un petit morceau de céleri, tous ces légumes émincés; poser la casserole sur feu modéré; au premier bouillon, la retirer sur le côté afin que l'ébullition soit partielle.

Avec la farce, à l'aide de 2 cuillers-à-café, mouler 3 douzaines de petites quenelles, les faire pocher, les égoutter, les déposer dans la soupière. Dégraisser le consommé, le verser sur les quenelles, en le passant à travers une serviette rafraîchie, bien exprimée.

8. Consommé de faisan aux nouilles. — Ce potage, difficile à exécuter dans les cuisines où les lois de l'économie bornent les ressources des cuisiniers, devient peu coûteux, si l'on a à sa disposition des reliefs cuits de faisan.

Foncer une casserole avec des légumes émincés; ajouter toutes les parures crues de veau, de volaille ou de gibier dont on dispose; puis, quelques carcasses de faisans cuits; les mouiller avec la valeur d'un litre de bouillon, faire réduire le mouillement à feu vif ; mouiller de nouveau les viandes avec 4 à 5 litres de bouillon et un verre de vin ; écumer le liquide, lui mêler un morceau de racine de céleri et quelques aromates ; cuire le bouillon tout doucement sur le côté du feu, pendant une heure ; le passer, le dégraisser, le laisser refroidir aux trois quarts; le clarifier avec les chairs crues d'une cuisse de lièvre, quelques parures de gibier, un peu de chairs maigres de veau, 2 œufs entiers, un peu de madère, en procédant comme il est dit article 8. Quand le consommé est passé et dégraissé, le faire bouillir, lui mêler deux poignées de nouilles émincées, ou coupées en losanges ; quelques minutes après, le verser dans la soupière, envoyer en même temps une assiette de parmesan.

9. Consommé au pain de faisan. — Prendre la valeur de 500 grammes de chairs cuites de faisan, en supprimer la peau, les couper, les tenir à couvert.

Émincer un oignon, un poireau, la moitié d'une racine de céleri, les faire revenir ; ajouter les os et carcasses de faisan, divisées en morceaux, ainsi que toutes les parures et débris crus dont on dispose ; ajouter quelques parures de jambon et un bouquet d'aromates, les mouiller avec 3 litres de bouillon ; poser la casserole sur le feu, écumer le liquide, au premier bouillon le retirer sur le côté ; une heure et demie après, le passer, le dégraisser.

D'autre part, piler les chairs cuites de faisan ; leur mêler 4 cuillerées-à-bouche de glace ou de sauce, et 8 ou 9 jaunes d'œuf crus ; passer l'appareil au tamis fin ou à l'étamine, lui mêler une pointe de muscade, le verser dans un moule rond et uni, beurré, masqué, au fond, avec un rond de papier ; poser ce moule dans une casserole, faire pocher l'appareil au bain-marie ; aussitôt qu'il est raffermi à point, le retirer du feu, le laisser refroidir; le démouler, le diviser en carrés de moyenne grosseur; déposer ceux-ci dans la soupière, verser alors le consommé de gibier sur le pain.

10. Consommé aux ravioles de gibier. — Préparer 2 à 3 litres de consommé de gibier. — Lever les deux filets d'un perdreau cru, en supprimer la peau et les nerfs ; couper les chairs en morceaux, les piler avec moitié de leur volume de cervelle de veau cuite, autant de moelle de bœuf crue, autant de parmesan. Quand la farce est finie, lui additionner 2 jaunes d'œuf, la retirer, et avec elle, préparer 5 à 6 douzaines de petites ravioles. (Voir aux Farinages.)

Cinq minutes avant de servir, plonger les ravioles à l'eau bouillante et salée, donner quelques bouillons au liquide, retirer la casserole hors du feu. 3 minutes après, égoutter les ravioles, les ranger dans la soupière, et verser le consommé dessus.

11. Consommé à la bonne femme. — Préparer la valeur d'un litre et demi de bon consommé, en procédant comme il est dit art. 70 ; le passer, le tenir au chaud sur le côté du feu. — Couper des tranches minces de pain bis, plus longues que larges, sans supprimer la croûte, en dresser 7 à 8 en couronne, dans chaque assiette à soupe; beurrer légèrement le milieu de ces assiettes au centre de chaque couronne, puis casser un œuf frais dans le vide formé par la couronne; l'assaisonner avec sel et poivre, arroser le fond des assiettes avec un peu de consommé, les pousser au four modéré, simplement pour faire légèrement pocher l'œuf; en sortant les assiettes, arroser les tranches de pain avec un peu de consommé, et faire servir ces assiettes aux convives, en même temps que le consommé, mêlé avec une pluche de cerfeuil ou une garniture de petits légumes.

12. **Consommé de poisson aux quenelles.** — Faire revenir, avec du beurre, un gros oignon, 2 poireaux, une carotte; ajouter la valeur de 2 kilogrammes de poissons ordinaires, osseux, tels que: grondins, perches et tanches; ajouter une tête de turbot ou une tranche de congre; mouiller le poisson à hauteur avec moitié vin blanc et moitié eau chaude; ajouter un bouquet de persil garni d'aromates, sel, épices; couvrir la casserole, cuire le poisson à feu vif pendant 20 minutes; passer alors le bouillon au tamis, le dégraisser, le laisser déposer.

Hacher 500 grammes de chairs de merlan ou de brochet, leur mêler 3 œufs en tiers, les délayer avec un verre de vin blanc et avec le bouillon de poisson; ajouter quelques racines émincées; tourner le liquide jusqu'au moment où il va bouillir; à ce point, le retirer sur le côté; quand il est clair, le passer à la serviette.

Mouler, dans des cuillers-à-café, 2 douzaines de quenelles de merlan, les faire pocher, les égoutter, les ranger dans la soupière; dégraisser le consommé, le verser sur les quenelles.

13. **Consommé aux biscottes, à la Viennoise.** — Faire fondre à moitié 200 grammes de beurre, le verser dans une terrine, le travailler avec une cuiller; quand il est bien lié, lui mêler 3 ou 4 jaunes d'œuf, l'un après l'autre; aussitôt que l'appareil est mousseux, lui incorporer 200 grammes de farine, en même temps que les blancs fouettés, mais sans corder l'appareil; l'assaisonner avec sel et muscade; l'étaler sur une plaque beurrée et farinée, en lui donnant l'épaisseur d'un centimètre; le cuire à four doux; en le sortant, le diviser en losanges; dresser celles-ci sur une assiette, les envoyer en même temps qu'une soupière de bon consommé de volaille ou gibier.

14. **Consommé des Épicuriens.** — Prendre 3 petits pains de table, de forme ronde; couper sur le centre de chacun 3 tranches d'un demi-centimètre d'épaisseur; les faire légèrement griller d'un côté, les masquer, sur cette surface, avec une couche épaisse de parmesan râpé; saupoudrer celui-ci avec un peu de

poivre; ranger les tranches sur un gril, les pousser au four, les chauffer jusqu'à ce que le fromage soit dissous, et légèrement glacé; les retirer alors, les ranger dans un plat.

Verser dans une casserole plate la valeur d'un litre de bon consommé, le faire bouillir, lui mêler 5 à 6 cuillerées-à-bouche de madère, le verser dans la soupière, ajouter 10 œufs pochés. Envoyer le consommé en même temps que les croûtes au fromage.

15. Consommé des Jacobins. — Hacher 200 grammes de maigre de jambon cuit, le piler, lui mêler 2 cuillerées-à-bouche de béchamel réduite, 4 cuillerées de purée de tomate bien rouge, une pincée de cayenne; passer l'appareil à l'étamine, le déposer dans une terrine, lui mêler 2 cuillerées de madère, 6 cuillerées de bon consommé, 6 jaunes d'œuf et 2 œufs entiers. Avec cet appareil, emplir des moules à dariole beurrés, le faire pocher au bain-marie.

D'autre part, préparer la valeur de 2 litres de consommé, tel qu'il est décrit article 8. Au moment de servir, démouler les petits pains, les diviser chacun en quatre parties, les déposer dans la soupière, leur mêler la valeur de 3 décilitres de petits-pois frais, cuits au moment à l'eau salée. Verser le consommé dans la soupière.

16. Consommé aux noques, à la Genevoise. — Tenir 2 litres de bon consommé sur le côté du feu. — Hacher 250 grammes de filets mignons de veau, crus, les piler, leur mêler 150 grammes de beurre, les passer au tamis; remettre cette farce dans le mortier, l'assaisonner avec sel et épices; lui mêler trois quarts de son volume de pâte à chou ordinaire, finie avec des œufs et une poignée de parmesan râpé, pas de sucre; piler l'appareil; quand le mélange est opéré, le prendre par petites parties à la fois avec une cuiller-à-café, laisser tomber la pâte dans du bouillon chaud; faire bouillir le liquide quelques secondes, couvrir la casserole, la retirer sur le côté du feu; 2 minutes après, égoutter les noques, les déposer dans une soupière, verser le consommé dessus.

17. Julienne à la faubonne. — La julienne est une soupe nationale de la France. L'époque la plus propice à sa préparation, c'est la saison où les légumes qui en font la base sont frais et tendres. En hiver cette soupe perd son à-propos, en même temps que ses qualités vraies, car alors les légumes sont généralement secs, âcres, durs, ils ont en partie perdu leurs propriétés odorantes. La variété des racines et des légumes tendres convient à cette soupe; il faut cependant éviter d'en mettre une quantité trop grande : une julienne trop étoffée devient défectueuse.

Éplucher 2 grosses carottes, un navet, une tête de chou-rave, une petite racine de céleri, 2 oignons nouveaux, un poireau, la moitié d'un chou-frisé, une belle tête de laitue, une poignée d'oseille, quelques petits-pois tendres. Émincer en tranches les carottes, navets, chou-rave et racines de céleri; ciseler ces tranches en filets de 2 centimètres de long, mais très-fins. N'employer que les parties rouges des carottes.

Émincer et ciseler oignons et poireaux, les mettre dans une casserole avec un morceau de beurre, les faire revenir pendant quelques minutes sur feu modéré,

Fig. 87. — Four en fer.

leur mêler les filets de carottes, de navet, de chou-rave, de céleri; les faire revenir pendant quelques instants, les saupoudrer avec un peu de sel, une pincée de sucre, les mouiller avec la valeur d'un tiers de litre de bouillon dégraissé; cuire les légumes jusqu'à ce que le bouillon tombe à glace; les mouiller alors avec la valeur de 2 litres de bouillon frais, bouillant; retirer la casserole sur le côté du feu; 25 minutes après, mêler aux légumes les laitues, le chou blanchi, ciselé, et enfin les petits-pois crus; cuire ces légumes pendant trois quarts d'heure. Dégraisser la soupe, lui mêler l'oseille ciselée et blanchie, ainsi que la valeur d'un verre de purée de pois verts, frais ou secs; la verser dans la soupière.

18. Julienne à la Russe. — Ciseler en julienne une carotte, un moyen navet, un morceau de racine de céleri, un chou-rave, 2 oignons et un poireau; ciseler également des *gribouis*, c'est-à-dire des cèpes frais (la même quantité que de légumes).

Faire revenir au beurre oignons et poireau, sans les colorer, leur mêler les autres racines émincées, ainsi que les cèpes, faire réduire leur humidité; mouiller alors ces légumes avec un peu de bouillon, faire aussi réduire celui-ci à glace, les mouiller enfin avec 3 à 4 litres de bouillon frais, bouillant; retirer la casserole sur le côté du feu. Une heure et demie après, dégraisser la soupe, lui mêler une pincée de fenouil haché, la lier avec quelques cuillerées de crème aigre (1) (*smitane*), passée; la verser dans la soupière. — En Russie, on sert en même temps que cette soupe une assiette de petits pâtés, croquettes ou rissoles.

19. Julienne à la Polonaise. — Mettre dans une casserole 4 poignées de pois secs, 2 poignées de cèpes secs, une carotte, un morceau de racine de céleri; mouiller ces légumes avec 4 à 5 litres d'eau froide, faire bouillir le liquide, retirer la casserole sur le côté, finir de cuire tout doucement les légumes.

Couper en julienne un poireau, un oignon, une racine de céleri, une racine de persil, et un morceau de betterave crue. Faire revenir au beurre oignon et poireau, ajouter les autres légumes; 10 minutes après, les mouiller avec la valeur de 2 litres du bouillon préparé, passé au tamis fin; au premier bouillon, le retirer sur le côté; trois quarts d'heure après, ajouter un demi-chou d'hiver, émincé en julienne, et blanchi, ainsi qu'une petite partie des cèpes cuits dans le bouillon, également émincés. Une demi-heure après, lier la soupe avec 4 à 5 cuillerées de smitane; ajouter une pincée de fenouil vert (haché), la verser dans la soupière. Envoyer en même temps une assiette de rissoles garnies avec un appareil aux cèpes.

20. Croûte-au-pot à la Parisienne. — Préparer un pot-au-feu, dans les meilleures conditions possibles. D'autre part, préparer une garniture composée de carottes, de navets, poireaux, choux, laitues: les carottes et navets doivent être blanchis et glacés avec du bouillon; les choux, laitues, poireaux, doivent être braisés. Couper les bouts de quelques petits pains de table, les beurrer, les faire sécher à la bouche du four.

---

(1) Ce mot de *crème aigre* sonne mal aux oreilles de ceux qui ne connaissent pas ce produit; cependant, la crème qu'on désigne en Russie sous le nom de *smitane*, n'est rien moins qu'excellente, quoique légèrement aigrelette.

SOUPES. 31

Au moment de servir, passer et dégraisser le bouillon, le verser dans la soupière, lui mêler une poignée de petits-pois et une pluche de cerfeuil. Dresser symétriquement les légumes sur un petit plat, les entourer avec les croûtes de pain, les glacer au pinceau, les envoyer en même temps que la soupière. — Les

Fig. 88. — Étuve de cuisine, en fer.

légumes dressés de la croûte-au-pot se trouvent représentés dans le sujet placé en tête de ce chapitre (Dess. 85).

21. **Couscous des Arabes.** — Le *couscous* est une espèce de semoule ou pâte de froment que les Arabes préparent ainsi : prendre du beau froment en grain (blé), le trier avec soin, le laver à plusieurs reprises jusqu'à ce que l'épiderme se trouve tant soit peu attendri ; rassembler les grains en tas sur une table, les couvrir avec un linge humide, les exposer au soleil ardent pendant quelques

heures, c'est-à-dire, jusqu'à ce qu'ils soient gonflés; retirer alors le linge, étaler les grains en couche mince, les faire sécher promptement au soleil, de façon à les faire racornir; à ce point, les moudre entre deux *meules* selon les procédés ordinaires : il faut seulement observer que ces meules soient assez écartées pour concasser le grain sans le pulvériser très-fin ; le vanner ensuite afin d'en extraire le son et la farine qu'il peut contenir.

Voici la méthode pour cuire le couscous : prendre une passoire sans manche, s'adaptant juste à l'embouchure d'une marmite en terre, et pouvant s'y soutenir suspendue au moyen de 3 agrafes.

Couper la moitié d'un gigot de mouton, du côté du manche ; mettre la viande dans une marmite avec une poule, un peu de sel, 4 à 5 litres d'eau, en observant que celle-ci n'arrive qu'aux trois quarts de la hauteur du vase ; poser ce vase sur le feu, faire bouillir le liquide, l'écumer ; au premier bouillon, le retirer sur le côté du feu. Trois quarts d'heure après, ajouter un oignon, 2 poireaux, quelques carottes, une pincée de poudre de piment. — Au bout d'une heure, laver 500 grammes de couscous, le mettre dans la passoire, accrocher celle-ci à la marmite, fermer hermétiquement le vase, de façon que le couscous cuise à la vapeur, car le fond de la passoire ne doit pas arriver au niveau du bouillon. Continuer l'ébullition jusqu'à ce que viande et poule soient cuites ; passer alors le bouillon à la serviette, dans la soupière. Envoyer le couscous dans un plat creux, et les viandes en même temps, mais sur un autre plat, en les entourant avec les légumes. — Comme variété, on peut assaisonner le couscous à l'égal d'un risot, avec du beurre, du jus et du parmesan râpé. On mange le couscous, partie avec le bouillon, partie avec les viandes. — Dans quelques parties de l'Afrique, on prépare le couscous avec de la semoule de maïs.

22. **Soupe aux morilles.** — Choisir quelques douzaines de petites morilles fraîches, les fendre par le milieu, les laver vivement, les hacher, pas trop fin. — Hacher un oignon, le mettre dans une casserole avec du beurre, le faire revenir sans prendre couleur, lui mêler les morilles ; cuire celles-ci à feu modéré jusqu'à ce qu'elles aient réduit leur humidité ; les saupoudrer alors avec 2 cuillerées-à-bouche de farine, les mouiller avec 3 litres de bouillon et un verre de vin blanc ; amener le liquide à l'ébullition, en le tournant, retirer la casserole sur le côté du feu ; 25 minutes après, dégraisser la soupe, la passer, la lier avec 4 jaunes d'œufs délayés, la verser dans la soupière, lui mêler quelques cuillerées de morilles, cuites séparément avec du beurre et du jus de citron, puis divisées en quartiers.

23. **Soupe aux cerises, à l'Allemande.** — Cette soupe, sans être très-distinguée, jouit cependant en Allemagne d'une certaine popularité. — Retirer les noyaux et les queues à trois quarts de litre de cerises aigres, fraîchement

cueillies ; en mettre les deux tiers dans une marmite en terre ou dans une casserole non étamée, car l'étain ternirait la couleur des fruits ; les mouiller avec un litre d'eau chaude ; ajouter un morceau de cannelle, un peu de zeste de citron ; poser la casserole sur feu vif, cuire les cerises pendant 10 minutes ; lier alors le liquide avec 2 cuillerées-à-bouche de fécule délayée à l'eau froide ; 10 minutes après, passer les cerises et le liquide au tamis ; verser la soupe dans la même casserole, lui mêler les cerises réservées, ainsi qu'un peu de sucre, la faire bouillir, la retirer sur le côté du feu. — D'autre part, piler 2 poignées de noyaux de cerises, les mettre dans un poêlon rouge avec 2 ou 3 verres de vin de Bordeaux ; donner quelques bouillons au liquide, le retirer du feu ; le passer à travers une serviette, le mêler à la soupe ; verser celle-ci dans la soupière. Envoyer séparément une assiette de biscuits à la cuiller, coupés en petits dés.

24. Soupe à la bière, à la Berlinoise. — Faire fondre 150 grammes de beurre dans une casserole, lui mêler 150 grammes de farine, former une pâte légère ; la cuire pendant quelques secondes, en la tournant, sans lui faire prendre couleur ; la délayer ensuite avec la valeur de 3 litres de bière (blanche ou brune), mais pas trop forte, légère ; tourner le liquide sur feu jusqu'à l'ébullition, le retirer sur le côté, le faire dépouiller pendant 25 minutes. — Verser dans une petite casserole la valeur d'un demi-verre de rhum et autant de vin blanc du Rhin ; ajouter un morceau de gingembre coupé, un morceau de cannelle, 100 grammes de sucre, le zeste d'un citron ; couvrir la casserole, la tenir au bain-marie. — Quand la soupe est bien dégraissée, la lier avec une quinzaine de jaunes d'œufs délayés ; la vanner sans la faire bouillir, ni même la chauffer trop ; la passer dans une autre casserole, lui mêler 200 grammes de beurre divisé en deux parties, et aussitôt après, lui mêler l'infusion au rhum, passée ; la verser dans la soupière. Envoyer séparément des tranches de pain minces et grillées.

25. Soupe du Holstein. — Faire fondre 150 grammes de beurre dans une casserole, quand il est bien chaud lui mêler 3 poignées d'orge perlé ; le faire revenir pendant quelques minutes, en le tournant ; le mouiller, peu à peu, avec un litre et demi d'eau tiède ; ajouter un peu de sel, tourner le liquide jusqu'à l'ébullition ; 2 secondes après, le retirer sur le côté, de façon qu'il bouille à peine ; lui mêler 2 poignées de morilles fraîches ; le tenir ainsi pendant une heure, en additionnant de temps en temps un peu de bouillon de veau ; l'assaisonner avec un peu de sel, une pointe de sucre. Quand l'orge est cuite, la broyer, pendant quelques minutes, avec une cuiller, l'allonger avec 2 litres de bon bouillon blanc ; au premier bouillon, lier la soupe avec 4 jaunes d'œufs étendus avec un peu de crème. Ranger dans la soupière une garniture, composée de pointes d'asperges, de choux-fleurs blanchis, et de quelques coffres d'écrevisses farcis au pain ; verser la soupe sur les garnitures.

26. Soupe du Pacha. — Préparer un petit pot-au-feu avec la moitié d'un gigot de mouton, un os de veau, et une poule sans filets ; quand les viandes sont cuites, passer le bouillon, le dégraisser ; en verser la valeur de 2 litres dans une casserole, le faire bouillir, le lier avec 4 à 5 cuillerées-à-bouche de farine de riz, délayée à froid. Au premier bouillon, retirer la casserole sur le côté du feu. — D'autre part, hacher les deux filets de la poule avec une égale quantité de viande maigre de mouton, ajouter un égal volume, par moitié, de lard et de jambon crus hachés ; assaisonner le hachis, lui mêler une pincée de persil, et 150 grammes de riz blanchi ; diviser l'appareil en petites parties, enfermer celles-ci chacune dans une petite feuille de chou tendre, blanchie, de façon à former de petits *dolmas* ; les nouer avec du fil, les ranger dans une casserole plate, les mouiller à hauteur avec du bouillon non dégraissé ; les faire braiser à feu modéré. — Au moment de servir, dégraisser la soupe, la finir avec un morceau de beurre mêlé avec une pincée de poudre de cary, la verser dans la soupière, lui mêler les dolmas, égouttés et débridés.

27. Soupe d'orge au céleri. — On peut préparer cette soupe au gras ou au maigre, elle est toujours excellente. — Faire fondre 200 grammes de beurre dans une casserole, lui mêler 250 grammes d'orge perlé d'Allemagne ; le faire revenir pendant quelques minutes, le mouiller avec 2 à 3 litres de bouillon blanc, ou de l'eau chaude ; tourner le liquide jusqu'à l'ébullition, le saler convenablement ; cuire l'orge tout doucement pendant 2 heures ; lui additionner alors quelques cuillerées de racines de céleri, coupées en petits dés, blanchies. Une demi-heure après, lier la soupe avec 6 jaunes d'œufs, délayés avec un demi-verre de bonne crème crue, lui incorporer 100 gr. de beurre distribué en petites parties, la verser dans la soupière.

28. Brunoise aux quenelles. — Cette soupe est, comme la julienne, une soupe d'été, c'est-à-dire devant être servie, de préférence, à l'époque où les légumes sont savoureux et tendres. — Couper en petits dés le rouge de quelques carottes tendres, couper aussi un moyen navet, quelques choux-raves, un morceau de céleri, 2 ou 3 oignons nouveaux, un poireau. Mettre oignons et poireaux dans une casserole avec du beurre, les faire revenir, leur mêler les autres légumes, un peu de sel, une pincée de sucre ; quelques minutes après, les mouiller avec la valeur d'un verre de bouillon, couvrir la casserole, faire réduire le liquide à glace ; les mouiller encore avec 2 ou 3 litres de bouillon dégraissé, passé. Vingt minutes après, les légumes doivent se trouver cuits ; ajouter quelques feuilles de laitue déchirées en petites parties et blanchies, quelques feuilles d'oseille, 2 poignées de petits-pois cuits à l'eau ; 2 minutes après, verser la soupe dans une soupière, lui mêler 2 douzaines de petites quenelles de volaille moulées à la cuiller, pochées.

29. Cocki-leeki, à l'Écossaise. — En Écosse et en Angleterre on mange habituellement cette soupe au retour de la chasse, ou après de longues courses ; elle est réputée restaurante et stomachique. — Laver un jarret de veau, le mettre dans une marmite en terre avec un os de jambon cru, une poule et ses abatis ; mouiller ces viandes avec 4 à 5 litres d'eau ; poser la marmite sur feu, écumer le liquide ; au premier bouillon, le retirer sur le côté ; ajouter un oignon, un morceau de racine de céleri, une carotte, un navet, 2 clous de girofle. Quand les viandes sont cuites, passer le bouillon dans une casserole, le dégraisser, ajouter le blanc de 7 à 8 poireaux fendus par le milieu, coupés transversalement d'un centimètre de long ; les faire cuire à feu modéré dans le bouillon ; mais si les poireaux n'étaient pas tendres, il conviendrait de les blanchir. — Au moment de servir, découper l'estomac de la poule en escalopes, les mêler à la soupe, verser celle-ci dans la soupière. Envoyer séparément des tranches de pain minces et grillées.

30. Soupe aux courgerons, à l'Italienne. — Émincer une douzaine de courgerons ronds ou longs ; les mettre dans une casserole plate avec du beurre, les assaisonner, les faire sauter jusqu'à ce qu'ils aient réduit leur humidité ; ranger alors une douzaine de tranches de pain au fond d'un plat creux, les imbiber avec du bon dégraissis du pot-au-feu, les saupoudrer avec du parmesan ; sur ce pain, ranger les courgerons, couche par couche, en les alternant avec du parmesan râpé ; masquer la couche supérieure avec une rangée de tranches de pain, les arroser également avec du dégraissis, les saupoudrer avec du parmesan ; pousser le plat au four, faire gratiner l'appareil pendant un quart d'heure. — Au moment de servir, verser dans la soupière un bon bouillon de *pot-au-feu* ; envoyer, en même temps que la soupe, les courgerons gratinés.

31. Soupe de riz au lait d'amandes. — Monder 2 poignées d'amandes, les piler, les plonger dans un litre de lait en ébullition ; couvrir le vase, tenir l'infusion de côté. — Trier 300 grammes de riz, le laver, le mettre dans une casserole avec 2 litres d'eau froide, un peu de sel ; poser la casserole sur feu, remuer souvent le riz, jusqu'à l'ébullition, le retirer aussitôt sur le côté ; quand il est cuit, l'étendre avec un litre de lait bouillant ; continuer l'ébullition. Un quart d'heure après, assaisonner la soupe de bon goût, lui mêler l'infusion d'amandes, passée au tamis, la lier avec 4 jaunes d'œufs, délayés avec un quart de verre de crème, la finir avec 150 grammes de beurre divisé en petites parties, une pincée de sucre en poudre, la verser dans la soupière.

32. Riz aux choux, à la Milanaise. — Émincer les parties tendres d'un chou-frisé, les mettre dans une casserole, les mouiller avec 2 litres de bouillon ; poser la casserole sur feu vif. Dix minutes après, ajouter au liquide 300 grammes de riz de Piémont ; continuer l'ébullition ; un quart d'heure après, lui mêler une poignée de parmesan râpé, 150 grammes de lard frais, haché avec un peu de sauge et une pointe d'ail ; donner encore 5 à 6 minutes d'ébullition au liquide, le verser dans la soupière. Cette soupe si simple, est pourtant en grande faveur chez les Italiens : elle doit être tenue un peu consistante, et le riz peu cuit.

33. **Soupe à la fermière.** — Éplucher 2 oignons, un poireau, la moitié d'un chou d'hiver, 2 carottes, un moyen navet, un pied de céleri, 2 laitues, une poignée de haricots-verts ou flageolets, et 4 pommes de terre. — Émincer oignons et poireaux, les faire revenir avec du lard haché ; quand ils sont de couleur blonde, ajouter les légumes et racines émincés, moins les pommes de terre, et 500 grammes de jambon cru, blanchi ; cuire les légumes jusqu'à ce qu'ils aient réduit leur humidité. Après 25 minutes d'ébullition, adjoindre aux légumes les pommes de terre émincées ; quand celles-ci sont à peu près cuites, ajouter une poignée de feuilles d'oseille, 2 laitues émincées ; quelques minutes après, retirer le jambon ; finir la soupe avec une pincée de cerfeuil haché, la verser dans la soupière sur des tranches de pain grillées.

34. **Soupe aux choux gratinés.** — Préparer d'abord un bouillon de pot-au-feu selon la méthode ordinaire. Quand la viande est à moitié cuite, diviser 2 petits choux-verts chacun en 4 parties, les laver, les plonger à l'eau bouillante et salée, les faire bouillir pendant un quart d'heure, les égoutter, les rafraîchir, en exprimer toute l'eau.

Faire braiser les choux ; les égoutter, afin d'en extraire la graisse, mais sans les presser. Retirer soigneusement les parties dures du cœur, diviser chaque quartier en 2 ou 3 morceaux, les déposer dans une terrine, les mélanger à l'aide d'une cuiller, en les saupoudrant avec du parmesan râpé. Étaler une couche de tranches de pain au fond d'un plat creux, pouvant aller au four ; sur ce pain, ranger une couche de choux ; continuer ainsi, en alternant les choux et les tranches de pain, mais en ayant soin d'humecter légèrement celles-ci avec du bouillon non dégraissé ; saupoudrer le dessus avec une poignée de parmesan, tenir le plat au four doux pendant 20 minutes ; envoyer séparément le bouillon et les choux gratinés.

35. **Soupe aux morilles farcies.** — Choisir une vingtaine de jolies morilles, fraîches ; les vider du côté de la tige, les laver, les cuire pendant 5 minutes avec du beurre et jus de citron ; quand elles sont froides, les emplir avec une farce à quenelles aux fines-herbes ; les remettre dans leur cuisson, faire pocher la farce. Laver 3 ou 4 poignées d'autres morilles, les émincer, les cuire aussi avec du beurre.

Tenir en ébullition, sur le côté du feu, 2 litres de fonds à potage lié, blond ; ajouter un morceau de jambon cru, le faire dépouiller pendant 20 minutes ; lui mêler alors les morilles émincées. Un quart d'heure après, dégraisser la soupe, la passer, la lier avec quelques jaunes d'œufs étendus avec de la crème ; ajouter une pointe de cayenne, la verser dans la soupière, lui mêler les morilles farcies.

SOUPES.

36. Menestrone à la Milanaise. — Hacher 150 à 200 grammes de lard avec une pointe d'ail; les mettre dans une casserole avec un morceau de jambon cru, un chou-frisé grossièrement émincé, 2 à 3 poignées de haricots frais en grains, flageolets ou autres; mouiller ces légumes avec 3 litres de bouillon, poser la casserole sur feu vigoureux; 10 minutes après, ajouter 4 cuillerées de choux-raves tendres, coupés en dés moyens, autant de racines de céleri, autant de haricots-verts coupés en tronçons. Huit à dix minutes après, ajouter 2 poignées de fèves fraîches, autant de petits-pois et de pointes d'asperges, une tomate hachée, 300 à 400 grammes de riz de Piémont sans être lavé, ainsi que 2 ou 3 saucisses fumées. Continuer l'ébullition jusqu'à ce que le riz soit cuit à point : il faut de 12 à 14 minutes. — Au dernier moment, mêler à la soupe une poignée de parmesan râpé; retirer le jambon et les saucisses, verser le bouillon et les légumes dans la soupière. Couper les saucisses, les adjoindre à la soupe.

37. Soupe aux carottes nouvelles. — Choisir 4 à 5 douzaines de petites carottes de primeur, les tourner, les faire blanchir pendant 5 à 6 minutes, les égoutter, les placer dans une casserole avec un morceau de beurre, un peu de sel, une pincée de sucre; les mouiller juste à couvert avec du bouillon. Faire bouillir le liquide jusqu'à ce qu'il soit réduit à glace : les carottes doivent alors se trouver cuites; les plonger aussitôt dans 2 à 3 litres de consommé ou bon bouillon de pot-au-feu, ajouter à la soupe une petite pluche de cerfeuil, la verser dans la soupière.

38. Soupe aux laitues. — Préparer 3 litres de bouillon, en procédant comme il est dit pour la croûte-au-pot; quand il est passé et dégraissé, le tenir au chaud. Faire blanchir une douzaine de laitues : en les sortant de l'eau bouillante, les plonger à l'eau froide, les égoutter, les presser une à une entre les mains afin d'en extraire l'eau; les ranger dans une casserole, masquée au fond, avec des tranches de lard mince et du jambon; les faire braiser; les égoutter ensuite; les couper transversalement chacune en trois parties, les déposer dans la soupière avec des tranches de pain grillées, verser le bouillon sur le pain et les laitues.

39. Soupe du grand-duc. — Mettre dans une casserole 100 grammes de beurre; quand il est fondu, lui mêler 2 cuillerées-à-bouche de farine; cuire celle-ci pendant quelques minutes sans lui faire perdre couleur; la délayer avec 3 litres de bouillon; ajouter quelques parures de jambon cru, un bouquet de persil; tourner le liquide sur feu jusqu'à l'ébullition, le retirer sur le côté. — Couper de longueur égale les pointes de quelques poignées d'asperges blanches, de moyenne grosseur; les tenir de côté; casser le restant des tiges longues, à l'endroit où elles cessent d'être tendres, les couper en petits tronçons, les plonger dans la soupe, ainsi que 2 poignées de riz, lavé. Trois quarts d'heure après, verser la soupe sur un tamis, égoutter le liquide dans une casserole, mais sans faire passer le riz ni les asperges;

dégraisser la soupe, la faire bouillir, la lier avec 3 jaunes d'œufs mêlés avec une poignée de parmesan, étendus avec un peu de crème; la verser dans la soupière, lui adjoindre les pointes d'asperges cuites à l'eau salée, ainsi que 8 à 10 œufs pochés dans du bouillon.

40. **Soupe au cresson.** — Préparer un roux avec 125 grammes de beurre, autant de farine; le délayer avec de bon bouillon, de façon à obtenir un fond peu lié, blanc; le tourner sur feu jusqu'à l'ébullition, le retirer sur le côté, le faire dépouiller pendant 25 minutes, en le dégraissant. — Trier 2 poignées de cresson de fontaine, le faire blanchir à l'eau salée, l'égoutter, en exprimer l'humidité, le piler avec un morceau de beurre; lui mêler 3 jaunes d'œufs, le passer au tamis. — Au moment de servir, incorporer cette purée au fond à potage, passé; verser la soupe dans la soupière. — On sert souvent cette soupe en Angleterre.

41. **Soupe aux choux.** — Mettre dans une marmite en terre, un kilogramme de poitrine de bœuf, et 500 gr. de petit-salé; mouiller ces viandes avec 6 à 7 litres d'eau froide; faire bouillir le liquide, en l'écumant, le retirer sur le côté; 2 heures après, ajouter un gros oignon piqué de 3 clous de girofle, 2 carottes, un navet. — Couper un chou d'hiver en quartiers, les laver, les plonger à l'eau bouillante, les cuire pendant 7 à 8 minutes; les égoutter, les mêler au bouillon; couvrir la marmite, continuer l'ébullition modérée. Deux heures après, viandes et légumes doivent être cuits. — Prendre le bouillon avec une grande cuiller-à-pot, le passer dans une soupière, au fond de laquelle seront déposées des tranches minces de pain; retirer aussi les quartiers de chou, en couper une partie en morceaux, les placer dans la soupière, ainsi qu'une partie des autres légumes, carottes et navets, également coupés; saupoudrer la soupe avec une pincée de poivre fin et l'envoyer.

Dresser les viandes de bœuf et de porc dans un plat, en les entourant avec le surplus des légumes.

42. **Soupe santé.** — Émincer 4 laitues, la moitié de ce volume de feuilles de poirée, 2 poignées de feuilles d'oseille, une poignée de cerfeuil, autant de feuilles tendres de céleri. — Émincer 2 poireaux et un oignon, les mettre dans une casserole, les faire revenir au beurre; 2 minutes après, leur mêler les feuilles de laitue, de poirée et de céleri, les faire revenir pendant 10 minutes; ajouter ensuite l'oseille et le cerfeuil, les mouiller avec 2 litres de bon bouillon, préparé dans les conditions prescrites art. 3; après 10 minutes d'ébullition, retirer la casserole, dégraisser la soupe, la verser dans la soupière, lui mêler des tranches de pain.

43. **Soupe mille-fanti.** — Cette soupe est très-estimée, et souvent servie dans toutes les contrées de l'Italie. — Déposer dans une terrine 3 poignées de mie de pain fraîche râpée, lui mêler trois quarts de son volume de parmesan également râpé; délayer l'appareil avec 4 œufs entiers, l'assaisonner avec une pointe de

muscade, le verser dans 2 litres de bon bouillon clarifié, tenu en ébullition ; fouetter le liquide pendant 2 minutes, au premier bouillon le retirer sur le côté. Un quart d'heure après, remuer le liquide avec le fouet, le verser dans la soupière.

44. Soupe au fromage. — Hacher un gros oignon blanc, le mettre dans une casserole avec du beurre, le faire revenir tout doucement jusqu'à ce qu'il soit de belle couleur ; le mouiller alors avec 2 litres de bouillon ; ajouter un bouquet de persil et de cerfeuil, une gousse d'ail, une feuille de laurier. Faire bouillir le liquide pendant 10 minutes, lui mêler quelques cuillerées-à-bouche de bon jus, afin de lui donner une belle couleur ; le retirer sur le côté du feu. — Couper des tranches minces de pain blanc, les faire légèrement colorer sur un gril, les ranger dans la soupière, couche par couche, en les saupoudrant avec du poivre, du parmesan râpé et du fromage de Gruyères coupé en carrés minces ou en petits dés. Verser la soupe sur le pain.

45. Garbure Italienne. — Préparer un bon pot-au-feu dans les meilleures conditions possibles. Passer et dégraisser 2 à 3 litres de bouillon, le tenir au chaud. — D'autre part, faire blanchir 2 moyens choux frisés, les diviser en quartiers, les faire braiser avec quelques saucisses fumées et un morceau de petit-salé blanchi. Faire griller quelques tranches de pain.

Quand les choux sont cuits, les égoutter, ainsi que les saucisses et le petit-salé ; dresser les choux par couches dans un plat creux ou une casserole à légumes ; saupoudrer chaque couche avec du parmesan, et masquer les légumes avec une couche de pain grillé ; arroser les légumes et le pain avec un peu de bouillon, les saupoudrer en dessus avec du parmesan ; tenir le plat à la bouche du four pendant un quart d'heure ; en le sortant, dresser autour des légumes les saucisses et le petit-salé coupés. Verser le bouillon dans la soupière, et servir.

46. Garbure Béarnaise. — Cette soupe est populaire dans les provinces Basques et en Gascogne. Je vais la décrire telle que j'ai appris à la faire en plein Béarn, dans la jolie ville de Pau.

Faire blanchir 500 grammes de petit-salé et 200 grammes de jambon cru ; les mettre dans une marmite en terre avec 4 litres d'eau froide, poser la marmite sur le feu, faire bouillir le liquide, en l'écumant, le retirer sur le côté ; 2 heures après, ajouter un quart de litre de fèves fraîches, écossées, autant de pois frais, un chou émincé, 2 poignées de gros haricots-verts coupés en tronçons, et enfin une aile d'*oie confite* (Voy. aux Volailles), continuer l'ébullition modérée.

Vingt minutes avant de servir, couper la croûte supérieure d'un pain de ménage, la diviser en bandes, émincer celles-ci sur le travers. Mettre ce pain dans un plat de métal, l'arroser avec du dégraissis du bouillon, le faire gratiner à four modéré pendant un quart d'heure. — Au dernier moment, retirer les viandes de la marmite, les dresser sur un plat, les entourer avec une partie seulement des légumes, verser le bouillon et le restant des légumes dans la soupière, envoyer celle-ci en même temps que le pain gratiné.— En hiver, on prépare cette soupe avec des choux, des navets, des haricots blancs et des pommes de terre.

47. **Soupe de Noël, à la Napolitaine.** — Il est d'usage à Naples, le jour de Noël, de manger un potage garni avec du macaroni de gros calibre, cannelé à

Fig. 89. — Rôtisserie à l'anglaise. (V. page 14.)

l'extérieur, et coupé en pointe des deux bouts; on les appelle : *canneloni*. Cuire ces canneloni tout simplement à l'eau salée, les égoutter ensuite dans une passoire, et les mettre dans la soupière, verser dans celle-ci un bon consommé mêlé avec quelques cuillerées de purée de tomates, bien rouge, mais non liée ; envoyer séparément une assiette de parmesan râpé.

48. **Soupe au macaroni, à la crème.** — Mettre dans une petite

marmite, une poule, un jarret de veau, un peu de sel, 4 à 5 litres d'eau; poser la marmite sur le feu, écumer le liquide; au premier bouillon, le retirer sur le côté; ajouter une carotte, un oignon, un poireau, une racine de céleri; 4 heures après, passer le bouillon à la serviette, le dégraisser. — Avec 150 grammes de beurre et 2 cuillerées de farine former un roux, le cuire pendant quelques minutes, en le tournant, sans lui faire prendre couleur; le délayer avec le bouillon; tourner

Fig. 90. — Rôtisserie à l'anglaise. (V. page 14.)

le liquide jusqu'à l'ébullition, le retirer sur le côté du feu; 25 minutes après, le passer.

Cuire à l'eau salée 250 grammes de gros macaroni, l'égoutter, le couper de 2 centimètres de long, le mêler à la soupe. — Broyer 5 jaunes d'œufs, dans une terrine, avec une poignée de parmesan râpé, les délayer avec le quart d'un verre de crème crue; mêler cette liaison à la soupe, en même temps qu'un petit morceau de beurre, la verser dans la soupière.

49. Soupe aux capelletti, à la Bolognaise. — Cette soupe est très-estimée en Italie, mais plus particulièrement dans les Romagnes. — Préparer un *pot-au-feu* avec un kilogramme de bœuf, 500 grammes de longe de porc-frais, un os de jambon cru, une poule, des légumes, du sel et de l'eau. Cuire dans le bouillon une tetine de veau.

Préparer une pâte à nouilles, avec 400 grammes de farine, un grain de sel, gros comme une noix de beurre, 5 à 6 œufs entiers, quelques cuillerées-à-bouche d'eau tiède, une pointe de safran; l'envelopper dans un linge, la tenir à l'abri de l'air. — Quand la poule est cuite, et refroidie, prendre les chairs de l'estomac, les piler avec moitié de leur volume de tetine froide, un morceau de moelle de bœuf crue, et le quart d'une cervelle de veau cuite; quand la farce est lisse, lui incorporer une poignée de parmesan râpé, 2 jaunes d'œufs; la retirer, la déposer dans une terrine, lui mêler persil haché et muscade.

Abaisser la pâte très-mince, la diviser en losanges de 4 centimètres de diamètre, et poser au centre de chaque losange une petite boule de farce, en la poussant au cornet; humecter légèrement la pâte d'un côté seulement, la ployer sur sa longueur de façon à former un triangle; appuyer suffisamment la pâte pour la souder, rapprocher les deux pointes latérales en les tournant autour de son doigt; appuyer ces pointes pour les souder ensemble, et les renverser aussitôt, de façon à donner à l'ensemble la forme d'un petit chapeau, ce qu'il suffit d'essayer pour réussir. — Opérer de même avec la seconde moitié de la pâte.

Ranger à mesure les *capelletti* sur une feuille de papier, les couvrir avec un linge en attendant de les cuire. — Douze à quinze minutes avant de servir, plonger les *capelletti* dans la soupe, en ébullition, 5 à 6 minutes après, la retirer, la tenir ainsi quelques moments, et la verser dans la soupière; envoyer séparément une assiette de parmesan râpé.

50. Soupe à l'orge, aux légumes nouveaux. — Mettre dans une casserole 4 litres de bon bouillon passé et dégraissé; le faire bouillir, lui mêler 250 grammes d'orge perlé d'Allemagne, préalablement cuit à l'eau pendant 25 minutes. Après une heure d'ébullition, additionner au liquide une petite macédoine de légumes nouveaux, tels que : carottes, pieds de céleri, et navets coupés en petits dés. — Au moment de servir, déposer dans la soupière quelques cuillerées de petits-pois, de pointes d'asperges et de choux-fleurs cuits. Finir la soupe avec une pincée de cerfeuil haché.

51. Soupe aux noques, à la farine. — Préparer un roux avec 150 grammes de beurre, autant de farine; le cuire pendant quelques minutes seulement sans le colorer; le mouiller avec 3 litres de bon bouillon; tourner le liquide jusqu'à l'ébullition, retirer la casserole sur le côté du feu. — D'autre part, travailler avec la cuiller, dans une terrine, 250 grammes de beurre à moitié fondu; aussitôt qu'il est lié en crème, lui incorporer, l'un après l'autre, 3 jaunes et 2 œufs entiers. Quand l'appareil est mousseux, lui mêler 200 grammes de farine tamisée et 2 blancs fouettés; l'assaisonner avec sel et muscade, en essayer une petite partie, en le faisant pocher à l'eau bouillante, afin de le rectifier au besoin, en ajoutant de la farine, s'il était trop léger, ou du beurre, s'il était trop consistant. Le prendre alors avec une petite cuiller à café, le laisser tomber (en le dégageant avec un doigt) dans de l'eau bouillante et salée, tenue sur le côté du feu; donner un seul bouillon au liquide; tenir les noques dans l'eau jusqu'à ce qu'elles soient raffermies; les égoutter, les déposer dans la soupière. Dégraisser la soupe, la lier avec 4 jaunes d'œufs délayés avec un peu de crème, la verser dans la soupière, en la passant.

52. La soupe au chat, à l'Espagnole. — Ceux qui ont habité, ou visité l'Espagne savent que cette soupe si simple, est pourtant très-prisée par les Espagnols : c'est l'unique motif qui m'a porté à la produire.

Chauffer dans une casserole un demi-verre d'huile, jusqu'à ce qu'elle commence à fumer; additionner alors quelques gousses d'ail crues, pelées, une pincée de poivre rouge, une pointe de safran, une feuille de laurier; laisser frire les gousses d'ail pendant quelques secondes, les mouiller avec un litre d'eau chaude ou de bouillon; faire bouillir le liquide; 10 minutes après, retirer l'ail et le laurier, mêler à la soupe une assiette de tranches de pain blanc grillées; la faire bouillir pendant quelques minutes, puis la verser dans un plat creux, ou une casserole à légumes; la pousser alors à four doux, la faire mitonner jusqu'à ce que le liquide soit à peu près absorbé; à ce point, retirer la soupe, et avec une cuiller, faire de petites fossettes sur la surface du pain : mettre un œuf poché dans chaque creux; servir aussitôt.

53. Soupe à l'oignon, à la Parisienne. — Émincer 4 oignons de Portugal, blancs et doux, les faire revenir avec du beurre, dans une casserole, sur feu modéré, en les tournant; ajouter une pincée de sucre, les cuire, en leur faisant prendre une couleur blonde; les mouiller alors avec à peu près 2 litres de consommé chaud, ajouter un petit bouquet de persil garni d'une feuille de laurier, faire bouillir le liquide pendant 8 minutes. Couper minces des tranches de pain blanc, les faire griller, les ranger dans la soupière par couches; saupoudrer chaque couche avec une pincée de poivre fin, verser la soupe sur le pain, et l'envoyer. — Cette soupe donne d'excellents résultats, mais il est évident que le consommé peut être remplacé par de simple bouillon.

54. Pilaw à la Turque. — Le pilaw est le vrai mets national de la Turquie; il est de plus, dans ce pays, le mets quotidien des riches et des pauvres. — Laver 2 livres de bon riz d'Égypte ou de Piémont, le déposer sur un tamis, le faire sécher pendant une demi-heure. Placer le riz dans une casserole plus large que haute, le mouiller deux fois sa hauteur avec du bouillon blanc, de volaille ou de mouton ; faire bouillir le liquide pendant 15 minutes : le riz doit être alors crevé. Cuire à la noisette 250 grammes de beurre, le verser sur le riz, couvrir la casserole, la retirer à la bouche du four ; 10 minutes après, servir le pilaw.

55. Soupe de blé-vert, à l'Allemande. — Faire bouillir 2 litres de bon bouillon, lui mêler 400 grammes de semoule de blé-vert, en la laissant tomber en pluie, dans le liquide ; retirer la casserole sur le côté du feu ; une demi-heure après, passer la soupe au tamis fin, la remettre dans la casserole, lui mêler une pointe de muscade, une pincée de sucre ; la tourner jusqu'à l'ébullition, la lier avec quelques jaunes d'œufs étendus avec un peu de crême ; la verser dans la soupière.

56. Soupe d'œufs, au parmesan. — Tenir en ébullition, dans une casserole, un litre et demi de bon bouillon. — Mettre 8 à 10 jaunes d'œufs dans une terrine, les travailler à la cuiller pendant 7 à 8 minutes ; additionner 2 poignées de parmesan râpé, ainsi que 2 cuillerées-à-bouche de farine ; ajouter une pointe de muscade ; essayer une petite partie de l'appareil en le laissant tomber dans le bouillon en ébullition ; s'il est à point, il doit se raffermir en chauffant, au lieu de se dissoudre ; dans ce cas, le rectifier, en additionnant un peu de farine, ou de parmesan râpé. Dix minutes avant de servir, verser l'appareil dans 4 cornets en fort papier écolier, dont le bout est coupé, de façon à laisser couler la pâte, en cordons de la grosseur d'un petit macaroni ; prendre 2 cornets de chaque main, les tenir au-dessus du bouillon en ébullition, et laisser tomber la pâte dedans. Quand l'appareil est absorbé, couvrir la casserole, la tenir hors du feu pendant 5 à 6 minutes ; verser ensuite la soupe dans la soupière, et servir séparément une assiette de parmesan râpé.

57. Soupe à la farine. — Avec 2 jarrets de veau, les abatis de 2 volailles, des légumes, du sel et de l'eau, préparer un bouillon blanc. Quand les viandes sont cuites, les retirer, et passer le bouillon à la serviette. — Avec 100 grammes de beurre, 2 cuillerées-à-bouche de farine, préparer un roux, le cuire pendant quelques minutes sans lui faire prendre couleur ; le délayer avec le bouillon, tourner le liquide jusqu'à l'ébullition, le retirer sur le côté : elle doit être peu liée ; 25 minutes après, dégraisser la soupe, la passer, la faire bouillir, la lier avec 3 ou 4 jaunes d'œufs délayés avec un peu de crême. — D'autre part, préparer une petite garniture de légumes printaniers, tels que : pointes d'asperges, haricots-verts et concombres coupés en losanges ; choux-fleurs en petits bouquets, carottes nouvelles et choux-raves coupés en dés, ainsi que quelques poignées de petits-pois ; cuire tour à tour ces légumes à l'eau salée ; les mêler à la soupe, verser celle-ci dans la soupière ; ajouter les chairs du jarret de veau coupées en petits carrés, les abatis de volaille parés, 2 douzaines de klœuses au pain, une pincée de persil haché.

58. Tapioka aux tomates. — Mettre en ébullition 2 litres de bouillon clarifié, lui mêler 200 grammes de bon tapioka, retirer la casserole sur le côté du feu. — D'autre part, égrener 4 à 5 tomates, les mettre dans une casserole avec un petit oignon, un bouquet de persil garni d'une feuille de laurier ; ajouter un peu de sel, quelques grains de poivre ; poser la casserole sur feu, faire vivement réduire l'humidité des tomates, les passer au tamis. Mêler la purée à la soupe, l'envoyer aussitôt.

59. Sagou au vin de Bordeaux. — Cette soupe n'est plus en usage dans les dîners, mais on la sert souvent comme fortifiant. — Laver et cuire à grande eau, 200 à 300 grammes de bon sagou des Indes, jusqu'à ce que le point blanc de chaque grain ait disparu ; l'égoutter alors, le mettre dans un poêlon rouge, lui mêler une bouteille de bon vin de Bordeaux blanc ou rouge, un peu de sucre, un brin de zeste de citron. Tourner le liquide sur feu jusqu'à ce que le vin soit bien chaud, mais sans le faire bouillir ; servir aussitôt la soupe.

60. Crème de riz aux ailerons. — Verser dans une casserole la valeur de 3 litres de bouillon blanc, le faire bouillir, lui adjoindre 300 grammes de riz lavé ; retirer la casserole sur le côté du feu ; cuire le riz jusqu'à ce qu'il soit en purée ; verser alors la soupe dans une autre casserole, en la passant au tamis, mais sans pression ; la remettre sur le feu.

Désosser une quinzaine d'ailerons de poulardes tendres, en ne laissant intacte que l'extrémité ; rentrer les chairs dans le vide qu'a laissé l'os, en les renversant, de façon à former une espèce de poire. Blanchir les ailerons, les rafraîchir, les parer, les ranger dans une petite casserole, les mouiller à couvert avec du bouillon blanc, les couvrir avec du papier beurré, les faire cuire à feu modéré. Quand ils sont à peu près à point, les égoutter, les parer, les mêler à la soupe, ainsi que le fond de leur cuisson. Dix minutes après, la dégraisser, la lier avec quelques jaunes d'œufs, lui incorporer 100 grammes de beurre frais ; la servir aussitôt.

61. Crème d'avenas. — L'avenas est un gruau d'avoine. La crème d'avenas est réputée très-stomachique et rafraîchissante. — Mettre 250 grammes d'avenas dans une casserole avec la valeur d'un litre d'eau, un grain de sel, le cuire à feu très-doux pendant 3 heures ; le passer au tamis, puis à l'étamine. Délayer cette crème avec la valeur d'un litre et demi de bouillon blanc, la faire bouillir, la retirer sur le côté du feu, lui mêler une pincée de sucre ; une heure après, finir la soupe, en lui incorporant un peu de crème et un morceau de beurre. L'envoyer avec des croûtons de pain frits au beurre.

62. Crème de riz, à la Florentine. — Lier 2 litres de consommé en ébullition avec 4 à 5 cuillerées-à-bouche de farine de riz, délayée à l'eau froide ; au premier bouillon, retirer la soupe sur le côté du feu, ajouter un bouquet de feuilles de céleri ; 25 minutes après, l'écumer, la lier avec 4 à 5 cuillerées de purée de volaille, mêlée avec 4 à 5 jaunes d'œufs crus, et un peu de crème ; la verser dans la soupière, en la passant; ajouter quelques cuillerées de petits-pois cuits à l'eau salée ; la servir aussitôt.

63. **Crème d'orge, à la Viennoise.** — Mettre 400 grammes d'orge perlé dans une casserole avec 2 litres d'eau bouillante, un peu de sel, gros comme un œuf de beurre ; couvrir la casserole, faire bouillir le liquide, le retirer sur le côté du feu ; remuer l'orge de temps en temps ; une heure après, le travailler vivement avec une cuiller en bois pendant 5 à 6 minutes, en le broyant ; le délayer alors, peu à peu, avec 3 litres de bouillon blanc. Faire bouillir le liquide pendant une heure, le passer au tamis d'abord, et à l'étamine ensuite. Verser la crème dans une casserole, la faire bouillir, la retirer sur le côté du feu ; ajouter une pincée de sucre, 200 grammes de gros macaroni cuit à l'eau, coupé en morceaux. Lier la soupe avec une liaison de quelques jaunes d'œufs mêlés avec une poignée de parmesan râpé ; l'envoyer aussitôt.

64. **Purée de canard, à la Rouennaise.** — Prendre l'estomac d'un bon canard cuit, en supprimer la peau et les os, les piler avec un morceau de beurre ; les assaisonner avec une pointe de muscade, les délayer avec 2 cuillerées de sauce ; leur mêler 3 à 4 jaunes d'œufs, les passer au tamis. — Émincer 3 gros oignons, les faire revenir de belle couleur avec du beurre, les saupoudrer avec 2 cuillerées de farine ; cuire celle-ci pendant quelques secondes, la délayer, peu à peu, avec 2 litres de bon bouillon ; tourner le liquide jusqu'à l'ébullition, le retirer sur le côté du feu ; ajouter un bouquet d'aromates, une poignée de parures de champignons. Vingt-cinq minutes après, dégraisser la soupe, la passer, la faire bouillir, la lier avec la purée.

65. **Purée d'herbes, aux quenelles de pommes de terre.** — Émincer 2 poireaux et un chou frisé, les mettre dans une casserole avec du beurre ; cuire tout doucement ces légumes pendant une heure ; leur mêler 4 à 5 têtes de laitues (aussi émincées), une poignée de feuilles de bourrache, une de feuilles de poirée, une de feuilles d'oseille, une pincée de cerfeuil.

Quand ces herbes sont cuites, les saupoudrer avec une cuillerée-à-bouche de farine, les mouiller avec 2 litres de bouillon, faire bouillir le liquide, en le tournant ; quelques minutes après, le passer au tamis. Verser la purée dans une autre casserole, ajouter le bouillon nécessaire, ainsi qu'une pincée de sucre ; la faire bouillir, la lier avec 6 jaunes d'œufs délayés avec un demi-verre de crème, la finir, en incorporant 200 grammes de beurre divisé en petites parties, lui adjoindre une garniture de quenelles, ainsi préparées :

Quenelles de pommes de terre. — Prendre la valeur de 600 grammes de purée de pommes de terre passée, chaude ; la mettre dans une casserole, lui mêler 5 à 6 jaunes d'œufs, 50 grammes de beurre, sel, muscade, une pincée de sucre ; la déposer sur la table farinée, la travailler avec la main afin de lui donner de la consistance, en lui faisant absorber de la farine ; diviser l'appareil en trois parties, les rouler en boudins, couper ceux-ci transversalement en morceaux, les rouler de forme longue ; les plonger à l'eau bouillante et salée ; donner un bouillon au liquide, le retirer du feu ; 3 minutes après, égoutter les quenelles.

66. **Purée de volaille au riz.** — Déposer au fond d'une marmite une bonne poule, et un jarret de veau ; les mouiller à l'eau froide ; ajouter un peu de sel ; poser le vase sur feu, faire bouillir le liquide, en l'écumant ; au premier bouillon, le retirer sur le côté ; ajouter un morceau de navet, un morceau de racine de céleri, un poireau, un oignon, 2 clous de girofle. A mesure que la poule et le veau sont cuits, les retirer. Passer le bouillon dans une casserole, lui mêler 200 grammes de riz trié, mais sans être lavé ni blanchi ; continuer l'ébullition modérée.

Dans l'intervalle, retirer les chairs blanches de la poule, les couper en morceaux, les piler jusqu'à ce qu'elles soient converties en pâte. Quand le riz est fondu, le verser, ainsi que le liquide, sur un tamis ordinaire, déposé sur une terrine, afin de recueillir le bouillon ; avec ce bouillon légèrement lié, délayer les chairs de volaille pilées ; les passer à l'étamine, verser la purée dans une casserole ; chauffer la soupe sans la faire bouillir, l'assaisonner à point, la finir, en lui incorporant quelques cuillerées de bonne crème double, ainsi qu'un morceau de beurre.

67. **Purée d'oseille aux tanches.** — Trier et laver quelques poignées de feuilles d'oseille, les mettre dans une casserole avec un peu d'eau afin de les faire fondre ; les égoutter, les passer au tamis. — Émincer un oignon, un poireau, 2 carottes, un morceau de racine de céleri ; les mettre dans une casserole, les faire revenir au beurre, tout doucement, les mouiller avec 2 ou 3 litres d'eau chaude ; faire bouillir le liquide, lui mêler un peu de sel, grosses épices, un bouquet de persil, une poignée de parures de champignons, et enfin 2 moyennes tanches coupées en tronçons ; faire cuire ce poisson, l'égoutter, et passer le bouillon. — Avec 100 grammes de beurre et une cuillerée de farine, préparer un roux léger ; le cuire pendant quelques minutes, lui mêler la purée d'oseille ; 3 minutes après, délayer celle-ci, peu à peu, avec le bouillon du poisson ; tourner le liquide jusqu'à l'ébullition, le retirer sur le côté ; lui mêler les filets de tanches, sans peau ni arêtes, le lier avec quelques jaunes d'œuf délayés avec du bouillon, le verser aussitôt dans la soupière.

68. **Purée Belge.** — Éplucher un demi-litre de choux de Bruxelles, frais ; les faire blanchir à l'eau salée ; les égoutter, les mettre dans une casserole avec du beurre, les faire sauter pendant quelques minutes ; les assaisonner, les

piler, leur mêler un morceau de beurre et quelques jaunes d'œufs, les passer ensuite au tamis.

Avec 150 grammes de beurre et 2 cuillerées de farine, préparer un roux, sans lui faire prendre couleur, le délayer avec du bouillon; tourner le liquide jusqu'à l'ébullition; le retirer sur le côté du feu, l'écumer, le dégraisser. Vingt-cinq minutes après, passer la soupe au tamis, la faire bouillir, la lier avec l'appareil préparé, lui mêler une pincée de sucre, la verser dans la soupière.

69. Purée de topinambours, à la crème. — Prendre la valeur d'un demi-litre de topinambours, les éplucher, les laver, les émincer, les faire égoutter sur un tamis. — Hacher un oignon, le faire légèrement colorer avec du beurre, dans une casserole; lui mêler les topinambours; faire revenir ceux-ci tout doucement jusqu'à ce qu'ils soient à moitié cuits; les assaisonner, les saupoudrer avec une pincée de farine, les mouiller avec un peu de bouillon; retirer la casserole sur feu modéré, finir de les cuire; les passer ensuite au tamis; délayer cette purée avec 2 à 3 litres de bouillon, la finir avec une pointe de muscade, la lier avec 5 à 6 jaunes d'œufs délayés avec un verre de crème crue; la servir aussitôt.

70. Purée de chicorée, aux quenelles de foie. — Éplucher et laver 7 à 8 têtes de chicorées, les couper en travers, les plonger à l'eau bouillante, salée, les cuire pendant 10 minutes; les égoutter, les rafraîchir, en exprimer l'eau, les hacher. Déposer cette chicorée dans une casserole avec un morceau de beurre; la faire revenir jusqu'à ce qu'elle ait réduit son humidité. L'assaisonner alors, la saupoudrer avec une pincée de farine, la mouiller avec du bouillon chaud; tourner le liquide jusqu'à l'ébullition, lui mêler une pincée de sucre; quelques minutes après, passer la soupe, la faire bouillir pendant 20 minutes, la lier avec 4 jaunes d'œufs; la finir avec un morceau de beurre. Retirer le fiel à 7 ou 8 foies de volaille, les hacher, les mêler avec moitié de leur volume de graisse de rognons de veau, hachée, ainsi qu'une égale quantité de mie de pain blanc, trempée dans du lait, bien exprimée; déposer l'appareil dans une terrine, lui mêler une pincée de persil haché, 3 œufs entiers, quelques jaunes, une pincée de farine. A ce point, essayer la consistance de l'appareil, le rectifier au besoin; le diviser ensuite en petites parties, rouler celles-ci sur la table farinée, former les quenelles, en leur donnant la forme ronde ou ovale; les faire pocher à l'eau salée, les égoutter, les déposer dans la soupière, verser la purée dessus.

71. Purée d'oignons, aux tanches. — Couper en tronçons 2 moyennes tanches, les mettre dans une casserole avec quelques légumes émincés, un bouquet de persil, un peu de sel, une demi-bouteille de vin blanc, 3 litres d'eau; cuire le poisson pendant 10 à 12 minutes, l'égoutter ensuite, et passer le bouillon. — Émincer 4 à 5 gros oignons, les faire blanchir, les mettre dans une casserole avec

SOUPES.

Fig. 91. — Rôtisserie à l'ancienne. (V. page 16.)

200 grammes de beurre, un peu de sel, une pincée de sucre, les faire revenir, en les tournant, jusqu'à ce qu'ils soient de couleur blonde, les saupoudrer alors avec une petite poignée de farine, les mouiller avec le bouillon préparé ; faire bouillir le liquide, le retirer sur le côté du feu ; une demi-heure après, le passer, le faire encore bouillir, le lier avec 2 jaunes d'œuf, lui mêler les filets de tanches sans peau ni arêtes.

72. **Purée de racines, à la crème.** — Émincer 2 oignons, 2 poireaux, 2 carottes, 3 racines de choux-raves tendres, un navet, une tête de racine de céleri; mettre ces légumes dans une casserole avec un morceau de beurre, les saler, les faire revenir pendant un quart d'heure sur feu modéré, les mouiller avec 3 litres de bouillon ; leur mêler alors 3 pommes de terre, crues, pelées, émincées, ainsi qu'un bouquet de cerfeuil ; continuer l'ébullition jusqu'à ce que ces légumes soient cuits ; les passer au tamis fin; délayer la purée avec le liquide ; au premier bouillon, la lier avec 6 jaunes d'œuf, délayés avec 2 verres de bonne crème crue, lui incorporer 100 grammes de beurre, la verser dans la soupière. Envoyer séparément des croûtons de pain frits.

73. **Purée de marrons, aux saucisses.** — Faire légèrement rôtir 4 à 5 douzaines de marrons, en supprimer l'écorce et la peau, les mettre dans une casserole, les couvrir avec du bouillon, les faire cuire ; les passer au tamis. Déposer cette purée dans une casserole, la délayer avec du bouillon chaud ; tourner la soupe sur feu jusqu'à l'ébullition, la retirer aussitôt sur le côté du feu ; ajouter 5 à 6 petites saucisses fraîches ou fumées, la cuire pendant 20 minutes ; au dernier moment, la verser dans la soupière. Couper les saucisses en petits tronçons, les mêler à la soupe.

74. **Purée de tomates, aux quenelles.** — Émincer 2 oignons, un poireau, une carotte, 5 à 6 morceaux de pommes de terre crues ; mettre d'abord les oignons et poireaux dans une casserole avec un morceau de beurre, et 2 cuillerées de jambon cru, les faire légèrement colorer; ajouter aussitôt les morceaux de pommes de terre et de carottes ; 5 minutes après, mouiller ces légumes avec du bouillon, les cuire tout doucement. Une demi-heure après, ajouter 5 à 6 bonnes tomates, coupées en petits morceaux, une feuille de laurier, un bouquet de persil. Aussitôt que les pommes de terre sont cuites, passer le tout au tamis ; étendre cette purée avec 2 litres de bouillon, la passer de nouveau ; la chauffer à point, lui mêler 3 douzaines de petites quenelles de volaille ou de veau, la verser dans la soupière.

75. **Purée de courge, au riz.** — Les courges sont connues dans le Nord sous le nom de *potirons*. Le midi de la France, l'Italie et l'Espagne en four-

nissent d'excellentes; mais les espèces sont très-variées; pour les purées, on choisit naturellement les meilleures, à chairs fermes et odorantes.

Supprimer de la courge l'écorce extérieure et les membranes de l'intérieur, auxquelles adhèrent les semences; couper la valeur d'un litre de chairs. Émincer un oignon, le faire revenir au beurre sans prendre couleur, ajouter la courge coupée; saler légèrement celle-ci, la faire cuire à feu modéré jusqu'à ce que les chairs soient fondues et l'humidité réduite; la passer alors au tamis; verser la purée dans une casserole, la délayer avec du bouillon frais, de façon qu'elle soit plutôt légère qu'épaisse; la tourner jusqu'à l'ébullition, la retirer sur le côté, lui mêler 300 grammes de riz cuit; 10 minutes après, la lier, et l'envoyer.

76. Purée de pommes de terre, à la Genevoise. — Peler une quinzaine de bonnes pommes de terre, les émincer, les déposer dans une casserole, les couvrir largement avec du bouillon frais de pot-au-feu, faire bouillir tout doucement le liquide jusqu'à ce que les pommes de terre soient bien cuites; les passer alors au tamis; verser la purée dans une casserole, la faire bouillir, la retirer sur le côté; ajouter 3 têtes de laitues émincées et blanchies; continuer l'ébullition jusqu'à ce que les laitues soient cuites.

D'autre part, faire cuire à l'eau salée une poignée de choux de Bruxelles, autant de petits-pois, autant de pointes d'asperges blanches, autant de haricots-flageolets, ainsi qu'une petite tête de chou-fleur divisée en deux parties. — Préparer une liaison avec 4 jaunes d'œuf, une poignée de parmesan râpé, un peu de crème et muscade. Cinq minutes avant de servir, mêler les légumes à la purée, lier celle-ci sans ébullition, la verser dans la soupière.

77. Purée de pommes de terre, à la Hollandaise. — Mettre dans une marmite un jarret et un os de veau et une poule; les mouiller avec 4 à 5 litres d'eau froide, ajouter un peu de sel; poser la marmite sur feu, écumer le liquide; au premier bouillon, le retirer sur le côté, ajouter 2 poireaux, une laitue, un peu de cerfeuil liés ensemble, ainsi qu'un moyen navet entier, et une carotte. — Une heure après, plonger dans la marmite 8 à 10 pommes de terre crues, épluchées; continuer l'ébullition jusqu'à ce que celles-ci soient défaites par la cuisson. Retirer alors le bouquet, le navet et la carotte; passer le liquide et les pommes de terre au tamis, verser la soupe dans une casserole, la faire bouillir, en la tournant; la lier avec 5 jaunes d'œuf, délayés avec le quart d'un verre de bonne crème. — Détacher l'estomac de la poule, en supprimer les os et la peau, couper les chairs en carrés, les mêler à la purée, ainsi qu'une pointe de muscade, une pincée de cerfeuil haché; servir aussitôt.

78. Purée de lentilles, maigre. — Laver 5 à 600 grammes de lentilles, les mettre dans une marmite avec 4 à 5 litres d'eau tiède, un peu de sel, un bon quet de persil garni ; les faire cuire, les passer au tamis, ensemble avec leur cuisson ; verser le liquide dans une casserole, l'amener à l'ébullition, en le tournant, le retirer sur le côté du feu. — Hacher un petit oignon et un poireau, les faire revenir au beurre, dans une petite casserole ; aussitôt qu'ils sont de couleur blonde, ajouter une forte poignée de feuilles de laitue et de poirée, quelques feuilles d'oseille et feuilles blanches de céleri, émincées. Quand ces herbes sont cuites, les mêler à la purée, la faire bouillir, la finir, en lui incorporant 100 grammes de beurre frais.

79. **Purée de cardons, aux quenelles de moelle.** — Faire blanchir quelques tiges tendres de cardon, les émincer, les mettre dans une casserole avec du beurre, les faire revenir jusqu'à ce que leur humidité soit réduite ; les assaisonner alors, les mouiller avec un peu de bouillon ; faire réduire celui-ci à casserole couverte, sur feu modéré ; répéter cette opération jusqu'à ce que les cardons soient à peu près cuits ; à ce point, les saupoudrer avec une cuillerée-à-bouche de farine, les mouiller, peu à peu, avec du bouillon ; tourner le liquide jusqu'à l'ébullition, le retirer sur le côté du feu, le faire bouillir pendant vingt-cinq minutes. Au dernier moment, dégraisser la soupe, la passer, la faire bouillir, la lier avec 3 jaunes d'œuf, étendus avec de la crème crue ; lui mêler alors une garniture de quenelles ainsi préparées :

Quenelles à la moelle. — Faire fondre (au bain-marie) 250 grammes de moelle de bœuf, la passer à travers un linge, dans une terrine, la travailler à la cuiller jusqu'à ce qu'elle commence à se lier ; lui incorporer, peu à peu, 4 jaunes, 2 ou 3 œufs entiers. Quand l'appareil est mousseux, l'assaisonner avec sel et muscade, lui mêler 2 poignées de mie de pain fraîche, de façon à former une pâte consistante ; la déposer sur la table farinée, la diviser en petites parties ; rouler celles-ci de forme ronde ou ovale, les plonger à l'eau bouillante et salée ; couvrir la casserole ; au premier bouillon, la retirer sur le côté, afin que les quenelles deviennent fermes sans bouillir ; les égoutter, les déposer dans la soupière, verser la purée dans celle-ci.

80. **Crécy au sagou.** — Mettre dans une casserole un oignon émincé, le faire revenir avec du beurre pendant 2 minutes ; ajouter la valeur d'un litre de chairs rouges de carottes, émincées très-fin ; les assaisonner avec un peu de sel, une pointe de sucre. Quand elles ont réduit leur humidité les mouiller très-légèrement avec un peu de bouillon ; couvrir la casserole, faire cuire les légumes à feu modéré, et à court mouillement, les passer au tamis, puis à l'étamine. Délayer la purée avec la valeur de 2 litres et demi de bouillon chaud, la faire bouillir, en la tournant, la retirer sur le côté du feu ; l'assaisonner, l'écumer. Dix minutes après, lui mêler 150 grammes de sagou lavé ; 20 minutes après, envoyer la soupe. — Cette soupe peut être liée.

SOUPES.

81. Soupe à la St-Cloud. — Préparer la valeur de 2 litres de soupe à la purée de pois frais, verts; la tenir sur le côté du feu; lui mêler une pincée de sucre; l'écumer avec soin. — Faire braiser 20 petites laitues; les égoutter, en éponger toute la graisse, les parer, les ranger dans la soupière. Finir la purée, en lui mêlant un peu de vert-d'épinards et un morceau de beurre; la verser dans la soupière.

82. Soupe St-Germain. — Préparer 2 litres de soupe à la purée de pois, pas trop épaisse, la tenir en ébullition sur le côté du feu; l'écumer, la lier avec une liaison de 5 jaunes d'œuf, délayés avec de la crème, mêlés avec un peu de vert-d'épinards, une pincée de sucre, un morceau de beurre; verser la soupe dans la soupière, en la passant; ajouter une garniture de petites quenelles de volaille poussées au cornet, pochées.

83. Purée de bœuf à la Russe. — Prendre un morceau de *culotte* de bœuf braisée, en supprimer toute la graisse; hacher les chairs, les piler avec un morceau de beurre, les assaisonner; ajouter 3 à 4 jaunes d'œuf, les passer ensuite. — Hacher un oignon, le faire revenir au beurre, sans prendre couleur; le saupoudrer avec une cuillerée-à-bouche de farine, cuire celle-ci pendant quelques secondes, la délayer avec 2 litres de bouillon; tourner le liquide jusqu'à l'ébullition, le retirer sur le côté du feu, l'écumer, le dégraisser. Vingt minutes après, passer la soupe, la lier avec l'appareil préparé, la chauffer sans la faire bouillir, la finir avec une pincée de fenouil haché.

84. Purée de mauviettes, à la Persane. — Laver 300 grammes de riz, le faire cuire avec du bouillon jusqu'à ce qu'il soit en purée. — Faire revenir, dans une casserole, 2 douzaines de mauviettes vidées; les assaisonner, les laisser refroidir, en retirer les filets. — Avec les carcasses, préparer un peu de jus, le mêler au riz, en le passant. — Au moment de servir, mêler à la soupe les filets de mauviettes, le jus de 2 grenades douces, et celui de 2 grenades aigres; la finir avec une pincée de menthe hachée, la verser dans la soupière.

85. Soubise des princes. — Émincer grossièrement 5 à 6 oignons blancs, les plonger à l'eau bouillante et salée, les faire cuire à moitié, les bien égoutter, les déposer dans une casserole avec du beurre, les faire revenir à feu modéré jusqu'à ce qu'ils aient réduit leur humidité; les assaisonner avec sel, une pointe de cayenne; les mouiller avec la valeur de 2 décilitres de bonne béchamel. Travailler l'appareil sur feu vif, en le tournant pendant 5 minutes, le passer ensuite au tamis; le déposer dans une terrine; lui mêler 5 à 6 cuillerées-à-bouche de glace fondue, 7 à 8 jaunes, 2 œufs entiers; le verser dans des moules à darioles, beurrés, le faire pocher au bain-marie. — D'autre part, préparer 2 litres de soupe à la reine, peu liée, la tenir chaude. Au moment de servir, démouler les petits pains, les diviser, les déposer dans la soupière, verser la soupe à la reine dans celle-ci.

86. **Purée de lentilles, à l'Anglaise.** — Flamber 2 oreilles de porc frais, les gratter, les laver, les mettre dans une petite marmite avec un morceau de jambon cru ; ajouter 3 à 4 litres d'eau ; poser la marmite sur feu ; au premier bouillon la retirer sur le côté. Quand les oreilles sont à moitié cuites, leur mêler le tiers d'un litre de lentilles triées et lavées ; ajouter simplement un oignon, un morceau de céleri : les oreilles et les lentilles doivent se trouver cuites en même temps. Égoutter les lentilles, les passer au tamis. Verser la purée dans une casserole, la délayer avec le bouillon, la passer au tamis ou à l'étamine, la faire bouillir, en la tournant ; la retirer sur le côté ; lui mêler alors les oreilles divisées, la cuire pendant un quart d'heure ; la dégraisser, l'envoyer avec des croûtons de pain frits.

87. **Soupe aux orties, à la Russe.** — Faire blanchir quelques poignées de feuilles d'ortie tendres ; les égoutter, en exprimer l'humidité, les passer au tamis ; mêler cette purée avec une égale quantité de purée d'oseille. — Préparer 2 à 3 litres de fonds à potage lié ; cuire dans ce fonds, quelques saucisses fumées ; les égoutter, les diviser, les mettre dans la soupière. Dégraisser la soupe, la passer, lui mêler la purée d'ortie et d'oseille ; quelques minutes après, la lier avec 4 cuillerées de *smitane*, passée au tamis ; la verser sur les saucisses, placées dans la soupière.

88. **Rosolnik de canard, à la Russe.** — Préparer la valeur de 3 litres de fonds à potage lié ; ajouter un canard, le tenir sur le côté du feu. — Préparer une garniture de légumes composée avec des racines de persil et de céleri ; les couper en forme de petites carottes, rondes d'un côté, pointues de l'autre ; faire sur le côté arrondi une incision en croix ; les faire blanchir, et finir de les cuire dans du bouillon. Couper en losanges des concombres salés, sans en retirer la peau ; les faire blanchir dans un poêlon pendant 5 à 6 minutes. — Au moment de servir, dégraisser la soupe, la lier avec une liaison de quelques jaunes d'œuf, délayés avec de la bonne crème, la finir avec quelques cuillerées de jus d'agoursis, lui mêler les légumes et le canard, celui-ci divisé en morceaux, et paré, la verser dans la soupière.

89. **Soupe au canard, à la Lithuanienne.** — Faire couper la tête à un canard vivant, afin de pouvoir en recueillir le sang ; lui mêler le jus d'un citron afin de le conserver liquide. — Plumer le canard, le vider, le flamber et le brider ; le faire blanchir pendant quelques minutes à l'eau bouillante ; le déposer alors dans une marmite, avec le cou, les ailerons et le gésier, un poireau, un oignon piqué de clous de girofle, une carotte, une racine de persil, un morceau de céleri, un bouquet de persil renfermant quelques aromates, et enfin 2 poignées d'orge perlé ; mouiller le canard et les légumes avec 3 litres de bouillon, un verre de vin blanc ; poser la

marmite sur feu, écumer le liquide, le faire bouillir, le retirer sur le côté. Égoutter le canard et les abatis, aussitôt cuits; dépecer le canard par membres, diviser ceux-ci en morceaux, les déposer dans la soupière, ainsi que le cou, le gésier, les ailerons; ajouter une julienne de racines de céleri et de champignons cuits. Passer le bouillon dans une casserole, le dégraisser, le lier avec le sang réservé, mêlé avec 4 jaunes d'œuf; cuire la liaison sans ébullition, verser la soupe dans la soupière.

90. **Stchy au canard, à la Russe.** — Avec un kilogramme et demi de poitrine de bœuf, préparer un petit pot-au-feu. Faire rôtir un canard, à moitié seulement.

Hacher 2 oignons, les mettre dans une casserole avec du beurre, les faire revenir; leur mêler 500 grammes de bonne choucroute, bien exprimée, grossièrement hachée; 10 minutes après, saupoudrer les choux avec une cuillerée de farine, les délayer avec la valeur de 3 litres du bouillon préparé; faire bouillir la soupe sur le côté du feu pendant 2 heures; ajouter alors le canard, 4 saucisses fumées, et la moitié de la poitrine de bœuf ayant servi à préparer le bouillon; cette viande doit être retirée peu cuite, elle est ensuite coupée en gros carrés. Faire bouillir la soupe jusqu'à ce que les viandes soient cuites; retirer alors le canard et les saucisses, les diviser en morceaux, les déposer dans la soupière. Au moment de servir, dégraisser la soupe, lui mêler quelques cuillerées de smitane, passée au tamis; la finir avec une pincée de persil ou de fenouil haché, la verser dans la soupière.

91. **Soupe de canard, à la Polonaise.** — Tenir sur le côté du feu 2 à 3 litres de fonds à potage, légèrement lié; ajouter un canard, blanchi, et ensuite un émincé de légumes, préalablement revenus avec du beurre, composé de carottes, racines de céleri et poireaux; ajouter aussi un morceau de jambon cru. Le canard et les légumes doivent se trouver cuits en même temps. Égoutter le canard, passer les légumes au tamis. Délayer cette purée avec la soupe, la remettre dans la casserole, la faire bouillir, la lier avec quelques jaunes d'œuf; lui mêler le canard découpé, la verser dans la soupière.

92. **Soupe aux abatis, à l'Anglaise.** — Se procurer les abatis de 2 oies, c'est-à-dire le cou, les ailerons, le gésier, le foie et les pattes : toutes ces parties doivent être propres; les ailerons et les pattes flambées, les gésiers ouverts, pour être vidés, les foies privés de leur fiel; mais toutes doivent être échaudées, et rafraîchies.

Émincer 2 oignons, 2 carottes, et un morceau de racine de céleri; faire revenir ces légumes avec du beurre, dans une casserole, leur mêler les abatis (excepté les foies), les faire revenir à bon feu pendant 10 minutes; les saupoudrer alors avec 2 cuillerées-à-bouche d'arrow-root; quelques secondes après, les mouiller avec 3 à 4 litres de bouillon, un peu de vin blanc. Faire bouillir le liquide, retirer la casserole sur le côté; ajouter un bouquet de persil et de cerfeuil, ainsi que quelques aromates : thym, laurier, marjolaine et basilic; continuer l'ébullition. — Quand les ailerons et les gésiers sont cuits, dégraisser le liquide, le passer au tamis dans une casserole, lui mêler un demi-verre de madère, le faire dépouiller pendant 10 minutes; le dégraisser, lui mêler les abatis parés et divisés, ainsi que les foies. Finir la soupe avec une pointe de cayenne, la verser dans la soupière, ajouter quelques petits oignons blanchis, glacés séparément.

93. Soupe aux abatis, à la Poméranienne. — Cette soupe simple, est excellente; je la recommande comme une variété très-agréable.

Prendre 2 abatis d'oie, flamber les ailerons, les cous et les pattes; nettoyer les gésiers, tenir les foies de côté; laver ces viandes, les échauder, les rafraîchir. — Émincer un oignon, le faire revenir avec du beurre, ajouter les abatis, les sauter ensemble pendant quelques minutes; les saupoudrer avec un peu de farine, les mouiller avec du bouillon; tourner le liquide sur le feu jusqu'à l'ébullition, le retirer sur le côté; ajouter un morceau de racine de céleri émincé, une carotte, un petit bouquet de persil, mêlé avec quelques aromates, surtout avec une pincée de marjolaine. Quand les abatis sont cuits, passer le liquide dans une autre casserole, le faire bouillir. Parer promptement les abatis; les diviser, les déposer dans une casserole avec les foies blanchis, les tenir au chaud. — D'autre part, peler 6 pommes de terre crues, les couper en boules de la grosseur d'un pois, à l'aide d'une cuiller à racine, les plonger à l'eau bouillante, les cuire 3 minutes; les égoutter, les mêler à la soupe, ainsi que les abatis. Quand les pommes de terre sont cuites, lier la soupe avec quelques jaunes d'œuf, l'envoyer aussitôt.

94. Soupe au poulet, à l'Anglaise (chicken-soup). — Mettre dans une marmite un jarret, et quelques bonnes parures de veau; les mouiller avec 3 à 4 litres d'eau; ajouter du sel, écumer le liquide, l'amener à l'ébullition; le retirer aussitôt sur le côté; ajouter une carotte, un oignon, un poireau, 2 laitues et un morceau de racine de céleri. — Une heure après, plonger dans le bouillon 2 moyens poulets ordinaires, les retirer aussitôt qu'ils sont cuits; passer le liquide dans une casserole, le faire bouillir, le dégraisser; ajouter 200 grammes de riz blanchi; continuer l'ébullition jusqu'à ce que le riz soit cuit à point. — Dépecer les poulets par membres, les parer, les déposer dans la soupière, verser le bouillon dans celle-ci.

95. Soupe au lièvre, à l'Écossaise. — Dépouiller un lièvre; quand il est propre, en détacher les cuisses, les épaules, ainsi que le cou; couper les poitrines du râble, réserver celui-ci pour un autre emploi. — Émincer 2 oignons, un poireau, les faire revenir, dans une casserole, avec du beurre, quelques petits morceaux de jambon, et un morceau de racine de céleri émincé; quand ces légumes sont légèrement colorés, leur mêler les morceaux de lièvre, ainsi que les

SOUPES. 57

cuisses; les faire revenir jusqu'à ce que les chairs soient roides; les assaisonner, les saupoudrer avec une cuillerée-à-bouche d'arrow-root ou de farine de riz, les mouiller avec du bouillon, ainsi qu'avec un verre de madère; tourner la soupe jusqu'à l'ébullition; ajouter un bouquet d'aromates; puis retirer la casserole sur le côté; quand les viandes sont cuites, retirer le bouquet, passer le liquide au tamis, ainsi

Fig. 92. — Armoire à glace. (V. page 16.)

que les légumes; verser la soupe dans une casserole, la faire bouillir, la retirer sur le côté. — Au moment de servir, lier la soupe avec une purée, préparée avec les chairs des cuisses de lièvre; la finir avec une pointe de cayenne, la verser dans la soupière.

96. **Soupe aux grives, à la Provençale.** — Vider 7 à 8 grives, les flam-

ber, les faire cuire au four avec un morceau de beurre, les laisser un peu refroidir ; tenir les intestins de côté. Piler les grives ; quand elles sont converties en pâte, ajouter la même quantité de tranches minces de pain, grillées ou colorées au four ; les piler ensemble, puis délayer cet appareil avec 2 litres de bouillon ; le verser dans une casserole, le faire bouillir, le retirer sur le côté du feu ; ajouter à la soupe un petit bouquet d'aromates, la cuire pendant un quart d'heure ; la dégraisser, la passer à l'étamine, lui mêler 200 grammes de riz, blanchi, et cuit dans du bouillon ; ajouter une cuillerée d'intestins de grives, cuits et passés au tamis.

97. **Soupe de perdreaux, à l'Espagnole.** — Avec des débris de gibier crus et cuits, un morceau de jambon cru, du bouillon des légumes, des aromates, un peu de vin blanc, préparer 2 à 3 litres de bouillon ; dans ce bouillon, cuire 2 perdreaux ; les égoutter aussitôt cuits ; les laisser refroidir, puis couper les chairs d'estomac en julienne. Passer le bouillon, le dégraisser, le clarifier avec quelques parties de chairs crues de gibier et de volailles ; quand il est passé, lui mêler une petite garniture de légumes coupés à la colonne, et blanchis : carottes, navets, racines de céleri. Faire bouillir la soupe pendant 10 à 12 minutes, sur le côté du feu ; la dégraisser, lui mêler une pincée de sucre, la verser dans la soupière, ajouter la julienne de perdreaux.

98. **Soupe à la Westmoreland.** — Faire bouillir, dans une casserole, la valeur de 2 litres de bon consommé, le lier avec 2 cuillerées d'arrow-root, délayé à froid ; après quelques minutes d'ébullition, le retirer sur le côté du feu. — D'autre part, cuire une demi-tête de veau, dans une mirepoix, la distribuer en petits carrés ou en ronds, mêler ceux-ci au consommé lié, en même temps que la valeur d'un verre de cuisson de la tête de veau, un demi-verre de bon madère, une pincée de *paprika ;* lui donner quelques bouillons, le verser dans la soupière ; ajouter alors une garniture composée de petites quenelles de volaille, moulées à la cuiller, et pochées, 4 cuillerées de truffes cuites, émincées en julienne, puis 2 cuillerées de cornichons crus, coupés comme les truffes.

99. **Soupe aux pigeons, à l'Anglaise.** — Vider 3 pigeons, les flamber, les brider, les mettre dans une casserole avec quelques petits oignons, quelques dés de jambon cru, un peu de bon dégraissis ; faire colorer les pigeons à feu vif ; les mouiller avec un verre de vin blanc, faire réduire ce vin de moitié ; saupoudrer les viandes avec 2 cuillerées-à-bouche d'arrow-root ; 2 minutes après, les mouiller avec un grand peu de vin blanc, ou xérès, et 3 litres de bouillon ; retirer la casserole sur le côté du feu, ajouter un bouquet d'aromates ; finir de cuire les pigeons, les égoutter, les dépecer, les ranger dans la soupière. Dégraisser la soupe, la verser sur les pigeons, en la passant.

100. **Soupe de pigeons, au cary.** — Brider 3 pigeons, les placer

dans une casserole avec un morceau de beurre, un morceau de jambon cru, coupé en carrés (200 grammes), 2 petits oignons, ainsi que les abatis des pigeons ; faire revenir les pigeons et les légumes ; les saupoudrer avec 3 cuillerées-à-bouche de poudre de cary, mêlée avec un peu de farine ; quelques secondes après, les mouiller avec 3 à 4 litres de bouillon ; tourner le liquide jusqu'à l'ébullition, retirer la casserole sur le côté du feu. Dès que les pigeons sont cuits, les égoutter sur un plat, les dépecer, les déposer dans la soupière ; passer la soupe au tamis fin, la faire bouillir, la dégraisser, la lier avec 3 jaunes d'œuf, la verser dans la soupière.

101. Poule au pot, à la Béarnaise. — Désosser et ficeler une tranche de culotte de bœuf du poids d'un kilogramme ; la placer dans une marmite en terre, la mouiller avec 4 litres d'eau froide ; écumer le liquide, au premier bouillon le retirer sur le côté. — Hacher fin 250 grammes de jambon cru, le gras et le maigre ; ajouter 2 cuillerées-à-bouche d'oignon haché, un peu de persil ; mêler à ce hachis son même volume de mie de pain ramollie et exprimée, le lier avec 2 jaunes d'œuf, l'assaisonner.

Avec cet appareil, emplir l'intérieur et l'estomac d'une bonne poule ; la brider ; 2 heures après, la plonger dans le bouillon, ainsi qu'un petit saucisson à cuire, 2 carottes, un navet, un bouquet de poireaux et de cerfeuil ; continuer l'ébullition modérée jusqu'à ce que les viandes et la volaille soient cuites.

Au moment de servir, sortir les légumes de la marmite, en déposer une petite partie dans la soupière avec des croûtes de pain grillées, verser le bouillon sur les légumes, en le passant. Dresser sur un plat long le bœuf, la poule, le saucisson et les légumes. Envoyer en même temps la soupe, les viandes, et aussi une saucière de sauce tomate.

102. Soupe à la Malmesbury. — C'est à lord Malmesbury lui-même qu'on doit l'introduction et la propagation de cette excellente soupe sur le continent. En Angleterre elle est connue sous le nom de *deer's head soup*.

Choisir une tête de daim, jeune et fraîche, l'échauder par le même procédé qu'une tête de veau, afin de lui enlever le poil, en la raclant ; la désosser, la mettre dans une casserole avec de l'eau froide, la faire blanchir pendant un quart d'heure ; la rafraîchir, l'essuyer, la flamber, et la diviser en quatre parties ; déposer celles-ci dans une casserole, ajouter un os de jambon cru, quelques bonnes parures de veau crues, quelques gros légumes, un bouquet d'aromates. Mouiller ces viandes avec 4 litres de bouillon, une bouteille de vin blanc ; écumer le liquide jusqu'à l'ébullition ; le retirer sur le côté, le faire bouillir, tout doucement, jusqu'à parfaite cuisson de la tête ; égoutter alors les morceaux, les parer, les diviser en petits carrés, les tenir au chaud, avec un peu de madère. Passer la cuisson.

Émincer un oignon, une carotte, un morceau de racine de céleri, les faire revenir avec 200 grammes de jambon cru, et un morceau de beurre ; les saupoudrer avec 3 cuillerées-à-bouche d'arrow-root, les mouiller, peu à peu, avec la valeur de 2 litres de cuisson de la tête ; tourner le liquide jusqu'à l'ébullition, le retirer sur le côté ; ajouter un bouquet d'aromates composé de : marjolaine, thym et laurier. Vingt-cinq minutes après, dégraisser la soupe, la passer, lui mêler les morceaux de tête et le madère, ainsi que 5 à 6 têtes de champignons émincées en julienne ; la faire bouillir encore pendant 12 minutes, en l'écumant, lui mêler une pointe de cayenne et 2 douzaines de petites quenelles de volaille.

103. **Soupe à la Dolgorouki.** — Préparer 2 à 3 litres de fond à potage lié ; le tenir sur le côté du feu. — Piler 400 grammes de maigre de jambon cuit ; lui mêler un émincé d'oignons cuits, lié avec de la béchamel ; quelques minutes après, ajouter 4 à 5 jaunes d'œuf crus, passer l'appareil au tamis. — Au moment de servir, dégraisser la soupe, la lier avec l'appareil ; lui mêler une pointe de cayenne et un émincé de filets de volaille, cuits ; la verser dans la soupière.

104. **Barsch au lièvre, à la Polonaise.** — Avec les chairs d'une cuisse de lièvre préparer une farce ; avec celle-ci, préparer de petites quenelles. — Mettre l'autre cuisse, les épaules et les os du lièvre dans une casserole, les mouiller avec du bouillon ; ajouter des légumes, un morceau de petit-salé blanchi, et un morceau de betterave râpé, afin de colorer le bouillon ; faire bouillir le liquide, le retirer sur le côté du feu, le tenir ainsi pendant 2 heures ; ajouter alors le râble du lièvre, le retirer aussitôt qu'il est cuit ; passer le bouillon, le dégraisser, le faire bouillir, lui mêler une julienne composée de betteraves, de racines de céleri, poireaux, oignons, préalablement revenus au beurre, et glacés avec un peu de bouillon.

Quelques minutes avant de servir, faire pocher les quenelles, les mettre dans la soupière ; escaloper les deux filets de lièvre, les joindre aux quenelles ; ajouter au bouillon quelques cuillerées de jus aigre de betterave, clair ; le verser sur les viandes, dans la soupière.

105. **Soupe au blanc de chapon, à l'Espagnole.** — Préparer un bouillon comme pour la croûte-au-pot, en ajoutant un chapon, et 4 petites saucisses fumées ; quand les viandes sont cuites, passer et dégraisser le bouillon, en mettre 2 à 3 litres dans une casserole, le faire bouillir, lui mêler une garniture de légumes, coupés à la colonne. Au moment de servir, détacher les deux filets du chapon, les diviser chacun en 3 ou 4 parties, sur la longueur, les mettre dans la soupière, avec les saucisses, coupées ; verser la soupe dessus, et servir.

106. **Soupe à la reine de Hollande.** — Préparer un petit pot-au-feu avec une poule, un jarret de veau, 500 grammes de poitrine de veau, un peu de sel, 5 litres d'eau, un petit bouquet composé de poireaux et de cerfeuil, un morceau de racine de céleri, un navet, une carotte, quelques clous de girofle. — Quand le

bouillon est écumé, lui mêler 2 ou 3 poignées d'orge perlé; continuer l'ébullition modérée.

Aussitôt que les viandes sont cuites, les retirer; passer le bouillon, le dégraisser, le tenir au chaud. Détacher les deux filets de la poule, les couper, les piler; leur mêler alors 8 jaunes et un œuf entier; délayer l'appareil avec un verre de bonne crème crue, l'assaisonner avec sel, muscade, une petite pincée de sucre; le passer au tamis, et ensuite à l'étamine; verser l'appareil dans un moule à timbale uni, beurré; poser ce moule dans une casserole avec de l'eau chaude jusqu'à moitié de hauteur du moule, le faire pocher au *bain-marie;* démouler le pain quand il est froid, le distribuer en carrés de moyenne grosseur, les déposer dans la soupière; ajouter une garniture de pointes d'asperges blanches, cuites à l'eau. Verser le bouillon sur ces garnitures.

107. **Soupe aux queues de veau, à l'Indienne.** — Couper 6 queues de veau, chacune en deux parties, les faire dégorger et blanchir, les rafraîchir, les bien égoutter. Émincer un oignon et un poireau, les faire revenir au beurre avec 200 grammes de jambon cru, coupé en petits dés; ajouter les tronçons de queues de veau, les sauter pendant quelques minutes, les saupoudrer avec 2 cuillerées-à-bouche de farine, autant de poudre de cary; les faire revenir encore quelques secondes, les mouiller, peu à peu, avec 3 à 4 litres de bouillon; ajouter une carotte, un morceau de céleri, un bouquet de persil garni d'aromates; faire bouillir le liquide, en le tournant; au premier bouillon, le retirer sur le côté du feu, et finir de cuire ainsi les queues; les égoutter, les parer, les ranger dans la soupière, verser la soupe dans celle-ci, en la passant.

108. **Hoche-pot.** — Couper une queue de bœuf en morceaux, faire dégorger ceux-ci pendant quelques heures, les faire blanchir, les égoutter, les rafraîchir, les remettre dans la même casserole; ajouter un oignon, un peu de bon dégraissis épuré, un os de jambon cru, un jarret de veau, quelques abatis de volaille, et enfin un bouquet garni; faire revenir tout doucement ces viandes, en leur faisant prendre couleur; les mouiller avec la valeur de 4 litres de bouillon léger; écumer le liquide, le retirer sur le côté du feu; ajouter un morceau de petit-salé blanchi, 2 grosses carottes, un gros navet, un pied de céleri, et 2 poireaux. Une heure et demie après, ajouter encore 3 à 4 laitues blanchies, ficelées, ainsi que le cœur d'un petit chou également blanchi et ficelé, de façon à pouvoir le retirer d'un trait quand il est cuit.

Continuer l'ébullition modérée jusqu'à ce que les viandes soient cuites, les retirer alors, les dresser sur un plat avec le lard et les légumes divisés en parties; passer le bouillon à travers une serviette, le dégraisser, le verser dans une soupière; lui mêler des croûtes de pain, grillées, et les laitues coupées en morceaux. Envoyer la soupe, en même temps que les viandes dressées sur un plat.

109. Soupe aux jarrets de veau, à l'Anglaise. — Prendre 2 petits jarrets de veau, frais, les laver, les mettre dans une petite marmite avec le manche d'un jambon cru, les mouiller avec 4 à 5 litres d'eau froide ; écumer le liquide, au premier bouillon, le retirer sur le côté ; ajouter 2 poireaux, une racine de céleri, ainsi que 250 grammes de riz, trié et lavé ; continuer l'ébullition jusqu'à ce que les viandes soient cuites : elles doivent rester un peu fermes.

Dans l'intervalle, laver 7 à 8 laitues, les blanchir, les faire braiser. Peler un concombre, le diviser en tronçons, puis en quartiers, les parer, les faire cuire à l'eau salée ; les égoutter, les faire revenir au beurre. Faire cuire à l'eau salée 2 poignées de pointes d'asperges, et autant de petits-pois. — Un peu avant de servir, égoutter les laitues, en éponger toute la graisse, les couper chacune en 3 parties, les déposer dans la soupière avec les pointes d'asperges, les concombres, les petits-pois. Passer le bouillon, en le versant doucement, le dégraisser, le verser dans la soupière. Égoutter alors les jarrets, en retirer les chairs gélatineuses, les distribuer en petites parties, les mêler à la soupe.

110. Soupe de queues de mouton, à la Persane. — Faire blanchir une quinzaine de queues de mouton, les parer, les faire braiser. Tenir en ébullition, sur le côté du feu, 2 à 3 litres de fonds à potage lié ; 25 minutes après, le dégraisser, lui mêler 2 cuillerées-à-bouche de poudre de cary délayée, puis les queues de mouton divisées ; ajouter aussi le fonds de cuisson des queues ; lier la soupe avec quelques jaunes d'œuf, lui mêler quelques cuillerées de riz cuit, la verser dans la soupière.

111. Soupe au mou de veau, à l'Allemande. — Hacher la moitié d'un mou de veau, cuit dans la marmite du bouillon ; hacher un oignon, le faire revenir, avec du beurre ; quand il est de belle couleur, lui mêler le hachis ; l'assaisonner, le tourner sur le feu jusqu'à ce que l'humidité soit évaporée ; le lier alors avec 3 jaunes d'œuf délayés ; le retirer du feu, le finir avec une pincée de persil haché ; l'étaler aussitôt sur une plaque, le faire refroidir.

Avec cet appareil et de la pâte à nouilles, préparer de petites ravioles, mais un peu plus larges qu'à l'ordinaire. Au moment de servir, faire pocher les ravioles à l'eau salée, les égoutter, les mettre dans une casserole, contenant la valeur de 2 litres de consommé ; verser la soupe dans la soupière.

112. Soupe du soldat victorieux. — Cette soupe était régulièrement servie, une fois par semaine, sur la table du maréchal *Soult*; c'est une imitation de la *Oïlla* espagnole.

Mettre dans une marmite en terre, une tranche de culotte de bœuf de 2 kilogrammes, un kilogramme de longe de porc frais, le manche d'un jambon cru, 500 grammes de petit-salé blanchi ; couvrir ces viandes avec 8 à 10 litres d'eau ; écumer le liquide, au premier bouillon le retirer sur le côté. — Deux heures après, ajouter aux viandes, une poule et l'estomac d'un canard domestique (celui-ci blanchi à l'eau bouillante), une tranche de gigot de mouton, 2 petits choux-frisés, blanchis, ficelés, 3 carottes, 1 gros navet, 2 poireaux, une tête de céleri; continuer l'ébullition modérée pendant 4 heures.

Cuire séparément un demi-litre de flageolets, ou de haricots-blancs. Faire blanchir et braiser 10 à 12 laitues. — Un quart d'heure avant de servir, émincer des tranches de pain, les faire griller, les déposer dans la soupière; sortir les légumes de la marmite, en prendre la moitié de chaque sorte, les couper en morceaux, les placer sur le pain grillé, ainsi qu'un tiers des flageolets. Passer le bouillon, le dégraisser, le verser, en tout ou en partie, dans la soupière. — Égoutter les viandes de la marmite, bœuf, porc, mouton, poule, canard, petit-salé et jambon, les dresser sur un plat long, les entourer avec les légumes réservés, les flageolets et les laitues. Envoyer en même temps une saucière de sauce tomate. — Avec une telle soupe, et un relevé si copieux, vingt personnes peuvent dîner. Il est évident qu'on peut en diminuer les proportions.

113. **Soupe écossaise (scotch broth).** — Couper une épaule de mouton en 2 parties; laver ces viandes à l'eau tiède, les mettre dans une petite marmite, en terre, avec un peu de sel, 4 à 5 litres d'eau. Faire bouillir le liquide, en l'écumant, le retirer sur le côté; lui mêler 5 grosses carottes, un navet, un pied de céleri, les uns et les autres entiers; ajouter encore un petit bouquet composé de persil et de thym, 2 clous de girofle, une poignée d'orge perlé. Continuer l'ébullition modérée pendant 2 heures et demie. Passer le bouillon à la serviette, retirer le mouton et les légumes de la marmite, les laisser refroidir à moitié.

D'autre part, couper en dés le cœur de 2 poireaux tendres, les faire revenir au beurre, tout doucement, jusqu'à ce qu'ils soient à peu près cuits, les mouiller avec 2 litres de bouillon de mouton; faire bouillir celui-ci, lui mêler 4 à 5 cuillerées-à-bouche d'orge cuit à l'eau salée; ajouter le rouge des carottes, le navet, et le pied de céleri, coupés en petits dés. Couper les viandes de mouton (sans os) en carrés, les joindre à la soupe; 10 minutes après, verser celle-ci dans la soupière, ajouter une pincée de persil haché.

114. **Borsch moldave.** — Pour préparer cette soupe, il faut d'abord faire du *borsch*, espèce de *koas*. Voici la méthode d'opérer: Mettre dans une terrine un kilogramme de pâte à pain légèrement aigrie, la délayer avec de l'eau tiède, en lui incorporant 2 kilogrammes de son, de façon à obtenir une pâte liquide, la verser dans un vase en bois, en forme d'entonnoir, la faire fermenter pendant 2 jours; passer le liquide à travers un linge.

Flamber un gros poulet, l'éplucher, le désosser, en le fendant sur l'estomac et sur les reins; hacher très-fin les chairs du gras des cuisses et de l'estomac avec moitié de leur volume de lard frais, et un peu de jambon ; déposer le hachis dans une terrine, lui mêler moitié de son volume de riz blanchi, l'assaisonner avec sel, poivre, fenouil haché, le finir avec quelques œufs, puis l'enfermer dans la peau du poulet, divisée en 2 parties, afin d'en former 2 boudins de moyenne épaisseur ; les rouler séparément dans de petits linges, les ficeler.

Avec les carcasses du poulet, des légumes et du bouillon léger, préparer un fonds ; dans celui-ci, cuire les galantines ; les égoutter, les laisser refroidir à moitié. — Prendre un litre et demi de ce bouillon passé et dégraissé, le mêler avec un égal volume de *borsch* bien clair, le verser dans une casserole, le faire bouillir, lui mêler 200 grammes de riz blanchi ; quand il est cuit, verser la soupe dans la soupière, ajouter les boudins coupés en tranches, ainsi qu'une pincée de fenouil haché.

115. **Stchi-vert, à la Russe.** — Mettre dans une casserole 2 cuillerées-à-bouche d'oignon haché, le faire revenir avec du beurre sans prendre couleur, lui mêler 2 cuillerées de farine, cuire celle-ci pendant quelques minutes ; la délayer, hors du feu, avec la valeur de 2 litres de bouillon ; faire bouillir le liquide, en le tournant, le retirer sur le côté du feu ; il doit être légèrement lié ; lui mêler 2 poulets tendres, et quelques petites saucisses ; continuer l'ébullition pendant trois quarts d'heure. Quand les poulets et les saucisses sont cuits, les égoutter ; dégraisser le liquide, le passer, dans une autre casserole, lui mêler alors quelques cuillerées de choucroute, cuite, hachée. Un quart d'heure après, ajouter les saucisses, coupées, et les poulets dépecés, parés de la peau et des os. Au bout de 10 minutes, mêler à la soupe 4 cuillerées de purée d'ortie ; la verser dans la soupière.

116. **Stchi de Wilna.** — Couper en 3 ou 4 morceaux, un kilogramme de poitrine de bœuf, déposer ces viandes dans une marmite, ajouter 4 à 5 litres d'eau, un peu de sel ; faire bouillir le liquide, en l'écumant, le retirer sur le côté du feu. Une heure après, ajouter une grosse carotte, un morceau de racine de céleri, la moitié d'un chou blanchi, et enfin 250 gr. de petit-salé. Continuer l'ébullition modérée jusqu'à ce que les viandes soient à peu près cuites. — Mettre dans une casserole une cuillerée-à-bouche d'oignon haché, le faire revenir avec du beurre, le saupoudrer avec 2 petites cuillerées de farine ; cuire celle-ci pendant 2 minutes, en la tournant, la délayer, peu à peu, avec le bouillon de la marmite, passé au tamis, la tourner jusqu'à l'ébullition, retirer la casserole sur le côté du feu.

Égoutter la poitrine de bœuf et le petit-salé ; prendre les meilleurs morceaux de la poitrine, les parer, les couper en gros dés. Supprimer la couenne du petit-salé, le diviser en morceaux. Égoutter le chou, l'émincer grossièrement, le mêler à la soupe ainsi que les viandes ; une demi-heure après, ajouter une pincée de poivre, une pincée de fenouil haché, la lier avec la valeur d'un demi-verre de smitane.

SOUPES.

117. Okroschka, à la Russe. — Couper en petits dés la valeur d'une

Fig. 93. — Timbre de cuisine. (V. page 17.)

petite assiette, par portions égales, de viandes de veau, de volaille, de perdreaux, de gélinottes, de langue salée ; ces viandes doivent être cuites, refroidies et parées.

— Verser dans une terrine la valeur de 2 verres de bonne crème aigre passée à l'étamine, la délayer avec 2 bouteilles de *koas*, lui mêler les viandes coupées, ainsi que 4 agoursis pelés, et 2 œufs durs, les uns et les autres coupés comme les viandes. Ajouter encore une pincée de fenouil vert, haché, un peu d'estragon, un peu de cerfeuil, une cuiller-à-bouche d'oignon nouveau, également haché. Assaisonner l'appareil avec sel et poivre, le laisser refroidir sur glace pendant une heure, lui mêler quelques morceaux de glace naturelle, l'envoyer ainsi.

118. **Buséga à la Milanaise.** — Prendre un morceau de gras-double de veau (500 grammes) à moitié cuit à l'eau, le couper en filets, le rafraîchir; le laisser égoutter sur un tamis. — Hacher le blanc d'un poireau, le faire revenir avec du beurre ou du lard fondu, lui mêler les filets de gras-double; faire revenir ceux-ci pendant 2 minutes, les saupoudrer avec une cuillerée-à-bouche de farine, les mouiller avec 2 litres de bouillon; ajouter une tomate pelée et hachée; faire bouillir le liquide, le retirer sur le côté du feu; 20 minutes après, lui mêler la valeur d'un verre de petits-pois, ainsi que le quart d'un petit chou de Milan, émincé; un quart d'heure après, verser la soupe dans la soupière.

119. **Soupe de mouton, à l'Anglaise (mutton-broth).** — Couper transversalement 2 cous de mouton; les faire dégorger, les mettre dans une petite marmite avec un carré de mouton dont les côtes sont coupées courtes; mouiller ces viandes avec de l'eau, les cuire comme un pot-au-feu, après avoir ajouté quelques légumes et racines.

D'autre part, cuire 2 poignées d'orge perlé, et préparer une petite brunoise de légumes : carottes, navets, céleris, poireaux, coupés en dés. Quand les viandes sont cuites, les égoutter; diviser le carré de mouton en petites côtelettes, les mettre dans la soupière; ajouter l'orge, la brunoise, et une pincée de persil haché; passer le bouillon à la serviette, le dégraisser à moitié seulement, le verser dans la soupière.

120. **Soupe aux joues de bœuf, à l'Anglaise (ox-cheek soup).** — Prendre la moitié d'une tête de bœuf écorchée, en supprimer le museau, faire dégorger le restant pendant une heure; la diviser en deux parties, mettre celles-ci dans une marmite avec de l'eau; faire bouillir le liquide; égoutter aussitôt la viande, la rafraîchir, la mettre dans la marmite, la mouiller à couvert avec du bouillon léger ou de l'eau; faire encore bouillir le liquide, en l'écumant, le retirer sur le côté du feu. Une heure après, lui mêler 2 carottes, un gros oignon, et un bouquet composé avec une poignée de cerfeuil et quelques morceaux de céleri vert. Continuer l'ébullition jusqu'à ce que les parties charnues de la tête soient cuites; les égoutter alors; égoutter aussi la tête pour en détacher les chairs des joues, les faire refroidir sous presse légère. Passer le bouillon, le dégraisser, le laisser déposer, et le transvaser.

Verser 2 litres de ce bouillon dans une casserole, le clarifier avec 250 grammes de viande maigre de bœuf, hachée, mêlée avec un œuf entier et le quart d'un verre de madère, en procédant comme il est dit art. 79 ; le passer, le tenir au chaud dans une casserole, lui mêler les viandes de joues de bœuf, parées et divisées en morceaux réguliers, les chauffer sans ébullition. — Au moment de servir, mêler à la soupe le blanc de 6 à 7 poireaux braisés, divisés en petits tronçons.

121. Soupe aux oreilles de porc, à l'Allemande. — Cuire à l'eau, dans une marmite, un litre de pois secs, jaunes ; ajouter 2 oreilles de porc salées, quelques légumes et racines. Quand les viandes sont cuites, les égoutter, passer les légumes au tamis ; délayer cette purée avec une partie de la cuisson, et ensuite avec du bouillon ; la tourner sur feu jusqu'à l'ébullition, la retirer sur le côté, la faire dépouiller pendant 25 minutes ; la dégraisser, lui mêler les parties membraneuses des oreilles de porc ciselées en julienne ; la verser dans la soupière, servir en même temps de petits croûtons de pain, frits au beurre.

122. Soupe d'agneau, à la Grecque. — Couper une épaule d'agneau en moyens morceaux, les faire revenir dans une casserole, avec un oignon émincé et du beurre ; quand les viandes sont colorées, les saupoudrer avec une cuillerée-à-bouche de farine, autant de poudre de cary ; 2 minutes après, les mouiller avec 3 à 4 litres de bouillon ; ajouter quelques parures de jambon cru, un bouquet de persil ; aussitôt que l'ébullition a lieu, retirer la casserole sur le côté, et finir de cuire l'agneau. Passer alors le fond de cuisson, dans une autre casserole, lui mêler 250 grammes de riz, cuit à grande eau, afin d'en conserver les grains entiers. Continuer l'ébullition modérée pendant 10 minutes. — Dans l'intervalle, parer les viandes des os, les déposer dans la soupière, verser la soupe dessus.

123. Odge-podge. — Cette soupe est d'origine écossaise. On la sert fort peu en Angleterre, mais pour les Écossais elle a le caractère d'un mets national. On ne peut préparer cette soupe qu'en été, c'est-à-dire à partir du mois de juin, car c'est alors seulement que les légumes frais commencent à apparaître en Écosse.

Mettre dans une marmite la valeur d'un kilogramme de bœuf, sans os, la moitié d'une épaule de mouton, désossée[1] ; les mouiller avec 5 litres d'eau froide, ajouter une pincée de gros sel ; écumer le liquide, au premier bouillon le retirer sur le côté du feu. Une heure et demie après, prendre tous les légumes nouveaux que fournit la saison, tels que : choux, laitues, pieds de céleri, oignons, poireaux, carottes, navets et petits-pois ; ces trois derniers surtout sont indispensables. Dans les pays où l'on a à sa disposition des pointes d'asperges, il est évident qu'on peut les ajouter, mais en Écosse il n'y en a pas. — Couper en petits dés, choux, laitues, oignons, poi-

---

1. La méthode de désosser les viandes est préférable, si on veut cuire les légumes avec elles : on évite ainsi de rencontrer dans la soupe des débris d'os, très-désagréables.

reaux, céleri, navets, mêler ces légumes au bouillon, en plongeant d'abord les plus longs à cuire, les plus tendres ensuite. En dernier lieu, ajouter les petits-pois et les pointes d'asperges. Au moment de servir, égoutter les viandes de la marmite, verser la soupe dans une soupière, sans lui mêler ni viandes cuites, ni persil haché, ni orge. — En Écosse les cuisiniers lient quelquefois la soupe avec une pincée d'arrow-root délayé, mais cette méthode n'est pas généralement adoptée.

124. **Soupe aux tendons de veau, à l'Espagnole.** — Préparer un bouillon de pot-au-feu ; ajouter un morceau de tendon de veau, 4 petites saucisses fumées, 2 poignées de garbanços, préalablement ramollis. Quand les viandes sont cuites, les égoutter, ainsi que les garbanços ; passer 2 à 3 litres de bouillon dans une casserole, le faire bouillir, lui mêler les garbanços, les tendons de veau coupés en petites tranches, et les saucisses, aussi coupées ; le verser aussitôt dans la soupière.

125. **Soupe kalbspolet, à la Hollandaise.** — Cette soupe est populaire en Hollande, elle est simple et bonne, elle doit plaire à tous ceux qui, selon les habitudes du nord de l'Europe, aiment les soupes garnies avec de la viande.

Distribuer en moyens morceaux le tendon d'une poitrine de veau, les faire dégorger pendant 25 minutes, les placer dans une marmite, les mouiller avec 4 à 5 litres d'eau froide ; ajouter un peu de sel, écumer le liquide ; au premier bouillon, le retirer sur le côté du feu, lui mêler alors quelques gros légumes. — Quand les tendons sont cuits, les retirer, passer le bouillon, dans une casserole, le faire bouillir, lui mêler quelques cuillerées de racines de céleri tendres, coupés en petits dés ; quand ces racines sont à peu près cuites, ajouter au liquide 400 grammes de riz, trié et lavé ; faire cuire celui-ci tout doucement ; 15 minutes après, ajouter 4 laitues émincées, ainsi que 2 poignées de petits-pois crus. Quand le riz est cuit, mêler à la soupe les tendons de veau coupés en tranches. Deux minutes après, la lier avec 5 jaunes d'œuf, la finir avec une pluche de cerfeuil, la verser dans la soupière, et servir.

126. **Barsch de Gallicie.** — Mettre dans une marmite en terre, une tranche de culotte de bœuf du poids d'un kilogramme et demi ; mouiller cette viande avec 4 litres de jus de betteraves aigre[1], ajouter un peu de sel ; poser la marmite sur feu, écumer le liquide, le faire bouillir, le retirer sur le côté ; ajouter une oreille de porc salée, flambée et blanchie, ainsi que 2 poireaux ; continuer l'ébullition jusqu'à ce que les viandes soient cuites. — Émincer en julienne un

---

1. Dans le nord de l'Europe on peut acheter le jus de betterave ; mais voici la méthode pour le préparer en peu de temps : râper 3 à 4 betteraves propres, les déposer dans une terrine, les mouiller à couvert avec de l'eau tiède, ajouter un filet de vinaigre, 200 gr. de mie de pain et 2 verres de lait, placer la terrine dans un lieu tiède, la couvrir ; 24 heures après, passer le jus de betteraves à travers un linge, le filtrer ensuite.

morceau de racine de céleri, un morceau de betterave, un poireau, quelques champignons frais ou secs; faire revenir ces légumes pendant quelques minutes, avec du beurre, les mouiller avec 2 à 3 litres du bouillon préparé, en le passant; le faire bouillir, lui mêler 4 saucisses fumées. Vingt minutes après, ajouter à la soupe quelques cuillerées de jus de betterave cru, bien rouge, filtré, afin de lui donner une belle couleur; ajouter alors l'oreille de porc émincée, ainsi qu'une partie du bœuf coupé en moyens carrés; couper les saucisses en tranches épaisses, les déposer dans la soupière, verser la soupe dans celle-ci; la finir avec une pincée de persil haché, et envoyer sur une assiette de petits croûtons de pain frits au beurre, vidés, garnis avec de la moelle de bœuf cuite.

127. **Soupe de riz à la marinière.** — Laver 3 à 4 douzaines de moules, les mettre dans une casserole afin de les faire ouvrir, en les sautant pendant quelques minutes sur le feu; les égoutter aussitôt qu'elles sont ouvertes, en les jetant sur un tamis, mais en conservant l'eau de leur cuisson; en supprimer les coquilles, déposer les chairs dans une petite casserole.

Émincer un oignon et 2 blancs de poireaux, les mettre dans une casserole avec de l'huile d'olives, les faire revenir de belle couleur, ajouter 2 tomates épépinées, coupées en petits morceaux. Quelques minutes après, mouiller les légumes avec 4 litres d'eau chaude. Ajouter 4 clous de girofle, et un bouquet de persil, lié avec une feuille de laurier; au premier bouillon, additionner 300 grammes de riz, non lavé; tourner le liquide jusqu'à l'ébullition, le retirer sur feu modéré, lui mêler une pointe de safran, un peu de poivre fin, mais pas de sel; quand le riz est à peu près cuit, ajouter les moules, sans coquilles, ainsi que leur cuisson; 2 minutes après, retirer le bouquet, verser la soupe dans la soupière.

128. **Soupe maigre aux huîtres.** — Préparer la valeur de 2 litres de bouillon de poisson (Voy. art. 12). Émincer un poireau et un oignon, les mettre dans une casserole, avec du beurre ou de l'huile, leur faire prendre une belle couleur, les saupoudrer avec 5 à 6 cuillerées-à-bouche de mie de pain sèche, en la mêlant vivement; délayer celle-ci avec le bouillon passé au tamis; tourner le liquide jusqu'à l'ébullition, le retirer sur le côté du feu afin qu'il cuise tout doucement pendant une demi-heure. — Ouvrir 3 à 4 douzaines d'huîtres, en détacher les chairs, les mettre dans une casserole avec leur eau, et une demi-bouteille de vin blanc; poser la casserole sur feu modéré; au premier bouillon, verser les huîtres sur un tamis, en conservant leur cuisson; en supprimer les barbes, les déposer dans la soupière. Transvaser tout doucement la cuisson des huîtres, afin de l'épurer, la verser dans la soupe; lier celle-ci avec 4 jaunes d'œuf, délayés avec un peu de bouillon froid; la finir, en lui incorporant 100 grammes de beurre, divisé en petites parties, une pincée de persil haché; la verser dans la soupière.

129. Soupe aux huîtres, à l'Américaine. — Cette soupe est ordinairement servie dans les soupers à New-York. Les Américains en font le plus grand cas, mais elle est préparée avec de grosses huîtres, inconnues sur notre continent, et dont j'ai donné une description au chapitre des poissons.

Ouvrir 2 douzaines d'huîtres sans en perdre l'eau. Mettre les chairs dans une casserole avec leur eau, ajouter du vin blanc, de façon à les couvrir largement; poser la casserole sur feu, écumer le liquide, quelques secondes après, le retirer; l'assaisonner avec une pincée de poivre, lui mêler 2 cuillerées-à-bouche de crème crue, le lier avec 150 grammes de bon beurre divisé en petites parties; ajouter 2 cuillerées de *crackers*[1] écrasés. Envoyer aussitôt la soupe.

130. Soupe d'anguille, à la Hollandaise. — Tuer et écorcher 2 ou 3 petites anguilles, les dépouiller, les vider, les couper en moyens tronçons; les faire blanchir, en les plongeant à l'eau bouillante pour les roidir, les retirer aussitôt. — Faire légèrement revenir au beurre, un oignon et 2 poireaux émincés; quand ils sont de belle couleur, ajouter les tronçons d'anguilles, ainsi que quelques têtes ou arêtes de poisson brisées; à défaut de celles-ci, quelques poissons ordinaires et osseux pouvant fournir un bon bouillon. Mouiller le poisson avec 3 litres d'eau chaude, une demi-bouteille de vin blanc; ajouter sel, gros poivre, girofle, un bouquet de persil; écumer le liquide, le faire bouillir jusqu'à ce que les tronçons d'anguilles soient cuits. Passer alors le bouillon à travers un linge, le tenir au chaud. Diviser les tronçons sur leur longueur, en supprimer les arêtes, les tenir à couvert dans une petite casserole.

Couper une julienne très-fin, composée avec poireaux, racines de persil et céleri; mettre ces légumes dans une petite casserole avec un peu de bouillon, les cuire tout doucement, en faisant réduire le liquide à glace; aussitôt qu'ils sont cuits, les déposer dans la soupière, avec les filets d'anguilles. Lier le bouillon avec 6 jaunes d'œuf délayés, ajouter une pointe de cayenne, 100 grammes de beurre divisé en petits morceaux. Verser la soupe dans la soupière, sur des tranches de pain minces et grillées.

131. Borsch à la Polonaise. — Préparer un petit pot-au-feu avec un morceau de poitrine de bœuf, un canard, quelques petites saucisses fumées, un bouquet d'aromates, une poignée de champignons secs. — Émincer en julienne, des betteraves crues, des poireaux, racines de persil et de céleri; faire revenir ces légumes avec du beurre, les mouiller avec du bouillon préparé, ajouter un petit chou-frisé, également émincé; quand les légumes sont à peu près cuits, mêler au liquide quelques cuillerées de jus de betterave, aigre et clair. Au

---

1. Les *crackers* sont de petits biscuits secs, dans le genre des biscuits anglais (pick-nick) qu'on sert avec le thé, mais plus épais et du diamètre d'une pièce de 5 francs. Ils sont préparés au lait.

moment de servir, couper en gros carrés une partie de la poitrine de bœuf chaude, diviser le canard, couper les saucisses, déposer ces viandes dans la soupière, verser la soupe sur les garnitures.

132. **Soupe aux crevettes, à la Nantaise.** — A défaut de crevettes vivantes, toujours difficiles à se procurer, puisque les pêcheurs les cuisent aussitôt après les avoir pêchées, il est indispensable de les avoir de première fraîcheur.

Détacher les queues à un kilogramme de crevettes, les éplucher, enfermer les chairs dans une petite casserole ; piler les coquilles avec un morceau de beurre.

Émincer un oignon, un demi-poireau, une carotte, un morceau de céleri ; faire revenir ces légumes avec du beurre, les mouiller avec moitié vin blanc et moitié bouillon de poisson ; ajouter un bouquet de persil, peu de sel ; faire bouillir le liquide pendant un quart d'heure, le passer au tamis. — Avec 150 grammes de beurre, et 2 cuillerées-à-bouche de farine, préparer un roux, le délayer avec le bouillon préparé, en tournant le liquide sur feu jusqu'à l'ébullition ; le retirer alors sur le côté, lui mêler les coquilles pilées ; cuire la soupe pendant 25 minutes ; la dégraisser, la passer au tamis fin, dans une autre casserole, la faire bouillir, lui adjoindre 200 grammes de riz cuit dans du bouillon de poisson, mais ayant les grains entiers ; 10 minutes après, ajouter une pointe de cayenne, ainsi que les queues de crevettes épluchées, la verser aussitôt dans la soupière.

133. **Tschi maigre, à la Russe.** — Mettre dans une casserole 2 fortes poignées de champignons secs (*gribouis*), préalablement ramollis à l'eau tiède, 2 poignées de pois-secs, une carotte, un morceau de racine de céleri et 2 racines de persil ; mouiller ces légumes avec 3 litres de bouillon de poisson, faire bouillir le liquide, le retirer sur le côté du feu ; une heure et demie après, le passer à la serviette.

D'autre part, hacher un petit oignon, le mettre dans une casserole avec du beurre, le faire revenir, sans prendre couleur ; ajouter 500 grammes de choucroute lavée, hachée, bien exprimée ; faire revenir celle-ci pendant quelques minutes, la saupoudrer avec une pincée de farine, la mouiller avec le bouillon préparé ; faire bouillir la soupe, retirer la casserole sur le côté du feu ; continuer l'ébullition modérée pendant une heure ; ajouter alors le quart des champignons cuits avec le bouillon, mais préalablement coupés en dés ; 5 minutes après, lier la soupe avec la valeur d'un verre de crème aigre, passée au tamis, la finir avec une pincée de fenouil vert, haché ; la verser dans la soupière.

134. **Pilau de langoustes, à la Marseillaise.** — Choisir 2 ou 3 petites langoustes vivantes, les laver, les distribuer en tronçons, après en avoir supprimé les petites pattes. Hacher un oignon et un morceau de blanc de poireau, les faire revenir avec de l'huile, sans prendre couleur ; ajouter les langoustes, sauter

CUISINE DE TOUS LES PAYS.

Fig. 94. — Fourneau de cuisine en fer. V. page 18.

SOUPES.

Fig. 95. — Fourneau système mixte. (V. page 19).

celles-ci pendant quelques minutes, les mouiller à couvert, avec la valeur de 2 litres de bouillon de poisson ; donner 10 minutes d'ébullition au liquide, et lui mêler du riz : un verre pour la valeur de 4 verres de bouillon ; ajouter aussi une pointe de safran et une pointe de cayenne : continuer l'ébullition jusqu'à ce que le riz soit bien cuit, mais pas trop consistant, le servir ensuite, ainsi que les langoustes, dans une soupière.

135. **Bisque aux écrevisses, de Nauheim.** — Choisir 2 douzaines d'écrevisses vivantes, en supprimer la nageoire placée à l'extrémité de la queue ; les mettre dans une casserole avec un peu de sel, un bouquet de persil garni avec des aromates, une gousse d'ail et grains de poivre ; les mouiller avec un verre de vin blanc et quelques cuillerées de sauce tomate ; les couvrir, les cuire pendant 10 minutes ; les égoutter, retirer une partie des queues, piler le restant des écrevisses avec 200 grammes de riz, cuit à sec avec du bouillon ; délayer l'appareil avec la cuisson des écrevisses et un litre et demi de bouillon gras ou maigre ; passer la soupe deux fois ; l'assaisonner de bon goût, la chauffer à point, sans la faire bouillir ; lui mêler les queues d'écrevisses coupées, et une pointe de cayenne, la verser dans la soupière ; envoyer séparément de petits croûtons de pain, frits au beurre.

136. **Bouillabaisse pour soupe.** — Si dans un dîner, on désire servir une bouillabaisse, sans cependant être privé de servir un relevé de poisson, voici comment il faut préparer cette soupe : — Avec quelques têtes et arêtes de poisson frais, une tranche de congre, et quelques menus poissons, préparer la valeur de 3 litres de bouillon maigre (voy. art. 12) ; le passer à travers un linge, le dégraisser. — Prendre un moyen merlan bien frais, 2 petits grondins, une langouste vivante, mais pas trop grosse ; quand ces poissons sont propres, les diviser en tronçons.

Émincer le blanc de 2 poireaux, les mettre dans une casserole avec 2 gousses d'ail, les arroser avec un demi-verre de bonne huile d'olives, les faire revenir de couleur blonde, à feu modéré ; ajouter 2 tomates pelées, égrenées, coupées en petits morceaux, ainsi que les tronçons de poisson ; mouiller ceux-ci avec le bouillon de poisson, et une demi-bouteille de vin blanc ; ajouter un bouquet de persil, une feuille de laurier, une pointe de safran, un brin de fenouil, un petit piment, et les chairs de 2 citrons épépinés, coupés en tranches. Faire vivement bouillir le liquide pendant 12 à 15 minutes, mais de façon que, pendant que le poisson cuit, le bouillon réduise d'un quart de son volume ; le verser alors dans la soupière ; égoutter les tronçons de poisson et ceux de langouste, prendre les meilleurs, les diviser afin d'en retirer les arêtes, les placer à mesure dans la soupière. Enlever le bouquet, les gousses d'ail, les tranches de citron, et mêler les autres légumes à la soupe; envoyer séparément une assiette de tranches minces de pain, légèrement grillées.

137. Soupe de vongoli. — Cette soupe est d'origine napolitaine; la soupe de *vongoli* et la *pizza* sont à Naples les mets préférés des soupers qu'on va faire sur le bord de la mer.

Mettre dans une casserole 4 douzaines de *vongoli*, c'est-à-dire de petites clovisses de mer, ayant beaucoup d'analogie avec celles qu'on mange à Marseille; les mouiller avec les trois quarts d'une bouteille de vin blanc, les sauter sur feu jusqu'à ce qu'elles soient ouvertes; les égoutter alors sur une passoire, en conservant la cuisson, supprimer la moitié des coquilles.

Hacher un petit oignon et un morceau de blanc de poireau, les mettre dans une casserole avec une gousse d'ail et de la bonne huile, les faire revenir; les mouiller avec la cuisson des clovisses et la valeur d'un litre de bouillon de poisson; ajouter une tomate pelée et hachée, un bouquet de marjolaine (*cornabuse*), et quelques feuilles de céleri vert, émincées; faire bouillir le liquide pendant 10 minutes. Retirer le bouquet et l'ail, mêler les clovisses à la soupe, verser celle-ci dans la soupière. Envoyer séparément de petits croûtons de mie de pain, frits à l'huile.

138. Soupe de turbot au cary. — Pour cet emploi il convient de choisir un turbotin bien frais. — Supprimer la tête du poisson, diviser le corps en morceaux carrés, mettre de côté les plus beaux, déposer dans une casserole la tête et les parties inférieures, ainsi que quelques menus poissons osseux, ou une tranche de congre, les mouiller avec 2 litres d'eau et une bouteille de vin blanc ordinaire; ajouter un bouquet de persil. Poser la casserole sur le feu, faire bouillir vivement le liquide pendant 25 minutes, le passer.

D'autre part, émincer un gros oignon et un poireau, les faire revenir de couleur blonde, leur mêler les carrés de poisson, bien essuyés, les saler; quelques minutes après, les saupoudrer avec une cuillerée-à-bouche de farine, et autant de poudre de cary; les sauter encore pendant quelques secondes, les mouiller, peu à peu, avec le bouillon préparé; tourner le liquide jusqu'à l'ébullition, retirer la casserole sur feu modéré. Quinze minutes après, égoutter les morceaux de poisson, en retirer toutes les arêtes et les peaux noires; placer ceux-ci dans la soupière; lier la soupe avec 4 jaunes d'œuf, étendus avec de la crème, la passer, la finir avec un morceau de beurre, la verser dans la soupière.

139. Soupe calia, à la Russe. — Mettre dans une casserole 2 ou 3 petits poulets, un bouquet de persil et de fenouil, quelques légumes; mouiller avec 3 litres de bouillon et un verre de jus d'agoursis; faire bouillir le liquide, en l'écumant, le retirer sur le côté du feu. Quand les poulets sont cuits, les égoutter; passer et dégraisser le bouillon, le laisser à peu près refroidir, le clarifier avec de la viande crue et des œufs.

D'autre part, préparer une garniture de légumes, composée de carottes, racines de persil et de céleri, coupés en tiges de 3 centimètres de long, ayant aux deux bouts une incision en croix : ces légumes doivent être blanchis, puis cuits dans du bouillon.

Au moment de servir, placer les légumes dans la soupière, ajouter les chairs d'estomac des poulets, découpées en escalopes, une pincée de feuilles de fenouil hachées ; verser le consommé dessus, et servir.

140. **Klodnick à la Polonaise.** — Faire blanchir séparément, dans un poêlon, une poignée de feuilles tendres de betterave, une pincée de ciboulette, une pincée de feuilles de fenouil ; hacher ces herbes, les déposer dans une casserole à légumes, ou tout autre vase creux ; les délayer avec trois quarts d'un litre de jus d'agoursis, et une égale quantité de koas. Tenir le vase sur glace pendant une heure ; mêler alors au liquide la valeur d'un litre de bonne smitane, passée au tamis, puis un concombre frais et 2 salés, coupés en petits dés ; quelques queues d'écrevisses cuites, coupées, quelques cuillerées d'esturgeon, également cuit et coupé en gros dés ; assaisonner l'appareil, lui mêler quelques petits morceaux de glace naturelle, l'envoyer ainsi.

141. **Soupe de fielas, à la Marseillaise.** — Choisir 2 à 3 petits *fielas* blanc (congres de l'épaisseur d'une petite anguille) bien frais, les mettre dans un linge avec 2 poignées de sciure de bois, les frotter avec celle-ci, afin d'enlever le limon de la peau ; les rafraîchir, en supprimer les têtes, les distribuer en tronçons, de 4 à 5 centimètres de long. — Émincer 2 poireaux, les mettre dans une casserole avec de l'huile, les faire revenir, leur mêler les tronçons de poisson, les sauter pendant quelques minutes, et les mouiller avec 2 à 3 litres de bouillon de poisson ; ajouter une tomate épépinée, pelée et hachée, un bouquet de persil garni d'une feuille de laurier, le sel nécessaire, quelques grains de poivre, quelques clous de girofle, et enfin une pointe de safran ; faire cuire le poisson tout doucement. Vingt minutes après, passer le bouillon dans une autre casserole, le faire bouillir, lui additionner 4 à 500 grammes de gros vermicelle, retirer la casserole sur le côté du feu, cuire tout doucement la pâte.

Dans l'intervalle, égoutter les tronçons de poisson, les parer, les mettre dans la soupière. Aussitôt les vermicelles cuits, verser la soupe sur le poisson. — Cette soupe doit être tenue un peu consistante.

142. **Soupe au poutin, à la mode de Nice.** — Cette soupe est devenue très à la mode à Nice parmi les étrangers qui viennent visiter ce pays.

Les gourmets russes surtout en font grand cas, car elle a quelque analogie avec celle qu'on prépare si bien dans leur pays, avec les ierchis.

Émincer en julienne un oignon, le blanc d'un demi-poireau, le rouge de 2 carottes tendres, un morceau de racine de céleri, quelques champignons, cèpes ou autres. Faire revenir, au beurre, oignon et poireau, sans prendre couleur, ajouter les autres légumes, les saler; quand ils ont réduit leur humidité, les mouiller avec 2 ou 3 litres de bon bouillon; faire bouillir le liquide, le retirer sur le côté; 25 minutes après, le dégraisser, lui mêler 7 à 800 grammes de petits poissons blancs, qu'à Nice, où ils sont très-communs, on appelle *poutins*, et à Naples *yanchetti*. Couvrir la casserole; 5 à 6 minutes après, verser la soupe dans la soupière.

143. **Okroschka maigre.** — Couper en dés 3 douzaines de queues d'écrevisses cuites, les déposer dans une soupière, ajouter une égale quantité de saumon cuit, coupé comme les écrevisses, 2 cuillerées de betteraves, autant de carottes, autant de pommes de terre cuites, coupées en petits dés, puis 2 cuillerées d'agoursis, une pincée d'oignon vert, une pincée de fenouil et d'estragon haché. Tenir la terrine sur glace pendant une heure. Mêler à ces garnitures la valeur d'un verre de smitane, 2 bouteilles de *koas*, un peu de sel et poivre. Une demi-heure après, ajouter au liquide quelques petits morceaux de glace naturelle bien propre, puis 2 œufs durs coupés en petits dés.

144. **Soupe Batwina, à la Russe.** — Déposer dans une soupière, ou casserole à légumes, en argent, 4 cuillerées-à-bouche de purée d'oseille cuite, 4 cuillerées de purée de feuilles de betterave tendres, autant de purée de feuilles d'épinards; les délayer avec 2 à 3 litres de kislichy; mêler au liquide un salpicon d'agoursis pelés, et une pincée de sucre; tenir le vase sur glace. — Couper en gros dés un morceau d'esturgeon ou de saumon, cuit et refroidi, les dresser sur un plat, les entourer avec des queues d'écrevisses parées, et de petits bouquets de racines de raifort râpées.

Au moment de servir, mêler à la soupe une pincée de feuilles de fenouil frais, hachées, une pincée de ciboulette, une pincée d'estragon; ajouter quelques petits morceaux de glace naturelle, propre; servir ainsi cette soupe, en l'accompagnant avec le poisson. — Le klodnik à la polonaise est préparé d'après la même méthode.

145. **Soupe aux anguilles, à la mode de Hambourg.** — C'est surtout en été que les Hambourgeois mangent volontiers cette soupe. Les excellentes petites anguilles qu'on pêche à cette époque à l'embouchure de l'Elbe, les légumes et les fruits nouveaux que produit la saison, contribuent évidemment à lui donner plus de qualités et de distinction. Cette soupe est un mets national de la ville libre de Hambourg.

Distribuer en tronçons quelques petites anguilles vivantes, les placer dans une casserole, ajouter quelques têtes et arêtes de poisson, un bouquet de persil garni d'aromates, sel, épices; les mouiller largement avec du vin et de l'eau, les faire cuire. Passer ensuite le bouillon au tamis, dans une autre casserole, le faire bouillir, lui mêler une garniture de légumes nouveaux, aussi variés que possible, en ayant soin de plonger d'abord les plus longs à cuire, et les plus tendres en dernier lieu; ces légumes sont en partie coupés en petits dés : les petits-pois, les fèves, les haricots restent entiers. Quand les légumes sont à peu près cuits, lier légèrement la soupe avec un peu de beurre manié; lui mêler alors une quinzaine de petites poires entières, pelées, blanchies, ainsi que quelques petites pommes nouvelles, coupées par moitié ou en quartiers, également pelées et blanchies.

Quand les légumes et les fruits sont cuits, mêler à la soupe les tronçons d'anguille, une pincée de sucre, un filet de vinaigre, une petite poignée de fines-herbes fraîchement hachées : persil, estragon, pimprenelle, ciboulette, cerfeuil et marjolaine; au dernier moment, ajouter une garniture de kloeuses à la farine ou au pain, la verser dans la soupière. — Quand les poires et les pommes sont grosses, il convient de les couper.

146. Soupe aux tanches. — Émincer un oignon, un poireau, une carotte, une racine de persil; les faire revenir tout doucement dans une casserole, avec du beurre, les mouiller avec une bouteille de vin blanc et 3 litres d'eau; ajouter un bouquet de persil, mêlé avec une pincée de sarriette, quelques grains de poivre et girofle, donner quelques bouillons au liquide, ajouter 2 tanches propres, coupées en tronçons. Quand le poisson est cuit, l'égoutter, passer le bouillon.

Avec 200 grammes de beurre et 3 cuillerées-à-bouche de farine, préparer un roux, blond; le délayer avec le bouillon des tanches; tourner la soupe jusqu'à l'ébullition, la retirer sur le côté du feu. — Avec une petite cuiller à légumes, couper des boules de pommes de terre crues, ayant la grosseur d'un pois, les plonger à l'eau bouillante, leur donner 2 minutes d'ébullition, les égoutter, les mêler à la soupe, finir de les cuire à feu modéré; au moment de servir, ajouter 4 cuillerées-à-bouche d'orge perlé, cuit séparément, ainsi que les filets de tanches, sans arêtes ni peaux; la lier avec 3 jaunes d'œuf étendus avec de la crème, la finir avec un morceau de beurre, une pincée de sarriette hachée, la verser dans la soupière. — Cette soupe mérite l'attention des amateurs.

147. Soupe aux tanches, à la Polonaise. — Mettre 4 à 500 grammes d'orge perlé dans une petite casserole, avec un morceau de beurre et 3 verres d'eau; cuire l'orge à feu modéré pendant une heure, en lui mêlant de temps à autre un peu d'eau.

Émincer un oignon et un poireau, les faire légèrement revenir avec du beurre, leur additionner 2 à 3 moyennes tanches coupées en tronçons, faire revenir celles-ci pendant quelques minutes, les mouiller avec 3 litres d'eau bouillante; ajouter

SOUPES.

quelques racines de persil et de céleri émincées, ainsi qu'un bouquet de persil. Cuire le poisson pendant 25 minutes, passer le bouillon au tamis, retirer les tronçons de tanches, les diviser en petites parties, après en avoir supprimé les arêtes, les tenir au chaud et à couvert. Quand l'orge est cuit, le retirer du feu, le travailler à la cuiller jusqu'à ce qu'il arrive à former une pâte liante et très-blanche, délayer alors celle-ci avec le bouillon de poisson; faire bouillir la soupe, la lier avec quelques jaunes d'œuf, délayés à la crème, ajouter les tronçons de tanches, la verser dans la soupière.

148. **Soupe de ierchis, à la Russe.** — Lever les filets d'une centaine de goujons-perches (ierchis); les parer, les tenir sur glace. — Préparer 3 litres de bon bouillon de poisson, le clarifier avec du caviar frais, 2 œufs, un peu de vin blanc; quand le consommé est passé, le faire bouillir, lui mêler quelques cuillerées de racines de persil et de céleri coupées en julienne, cuites; au moment de servir, ajouter les filets de ierchis, donner un seul bouillon, et servir.

149. **Bourride à la Provençale.** — Avec 4 tranches de merlan, un grondin, une tranche de congre, et quelques menus poissons, des légumes, du vin et de l'eau, préparer un bon bouillon de poisson.

Dans l'intervalle, piler, dans un petit mortier à la main, 2 gousses de bon d'ail de Provence; quand elles sont converties en pâte, leur incorporer tout doucement, en tournant toujours l'appareil avec le pilon, un demi-verre de bonne huile d'olive, mais en laissant tomber celle-ci de la bouteille à travers un bouchon ciselé, afin que le jet soit régulier et modéré; additionner de temps en temps quelques gouttes de vinaigre, autant d'eau froide, afin de bien lier cet appareil qui doit avoir la consistance et le corps d'une mayonnaise; ajouter alors 8 jaunes d'œuf frais, mêlés avec quelques cuillerées-à-bouche de corail d'oursin, passé au tamis; délayer, peu à peu, l'appareil avec une partie du bouillon, le mêler ensuite à celui-ci; tourner le liquide sur feu jusqu'à ce qu'il soit lié comme une crème, en observant de ne point le faire bouillir.

D'autre part, couper transversalement, sur un pain long, des tranches régulières, ayant un centimètre d'épaisseur, les étaler dans un plat creux, les arroser avec la soupe; dresser les tranches de merlan et de grondin dans un autre plat, les envoyer en même temps que les tranches de pain humectées.

150. **Rossolnik d'esturgeon.** — Couper un morceau d'esturgeon frais, l'assaisonner, le faire macérer pendant quelques heures avec du vin blanc et des légumes émincés; le ficeler ensuite, le faire blanchir, le placer dans une casserole foncée avec du lard, jambon et légumes; le faire cuire à l'étuvée, le laisser refroidir dans sa cuisson; passer et dégraisser celle-ci.

D'autre part, faire revenir au beurre un oignon haché; quand il est de couleur blonde, ajouter 2 cuillerées-à-bouche de farine, la cuire pendant quelques minutes, la délayer avec 3 litres de bouillon, et la cuisson du poisson ; tourner le liquide sur feu, le faire bouillir, le retirer sur le côté ; une heure après, le dégraisser, le passer, dans une autre casserole.

Dans l'intervalle, couper des racines de persil en petits bâtonnets de 2 centimètres de long, faire aux deux bouts de ces bâtonnets une petite incision en croix, les cuire dans de l'eau salée. — Éplucher quelques concombres salés (agoursis) ; en supprimer le milieu, les couper en losanges de même longueur que les racines, les faire blanchir à l'eau dans un poêlon, les mêler avec les racines. — Au moment de servir, mêler à la soupe les racines de persil et les agoursis, ainsi que la valeur d'un verre de jus d'agoursis, lui donner 5 minutes d'ébullition, ajouter les chairs d'esturgeon coupées en petits carrés, la lier avec la valeur d'un demi-verre de smitane, la finir avec une pincée de fenouil haché, la verser dans la soupière.

151. **Soupe tortue à l'Américaine** (Dessins 96, 97). — De toutes les soupes qu'on sert en Amérique et en Angleterre, celle qu'on prépare avec les tortues de mer, est la plus précieuse, la plus estimée. Aujourd'hui on sert la soupe tortue dans toutes les parties de l'Europe ; partout elle est recherchée par les amateurs.

Les tortues destinées à être cuites doivent être choisies vivantes, autant que possible, récemment pêchées ; j'ai pu remarquer que les chairs des tortues ayant vécu longtemps hors de leur élément naturel, la mer, contractent une odeur de poisson corrompu.

Si on était dans la nécessité de tuer une tortue, voici comment il faudrait opérer. Il faut d'abord la saigner au cou, ou bien lui couper la tête, en faisant un nœud coulant ; la poser sur une table inclinée, en la renversant, laisser égoutter le sang pendant 10 à 12 heures. Cerner alors le plastron sur les lisières, c'est-à-dire, la carapace inférieure de l'animal, en glissant la lame d'un couteau entre les jointures des deux coquilles, mais sans couper les ailerons ni les nageoires de derrière ; enlever les graisses vertes du plastron, et les boyaux ; détacher ensuite les nageoires et ailerons de la carapace, en même temps que les chairs et les os, qui leur sont adhérentes. Ces chairs portent le nom de *noix* parce qu'elles ont quelque analogie avec la noix de veau ; les séparer des os, soit pour les servir plus tard comme pièce de relevé ou d'entrée, soit pour les joindre aux os et les faire concourir à la préparation du bouillon de tortue. Quand le plastron et la carapace sont dégarnis, les diviser en grands carrés, les faire blanchir à grande eau ; faire également blanchir les 4 nageoires ; les racler, la rafraîchir, et avec elles, ainsi que les os et les chairs de tortue, les carrés du plastron, du vin, des légumes, des aromates et de l'eau, préparer un

---

(1) On trouve à acheter des agoursis à Paris dans diverses maisons de comestibles, entre autres chez M. Cuviller, rue de la Paix.

SOUPES.

grand bouillon. Quand les nageoires et les ailerons sont cuits, les égoutter, les désosser, les déposer dans une terrine, les couvrir également avec du fonds; dégraisser le restant, le passer, le laisser déposer.

Pour préparer la soupe tortue, voici comment il faut opérer: Pour 8 à 10 personnes, faire bouillir la valeur de 2 à 3 litres de bouillon de tortue, le tenir au chaud. — Dépecer 2 moyens poulets, les mettre dans une casserole avec les carcasses coupées, les ailerons, les pattes, les gésiers propres, ainsi qu'avec 250 grammes de jambon cru coupé en gros dés; faire revenir les viandes avec du beurre, à feu vif, jusqu'à ce qu'elles soient légèrement colorées; les saupoudrer alors avec 2 cuillerées-à-bouche d'arrow-root; 2 minutes après, les mouiller avec le bouillon de tortue, et un verre de vin blanc; tourner le liquide jusqu'à l'ébullition, le retirer sur le côté;

Fig. 96.

ajouter un bouquet d'aromates et 2 oignons. Quand les poulets sont cuits, dégraisser le fonds de cuisson, le passer, dans une casserole, lui mêler quelques parties des

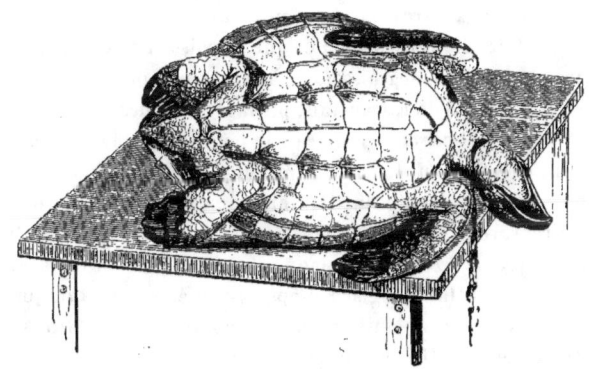

Fig. 97.

chairs molles des nageoires, une égale quantité de celles de la carapace et du plastron, les unes et les autres coupées en petits carrés; faire bouillir la soupe, lui mêler un verre de sherry ou madère; si alors elle se trouvait trop épaisse, l'allonger avec du bouillon de tortue : elle doit être légèrement liée; 25 minutes après, la dégraisser, lui mêler une pointe de cayenne, quelques parties de graisse de tortue (*green-fat* [1]), blanchie, coupée en petits morceaux. Au moment de servir, lui mêler une infusion préparée avec les trois quarts d'un verre de madère, une pincée de marjolaine, une de basilic, une de sarriette, une de thym, un brin de sauge, un brin de ciboulette ; il faut qu'aucun de ces aromates ne domine ; faire réduire le liquide d'un tiers. Si les aromates sont frais, les piler, quand ils sont cuits, et les mêler à la soupe ; s'ils sont secs, passer tout simplement le liquide à travers un linge dans la soupe, mais au dernier moment. — En Angleterre, on sert en même temps que cette soupe du *milk-punch* dans des verres.

152. Soupe de lottes, à la Russe. — Cette soupe est le *ouka* populaire des Russes, qui dans certains cas remplace le *ouka* [2] au sterlet, réservé aux gourmets tout-puissants. Les lottes sont en Pologne et en Russie de fort bonne qualité, mais ce qui les rend plus estimables ce sont leurs foies si beaux, inconnus sur nos marchés d'Occident.

Choisir 2 belles lottes ayant le ventre gonflé par la grosseur de leur foie, les vider ; nettoyer les foies, les faire dégorger, les blanchir 5 minutes à l'eau bouillante, acidulée. Couper transversalement le corps des lottes, saupoudrer ces tronçons avec une poignée de sel, les faire macérer dans une terrine pendant une heure.

D'autre part, émincer des oignons, carottes et racines de céleri ; les faire revenir au beurre, ajouter une perche et une tanche divisées en morceaux, les têtes et les queues des lottes, 2 douzaines de goujons-perches (ierchis) ; les mouiller avec une bouteille de vin blanc, 2 litres d'eau ; ajouter un peu de sel, quelques clous de girofle, faire bouillir le liquide jusqu'à ce que le poisson soit cuit ; le passer alors, dans une autre casserole, le dégraisser, le laisser à peu près refroidir, le clarifier avec 4 cuillerées-à-bouche de caviar frais, pilé avec 2 blancs d'œufs, délayé avec un peu de vin, et le jus de 2 citrons ; remettre le bouillon sur le feu, le fouetter jusqu'à l'ébullition, le retirer sur le côté ; 2 minutes après, le passer.

Émincer en julienne un morceau de racine de céleri, 2 racines de persil et un poireau, les faire revenir dans une casserole, avec un morceau de beurre, sans prendre couleur ; quand ils ont réduit leur humidité, les mouiller avec un peu de bouillon, faire réduire celui-ci à glace. Répéter la même opération jusqu'à ce que les légumes soient cuits ; les mouiller alors avec la valeur de 2 litres du bouillon préparé, les cuire pendant 10 minutes.

Un quart d'heure avant de servir, laver les tronçons de lottes, les éponger, les plonger dans la soupe ; donner un bouillon à celle-ci, la retirer sur le côté du feu,

---

[1]. Aux yeux des Anglais le *green-fat* est indispensable à la soupe tortue. Celle où il lui fait défaut a beaucoup moins de prix.

[2]. Le *ouka* au Sterlet, est un potage national de la Russie, le plus estimé des gourmets Russes ; il est décrit dans la *Cuisine classique*.

afin de maintenir le liquide frémissant pendant 10 à 12 minutes; égoutter les foies de lottes, les essuyer, les couper en lames, les déposer dans la soupière, verser la soupe dessus. Envoyer en même temps une assiette de citrons coupés en deux.

153. **Ouka à l'Allemande.** — Couper en tronçons 2 petites tanches, 2 perches, 2 petites anguilles; avec les têtes et les arêtes de ces poissons, de l'eau, du vin, des légumes, des aromates, préparer 2 litres de bon bouillon. — Faire blanchir 3 à 4 douzaines d'huîtres avec du vin blanc, les parer, les tenir de côté, ainsi que leur cuisson. — Faire revenir au beurre un oignon, une carotte, un morceau de racine de céleri émincé, les mouiller avec le bouillon préparé, et du vin blanc; l'assaisonner, lui mêler les tronçons de poisson, les faire cuire à feu modéré; quand ils sont cuits, passer le bouillon, le dégraisser. — Avec 125 grammes de beurre, et 2 cuillerées de farine, préparer un roux, sans lui faire prendre couleur; le délayer avec le bouillon du poisson; tourner le liquide sur feu jusqu'à l'ébullition, retirer la casserole sur le côté; 25 minutes après, dégraisser la soupe, la passer, lui mêler une julienne de champignons crus, ainsi que la cuisson des huîtres. Dix minutes après, lier la soupe avec une liaison de 4 jaunes d'œuf, la retirer du feu, lui mêler les huîtres, les filets de tanches, de perches et d'anguilles; la finir avec une pincée de cayenne, et une pincée de persil haché, la servir aussitôt.

154. **Ouka aux truites.** — Le ouka est la soupe nationale des gourmets Russes; elle est préparée avec de petits sterlets en vie, tués et cuits, au moment; ce poisson n'existant pas en France, ni dans les autres contrées de l'Occident, il devient impossible de servir cette soupe dans les mêmes conditions qu'en Russie.

Mais à défaut de sterlet, le ouka peut être préparé avec de bonnes truites de moyenne grosseur, vivant dans des eaux pures et vives. Une condition indispensable, c'est que le poisson soit tué au moment de l'employer.

Préparer la valeur de 2 litres de bon bouillon de poisson, d'après la méthode prescrite dans l'article qui précède, avec des perches et des tanches.

Couper en julienne des racines de persil et de céleri, les faire légèrement blanchir, les égoutter, les faire revenir avec du beurre pendant 10 minutes à feu très-doux; en égoutter le beurre, les faire tomber à glace avec un peu de bouillon. — Préparer 2 douzaines de petites quenelles de merlan, au beurre d'écrevisses. — Clarifier le bouillon de poisson, en procédant comme pour le consommé, avec 500 grammes de chairs de merlan ou de brochet, une poignée de white-bait ou tout autre menu poisson; ajouter un œuf entier, un verre de bon vin blanc, et deux cuillerées de madère.

Tuer 2 ou 3 moyennes truites vivantes, grasses, à chairs rouges; en supprimer les têtes et parties minces des queues, distribuer les corps en tronçons : les nettoyer, les éponger. Quand le consommé de poisson est passé, en mettre une partie dans une casserole plate, ajouter 2 verres de champagne, le faire bouillir, e plonger les tronçons de truite dans le liquide; au premier bouillon, retirer la casserole du feu, la couvrir; 5 à 6 minutes après, égoutter les tronçons, les fendre en deux parties, en supprimer l'arête; parer les morceaux, les placer dans un plat creux, les couvrir avec une partie de leur cuisson, dégraissée, passée. Mêler la julienne de racines au consommé, ajouter les petites quenelles pochées, le verser dans la soupière. Envoyer séparément les tronçons de truite, ceux-ci ne doivent être mêlés à la soupe que dans les assiettes mêmes, au moment de les présenter aux convives.

155. **Soupe aux clams-chouders.** — Les *clams-chouders* sont des coquillages d'Amérique. — Ouvrir 4 à 5 douzaines de clams, hacher les chairs, les déposer dans une casserole profonde, grassement beurrée, leur mêler 6 oignons émincés et blanchis, une douzaine de pommes de terre crues, pelées, coupées en dés; un bouquet de persil garni d'aromates, peu de sel, poivre, muscade, cayenne et macis pulvérisé; les mouiller à couvert avec du vin et du bouillon de poisson. Faire bouillir le liquide pendant 25 à 30 minutes, le retirer alors, lui mêler la valeur d'une bouteille de vin du Rhin; ajouter une poignée de *crackers* écrasés, ou bien lier ce liquide avec du beurre manié, et finir la soupe, en lui incorporant 175 grammes de bon beurre, après en avoir retiré le bouquet.

SOUPES.

Fig. 98. — Buffet de salle à manger. (V. page 20.)

FONDS DE CUISINE.

Le *fonds de cuisine* est plus ou moins compliqué et luxueux, selon que le service d'une maison est considérable ; mais, alors même que le travail est pratiqué dans des conditions restreintes et bornées, il faut néanmoins porter aux apprêts du *fonds de cuisine* les soins les plus vigilants, car il est, en somme, la base de toutes les opérations culinaires, et son imperfection se répand naturellement sur tout ce qui en découle.

Dans un livre de second ordre, tel que celui-ci, j'ai cru devoir me borner à décrire les principes d'un *fonds de cuisine* simple, expéditif, facile à mettre en pratique ; je l'ai renfermé dans les plus étroites limites : mais ceux qui se trouveraient dans la nécessité d'étudier cette partie dans tous ses détails, pourront consulter la *cuisine-classique ;* les grandes sauces et les sauces de réduction sont traitées dans cet ouvrage, selon les principes de la grande cuisine.

Je n'ai pas fait de chapitre spécial pour les petites sauces ; j'ai pensé qu'il était plus simple de les adapter aux formules auxquelles elles sont directement appliquées. D'ailleurs, dans ce recueil, la série des sauces se trouve forcément abrégée, car dans la plupart des apprêts culinaires, la sauce est préparée avec le fonds de cuisson des substances auxquelles elle doit être associée. Cette méthode, très-rationnelle, m'a été inspirée par le désir de simplifier le travail, en le rendant plus facile.

156. Marmite pour fonds de cuisine. — Dans une cuisine, même du second ordre, pour peu que le travail soit suivi, il est indispensable de mettre chaque jour une petite marmite, dont le produit doit fournir à l'alimentation des cuissons, des sauces et des jus ; dans un petit travail, on peut éviter de préparer des fonds abondants et coûteux, mais on ne saurait guère se dispenser de marquer une marmite. D'ailleurs avec des soins prévoyants, on peut rendre cet apprêt peu coûteux, en ce sens que la viande, avec laquelle on prépare les *fonds-de-cuisson*, peut toujours être utilisée. On établit cette marmite, dès le début, simplement avec quelques livres de bœuf et de bons légumes, qu'on mouille néanmoins largement, car dans le cours du travail on trouve toujours à l'alimenter, soit avec les parures des grosses pièces de viandes, soit avec des os crus ou cuits, des abatis de volaille, soit enfin avec ces mille riens, qui isolément n'ont aucune valeur, comme substance, mais qui réunis donnent cependant un certain produit.

Les cuisiniers doivent veiller avec la plus grande attention à constituer convenablement cette marmite, non-seulement parce qu'elle suffit aux *fonds* nécessaires, mais parce qu'avec des soins intelligents, on peut, après avoir utilisé le bouillon, lui faire rendre une partie de cette glace, dont le concours devient indispensable même dans les petites cuisines; à cet effet, quand le bouillon est passé, il faut remettre les débris et les os dans la marmite, leur mêler les débris des autres *fonds-de-cuisson* : braises, jus ou sauces ; les mouiller avec de l'eau chaude, en raison de leur quantité ; ajouter un assortiment de bonnes racines et de légumes frais, et enfin les dernières parures de viandes crues recueillies ; faire bouillir le liquide, en l'écumant, lui donner les mêmes soins qu'au pot-au-feu ; 5 à 6 heures après, passer le *fonds*, le dégraisser, le faire concentrer par la réduction à bouillon violent.

157. Jus. — Le jus est d'une utilité indispensable dans le travail de la cuisine. Le procédé que je vais prescrire est à la fois simple et d'un bon résultat.

Couper en morceaux 2 kilogrammes de trumeau de bœuf, 2 kilogrammes de viande de veau, de l'épaule ou des bouts de carrés, les mettre dans une casserole avec de bon dégraissis épuré ; les faire revenir sur feu modéré en les tournant souvent avec une cuiller ; quand les chairs sont roidies, les mouiller avec un verre de vin blanc ; faire réduire le liquide à glace, puis les mouiller avec 7 à 8 litres de bouillon chaud ; écumer le liquide, au premier bouillon, le retirer sur le côté du feu ; lui mêler quelques os de rôti, quelques gros légumes, un bouquet composé de persil, cerfeuil, aromates, grosses épices [1]. A mesure que les viandes les plus tendres sont cuites, les enlever à l'aide de l'écumoire ; dégraisser le fonds, le passer au tamis. — Ce jus peut être clarifié à l'égal du consommé.

158. Glace de viande. — Dans les grandes comme dans les petites cuisines, la glace de viande joue toujours un grand rôle, surtout dans le travail improvisé. Les cuisiniers qui tiennent à ne pas être pris au dépourvu, doivent donc se prémunir contre ces accidents fort communs de nos jours, en ayant soin de se faire une petite réserve de bonne glace, afin de se créer des ressources pour l'imprévu. J'ai dit qu'avec le remouillage de la marmite on pouvait tirer de la glace ordinaire ; voici la méthode pour l'obtenir plus succulente et onctueuse : —

---

[1]. Les grosses épices se composent de poivre en grains, de clous de girofle, de la coriandre et de la cannelle, mais les deux derniers ne s'appliquent pas d'une manière générale aux préparations culinaires.

Couper en morceaux 3 kilogrammes de trumeau de bœuf; les mettre dans une grande marmite avec 3 kilogrammes de cou de veau, un jarret, également coupés; ajouter une ou 2 poules, sans filets, ainsi que les abatis (moins les foies) de quelques volailles; couvrir largement ces viandes avec du second bouillon ou de l'eau, poser la marmite sur le feu; écumer le liquide, au premier bouillon, le retirer sur le côté. Une heure après, lui mêler quelques bonnes carottes fraîches et odorantes, 2 ou 3 poireaux, un gros bouquet composé de cerfeuil, persil, aromates et grosses épices; continuer l'ébullition partielle. A mesure que les viandes les plus tendres sont cuites, les égoutter. Passer ensuite le bouillon, le dégraisser, le laisser déposer, le transvaser dans 2 casseroles, en le décantant; le faire réduire à feu vif jusqu'à ce qu'il soit concentré, et légèrement lié; a ce point, mêler les deux parties, dans une casserole plus haute que large; faire dépouiller la glace sur le côté du feu, en l'écumant, jusqu'à ce qu'elle soit arrivée au point d'une sauce légère; la verser alors dans un ou plusieurs vases pour la conserver.

159. Sauce espagnole. — C'est avec cette sauce, qu'on prépare la plus grande partie des sauces de réduction. Dans la cuisine secondaire, elle est surtout appliquée à la liaison du *fonds-de-cuissons* des viandes.

Roux. — Faire fondre 200 grammes de beurre dans une casserole, lui mêler 250 grammes de farine, tourner la pâte, la retirer sur feu très-doux, de façon à la cuire en lui faisant prendre une belle couleur rougeâtre; à ce point, la délayer avec 4 à 5 litres de jus clair, bien dégraissé; tourner le liquide jusqu'à l'ébullition, le retirer sur le côté du feu, de façon qu'il ne bouille que d'un côté. Trois quarts d'heure après, dégraisser la sauce, la passer au tamis dans une terrine.

Si on ne devait pas employer cette sauce aussitôt qu'elle est terminée, il faudrait la laisser refroidir dans la terrine, en la remuant de temps en temps avec une cuiller, afin qu'elle refroidisse sans faire *peau*.

160. Sauce veloutée. — Cette sauce est désignée, dans la grande cuisine, sous le nom de *velouté;* elle prend le nom d'*Allemande*, si elle est liée aux œufs.

On prépare le fonds du velouté d'après la même méthode que celui pour l'espagnole, avec cette différence, qu'il doit être moins coloré, et qu'on n'emploie que de la viande de veau et de volaille, pas de bœuf; on peut cependant employer du jambon cru ou simplement des débris de jambon : le *fonds* doit être aussi clair que possible.

161. Béchamel. — Mettre 250 grammes de farine dans une terrine, la délayer avec 3 verres de lait froid; passer le liquide dans une casserole, le tourner sur feu; aussitôt qu'il commence à se lier, le retirer du feu; travailler vigoureusement la sauce afin de la lisser; la délayer alors avec un demi-litre de lait cuit;

lui mêler 2 petits oignons coupés, un bouquet de persil, sel, grains de poivre, et enfin 150 grammes de jambon cru, coupé en petits dés; la faire bouillir, la retirer sur feu très-doux; la cuire pendant 20 minutes, en la remuant de temps en temps; la passer ensuite au tamis ou à l'étamine.

162. Mirepoix. — Émincer un gros oignon, une grosse carotte, un morceau de racine de céleri; les mettre dans une casserole avec quelques débris de graisse crue, et de la graisse fondue; les faire revenir à feu modéré jusqu'à ce que les oignons soient de belle couleur; mouiller alors ces légumes avec la valeur d'un litre de bouillon blanc, non dégraissé, ainsi qu'avec une demi-bouteille de vin blanc; faire bouillir le liquide, le retirer sur le côté du feu; ajouter un bouquet de persil garni d'aromates, quelques grosses épices, quelques parures fraîches de champignons, et enfin les chairs de 2 citrons, sans peau ni semences; 25 minutes après, passer le liquide au tamis sans le dégraisser.

163. Court-Bouillon. — Émincer un gros oignon, une carotte, et un morceau de racine de céleri; les faire revenir dans une casserole, avec du beurre; les mouiller ensuite, soit avec de l'eau et du vinaigre, soit avec du vin blanc ou rouge, mêlé avec quelques parties d'eau chaude. Faire bouillir le liquide, le retirer sur le côté; ajouter du sel, de grosses épices, et un bouquet de persil, garni d'aromates; 20 minutes après, le passer.

164. Caisse à bain-marie (Dess. 99). — La « caisse à bain-marie » de cuisine, se compose d'un plafond creux, ou caisse carrée, en cuivre, et même simplement d'une casserole plate, contenant de l'eau bouillante; c'est dans cette caisse que sont tenues au chaud les sauces et les garnitures, qui, une fois terminées,

Fig. 99.

ne doivent plus bouillir. Quand les sauces d'un dîner sont nombreuses, il convient d'étiqueter les casseroles qui les renferment, afin de prévenir toute erreur possible au moment du service. L'eau du « bain-marie » doit toujours être tenue à l'état d'ébullition frémissante, mais non développée.

HATELETS CHAUDS ET FROIDS

On emploie les hâtelets, soit comme ornement, soit comme garniture. On les applique aux pièces de relevé et aux entrées, qu'elles soient froides ou chaudes, grasses ou maigres. Mais il n'est pas tout à fait inutile de faire observer que les hâtelets, comme garniture, ne doivent être appliqués que dans les occasions solennelles ; les prodiguer, c'est en diminuer la valeur.

D'ailleurs les hâtelets garnis, n'ont vraiment du relief qu'alors qu'ils ont un rôle en rapport avec leur luxe naturel ; ils sont sans effet, du moment qu'ils ne sont pas entourés de ce cortége brillant qui constitue le côté luxueux d'un dîner bien servi. — Les 12 sujets représentés sur les dessins sont de différentes nature; les uns sont applicables aux pièces chaudes, les autres aux pièces froides.

Le dessin 100, est composé avec des navets et carottes, coupés au couteau et façonnés ; l'ovale et le croissant sont en navets creusés sur le centre, et plaqués avec une tranche de carotte : ces légumes ne doivent pas être cuits, ils sont à peine blanchis.

Le dessin 101, représente un hâtelet garni d'une grosse truffe et d'une belle crête de coq, double ; la truffe est cuite sans être pelée ; la crête doit être bien blanche, peu cuite. — Le dessin 102, représente un hâtelet garni d'une truffe et d'une quenelle, celle-ci est de forme ovale, décorée et pochée.

Les dessins 103, 104 et 105, représentent des hâtelets de légumes, imitant des vases de différents genres; ces vases sont découpés au couteau, et formés de plusieurs pièces; ils sont garnis avec des fleurs imitées en légumes : des roses, des camélias, des coquelicots, etc.; on imite également ces fleurs avec des légumes associés à des clous de girofle, des grains de poivre, etc. Des fleurs imitées avec de telles matières ne peuvent pas être d'une ressemblance parfaite, mais traitées avec goût, elles sont cependant d'un joli effet. — Ces six hâtelets sont applicables aux relevés chauds.

Les dessins 106, — 107, — 108, représentent des hâtelets transparents, des-

HATELETS CHAUDS ET FROIDS. 91

tinés à des pièces froides; ils sont formés dans des caisses en fer-blanc, rondes,

Fig. 100.   Fig. 101.   Fig. 102.

Fig. 103.   Fig. 104.   Fig. 105.

hexagones ou cannelées; ces hâtelets sont ornés à l'intérieur avec des détails de

92 CUISINE DE TOUS LES PAYS.

truffes, de langue salée bien rouge, ou de filets de volaille très-blancs. Les truffes

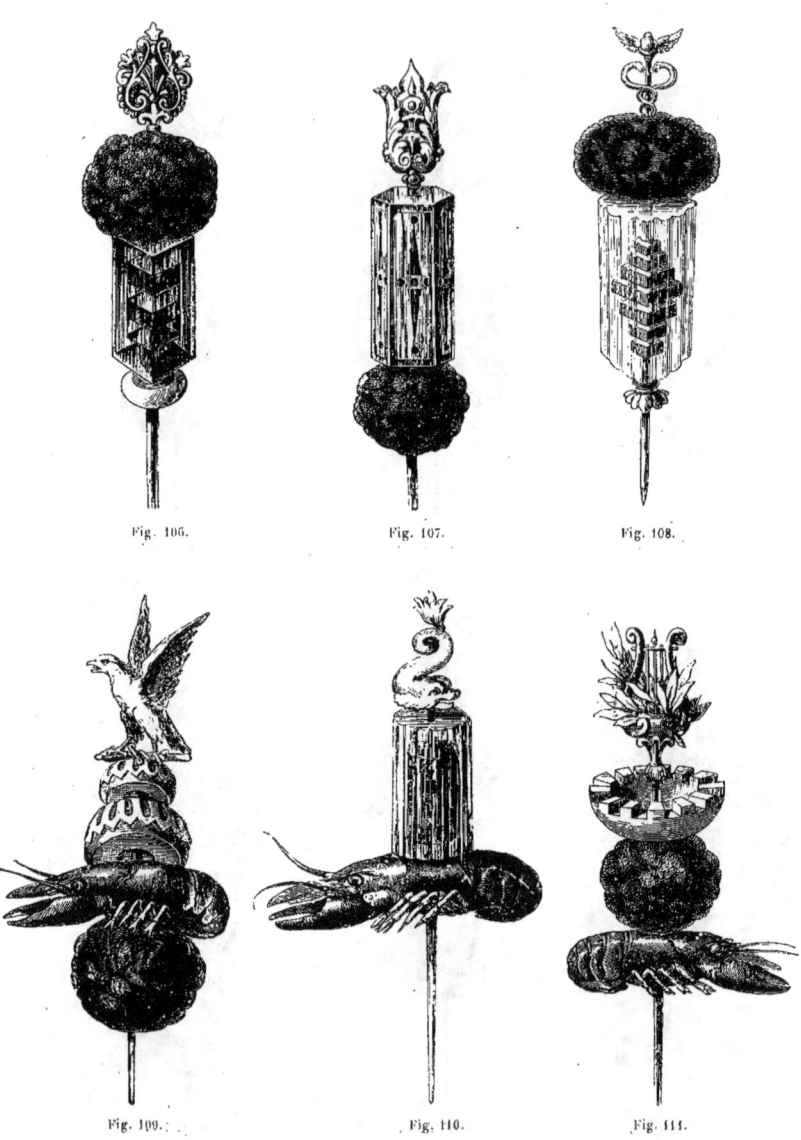

Fig. 106.   Fig. 107.   Fig. 108.

Fig. 109.   Fig. 110.   Fig. 111.

applicables aux hâtelets transparents peuvent être cuites sans être pelées, mais il n'y a aucun inconvénient à les peler ; l'essentiel, c'est qu'elles soient grosses, bien noires, et de forme ronde, autant que possible.

Les dessins 109, — 110, — 111, sont des hâtelets applicables aux relevés froids de poisson ; ce genre ne diffère des autres hâtelets froids qu'en raison des grosses crevettes ou des écrevisses qu'on leur adjoint, afin de les distinguer ; d'ailleurs, les truffes et les champignons peuvent entrer dans leur composition : seules les crêtes ne sont pas admises. Dans bien des cas, les hâtelets destinés aux poissons ne sont composés qu'avec de grosses crevettes ; mais aux écrevisses, il convient toujours d'adjoindre des truffes ou des champignons, qui par leur nuance variée, forment une diversion agréable au regard.

Les hâtelets 109 et 111 sont composés avec truffes, champignons, écrevisses : ils sont simplement disposés dans un ordre différent.

POISSONS

Au point de vue de l'humanité, le poisson tient une large place parmi les bienfaits que la nature nous a dévolus. C'est une providence, manne céleste, qui se produit et se renouvelle, sans culture, sans entretien, sans efforts coûteux, sans travail pour nous.

Au point de vue commercial, l'importance du poisson est capitale : frais, salé, séché ou mariné, il est la source d'une foule d'industries dont les produits se répandent dans tout l'univers.

Ce qui est remarquable, c'est que le poisson est généralement bon dans tous les pays : aux latitudes les plus opposées, sous les climats ardents comme sous les plus rigides, là où le sol est ingrat, et la terre stérile, le poisson est non-seulement abondant, mais souvent exquis. Dans toutes les contrées du monde, chaque mer, chaque fleuve, chaque lac, fournit ses espèces particulières ; à côté des médiocres, il s'en trouve toujours des plus estimables.

En gastronomie, le poisson de mer, comme celui d'eau douce, est d'une utilité incomparable, soit qu'on l'apprécie au point de vue du travail, soit qu'on le considère comme diversion dans l'alimentation journalière. Par la variété infinie des espèces, par les qualités précieuses de ses chairs, le poisson se prête admirablement aux combinaisons culinaires les plus distinguées, les plus estimables ; aussi la cuisine en tire-t-elle un grand profit.

Le poisson, a cet avantage sur les viandes de boucherie, sur la volaille et le gibier, qu'il peut aussi bien entrer dans la composition d'un dîner maigre que d'un dîner gras. Mais le poisson est si généralement estimé, qu'il doit forcément trouver place dans le cadre d'un dîner tant soit peu recherché. Il n'est guère que dans les dîners familiers qu'on puisse éviter de l'admettre.

La grande variété qui existe entre les chairs de poisson d'espèces différentes, offre à la cuisine des ressources très-grandes. Un praticien habile peut, avec ces éléments divers, préparer des dîners maigres très-complets, distingués, succulents.

Avec le poisson, on compose des soupes et des potages, des hors-d'œuvre, des relevés, des entrées chaudes et froides, ainsi que des rôts.

Une règle capitale, s'appliquant à la grande majorité des espèces, c'est de cuire les poissons dans leur extrême état de fraîcheur. Quelques-uns même, ne donnent de résultats satisfaisants qu'à condition qu'ils soient tués au moment même d'être cuits.

Les Anglais, généralement grands amateurs de poisson, ont, pour chaque espèce, des sauces adoptées, avec lesquelles ils le servent invariablement; je pense qu'il n'est pas sans intérêt de les faire connaître.

Avec le turbot, on mange généralement une sauce homard, ou une sauce crevette. — Avec le saumon bouilli, une sauce au persil, souvent accompagnée d'une salade de concombres. — Avec le cabillaud, une sauce aux huîtres : cette sauce est rigoureusement exigée par les gourmets. — Avec le merlan, une sauce aux œufs. — Avec les maquereaux bouillis, une sauce au persil ou une sauce aux groseilles vertes. — Avec les poissons frits, merlans, soles, truites, éperlans, une sauce au beurre d'anchois, c'est-à-dire finie avec une addition d'essence d'anchois.

---

165. **Turbot à l'anglaise** (Dess. 112). — Choisir un turbot frais, épais,

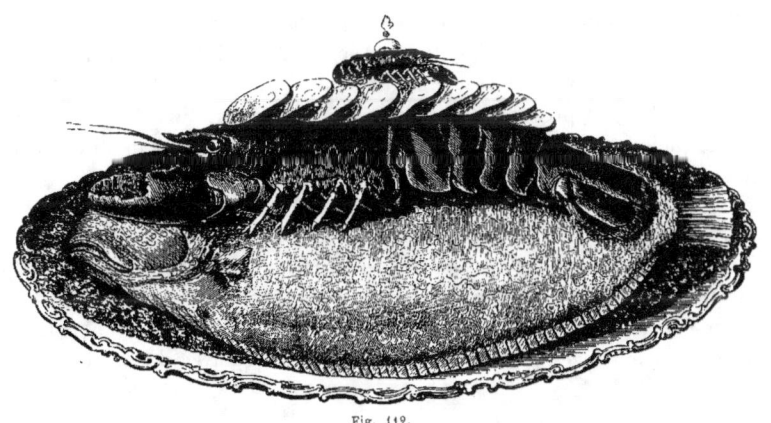

Fig. 112.

le vider, l'ébarber tout autour, le fendre, sur le côté noir, tout le long de l'arête principale ; le faire dégorger pendant une heure, à l'eau froide ; l'égoutter ; en brider la tête, le poser sur la grille d'une turbotière, en l'appuyant sur le côté noir ; le saupoudrer avec 2 poignées de sel, le mouiller à couvert avec de l'eau froide ; faire bouillir le liquide ; au premier bouillon, le retirer sur le côté, le tenir ainsi pendant 40 à 50 minutes, au même degré, sans cependant le faire bouillir.

D'autre part, cuire un homard à l'eau salée, le laisser refroidir, en retirer les chairs de la queue, entières, sans endommager la coquille. Couper ces chairs en tranches, les déposer dans une petite casserole. Couper les parures, ainsi que les chairs des pattes en petits dés, les tenir également à couvert. — Préparer une sauce au beurre ; quand elle est finie, lui mêler le salpicon de homard, la tenir au bain-marie. — Au moment de servir, égoutter le turbot, le débrider, le glisser sur un large plat dont le fond est couvert avec une planche de forme ovale, percée de trous, masquée avec une serviette (il n'est presque pas nécessaire de dire que la surface blanche du turbot doit se trouver en dessus) ; poser le homard sur le centre du turbot, et dresser, sur la coquille du homard, les chairs de la queue de celui-ci, coupées en tranches, en traversant l'épaisseur de la coquille, avec un hâtelet, garni de 2 écrevisses et d'une truffe ; entourer le turbot avec des feuilles de persil. Envoyer la sauce séparément.

166. **Kadgiori de turbot.** — Ce mets est d'origine indienne, mais on le sert communément en Angleterre. — Lever les filets d'un petit turbot cru, les couper en gros dés, les faire revenir avec du beurre, à feu vif, pendant 2 minutes seulement ; les assaisonner, les retirer du feu. — Hacher un oignon, le faire revenir avec du beurre, sans prendre couleur, lui mêler 500 grammes de riz lavé, égoutté pendant une heure sur un tamis ; quelques secondes après, le mouiller, trois fois sa hauteur, avec du bouillon de poisson, le cuire à feu vif pendant 10 à 12 minutes, puis retirer la casserole, la tenir à la bouche du four jusqu'à ce que le riz soit à peu près sec ; lui mêler alors les filets de turbot, une pincée de cayenne, quelques cuillerées-à-bouche de sauce, ainsi que 3 œufs durs, hachés, le dresser aussitôt sur un plat creux, l'arroser avec du beurre cuit à la *noisette*.

167. **Pâté-chaud de turbot, à la Danoise.** — Prendre un petit turbot frais et cru, ou simplement une moitié ; détacher les chairs de l'arête, les couper transversalement en filets longs, ayant de 2 à 3 centimètres d'épaisseur ; déposer ces filets dans une terrine, les assaisonner avec sel et épices. Cuire 5 à 6 œufs durs, les couper en quartiers, les assaisonner, les saupoudrer avec du persil, les tenir à couvert.

Tamiser 4 à 500 grammes de grosse semoule, lui mêler 2 jaunes d'œuf crus, l'un après l'autre, en la frottant entre les mains, l'étaler ensuite sur un plafond, la faire sécher à l'étuve. La frotter encore en brisant les grumeaux, la cuire à l'eau salée, en la tenant consistante et sèche.

Hacher séparément 2 oignons blancs, une forte poignée de persil frais, 8 à 10 champignons crus. Faire revenir l'oignon dans une casserole avec du beurre, mais sans prendre couleur, lui adjoindre les champignons, les faire revenir aussi, jusqu'à ce qu'ils aient réduit leur humidité ; saupoudrer alors les fines-herbes avec une cuillerée-à-bouche de farine, les mouiller avec un demi-verre de vin blanc ; ajouter une feuille de laurier ; tourner la sauce jusqu'à l'ébullition, la cuire pendant quelques minutes ; lui additionner ensuite le persil haché et les filets de turbot ; couvrir la casserole, donner deux bouillons à la sauce, la retirer sur le côté du feu, la tenir ainsi pendant 5 minutes. Laisser refroidir la sauce et le poisson ensemble.

Préparer une pâte feuilletée avec 500 grammes de bonne farine, 250 grammes de beurre ou de graisse, et l'eau nécessaire ; lui donner six *tours*, la laisser reposer ; en retirer le quart, abaisser le reste avec le rouleau (forme d'un carré long), en lui donnant de 30 à 35 centimètres de largeur et le double à peu près de longueur. Enrouler la pâte autour du rouleau pour l'étaler sur une plaque, en la déroulant ; l'humecter tout autour, puis étaler sur son centre une couche un peu épaisse de semoule cuite et refroidie, en lui donnant aussi la forme d'un carré long, mais beaucoup plus étroite que l'abaisse ; sur cette couche, ranger les filets de poisson, en les entremêlant avec les fines-herbes, les œufs durs, ainsi que deux douzaines d'huîtres blanchies ; masquer cet appareil, en dessus et sur les côtés, avec le restant de la semoule ; donner au corps du pâté une forme bombée et régulière ; relever aussitôt la pâte des côtés sur la partie supérieure afin de le masquer ; relever également la pâte sur les bouts, les replier sur le pâté, en les appuyant, et en les soudant ; humecter le dessus de la pâte. Abaisser le feuilletage tenu en réserve, en forme de carré long, le poser sur le pâté de façon à l'envelopper presque en entier ; dorer la surface avec des œufs battus, faire une cheminée sur le centre, puis, avec la pointe du couteau, tracer un petit dessin sur la surface de l'abaisse. Pousser le pâté au four modéré, le couvrir avec du papier, en ficelant celui-ci sur le côté ; le cuire pendant une heure et quart.

Dans l'intervalle, faire blanchir 2 douzaines d'huîtres avec un verre de vin blanc. — Avec la tête et les arêtes du poisson, du vin, des légumes, préparer la valeur d'un litre de bouillon ; avec celui-ci, ainsi qu'avec la cuisson des huîtres, préparer une petite sauce blonde, la lier avec 3 jaunes d'œuf, la finir avec du beurre, persil haché, jus de citron, lui additionner les huîtres, l'envoyer en même temps que le pâté.

168. Turbot à la crème, gratiné. — Faire cuire à l'eau salée la moitié d'un turbot, l'égoutter de sa cuisson, en retirer les arêtes et la peau noire ; diviser les chairs en moyens morceaux, les ranger par couches, sur un plat creux, en les saupoudrant avec une pincée de champignons hachés, cuits ; les masquer aussitôt avec quelques cuillerées-à-bouche de bonne béchamel réduite, bien assaisonnée; monter l'appareil en dôme, le masquer aussi en dessus avec la sauce, le saupoudrer avec de la mie de pain, l'arroser avec du beurre fondu, lui faire prendre couleur au four vif pendant 10 à 12 minutes; en sortant le plat du four, le poser sur un autre plat, et l'envoyer.

169. **Turbotin à la Hollandaise.** — Vider un turbotin frais, le laver, couper les nageoires, le séparer en deux par le milieu, le diviser en moyens carrés; déposer ceux-ci dans une terrine, les saupoudrer avec une poignée de sel, les arroser avec un verre d'eau, les faire macérer pendant une demi-heure.

Avec la tête et les parures préparer un peu de bouillon de poisson.

D'autre part, émincer une julienne, composée d'oignon, poireau, racine de persil et racine de céleri tendres; si les racines étaient dures les blanchir, les mettre dans une casserole avec l'oignon et le poireau, les mouiller avec 2 verres de vin blanc, autant de bouillon de poisson; poser la casserole sur feu vif, donner quelques minutes d'ébullition au liquide; ajouter quelques grains de poivre, un peu de sel, 2 piments, et enfin les carrés de turbot lavés, bien épongés; 7 à 8 minutes après, retirer la casserole du feu, la couvrir, la tenir ainsi pendant 10 minutes. Dresser alors le poisson sur un plat chaud, réduire le mouillement d'un tiers, ajouter une pincée de feuilles de persil, le retirer du feu, lui mêler un morceau de beurre frais, et le jus d'un citron; quand le beurre est dissous, verser la cuisson sur le poisson.

170. **Écrevisses à la marinière.** — Cuire quelques douzaines d'écrevisses avec du vin blanc; égoutter la cuisson, en la passant à travers un linge. — Supprimer les petites pattes des écrevisses.

Hacher un oignon, le faire revenir au beurre, sans prendre couleur, le mouiller avec le fonds-de-cuisson des écrevisses; ajouter un peu de vin, faire bouillir le liquide, le lier avec 100 grammes de beurre manié avec de la mie de pain et du persil haché, de façon à obtenir une sauce un peu consistante; la finir avec une pointe de cayenne, le jus d'un citron. Dresser les écrevisses sur plat, les arroser avec la sauce.

171. **Salade de turbot** (Dessin 113). — Prendre un morceau de turbot cuit et refroidi, en supprimer la peau et les arêtes, couper les chairs en tranches, ranger celles-ci dans une terrine, les arroser avec huile et vinaigre, les saupoudrer avec sel et persil.

Placer *dans une terrine* un moule à bordure uni, l'entourer et emplir le cylindre avec de la glace pilée. Décorer le tour intérieur des parois du moule avec une couronne de belles crevettes cuites et fraîches, les coller contre les parois, en les trempant à mesure dans la gelée mi-prise. Emplir le moule, peu à peu, avec de la gelée bien claire.

Quand la gelée est ferme, tremper vivement le moule à l'eau chaude, l'essuyer, et renverser la bordure sur un plat froid. Masquer le fond du cylindre avec une couche de gelée hachée, et une petite salade de légumes à la mayonnaise ; sur ces

Fig. 113.

légumes, dresser les morceaux de turbot en pyramides, par couche, en alternant chaque couche avec un peu de mayonnaise. — Au dernier moment, masquer la pyramide avec une couche lisse de mayonnaise. Envoyer séparément une saucière de cette sauce.

172. **Demi-turbot sauce à la crème de crevettes** (Dessin 114). — Dans les dîners à la Russe, où on est obligé de présenter les mets aux convives, il deviendrait difficile à un servant de faire le tour de la table avec un turbot entier, dressé dans le plat. En telle occurrence, mieux vaut couper le tur-

Fig. 114.

bot ; si on n'a que dix à douze personnes à servir, une seule moitié suffit. Si on sert le dîner par deux, on dresse chaque moitié sur un plat.

Diviser un gros turbot vidé, bien propre, en suivant la ligne de l'arête centrale ; arrivé là, scier les os de la tête, ainsi que l'arête. Prendre le côté du turbot le plus épais, c'est-à-dire, celui opposé au ventre ; dégager légèrement les chairs adhérentes à l'arête, couper celle-ci aux deux bouts avec la pointe d'un gros couteau. Faire dégorger le poisson, le cuire pendant trois quarts d'heure (Voy. art. 165).

Au moment de servir, égoutter le poisson, en retirer l'arête centrale; l'éponger, le glisser sur un plat long, le masquer avec la sauce suivante:

Sauce à la crème de crevettes. — Verser dans une casserole plate la valeur de 3 verres de béchamel passée au moment, la faire réduire, en incorporant quelques cuillerées-à-bouche de crème crue, et un peu de cuisson de champignons; quand elle est bien crémeuse, la retirer du feu, lui incorporer 100 grammes de bon beurre frais; en dernier lieu, la finir avec un petit morceau de beurre de crevettes. Masquer le turbot avec une partie de la sauce, mêler au restant quelques cuillerées-à-bouche de queue de crevettes, la verser dans une saucière; orner le poisson avec quelques petits bouquets de feuilles de persil.

173. **Turbot à l'Indienne.** — Nettoyer un petit turbot, ou la moitié d'un moyen; diviser le poisson en carrés, faire macérer ceux-ci dans une terrine avec un peu de sel et d'eau, pendant 20 minutes seulement. Avec la tête et les arêtes du turbot, préparer un bouillon dans les conditions prescrites (art. 12). — Couper en dés 2 moyens oignons, les faire revenir au beurre, dans une casserole; quand ils sont de belle couleur, ajouter les morceaux de turbot, lavés, épongés; les faire revenir pendant quelques minutes, en les sautant; les assaisonner, les saupoudrer avec 2 cuillerées-à-bouche de poudre de cary, autant de farine; 2 minutes après, mouiller, peu à peu, le poisson, juste à couvert, avec le bouillon préparé; ajouter un bouquet de persil, donner 20 minutes d'ébullition au liquide; retirer alors les morceaux de turbot, un à un, les parer, les ranger sur un plat chaud. Faire réduire vivement la sauce, la lier avec 3 jaunes d'œuf, délayés à la crème, la passer sur le poisson. Envoyer séparément un plat de riz à l'Indienne. (Voy. le Poulet à l'Indienne.)

174. **Écrevisses à la Lorraine.** — Nettoyer 2 douzaines de grosses écrevisses, les faire cuire avec du vin, les égoutter sur un tamis, en réservant la cuisson. — Couper en petits dés 500 grammes de jambon cru, le faire chauffer dans une casserole avec du beurre, lui mêler 2 cuillerées-à-bouche de farine; cuire celle-ci pendant quelques minutes, en la tournant, la délayer avec un peu de bon lait cuit, ainsi qu'avec la cuisson des écrevisses; tourner la sauce jusqu'à l'ébullition, la faire réduire jusqu'à ce qu'elle soit crémeuse et succulente, la finir, (hors du feu), avec 100 grammes de bon beurre, une pincée de persil haché, la verser sur les écrevisses, préalablement dressées sur un plat chaud, après en avoir supprimé les petites pattes.

175. **Petits pains d'écrevisses à la gelée** (Dessin 115). — Couper en petits dés les chairs des queues, et les grosses pattes de 3 douzaines d'écre-

visses cuites ; ajouter les filets de 4 anchois, également coupés en dés, et 2 cuillerées de câpres entières ; lier le salpicon avec de la mayonnaise aux œufs, finie avec un peu de gelée.

Ranger sur un plafond 10 ou 12 moules à dariole, les entourer avec de la glace pilée, les décorer au fond avec une lame ronde de cornichon, et autour avec

Fig. 115.

des demi-losanges, en les trempant à mesure dans de la gelée mi-prise. Chemiser les moules avec de la mayonnaise blanche à la gelée ; emplir ensuite le vide avec le salpicon préparé ; masquer celui-ci, en dessus, avec une couche de mayonnaise à la gelée ; laisser raffermir l'appareil pendant une heure. — Au moment de servir, démouler les petits pains, les dresser en buisson sur un *pain-vert*, masqué avec du papier, croûtonner sa base.

176. Cromesquis d'écrevisses, à l'Allemande. — Couper en petits dés quelques douzaines de queues d'écrevisses cuites ; déposer ce salpicon dans une casserole, mêler un tiers de son volume de champignons cuits, également coupés en petits dés ; le lier avec de la béchamel réduite, et serrée, en procédant avec les mêmes soins que pour les appareils à croquette ; étaler l'appareil en couche mince, sur un plafond, afin de le faire refroidir. — Cuire une quinzaine de pannequets sans sucre, les parer en forme de carrés longs ; les masquer chacun avec une petite partie de l'appareil préparé ; dorer les bords des pannequets, les replier et les souder ; tremper alors les cromesquis dans des œufs battus, les paner, les faire frire, les égoutter, les dresser.

177. Rissoles d'écrevisses, aux champignons. — Cuire quelques douzaines de moyennes écrevisses, en retirer les pattes et les queues, les éplucher. Couper les chairs en petits dés, les déposer dans une terrine, leur mêler une égale quantité de farce de poisson, cuite, refroidie, coupée en dés. Couper aussi en petits dés, le même volume de champignons crus que de chair d'écrevisses, les mettre dans une casserole avec quelques cuillerées de béchamel ; faire réduire la sauce à feu vif, en la tournant, et lui incorporant, peu à peu, la cuisson des écrevisses ; quand la sauce est très-serrée, ajouter le salpicon et la farce ;

retirer l'appareil du feu, le lier avec 2 jaunes d'œuf et un morceau de beurre d'écrevisses, l'assaisonner avec une pointe de muscade, le faire refroidir dans une terrine.

Prendre 5 à 600 grammes de feuilletage, le diviser en deux parties, abaisser tour à tour celles-ci en 2 abaisses carrées, minces. Couper la pâte droite; ranger sur la première abaisse, à 4 centimètres des bords, et à distance de 5 centimètres, des boules d'appareil, de la grosseur d'une petite noix; mouiller la pâte, la plier en ligne droite, de façon à couvrir l'appareil, l'appuyer sur les intervalles afin de la souder tout autour, puis, avec le douzième coupe-pâte uni, couper les rissoles en forme de demi-lune, les enlever à mesure. Couper droit la pâte, l'humecter au pinceau, et recommencer l'opération; continuer ainsi jusqu'à ce que l'appareil soit épuisé. Tremper ces rissoles dans des œufs battus, les égoutter, les paner, les égaliser, les ranger à mesure sur une plaque couverte de papier. Quelques minutes avant de servir, les plonger dans la friture chaude, les cuire à feu modéré pendant 7 à 8 minutes, les égoutter, les dresser en buisson sur une serviette pliée.

178. **Écrevisses à la Provençale.** — Cuire 2 douzaines de belles écrevisses, dans un mirepoix au vin blanc, avec des aromates, une tranche de jambon, une gousse d'ail; égoutter leur cuisson dans une casserole, en la passant; lui mêler un peu de bon fonds, la faire réduire en demi-glace; ajouter alors 5 à 6 cuillerées-à-bouche de sauce tomate; retirer la sauce sur le côté du feu, la faire bouillir encore quelques minutes; l'assaisonner avec une pointe de cayenne, la lier, en lui incorporant, hors du feu, 200 grammes de bon beurre [1] divisé en petites parties. Dresser les écrevisses en buisson sur un plat, envoyer la sauce séparément.

179. **Écrevisses à la crème aigre.** — Mettre 2 douzaines d'écrevisses dans une casserole, avec un filet de vinaigre, un oignon, un bouquet de persil et fenouil, un peu de sel; les cuire à couvert pendant 5 à 6 minutes, en les sautant; les égoutter sur un tamis, les remettre dans la casserole, les saupoudrer avec une poignée de mie de pain, râpée, fraîche; les arroser avec quelques cuillerées de smitane; les cuire encore 5 minutes; leur mêler alors un morceau de beurre divisé en petites parties; les sauter; quand le beurre est dissout, les finir avec une pincée de poivre; les dresser sur un plat creux, les masquer avec la sauce.

---

[1] Dans le midi de la France, en Espagne, en Italie, en Orient, on emploie, dans les apprêts culinaires, beaucoup d'huile et de saindoux, par ce motif que le beurre y est, ou rare ou de mauvaise qualité; mais en Provence, dans les grands centres, le beurre est excellent et en abondance, aussi est-il bien plus usité.

180. **Salade de queues d'écrevisses** (Dessin 116). — Entourer un moule à bordure, uni, avec de la glace; en décorer les parois avec des cornichons bien verts, en ayant soin de tremper à mesure les détails dans de la gelée mi-prise; chemiser alors le moule, au fond et autour, avec une couche de mayonnaise à la gelée; quand elle est prise, emplir le vide avec une salade de légumes coupés en petits dés, liés à la mayonnaise aux œufs. Masquer le dessus avec une

Fig. 116.

couche de gelée, de façon à couvrir complétement la salade. Quand cette gelée est bien raffermie, tremper le moule à l'eau chaude, l'essuyer, puis renverser la bordure sur un plat froid. Coller alors sur le centre de celui-ci une petite colonne masquée avec du papier, l'entourer avec de la salade de légumes, en formant le dôme; masquer ce dôme avec de grosses queues d'écrevisses cuites, en les dressant en couronnes superposées. Fixer un petit sujet en graisse sur le haut du dôme, en l'appuyant sur la colonne; l'entourer à sa base avec de la gelée hachée; napper les queues d'écrevisses à la gelée mi-prise, envoyer séparément une saucière de mayonnaise aux œufs.

181. **Brême grillée, sauce échalote.** — Choisir une brême vivante, l'écailler, la vider, couper les nageoires du dos et des côtés, ainsi que l'extrémité de la queue; l'essuyer, la ciseler légèrement, l'assaisonner, l'arroser avec de l'huile; poser le poisson sur un gril, le faire rôtir à feu modéré, en l'arrosant avec de l'huile, et le retournant; le dresser sur un plat chaud, l'arroser avec la sauce suivante:

Sauce échalote. — Faire fondre dans une casserole 200 grammes de beurre frais, à peine dissous, le retirer du feu, ajouter un peu de sel, du persil haché, 4 jaunes d'œuf durs et hachés, 2 cuillerées-à-bouche d'échalotes hachées, cuites, ainsi que le jus d'un citron.

182. Moules à la marinière. — Prendre les moules, une à une, en arracher les grappes adhérant aux chairs, en ayant soin d'écarter celles qui sont ouvertes ou brisées; les faire dégorger dans de l'eau acidulée, les laver à plusieurs eaux, les égoutter sur un tamis.

Mettre 4 à 5 douzaines de moules dans une casserole avec un verre de vin blanc, un bouquet de persil garni d'aromates, une gousse d'ail non épluchée; poser la casserole sur feu vif, la couvrir; sauter les moules de temps en temps jusqu'à ce qu'elles soient ouvertes; retirer alors la casserole, et passer la cuisson au tamis dans une terrine.

D'autre part, hacher un gros oignon, le faire revenir, avec du beurre, dans une casserole, sans lui laisser prendre couleur; le mouiller avec la cuisson des moules tirée à clair, ajouter un peu de vin ou du bouillon, une pincée de poivre, un morceau de beurre manié, de façon à lier légèrement la sauce; ajouter alors les moules à cette sauce, après avoir supprimé la plus grande partie des coquilles; incorporer un morceau de beurre, ajouter une pincée de persil haché.

183. Moules à la Bordelaise. — Laver à plusieurs eaux quelques douzaines de moules, en supprimer la grappe correspondant à l'intérieur, les mettre dans une casserole, les faire ouvrir, en les sautant sur feu pendant quelques minutes.

Émincer en *julienne*, un oignon, une carotte, un morceau de racine de céleri; les faire revenir, dans une casserole, avec du beurre, les mouiller avec un peu de bouillon, le faire tomber à glace; les mouiller alors avec un verre de vin blanc; donner quelques bouillons au liquide, le lier avec un petit morceau de beurre manié; ajouter une pointe de cayenne, un peu de cuisson des moules (tirée à clair), et ensuite les moules elles-mêmes, après avoir retiré la moitié des coquilles. Chauffer le ragoût, sans ébullition, le dresser dans un plat.

184. Pain de merlan, à la Parisienne (Dessin 117). — Couper en morceaux 500 grammes de chairs de merlan sans peau ni arêtes, les piler, les passer au tamis; prendre trois quarts de leur volume de panade, préparée avec de la farine de riz, un grain de sel, un morceau de beurre, la mettre dans le mortier; quand elle est bien broyée, ajouter, peu à peu, le poisson, et en même temps 300 grammes de beurre, 4 jaunes d'œuf crus. Assaisonner la farce, la déposer dans une terrine, la travailler pendant quelques minutes, en essayer une petite partie afin de la rectifier au besoin.

Avec cette farce, emplir un moule à bordure beurré, faire pocher le pain au bain-marie; avec le surplus, mouler des petites quenelles, les pocher à l'eau salée.

Avec les arêtes et têtes de poisson, 2 poignées de parures de champignons, 2 verres de vin blanc, préparer un peu de bon fonds, le passer, le dégraisser, l'incorporer, peu à peu, à 5 décilitres de velouté en réduction. Quand la sauce est à point, la passer, la tenir au chaud.

D'autre part, ranger dans une casserole une garniture composée de queues d'écrevisses épluchées, des têtes de champignons, des laitances de carpe, des quenelles, quelques truffes entières. — Au moment de servir, finir la sauce, en lui incorporant un morceau de beurre d'écrevisse et un morceau de beurre fin,

Fig. 117.

la verser sur la garniture, la dresser dans la bordure de farce démoulée sur un plat, la masquer avec la sauce.

185. Buisson à la marinière. — Cette pièce est représentée par une gravure en taille-douce, sur une planche (v. fin de la boucherie); elle est montée sur une large abaisse en bois, portée sur quatre pieds, bordée sur son épaisseur avec des feuilles en graisse blanche. Le corps de la pièce se compose de deux tambours en bois, formant gradin; ces tambours sont vides, construits en bois léger; sur le centre du deuxième gradin, s'élève une pyramide formée en carton, masquée avec une couche de graisse. Sur le haut de cette pyramide, est fixé un sujet en graisse, représentant un matelot appuyé sur une ancre marine; ce sujet est modelé sur une abaisse en bois de forme ronde; il est orné à sa base avec des feuilles imitées en graisse.

La garniture de la pièce se compose d'abord de petits aspics de homards à la mayonnaise, rangés sur le haut du premier gradin; puis d'une couronne de belles écrevisses, et enfin de trois couronnes de hâtelets garnis. — Les écrevisses sont choisies d'une égale grosseur, groupées en couronne à la base de la pyramide, accrochées par la queue, reposant sur une couche de feuilles de persil frais. Au-dessus des écrevisses, sont piqués des hâtelets à la gelée, garnis intérieurement avec des tranches de homard et de truffes; ils sont soutenus, à leur base, par une truffe ronde, cuite, pelée. — Les hâtelets de la deuxième couronne sont également transparents, formés dans des moules ovales, avec de la gelée et des truffes; le corps du hâtelet est soutenu, à sa base, avec une truffe cuite.

Les hâtelets de la troisième couronne, sont formés avec des crevettes de grosseur graduée, de façon à former pyramide. — Les 4 hâtelets, piqués sur les flancs de la pièce, les uns à la base, les autres sur le haut, sont formés à la gelée. Ceux du bas, sont ornés avec une écrevisse et une truffe, ceux du haut avec une truffe et des crevettes. Tous ces hâtelets, étant mangeables, doivent être exécutés dans les meilleures conditions de bonté.

Le haut de l'abaisse inférieure est garni avec de beaux croûtons de gelée, alternés avec de la gelée hachée. — Cette pièce est destinée à être servie sur un buffet, ou comme pièce de milieu dans un dîner.

186. **Crevettes en buisson.** — Choisir quelques douzaines de belles crevettes fraîches, en supprimer les barbes, les laver, les éponger, les monter en couronnes superposées sur le centre d'un plat, autour d'un bouquet de feuilles de persil. Les servir avec du beurre frais ou des tranches de pain, beurrées.

187. **Merlan frit, à la Provençale.** — Ce mets est populaire en Provence, on le sert surtout la veille de Noël. — Verser dans une poêle 4 à 5 cuillerées-à-bouche de bonne huile, la chauffer, lui mêler 2 cuillerées de farine; cuire celle-ci tout doucement, en la tournant jusqu'à ce qu'elle soit de couleur légèrement foncée; ajouter alors 2 cuillerées d'oignon haché; le cuire pendant quelques secondes, et retirer la poêle du feu; délayer ce roux, peu à peu, avec de l'eau chaude et du vin; tourner la sauce jusqu'à l'ébullition, la tenir légère, la cuire pendant 10 minutes sur le côté du feu; additionner un bouquet de persil, une feuille de laurier; l'assaisonner, la faire réduire, en la tournant, jusqu'à ce qu'elle soit liée à point; en dernier lieu, la finir avec un peu de madère, la passer dans une casserole plate.

Couper 5 à 6 tranches de merlan frais, les saler, les fariner, les faire frire à l'huile; quand elles sont de belle couleur, les égoutter, les mettre dans la sauce, les faire mijoter à feu très-doux pendant 10 minutes. — En dernier lieu, saupoudrer le ragoût avec une pincée de persil haché; ajouter des câpres entières. Dresser les tranches de merlan sur un plat chaud, les masquer avec la sauce.

188. **Queue de merlan à la mode de Cherbourg.** — Prendre la queue d'un gros merlan, c'est-à-dire la moitié du poisson, propre, le distribuer en tranches épaisses. — Beurrer grassement le fond d'une casserole plate, saupoudrer le beurre avec 2 poignées de parures de champignons; sur celles-ci, ranger les tranches de merlan, en les serrant l'une contre l'autre, les saler légèrement; ajouter un bouquet de persil garni, les mouiller juste à couvert avec du vin blanc, le jus de 2 citrons, et la cuisson de 3 douzaines de grosses huîtres; couvrir la casserole, cuire le poisson, à feu vif, pendant 8 à 10 minutes; quand il est à point, le fonds-de-cuisson doit être réduit de moitié; dresser alors les tranches de merlan sur un plat, retirer le bouquet, faire réduire le fonds, s'il était trop long; le lier avec un morceau de beurre manié; donner quelques bouillons à la sauce, la passer, la finir, en lui incorporant 100 grammes de beurre fin, divisé en petites parties; ajouter alors les huîtres, et avec elle masquer le poisson.

POISSONS. — MERLAN.

189. Bouillabaisse Provençale (Dess. 118). —Émincer un gros oignon blanc, le mettre dans une casserole mince, pas trop haute ; ajouter une gousse d'ail, et le quart d'un verre d'huile ; le faire revenir de belle couleur ; ajouter alors 7 à 8 tranches de gros merlan, 2 rascasses coupées, un petit grondin, ou quelques petits rougets de roche : tous ces poissons doivent être d'une extrême fraîcheur, et propres ; les assaisonner, ajouter un bouquet de persil garni de laurier, une

Fig. 118.

tomate coupée, une pincée de feuilles de safran, hachées, les chairs coupées d'un citron, un morceau d'écorce sèche d'orange. Mouiller le poisson à hauteur avec de l'eau chaude et un verre de vin blanc ; le cuire sur un feu vif, alimenté par des sarments ou du bois mince et sec, en posant la casserole sur un trépied dans l'ordre représenté par le dessin ci-joint. Après 10 minutes d'ébullition violente, mêler au liquide une pincée de persil, haché avec une gousse d'ail ; 3 à 4 minutes après, le poisson doit se trouver cuit, et le mouillement légèrement lié par la réduction ; retirer alors la casserole du feu, et verser le liquide sur des tranches de pain, coupées un peu épaisses, placées dans un plat creux ; dresser le poisson sur un autre plat, le servir en même temps que les tranches de pain.

190. Bouillabaisse à la Parisienne. — Pour préparer une bonne bouillabaisse, il faut disposer du poisson le plus frais, vivant. Ce n'est qu'à cette condition qu'on peut espérer un résultat satisfaisant.

Prendre un merlan d'un kilogramme, un grondin, un turbotin ; quand les poissons sont propres, les diviser en tronçons. Avec les têtes, quelques menus poissons, des légumes, du vin et de l'eau, préparer la valeur de 2 litres de bouillon, sans sel ; le passer, le dégraisser, le laisser déposer. — Émincer un poireau et un gros oignon blanc, les mettre dans une casserole avec les trois quarts d'un verre de bonne huile, une gousse d'ail ; les faire revenir de belle couleur blonde, leur mêler les tronçons de poisson ; mouiller ceux-ci, à hauteur, avec le bouillon préparé, ainsi qu'un peu de vin blanc. Ajouter un petit homard cru, coupé, un bouquet de persil, une feuille de laurier, les chairs d'un citron sans écorce ni semences, un peu de sel, une pointe de safran. Cuire la bouillabaisse comme la précédente, la dresser sur des tranches de pain légèrement grillées.

191. **Tranches de saumon à la mode de Francfort.** — Couper 3 tranches de saumon, très-frais ; les nettoyer, les éponger, les saler.

Émincer en julienne 2 moyens oignons, les mettre dans une casserole avec 4 cuillerées-à-bouche de racines de persil et 2 cuillerées de racines de céleri également coupées en julienne ; si les racines sont dures, les faire blanchir à l'eau. Faire revenir l'oignon et les racines avec du beurre, à feu modéré, sans les colorer ; les mouiller avec la valeur de 2 verres de vin blanc, autant d'eau ; ajouter quelques grains de poivre, un bouquet ; donner deux bouillons au liquide, plonger les tranches de saumon dans celui-ci : elles doivent se trouver mouillées juste à hauteur. Couvrir la casserole, au premier bouillon la retirer sur le côté du feu ; 10 minutes après, dégraisser la cuisson du saumon, la lier avec une cuillerée-à-café de fécule délayée à froid ; faire bouillir la sauce, lui mêler 2 ou 3 cuillerées de bon vinaigre, et la valeur d'un demi-verre de gelée d'aspic ; 5 à 6 minutes après, égoutter les tranches de saumon, en supprimer la peau, les ranger dans un plat creux. Réduire la sauce pendant quelques minutes, en supprimer le bouquet, la verser dans une terrine ; la faire refroidir à moitié, en la tournant sur glace ; quand elle est bien froide, la verser sur les tranches de saumon, en les nappant ; tenir le plat sur glace jusqu'au moment de servir.

192. **Saumon salé, à la Norwégienne.** — Dans le nord de l'Europe on sale le saumon à l'égal des viandes de bœuf ou de porc. — Avant de cuire le saumon salé, le faire dégorger à l'eau pendant 48 heures, selon la grosseur du morceau, le déposer dans une casserole, le mouiller largement avec de l'eau froide, amener le liquide à l'ébullition ; le retirer, le tenir couvert ; 10 minutes après, l'égoutter, le dresser sur des épinards bouillis, non hachés, l'arroser avec du beurre fondu.

193. **Saumon du Rhin, sauce écrevisses** (Dessin 119). — Choisir un saumon de 4 à 5 kilogrammes, l'écailler, le vider, en lui faisant une petite ouverture sur le ventre ; le laver à l'intérieur, l'éponger, lui faire, sur le dos, tout le long des nageoires supérieures, de petites incisions à courte distance, mais pénétrant jusqu'à la profondeur de l'arête principale. — Poser le saumon sur la grille d'une poissonnière, en l'appuyant sur le ventre ; le saupoudrer avec 2 ou 3 poignées de sel, le mouiller à couvert avec de l'eau et du vin blanc, ajouter un bouquet de persil, quelques légumes émincés. Faire bouillir le liquide, le retirer aussitôt sur le côté. Tenir ainsi le poisson pendant à peu près une heure

POISSONS. — SAUMON.

et demie ; l'égoutter, le dresser sur un grand plat couvert d'une serviette ployée, l'entourer avec des feuilles de persil, envoyer séparément la sauce suivante :

Sauce écrevisses. — Préparer une sauce au beurre avec 125 grammes de

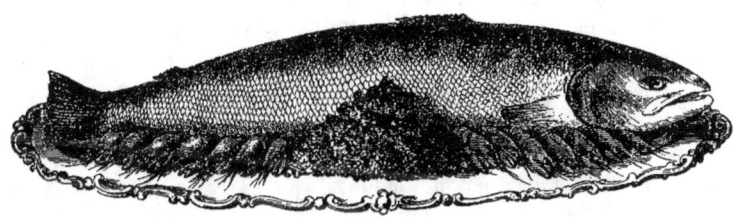

Fig. 119.

beurre, 125 grammes de farine, en la mouillant avec de la cuisson du poisson, dégraissée, passée, refroidie. Quand la sauce est liée, la finir, en lui incorporant 100 grammes de beurre frais, un morceau de beurre d'écrevisses ; ainsi que 4 à 5 cuillerées-à-bouche de queues et pattes d'écrevisses coupées ou entières.

194. **Pâté-chaud de saumon.** — *Pâte brisée :* Étaler en couronne, sur la table bien propre, 750 grammes de farine ; déposer dans le centre, 250 grammes de beurre, un jaune d'œuf, une pincée de sel, 4 à 5 décilitres d'eau ; délayer le beurre avec le liquide, en incorporant, peu à peu, la farine de façon à obtenir une pâte ferme ; la briser trois fois, en la faisant passer sous la paume des deux mains, l'assembler, la laisser reposer pendant une demi-heure. — Beurrer un moule à pâté-chaud, de forme ronde, le foncer avec les trois quarts de la pâte. — Avec 3 à 400 grammes de chair de brochet, préparer une farce à quenelle.

Prendre un morceau de saumon frais de 7 à 800 grammes, en supprimer les arêtes, diviser la chair en carrés. Hacher un oignon, le faire revenir dans une casserole avec de l'huile ou du beurre, quelques cuillerées de champignons frais, hachés ; aussitôt que ceux-ci ont réduit leur humidité, ajouter 2 ou 3 truffes crues, hachées, en même temps que les carrés de saumon, les faire revenir pendant quelques minutes à feu vif, les assaisonner, les mouiller avec un demi-verre de madère, leur donner quelques bouillons, à casserole couverte, les retirer, les laisser refroidir ; avec cet appareil et la farce, emplir le moule foncé, en le montant en dôme au-dessus du niveau du moule ; couvrir le poisson avec une autre couche de farce, et celle-ci avec le restant de la pâte, abaissée mince ; souder les 2 abaisses sur les bords, diminuer l'épaisseur de la pâte, la couper droit, la pincer sur toute la surface. Décorer le dôme avec des feuilles imitées en pâte ; faire une cheminée sur le centre ; dorer le pâté, le cuire pendant une heure et demie. En le sortant du four, le poser sur un plat; enlever le moule, puis cerner le dôme à moitié de hauteur, et par cette ouverture, infiltrer dans le pâté une bonne sauce blonde aux huîtres, préparée avec les parures et les arêtes du brochet et du saumon. Couvrir le pâté et l'envoyer.

195. **Mayonnaise de saumon à la gelée.** — Couper en tranches la valeur d'un kilogramme de chair crue de saumon sans arêtes; les saupoudrer avec un peu de sel, les ranger, l'une à côté de l'autre, sur la grille d'une petite poissonnière, les plonger dans un court-bouillon simple, en ébullition; donner 2 bouillons au liquide, retirer le vase sur le côté du feu. Dix minutes après, enlever le poisson sur la grille, le laisser refroidir. — Au moment de servir, démouler une bordure de gelée sur un plat, masquer le fond du puits avec une couche de mayonnaise, sur celle-ci dresser les tranches de saumon par couches, en les alternant avec de la mayonnaise, les masquer également en dessus.

196. **Côtelettes de saumon, sauce échalote à la Béarnaise.** — Retirer la peau à un gros filet de saumon, le distribuer en tranches sur le travers, et en biais, les battre légèrement, les parer de forme ovale, les saler, les rouler dans de l'huile, les paner, les ranger sur un gril, préalablement chauffé; cuire les côtelettes pendant 12 à 15 minutes, en les arrosant avec de l'huile, et les retournant; les dresser sur un plat chaud; verser autour la sauce suivante :
Sauce échalote à la Béarnaise. — Mettre dans une petite casserole 2 cuillerées-à-bouche d'échalotes hachées, ajouter 4 cuillerées de bon vinaigre de Bordeaux; faire cuire les échalotes jusqu'à ce que le vinaigre soit réduit de moitié; retirer alors la casserole; 5 minutes après, mêler aux échalotes 4 jaunes d'œuf, les broyer, leur mêler 4 cuillerées d'huile; lier la sauce, en la tournant; la retirer aussitôt qu'elle est à point, lui incorporer encore un demi-verre d'huile, mais en l'alternant avec le jus d'un citron; la finir avec un peu d'estragon ou de persil haché.

197. **Tranches de saumon, sauce des gourmets** (Dessin 120). — Sur le centre d'un saumon bien frais, couper 4 tranches de l'épaisseur de 3 centimètres; quand elles sont propres, essuyées, les plonger dans un court-bouillon au vin, en ébullition. Au premier bouillon, retirer la casserole sur le côté, la couvrir, et maintenir le liquide au même degré de chaleur sans le faire bouillir; 10 à 12 minutes après, égoutter les tranches de saumon, les éponger sur un linge, les dresser à cheval sur une serviette pliée; les entourer avec du persil frais; dresser de chaque côté un bouquet de pommes de terre cuites à l'eau salée; envoyer séparément la sauce suivante :
Sauce des gourmets. — Faire bouillir, dans une casserole, la valeur de trois quarts de verre de glace fondue, mêlée avec 4 cuillerées-à-bouche de purée de

tomates, retirer aussitôt la sauce du feu, lui incorporer, peu à peu, en la tournant, 150 grammes de beurre d'écrevisses, divisé en petites parties ; quand elle est liée,

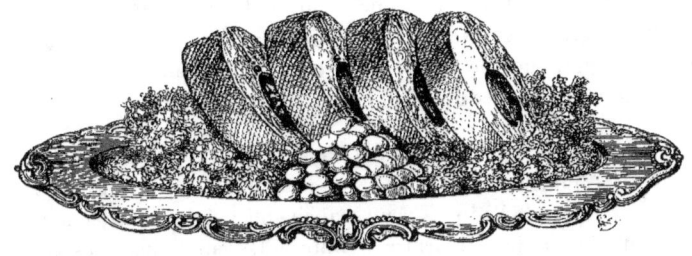

Fig. 120.

ajouter une cuillerée-à-bouche de bon vinaigre ; la finir avec une pincée d'estragon haché, autant d'échalote, hachée fin, cuite.

198. **Saumon de Vatel.** — Cette pièce est représentée par une gravure en taille-douce, dans une planche hors texte, à la fin du chapitre de la boucherie.

Couper 2 belles tranches sur la partie la plus épaisse d'un saumon, les nettoyer, les cuire au court-bouillon, les laisser refroidir dans leur cuisson ; les égoutter ensuite.

Fixer sur le centre d'un *pain-vert* de forme ovale, un montant ou appui en graisse, de forme longue, coupé en plan incliné sur les deux bouts ; dresser contre ceux-ci les deux tranches de saumon, les napper avec de la gelée rougie, les soutenir sur le haut, en piquant dans les chairs un hâtelet garni avec une grosse écrevisse ; les entourer avec de la gelée hachée, poussée au cornet ; garnir l'intervalle, des deux côtés, avec des feuilles de persil, et un petit bouquet d'écrevisses entières. Poser alors le *pain-vert* sur un socle en graisse, construit dans le genre représenté par la gravure ; entourer la base du *pain-vert* avec des croûtons de gelée, fixer sur le centre de la pièce, au-dessus du montant, un sujet modelé en graisse d'ornement, dont le motif est la mort de Vatel. — Ce socle, de forme légère, est monté sur une tringle en fer ; il est en partie coulé et coupé au couteau. Les enfants qui supportent la coupe peuvent être coulés en gélatine.

199. **Darne de saumon, sauce au beurre.** — Couper une *darne* de saumon de 8 à 10 centimètres de large, la saupoudrer avec du sel ; trois quarts d'heure avant de servir, la plonger dans un court-bouillon en ébullition ; 2 minutes après, retirer le liquide sur le côté du feu. Une demi-heure après, égoutter le poisson, le dresser sur plat, le masquer avec la sauce suivante :

Le cadre de ce livre ne me permettait pas d'entrer dans les détails minutieux concernant la construction des socles ; ceux qui auront intérêt à se renseigner sur ce point, pourront consulter la *Cuisine-classique*, où l'ornementation du froid et de la pâtisserie est traitée à fond.

Sauce au beurre. — Faire fondre 125 grammes de beurre dans une casserole, lui incorporer 125 grammes de farine, en travaillant la pâte avec une cuiller, jusqu'à ce qu'elle soit lisse ; la délayer alors avec la valeur de 2 verres de cuisson de saumon, passée, et à peu près refroidie ; tourner la sauce sur feu ; au premier bouillon, la retirer, la lier avec une liaison de 2 jaunes d'œuf, lui incorporer, peu à peu, 150 grammes de beurre, sans cesser de la tourner ; la finir avec le jus d'un citron, et une pincée de persil haché.

200. Tranches de saumon grillées, à la mayonnaise chaude.

— Couper 3 ou 4 tranches de saumon, les assaisonner, les arroser avec de l'huile, les ranger l'une à côté de l'autre, sur un gril chauffé ; les cuire à feu modéré, les arroser avec de l'huile, les retourner, et finir de les cuire ainsi ; les dresser sur un plat, envoyer en même temps la sauce suivante :

Sauce mayonnaise chaude. — Pour la valeur d'une saucière, préparer une mayonnaise avec 3 jaunes d'œuf, en procédant selon la méthode ordinaire ; quand elle est finie, la verser dans une petite casserole, la chauffer à feu doux, en la tournant ; la retirer du feu aussitôt qu'elle commence à se décomposer, la travailler vivement, en lui additionnant quelques gouttes d'eau froide ; continuer le travail jusqu'à ce qu'elle soit redevenue lisse ; la chauffer alors de nouveau, sans cesser de la tourner, et sans la faire bouillir ; la finir, en lui mêlant, hors du feu, une cuillerée de moutarde, délayée avec un filet de vinaigre, mêlée avec une pincée de persil haché.

201. Darne [1] de saumon au beurre de Montpellier (Dessin 121).

— *Beurre de Montpellier.* — Mettre dans un mortier les filets de 8 à 10 anchois salés, une cuillerée-à-bouche de persil haché, une de feuilles d'estragon, une de pimprenelle, 4 de câpres, également hachées ; les piler, leur mêler 150 grammes de beurre frais, passer l'appareil au tamis. — Déposer 200 grammes de beurre frais dans une terrine chaude, le travailler avec une cuiller afin de le rendre mousseux, lui incorporer alors l'appareil passé, ainsi qu'une pointe de vert-d'épinards ; l'assaisonner, l'employer aussitôt.

Couper sur un gros saumon une tranche de 8 à 9 centimètres d'épaisseur, la nettoyer, la placer dans une casserole, la couvrir avec du court-bouillon au vin blanc, à moitié refroidi ; la faire cuire selon la méthode ordinaire, la laisser refroidir dans le liquide ; l'égoutter ensuite sans la briser, l'éponger, en supprimer la peau, la poser sur un *pain-vert*, la masquer entièrement avec le beurre de Montpellier. Lisser bien les surfaces, en égalisant les parties angulaires ; poser un petit homard cuit dans le vide central de la darne, décorer celle-ci au cornet

---

[1] Une *darne* est un tronçon étroit ou tranche très-épaisse coupée transversalement sur le corps du poisson.

POISSONS. — SAUMON.

avec du beurre blanc, des cornichons coupés, du blanc d'œuf poché, des filets d'anchois, des câpres entières : le décor est facultatif. Entourer la darne, à sa

Fig. 121.

base, avec un cordon de gelée hachée, entourer la base du *pain-vert* avec de beaux croûtons de gelée. Envoyer séparément une saucière de mayonnaise.

202. Pâté-froid de saumon, aux truffes. — Couper un kilogramme de saumon en moyens carrés, les parer, les larder de part en part avec des filets de truffe et des filets d'anchois; les assaisonner, les faire revenir pendant quelques minutes dans une casserole, avec du beurre; les arroser avec un demi-verre de madère, faire réduire celui-ci; retirer alors le poisson, lui mêler 500 grammes de truffes crues, épluchées, coupées en quartiers, assaisonnées; laisser refroidir le poisson et les garnitures. Hacher 300 grammes de chair maigre de porc ou de veau, avec son même volume de chair crue de brochet ou d'anguille; mêler ce hachis avec 500 grammes de lard frais, les piler, les passer au tamis; assaisonner la farce de haut goût, lui mêler les parures des truffes, pilées avec du lard, passées.

Préparer une pâte brisée dans les conditions prescrites art. 193. — Beurrer un moule à pâté-froid, rond ou ovale, le foncer avec les deux tiers de la pâte préparée, masquer le fond et le tour avec une couche mince de farce; emplir le vide avec les carrés de poisson, les truffes et la farce, en les entremêlant; monter l'appareil en dôme au-dessus du niveau du moule, le masquer avec des tranches minces de lard, puis avec une abaisse mince, préparée avec le restant de la pâte; couvrir le pâté, le pincer, le décorer, le dorer, le cuire pendant 2 heures à four modéré; une demi-heure après qu'il est sorti du four, lui infiltrer, par l'ouverture du haut, la valeur de 2 verres de gelée, mêlée avec un peu de madère. Un quart d'heure après, enlever le moule; laisser refroidir le pâté pendant 24 heures avant de le servir.

203. Rastagaïs de saumon, à la Russe. — Hacher un petit oignon, le faire revenir avec du beurre, le mêler avec la valeur de 500 grammes de chair de saumon parée, coupée en petits dés; l'assaisonner aussitôt qu'elle est raidie, la retirer du feu, lui mêler une égale quantité de vessiga cuit, haché; ajouter une pincée de persil haché. — Prendre 5 à 600 grammes de pâte à coulibiac, ou pâte brisée, l'abaisser en abaisse mince ; la couper en formant des carrés longs ; poser sur le centre une pincée d'œufs durs, hachés ; sur ces œufs, poser une partie de l'appareil ; humecter les bords de la pâte, les replier sur l'appareil, les ranger à mesure sur une plaque, à distance ; les dorer au pinceau ; 10 minutes après, les pousser à four modéré, les cuire pendant 15 à 18 minutes : en les sortant du four, faire un petit trou sur le centre, et infiltrer à l'intérieur, une cuillerée de beurre fondu ou de sauce.

204. **Hure de saumon à la Dieppoise.** — Couper une hure de saumon pas trop longue, la saler légèrement, l'envelopper avec des bardes de lard, en maintenant celles-ci avec de la ficelle ; la placer dans une casserole longue, la mouiller avec une demi-bouteille de madère ; ajouter les parures de 6 truffes fraîches, un fort bouquet d'aromates, thym, laurier, basilic, persil. Couvrir la casserole, luter le couvercle avec de la pâte, la pousser à four très-doux ; cuire la hure pendant à peu près 2 heures, selon sa grosseur. — Au moment de servir, sortir la casserole, dresser le poisson sur un plat long, passer le fonds-de-cuisson, le dégraisser, le faire réduire, le lier avec un peu de sauce ; lui mêler les 6 truffes crues, coupées en quartiers ; quand elles sont cuites, finir la sauce avec le jus de 2 citrons et du persil haché. — On peut cuire ainsi une hure de cabillaud.

205. **Brancino, sauce verte à la Vénitienne.** — Vider le poisson, lui brider la tête, le placer sur la grille d'une poissonnière ; le mouiller à couvert avec un court-bouillon préparé avec moitié vin blanc, moitié eau ; amener le liquide à l'ébullition, le retirer sur le côté du feu, le tenir ainsi pendant trois quarts d'heure (si le poisson pèse de 2 à 3 kilogrammes). — Au moment de servir, égoutter le brancino, le dresser sur une serviette, l'entourer avec du persil. Envoyer séparément la sauce suivante :

Sauce verte à la Vénitienne. — Préparer une sauce au beurre avec du bouillon froid de poisson, cuit avec du vin blanc. — Mettre dans un mortier une poignée de persil frais, autant de ciboulette, blanchis ; les piler, leur mêler 2 cornichons, 2 cuillerées-à-bouche de câpres, les filets de 4 bons anchois ; ajouter enfin un morceau de beurre à l'appareil, le passer au tamis, l'incorporer à la sauce, au dernier moment.

206. **Goujons au gratin.** — Choisir de gros goujons, les écailler, en supprimer la tête, les laver, les éponger. — Beurrer un plat à gratin, masquer le fond avec une couche fines-herbes cuites (oignons et champignons frais) ; sur cette couche, ranger symétriquement les goujons sur deux rangs, les uns à côté des autres, appuyés sur le ventre, la queue en dedans ; les saler, les saupoudrer aussi avec des fines-herbes cuites et du persil haché ; sur cette couche, en étaler une autre ; les saupoudrer avec des fines-herbes et de la mie de pain ; verser au fond du plat un

POISSONS. — SAUMON, BRANCINO, GOUJONS.

demi-verre de vin blanc, arroser le dessus avec du beurre, cuire les goujons à four chaud pendant 10 minutes ; les envoyer aussitôt.

207. Saumon froid à la ravigote (Dessin 122). — Choisir un saumon de 4 à 5 kilogrammes, l'écailler, le vider par les ouïes, emplir le vide du ventre avec une farce ordinaire de poisson ; en brider la tête, le fixer sur la grille d'une poissonnière, en le posant sur le ventre ; le mouiller à couvert avec du court-bouillon, faire bouillir le liquide, le retirer sur le côté du feu, le tenir à l'état frémissant pendant une heure et quart ; le retirer ensuite, le laisser refroidir dans sa cuisson ; l'enlever, le laisser égoutter sur la grille de la poissonnière pendant 2 heures.

Éponger le saumon avec un linge, le dresser sur un *pain-vert* de forme ovale décoré, posé sur un plat long ; caler solidement le poisson, masquer sa partie centrale avec une couche de beurre mousseux, mêlé avec du beurre d'écrevisses

Fig. 122.

mais de teinte légère. Lisser bien la surface du beurre, la décorer avec des truffes, des queues d'écrevisses, des filets d'anchois, des feuilles vertes d'estragon, des câpres entières, des détails de cornichons, et enfin avec de la gelée hachée, poussée au cornet ou à la poche. Entourer le saumon, à sa base, avec de la gelée haché, puis border le haut du *pain-vert* avec une couronne de moitiés d'œuf, décorées chacune avec un rond de truffe ; entourer sa base avec de gros croûtons de gelée ; piquer sur le centre un hâtelet composé avec 3 écrevisses de grosseur graduée, et une petite truffe. Envoyer séparément deux saucières de ravigote. — Cet apprêt convient pour les saumons qui ont été déformés à la cuisson.

208. Ierschis au vin blanc. — Lever les filets de 4 à 5 douzaines de ierschis, les assaisonner, les ranger sur le fond d'une casserole plate, beurrée ; ajouter le jus de 2 ou 3 citrons, les cuire à feu vif, les enlever aussitôt cuits, les dresser sur un plat chaud ; verser un verre de vin blanc dans la casserole donner quelques bouillons au liquide, le lier avec un morceau de beurre-manié ; retirer la casserole, finir la sauce avec un morceau de beurre frais, poivre, muscade, persil, jus de citron ; la verser sur les filets.

209. **Perches à la Suédoise.** — Prendre quelques moyennes perches propres, les ranger l'une à côté de l'autre, dans une casserole plate, beurrée ; les assaisonner, les mouiller à hauteur avec de l'eau, les saupoudrer avec du persil haché, les faire cuire à feu vif et à couvert, de façon que, quand les perches sont cuites, le liquide se trouve réduit de moitié : le lier alors avec un morceau de beurre-manié ; dresser ensuite les perches sur un plat, les arroser avec la sauce.

210. **Perches bouillies à la mode de Hollande.** — Faire bouillir de l'eau avec un peu de sel, un peu de vinaigre, un fort bouquet de persil, 2 feuilles de laurier ; ajouter 2 perches nettoyées, mais non écaillées, faire bouillir le liquide, couvrir la casserole, la retirer sur le côté. Douze minutes après, égoutter les poissons, en retirer la peau en même temps que les écailles, les laver avec leur cuisson, les dresser sur un plat, les entourer avec du persil et des citrons coupés ; envoyer séparément du beurre fondu, mêlé avec un peu de sel, le jus d'un citron, et du persil haché.

211. **Coulibiac de saumon, à la Russe.** — Hacher 3 ou 4 oignons, les faire revenir avec du beurre, dans une casserole plate ; quand ils sont à peu près cuits, leur mêler le double de leur volume de champignons frais ; les cuire encore 7 à 8 minutes, les lier avec un peu de sauce, leur mêler 600 grammes de saumon frais, coupé en escalopes ; assaisonner de haut goût ; aussitôt que le poisson est raidi, retirer la casserole du feu, laisser refroidir l'appareil.

D'autre part, cuire à l'eau salée, 100 grammes de vessiga ; faire durcir 5 à 6 œufs. Hacher séparément le vessiga et les œufs, les assaisonner.

Abaisser, sur une serviette largement farinée, 3 à 400 grammes de pâte à brioche ordinaire, ou pâte à coulibiac ; lui donner la forme d'un carré long ; humecter les bords de la pâte, et ranger sur le centre, d'abord une couche de kasche bien cuit, épais, puis une couche de vessiga, saupoudrer celle-ci avec des œufs hachés, et une pincée de persil ; sur les œufs, ranger une couche de fines-herbes cuites, et sur celles-ci, une couche de tranches de saumon ; couvrir le saumon avec le restant des fines-herbes, puis avec le vessiga et les œufs, saupoudrés avec du persil. Relever alors les bords de la pâte sur le saumon, de façon à bien l'enfermer, et en maintenant la forme du pâté telle qu'elle est représentée par le dessin 125. Renverser le pâté sur une plaque, faire un trou sur le centre, le tenir à température de la cuisine ; 35 minutes après, le dorer avec du beurre fondu, le saupoudrer avec une pincée de mie de pain, le cuire à four doux pendant à peu près une heure; en le sortant, le glisser sur un plat, le couper transversalement, et envoyer en même temps une saucière de beurre fondu.

212. **Hure de saumon, sauce à l'essence d'anchois** (Dessin 123). Prendre la moitié d'un moyen saumon, du côté de la tête; écailler le poisson, le laver à l'intérieur, et l'éponger; en brider la tête, le poser sur la grille d'une poissonnière de dimension voulue, en l'appuyant sur le ventre; le saupoudrer avec 2 fortes poignées de sel, le mouiller à hauteur avec du vin blanc et de l'eau; poser la poissonnière sur feu, la couvrir, au premier bouillon la retirer sur le côté; trois quarts d'heure après, égoutter le poisson, le dresser sur une ser-

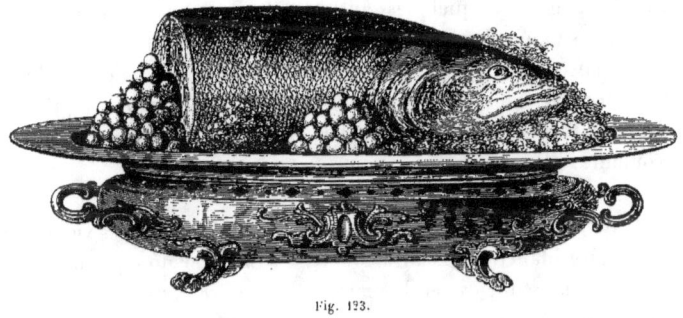

Fig. 123.

viette pliée, le garnir avec du persil frais, et quelques bouquets de pommes de terre cuites à l'eau; envoyer séparément la sauce suivante :

Sauce à l'essence d'anchois. — Préparer une sauce au beurre dans les conditions prescrites art. 201; quand elle est bien beurrée, la finir avec la valeur de 2 cuillerées-à-bouche d'essence d'anchois à l'Anglaise (anchovis-sauce); à défaut de celle-ci, incorporer un petit morceau de beurre d'anchois.

213. **Harengs salés de Hollande.** — Les premiers harengs salés qui arrivent en Hollande se vendent souvent fort cher, car les Hollandais mettent une certaine ostentation à manger les premiers arrivés; en ce cas, leur prix augmente en raison de leur rareté; mais on a vu des gourmets de la Haye les payer des prix très-élevés, proportionnellement à leur valeur réelle. En France, on mange peu les harengs salés, et c'est un tort, car, au fond, ils constituent une nourriture saine, apéritive; les harengs ont de plus l'avantage de ne réclamer qu'une préparation fort simple, et d'être bon marché.

Laver les harengs, les essuyer, en supprimer la peau, les couper en tronçons, les reformer sur un plat, les assaisonner avec huile et vinaigre; les garnir avec des oignons nouveaux, des cornichons, des câpres, des *achards* ou *pikels*. — Quand les harengs ne sont plus nouveaux, il faut les faire dessaler pendant quelques heures dans du lait froid avant de les assaisonner.

214. Salade de harengs à l'Allemande. — Lever les filets de 4 harengs salés, supprimer les arêtes des chairs, les couper en dés ; couper aussi en dés quelques pommes de terre cuites en robes, pelées, une pomme crue, un morceau de veau rôti, froid, un morceau de betterave confite au vinaigre, quelques cornichons et concombres salés. Mettre d'abord, dans un plat creux, les pommes de terre, la pomme crue et le veau, les assaisonner avec un peu de sel, huile et vinaigre, ajouter une pincée de ciboulette hachée, un peu de moutarde ; ajouter les chairs de hareng, les cornichons, les concombres, les betteraves, ainsi qu'une poignée de câpres. Lier la salade avec quelques cuillerées de sauce mayonnaise aux œufs, la dresser en dôme sur un plat, la lisser avec le couteau, la masquer avec une couche de mayonnaise, puis décorer la surface avec des filets d'anchois, des cornichons, des câpres, des blés de Turquie, des cerises au vinaigre, ainsi qu'avec quelques cœurs de laitues disposés sur le centre, l'entourer avec des croûtons de gelée de deux couleurs: blanche et rouge.

215. Harengs frais au cary. — Nettoyer 10 harengs, les vider ; laver les laitances, les faire blanchir à l'eau acidulée. — Émincer un oignon, le faire revenir au beurre, dans une casserole plate, le saupoudrer avec 2 cuillerées-à-bouche de poudre de cary ; deux secondes après, délayer ce roux avec 2 verres de vin blanc, un peu de bouillon de poisson ; ajouter une pincée de feuilles de persil, une feuille de laurier, un peu de sel ; faire bouillir la sauce, ranger les harengs dans la casserole, l'un à côté de l'autre : le liquide doit les couvrir juste. Donner quelques bouillons à la sauce, couvrir la casserole, la retirer sur le côté du feu. Dix minutes après, enlever les harengs à l'écumoire, les dresser sur un plat avec les laitances ; lier la sauce avec 2 ou 3 jaunes d'œuf, la verser sur les harengs, en la passant.

216. Salade de goujons-perches (ierschis) (Dessin 124). — On trouve assez souvent les goujons-perches (ou perches goujonnières) sur les marchés d'Allemagne, et même à Paris, mais à Saint-Pétersbourg ils sont très-abondants, et de plus, très-estimés ; on peut les acheter vivants, ce qui leur donne naturellement plus de valeur et de qualité. Par sa forme, le goujon-perche ressemble effectivement à la perche, mais il est beaucoup plus petit ; sa chair est blanche, très-délicate.

Lever les filets de quelques douzaines de *ierschis*, les parer, les assaisonner, les ranger sur le fond d'une casserole plate, beurrée, les arroser avec un peu de vin blanc, les faire pocher à feu vif, les laisser refroidir dans leur cuisson ; les égoutter ensuite, les arroser avec un peu d'huile, les saupoudrer avec du persil haché ; les dresser en dôme dans le centre d'une bordure de gelée dressée sur un plat, les masquer avec une couche de mayonnaise. Entourer le dôme, à sa base, avec une

Fig. 124.

couronne de moitiés d'œuf, décorées avec un rond de truffe. Poser sur le haut une moitié d'œuf coupée sur le bout le plus rond, garnie avec des légumes.

217. Coulibiac de truites (Dessin 125). — *Pâte à coulibiac.* — Délayer 15 à 20 grammes de levûre avec un verre de lait tiède ; passer le liquide dans une terrine ; avec ce liquide, préparer un levain ; le couvrir, le placer à l'étuve, le faire lever. Quand il est à point, lui incorporer, peu à peu, 350 grammes de farine,

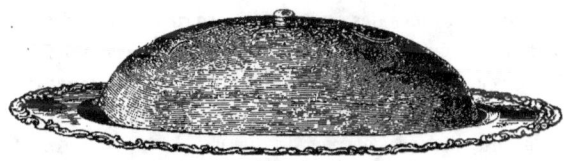

Fig. 125.

200 grammes de beurre à peine fondu, un peu de lait et 6 œufs entiers ; travailler la pâte afin de lui donner du corps, la rassembler, la couvrir avec un linge, la faire de nouveau lever.

Lever les filets de 7 à 8 petites truites, ainsi que de 2 douzaines de ierschis ou de petites perches ; les assaisonner, leur mêler quelques douzaines de queues d'écrevisses cuites, les tenir sur glace.

Avec 500 grammes de chair de soudac, préparer une farce à quenelle ; quand elle est passée, lui mêler 4 cuillerées de fines-herbes cuites. — Cuire à grande eau 300 grammes de riz, en tenant les grains secs, entiers, et fermes ; l'égoutter sur un tamis, le mettre dans une casserole, lui mêler 150 grammes de beurre, l'assaisonner; fermer hermétiquement la casserole, la tenir à la bouche du four pendant 10 minutes; retirer alors le riz, le laisser refroidir. — Étaler, sur une serviette farinée, une abaisse en pâte à coulibiac plus longue que large, en masquer le centre avec une couche de la farce préparée; sur celle-ci, étaler une couche de riz cuit et froid; sur ce riz, ranger les filets de poisson par couches, en entremêlant chaque couche avec des fines-herbes, cuites, liées avec un peu de sauce froide; masquer le poisson avec le restant de la farce, et terminer le pâté en procédant comme il est dit art. 211. Faire lever la pâte à température tiède pendant 20 minutes; l'humecter au pinceau avec du beurre, la saupoudrer avec une poignée de mie de pain; cuire le pâté à four modéré pendant une heure; envoyer séparément une saucière d'espagnole réduite au vin blanc.

218. **White-bait à l'Anglaise.** — Le white-bait est ce menu poisson qu'en Italie on appelle *ianchetti*, à Nice *poutin*, à Bordeaux *blanchaille*, ou poisson blanc. Ce poisson est le mets indispensable des dîners qu'on va faire à Greenwich. Les pêcheurs anglais conservent les white-bait vivants, dans la même eau où ils ont vécu; par ce fait, il n'est pas nécessaire de les laver.

Fariner les poissons, en petite quantité à la fois, les secouer vivement dans une passoire afin d'enlever le surplus de la farine, les placer sur la grille de la poêle, les plonger ainsi à friture bien chaude : une minute suffit pour les cuire, mais ils doivent être secs; les égoutter, les saupoudrer avec un peu de sel et de cayenne, les dresser sur une serviette.

219. **Harengs farcis.** — Choisir une douzaine de harengs frais, en supprimer la tête et les parties minces des queues; les ouvrir par le dos, afin d'en retirer l'arête, réserver les laitances; emplir le vide des harengs avec une farce à quenelle de poisson, mêlée avec des fines-herbes cuites, ajouter les laitances; remettre les poissons en forme, les envelopper chacun dans une bande de papier beurré, les ranger sur un plafond, les arroser avec du beurre, les faire cuire à four modéré pendant 12 minutes; en les sortant, les déballer, les dresser sur un plat, les masquer avec une sauce hachée, ou une sauce maître-d'hôtel.

220. **Laitances de harengs au gratin.** — Choisir une quinzaine de belles laitances, les laver à l'eau froide, les plonger à l'eau bouillante, simplement pour les raidir, les égoutter, les éponger sur un linge. — Hacher un oignon, le faire revenir avec du beurre sans prendre couleur, lui mêler quelques champignons frais, hachés; quand ceux-ci ont réduit leur humidité, ajouter les laitances, les assaisonner de bon goût avec sel, muscade, une pointe de cayenne; les chauffer jusqu'à ce qu'elles soient raffermies, les ranger alors par couches dans un plat à gratin, en les saupoudrant avec du persil haché et de la mie de pain; les arroser avec une cuillerée de glace fondue, mêlée avec un peu de madère; les saupoudrer

également, en dessus, avec du pain et du persil, les arroser avec du beurre, pousser le plat à four modéré, faire gratiner les laitances pendant 12 minutes; les servir dans le plat même.

221. Tronçon de saumon à la matelote (Dessin 126). — Couper un joli tronçon de saumon rouge, bien frais; quand il est propre, emplir le vide du ventre avec une farce ordinaire au pain; le fixer sur son ventre, à la grille d'une poissonnière, le couvrir avec du court-bouillon froid, le cuire, en procédant selon la méthode ordinaire. Enlever ensuite le poisson sur la grille, le faire égoutter, le glisser sur un plat, l'entourer avec des bouquets d'olives, d'oignons

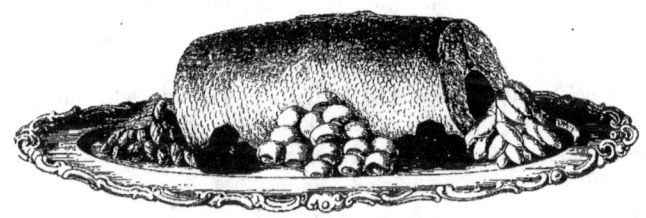

Fig. 126.

glacés, truffes, quenelles, champignons. Masquer ces garnitures avec un peu de sauce matelote, envoyer le surplus dans une saucière. — Si la peau du poisson était déchirée à la cuisson, il faudrait l'enlever et glacer le poisson avec du beurre d'écrevisse, dissous avec un peu de glace.

222. Harengs saurs aux fines-herbes. — Supprimer la tête à une douzaine de bons harengs saurs, les fendre par le dos pour les ouvrir, séparer les filets, en retirer les laitances. Supprimer les arêtes des chairs, les faire dégorger dans du lait pendant une couple d'heures, ainsi que les laitances. — Faire revenir quelques cuillerées de fines-herbes simples; quand elles ont réduit leur humidité, ajouter une poignée de mie de pain râpé, une pincée de persil haché. — Égoutter les filets, en supprimer la peau, les ranger dans un plat à gratin, préalablement saupoudré avec les fines-herbes préparées; sur celles-ci, ranger une couche de filets de harengs, entremêlés avec les laitances, les saupoudrer aussi avec des fines-herbes, les arroser avec du beurre fondu; continuer à alterner ainsi les harengs et les fines-herbes, sans négliger de les arroser avec du beurre; saupoudrer le dessus avec une pincée de mie de pain râpé, pousser le plat à four vif, l'y laisser quelques minutes seulement, car il suffit de chauffer les filets. En sortant le plat du four, arroser les harengs avec le jus de 2 citrons.

223. Filets de maquereaux au gratin. — Lever les filets de 3 maquereaux, en supprimer les parties du ventre, les saler. — Beurrer un plat à gratin de forme longue, le saupoudrer avec une pincée d'oignon haché, un peu de persil, quelques cuillerées de champignons frais, également hachés ; arroser ces fines-herbes avec 4 cuillerées de sauce brune, mêlée avec une égale quantité de vin blanc, ranger les filets de maquereaux sur les fines-herbes ; saupoudrer également ceux-ci avec des fines-herbes, ainsi qu'avec un peu de mie de pain ; les arroser avec du beurre fondu, pousser le plat au four modéré ; cuire le poisson pendant un quart d'heure, l'envoyer dans le plat même où il a été cuit.

224. **Laitances de maquereaux en petites caisses.** — Faire bouillir 2 litres d'eau, dans une casserole, avec un bouquet de persil, du sel, un peu de vinaigre ; plonger les laitances dans le liquide (il en faut une quinzaine), leur donner un bouillon, les retirer du feu ; 2 minutes après, les égoutter, les éponger sur un linge.

Hacher un petit oignon, le faire revenir au beurre, lui mêler une poignée de champignons hachés, en faire réduire l'humidité ; lier ces fines-herbes avec 4 cuillerées-à-bouche de béchamel réduite avec un peu de glace, les cuire pendant 2 minutes, les retirer, les finir avec un peu de beurre d'anchois.

Huiler 6 petites caisses carrées, en masquer le fond avec une couche de fines-herbes ; sur celles-ci, ranger 2 ou 3 laitances coupées, assaisonnées, saupoudrées avec un peu de persil haché ; les masquer aussi avec un peu de fines-herbes ; ranger les caisses sur un plat, les chauffer 2 minutes au four, les envoyer aussitôt.

225. **Maquereaux bouillis, sauce au persil.** — Fendre sur le dos 2 maquereaux frais, propres, les déposer dans une casserole, les couvrir avec de l'eau froide ; ajouter du sel, un filet de vinaigre, une feuille de laurier, un bouquet de persil ; faire bouillir le liquide, lui donner 2 bouillons ; couvrir la casserole, la tenir pendant 12 minutes sur le côté du feu ; égoutter les poissons, les dresser sur un plat, les arroser avec la sauce suivante :

Sauce au beurre, au persil. — Mettre 125 grammes de bon beurre dans une casserole avec son même poids de farine, incorporer la farine avec le beurre afin d'en former une pâte ; mouiller celle-ci avec une partie de la cuisson du poisson, passée, dégraissée ; ajouter quelques grains de poivre, une poignée de feuilles de persil, le jus d'un citron ; tourner la sauce sur feu modéré, en la tenant un peu épaisse : au premier bouillon, la retirer sur le côté, lui incorporer, peu à peu, 100 grammes de beurre, sans cesser de la travailler jusqu'à ce que le beurre soit incorporé, ajouter alors une pincée de persil haché.

226. **Barbue à la Parisienne** (Dessin 127). — Nettoyer une barbue, la fendre du côté noir sur toute la longueur de la grosse arête ; la poser sur un grand plat à gratin, bien beurré ; la saler, la mouiller juste à hauteur avec du vin blanc ; ajouter un oignon émincé et quelques parures de champignons ; la faire cuire au four.

Préparer une garniture composée d'une vingtaine de têtes de champignons, de 3 douzaines de grosses huîtres, de quelques truffes épluchées, cuites au vin, coupées en grosses lames, et enfin de quelques quenelles de poisson de forme plate.

Cuire au court-bouillon une vingtaine d'écrevisses. — Avec 125 grammes de beurre, autant de farine, et la cuisson de la barbue passée au tamis, préparer une sauce un peu consistante, en procédant comme il est dit art. 160 ; quand elle est passée, la verser dans une casserole plate ; ajouter la moitié du fonds-de-cuisson des champignons et des huîtres, la faire réduire à feu vif, en incorporant, peu à peu, le restant de la cuisson des huîtres et des champignons. Quand la sauce est réduite à

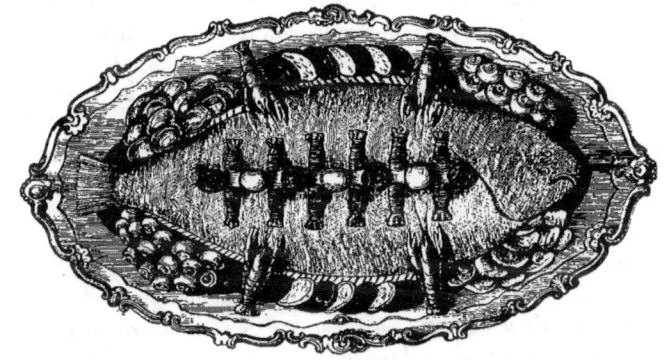

Fig. 127.

point, la lier avec 2 jaunes d'œuf ; la retirer sur le côté, lui incorporer 125 grammes de beurre fin ; en dernier lieu, ajouter un petit morceau de beurre rouge, préparé avec les coquilles d'écrevisses ; mais cela, peu à peu, en tournant toujours la sauce, sans cependant la faire bouillir.

Au moment de servir, égoutter la barbue, la dresser sur un plat long, l'entourer, aux deux extrémités, d'un côté, avec un bouquet de têtes de champignons bien blanches, de l'autre, avec un bouquet d'huîtres, parées ; masquer alors la barbue et les garnitures avec la moitié de la sauce, puis dresser sur le centre du poisson quelques queues d'écrevisses, alternées avec des têtes de champignons et des truffes, en les disposant dans l'ordre représenté par le dessin. Dresser, sur les côtés de la barbue, une couronne de quenelles plates, alternées avec des lames de truffes, bien noires ; saucer légèrement les quenelles, ranger 2 écrevisses de chaque côté du plat, entre la couronne et les 2 bouquets ; verser le surplus de la sauce dans une saucière. — On peut servir une grosse sole et même plusieurs ensemble d'après cette même méthode.

227. **Grosse anguille grillée.** — Dépouiller une anguille, en supprimer

la tête et les nageoires, la vider, retirer le boyau sanguin, la rouler en spirale comme un morceau de saucisse, la soutenir, en la perçant avec 2 brochettes en bois ou en fer, disposées en croix; la poser sur un gril, la flamber pendant quelques secondes de chaque côté, afin de roidir les chairs.

Émincer 2 oignons, les mettre dans une casserole plate, avec de l'huile; les faire revenir de belle couleur, les mouiller avec une demi-bouteille de vinaigre, autant d'eau; ajouter du sel, grains de poivre, girofles, une poignée de persil, thym, laurier, une gousse d'ail, non pelée; donner 7 à 8 minutes d'ébullition au liquide, plonger l'anguille dans celui-ci; le mouillement doit être suffisant pour la couvrir. Au premier bouillon, retirer la casserole sur feu modéré, la couvrir, cuire le poisson tout doucement pendant 40 à 50 minutes; éloigner alors la casserole du feu; une heure après, enlever l'anguille, sans la briser; la poser sur un tamis, la laisser complétement refroidir; la frotter ensuite avec de l'huile; l'assaisonner avec sel, poivre, persil haché; la rouler dans de la mie de pain, la poser sur un large gril, la faire chauffer des deux côtés sur feu modéré pendant trois quarts d'heure; la dresser, et envoyer séparément une *mayonnaise chaude* ou une *sauce tartare*.

228. **Anguille à la broche.** — Dépouiller une grosse anguille, la couper transversalement en tronçons de 5 à 6 centimètres de long, déposer ceux-ci dans une terrine, les assaisonner avec sel, poivre, huile, oignon émincé, persil, jus de citron; les faire mariner pendant 3 à 4 heures dans cet assaisonnement; les enfiler ensuite (par le travers) à une brochette en fer, en les alternant chacun avec une tranche de lard et une feuille de laurier; fixer la brochette à une broche, par les deux bouts, et faire rôtir l'anguille; verser un peu d'huile dans la lèchefrite, lui adjoindre une gousse d'ail hachée, 2 cuillerées de persil haché, le jus de 2 citrons; arroser l'anguille avec cette huile; quand elle est aux trois quarts cuite, la saupoudrer avec de la mie de pain, la débrocher, la dresser sur un plat, sans séparer les morceaux, mais après avoir retiré la brochette. Envoyer séparément une sauce piquante.

229. **Petites anguilles du Tibre, aux petits-pois.** — Prendre 5 à 6 petites anguilles vivantes, de l'épaisseur du petit doigt; les tuer, en supprimer la peau et les têtes; distribuer les corps en tronçons. — Hacher un oignon, le faire revenir avec du beurre frais; ajouter les tronçons d'anguille, les assaisonner, les sauter à feu vif, en faire réduire l'humidité; leur mêler alors la valeur d'un demi-litre de petits-pois tendres, écossés; ajouter un bouquet de persil, sel et poivre, couvrir la casserole, la retirer sur le côté, avec du feu sur le couvercle. Quand les pois sont cuits, lier le ragoût avec un morceau de beurre-manié; en supprimer le bouquet, le dresser sur un plat chaud. — Ce mets est très-estimé à Rome, où les anguilles sont si bonnes: on peut le préparer

partout ailleurs, mais il faut que les anguilles soient jeunes, minces et vivantes.

230. Anguille au beurre de Montpellier (Dessin 128). — Prendre une anguille propre, en supprimer la tête et les parties minces, l'ouvrir sur toute

Fig. 128.

sa longueur, afin d'enlever l'arête principale; diminuer l'épaisseur des chairs; l'assaisonner, l'emplir avec une farce à quenelle de poisson, si c'est en maigre; ou bien avec une bonne farce à galantine, composée avec de la chair de brochet et du lard, par égales parties, pilées avec un peu de panade, puis un salpicon composé de truffes, de foie-gras et de pistaches. Coudre la galantine, l'envelopper dans un petit linge, la ficeler, la faire cuire dans du court-bouillon pendant 2 heures; l'égoutter ensuite, la déballer, la ciseler, et la réemballer; la rouler alors en spirale formant pyramide, en l'appuyant sur un moule à dôme; la laisser bien refroidir; la déballer, la découdre, l'enlever d'un trait, la poser sur un pain en graisse, décoré, ayant sur son centre un montant formant le dôme; rajuster la tête (cuite à part) à la galantine, la masquer avec une couche mince de beurre de Montpellier (Voy. art. 201), la décorer au cornet avec du beurre d'anchois, l'entourer à sa base avec un épais cordon de gelée, et ensuite avec une couronne de quartiers d'œufs durs; croûtonner la base du *pain-vert* avec de la gelée; envoyer séparément une saucière de mayonnaise.

231. Pâté-chaud d'anguille. — Tuer une moyenne anguille de fleuve, l'écorcher, la vider, la laver, en supprimer la tête, diviser le corps en tronçons de 6 centimètres de long; en retirer l'arête, en les ouvrant; assaisonner la chair intérieure, ficeler les tronçons. — Faire revenir au beurre 2 cuillerées d'oignon haché; quand il est coloré, ajouter les tronçons d'anguille; les sauter sur feu pendant 10 minutes, les saupoudrer avec 5 à 6 cuillerées de champignons hachés; les mouiller avec le quart d'un verre de madère; ajouter un bouquet de persil garni d'aromates; les cuire jusqu'à ce que le mouillement soit réduit; les arroser alors avec 4 cuillerées de bonne glace, les laisser refroidir dans la casserole, les débrider ensuite.

D'autre part, préparer une farce à quenelle avec 7 à 800 grammes de chair de brochet. — Foncer un moule à pâté-chaud avec de la pâte brisée; masquer la caisse, au fond et autour, avec une couche de farce; dresser les tronçons d'anguille dans le vide, en les alternant avec les fines-herbes; les masquer aussi avec une abaisse de pâte; souder celle-ci avec celle des bords, puis couper la crête, et la pincer. Orner le dôme avec des feuilles imitées en pâte; dorer le pâté, le pousser au four, le cuire pendant une heure et demie; en le sortant, le dresser sur un plat; cerner le couvercle sur le haut avec la pointe d'un couteau. — Verser dans une casserole la valeur d'un verre de sauce brune, ajouter une douzaine de têtes de champignons crues, et quelques cuillerées de madère; la faire réduire à feu vif pendant 6 à 7 minutes, la verser dans le pâté; le couvrir, et l'envoyer.

232. Omelette de poissons blancs, à la Napolitaine. — Laver 500 grammes de poissons blancs (*ianchetti*), les éponger sur un linge, les tenir sur la glace jusqu'au moment de les cuire. — Casser 7 à 8 œufs dans une terrine, les assaisonner avec sel, poivre, persil haché; les battre vivement avec un fouet, leur mêler les petits poissons, préalablement assaisonnés. — Chauffer de l'huile dans une poêle, verser les œufs et les poissons dans celle-ci; lier l'omelette, en la laissant plate, l'enlever à l'aide d'une assiette. Arroser le fond de la poêle avec un peu d'huile, remettre l'omelette dedans, la cuire, la glisser sur un plat rond sans la ployer.

233. Clovisses et praïres pour hors-d'œuvre. — Les clovisses de *Marseille* et les praïres de *Toulon* jouissent, dans le midi de la France, d'une grande renommée; mais Gênes et Naples en fournissent aussi d'excellents. On ne sert ces coquillages que vivants, car en perdant la vie, ils perdent aussi leurs qualités. On les dresse tout simplement dans un plat creux avec un peu d'eau fraîche.

234. Dartois russes (sausselis). — Couper un salpicon composé avec des queues et des pattes d'écrevisses cuites, des huîtres, des foies de lotte, blanchis, des champignons cuits; lier ce salpicon avec de la farce à quenelle de brochet, crue. Diviser en deux parties 600 grammes de pâte feuilletée (à 8 tours), abaisser la pâte en forme de carré long; poser une de ces abaisses sur une plaque mince, étaler sur sa surface l'appareil préparé, en couche égale, pas trop épaisse, s'arrêtant à 2 centimètres des bords; mouiller ces bords au pinceau, couvrir exactement l'appareil et la pâte avec la deuxième abaisse; l'appuyer sur les bords, afin de la souder; la couper droite sur les quatre faces, dorer la surface, la rayer comme les dartois, avec la pointe d'un couteau, puis pousser la plaque à four modéré. Aussitôt que le dessus est coloré, couvrir la pâte avec des feuilles de papier, afin de bien la cuire au fond; en sortant la plaque, distribuer l'abaisse en carrés longs de 7 à 8 centimètres sur 4 de large, dresser les dartois en buisson sur une serviette pliée.

POISSONS. — CLOVISSES. ANGUILLE.

235. Galantine d'anguille à la gelée (Dessin 129). — Préparer une galantine d'anguille, en procédant comme il est dit art. 230; quand elle est froide, la couper en tranches transversales, pas trop minces; les décorer avec des feuilles d'estragon ou de cerfeuil, les napper à la gelée; les parer, les tenir sur glace. Cuire quelques douzaines d'écrevisses, en détacher les queues, les éplucher, les tenir au frais. — Incruster sur glace un moule à bordure uni, en décorer les pourtours avec des détails de cornichons coupés en triangles, l'emplir avec de la gelée, le tenir sur glace pendant une heure.

Fig. 129.

Au moment de servir, tremper le moule à l'eau chaude, renverser la bordure sur un plat rond; emplir le vide de cette bordure avec une salade de légumes, liée à la mayonnaise, en la dressant en pyramide autour de celle-ci; dresser en couronne les queues d'écrevisse, en les trempant à mesure dans la gelée mi-prise afin de les coller; dresser sur la bordure une couronne de tranches de galantine, décorées, nappées à la gelée. Envoyer séparément une saucière de mayonnaise.

236. Brochet en fricassée, à l'Allemande. — Diviser 2 moyens brochets en tronçons, les éponger sur un linge. — Émincer un oignon, le mettre dans une casserole avec du beurre, le faire revenir pendant 2 minutes; ajouter les tronçons de brochet, les sauter à feu vif, les assaisonner avec sel, quelques grains de poivre; quelques minutes après, les saupoudrer avec 2 cuillerées de farine, les mouiller, peu à peu, juste à couvert, avec du vin blanc et de l'eau; ajouter un bouquet de persil garni d'aromates, une poignée de parures de champignons frais.

Cuire vivement le brochet, afin de réduire la sauce d'un tiers. Enlever les tronçons avec une fourchette, les dresser sur un plat; passer la sauce, lui mêler quelques morilles cuites, ainsi que leur cuisson dégraissée; la faire réduire, la lier avec 2 ou 3 jaunes d'œuf; la finir avec un peu de persil haché, la verser sur le poisson; entourer la fricassée avec quelques coffres d'écrevisses, farcis, ainsi qu'avec les morilles et des filets d'anchois roulés en couronne; la saupoudrer avec quelques câpres.

237. Brochet à la polonaise. — Distribuer en tronçons un bon brochet de rivière.

Émincer une julienne composée de carotte, de céleri et de racines de persil; faire légèrement blanchir ces légumes à l'eau salée.

Émincer un oignon, le mettre dans une casserole avec du beurre, le faire revenir de couleur blonde; ajouter les tronçons de poisson, les assaisonner, les faire revenir pendant 10 minutes, les mouiller à hauteur avec du vin blanc; faire bouillir vivement le liquide, afin de le réduire de moitié, en cuisant le poisson; le lier alors avec un morceau de beurre-manié, et lui mêler 2 poignées de nouilles émincées comme les légumes, cuites à l'eau salée; 5 minutes après, enlever les tronçons de poisson avec l'écumoire, en supprimer la tête, dresser le restant sur un plat; finir alors le ragoût avec un morceau de beurre, et un peu de persil haché, le verser autour du poisson.

238. Côtelettes de brochet, à la Soubise. — Préparer une farce à quenelle avec des chairs de brochet (v. art. 242), mais avec un quart de beurre seulement, par livre de chairs.

Émincer 2 ou 3 oignons, les faire revenir dans une casserole, avec du beurre jusqu'à ce qu'ils soient de belle couleur; les assaisonner avec sel, muscade, une pointe de sucre; les saupoudrer avec une pincée de farine, les délayer aussitôt avec un peu de lait, de façon à former une sauce épaisse; la cuire sur feu modéré jusqu'à ce que les oignons soient cuits; la faire réduire à feu vif, sans la quitter jusqu'à ce qu'elle soit succulente et serrée; la passer, la laisser refroidir, la mêler à la farce. — Prendre cette farce avec une cuiller, la diviser en parties de la grosseur d'un œuf, les déposer sur la table farinée, les rouler avec la main, en leur donnant la forme d'une poire; les aplatir d'un centimètre d'épaisseur; dans ces conditions, il suffit de pencher légèrement le bout pointu de la farce pour lui faire prendre la forme d'une côtelette. Enlever celles-ci avec la lame du couteau, les ranger, l'une à côté de l'autre, sur un plafond légèrement beurré; les faire pocher à l'eau bouillante et salée; les égoutter aussitôt que la farce est raffermie, les faire refroidir, les tremper dans des œufs battus, les paner, les faire frire au beurre dans une casserole plate; les dresser en couronne sur un plat, les entourer avec des citrons coupés, ou dresser une garniture dans le centre de la couronne.

239. Brochet à la mode de Potsdam. — Choisir un bon brochet de rivière à robe dorée, le diviser en tronçons; mettre ceux-ci dans une casserole plate, les mouiller à hauteur avec du vin blanc; les assaisonner, ajouter un bouquet garni d'aromates, les faire cuire à bon feu. Les égoutter, les parer, mettre les meilleurs tronçons dans une casserole, puis passer la cuisson au tamis. — Hacher 2 oignons, les faire revenir au beurre, les saupoudrer avec 2 cuillerées-à-bouche de farine, les mouiller avec la cuisson du poisson; tourner la sauce sur feu jusqu'à ce qu'elle soit liée ; la retirer alors, la cuire sur le côté du feu pendant 20 minutes ; la dégraisser, la verser sur le poisson ; faire mijoter celui-ci pendant 10 minutes, puis mêler au ragoût 2 cuillerées de câpres entières, autant de cornichons et d'agoursis coupés en dés, une pincée de racines de raifort, râpées, une pincée de persil haché, et enfin, les chairs de 2 citrons, coupées en tranches ; finir la sauce, en lui incorporant un morceau de beurre, mêlé avec 2 cuillerées d'anchovis-sauce.

240. Brochet, sauce soya [1] (Dessin 130). — Choisir un brochet à robe dorée, pesant de 3 à 4 kilogrammes ; l'écailler, le vider, en brider la tête ;

Fig. 130.

lui faire quelques petites incisions sur le dos, en glissant la lame du couteau jusqu'à l'arête principale ; le placer alors sur la grille d'une poissonnière, en l'appuyant sur son ventre ; le saler, le mouiller à hauteur avec moitié vin blanc, moitié eau ; ajouter quelques légumes émincés, un bouquet de persil et grains de poivre. Poser la poissonnière sur feu ; au premier bouillon, la retirer sur le côté ; cuire le poisson sans ébullition pendant une heure ; l'égoutter ensuite, le glisser sur un plat couvert d'une serviette ; l'entourer avec des bouquets de persil frais, envoyer séparément la sauce suivante :

Sauce soya. — Avec la valeur de 2 verres de cuisson de poisson passée et refroidie, préparer une sauce au beurre (Voy. art. 199), en la tenant un peu consistante ; quand elle est liée ajouter 2 cuillerées-à-bouche de bon soya, la finir en incorporant 150 grammes de fin beurre divisé en petites parties.

241. Quenelles de brochet aux champignons. — Avec 500 grammes de chairs de brochet, préparer une farce à quenelle ; avec cette farce, mouler une quinzaine de quenelles, à l'aide de 2 cuillers-à-bouche ; les glisser à mesure dans une casserole plate, beurrée, les faire pocher à l'eau salée.

D'autre part, cuire une quinzaine de belles têtes de champignons, avec beurre et jus de citron. — Avec les arêtes et têtes de brochet, des légumes, les parures de champignons et du vin, préparer un bon fonds de poisson ; le passer, le dé-

---

[1]. Le vrai soya est un produit du Japon, mais on en prépare beaucoup en Angleterre. Je donne plus loin la méthode pour le préparer avec des champignons.

graisser, l'incorporer, peu à peu, à 4 décilitres de sauce blonde, en réduction ; incorporer aussi la cuisson des champignons ; la lier avec 2 ou 3 jaunes d'œuf, la passer ; la finir avec un morceau de bon beurre.

Dresser les quenelles en couronne sur une mince couche de farce, pochée sur plat, garnir le centre de la couronne avec les champignons, les masquer avec la sauce, ainsi que les quenelles.

242. **Pain de brochet aux écrevisses.** — Lever les filets d'un moyen brochet, en supprimer la peau et les arêtes, piler les chairs (500 grammes) avec moitié de leur volume de beurre dont une partie rougie avec du beurre d'écrevisses ; assaisonner la farce ; quand elle est lisse, la passer, la déposer dans une terrine, lui incorporer un blanc d'œuf fouetté, et le double de ce volume de crème fouettée. Verser la farce dans un moule, la faire pocher au *bain-marie*. Renverser le pain sur un plat, le masquer avec une sauce béchamel réduite, finie avec du beurre d'écrevisses, mêlée avec quelques queues d'écrevisses coupées.

243. **Brochet à l'égyptienne.** — Hacher un oignon, le faire revenir à l'huile, le mouiller avec de la sauce tomate légère, ajouter un petit bouquet de menthe, faire bouillir le liquide. — Couper un brochet en tronçons, les fariner, les faire frire à l'huile, les égoutter, les ranger, l'un à côté de l'autre, dans la casserole avec la sauce ; les faire mijoter tout doucement pendant 20 minutes. Supprimer le bouquet, dresser le ragoût.

244. **Brochet à la Russe.** — Nettoyer un brochet de 2 à 3 kilogammes, le diviser par tronçons ; ranger ceux-ci dans une casserole, l'un à côté de l'autre, les saler ; additionner quelques grains de poivre, un bouquet garni d'aromates, quelques petits oignons entiers, les arroser avec du beurre fondu, les faire revenir pendant 10 minutes, les retourner, les mouiller avec la valeur de 3 verres de crème aigre ; aussitôt que le liquide est en ébullition, retirer la casserole sur le côté, avec des cendres chaudes sur le couvercle. Une heure après, enlever les tronçons de poisson à l'écumoire, les dresser sur un plat. Passer la sauce dans une casserole, la faire bouillir, la lier avec un morceau de beurre-manié, lui mêler une poignée de câpres, la verser sur le poisson.

245. **Brochet à l'aigre-doux.** — Couper en tronçons un brochet de 2 à 3 kilogrammes ; les déposer dans une terrine avec une forte poignée de sel, un peu d'eau ; les faire macérer pendant une heure. Les laver, les éponger, les fariner, les ranger, les uns à côté des autres, dans une casserole dont le fond est beurré ; les mouiller à trois quarts de hauteur avec du vinaigre ; ajouter un bouquet d'aromates et persil, une pincée de poivre, 2 cuillerées de gelée de groseilles, deux

POISSONS. — BROCHET.

poignées de raisins secs, quelques amandes mondées, coupées en filets. Faire bouillir le liquide, fermer la casserole, la retirer sur feu très-doux, ou à la bouche du four ; cuire ainsi le poisson pendant une heure. — Au moment de servir, colorer le ragoût avec un peu de caramel, le dresser sur un plat ; à chaque bout de celui-ci, dresser un bouquet de raifort en rubans.

246. Pain de brochet aux truffes (Dessin 131). — Avec 600 grammes de chairs de brochet, 400 grammes de panade de farine de riz, 400 grammes de beurre, 4 jaunes d'œuf, préparer une farce à quenelle, en procédant comme il est dit pour le pain de merlan. Beurrer un moule à cylindre, ranger contre les pa-

Fig. 131.

rois des lames de truffes pelées, cuites ; emplir, peu à peu, le moule avec la farce, la faire pocher au bain-marie pendant 40 minutes. — En sortant le moule de l'eau, l'essuyer, et renverser le pain sur un plat, ayant un petit tampon collé sur son centre ; sur ce tampon, piquer un hâtelet garni avec des crevettes ; masquer le fond du plat avec une bonne sauce maigre, réduite avec les parures de truffes ; envoyer séparément une saucière de cette sauce.

247. Tanches au cary. — Choisir 2 ou 3 bonnes tanches, les plonger à l'eau bouillante, les retirer aussitôt, afin de les écailler ; les vider ensuite, en supprimer les nageoires, les distribuer en tronçons ; faire dégorger ceux-ci pendant une heure à grande eau, les égoutter, les éponger.

Émincer un oignon, le faire revenir dans une casserole avec du beurre ; ajouter les tronçons de tanches, les sauter pendant quelques minutes sur le feu, afin de faire roidir les chairs ; les assaisonner, les saupoudrer avec 2 cuillerées de poudre de cary, mêlée avec un peu de farine ; 2 minutes après, mouiller le poisson à hauteur avec un verre de vin blanc et de l'eau chaude ; ajouter un bouquet de persil, une feuille de laurier, un peu de sel, épices ; les cuire à couvert, pendant 10 minutes, retirer la casserole sur le côté du feu. Dix minutes après, enlever les tronçons avec une fourchette, les dresser sur un plat. Faire vivement réduire la sauce à point, la lier avec 2 ou 3 jaunes d'œuf, délayés avec un peu de crème crue ; finir avec le jus d'un citron, la passer sur les tanches.

248. **Tanches à la Silésienne.** — Couper 2 tanches en tronçons, les ranger dans une casserole plate avec une petite julienne de racines de céleri de persil, carottes, oignons : ces légumes doivent préalablement être blanchis ajouter une feuille de laurier, épices, un bouquet de persil ; mouiller le poisson hauteur avec du vin blanc, le cuire à feu vif pendant 8 à 10 minutes. Lier alors le fonds-de-cuisson avec un morceau de beurre-manié, retirer la casserole sur fe modéré. Quand le poisson est cuit, l'égoutter, le dresser sur un plat. Retirer l bouquet, faire réduire la sauce, la lier avec quelques jaunes d'œuf, la finir avec le jus d'un citron, une pincée de persil haché ; la verser sur les tanches.

249. **Tanches au gratin.** — Saupoudrer un plat à gratin avec une pincé d'échalotes et d'oignons, quelques cuillerées de champignons crus, une pincé de persil haché. Sur ces fines-herbes, ranger 2 tanches bien propres (l'une côté de l'autre), les saler, les saupoudrer avec les mêmes fines-herbes, les arrose avec de l'huile ou du beurre fondu ; verser dans le fond du plat un demi-verre d vin blanc, le poser sur le feu, faire bouillir le liquide, le pousser ensuite au fou modéré. Un quart d'heure après, retourner les tanches, les masquer avec le fines-herbes de la casserole, les saupoudrer avec de la mie de pain, verser dans l fond du plat la valeur d'un demi-verre de sauce brune ; 10 minutes après, retire le plat du four, le poser sur un autre plat lui servant de doublure, l'envoye aussitôt.

250. **Quenelles de fogosch, sauce Hongroise.** — Avec 5 à 600 grammes de chairs de *fogosch*, préparer une farce à quenelle, en procédan comme il est dit art. 184 ; avec cette farce, mouler une quinzaine de quenelle à l'aide de 2 cuillers-à-bouche ; les ranger à mesure dans une casserole plate beurrée ; les faire pocher à l'eau bouillante et salée ; les égoutter aussitôt raffer mies, les dresser en couronne sur un fond en farce, pochée sur plat, les masque avec la sauce suivante :

Sauce Hongroise. — Verser dans une casserole, la valeur d'un tiers de verre d purée de tomate cuite, mais au naturel, c'est-à-dire bien égouttée et non liée ; l mêler avec égale quantité de bonne glace fondue, une pincée de *paprika ;* la fair bouillir, en la tournant ; 2 minutes après, la retirer sur le côté du feu, lui incorpo rer, peu à peu, 150 grammes de beurre divisé en petites parties, mais sans cesse de la tourner.

251. **Esturgeon à la sauce piquante.** — Prendre un morceau d'estur-

geon, en supprimer la peau et les parties osseuses ; larder intérieurement les chairs avec des filets de lard et d'anchois, assaisonner le poisson avec sel, huile, vinaigre, le faire mariner pendant quelques heures ; le ficeler, le placer dans une casserole dont le fond est masqué avec des débris de lard et des légumes émincés ; le mouiller juste à couvert avec moitié vinaigre, moitié bouillon, le faire braiser comme un fricandeau ; quand il est à point, égoutter le fonds-de-cuisson, en le passant ; le dégraisser, le faire bouillir, le lier avec un peu de sauce brune ; faire dépouiller la sauce, sur le côté du feu, pendant un quart d'heure, la dégraisser, la passer ; lui mêler alors 2 cuillerés de cornichons au vinaigre, coupés en petits dés ; débrider l'esturgeon, le dresser sur un plat, le masquer avec la sauce.

252. **Esturgeon en fricandeau aux olives.** — Retirer la peau d'un filet d'esturgeon, battre légèrement les chairs avec un couperet, les piquer avec du lard, à l'égal d'un fricandeau de veau ; le faire blanchir, et l'égoutter. Assaisonner le poisson, le déposer dans un petit plafond foncé avec des légumes et des débris de jambon, le mouiller, juste à hauteur, avec du bouillon ; faire bouillir le liquide jusqu'à ce qu'il soit réduit de moitié ; lui mêler alors un peu de vin blanc, couvrir le fricandeau avec du papier, le pousser à four modéré, le cuire tout doucement, en l'arrosant souvent. Quand il est à point, l'égoutter sur un plat ; allonger le fonds-de-cuisson avec un peu de madère, lui donner quelques minutes d'ébullition, le passer ; le dégraisser, le lier avec un morceau de beurre-manié ; lui mêler alors 3 à 6 douzaines d'olives de Provence, tournées, blanchies à l'eau sans ébullition. Dresser le fricandeau sur un plat avec la garniture, l'envoyer aussitôt.

253. **Petits pâtés russes, au wesiga.** — Couper 200 grammes de *wesiga* en petits morceaux, le mettre dans une casserole avec 2 litres d'eau, et un peu de sel, le faire cuire à feu modéré jusqu'à ce qu'il soit tendre, au point de pouvoir le mordre sans trop de résistance ; l'égoutter sur un tamis, le hacher vivement, le tenir au chaud. — Hacher un oignon, le faire revenir avec du beurre ; lui mêler 2 cuillerées de racines de céleri et de persil, coupées en petits dés, blanchies ; autant de *gribouis* crus, également coupés en dés ; faire réduire l'humidité de ces légumes, les assaisonner, les saupoudrer avec une pincée de farine, les mouiller avec un peu de bouillon, en tenant la sauce très-consistante ; faire bouillir l'appareil en le tournant ; lui additionner alors le *wesiga* haché ; 2 minutes après, le retirer, lui mêler un peu de persil et 4 à 5 œufs durcis, hachés.

Abaisser 4 à 500 grammes de pâte brisée, en abaisse mince, diviser la pâte en ronds avec le plus grand coupe-pâte cannelé ; humecter les bords de ces ronds, poser, sur le centre de chacun d'eux, une petite partie de l'appareil préparé, disposé en forme de quenelle ovale ; relever la pâte des deux côtés, la souder en crête au-dessus même de l'appareil; pincer cette crête avec les doigts, et ranger les petits-pâtés sur une plaque; les dorer, les cuire au four chaud pendant 20 minutes; les détacher de la plaque, les dresser sur une serviette. — On sert ces petits pâtés avec la soupe ou comme hors-d'œuvre.

254. Sandres à la mode de Dantzig. — Le sandre (zander) est un poisson commun dans tout le nord de l'Europe.

Faire blanchir 3 douzaines d'huîtres du *Holstein* avec un verre de vin blanc; passer la cuisson au tamis; laver les huîtres, les parer, les éponger. Choisir 2 moyens *Sandres* en vie, les tuer, les écailler, couper les nageoires, les vider par les ouïes, les distribuer par tronçons; ranger ceux-ci, ainsi que les têtes, dans une casserole plate, dont le fond est masqué avec des branches de persil; mouiller le poisson à peu près à hauteur avec du vin blanc et la cuisson des huîtres; ajouter une poignée de parures de champignons crus, ainsi qu'un morceau de beurre-manié, distribué en petites parties.

Couvrir hermétiquement la casserole, faire cuire le poisson (sans le saler) pendant 10 minutes, de façon que le fonds-de-cuisson se trouve à moitié réduit quand le poisson est cuit; enlever alors les tronçons de sandres avec une fourchette, les dresser sur un plat chaud; faire réduire la sauce, la passer dans une autre casserole, lui mêler les huîtres; la faire bouillir et la lier avec 2 jaunes d'œuf délayés; la finir, en lui incorporant un morceau de beurre et le jus d'un citron : la verser sur le poisson.

255. Soudac des gourmets. — Prendre 2 moyens soudacs vivants, les tuer, les écailler, en supprimer les ouïes, les distribuer en tronçons, les vider, les laver. — Beurrer le fond d'une casserole, le masquer avec quelques champignons frais, émincés en lames; saler légèrement ceux-ci, ranger les tronçons de poisson sur les champignons, les assaisonner, les mouiller à trois quarts de hauteur avec du vin blanc, le jus d'un citron, et la cuisson de 2 douzaines d'huîtres, blanchies; ajouter un bouquet de persil garni, ainsi qu'un petit morceau de beurre, manié avec autant de farine que de poudre de cary; fermer la casserole, la poser sur un bon feu, faire bouillir le liquide pendant 12 minutes. Enlever alors les tronçons, les dresser sur un plat chaud; enlever le bouquet, lier le fonds-de-cuisson avec 3 jaunes d'œuf délayés; ajouter les huîtres à la sauce, la verser sur le poisson.

256. Sandre bouilli, sauce Bavaroise (Dessin 132). — Choisir un sandre, pesant de 3 à 4 kilogrammes, l'écailler, le vider, en écourter les nageoires, le ciseler transversalement des deux côtés, et en biais, le saupoudrer avec 2 ou 3 poignées de sel, le faire macérer pendant une heure; le laver, en brider la tête, l'appuyer sur son ventre, en le fixant sur la grille d'une poissonnière, le mouiller à couvert avec de l'eau froide et du vin blanc; ajouter le sel nécessaire, un bouquet de persil; faire bouillir le liquide, le retirer sur le côté, le maintenir frémissant pendant trois quarts d'heure. — Au moment de

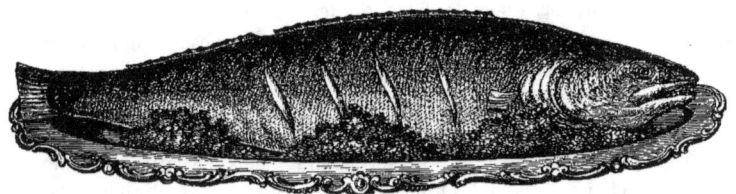

Fig. 132.

servir, égoutter le poisson, le débrider, le dresser sur un plat long, couvert d'une serviette, l'entourer avec du persil; frotter les surfaces avec du beurre, envoyer séparément la sauce suivante :

Sauce Bavaroise. — Mettre dans une casserole 4 cuillerées-à-bouche de bon vinaigre, le faire réduire de moitié, le retirer du feu; lui mêler 4 jaunes d'œuf, un morceau de bon beurre, un petit morceau de racine de raifort; battre l'appareil, ajouter un peu de sel et muscade, le tourner sur feu modéré jusqu'à ce qu'il soit lié; le passer alors dans une autre casserole, ajouter 100 grammes de beurre divisé en petites parties; poser la casserole sur feu doux, battre l'appareil, le faire mousser, mais sans le faire bouillir; en dernier lieu, lui incorporer 100 grammes de beurre d'écrevisses.

257. **Soudac à la Moscovite.** — Écailler la queue d'un gros soudac, la couper en tranches de l'épaisseur de 3 à 4 centimètres; ranger ces tranches sur une grille percée, les plonger à l'eau salée, bouillante; ajouter un bouquet de persil, donner un bouillon au liquide, retirer la casserole du feu; 10 minutes après, égoutter le poisson, le dresser sur un risot, fini avec un peu de sauce tomate, du beurre, 3 douzaines de queues d'écrevisses, autant d'olives farcies aux anchois, conservées à l'huile.

258. **Huîtres au naturel.** — Les huîtres de *Cancale* et d'*Ostende* sont celles qu'on mange le plus ordinairement à Paris; à Londres on mange les petites huîtres, exactement semblables, et de la même espèce que celles d'*Ostende*. Dans le midi de la France, ce sont les huîtres *cuiller* ou huîtres *vertes;* en Italie celles *del Fusaro* sont renommées. Dans l'Allemagne du Nord ce sont celles du *Holstein*. Toutes les espèces sont estimables, cependant les huîtres d'Ostende sont généralement plus recherchées des gourmets. Pour servir les huîtres

dans les meilleures conditions, il faut les ouvrir et les envoyer aussitôt, car l'huître doit être mangée vivante; c'est en raison de ce fait qu'on ne détache jamais les huîtres des coquilles, en les ouvrant, parce que l'huître ouverte peut cependant rester vivante, tant qu'elle n'est pas entièrement détachée de sa coquille, tandis qu'elle meurt dès qu'on la détache. Non-seulement les huîtres mortes ne sont plus bonnes pour les amateurs, mais elles peuvent devenir malfaisantes.

Ouvrir les huîtres à l'aide d'un couteau à courte lame, en glissant celle-ci dans la jointure des deux coquilles, en ayant soin de ne pas répandre l'eau, mais surtout en tenant l'huître avec un linge plié, afin de prévenir tout accident. Quand les deux coquilles sont séparées, enlever les fragments d'écailles qui pourraient s'attacher aux chairs, dresser les huîtres sur un plat [1], sans les détacher, les servir avec de la *mignonnette*, du beurre frais ou des tartines, ainsi qu'avec des citrons coupés.

259. Huîtres au cary. — Ouvrir 5 à 6 douzaines de grosses huîtres, mettre les chairs dans une casserole avec un verre de vin blanc, leur donner 2 bouillons, les jeter aussitôt sur un tamis, en recueillant leur cuisson; les rafraîchir, les éponger, en supprimer les barbes et durillons, les déposer dans une casserole, les arroser avec 4 cuillerées de sauce blonde, au cary; donner un seul bouillon au ragoût, le lier avec quelques jaunes d'œuf, délayés avec un peu de crème; le verser dans une bordure de riz, préalablement dressée sur un plat.

260. Cromesquis d'huîtres. — Choisir de grosses huîtres, les ouvrir, les faire pocher avec un peu de vin blanc; les égoutter, les laisser refroidir, les parer, les couper en dés de moyenne grosseur, les déposer dans une terrine; lier ce salpicon avec un peu de bonne béchamel réduite avec une partie de la cuisson des huîtres et un peu de glace fondue; l'assaisonner avec une pointe de muscade, le laisser refroidir; le diviser alors en parties de la grosseur d'un œuf, les aplatir, les placer chacune entre deux bandes de pannequets sans sucre, ou bien des bandes d'ostie, ramollies entre un linge humide.

Dix minutes avant de servir, tremper les cromesquis dans une pâte à frire légère; les plonger à mesure dans de la friture chaude; leur faire prendre belle couleur, les égoutter, les dresser en buisson sur une serviette pliée.

261. Bouchées aux huîtres (Dessin 133). — Préparer une pâte feuilletée avec 500 grammes de farine, autant de beurre; lui donner 5 tours et demi; la laisser reposer quelques minutes; l'abaisser de forme carrée, ayant 5 à 6 milli-

---

[1]. J'ai vu en Angleterre et en Allemagne dresser les huîtres sur un gradin en faïence formant pyramide et tournant sur lui-même. Cette méthode mérite d'être signalée.

POISSONS. — HUITRES. 137

mètres d'épaisseur; couper sur sa surface une vingtaine de ronds, avec un coupe-pâte uni, trempé dans de l'eau chaude; rayer la partie coupée avec la pointe d'un petit couteau, les cuire à bon four, pendant 25 minutes. D'autre part, faire blanchir 2 à 3 douzaines d'huîtres, les laver, les parer, les diviser chacune en

Fig. 133.

deux ou trois parties; les mettre dans une casserole, les masquer avec une bonne sauce béchamel, réduite avec des parures ou cuisson de champignons. Avec cet appareil, emplir les bouchées bien chaudes, les dresser en buisson sur une serviette pliée.

262. **Huîtres grillées, à l'Américaine.** — Les huîtres d'Amérique, celles du moins qu'on mange à New-York, et dont les gourmets font un si grand cas, sont très-volumineuses, à écailles épaisses, de forme allongée. Elles pèsent de 4 à 500 grammes; les chairs ont le volume d'une moule de moyenne grosseur. J'en ai reçu ces temps derniers de New-York, par les soins d'un obligeant ami. Je les ai préparées selon la formule qu'il prescrivait lui-même, elles ont été trouvées bien bonnes, même après un voyage si long, qui nécessairement en avait altéré les qualités. Aujourd'hui on trouve dans le commerce ces huîtres conservées.

Ouvrir les huîtres, rouler les chairs dans de la mie de pain, les ranger sur un gril en fils de fer, à charnières, de façon qu'en fermant le gril, les huîtres se trouvent serrées; les arroser légèrement avec du beurre fondu, les faire griller des deux côtés; les dresser sur des tranches de pain grillées, les arroser avec une maître-d'hôtel fondue: beurre, jus de citron, persil haché.

263. **Croquettes aux huîtres d'Amérique.** — Faire légèrement blanchir de grosses huîtres, les égoutter, les parer, les assaisonner avec un peu de cayenne, les envelopper avec une couche d'appareil à croquette de homard, en donnant aux croquettes la forme d'un œuf. Paner les croquettes, les faire frire, les dresser en buisson sur une serviette pliée.

264. **Huîtres d'Amérique à la béchamel.** — Faire blanchir 2 dou-

zaines de grosses huîtres jusqu'au moment de l'ébullition, les égoutter, les parer ; avec leur cuisson et du lait, préparer une béchamel ; la faire réduire, en incorporant un peu de crème, la finir avec un morceau de beurre et quelques cuillerées de truffes cuites ; lui mêler ensuite les huîtres, et dresser le ragoût sur un plat chaud.

265. **Aspic aux huîtres.** — Faire pocher 4 douzaines d'huîtres, les égoutter, en supprimer les barbes ; déposer les chairs dans une terrine, les assaisonner avec sel et jus de citron. — Entourer avec de la glace pilée un moule à cylindre, uni ou façonné ; faire prendre au fond une couche de gelée, sur cette couche, dresser une partie des huîtres, les couvrir, peu à peu, avec de la gelée, finir d'emplir le moule, en alternant les huîtres et la gelée. Une heure après, tremper vivement le moule à l'eau chaude, et renverser l'aspic sur un plat froid ; l'entourer avec de la gelée hachée ou des croûtons. Envoyer séparément une saucière de mayonnaise.

266. **Huîtres frites à la Provençale.** — Faire légèrement blanchir 4 à 5 douzaines d'huîtres avec un peu de vin blanc ; les égoutter, les laver, les éponger sur un linge ; les parer, les déposer dans une assiette ; les assaisonner avec un peu de poivre, les saupoudrer avec du persil haché, les arroser avec de l'huile ; les prendre ensuite, deux à la fois, les tremper dans une pâte à frire, les plonger à grande friture chaude. Quand la pâte est colorée et sèche, égoutter les huîtres, les saler, les dresser en buisson sur une serviette pliée, les entourer avec du persil frit et des citrons coupés.

Pâte à frire. — Mettre la valeur d'un verre de farine dans une terrine, lui mêler un grain de sel, 2 cuillerées-à-bouche d'huile, la délayer avec de la bière, du vin blanc ou de l'eau, mais peu à peu, sans corder la pâte : elle doit être lisse et coulante. Si la pâte est délayée à la bière, la tenir à l'étuve douce pendant une heure ; dans les deux cas, lui incorporer 2 blancs d'œuf fouettés, mais seulement au moment de l'employer.

267. **Huîtres frites à la mode de Hambourg.** — Prendre de grosses huîtres, détacher les chairs des coquilles, en supprimer les barbes, les rouler dans du parmesan râpé, les tremper dans des œufs battus, les paner avec des *zwiebacks* [1] pulvérisés ou des *biscottes* (non sucrées), dans le genre de celles de Bruxelles ; les plonger à friture chaude, les égoutter aussitôt, les dresser sur une serviette avec du persil frit. — Les huîtres d'Amérique, dont il a été question plus haut, sont aussi excellentes frites. Voici le procédé : Prendre les chairs, les

[1]. Les zwiebacks sont des petits pains au lait coupés en deux ou par tranches, séchés à four très-doux, de façon à les colorer d'un beau jaune. Tous les marchands de comestibles et les boulangers d'Allemagne vendent des zwiebacks. On les mange ordinairement avec le thé.

tremper dans des œufs, mêlés avec une petite partie de l'eau d'huîtres, et bien battus ; les paner avec des *crackers* pulvérisés, les ranger dans une poêle, avec du beurre chaud, les cuire à feu vif des deux côtés, les dresser sur une serviette avec du persil frit et des citrons coupés.

268. Huîtres à la Tartare. — Faire pocher 5 à 6 douzaines d'huîtres, les égoutter, les parer, les déposer dans un plat ; les assaisonner avec une pincée de poivre, un peu d'huile et jus de citron. Préparer une petite mayonnaise aux œufs, lui mêler une pincée d'échalotes hachées, ainsi que 2 cuillerées-à-bouche de fines-herbes crues, composées de ciboulette, estragon, cerfeuil et marjolaine, câpres et cornichons ; finir la sauce avec une cuillerée de bonne moutarde.

Au moment de servir, mêler la moitié de cette sauce avec les huîtres. Avec cet appareil garnir 10 coquilles de table, le masquer en dessus avec une légère couche de mayonnaise, l'entourer avec un cordon de gelée hachée.

269. Les anges à cheval. — Choisir quelques douzaines de grosses huîtres, les ouvrir, en supprimer les barbes et les parties calleuses ; déposer les chairs dans une assiette, les assaisonner avec du poivre.

Faire blanchir un morceau de lard ; quand il est froid, le couper en bandes minces ; sur celles-ci, couper des morceaux carrés du diamètre des huîtres. Prendre les huîtres une à une, les enfiler à de petites brochettes en argent, en les alternant chacune avec un petit carré de lard : mettre 6 huîtres à chaque brochette. Saupoudrer les huîtres avec un peu de mie de pain, mêlée avec du persil haché ; les faire griller à feu vif, mais 3 minutes seulement. Dresser les brochettes sur un plat chaud, en les plaçant sur des tranches de pain, coupées minces, frites au beurre, bien chaudes.

270. Croûtes aux huîtres. — Couper des tranches de mie de pain, ayant à peu près un centimètre d'épaisseur ; les parer, de forme ovale, les cerner sur une surface, les faire frire au beurre, les vider du côté cerné, les tenir au chaud.

Prendre quelques douzaines de grosses huîtres blanchies, les parer ; les diviser en petits dés ; déposer ceux-ci dans une casserole, les assaisonner avec une pincée de cayenne, les lier avec un peu de béchamel, réduite avec de la bonne crème, finie avec un morceau de beurre fin. Avec cet appareil, emplir les croûtes chaudes ; les dresser sur une serviette pliée.

271. Moules farcies à la Turque. — Choisir 3 douzaines de grosses moules propres ; les mettre dans une casserole, les faire ouvrir sur le feu ; les égoutter, sans séparer les deux coquilles ; les laver, les placer sur un tamis. — Laver 300 grammes de riz, le faire égoutter sur un tamis pendant une demi-heure. Hacher un oignon, le faire revenir avec de l'huile, lui mêler le riz ; faire revenir celui-ci pendant quelques secondes, le mouiller modérément avec une partie de la cuisson des moules ; faire bouillir le liquide, jusqu'à ce qu'il soit absorbé par le riz : celui-ci doit être peu cuit ; le retirer du feu, lui mêler une poignée de raisins de Corinthe, et une poignée de *pignoli* hachés, un peu de poivre, une pincée de fenouil également haché.

Avec cet appareil, emplir les doubles coquilles ; les fermer, les ranger dans une casserole plate, en les serrant les unes contre les autres ; les mouiller à moitié de hauteur avec du bouillon de poisson, les cuire pendant 25 minutes, à couvert et à feu doux ; les dresser sur un plat, les arroser avec leur cuisson.

272. **Petites truites au court-bouillon.** — Choisir 5 à 6 petites truites en vie, les tuer, les vider par les ouïes, ne pas les écailler, mais surtout laisser adhérer le limon à la peau. Ranger les poissons sur la grille d'une poissonnière, les plonger dans un court-bouillon en ébullition, faire bouillir celui-ci, retirer la casserole sur le côté du feu, la couvrir ; 6 minutes après, égoutter les truites, les dresser sur une serviette pliée, les entourer avec des feuilles de persil ; envoyer séparément une saucière de beurre fondu.

273. **Truites à la Genevoise.** — C'est à l'hôtel des Bergues, à Genève, que j'ai appris cette préparation digne de l'attention des gourmets. — Nettoyer 4 ou 5 petites truites, fraîches. Beurrer grassement une casserole plate, ranger les truites sur le fond de celle-ci, l'une à côté de l'autre, les arroser avec un verre de vin blanc, les saler légèrement, les cuire vivement avec du feu sur le couvercle ; aussitôt qu'elles sont cuites, les enlever, les dresser sur un plat, les glacer au pinceau, et les tenir à la bouche du four. Allonger le fonds-de-cuisson avec un peu de glace fondue, donner un bouillon au liquide, le retirer du feu, lui incorporer alors un morceau de beurre à la maître-d'hôtel, divisé en petites parties ; finir la sauce avec le jus d'un citron, la verser à côté des truites ; dresser à chaque bout du plat un bouquet de petites pommes de terre coupées en boule, frites au beurre ; garnir les côtés avec des tranches de citron.

274. **Tronçons de truites à la mayonnaise** (Dessin 134). — Choisir 6 petites truites, bien fraîches, en supprimer la tête, et le côté mince de la queue, les essuyer à l'intérieur, mais sans enlever le limon de la peau ; les plonger alors dans un court-bouillon simple, en ébullition ; retirer aussitôt la casserole du feu, la couvrir, et laisser refroidir les tronçons de truites dans leur cuisson ; les égoutter ensuite, les éponger, les tenir sur glace pendant une demi-heure, les napper à la gelée mi-prise. — D'autre part, faire prendre sur glace une bordure de gelée claire. Au moment de servir, démouler cette bordure sur un plat, garnir le centre d'une couche de gelée hachée, et sur celle-ci, ranger les tronçons de truite, en buisson. Envoyer séparément la sauce suivante :

Sauce mayonnaise. — Déposer 3 jaunes d'œuf dans une terrine, ajouter une

POISSONS. — TRUITES.

pincée de sel, une pincée de poudre de moutarde ; les broyer avec une cuiller en bois, puis les tourner, en incorporant, peu à peu, la valeur d'un verre et demi de bonne huile, de façon à lui faire prendre du corps ; ajouter de temps en temps

Fig. 134.

quelques parties de jus de citron ; quand l'huile est absorbée, la sauce doit être bien liée, lisse, compacte ; l'assaisonner, la finir avec un filet de vinaigre, la verser dans la saucière.

275. **Truite à la gelée** (Dessin 135). — Choisir une belle truite fraîche, vivante ; couper les nageoires, la vider par les ouïes, emplir le vide du ventre avec

Fig. 135.

une farce ordinaire de poisson ; brider la tête de la truite, la faire cuire au court-bouillon, en procédant comme il est dit à l'égard du saumon. Quand elle est froide, bien égouttée, l'éponger, la poser sur un *pain-vert* de forme ovale, masqué sur le haut, avec du papier blanc ; la *caler* des deux côtés avec du beurre afin de la maintenir d'aplomb ; la napper alors avec de la gelée mi-prise ; l'entourer avec un épais cordon de gelée hachée ; border le haut du *pain-vert* avec de gros croûtons de gelée. Entourer la base de ce pain avec des moitiés d'œufs durs, alternées chacune avec un demi-cœur de laitue. Envoyer séparément une ou deux saucières de mayonnaise.

276. **Matelote russe.** — Émincer un oignon et une carotte, les mettre

dans une casserole avec du beurre, un bouquet de persil garni d'aromates, une gousse d'ail ; faire revenir ces légumes, les mouiller avec la valeur d'une bouteille de vin blanc, un peu de bouillon ; ajouter un peu de sel, quelques épices, faire bouillir le liquide, ajouter un petit sterlet propre, coupé en tronçons, ainsi que quelques petites truites, également coupées ; couvrir la casserole, faire cuire le poisson à feu vif pendant 12 à 14 minutes ; le retirer alors, verser la cuisson dans une casserole plate, en la passant. Dégraisser le liquide, lui mêler une douzaine de têtes de champignons crus, et quelques cuillerées de glace fondue, le faire réduire d'un tiers ; le lier avec du beurre-manié, de façon à obtenir une sauce légère ; ajouter les tronçons de poisson à cette sauce, en même temps que 2 douzaines de petits oignons glacés ; la faire bouillir, la retirer sur feu doux, faire mijoter les tronçons de poisson pendant 7 à 8 minutes ; les dresser ensuite sur un plat, les entourer avec quelques croûtons de pain frits, et avec 2 douzaines de petites quenelles de poisson, pochées, dressées en bouquets, alternées avec les oignons et les champignons. Finir la sauce avec un petit morceau de beurre d'écrevisses, et 150 grammes de beurre fin divisé en petites parties. Arroser le poisson avec cette sauce, et l'envoyer.

277. **Truite à l'Épicurienne.** — Choisir une truite d'un kilogramme, à peu près, l'écailler, la vider, la bien essuyer, la poser sur un plat à gratin, creux, étroit, beurré au fond. Saler légèrement le poisson, l'entourer avec quelques parures de truffes, un bouquet de persil ; le mouiller avec 2 verres de madère, le couvrir avec un papier beurré ; faire bouillir le liquide, couvrir le vase, cuire la truite jusqu'à ce que le liquide soit réduit de moitié ; verser alors le fonds-de-cuisson dans une petite casserole, additionner quelques cuillerées de glace de viande, le lier avec un morceau de beurre-manié, de façon à obtenir une sauce légère ; lui donner quelques bouillons, la passer au tamis sur le poisson ; entourer celui-ci avec 3 truffes crues, émincées. Dix minutes après, enlever la truite avec attention, la poser sur un plat long ; ranger les truffes autour, finir la sauce, hors du feu, avec un petit morceau de beurre d'anchois, une pincée de persil haché, et le jus d'un citron. Arroser la truite avec la sauce.

278. **Truite saumonée, aux truffes.** — Choisir une truite, d'un kilogramme, fraîche, à chairs fermes ; l'écailler, la vider par les ouïes ; la laver, l'éponger à l'intérieur. — Hacher 4 truffes fraîches, pelées, les piler, ajouter le tiers de leur volume de mie de pain ramollie, et le même volume de beurre ; assaisonner l'appareil, le saupoudrer avec du persil haché, et avec lui, emplir l'intérieur de la truite. Poser celle-ci sur un plat à gratin beurré, la saler, l'arroser avec du beurre, la pousser au four modéré, la cuire, en l'arrosant aussi avec le beurre ; 12 minutes après, verser dans le plat un demi-verre de vin blanc, quelques cuillerées de glace fondue ; faire bouillir le liquide, remettre le plat au four. Un

POISSONS. — RAIE, FOIE DE RAIE.

quart d'heure après, dresser la truite sur un plat ; détacher aussitôt le fonds-de-cuisson avec un peu de vin blanc, le faire bouillir, le lier avec un morceau de beurre-manié, ajouter 2 truffes crues et hachées, la faire bouillir, la retirer, la finir avec un morceau de beurre fin, jus de citron, persil haché; la verser sur la truite.

279. Raie à la sauce piquante. — Verser dans une casserole plate 5 à 6 litres d'eau ; ajouter quelques légumes émincés, un fort bouquet de persil, garni avec aromates, quelques clous de girofle, une demi-bouteille de vinaigre ; donner 5 ou 6 minutes d'ébullition au liquide, couvrir la casserole, la tenir sur le côté du feu. — Couper d'abord les parties latérales de la raie, qu'on appelle les *ailes*, elles sont adhérentes au tronc; ouvrir celui-ci, le vider, le diviser en deux ou trois parties. — Le foie, très-estimé en général, doit être dégorgé, puis blanchi séparément.

Déposer les ailes et les morceaux du tronc dans une terrine, les saupoudrer avec une poignée de sel, les arroser avec un verre de vinaigre, les faire macérer pendant une heure ; les rafraîchir ensuite, les ranger dans une casserole, les couvrir avec de l'eau froide ; ajouter une poignée de sel, un peu de vinaigre, faire bouillir le liquide, le retirer du feu; enlever les morceaux de poisson, les égoutter, en supprimer la peau gluante qui couvre les chairs; les ranger dans la casserole, faire de nouveau bouillir, le retirer aussitôt; couvrir la casserole, la tenir sur le côté pendant un quart d'heure. Égoutter le poisson, le dresser sur un plat, l'entourer avec du persil frit, et envoyer séparément la sauce suivante :

Sauce piquante. — Hacher un oignon, le faire revenir avec du beurre, dans une casserole, sans le colorer, le mouiller avec un demi-verre de vinaigre, ajouter un bouquet de persil, 2 feuilles de laurier, un peu de thym, grains de poivre et girofle; faire réduire le liquide de moitié, ajouter la valeur d'un verre de bouillon ou de jus, autant de sauce ; faire bouillir le liquide, retirer la casserole sur le côté du feu. Un quart d'heure après, dégraisser la sauce, la passer au tamis, lui mêler 2 cuillerées de câpres entières, autant de cornichons coupés en morceaux.

280. Croûtes de foie de raie à la Nantaise. — Le foie de raie est très-délicat ; préparé en petites croustades, il constitue un excellent mets de déjeuner. — Faire dégorger 2 ou 3 foies de raie pendant une couple d'heures ; les mettre dans une casserole avec de l'eau, et du vinaigre, un oignon émincé, un bouquet de persil et sel ; faire bouillir le liquide, le retirer du feu, laisser refroidir les foies dans la cuisson ; les égoutter, les éponger sur un linge, les couper en morceaux.

Mettre dans une casserole 2 cuillerées-à-bouche d'oignons et d'échalotes hachés, les faire revenir avec du beurre, les mouiller avec un peu de sauce blonde et quelques cuillerées de vin blanc ; faire réduire la sauce de façon à l'obtenir consistante ; quand elle est à point, ajouter 2 cuillerées de câpres, un peu de persil et d'estragon, hachés ; la finir avec un petit morceau de beurre d'anchois, une pointe de cayenne ; lui mêler les morceaux de foie, et avec ce ragoût, emplir quelques petites croûtes de forme ovale, frites et vidées ; lisser l'appareil avec le couteau, le saupoudrer avec de la mie de pain ou du parmesan, l'arroser avec du beurre, et glacer le dessus avec la salamandre ; dresser les croûtes sur une serviette.

281. **Pâté-froid de sterlet.** — Si à Saint-Pétersbourg quelqu'un s'occupait à préparer des pâtés-froids de sterlet dans de bonnes conditions, je ne doute pas que ce mets ne fût bientôt apprécié et mis à l'ordre du jour par les gourmets de tous les pays ; j'ai eu l'occasion d'en préparer quelquefois, j'ai trouvé que les qualités de ce poisson se prêtaient à cet emploi.

Nettoyer un sterlet, le distribuer en tronçons, les mettre dans une casserole avec un peu de beurre, un verre de vin blanc, 2 poignées de parures de truffes fraîches, un bouquet de persil mêlé avec des aromates ; cuire le poisson pendant 7 à 8 minutes ; couvrir la casserole, la retirer du feu. Dix minutes après, égoutter le fonds-de-cuisson dans une terrine ; retirer alors les tronçons de la casserole, les couper chacun en deux parties sur leur longueur, afin d'en extraire les arêtes et corps durs ; déposer le poisson dans un plat creux, lui mêler 5 à 600 grammes de truffes crues, épluchées, coupées en quartiers ; les assaisonner avec sel, épices, persil haché, les arroser avec quelques cuillerées de vin de Madère ; fermer le vase, faire macérer le poisson avec les truffes et le vin pendant une heure.

Couper en morceaux 300 grammes de chairs d'anguille, autant de chairs de brochet, sans arêtes, les piler, et les retirer. Piler 500 grammes de lard frais, le mettre aussi de côté. Piler enfin 4 truffes crues avec gros comme un œuf de panade, ainsi qu'avec les filets de 6 anchois ; quand le mélange est opéré, ajouter à cette farce le lard et les chairs de poisson, pilées ; l'assaisonner de haut goût avec sel et épices, la piler encore ; 5 minutes avant de la retirer du mortier, lui incorporer le peu de fonds-de-cuisson du sterlet. — Avec de la pâte brisée, foncer un moule à pâté ; masquer le fond et les parois de la caisse avec une couche de farce, emplir le vide avec les morceaux de sterlet et les truffes, par couches alternées avec de la farce ; terminer et cuire le pâté selon les règles ordinaires. Une demi-heure après qu'il est sorti du four, lui infiltrer à l'intérieur (par le haut), quelques cuillerées de bonne gelée, infusée avec un peu d'aromates, et mêlée avec la moitié de son volume de madère. Laisser bien refroidir le pâté avant de le servir.

282. **Sterlet au chablis** (Dessin 136). — Choisir un sterlet de moyenne grosseur, en retirer les écailles aiguës des côtés et du dos, le ratisser, le vider, le laver ; faire une petite incision au-dessous de la tête, et à l'extrémité des chairs

POISSONS. — STERLET.

de la queue afin de saisir le boyau nerveux qui longe l'arête principale : il est de la grosseur d'un macaroni ; quand il est à nu, le prendre avec un linge afin de le sortir tout entier, mais peu à peu. Distribuer le sterlet en 7 ou 8 tronçons, coupés un peu en biais, les mettre dans une casserole dont le fond est beurré et masqué avec quelques tranches de racines de persil ; ajouter une feuille de laurier, une gousse d'ail (non épluchée) ; saler le poisson, le mouiller aux trois quarts

Fig. 136.

de hauteur avec du bon vin de Chablis et le jus de 2 ou 3 citrons ; couvrir la casserole, faire bouillir le liquide à feu vif, de façon que, quand le sterlet est cuit, le fonds-de-cuisson se trouve réduit de moitié ; le dégraisser alors, lui mêler quelques cuillerées de bonne glace liquide, lui donner un bouillon, le lier avec deux cuillerées de sauce brune ; ajouter le jus d'un citron. Dresser les tronçons de sterlet sur un plat long, en reformant le poisson ; l'entourer des deux côtés avec des bouquets de truffes, d'olives, de quenelles, de champignons ; le masquer avec une partie de la sauce, envoyer le surplus dans une saucière.

283. Stondin de sterlet. — Émincer en julienne composée de racines de céleri et de persil, carottes et oignons ; mouiller ces légumes avec un demi-litre de vin blanc ; ajouter du sel, grains de poivre, un bouquet de persil. Faire bouillir le liquide pendant 7 à 8 minutes, ajouter alors 2 petits sterlets coupés en tronçons ; au premier bouillon, couvrir la casserole, la retirer sur le côté, afin de faire pocher le poisson sans ébullition ; 10 minutes après, égoutter les tronçons, les déposer dans une terrine ou dans un moule. Mêler au liquide quelques cuillerées d'aspic ; donner un bouillon au liquide, en supprimer le bouquet, le dégraisser, le verser sur les tronçons de poisson : il doit être réduit au point de pouvoir juste couvrir celui-ci. Tenir le moule sur glace pendant quelques heures ; au moment de servir, le tremper à l'eau chaude, et renverser le stondin sur un plat, l'entourer avec des tranches de citron ; envoyer séparément des agoursis.

284. Bouillabaisse Russe. — Tuer un petit sterlet, le nettoyer, le diviser en tronçons, le tenir sur glace. — Émincer 2 oignons et le blanc d'un poireau, les mettre dans une casserole avec de bonne huile d'olives, 2 gousses d'ail ; les faire revenir de couleur blonde, ajouter les morceaux de sterlet, une douzaine de jerschis, et une petite anguille, 6 grosses écrevisses, un bouquet de persil, quelques brins de fenouil, 2 petits piments rouges, une pincée de sel, les chairs d'un citron coupées en tranches, sans écorce ni semences, et enfin 3 cuillerées-à-bouche de purée de tomate ; mouiller le poisson à hauteur avec les deux tiers de vin blanc, et un tiers de bouillon de poisson ; poser la casserole sur un feu vif, cuire le poisson pendant 12 à 14 minutes ; le retirer du feu, égoutter le liquide, en le passant ; le verser dans un plat creux sur des tranches de pain un peu épaisses. Dresser le poisson sur un autre plat, l'envoyer en même temps que le bouillon et le pain.

285. **Noix de tortue à l'Anglaise.** — Prendre une noix de tortue, la parer, en lui donnant une forme régulière ; larder intérieurement les chairs avec des filets d'anchois, l'assaisonner, la déposer dans une terrine avec des légumes émincés et des aromates. Verser dans une petite casserole la valeur d'un verre et demi de vinaigre, ajouter quelques grains de poivre et clous de girofle, poser la casserole sur le feu, faire réduire le liquide d'un quart, le laisser refroidir, le verser sur la noix de tortue ; faire macérer celle-ci pendant 2 jours ; la placer ensuite dans une casserole foncée avec des légumes, la couvrir avec du papier beurré, l'arroser avec sa marinade, la faire cuire à l'étuvée ; 2 heures après, égoutter la noix, la dresser sur un plat, la masquer avec une sauce poivrade ; la saupoudrer avec une pincée de cornichons hachés.

286. **Tourte à la marinière** (Dessin 137). — Étaler sur le fond d'une tourtière, une abaisse en pâte brisée, ayant de 20 à 22 centimètres de diamètre ; la couper ronde, humecter les bords au pinceau. Couper une bande en feuilletage (à six tours), ayant un centimètre d'épaisseur, 4 de largeur, mais assez longue pour faire le tour de l'abaisse ; appuyer cette bande tout autour sur la partie humide de l'abaisse, en l'ajustant à niveau des bords ; souder les deux bouts, en les posant à cheval, après les avoir humectés, puis faire quelques cannelures sur l'épaisseur de la bande ; dorer alors sa surface supérieure. Masquer la surface de l'abaisse du fond, en dedans de la bande, avec un rond de papier beurré, poser un moule à charlotte dessus ; pousser la tourte à bon four, la cuire jusqu'à ce qu'elle soit de belle couleur, et la pâte bien sèche : 25 minutes suffisent. En la sortant, enlever le moule et le papier, glisser la tourte sur un plat, la tenir au chaud.

Avec 7 à 800 grammes de chairs de brochet, crues, préparer une farce à quenelle ; avec cette farce, mouler, sur du papier beurré, 4 grosses quenelles de forme ovale, les décorer avec des truffes, les faire pocher à l'eau salée. — Avec le restant de la farce, préparer des petites quenelles longues, en les roulant sur la table farinée ; les pocher également, les égoutter quand elles sont à point, les déposer dans une casserole plate ; ajouter 3 douzaines de queues d'écrevisses,

2 douzaines d'huîtres blanchies et parées, ainsi que quelques têtes de champignons cuites, coupées sur le travers ; mouiller ces garnitures avec la valeur de 2 verres de sauce blonde (maigre), réduite avec la cuisson des champignons, et une partie de celle des huîtres, puis liée avec quelques jaunes d'œuf. Chauffer le ra-

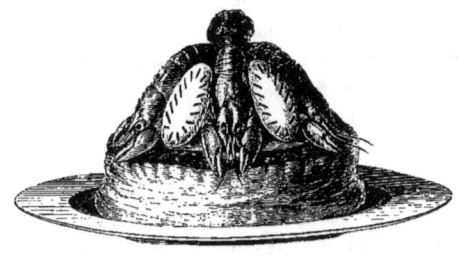

Fig. 137.

goût sans ébullition, et avec lui, garnir la tourte ; ranger en rosace, sur le haut, les 4 grosses quenelles, les alterner avec une belle écrevisse, poser sur le centre une truffe entière.

287. **Lamproie à la Piémontaise.** — Saigner une grosse lamproie, en séparer la tête du corps, distribuer celui-ci en tronçons, les mettre dans une casserole avec de l'eau froide, un peu de vinaigre ; poser la casserole sur le feu, remuer les tronçons avec une écumoire ; les chauffer jusqu'à ce point où l'épiderme peut s'en détacher ; les égoutter alors, les déposer sur un linge, les saupoudrer avec un peu de sel, les frotter avec le linge afin d'en retirer l'épiderme ; les laver, les ranger dans une casserole, les couvrir avec du vin blanc ; additionner un peu de sel, un morceau de cannelle, un bouquet de persil garni d'aromates ; faire bouillir le liquide pendant 10 minutes, le retirer du feu.

Sauce Piémontaise. — Avec 150 grammes de farine, autant de beurre, préparer un roux, le délayer avec la cuisson du poisson et un peu de bon jus, de façon à obtenir une sauce légère ; la tourner jusqu'à l'ébullition, la retirer sur le côté du feu, la cuire pendant 20 minutes ; la dégraisser, la passer au tamis dans une casserole ; lui mêler le quart d'un verre de *marsala* ou de madère, la faire réduire vivement, afin de lui donner de l'onction ; à ce point, lui mêler les tronçons de lamproie, ainsi qu'une cuillerée de gelée de groseilles, un morceau de zeste de citron ; retirer la casserole sur feu modéré. Un quart d'heure après, lier la sauce avec le sang de la lamproie, mêlé avec un filet de vinaigre ; dresser le ragoût sur un plat creux dont le fond est masqué avec des croûtons de pain frits.

288. **Lamproie à la Bordelaise.** — Choisir une belle lamproie vivante,

la saigner, en faisant une incision sur l'extrémité de la queue ; tenir le sang de côté. Échauder la lamproie, en supprimer la peau, en la raclant ; couper l'extrémité de la queue, pratiquer une incision tout autour du cou, au-dessous des ouïes, séparer tout doucement les parties coupées afin de saisir le nerf, à l'aide d'un linge, et l'enlever de toute sa longueur. Distribuer alors la lamproie en moyens tronçons, ranger ceux-ci dans une casserole avec des légumes et des aromates, les couvrir avec du bon vin rouge ; poser la casserole sur feu vif, cuire le poisson pendant 10 minutes ; égoutter le fonds-de-cuisson dans une terrine, en le passant.

Faire fondre, dans une casserole, 2 cuillerées-à-bouche de beurre frais, lui mêler 2 cuillerées de farine pour former un roux léger ; le cuire jusqu'à ce qu'il soit de couleur blonde ; le délayer avec la cuisson de la lamproie, faire bouillir la sauce, la retirer sur le côté, la cuire pendant 20 minutes, la dégraisser, la passer.

Dans l'intervalle, faire colorer, dans une casserole plate, avec du beurre, une douzaine de têtes de poireaux coupées de la longueur de 5 à 6 centimètres ; les saler, leur mêler quelques cuillerées de jambon cru coupé en dés ; 2 minutes après, les mouiller avec la sauce, les faire cuire à moitié. A ce point, ajouter les tronçons de lamproie, finir de les cuire ensemble à feu modéré. Quand le poisson est à point, retirer attentivement les tronçons, les dresser dans un plat avec les poireaux autour ; mêler un peu de jus à la sauce, la dégraisser, la faire bouillir, la lier avec le sang de lamproie, la verser sur le ragoût, en la passant.

289. **Petites lamproies frites, à la Piémontaise.** — Les jeunes lamproies de l'épaisseur d'un crayon, sont très-abondantes dans le *Pô*, elles sont très-appréciées des gourmets piémontais. — Choisir les lamproies vivantes, en supprimer la tête et le bout mince de la queue, les faire macérer pendant quelques minutes avec du sel, les laver vivement, les essuyer, les fariner, les plonger à friture chaude, les cuire à bon feu ; les égoutter, les dresser en buisson sur une serviette pliée, avec du persil frit et des citrons coupés.

290. **Lamproie à la Bourguignonne.** — Tuer une belle lamproie, la nettoyer, en supprimer la peau comme à une anguille, la distribuer en tronçons, les saupoudrer avec du sel. — Préparer un petit roux avec 120 grammes de farine, autant de beurre ; quand il est de couleur blonde, le délayer avec du vin blanc, tourner la sauce jusqu'à l'ébullition : elle doit alors se trouver lisse, peu liée ; l'assaisonner, lui adjoindre les tronçons bien essuyés, ainsi qu'un bouquet garni ; cuire le poisson aux trois quarts. A ce point, ajouter une douzaine de champignons crus. Vingt minutes après, égoutter la sauce, en la passant, la dégraisser, la faire réduire à feu vif. — Dans l'intervalle, dresser le poisson sur des tranches de pain, frites, rangées sur le fond d'un plat ; l'entourer avec les champignons et avec des petits oignons glacés. Quand la sauce est à point, la finir avec un peu

de poivre, un morceau de beurre et le jus d'un citron, la verser aussitôt sur le poisson.

291. Carpe à la marinière (Dessin 138). — Vider une belle carpe, l'écailler, en écourter les nageoires, et emplir le vide du ventre avec une farce ordinaire. Enlever alors, sur les deux filets, une partie de la peau, afin de met-

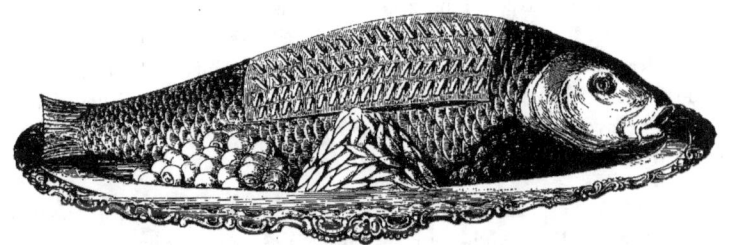

Fig 138.

tre les chairs à nu, et les piquer. Brider la tête du poisson, le fixer sur la grille d'une poissonnière, l'assaisonner, le mouiller à moitié de hauteur avec du court-bouillon, à moitié refroidi ; poser la poissonnière sur le feu, amener le liquide à l'ébullition ; 5 minutes après, couvrir la carpe avec un fort papier beurré, la pousser à four modéré, la cuire pendant une heure et demie, en l'arrosant souvent ; la sortir ensuite du four, l'égoutter afin de passer le liquide au tamis, la remettre dans la poissonnière, la tenir au chaud. — Avec le fonds de sa cuisson, préparer une petite sauce brune ; quand elle est dépouillée et passée, la verser dans une casserole plate, lui mêler une poignée de parures de champignons, la faire réduire, en incorporant un verre de vin blanc ; la passer, la finir avec 100 grammes de beurre fin.

Dresser la carpe sur un plat, l'entourer des deux côtés avec un bouquet de champignons, un bouquet de quenelles de merlan, un bouquet d'olives blanchies ; glacer le piquage au pinceau, masquer légèrement les autres parties du poisson, et le fond du plat avec un peu de sauce. Mêler la laitance au surplus de la sauce, verser celle-ci dans une saucière.

292. Carpe de Noël à la Polonaise. — Les Polonais, à l'égal des Provençaux et des Italiens, célèbrent la veille de la Noël par un souper solennel où ils ne servent naturellement que des mets maigres ; la carpe, préparée dans les conditions que je vais décrire, est le mets traditionnel de ce festin. — Prendre une carpe vivante, en traverser la tête avec un couteau afin de la faire saigner ; en recueillir le sang ; l'écailler, la vider avec soin ; mettre les laitances dans l'eau avec un peu de vinaigre, les faire blanchir. Distribuer le poisson en tronçons proportionnés, les ranger dans une casserole dont le fond est masqué avec des oignons et des racines de persil, émincées ; saler légèrement le poisson, ajouter un bouquet de persil, un peu de thym, laurier, poivre, girofles ; le mouiller à peu près à hauteur avec de l'hydromel ; faire bouillir le liquide, à feu vif, pendant 10 minutes ; retirer ensuite la casserole sur feu modéré ou au four.

Quand la carpe est cuite, passer le fonds dans une autre casserole, le dégraisser, le faire bouillir, le lier avec un morceau de beurre-manié. Cuire la sauce pendant un quart d'heure, la passer, lui additionner les chairs de 2 citrons parées à vif, coupées en tranches, une poignée d'amandes douces, émincées et séchées au four, autant de petits raisins de Corinthe, lavés à l'eau tiède. Donner 2 bouillons à la sauce, la lier avec le sang réservé, mêlé avec un peu de bon vinaigre. Dresser la carpe sur un plat, l'entourer avec les laitances, l'arroser avec la sauce.

293. Bouchées aux laitances de carpe. — Préparer 18 bouchées, avec de la pâte feuilletée, au beurre, les cuire, les vider. — Supprimer le boyau sanguin à une douzaine de laitances de carpe, les faire dégorger et blanchir ; les diviser en moyens morceaux. Verser au fond de chaque bouchée une petite partie de sauce à la crème d'anchois ou au coulis d'écrevisses, les garnir chacune avec un morceau de laitance, les masquer avec un peu de sauce ; les couvrir, et les dresser.

294. Carpe à la Russe. — Beurrer un plat à gratin, de forme longue, étaler sur le fond une couche de légumes émincés, oignons, carottes et racines de céleri. Sur ces légumes, poser une carpe de moyenne grosseur, propre ; la saler légèrement, la mouiller avec une demi-bouteille de vin blanc ; couvrir le poisson avec du papier beurré, le pousser au four modéré. Un quart d'heure après, le retourner, et finir de le cuire, en l'arrosant avec son fonds ; l'enlever alors avec l'écumoire, le dresser sur un plat long ; tenir celui-ci à la bouche du four. Allonger le fonds-de-cuisson avec un peu de bouillon, donner quelques minutes d'ébullition au liquide, le passer, le dégraisser ; lui mêler le quart d'un verre de madère, le faire bouillir, le lier avec de la fécule délayée à froid ; additionner une cuillerée de racines de raifort, râpées et hachées ; passer la sauce sur le poisson, et dresser de chaque côté un bouquet de choucroute cuite.

295. Carpe à la bière. — Choisir une carpe de moyenne grosseur, l'écailler des deux côtés, la fendre sur sa longueur, diviser transversalement chaque moitié en morceaux, en laissant le moins possible d'arêtes. Si la carpe est laitée, faire blanchir la laitance. — Beurrer le fond d'une casserole plate, masquer ce beurre avec une couche d'oignons émincés, sur ceux-ci, ranger les morceaux de carpe, les uns à côté des autres, ainsi que la tête coupée en deux parties, après en avoir retiré la pierre d'amertume. Saler le poisson, ajouter un morceau de racine de céleri émincé, un bouquet de persil, thym, laurier, grains de poivre, clous de girofle, et enfin 80 à 100 grammes de pain d'épice, préalablement coupé en petits dés; mouiller le poisson à hauteur avec de la bière [1]; donner 7 à 8 minutes d'ébullition au liquide, le retirer aussitôt sur feu modéré : quand le poisson est cuit, la sauce doit se trouver légèrement liée, de belle couleur, et de bon goût. Dresser les morceaux de carpe sur un plat chaud, ainsi que les laitances blanchies; passer la sauce sur le poisson.

296. **Matelote de carpe** (Dessin 139). — Nettoyer 3 petites carpes, les diviser en tronçons, couper les têtes à hauteur des ouïes. Faire dégorger les lai-

Fig. 139.

tances, les blanchir. — Émincer un oignon et une carotte, les faire revenir, dans une casserole, avec du beurre, pendant 8 à 10 minutes ; leur mêler alors les tronçons, les assaisonner; 2 minutes après, mouiller le poisson, juste à couvert, avec moitié vin blanc et moitié vin rouge; ajouter 2 cuillerées-à-bouche d'eau-de-vie, un bouquet de persil garni d'aromates, quelques grains de poivre, clous de girofle, ainsi qu'une quinzaine de champignons frais, crus. Faire bouillir le liquide, cuire le poisson pendant 10 à 12 minutes ; retirer la casserole du feu, lier la sauce avec un morceau de beurre-manié, divisé en petites parties; agiter la casserole jusqu'à ce que le beurre soit dissous. — D'autre part, cuire à blanc une croûte de pâté-chaud ; la coller sur un plat, poser sur son centre intérieur un tampon en pain frit, entourer celui-ci, à sa base, avec de la farce; la faire sécher à l'étuve. — Au moment de servir, garnir la croûte, à hauteur, avec les tronçons inférieurs des carpes, et de petites quenelles pochées; sur cette première couche, ranger les têtes de carpe, les entourer, d'un côté, avec des champignons,

---

[1]. Toutes les espèces de bières conviennent à cet emploi si elles sont légères.

de l'autre avec des petits oignons glacés ; sur ceux-ci, dresser en rosace 4 beaux tronçons de carpe ; fixer sur le centre (en le piquant sur le pain) un hâtelet garni avec des crevettes ou des écrevisses. Masquer le poisson et les champignons avec un peu de sauce, mêler les laitances au surplus, l'envoyer dans une saucière.

297. **Tranche de thon, grillée.** — Couper une tranche de thon de 3 à 4 centimètres d'épaisseur, la saler, l'arroser avec de l'huile, la poser sur un gril propre, la faire griller à feu modéré, en la retournant, et l'arrosant souvent avec de l'huile ; quand elle est cuite, en supprimer la peau du tour, la dresser sur un plat chaud, l'arroser avec un peu d'huile, la servir avec une mayonnaise chaude, ou une remoulade froide.

298. **Tranche de thon, aux petits-pois.** — Couper une tranche de thon un peu épaisse, piquer transversalement les chairs avec des filets de lard ou des filets d'anchois, traversant son épaisseur ; mettre le poisson dans une casserole avec de l'eau, le faire blanchir, l'égoutter ensuite, l'éponger sur un linge, le déposer dans une casserole plate, foncée avec des débris de lard et des légumes émincés ; le saler légèrement, le mouiller juste à hauteur avec du bouillon et du vin blanc, faire réduire le mouillement de moitié ; finir de cuire le thon sur feu modéré ; quand il est à point, le mouillement doit être réduit à peu près à glace ; l'égoutter alors sur un plafond, en supprimer la peau. — D'autre part, cuire trois quarts de litre de petits-pois à la Française, en les tenant peu saucés ; les dresser sur le fond d'un plat, poser la tranche de thon sur les petits-pois. Allonger le fonds-de-cuisson avec un peu de jus, le passer, le dégraisser, le faire bouillir, et l'envoyer séparément.

299. **Poutargue à l'huile.** — La poutargue est un caviar sec, et pressé, préparé avec des œufs de thon ou de mulet ; on en fait un grand usage en Italie et dans tout l'Orient. — On coupe la poutargue en tranches minces, qu'on assaisonne avec de l'huile, du poivre, du jus de citron. On sert ordinairement la poutargue comme hors-d'œuvre.

300. **Aiguillettes de thon, frites.** — Prendre une tranche de thon de 2 à 3 centimètres d'épaisseur, en supprimer la peau, la diviser en deux sur le milieu ; détacher l'arête des chairs, distribuer celles-ci en bandes minces sur l'épaisseur de la tranche : c'est ce qu'on appelle des *aiguillettes ;* les saler, les rouler dans de l'huile, les fariner, les plonger à grande friture chaude : la friture à l'huile est préférable. Aussitôt que les chairs sont roidies, enlever les *aiguillettes* à l'écumoire, les égoutter, les saupoudrer avec un peu de sel, les dresser sur un plat avec du persil frit.

301. **Brandade de morue, à la mode de Montpellier** (Dessin 140).

— Prendre la moitié d'une morue salée (800 gr.), épaisse, ramollie à point ; la diviser en carrés, mettre ceux-ci dans une casserole avec de l'eau froide ; poser la casserole sur le feu, au premier bouillon la retirer. Un quart d'heure après, égoutter la morue, en supprimer toutes les arêtes, déposer les chairs et la peau dans une terrine, en les brisant.

Faire revenir à l'huile 2 cuillerées-à-bouche d'oignon haché, et une gousse d'ail : quand l'oignon est de couleur blonde, retirer la gousse d'ail, mêler la

Fig. 140.

morue à l'oignon, dans la casserole, la chauffer, et la piler ; quand elle est convertie en pâte, la remettre dans la casserole, la travailler fortement avec une cuiller, en lui incorporant, peu à peu, une demi-bouteille d'huile d'olives ; quand cette huile est absorbée, travailler l'appareil encore quelques minutes, lui mêler le jus d'un citron et la valeur d'un verre d'huile, également peu à peu. A ce point, l'appareil doit être bien lié, crémeux ; s'il était trop léger, lui mêler 2 cuillerées de béchamel un peu serrée ; dans le cas contraire, quelques cuillerées de bonne crème crue suffisent. Assaisonner l'appareil avec poivre et muscade, un peu de sel, si c'est nécessaire, puis une pincée de persil haché ; le travailler encore pendant 2 minutes, le finir avec le jus d'un citron : il doit alors se trouver consistant, mais délicat, lisse, de bon goût. Le chauffer très-légèrement, sans cesser de le travailler, le dresser en dôme sur le centre d'un plat long, entre 2 croustades en pain taillées à trois quarts de rondeur, collées aux deux bouts du plat ; poser sur le haut une belle truffe ronde, pelée, cuite avec du vin ; garnir les croustades avec des queues d'écrevisses, ou bien avec des huîtres frites ; poser aussi une truffe sur le haut ; entourer les croustades, à leur base, avec des truffes entières ; garnir le vide du centre avec un buisson de petites bouchées aux huîtres.

Ce mets peut être servi comme relevé de poisson dans un dîner.

302. Ayoli à la Provençale. — Ceux qui s'étonnent que les Provençaux fassent un si grand usage d'huile et d'ail, ignorent certainement que l'huile qu'on fait en Provence est la première du continent, et que l'ail qu'on y cultive est relativement très-doux, si on le compare à celui qui vient dans le nord de l'Europe.

En Provence, quand on parle de faire l'*ayoli*, ce n'est pas dire simplement qu'on se dispose à préparer cette fameuse *pommade à l'ail*, connue sous le nom de *beurre de Provence*, c'est dire aussi qu'on va faire un repas national, singulier, original, varié dans ses détails, mais dont la pommade à l'ail est la base de la plupart des mets servis.

On sert indistinctement l'*ayoli* avec des haricots-verts, cuits entiers, des pommes de terre nouvelles, de grosses carottes, des choux-fleurs, des betteraves et du poisson bouilli, tels que : maquereaux, sardines, *fielas*, polypes, escargots de vigne, et enfin de la morue salée. On peut servir ces différents aliments dans le même repas, mais en les divisant par groupes, c'est-à-dire les légumes et les poissons chacun dans un plat séparé. En été, on sert de préférence des haricots-verts, des pommes de terre et carottes nouvelles, du poisson frais. En automne, on sert des escargots et des légumes : pommes de terre, carottes, betteraves. En hiver, on sert plus spécialement la morue salée et bouillie, le stockfisch, le polype, les escargots ; pour légumes, des pommes de terre, des choux-fleurs, des carottes, des betteraves, des gros oignons d'Espagne. Ces poissons et ces légumes, qu'ils soient dressés ensemble ou isolément, sont toujours cuits à l'eau, et servis avec une saucière de pommade à l'ail, préparée d'après la méthode suivante :

Pommade à l'ail. — Choisir de l'huile de Provence fine, de celle qu'on appelle vulgairement *huile vierge*. En été, il faut la tenir pendant quelques heures dans un lieu frais; en hiver, à température de 20 degrés afin que, si elle était coagulée ou simplement trop froide, elle puisse revenir à son degré normal, sans qu'il soit nécessaire de la chauffer, ce qu'il faut éviter, car cela nuit toujours à l'opération. — Peler 3 grosses gousses d'ail, les écraser avec la lame d'un couteau, les déposer dans un petit mortier à la main [1], les convertir en pâte, en les pilant ; à ce point, leur mêler un petit morceau de mie de pain trempée au lait, bien exprimée, ou simplement un morceau de pomme de terre farineuse, cuite au moment, mais refroidie ; quand le mélange est opéré, c'est-à-dire, quand l'appareil forme une pâte lisse, incorporer l'huile, peu à peu, en la laissant tomber de la bouteille à travers un bouchon ciselé sur sa longueur, absolument comme pour une mayonnaise. Alterner l'huile avec quelques gouttes de jus de citron ou du vinaigre, ajouter le sel nécessaire ; au dernier moment, la finir avec quelques gouttes d'eau froide.

---

1. En Provence, on emploie indifféremment à cet usage de petits mortiers portatifs, en marbre ou en bois, ayant un pilon en buis. On n'emploie jamais de mortier en fer.

303. Turban de filets de soles à la Parisienne (Dessin 141). — Supprimer la peau noire à 5 petites soles, en retirer les filets, les parer droits, les assaisonner, en décorer la moitié avec des demi-ronds de truffes minces, en faisant une incision aux chairs, à égale distance, de façon à former un décor régulier.

Avec les parures des soles, un égal volume de chairs de brochet, du beurre, de la panade, et des œufs, préparer une farce à quenelle (Voy. art. 184). Avec les trois quarts de cette farce, emplir un moule à savarin beurré, la faire pocher au

Fig. 141.

bain-marie; démouler la bordure sur une abaisse en pâte brisée, cuite à moitié, coupée juste du diamètre du plat d'entrée; masquer les parois de cette bordure avec une couche de farce, ranger le surplus de celle-ci sur le haut, en cordon épais afin de relever la hauteur de la bordure. Cela fait, appliquer les filets de sole contre les parois extérieures de la bordure, en les posant légèrement à cheval, et en faisant rentrer le côté le plus mince des filets dans le puits de la bordure, mais surtout, en ayant soin d'alterner les filets, un décoré, l'autre nature. Emplir le puits du turban avec un tampon en pain masqué avec du papier beurré, envelopper également les filets avec du papier beurré, ou du lard, soutenir celui-ci avec de la ficelle; pousser le turban au four modéré, le cuire pendant 35 minutes; en le sortant, le déballer, enlever le tampon, éponger la graisse, le glisser sur un plat rond. Border ce plat avec une bordure en pâte à nouille, ou en pâte anglaise, coller sur son centre un tampon de pain frit, arrivant jusqu'à hauteur du turban; sur ce tampon, fixer une petite coupe en fer-blanc, masquée de pâte anglaise; la garnir avec des petites truffes rondes, puis masquer le turban avec une sauce blonde, réduite, très-légèrement liée. Envoyer séparément une sauce aux huîtres.

304. Soles au vin blanc. — Supprimer les têtes et la peau noire à 2 bonnes soles, fraîches, propres; les fendre d'un côté, sur le milieu, les éponger, les ranger dans une casserole plate, l'une à côté de l'autre, les saler, les mouiller à couvert avec du vin blanc ; ajouter quelques feuilles de persil, une poignée de parures de champignons, un oignon émincé. Poser la casserole sur feu, au premier bouillon, la retirer sur le côté, la couvrir ; 10 minutes après, égoutter les soles, les dresser sur un plat long. Passer la cuisson, la remettre dans la casserole, la faire réduire d'un tiers, la lier alors avec un morceau de beurre-manié, puis avec une liaison de 2 jaunes d'œuf ; la finir, en lui incorporant 150 grammes de beurre divisé en petites parties, le jus d'un citron, une pincée de persil hachée ; masquer les soles avec la sauce.

305. **Soles à la Hambourgeoise.** — Faire blanchir 2 douzaines de grosses huîtres, les égoutter, en conservant la cuisson ; les parer, les tenir de côté. Émincer en *julienne*, des racines de céleri, des racines de persil, tendres, et des champignons crus ; blanchir ces légumes (excepté les champignons) à l'eau salée, les égoutter sur un tamis. — Couper transversalement 3 soles fraîches, et propres. Beurrer une casserole plate, étaler les légumes et les champignons au fond, sur ceux-ci, ranger les morceaux de soles ; les saler légèrement, les mouiller avec une demi-bouteille de vin blanc et la cuisson des huîtres ; les cuire à feu vif et à couvert ; les égoutter, les dresser sur un plat, en les reformant. Lier aussitôt le fonds-de-cuisson avec un morceau de beurre-manié, retirer la casserole du feu, finir la sauce avec le jus d'un citron, un morceau de beurre divisé en petites parties, ainsi qu'une pincée de persil haché ; verser la sauce et les légumes sur les soles.

306. **Soles au gratin.** — Hacher un oignon, une échalote, 5 à 6 champignons, et une pincée de persil frais. Beurrer un plat à gratin de forme longue, le saupoudrer avec une partie des fines-herbes, arroser celles-ci avec un peu de sauce brune et froide, ainsi que quelques cuillerées de vin blanc. Ranger sur le fond du plat 2 belles soles propres, les saupoudrer avec le restant des fines-herbes, un peu de sel, un peu de mie de pain, râpée ; les arroser avec du beurre fondu, les pousser au four modéré, les cuire pendant 18 à 20 minutes, en les arrosant avec leur cuisson ; les retirer, les servir dans le plat même, en posant celui-ci sur un autre plat.

307. **Filets de soles à la Flamande.** — Lever les filets de 2 soles, les battre légèrement, les parer, les assaisonner, les masquer avec une couche d'œufs de harengs saurs, liés avec un peu de farce crue ; rouler les filets en *paupiettes*, les ficeler, les faire cuire à court mouillement avec du beurre et un peu de vin blanc ; les laisser refroidir dans leur cuisson, les couper ensuite en tranches transversales ; assaisonner celles-ci, les dresser autour d'une salade de légumes, dressée en pyramide sur le centre d'un plat froid.

POISSONS. — SOLES.

308. Filets de soles aux champignons (Dessin 142). — Lever les filets de 3 soles propres; les assaisonner, les battre légèrement avec le manche du couteau, les parer, les masquer, d'un côté, avec une légère couche de farce crue, les ployer en deux sur le travers, du côté masqué; les ranger dans une casserole plate avec du beurre fondu, les arroser avec le jus de 2 citrons, les faire

Fig. 142.

cuire, en les retournant; les égoutter, les parer régulièrement, piquer à chacun d'eux, en guise de manchette, une patte d'écrevisse cuite, non épluchée. Les dresser en couronne sur une bordure de farce de poisson décorée, pochée, dressée sur un plat; emplir le puits de la couronne avec une garniture de têtes de champignons, masquer les filets et la garniture avec un peu de sauce blonde, réduite à l'essence de poisson, et avec les parures des champignons, envoyer le surplus dans une saucière.

309. Filets de soles à la Villeroi. — Lever les filets de 2 soles propres, les couper en deux sur le travers, les assaisonner, les parer. — Hacher un oignon, le faire revenir avec du beurre, dans une casserole plate, lui mêler une poignée de champignons frais, hachés; cuire ces fines-herbes pendant 2 minutes; ranger les filets de soles dans la casserole, l'un à côté de l'autre, les cuire des deux côtés, les laisser refroidir dans leur cuisson; les prendre alors un à un, en leur laissant adhérer les fines-herbes, les tremper dans une sauce Villeroi, finie au moment, les ranger à mesure sur une plaque, faire refroidir la sauce; les rouler dans la panure, les tremper dans des œufs battus, et les paner. — Au moment de servir, plonger les filets à grande friture; quand ils sont de belle couleur, les égoutter, les dresser en couronne sur une serviette pliée, avec un bouquet de persil frit.

310. Soles à la Rochelaise. — Faire blanchir 2 douzaines d'huîtres. Retirer la peau noire à 2 soles fraîches, et propres, les fendre sur le milieu, les ranger dans un plat à gratin, beurré, saupoudré au fond avec une pincée d'oignon haché; les assaisonner, les mouiller avec un verre de vin blanc et quelques cuillerées de cuisson d'huîtres; les couvrir, les faire cuire au four; aussitôt qu'elles sont à point, égoutter leur cuisson dans une casserole, ajouter un bouquet garni; faire réduire le liquide de moitié, lui mêler un égale volume de sauce brune et une douzaine de têtes de champignons crues, fendues par le milieu. Quand la sauce est liée à point, la retirer du feu, lui incorporer 150 grammes de beurre divisé en petites parties, la finir avec du persil haché et le jus d'un citron; dresser les soles sur un plat, les entourer avec les champignons et les huîtres, les masquer avec la sauce.

311. **Sole grillée, sauce Colbert.** — Retirer la peau noire d'une grosse sole; couper en biais la partie osseuse de la tête; la vider, la laver, la bien éponger; la fendre des deux côtés sur le milieu, l'assaisonner, la rouler dans du beurre fondu; la paner, la faire griller à feu modéré, en la retournant. Servir la sauce Colbert autour de la sole ou dans une saucière.

312. **Gratin de filets de soles, à la Marseillaise.** — Lever les filets de 3 soles fraîches, propres; les battre légèrement, les parer d'une égale longueur, les assaisonner. — Préparer une farce à quenelle avec 600 grammes de chairs de merlan, 200 grammes de panade, autant de beurre, 3 jaunes d'œuf (Voy. art. 184). — Abaisser sur la table farinée 250 grammes de pâte brisée ordinaire, couper cette abaisse ronde, un peu plus large que le diamètre d'un plat d'entrée, l'étaler sur un plafond, en la masquant avec une couche de farce crue, ayant un centimètre d'épaisseur. Prendre la moitié du restant de la farce, lui mêler 3 cuillerées de fines-herbes cuites: oignons et champignons hachés; avec cette farce, masquer les filets (d'un côté seulement), les ployer, en ramenant les deux bouts sur le centre; les dresser alors en couronne sur les bords de l'abaisse en pâte, masquée avec la farce; entourer cette couronne avec une bande de fort papier beurré, maintenir celui-ci avec de la ficelle; poser dans le centre de la couronne un tampon en pain, masqué avec du lard ou du papier beurré, de façon à remplir le vide de cette couronne; masquer aussi les filets avec du lard, pousser le plafond au four. Cuire le gratin pendant 25 à 30 minutes; en le sortant du four, en supprimer le papier et le tampon, en éponger la graisse, le glisser sur un plat; emplir le vide avec une garniture de petites quenelles préparées avec le restant de la farce, pochées au moment. Masquer légèrement les filets et le fond du plat avec une sauce aux moules, envoyer le surplus de cette sauce dans une saucière.

313. **Salade de filets de soles** (Dessins 143, 144). — Prendre 4 soles, propres, sans peau, les fendre d'un côté, les cuire avec du sel, de l'eau, du vin blanc. Les laisser refroidir dans leur cuisson, les égoutter, en détacher les filets; parer

POISSONS. — SOLES. 159

ceux-ci de forme égale, et de même longueur, les assaisonner, les arroser avec de l'huile et du jus de citron.

D'autre part, préparer une salade de légumes cuits, coupés en petits dés, l'assaisonner, la lier avec de la mayonnaise collée, la verser dans un moule en

Fig. 143.   Fig. 144.

fer-blanc, forme d'entonnoir, dont je donne ici le dessin ; poser ce moule debout sur de la glace, et faire raffermir la salade. Tremper le moule dans de l'eau chaude, renverser la salade sur un fond ou sur plat même.

Couper alors la pointe aiguë de cette pyramide, en masquer les surfaces avec une couche de mayonnaise collée ; dresser les filets de sole debout, contre la pyramide ; les napper à la gelée mi-prise, poser sur le haut un petit fond d'artichaut garni avec de petits légumes ; entourer la base avec une couronne de moitiés d'œuf, également garnis avec des légumes variés et nappés ; envoyer séparément une saucière de mayonnaise.

314. **Filets de soles à la Rouennaise** (Dessin 145). — Lever les filets

Fig. 145.

de 5 ou 6 petites soles, les battre légèrement, les assaisonner, en supprimer les parties les plus minces, les ranger dans une large casserole plate, avec du beurre, et la valeur d'un verre de vin blanc ; les cuire à feu modéré, les égoutter, les parer droits, les remettre dans la casserole, les arroser avec le beurre de leur cuisson, dégraissé et passé.

Avec les parures de soles, autant de chairs de merlans, préparer une farce à quenelle. Avec cette farce, mouler des quenelles à la petite cuiller, les faire pocher, les ranger dans une casserole plate avec 3 à 4 douzaines d'huîtres, blanchies, quelques têtes de champignons, quelques truffes entières, et queues d'écrevisses.

Prendre la cuisson des huîtres, des champignons et des truffes, la mêler avec celle des filets de soles ; ajouter une égale quantité de sauce brune, ainsi que les parures des truffes et des champignons ; réduire la sauce pendant quelques minutes, la passer ensuite, et la beurrer. — Au moment de servir, dresser les filets en long sur un plat, en formant la pyramide, les masquer avec la moitié de la sauce, de façon à bien les napper, les entourer, de chaque côté, avec un buisson de quenelles et d'huîtres, puis dresser les truffes sur un bout, et sur l'autre les champignons ; ranger en dessus les queues des écrevisses, verser le surplus de la sauce dans une saucière.

315. **Filets de soles à la sauce de Provence.** — Lever les filets de 2 soles, les diviser chacun en deux parties, les assaisonner, les fariner, les plonger dans de la friture à l'huile, bien chaude. Quand ils sont cuits, les égoutter, les dresser sur un plat ou sur serviette, avec du persil frit autour. Envoyer séparément la sauce suivante :

Sauce de Provence. — Avec les arêtes du poisson, des légumes, du vin blanc, des aromates, tirer un peu d'essence de poisson; la dégraisser, la passer, la faire réduire en demi-glace ; lui mêler une cuillerée de purée de tomate au naturel, ainsi qu'une cuillerée de sauce. Faire réduire le liquide pendant quelques minutes, le retirer sur le côté du feu, lui incorporer 150 grammes de bon beurre divisé en petites parties ; l'incorporation doit se faire peu à peu, sans cesser de tourner la sauce ; quand celle-ci est bien liée, la finir avec le jus d'un citron, une pointe de cayenne.

316. **Tourte de filets de soles** (Dessin 146). — Lever les filets de 3 soles, les couper sur leur travers, chacun en deux ou trois parties. — Hacher un oignon, le mettre dans une casserole plate, avec du beurre, le faire revenir, additionner 2 poignées de champignons hachés; cuire ceux-ci, en les tournant, jusqu'à ce qu'ils aient réduit l'humidité; ajouter alors les filets de soles, et les fines-herbes, les assaisonner, les cuire pendant 2 minutes; les saupoudrer avec du persil haché, les retirer du feu, les laisser refroidir dans la casserole. — D'autre part, préparer une farce à quenelle avec 500 grammes de chairs de brochet.

Avec les arêtes et têtes de poisson, un peu de vin et des légumes, préparer un bouillon de poisson, qui servira à faire la sauce.

POISSONS. — SOLES.

Abaisser 250 grammes de pâte brisée (Voy. art. 194) de forme ronde et large, la poser sur une tourtière, mouiller les bords de la pâte, étaler sur son centre une couche de farce, s'arrêtant à 5 centimètres des bords ; sur cette couche, ranger les filets de sole en dôme, en les alternant avec une couche de farce ; masquer le dôme avec le restant de celle-ci.

Abaisser une abaisse en pâte feuilletée, tournée à cinq *tours* et demi, en lui donnant l'épaisseur d'un centimètre et demi ; sur cette abaisse, couper une bande

Fig. 116.

de la largeur de 4 centimètres et demi, assez longue pour faire le tour du dôme ; si la quantité de pâte ne comportait pas de couper une bande assez longue, il faudrait en couper 2 de même largeur, et les souder. Quand la bande est coupée, prendre le restant de la pâte, la mouler, l'abaisser de forme ronde et mince ; avec cette abaisse, masquer le dôme, appuyer la pâte contre l'abaisse primitive afin de les souder ensemble ; les couper tout autour avec la pointe d'un couteau, en conservant l'espace nécessaire pour placer la bande, c'est-à-dire, la largeur de 5 centimètres ; mouiller cet espace, et lui appliquer dessus la bande en feuilletage, en la posant juste à niveau des bords ; souder les 2 bouts, en les appuyant avec les doigts humides.

Assembler les parures de la pâte, les abaisser ; sur cette abaisse, couper 7 à 8 losanges, rayer celles-ci en forme de feuilles, les humecter, et les ranger en rosace sur le haut du dôme ; faire un petit trou sur le centre de celui-ci, poser dessus une petite bande de pâte roulée en cylindre ; dorer le dôme et la bande, pousser la tourte au four modéré, la cuire pendant une heure et demie.

Dans l'intervalle, faire réduire de moitié le fonds-de-cuisson du poisson, l'incorporer avec la valeur de 2 décilitres de sauce brune en réduction ; quand elle est à point, la retirer du feu, lui mêler une garniture composée de quelques laitances blanchies et divisées, quelques petites quenelles pochées, et enfin quelques champignons coupés en deux sur le travers ; ces champignons peuvent cuire dans la sauce pendant qu'elle réduit.

En sortant la tourte du four, la déballer, la glisser sur un plat, couper la pâte du dôme tout autour, afin de pouvoir enlever un couvercle ; par cette ouverture, garnir l'intérieur de la tourte ; l'arroser avec un peu de sauce, et la couvrir ; verser le surplus de la sauce dans une saucière.

317. Langoustes à la Bordelaise. — Hacher un oignon et quelques échalotes, les faire revenir à l'huile, sans prendre couleur, leur mêler 2 queues de langoustes crues, préalablement échaudées, et coupées en morceaux, avec les coquilles ; les sauter sur feu vif, les assaisonner légèrement avec du sel et du cayenne, ajouter un bouquet de persil garni de thym et d'une gousse d'ail ; 2 à 3 minutes après, les mouiller avec 2 ou 3 verres de vin blanc, les cuire pendant un quart d'heure. Égoutter alors les morceaux de langouste, les dresser en buisson sur un plat, les saupoudrer avec du persil haché ; lier le fonds-de-cuisson avec quelques cuillerées de sauce tomate, un petit morceau de beurre-manié ; donner quelques bouillons à la sauce, la passer sur les tronçons de langouste.

318. Coquilles de langouste à la crème. — Couper en petits dés les chairs d'une langouste, les déposer dans une terrine avec un tiers de leur volume de champignons cuits, également coupés en dés. — Faire réduire dans une casserole quelques cuillerées de béchamel, en incorporant, peu à peu, quelques cuillerées-à-bouche d'essence de poisson, mêlée avec un peu de cuisson d'huîtres ; quand la sauce est réduite à point, la retirer du feu, ajouter le salpicon, l'assaisonner avec une pointe de cayenne, et avec lui, emplir quelques coquilles de table ; saupoudrer le dessus de l'appareil, avec de la mie de pain, l'arroser avec du beurre fondu, le faire légèrement gratiner au four ou à la salamandre ; dresser les coquilles sur un plat, poser sur chacune d'elles une huître frite.

319. Homard bouilli à la sauce rouge. — Détacher les œufs de la coquille, ainsi que les grosses pattes du corps d'un homard cuit, fendre celui-ci sur sa longueur, vider les deux moitiés du coffre, à l'aide d'une petite cuiller, tenir la substance de côté ; retirer les chairs de la queue coupée, garnir les coquilles avec des feuilles de persil ; découper les chairs en tranches, les remettre dans les coquilles, mais en les renversant, et les changeant de place, afin que le côté rouge se trouve en dessus ; couper les coquilles des pattes, afin de mettre les chairs à découvert ; les dresser sur l'un des bouts, appuyés sur un bouquet de persil ; garnir aussi avec du persil le vide des coquilles du coffre, envoyer en même temps la sauce suivante :

Sauce rouge. — Mettre dans un mortier la valeur de 4 cuillerées-à-bouche d'œufs de homard, ainsi que la substance retirée des coffres et 6 jaunes d'œuf crus ; les piler, les déposer dans une terrine ; délayer cette pâte avec 2 décilitres d'huile, un peu de vinaigre, et 2 cuillerées de moutarde ; l'assaisonner avec sel et cayenne, ajouter une pincée d'échalote crue, autant de persil et d'estragon, également hachés, la verser dans une saucière froide.

POISSONS. — HOMARD, CABILLAUD.

320. Darne de cabillaud à la sauce Flamande (Dessin 147). — Couper sur le centre d'un gros cabillaud une darne, ayant de 20 à 25 centimètres ; la ciseler des deux côtés, la saupoudrer avec 2 poignées de sel, la faire macérer pendant 25 minutes ; la laver, puis emplir le vide du ventre avec une

Fig. 147.

grosse carotte ; ficeler alors le poisson, sans le trop serrer, le poser sur la grille d'une poissonnière, en l'appuyant sur le ventre, le mouiller à couvert avec de l'eau froide, ajouter du sel, une poignée de persil ; poser la poissonnière sur feu ; au premier bouillon, la couvrir, la retirer sur le côté, la tenir en cet état pendant 25 à 30 minutes. — Égoutter la darne, la débrider, la dresser sur un plat chaud, la garnir avec des feuilles de persil ; envoyer séparément des pommes de terre cuites à l'eau, et la sauce suivante :

Sauce Flamande. — Faire fondre 3 à 400 grammes de beurre ; quand il est bien chaud, le tirer à clair, lui mêler, en le délayant peu à peu, 3 à 4 cuillerées-à-bouche de bonne moutarde, le jus d'un citron, un filet de vinaigre, un peu de sel et muscade, ainsi qu'une pincée de persil haché.

321. Cary de homards, à l'Indienne. — Couper en tronçons les queues de 2 homards, crus, préalablement échaudées ; couper les deux bouts des grosses pattes (*pinces*). Émincer en julienne un oignon de Portugal, le faire revenir avec du beurre, dans une casserole ; quand il est coloré, ajouter les tronçons et les pattes de homard, les sauter pendant quelques minutes, les assaisonner, les saupoudrer avec 2 cuillerées de poudre de cary ; 2 secondes après, les mouiller à moitié de hauteur avec du bouillon ; couvrir la casserole, faire réduire la sauce de moitié ; la lier alors avec 3 jaunes d'œuf délayés avec de la bonne crème, la finir avec le jus de 2 ou 3 citrons. Dresser les homards en buisson sur un plat, les arroser avec la sauce ; envoyer en même temps un plat de riz cuit à l'eau.

322. Homards à la Parisienne. — Cuire deux homards avec du vin blanc, des légumes, épices et aromates ; quand ils sont froids, les égoutter, retirer les chairs des queues et des pattes; les couper en tranches, les ranger dans une casserole plate, beurrée grassement.

Avec la cuisson des homards, préparer une petite sauce, la faire réduire, en lui mêlant quelques cuillerées de madère, la finir avec une pointe de cayenne, et 2 cuillerées de sauce tomate; la beurrer, lui mêler, hors du feu, le jus d'un citron. Chauffer à feu vif les tranches de homards, en les retournant, les dresser en buisson sur un plat, les masquer avec la sauce. — Il est à remarquer que les chairs de homards, cuites, s'attendrissent en réchauffant dans du beurre.

323. **Homard au gratin.** — Faire cuire un homard, l'égoutter, le fendre en deux sur sa longueur, retirer les chairs de la queue et des pattes (*pinces*), les couper en dés, les mettre dans une casserole, avec un égal volume de champignons cuits, coupés comme les chairs. Piler le corail du homard avec un morceau de beurre, le passer au tamis. — Faire réduire quelques cuillerées de béchamel, en lui incorporant un peu de crème, et de glace fondue; quand elle est à point, la mêler au salpicon préparé, en maintenant l'appareil plutôt consistant que léger; l'assaisonner avec une pointe de cayenne; en dernier lieu, lui mêler le corail du homard. Avec cet appareil, emplir les 2 coquilles du homard, bien propres, le lisser en dessus avec la lame d'un couteau, le saupoudrer avec de la mie de pain, l'arroser avec du beurre fondu, le glacer à la salamandre.

324. **Homard à la marinière.** — Émincer un oignon, une carotte, un morceau de racine de céleri, les faire revenir avec 250 grammes de lard et jambon hachés; ajouter une gousse d'ail, un bouquet de persil, quelques aromates, poivre et girofle; les mouiller, avec 2 verres de vin blanc, faire bouillir le liquide pendant quelques minutes; lui mêler 2 moyens homards crus, coupés en tronçons, ainsi que les grosses pattes, les cuire à couvert pendant 12 minutes; les retirer, les dresser en buisson sur un plat; passer le fonds dans une petite casserole, le lier avec un morceau de beurre-manié; finir la sauce avec une pointe de cayenne, un peu de glace, le jus de 2 citrons, un peu de persil haché, et enfin, un morceau de beurre de homard ou d'écrevisse, en l'incorporant hors du feu. Verser la sauce sur les homards.

325. **Homards en coquilles** (Dessin 148). — Couper en petits dés les chairs d'un ou de deux homards, les déposer dans une terrine, leur mêler quelques cuillerées de champignons, ou cornichons au vinaigre, coupées comme les homards; les assaisonner, les mariner avec huile et vinaigre. — D'autre part, fixer un petit gradin en graisse, ou en pâte sur le centre d'un *pain-vert* décoré. — Au moment de servir, égoutter le salpicon, le remettre dans la terrine, le saupoudrer avec une pincée d'estragon haché, le lier, peu à peu, avec quelques cuillerées de sauce mayonnaise aux œufs, et avec lui, emplir une douzaine de coquilles de table;

le lisser, le masquer avec une couche de mayonnaise, l'entourer avec de la gelée hachée. Dresser ces coquilles, partie sur le *pain-vert*, partie sur le gradin.

Fig. 148.

326. Queues de homards à la gelée (Dessins 149, 150). — Pour dresser cette entrée dans les conditions représentées par le dessin, il faut avoir

Fig. 149.   Fig. 150.

deux plats de homard à servir; on peut alors dresser ensemble les queues qui vont à droite sur un plat, et celles qui vont à gauche sur un autre. Dans le cas contraire, il faut changer l'ordre du dressage, c'est-à-dire, dresser 6 demi-queues en trois groupes.

Cuire à l'eau salée 3 petits homards, les faire refroidir avec les queues allongées. Quand ils sont froids, en détacher les queues et les grosses pattes, scier les coquilles de celles-ci, d'un côté, de façon à découvrir les chairs; les enlever, les napper à la gelée, les remettre dans les coquilles; diviser ensuite chaque queue en deux parties sur la longueur, sortir les chairs des coquilles, les essuyer, les masquer au fond avec une couche de gelée hachée; sur celle-ci, poser les chairs des queues, en les renversant, c'est-à-dire, en les appuyant sur le côté coupé, avec les parties rouges en haut; les napper au pinceau avec de la gelée mi-prise.

D'autre part, coller sur plat un *pain-vert* [1] décoré, ayant une petite colonne fixée sur son centre, entourer celle-ci avec du beurre ou des feuilles de persil, afin de former un appui aux queues ; choisir alors les 6 demi-queues courbées dans le même sens, les dresser sur le *pain-vert* avec les pointes en bas, en les appuyant contre la colonne ; les soutenir à la base, avec de la gelée hachée, les orner en dessus avec des feuilles de persil ; sur celles-ci, dresser les plus belles pattes du homard, en les soutenant avec de la gelée hachée. Piquer sur le haut de la colonne un petit hâtelet garni de crevettes, entourer la base du *pain-vert* avec des croûtons de gelée, envoyer une sauce mayonnaise à part. — Cette entrée peut être dressée simplement sur une couche de gelée prise sur plat, autour du montant.

327. **Homards à la Maryland.** — Cuire 2 ou 3 petits homards, dans de l'eau salée, légèrement acidulée. Quand ils sont égouttés, retirer les chairs des coquilles, diviser celles des queues en deux parties : les chairs des pattes doivent rester entières ; les ranger dans une petite casserole avec un peu de leur cuisson, les tenir au chaud. Prendre les parties crèmeuses des coffres, les piler, les mêler avec 6 cuillerées de sauce brune, autant de sauce tomate ; les assaisonner avec sel et cayenne, les passer au tamis. Tenir cette sauce au bain-marie.

Infuser 5 à 6 piments dans un peu de consommé ; mêler celui-ci à la sauce, en le passant. Fendre 6 à 7 tomates par le milieu, en exprimer les semences ; les ranger dans une poêle avec du beurre ou de l'huile, les assaisonner, les cuire à feu vif des deux côtés, les dresser aussitôt en couronne sur un plat ; dresser les queues et pattes (*pinces*) des homards dans le milieu, les arroser avec la sauce. Servir en même temps un plat de riz cuit avec du bouillon de poisson, assaisonné avec sel et muscade, au dernier moment, finir avec une pointe de sucre et quelques gouttes d'essence de menthe.

328. **Homard à la mode de Hambourg.** — Cuire 4 petits homards vivants, à l'eau salée et acidulée ; aussitôt cuits, détacher les pattes (*pinces*) des coffres, en retirer les chairs, fendre ensuite le corps sur sa longueur ; retirer également les chairs des demi-queues, les parer vivement, les dresser en couronne sur un plat chaud, dresser les pattes au centre de cette couronne. — D'autre part, mêler, dans une petite casserole, la valeur d'un demi-verre de glace fondue, et moitié de cette quantité de madère ; faire bouillir le liquide, le retirer sur le côté du feu. — Manier dans une terrine 3 cuillerées-à-bouche de mie de

---

[1] Dans le cours de mes descriptions ayant souvent l'occasion de mentionner ce qu'on appelle un *pain-vert*, j'ai voulu en donner un modèle : il est en bois masqué avec une couche de graisse autour et le dessus couvert avec un rond de papier blanc ; il porte sur son centre un *montant* ou petite colonne, en graisse ou en bois masqué avec de la graisse, du beurre ou du papier. Ce montant est percé sur le milieu.

POISSONS. — HOMARDS, ÉPERLANS, CRABES.

pain râpé, avec 150 grammes de beurre, un peu de cayenne, une pincée de persil haché ; diviser cette pâte en petites parties, mêler celles-ci au liquide, sans cesser de le tourner, de façon à obtenir une sauce liée, mais sans la faire bouillir ; la finir, en incorporant la substance des coffres, pilée, passée au tamis, ainsi que 2 cuillerées de bon vinaigre : la sauce doit être plutôt liée que légère ; la verser sur les homards.

329. **Salade de homards à la gelée** (Dessin 151). — Détacher les queues de 3 homards cuits et refroidis, en supprimer les coquilles, diviser les

Fig. 151.

chairs en tranches ; les déposer dans une terrine, les saler, les arroser avec un peu d'huile et de vinaigre. Retirer également les chairs des pattes (*pinces*), les parer sans les diviser, les déposer aussi dans la terrine. — Incruster sur glace un moule à bordure, uni, couler au fond une couche de gelée, dresser tout autour du fond, des moitiés d'œufs durs, alternés avec des petits bouquets de légumes nuancés. Emplir, peu à peu, le moule avec de la gelée. Une heure après, renverser la bordure sur un plat froid, emplir le vide de la bordure avec une salade de légumes mêlés, cuits, liés avec de la mayonnaise collée, mais en ayant soin de ranger ces légumes en forme de pyramide ; dresser contre celle-ci, les tranches de homard en couronne superposées ; dresser les chairs des pattes sur le haut, les napper, ainsi que les tranches, avec de la gelée mi-prise, envoyer séparément une saucière de mayonnaise aux œufs.

330. **Éperlans bouillis.** — Faire bouillir un litre d'eau (dans une casserole plate), ajouter 2 verres de vin blanc, une poignée de sel, une poignée de feuilles de persil, un oignon émincé. — Nettoyer 2 douzaines de gros éperlans, les égoutter sur un tamis. — Prendre une grille à poisson de la dimension de la casserole, sur celle-ci, ranger les éperlans sur deux rangs, avec la tête en dehors, le ventre appuyé sur la grille ; plonger celle-ci et les poissons dans le court-bouillon ; couvrir la casserole, au premier bouillon la retirer sur le côté du feu ; 7 à 8 minutes après, enlever la grille et les éperlans, les faire égoutter, les glisser sur

un plat chaud, les arroser avec du beurre fondu, légèrement salé, mêlé avec le jus d'un citron et une pincée de persil haché.

331. Gros crabes à l'anglaise. — Cuire 2 crabes selon la méthode appliquée pour les homards, en ouvrir le coffre, en le cernant tout autour du côté des pattes ; le vider ensuite des chairs molles et laiteuses, les diviser, les assaisonner de haut goût avec sel, poivre, huile, vinaigre, moutarde ; leur mêler une égale quantité de légumes cuits ou confits, coupés comme les chairs, tels que : pommes de terre, haricots-verts, piments, betteraves, cornichons, champignons confits, etc. ; lier l'appareil avec de la mayonnaise, laver les coffres des crabes, les égoutter, les emplir avec la salade préparée, les dresser sur une serviette pliée, les entourer avec de la gelée.

332. Oursins pour hors-d'œuvre. — Les oursins sont communs sur toutes les côtes de la Méditerrannée ; mais c'est à Marseille qu'on pêche les plus beaux. Aussi ceux-ci sont-ils très-estimés des gourmets. — Ouvrir les oursins, en introduisant la pointe d'un gros ciseau par une petite ouverture qu'ils ont sur le milieu de leur coquille hérissée ; couper celle-ci tout autour, de façon à en supprimer la moitié ; égoutter l'eau, retirer les parties noires placées entre les rayons de corail formant une étoile : ce sont ces chairs molles et rouges qu'on mange. — On dresse les oursins en buisson sur un plat.

333. Fritto-misto à l'Espagnol. — Cette friture est à peu près la même que celle à l'Italienne qui porte aussi la dénomination de *fritto-misto*, avec cette différence que la friture espagnole est généralement frite à l'huile.

On compose cette friture avec des petits poissons, des cuisses de grenouilles, du *pain-perdu*, des cervelles, des amourettes, des ris d'agneau ou de veau en tranches, et des aubergines coupées en filets. — On fait d'abord frire les légumes, puis le pain et les viandes, les grenouilles et les poissons en dernier lieu. On les dresse en bouquets sur une serviette pliée.

334. Buisson de crevettes et langoustes (Dessin 152). — Couper en tranches les queues de 2 grosses langoustes cuites, refroidies ; choisir les plus belles, les déposer dans une terrine, les assaisonner, les arroser avec un peu d'huile et de vinaigre. Choisir quelques douzaines de belles crevettes fraîches, en supprimer les barbes.

Coller un *pain-vert* sur un plat, ayant une petite colonne en bois fixée sur son centre ; l'entourer avec une épaisse couche de beurre, en formant pyramide ; piquer contre celle-ci, 4 couronnes de crevettes, en superposant les couronnes. Fixer sur le haut de la colonne une ancre imitée en graisse d'ornement, modelée sur une brochette en argent ; napper les crevettes à la gelée, emplir le vide de la dernière couronne avec de la gelée hachée ; dresser les tranches de langouste en couronne à la base de la pyramide, sur le pain-vert; entourer celui-ci avec des croûtons de gelée; servir une saucière de mayonnaise. — Cette entrée peut être dressée directement sur plat.

Fig. 152.

335. Langoustes à la ravigote (Dessin 153). — Cuire 2 belles langoustes, à l'eau salée et acidulée; les laisser refroidir, en détacher les chairs

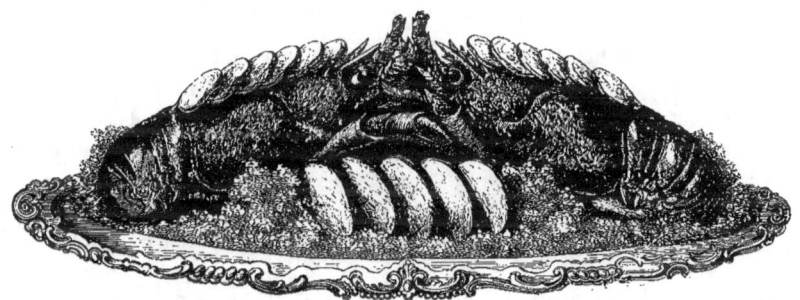

Fig. 153.

des queues entières, sans briser les coquilles. Émincer les chairs en tranches, les assaisonner, les napper à la gelée. Dresser les 2 coquilles des langoustes sur un plat long, en appuyant les têtes sur un tampon en pain, masqué de beurre, fixé sur le centre du plat; les entourer avec des feuilles de persil frais; dresser les plus belles tranches sur le flanc du plat, des deux côtés, dresser ensuite les tranches plus petites, à cheval sur le coffre des langoustes; envoyer la sauce suivante :

Sauce ravigote. — Piler les filets de 4 anchois salés, propres, les déposer dans une terrine, les délayer avec une cuillerée de moutarde anglaise, puis avec la valeur d'un verre de mayonnaise aux œufs ; mêler à cette sauce, 3 cuillerées de fines-herbes crues, composées de feuilles d'estragon, de pimprenelle, de ciboulette, puis une cuillerée de câpres, autant de cornichons hachés.

336. **Grondins à l'Égyptienne.** — Vider 2 grondins, les diviser en tronçons. Émincer 2 poireaux, les mettre dans une casserole avec de l'huile, les faire revenir afin de les colorer, leur mêler les tronçons de grondins, épongés ; les sauter pendant quelques minutes, les saler, les saupoudrer avec une poignée de farine, les mouiller, juste à couvert, avec de l'eau de tomate : la sauce doit être peu liée. Ajouter quelques grains de poivre et girofle, ainsi qu'un bouquet de persil et feuilles de menthe ; cuire le poisson à feu modéré ; retirer les tronçons aussitôt qu'ils sont cuits. Faire réduire la sauce, la lier avec 2 gousses d'ail, pilées, converties en pommade avec de l'huile, jus de citron, et 4 jaunes d'œuf ; la passer, en la versant sur le poisson ; saupoudrer le ragoût avec de la menthe hachée.

337. **Rougets à la Livournaise.** — Écailler 7 à 8 beaux rougets, les ranger dans un plat à gratin huilé, les assaisonner, les arroser avec quelques cuillerées de bonne sauce tomate ; les saupoudrer avec un peu de mie de pain, mêlée avec du persil haché et une pincée de grains de fenouil pilés ; les arroser avec de l'huile, les pousser au four modéré ; finir de les cuire, en les arrosant avec leur fonds ; en les sortant, poser le plat dans un autre plat servant de doublure.

338. **Rougets à la Bordelaise.** — Supprimer les ouïes à quelques rougets de roche, les assaisonner, les fariner, les ranger dans une casserole beurrée, ou masquée au fond avec de l'huile, saupoudrée avec une pincée d'échalotes hachées ; les mouiller avec un verre de vin blanc, faire bouillir le liquide ; couvrir la casserole, finir de cuire les rougets à feu modéré : les dresser sur un plat. Verser dans la casserole 4 cuillerées de glace fondue, faire bouillir le liquide, le passer dans une casserole, lui mêler 4 à 5 cuillerées de purée de tomate non liée, donner un seul bouillon à la sauce, la retirer sur le côté, en incorporant 100 grammes de beurre divisé en petites parties ; la finir avec le jus d'un citron, ainsi qu'une pincée de persil haché ; avec elle, masquer les rougets.

339. **Croquettes à l'Indienne** (Dessin 154). — Couper en petits dés les chairs d'une langouste cuite ; les mettre dans une terrine avec le quart de leur volume de champignons cuits, coupés en dés ; ajouter 2 cuillerées de farce crue de poisson.

Verser quelques cuillerées de sauce blonde, dans une casserole plate, la faire réduire, en la tournant, et incorporant, peu à peu, quelques cuillerées de bonne crème crue ; quand elle est serrée, la retirer, la lier avec 2 jaunes d'œuf délayés.

Abaisser mince, sur la table farinée, 5 à 600 grammes de pâte brisée ; la couper en ronds, à l'aide du plus grand coupe-pâte uni ou cannelé ; au centre de

POISSONS. — GRONDINS, ROUGETS, LANGOUSTES.

chaque rond, poser une petite partie de l'appareil ; humecter la pâte, la replier, peu à peu, en dessus de l'appareil, de façon à obtenir une espèce de bourse droite ; les poser à mesure (debout) sur une plaque, les tremper dans des œufs

Fig. 154

battus, les paner, les faire frire ; les égoutter, les dresser sur une couche de persil frit ; placer aussi un peu de ce persil entre les croquettes afin de les soutenir.

340. **Salade de langouste, à la gelée** (Dessin 155). — Prendre 2 langoustes cuites, supprimer les coquilles des queues, couper les chairs en tranches,

Fig. 155.

les déposer dans une terrine, les assaisonner, les mariner. Couper les chairs des pattes en petits dés, les mêler avec une salade de légumes variés, également coupés en dés, liés avec de la mayonnaise collée.

Placer un moule à cylindre, dans une terrine, l'entourer avec de la glace pilée, en décorer les parois avec des losanges formées de blancs d'œuf et de cornichons crus ou de betteraves cuites ; les disposer dans le genre représenté par le dessin, en ayant soin de tremper à mesure chaque détail dans de la gelée mi-prise. Emplir le moule avec la salade liée sur glace. Une heure après, tremper le moule à l'eau chaude, renverser la salade sur un *pain-vert*, collé sur un plat. Napper à la gelée, les tranches de langouste, les dresser en couronne sur le haut ; garnir le puits avec de la gelée hachée ; croûtonner la base du *pain-vert*, envoyer en même temps une saucière de mayonnaise aux œufs.

341. **Rougets grillés à la Nantaise.** — Choisir quelques beaux rougets de roche, à tête ronde, bien frais ; les écailler, les saler, les arroser avec de l'huile, les faire griller des deux côtés. — Dans l'intervalle, mettre 2 cuillerées-à-bouche d'échalotes dans une petite casserole avec 100 grammes de beurre, les faire revenir sans prendre couleur, leur mêler un décilitre de glace fondue, donner un bouillon au liquide, le retirer, et lui incorporer un morceau de beurre à la maître-d'hôtel ; tourner la sauce jusqu'à ce que le beurre soit dissous, la finir avec le jus d'un citron. Dresser les rougets, les masquer avec la sauce.

342. **Alose au court-bouillon.** — Couper une alose en tronçons, faire macérer ceux-ci pendant 10 minutes dans une poignée de sel. Faire bouillir 2 litres d'eau avec quelques légumes émincés, du sel, un verre de vinaigre ; 7 à 8 minutes après, plonger le poisson dans le liquide, couvrir la casserole, la retirer sur le côté, la tenir ainsi pendant 7 à 8 minutes ; égoutter alors les tronçons d'alose, les dresser sur un plat, les masquer avec une sauce aux câpres ou au beurre d'anchois.

343. **Meurette de Bourgogne.** — La *meurette* est un mets national en Bourgogne. — Prendre une petite anguille, un petit brochet, une petite carpe, 2 petites truites ou quelques menus poissons : ces poissons doivent être vivants, nettoyés, distribués en tronçons. — Faire bouillir un litre de vin rouge dans une casserole en terre, ajouter les tronçons de poisson au liquide, ainsi qu'un oignon et un bouquet de persil enfermant une feuille de laurier, quelques clous de girofle, 4 gousses d'ail écrasées : le vin doit juste couvrir le poisson. Faire bouillir le liquide à feu vif, lui mêler 2 verres de cognac, afin de le faire enflammer. Cuire le poisson pendant un quart d'heure ; retirer alors la casserole du feu, lier la sauce avec un morceau de beurre-manié, lui donner 2 bouillons, la retirer sur des cendres chaudes, et faire mijoter le ragoût pendant 8 ou 10 minutes ; le finir, en incorporant un morceau de beurre divisé en petites parties. — D'autre part, faire griller 2 grosses tranches de pain, les frotter avec de l'ail, les arroser avec de l'huile, les poser sur le fond d'un plat creux, dresser le poisson sur ce pain, l'arroser avec la sauce, après avoir retiré le bouquet.

344. **Cappon magro à la Génoise** (Dessin 156). — Ce mets est national à Gênes : il n'est guère de festin où il ne soit admis ; il est excellent pour les esto-

macs qui ne redoutent ni l'huile ni l'ail. Sa composition est plus minutieuse que difficile.

Cuire à l'eau salée un petit *dentici* ou une hirondelle de mer ; quand le poisson est froid, en retirer les filets, les diviser en petites parties, les déposer dans une terrine, ensemble avec une queue de langouste cuite, divisée en tranches ; les assaisonner, les arroser avec de l'huile et du vinaigre. — Blanchir ou cuire sépa-

Fig. 156.

rément, selon leur nature, les légumes suivants, en quantité proportionnée : haricots-verts entiers, pointes d'asperges, fonds d'artichauts, betteraves, salsifis, petits-pois, carottes, choux-fleurs, pommes de terre ; les diviser, soit avec le couteau, soit à l'emporte-pièce, selon les espèces ; assaisonner chaque espèce dans une assiette séparée, avec sel, huile, vinaigre. — Couper en petits dés des champignons au vinaigre et des cornichons, les mettre dans une petite terrine avec des câpres, des olives sans noyaux, des filets d'anchois, de la *poutargue* coupée en tranches minces.

Couper 2 larges tranches de pain [1] ayant 2 centimètres d'épaisseur, les faire sécher à l'étuve, après en avoir retiré la croûte ; les frotter des deux côtés avec une gousse d'ail, les imbiber avec de l'eau vinaigrée, les poser sur un plat rond, de façon qu'elles en masquent tout le fond. Égoutter, tour à tour, les légumes, les cornichons et le poisson de leur marinade, en mettant de côté celle-ci. Dresser symétriquement ces légumes par couches, sur le pain, en entremêlant les frais et les confits, avec les filets de poisson, les tranches de langouste, les anchois, et la poutargue, de façon à former avec le tout un dôme varié de nuances, aussi régulier que possible.

Pour donner à ce mets une physionomie plus régulière, il convient de monter

1. Au lieu de pain, on emploie quelquefois des petits biscuits de mer.

les légumes contre les parois intérieures d'un moule à dôme, en les trempant à mesure dans la gelée mi-prise. Emplir ensuite le vide avec le restant des légumes, en plaçant le pain en dessus. Au moment de servir, tremper le moule à l'eau chaude, démouler la salade sur un plat froid, l'entourer à sa base avec des tranches de langoustes ; piquer sur le haut 3 petits hâtelets garnis avec des crevettes.

D'autre part, faire frire à l'huile une poignée de *pignoli*, les égoutter aussitôt qu'ils sont de belle couleur, les piler ensemble avec quelques pistaches mondées, et une poignée de mie de pain sèche ; ajouter les filets de 4 anchois, les parures des filets de poisson cuits, une pointe de cayenne, une pincée de menthe, un peu de persil haché, et enfin quelques feuilles de blette blanchies et hachées ; former une pâte avec le tout, la passer au tamis ; la mettre dans une terrine, lui incorporer peu à peu 2 décilitres d'huile, de façon à obtenir une espèce de mayonnaise ; incorporer alors la marinade tenue en réserve ; masquer le dôme avec une partie de cette sauce, envoyer le surplus en saucière.

345. **Ombre-écaillé de Lausanne.** — C'est un poisson de moyenne grosseur, très-estimé à Genève même, où toutes les espèces sont en général si bonnes. — Hacher un gros oignon, le faire revenir au beurre, sans prendre couleur, ajouter deux poignées de champignons crus ; aussitôt que ces fines-herbes ont réduit leur humidité, les verser dans un plat à gratin ; sur celles-ci, ranger, l'un à côté de l'autre, 3 ou 4 ombres propres, les mouiller avec un verre de vin blanc, les saler, les arroser avec du beurre fondu, les pousser au four, les cuire pendant 10 à 12 minutes, en les arrosant ; les enlever ensuite, les dresser sur un plat. Allonger le fonds-de-cuisson avec un peu de jus ou de glace fondue, le faire bouillir, le lier avec un morceau de beurre-manié ; finir cette sauce avec le jus d'un citron et du persil haché, la verser sur les poissons.

346. **Royans grillés à la bordelaise.** — Les *royans* sont des poissons de la famille des sardines, leur forme est à peu près la même, ils sont plus petits, mais leur chair est plus délicate, et moins huileuse. A Bordeaux, on ne mange les royans qu'alors qu'ils sont d'une extrême fraîcheur : ce poisson ne peut être transporté au loin, sans se gâter : voilà pourquoi, il est à peu près inconnu hors de Bordeaux : — Essuyer les royans avec un linge, leur presser fortement le bout de la queue, les saler, les ranger sur un gril, les faire cuire à feu vif ; aussitôt qu'ils blanchissent du côté où le feu les frappe, les retourner ; 2 minutes après, les dresser sur un plat chaud, envoyer séparément du beurre frais.

347. **Sardines au gratin à la Provençale.** — Choisir 2 douzaines de sardines fraîches, les essuyer, une à une, avec un linge, de façon à enlever le gluant et les écailles du poisson ; les ouvrir d'un bout à l'autre, du côté du ventre, enlever l'arête principale, en même temps que la tête, mais sans séparer les

2 filets : cette opération est de la plus grande simplicité. Ranger à mesure les sardines sur un plat, en les laissant ouvertes, les saler légèrement. — Trier un petit panier d'épinards nouveaux, les hacher, les exprimer, les faire revenir dans une poêle avec de l'huile, en les remuant avec une cuiller, jusqu'à ce que l'humidité soit évaporée ; les assaisonner alors, les verser dans une casserole, les saupoudrer avec une forte poignée de mie de pain ; les mouiller avec la valeur d'un verre de bouillon de poisson ou du lait, mais de façon qu'ils restent consistants ; ajouter un peu de persil haché avec une gousse d'ail, les cuire à feu modéré pendant quelques minutes. — Prendre la moitié de cet appareil, et avec lui, masquer le fond d'un plat à gratin ; sur cette couche, ranger les sardines, l'une à côté de l'autre, les saupoudrer avec de la mie de pain, mêlée avec un peu de persil haché, les arroser avec de l'huile ; pousser le plat à four modéré, l'y laisser 35 minutes, afin de faire gratiner légèrement les sardines.

348. **Tourte aux anchois.** — C'est une production de l'école méridionale : excellent mets pour un déjeuner d'amateurs ; mais il faut surtout qu'il soit préparé avec de bons anchois de Provence, et de l'huile d'olives de première qualité.

Piler les filets d'une trentaine de bons anchois salés, propres, sans arêtes ; les passer au tamis ; déposer cette purée dans une terrine, la travailler, en incorporant, peu à peu, la valeur d'un demi-verre d'huile, de façon à obtenir une pâte moelleuse et lisse sans être trop liquide.

Prendre 6 à 700 grammes de feuilletage à six tours, diviser la pâte en deux parties ; abaisser une de celles-ci, en abaisse ronde et mince, ayant 27 à 28 centimètres de diamètre, l'étaler sur une tourtière, la parer, masquer sa surface avec la purée d'anchois, en maintenant celle-ci à quelque distance des bords ; humecter avec de l'eau l'espace resté libre. Abaisser la seconde partie de la pâte, en tenant l'abaisse un peu plus large que la première, la parer régulièrement, puis enlever un rond sur le milieu, à l'aide d'un grand coupe-pâte uni ; couper alors cette abaisse en rosace, la diviser en huit parties égales ; prendre celles-ci une à une, les ranger sur la première abaisse, en couvrant tout à la fois la pâte et l'appareil aux anchois, mais en ayant soin de faire légèrement chevaucher chaque partie de pâte, et laisser un vide sur le centre de la tourte. Appuyer la pâte sur les bords, la canneler régulièrement sur les contours ; dorer la surface supérieure, puis, avec la pointe du couteau, tracer un petit décor sur chaque partie de pâte formant le dessus de la tourte ; pousser alors celle-ci à bon four, la cuire pendant 35 minutes ; en la sortant, la glisser sur un large plat, lui infiltrer alors, par le vide central, quelques cuillerées-à-bouche de bonne huile crue.

349. **Beignets d'anchois à la mode de Nice.** — Nettoyer 2 douzaines de bons anchois salés, les faire dégorger dans du vinaigre, les es-

suyer, en détacher les filets; ranger ceux-ci dans une assiette, les arroser avec de la bonne huile, les saupoudrer avec du persil haché. Dix minutes avant de servir, prendre 2 filets d'enchois, les rouler en anneau, les tremper dans une pâte à frire légère, les plonger dans la friture chaude; quand la pâte est sèche et colorée, les égoutter, les dresser en buisson sur une serviette.

350. **Siguis au gratin.** — Beurrer le fond d'un plat à gratin, le saupoudrer avec 2 cuillerées-à-bouche d'échalotes, quelques poignées de champignons frais et hachés; sur ces fines-herbes, placer 2 moyens siguis, propres, les saler, les masquer avec la valeur d'un verre de sauce brune, peu liée, réduite au vin; les saupoudrer avec les mêmes fines-herbes, ainsi qu'avec de la mie de pain et du persil haché; pousser le plat au four modéré, cuire les poissons pendant 12 à 15 minutes.

351. **Sigui fumé, sauce à la Russe.** — Détacher les deux filets d'un sigui fumé, en supprimer la peau, les couper, les dresser sur un plat, en les reformant; masquer le fond du plat avec une sauce ainsi préparée :

Sauce à la Russe. — Mettre 2 cuillerées-à-bouche de moutarde anglaise dans une terrine, la travailler avec une cuiller en bois, lui incorporer, peu à peu, la valeur d'un demi-verre d'huile d'olives, en alternant celle-ci avec 2 cuillerées de bon vinaigre d'Orléans; finir la sauce avec un grain de sel, une pincée de sucre.

352. **Navagas d'Astrakan, au vin blanc.** — Ce poisson est originaire d'*Astrakan*. On le trouve à Saint-Pétersbourg, mais en hiver seulement, et gelé; cette circonstance cependant ne nuisant pas énormément à sa bonté, on peut en conclure que les *navagas*, mangées dans leur état de fraîcheur, doivent posséder des qualités supérieures. — Faire dégeler 7 à 8 navagas à l'eau naturelle, exposée à la température de la cuisine; les nettoyer, couper droit la tête, ranger les poissons dans un plafond creux, beurré; les assaisonner, les mouiller à moitié de hauteur avec du vin blanc; les cuire à feu vif pendant 10 minutes, à couvert; les égoutter, les dresser sur un plat chaud. Ajouter au fonds-de-cuisson quelques cuillerées de glace fondue, un peu de velouté, quelques têtes de champignons frais; faire bouillir la sauce, en la réduisant; quand elle est à point, la lier avec 2 jaunes d'œuf délayés, la passer au tamis, la finir avec un petit morceau de beurre d'écrevisse, le jus d'un citron, une pincée de persil haché. Ranger les champignons autour du poisson, masquer celui-ci avec la sauce.

353. **Mulets ou muges sauce aux câpres.** — Choisir 2 mulets de moyenne grosseur, bien frais, les écailler des deux côtés, les vider, écourter les nageoires, les laver à l'intérieur, les éponger; en brider la tête, les ciseler légèrement, les ranger dans une casserole, les mouiller à couvert avec un court-bouillon au vin blanc, à peu près refroidi; faire bouillir le liquide, le retirer

aussitôt sur le côté; 10 minutes après, égoutter les mulets, les dresser sur un plat, les masquer avec une sauce aux câpres, préparée avec du fonds de leur cuisson.

354. Mulet à la matelote. — Nettoyer le poisson, le distribuer en tronçons; ranger ceux-ci dans une casserole avec un bouquet de persil, aromates, une gousse d'ail, sel et grains de poivre; les mouiller à couvert avec du vin rouge, ajouter quelques petits morceaux de beurre-manié; faire bouillir vivement le liquide pendant 5 à 6 minutes; ajouter une quinzaine de petits oignons cuits séparément; finir de cuire le poisson à feu modéré; dresser le ragoût sur un plat chaud, dont le fond est couvert avec des croûtons de pain frit.

355. Piklings [1] (Büklinge) **à l'Allemande.** — Lever les filets de 4 à 5 piklings, en supprimer la peau, les diviser en petites parties, les assaisonner, les étaler sur un plat, les tenir au chaud. Faire cuire au miroir, avec du beurre, dans une large poêle, 6 à 8 œufs bien frais, les assaisonner; aussitôt qu'ils sont à point, les arroser avec un filet de vinaigre, les glisser dans le plat où sont étalés les filets de poissons.

356. Vives au gratin. — Couper d'abord les pointes aiguës (leur piqûre est dangereuse) du dos et du ventre, à quelques vives bien fraîches; les écailler, les vider, les éponger. Beurrer un plat à gratin, en saupoudrer le fond avec une cuillerée-à-bouche d'oignon haché, 4 cuillerées de champignons frais, une pincée de persil également hachés; ranger les vives l'une à côté de l'autre sur ces fines-herbes, les saler, les saupoudrer aussi avec des fines-herbes, puis avec un peu de mie de pain, les arroser avec du beurre fondu; mouiller le fond du plat avec un demi-verre de vin blanc, le pousser au four modéré; cuire le poisson pendant un quart d'heure; l'envoyer dans le plat même.

357. Macreuses rôties, à la Provençale. — La macreuse est un gibier d'étang, commun dans le midi de la France. La macreuse n'a pas la chair très-délicate; cependant elle est recherchée par des amateurs. — Plumer 2 macreuses, les flamber, en supprimer la poche sans couper le cou; les vider par le côté. — Hacher 2 gros oignons, les faire revenir à l'huile de couleur blonde; leur mêler 2 fortes poignées de mie trempée à l'eau, bien exprimée; ajouter le foie haché des macreuses, ainsi que les filets de 7 ou 8 anchois salés, câpres et persil hachés; mélanger le hachis avec le pain, l'assaisonner avec du poivre, le lier avec quelques œufs. Emplir le ventre des macreuses, masquer l'ouverture avec une tranche mince de pain, coudre les chairs. Brider les macreuses, en leur croisant les jambes comme aux grives, et en accrochant la tête aux pattes; les faire

---

[1]. Les piklings sont des poissons fumés de la grosseur et de la forme du hareng.

rôtir à la broche, en les arrosant avec de l'huile, mêlée avec quelques cuillerées de purée d'anchois, fondue dans la lèchefrite; quand elles sont cuites, les débrocher, les débrider, les dresser sur plat, les arroser avec le fonds de la lèchefrite; envoyer séparément une sauce hachée.

358. **Terrapines fricassées, à la Maryland**. — Les *terrapines* sont des petites tortues amphibies, communes en Amérique; la même espèce se retrouve en Allemagne, et en Pologne : les Américains les estiment beaucoup. — Choisir 2 ou 3 terrapines vivantes, de celles qu'on appelle *diamant-bocks;* les plonger à l'eau bouillante, les retirer aussitôt, afin d'enlever l'épiderme, en les grattant; les cuire à l'eau salée pendant une demi-heure; les égoutter alors, les ouvrir, et diviser les viandes en morceaux, après avoir supprimé la tête et les pattes. Les mettre dans une casserole avec du beurre et un bouquet garni, les faire revenir, les assaisonner de haut goût, les saupoudrer avec une cuillerée-à-bouche de farine, les mouiller à peu près à hauteur avec de la crème; faire bouillir le liquide, en le tournant; 4 minutes après, lui mêler un verre de bon *sherry;* au bout de 8 à 10 minutes, retirer la casserole du feu, lier la sauce avec 4 jaunes d'œuf délayés; incorporer aussitôt 150 grammes de beurre, divisé en petites parties : enlever le bouquet, dresser le ragoût sur un plat, le saupoudrer avec du persil haché.

359. **Caviar**. — Le caviar frais est un produit de la Russie orientale. Celui d'*Astrakan* est le plus renommé, mais c'est de Russie qu'on l'expédie dans les différentes contrées de l'Europe. Le caviar est un excellent mets de déjeuner, il est apéritif et sain. En Russie, on mange le caviar avec des fourchettes en bois ou en nacre, car on ne doit pas y toucher avec du métal. On sert le caviar avec des croûtes de pain grillées, on l'assaisonne ordinairement avec du poivre et du jus de citron, mais les Épicuriens robustes ajoutent de la ciboulette ou de l'oignon haché : cette addition en relève singulièrement le ton et la saveur. En carême, les Russes mangent fréquemment le caviar avec les *blinis* (V. au chapitre des légumes).

Pour conserver les qualités du caviar, il faut l'enfermer dans un vase en grès, et le tenir à couvert, sur glace. A une température élevée, le caviar frais perd ses qualités. — En Orient, et même dans le midi de la France, on mange le caviar *pressé*, ou la *poutargue;* l'un et l'autre de ces produits sont également très-estimés par les amateurs, mais ils n'ont plus les mêmes qualités que le caviar fraîchement salé.

360. **Salade Russe, au caviar** (Dessin 157). — Placer un moule de forme conique dans une terrine, avec de la glace pilée; décorer les parois intérieures avec des cornichons coupés, des filets d'anchois, du blanc d'œuf poché,

des haricots-verts confits ; le décor est facultatif, mais il faut avoir soin d'en tremper les détails dans de la gelée mi-prise, avant de les appliquer contre les parois. Napper l'intérieur du moule avec une couche mince de gelée, l'emplir avec

Fig. 157.

une salade de légumes coupés en petits dés, mêlée avec des anchois, ou des harengs salés, des queues d'écrevisses et un morceau d'esturgeon ou tout autre poisson cuit, refroidi, et enfin, un peu de mayonnaise. Une heure après, démouler la salade sur un plat froid, l'entourer avec des petits pains de forme ronde (V. art. 363), vidés, emplis avec du caviar.

361. **Œufs à la Russe** (Dessin 158). — Choisir de gros œufs, les faire durcir; quand ils sont bien refroidis, en supprimer les coquilles. Les couper aux

Fig. 158.

deux tiers de hauteur, en retirer les jaunes ; piler ceux-ci avec quelques anchois hachés, les passer à travers un gros tamis. — Couper les œufs à leur base, afin de les faire tenir debout ; les emplir avec un salpicon de homard ou d'écrevisses, mêlé avec une sauce à la Russe, épaisse (V. art. 351); faire bomber l'appareil, puis prendre avec une fourchette, les jaunes d'œuf passés, et avec eux, masquer l'appareil de homard.

Masquer le fond d'un plat froid avec une couche de beurre ; sur cette couche, coller une petite coupe imitée en beurre, surmontée d'une plus petite; les décorer toutes deux avec du beurre poussé au cornet; puis dresser une couronne d'œufs sur le fond du plat, autour de la coupe; en dresser une autre couronne sur le dessus, et enfin, en poser un sur la petite coupe. — On sert ces œufs comme hors-d'œuvre froid.

362. **Zakouski à la Russe.** — Ce qu'on appelle en Russie *Zakouski*, ce sont les hors-d'œuvre froids, que les Russes ont l'habitude de manger avant de se mettre à table; ces mets se composent ordinairement de canapés, préparés avec des harengs, du saumon fumé, des anchois, du caviar, des œufs durs, hachés. Mais avec ces canapés on sert encore des poissons marinés, des queues d'écrevisses, de petites tartelettes, des agoursis, des pickels, des estomacs d'oie fumés, coupés en tranches fines; toutes ces friandises sont dressées sur un petit buffet où se trouvent également plusieurs sortes de liqueurs, et des petits verres pour les boire; ces liqueurs se composent le plus ordinairement d'allach, de kümmel, de cognac, d'eau-de-vie de Dantzig. — On mange les zakouskis quelques minutes seulement avant de passer à table, mais sans s'asseoir. Dans les restaurants de Pétersbourg, le buffet des zakouskis est en permanence depuis le matin jusqu'à l'heure du dîner.

363. **Petits pains de caviar aux huîtres.** — Prendre 350 grammes de farine tamisée; avec le tiers, un demi-verre de lait tiède, et 15 grammes de levûre, préparer un levain léger. Déposer le restant de la farine dans une terrine, faire un creux sur le centre; ajouter un grain de sel, 3 jaunes d'œuf, 100 grammes de beurre fondu, un peu de lait tiède; incorporer la farine avec le liquide, de façon à obtenir une pâte plutôt ferme que légère, la travailler fortement avec la main pendant 7 à 8 minutes. Quand le levain a augmenté du double de son volume, le mêler à la pâte; travailler encore celle-ci pendant 5 minutes; la couvrir, la faire lever pendant 2 heures à température douce; la placer ensuite sur la table farinée, la laisser refroidir, la diviser en quatre parties; les rouler de forme longue, les couper transversalement de façon à obtenir des morceaux de la grosseur d'une noix; les rouler de forme ronde, les ranger à distance sur une plaque. Une demi-heure après, les dorer, les cuire à four modéré; quand ils sont froids, les ouvrir en dessus, les vider, les emplir avec du caviar, et placer une huître crue sur le centre de celui-ci.

BOUCHERIE.

On entend par *Boucherie*, les viandes de bœuf, de veau, de mouton, d'agneau, de chevreau et de porc.

La boucherie dans son ensemble, est en quelque sorte le nerf de la cuisine ; il n'est pas de dîners gras, pas de festins où elle ne joue un rôle considérable.

Par le ton relevé ou onctueux de leur saveur, les viandes de boucherie sont aussi indispensables sur la table que dans la cuisine. Un dîner classique ne pourrait, en effet, se passer de grosses viandes, et dans la cuisine, c'est avec leur concours qu'on prépare les bouillons et les jus succulents, ainsi que la plus grande partie des sauces.

On sert les viandes de boucherie soit comme relevé, soit comme entrée, rarement comme rôt ; mais pour relevé, de même que pour entrée, on sert souvent les viandes rôties ou grillées.

Les viandes de boucherie noires, c'est-à-dire, celles de bœuf et de mouton, si elles sont servies rôties ou grillées, doivent être tenues saignantes, car, à l'inverse de celles qui sont bouillies ou braisées, plus elles cuisent, plus elles deviennent dures ; et en perdant leur tendreté elles perdent leur arome et leurs sucs nutritifs, et par ce fait, plus difficiles à digérer.

Les viandes blanches, celles de veau, de porc et d'agneau, pour être goûteuses au palais, et de facile digestion, exigent au contraire d'être bien atteintes et non saignantes.

Les viandes de boucherie noires qu'on sert dans un dîner, si elles sont rôties, gagnent beaucoup à être découpées sur table, et distribuées à mesure aux convives : toute viande rôtie découpée d'avance, abandonne par ce fait la plus grande partie de ses sucs nutritifs : Amphitryons et cuisiniers, ne perdez jamais de vue cette considération !

Les mets de cuisine, en général, ceux du moins qui ne sont pas faits pour être mangés froids, doivent être servis sur des plats bien chauds; mais cette règle s'applique surtout aux viandes de boucherie. Une viande rôtie, servie sur une assiette ou sur un plat froid, perd considérablement de ses qualités. C'est pour prévenir ce danger, que les gourmets font poser les relevés de boucherie sur des réchauds.

Les viandes de boucherie qu'on sert pour relevé, quand elles sont destinées à être découpées sur table, ne doivent pas être garnies; il est préférable alors de dresser la garniture séparément ; mais si les relevés sont simplement destinés à figurer sur table pour être découpés sur le buffet de la salle-à-manger, ils peuvent être garnis avec abondance et même avec coquetterie.

364. **Rosbif à l'Anglaise** (Dessin 159). — Quand on veut manger un bon rosbif, il faut non-seulement choisir un aloyau provenant d'un jeune animal, n'ayant jamais travaillé, mais il faut encore donner le temps à la viande de se mortifier. Un rosbif ne possédant pas ces qualités ne donne jamais des résultats satisfaisants. Les Anglais, grands amateurs de rosbif, sont aussi d'une grande prévoyance, ils laissent mortifier la viande aussi longtemps qu'elle peut se conserver fraîche, c'est-à-dire de dix à quinze jours en hiver. Tout le monde évidemment ne peut pas agir de la sorte, mais il est bon qu'un amateur sache à quelle condition il peut se procurer un mets qui ne laisse rien à désirer.

Couper sur le centre d'un aloyau, un morceau de rosbif de 30 à 40 centimètres de long, sans détacher le filet-mignon ; écourter la bavette, diminuer l'épaisseur de la graisse qui couvre le filet, si elle est trop volumineuse, puis ficeler le rosbif, en serrant la bavette sur le côté; couvrir la surface supérieure avec du double papier graissé, en le soutenant avec de la ficelle; embrocher le rosbif, sans le percer, sur une broche anglaise, le faire rôtir à bon feu, en l'arrosant avec de la graisse; lui donner 2 heures de cuisson. Un morceau de 3 à 4 kilogrammes peut cuire en une heure et demie. Quand le rosbif est cuit, les chairs intérieures doivent se trouver juteuses et rosées.

Une demi-heure avant de débrocher le rosbif, enlever le papier qui l'enveloppe afin de lui faire prendre couleur, le saler, le débrocher, le débrider, le dresser sur un plat à *réservoir* en l'appuyant sur le filet; envoyer séparément des racines de raifort râpées ou une sauce au raifort, ainsi que des pommes de terre cuites à l'eau salée ou à la vapeur.

A défaut de broche à l'anglaise, peu répandue dans nos cuisines, il faut glisser la broche entre le filet-mignon et le gros filet, de façon que la pièce se trouve en équilibre pour tourner; dans tous les cas, la soutenir des deux côtés, avec des brochettes en fer assujetties à la broche par les deux bouts. A défaut de tourne-broche on peut cuire un rosbif au four, mais pour bien réussir il convient

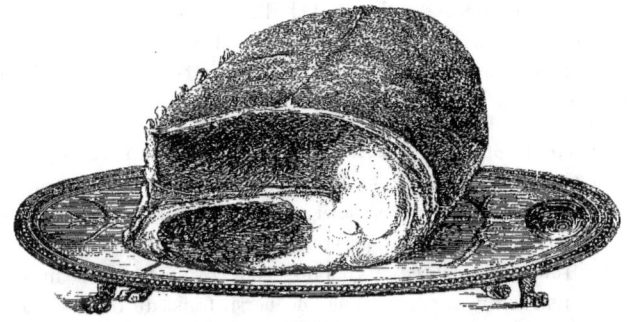

Fig. 159.

de le poser sur une grille et celle-ci dans un plafond creux contenant de la graisse fondue; couvrir le rosbif avec du papier; le faire cuire, en le retournant et en l'arrosant. Cette méthode est la meilleure après la broche.

365. **Rosbif froid au raifort.** — Les rosbifs, même ceux de médiocre qualité, sont généralement plus tendres quand ils sont refroidis que quand ils sont chauds. — Prendre un morceau de rosbif froid, détacher la viande de la coquille, retirer le gros nerf qui longe l'épaisseur du gros filet, du côté de l'arête, couper des tranches minces sur toute la largeur du rosbif, les dresser symétriquement sur un plat long, à cheval les unes sur les autres; les entourer avec du persil ou avec de la gelée; envoyer en même temps une sauce raifort ainsi préparée :

Sauce raifort froide. — Râper un morceau de racine de raifort, le hacher fin, le mettre dans une petite terrine vernie, mêler son même volume de mie de pain, une pincée de sucre, un peu de sel, 2 cuillerées-à-bouche de vinaigre, et enfin un peu de bouillon pour lier la sauce au point voulu.

366. **Aloyau salé, à l'Anglaise.** — Si la viande est de bonne qualité, et jeune, si elle est salée avec soin, et cuite à point, une pièce d'aloyau est un manger excellent.

Désosser la viande, couper court la bavette; la frotter avec du sel, la tenir dans un lieu frais pendant 24 heures, en hiver.

Faire bouillir 4 à 5 litres d'eau, lui mêler 500 grammes de sel, demi-once de salpêtre, une poignée de cassonade, épices, aromates ; retirer le liquide, le laisser refroidir. Placer l'aloyau dans un baquet, le couvrir juste avec la saumure ; placer sur la viande un poids suffisant afin de la maintenir entièrement dans le liquide ; la retourner tous les 3 jours, la saler, pendant 15 à 20 jours au plus ; avant de la cuire, la laver, la rouler, la ficeler, la mettre dans une braisière, la couvrir avec de l'eau froide, la cuire comme les jambons ; si la viande est jeune, lui donner 2 heures et demie d'ébullition, puis la retirer du feu, mais en la laissant encore une heure dans l'eau ; l'égoutter alors, la dresser, la servir avec une bonne sauce espagnole, peu liée, réduite avec du vin ; servir en même temps une garniture de légumes, ou purée.

367. **Filet de bœuf rôti, sauce au pauvre homme** — Prendre un filet de bœuf mortifié à point, le parer en partie de sa graisse, en supprimer la peau nerveuse, piquer la surface supérieure avec du lard ; le déposer dans une terrine, l'assaisonner avec sel et poivre, l'arroser avec de l'huile, ajouter les chairs de 2 citrons (sans écorce ni pepins) coupées en tranches minces, ainsi qu'un gros oignon émincé, une poignée de persil frais, du thym et du laurier ; faire mariner le filet pendant 24 heures, le retirer de la marinade pour l'embrocher ; à défaut de broche à l'anglaise, le traverser, sur sa longueur, avec une brochette en fer ; fixer celle-ci sur une broche. Faire rôtir le filet à bon feu, en l'arrosant ; lui donner 35 à 40 minutes de cuisson. — Au moment de servir, débrocher le filet, le dresser sur un plat chaud, l'arroser avec la sauce suivante :

Sauce pauvre homme pour le filet. — Quelques minutes avant de retirer le filet de la broche, verser dans la lèchefrite la marinade du filet, et la valeur d'un verre de bouillon chaud ; faire bouillir le liquide, le passer au tamis dans une casserole, le dégraisser. — Hacher un oignon et une échalote, les faire revenir avec un peu d'huile ou du beurre, sans leur faire prendre couleur ; les saupoudrer avec une cuillerée-à-bouche de farine, cuire celle-ci pendant quelques secondes, la délayer avec le jus de la lèchefrite ; lui mêler alors 4 cuillerées de bon vinaigre, faire bouillir la sauce, en la tournant ; 5 à 6 minutes après, la retirer du feu, ajouter une petite poignée de câpres hachées ensemble avec les filets de 2 anchois ; la finir avec une pincée de poivre et du persil haché.

368. **Filet de bœuf à la Vernon.** — C'est à l'invention de lord *Vernon* qu'on doit ce mets, aujourd'hui très-répandu. Sa Seigneurie avait longtemps habité l'Italie, il faut croire qu'elle avait étudié le génie culinaire de ce pays, et qu'elle en faisait quelque cas.

Parer un filet de bœuf, le piquer avec du lard, l'assaisonner, le déposer dans une terrine, le mouiller à moitié de hauteur avec une marinade cuite, le faire macérer dans celle-ci pendant 5 à 6 heures ; le placer ensuite dans une casserole foncée avec des légumes, du lard et du jambon, le mouiller à moitié de hauteur, partie avec la marinade, partie avec du jus préparé avec les parures. Faire bouillir vivement le liquide pendant 10 minutes, retirer la casserole sur feu modéré, avec des cendres chaudes sur le couvercle ; l'arroser souvent avec son fonds ; quand il est cuit, passer ce fonds, le dégraisser, l'allonger avec un peu de bouillon et de madère, le faire réduire en demi-glace, le lier avec un peu de sauce espagnole, et ensuite, avec 3 cuillerées de cacao (chocolat sans sucre) dissous à la bouche du four, délayé avec un peu de jus ; ajouter à la sauce 2 ou 3 cuillerées de gelée de groseilles, 2 poignées de petits raisins, ramollis à l'eau, une poignée de *pignoli* torréfiés. — Au moment de servir, dresser le filet sur un plat, le glacer, l'entourer avec la sauce, envoyer en même temps un plat de croquettes de macaroni.

369. **Filet de bœuf à la Richelieu** (Dessin 160). — Parer un bon filet de bœuf, mortifié à point ; le piquer avec du lard ; masquer avec des bardes de lard,

Fig. 160.

les parties non piquées. Placer le filet dans un plafond foncé avec des débris de graisse, l'arroser avec du bon dégraissis, le faire cuire au four pendant 50 à 60 minutes, en l'arrosant seulement avec la graisse du plafond. Un quart d'heure avant de servir, le déballer le glacer au pinceau, et finir de le cuire ainsi ; l'égoutter ensuite, le parer, le dresser sur un plat, l'entourer, d'un côté, avec des tomates farcies et un bouquet de laitues glacées ; de l'autre côté, avec de gros champignons farcis et un bouquet de petits choux braisés. Glacer le filet, l'envoyer en même temps qu'une saucière de sauce madère. — Cette pièce est dressée pour figurer sur table. Le filet doit être découpé dans la salle-à-manger.

370. **Filet de bœuf aux truffes.** — Parer un filet de bœuf, le larder intérieurement avec des truffes crues, l'assaisonner, le déposer dans une terrine, le masquer avec une mirepoix de légumes cuits avec un verre de madère, ajouter les parures des truffes, le faire macérer pendant 12 heures ; l'égoutter alors, le masquer avec les légumes et les parures de truffes, l'envelopper avec des bardes de lard, le placer dans un plafond creux, foncé avec de la graisse hachée, et des légumes ; l'arroser avec le fonds de la marinade, le pousser au four, le faire cuire

à court mouillement, sur feu modéré ; quand il est aux trois quarts de sa cuisson, le déballer, et finir de le cuire, en l'arrosant ; l'égoutter ensuite, le tenir au chaud. — Allonger le fonds-de-cuisson avec un peu de bouillon, faire bouillir le liquide, le passer, le dégraisser, le faire réduire en demi-glace ; mêler à celle-ci un peu de sauce, ainsi que 4 truffes crues, coupées en dés ; la faire réduire, en la tournant jusqu'à ce qu'elle soit à point. — Au moment de servir, dresser le filet sur un plat, le masquer avec la sauce, ranger les truffes autour.

371. **Filet de bœuf, sauce tortue.** — Choisir un filet mortifié à point : les filets frais sont toujours coriaces ; le parer, le piquer avec du lard. Couper en menus morceaux les graisses enlevées, et avec elles, masquer le fond d'un plat à rôtir : sur cette graisse, étaler quelques lames épaisses de carottes, d'oignon et de céleri, poser le filet sur ces légumes, le saler, le couvrir avec un papier graissé. Verser au fond du plat à rôtir la valeur d'un verre d'eau chaude ; le pousser au four modéré ; cuire le filet, en ayant soin de l'arroser souvent avec sa graisse, et de veiller à ce que le fonds-de-cuisson ne brûle pas.

Trois quarts d'heure après, le filet doit se trouver cuit à point ; l'égoutter alors sur un plafond ; verser dans le plat à rôtir la valeur de 2 verres de bon jus tiré avec les parures du filet ; déglacer le plafond, en faisant bouillir le liquide, passer celui-ci, le laisser déposer ; le dégraisser, le faire réduire en demi-glace, l'incorporer à une sauce tortue, en réduction ; finir celle-ci avec une pointe de cayenne. Dresser le filet, l'entourer avec une garniture tortue : truffes, champignons, cornichons, quenelles, jaunes d'œuf durs ; masquer les garnitures avec une partie de la sauce, envoyer le surplus dans une saucière.

372. **Filet de bœuf à la hussarde.** — Prendre la moitié d'un filet de bœuf, le parer, le faire braiser à court-mouillement. D'autre part, hacher 4 oignons blancs, les faire revenir avec du beurre, dans une casserole, sur feu modéré ; quand ils sont de belle couleur, les assaisonner, les saupoudrer avec une pincée de farine, les mouiller avec un peu de jus, de façon à obtenir un ragoût consistant ; le cuire pendant 12 minutes ; le retirer du feu, lui mêler 5 à 6 cuillerées de racines de raifort râpées, et hachées ; ajouter autant de mie de pain râpée, et un peu de persil haché.

Une demi-heure avant de servir, égoutter le filet de bœuf, le parer en dessous, le découper en tranches ; le reformer sur un plat à gratin ou sur un plat d'argent, en alternant chaque tranche avec une petite partie de l'appareil préparé, le masquer également en dessus, le saupoudrer avec de la mie de pain. Verser dans le fond du plat un peu d'espagnole légère, le pousser au four modéré ; arroser le filet de temps en temps avec sa sauce.

Au moment de servir, égoutter la graisse du plat, masquer le filet avec un peu de bonne sauce brune, finie avec une pincée de persil haché.

373. Filet de bœuf à la purée de céleri. — Prendre un filet de bœuf, mortifié à point et paré; le larder intérieurement avec des filets de lard et de jambon, préalablement assaisonnés; rouler le filet en anneau, en le bridant par les deux bouts; le saler, le masquer sur les deux surfaces avec des tranches d'oignon, une feuille de laurier, quelques aromates; l'envelopper avec des bardes de lard.

Foncer une casserole avec des débris de lard et légumes émincés, poser le filet sur ce fond, le mouiller à moitié de hauteur avec moitié vin blanc et moitié jus; faire braiser le filet pendant une heure et quart, en l'arrosant souvent; quand il est à point, le retirer; passer le fonds, le dégraisser, le lier avec un peu d'espagnole, le faire réduire d'un tiers. — Au moment de servir, dresser une purée de céleri sur un plat chaud, poser le filet sur la purée, l'arroser avec une partie de la sauce, verser le restant dans une saucière.

374. Filet de bœuf piqué, découpé en entaille (Dessin 161). — Dans le cours de ce livre, j'ai souvent parlé des pièces de boucherie découpées en

Fig. 161.

en taille, qu'on dresse sur plat pour être directement présentées aux convives. Afin de mieux faire comprendre l'opération, j'ai voulu reproduire le dessin d'un filet de bœuf dont l'entaille est enlevée. Dans ces conditions, il ne s'agit plus que de couper en tranches la partie enlevée, et la remettre en place.

375. Pilaff de filet de bœuf à la mode de Barcelone. — Prendre la tête d'un filet de bœuf (valeur d'un kilogramme), couper la viande en carrés de 4 centimètres, les placer dans une casserole; ajouter 250 grammes de petit-salé, blanchi, coupé en gros dés, un oignon haché, un bouquet de persil garni, et enfin un morceau de beurre ou du saindoux; poser la casserole sur un bon feu, faire revenir les viandes, les saler légèrement; quand elles ont réduit leur humidité, les mouiller avec la valeur d'un verre de bouillon; couvrir la casserole, laisser réduire le liquide à glace, tout doucement; les mouiller encore avec une égale quantité de bouillon, le faire aussi réduire à glace; à ce point, les viandes doivent se trouver à peu près cuites. Leur mêler 500 grammes de riz trié, lavé et séché sur un tamis; 2 secondes après, mouiller le riz et les viandes au double de hauteur avec du bouillon léger, donner 5 à 6 minutes d'ébullition au liquide, assaisonner le ragoût avec un peu de safran, une pincée de poivre doux d'Espagne, une pointe de cayenne, et 4 cuillerées de sauce tomate; fermer la casserole, la retirer sur des cendres chaudes ; 20 minutes après, dresser le pilaff.

376. **Émincé de filet de bœuf, à la Polonaise.** — Prendre un morceau de filet de bœuf cuit et froid, le diviser en deux parties sur sa longueur; couper celles-ci en tranches d'un demi-centimètre d'épaisseur. Couper, chacun en deux parties, 5 ou 6 gros oignons blancs, les émincer, les faire revenir avec du beurre, dans une poêle; les assaisonner avec sel et poivre; quand ils sont de belle couleur, les verser dans une casserole, les mouiller à couvert avec du vin blanc et du jus, les faire cuire à feu modéré. Dix minutes après, les lier avec un peu de sauce; retirer la casserole du feu, mêler au ragoût une pincée de persil haché, une pointe de cayenne; ranger les tranches de bœuf dans un plat creux, par couches, masquer chaque couche avec une partie des oignons, en les saupoudrant avec un peu de mie de pain, et 2 cuillerées de racines de raifort hachées. Masquer également le dessus avec le restant des oignons, saupoudrer ceux-ci avec de la mie de pain, pousser le plat à four très-doux; 20 minutes après, le sortir, le poser sur un autre plat et l'envoyer.

377. **Biftecks à la Chateaubriand.** — Ce qu'on appelle, à Paris, un Châteaubriand, c'est tout simplement un très-épais bifteck grillé ; la méthode que je vais produire n'est pas précisément celle adoptée par le plus grand nombre, mais, si elle n'est pas meilleure, elle a du moins le mérite d'être celle que le grand écrivain préférait, et à laquelle son cuisinier avait donné ce nom. — Couper quelques biftecks sur le milieu d'un bon filet de bœuf en leur donnant 3 centimètres d'épaisseur; les parer, les battre légèrement, les fendre horizontalement par le milieu sans séparer les parties, en formant une espèce de poche, peu ouverte, dont la coupure intérieure arrive jusqu'à l'extrême limite des bords.

D'autre part, faire dégorger et blanchir 200 grammes de moelle de bœuf, en un morceau entier; quand elle est froide, l'éponger, la couper en tranches, les assaisonner avec sel et cayenne, les glacer au pinceau, les saupoudrer avec un peu d'échalote hachée, légèrement revenue ; introduire ces tranches dans l'ouverture des biftecks, appuyer ceux-ci avec la main, les assaisonner des deux côtés, les humecter avec de l'huile, les faire griller à feu vif pendant 12 à 14 minutes, en observant de relever légèrement le gril du côté où se trouve l'ouverture des biftecks, afin d'éviter l'écoulement de la moelle, quand ils sont cuits, les dresser sur un plat, les arroser avec 4 cuillerées-à-bouche de glace fondue, mêlée avec le jus d'un citron, une pincée d'estragon haché, ainsi qu'avec 2 cuillerées de moelle cuite, coupée en dés.

378. Pouding de biftecks, aux huîtres. — *Pâte à pouding.* — Étaler en couronne (sur la table) 500 grammes de farine ; déposer dans le centre, 275 grammes de graisse de rognons de bœuf épluchée, bien hachée, un peu de sel, un demi-verre d'eau ; mêler l'eau et la graisse, en incorporant peu à peu la farine ; assembler la pâte, sans la travailler, la laisser reposer pendant 10 minutes.

Abaisser ensuite la pâte au rouleau, en abaisse mince, et avec elle, foncer un grand bol ou un moule à dôme plus large que haut. Couper 8 à 10 biftecks, à moitié de grosseur ordinaire, les parer, les assaisonner avec sel et poivre. — Hacher un oignon, le faire légèrement revenir, avec du beurre, dans une casserole plate, lui adjoindre les biftecks, les chauffer des deux côtés, seulement pour roidir les chairs, les retirer aussitôt dans une terrine.

Verser un peu de sauce dans la casserole où ont cuit les biftecks ; la faire réduire, un peu serrée, la verser sur les biftecks ; 8 à 10 minutes après, emplir le vide du moule avec les viandes, en les alternant avec 3 à 4 douzaines d'huîtres crues ; masquer chaque couche avec un peu de sauce. Quand le moule est plein, replier la pâte des bords vers le centre, de façon à fermer les issues ; couvrir la partie supérieure avec un rond de la même pâte. — Beurrer le centre d'une serviette humide, la fariner sur la partie beurrée, appliquer cette partie sur la pâte. — Beurrer le centre d'une serviette humide, la fariner sur la partie beurrée, appliquer cette partie sur la pâte du pouding ; nouer les pans de la serviette à l'autre extrémité du moule, en les serrant contre celui-ci. Plonger alors le pouding dans un vase d'eau bouillante, le cuire pendant une heure et demie, en ayant soin de tenir la marmite couverte. Égoutter le moule, le tremper à l'eau froide, enlever la serviette, et renverser le pouding sur un plat.

379. Biftecks à l'Américaine. — Couper 4 biftecks larges, épais ; les battre légèrement, les assaisonner, les rouler dans du beurre, les faire griller à bon feu, en les tenant *verts-cuits ;* les dresser aussitôt sur un plat chaud, les arroser avec un peu de glace, poser sur chacun d'eux un morceau de beurre d'anchois au cayenne, les entourer avec des petits bouquets de *mispickels*, des filets d'anchois roulés, des pommes de terre en boules, cuites à l'eau, ainsi que quelques œufs frits, ou cuits au miroir, puis coupés à l'emporte-pièce.

380. Tournedos au madère. — Couper sur les chairs d'une tête de filet de bœuf, préalablement parées, 8 à 10 tranches longues, de l'épaisseur d'une pièce de 5 francs, de forme ovale ; les battre légèrement avec le manche du couteau, les parer, les assaisonner avec sel et poivre. Faire chauffer du beurre clarifié dans une casserole mince et plate, en saupoudrer le fond avec une pincée d'oignon haché ; ranger les tournedos sur ce fond, les uns à côté des autres ; les faire revenir des deux côtés ; quand ils sont atteints à point, les mouiller avec la valeur d'un demi-verre de jus, en faire réduire le liquide à glace, en retournant les viandes; les dresser en couronne sur un plat chaud, allonger le fonds-de-cuisson avec un demi-verre de madère, faire bouillir le liquide; 2 minutes après, le lier avec 4 cuillerées d'espagnole réduite; verser la sauce sur les tournedos, alterner ceux-ci, chacun avec un croûton de pain, coupé en crête, frit, glacé au pinceau.

381. **Biftecks à la Napolitaine.** — Couper 5 à 6 biftecks, les parer, les battre légèrement, les assaisonner, les ranger dans une terrine, les masquer avec une marinade cuite, les faire macérer pendant 2 heures; les égoutter ensuite, les éponger, les ranger dans une casserole plate avec du beurre fondu, les faire cuire des deux côtés, en les retournant. — D'autre part, déposer dans une petite casserole une poignée de raisins de Corinthe, bien propres, blanchis une minute à l'eau bouillante; ajouter 3 cuillerées de *pignoli* torréfiés, ou la même quantité d'amandes, émincées et séchées. Quand les biftecks sont cuits, les retirer; égoutter la graisse de la casserole, verser dans celle-ci une partie de la marinade des biftecks, faire bouillir le liquide, le lier avec un peu d'espagnole, lui mêler une cuillerée de gelée de groseilles. Deux minutes après, verser la sauce sur les raisins, en la passant; donner un bouillon, la verser sur les biftecks.

382. **Pièce de bœuf au gratin.** — Prendre un morceau de culotte de bœuf bouillie ou braisée, mais froide; parer carrément la viande, la couper en tranches minces, ranger celles-ci dans une casserole étroite; les arroser avec un peu de bon jus et du vin blanc; les chauffer à feu très-doux, en les arrosant.

D'autre part, mettre dans une casserole 5 à 6 cuillerées-à-bouche d'oignon haché, le faire revenir au beurre sans prendre couleur, ajouter deux fois son volume de champignons frais, hachés; faire réduire l'humidité de ceux-ci, lier les fines-herbes avec 3 poignées de mie de pain râpée; arroser l'appareil avec un peu de jus, donner un seul bouillon, le retirer du feu; l'assaisonner avec sel, poivre et muscade, ajouter 2 cuillerées de persil haché.

Vingt minutes avant de servir, égoutter les tranches de bœuf, les dresser sur un plat long, en reformant la pièce, et en alternant chaque tranche avec une petite partie de l'appareil aux fines-herbes; quand elle est reformée, la masquer avec le restant des fines-herbes; saupoudrer celles-ci avec une pincée de mie de pain; verser au fond du plat, le fonds où a chauffé le bœuf, le pousser à four doux; un quart d'heure après, égoutter la graisse du plat, arroser la viande avec un peu d'espagnole légère, réduite avec du vin blanc.

383. **Biftecks à la Nelson.** — C'est un mets de déjeuner; pour le préparer, il faut disposer d'une petite timbale en cuivre, étamée en dedans et en dehors, de forme basse, ayant un couvercle qui ferme hermétiquement. — Prendre 2 ou 3 biftecks, les assaisonner avec sel et poivre, masquer le fond de la timbale

avec une couche épaisse de beurre, étaler sur celui-ci 2 oignons émincés; sur l'oignon, étaler une couche de pommes de terre crues, pelées, émincées; les assaisonner aussi avec sel et poivre, ajouter un demi-décilitre de bouillon, puis ran-

Fig. 162.

ger les biftecks sur les pommes de terre; couvrir la timbale, la poser sur feu vif, 3 minutes après, la retirer sur feu plus modéré ou à la bouche du four; donner aux biftecks 20 minutes de cuisson; les envoyer dans la timbale même.

384. Pièce de bœuf braisée, à la Parisienne (Dessin 163). — Prendre une culotte[1] de bœuf entière, c'est-à-dire, à partir de sa jonction avec l'aloyau, jusqu'à la naissance de la queue; en diminuer la largeur, de façon à lui donner une forme longue; la parer, la ficeler, la placer dans une braisière ou casserole longue, foncée avec de la graisse crue, des carottes, des oignons émincés; saler très-légèrement la viande, la mouiller avec la valeur de 2 ou 3 verres de bouil-

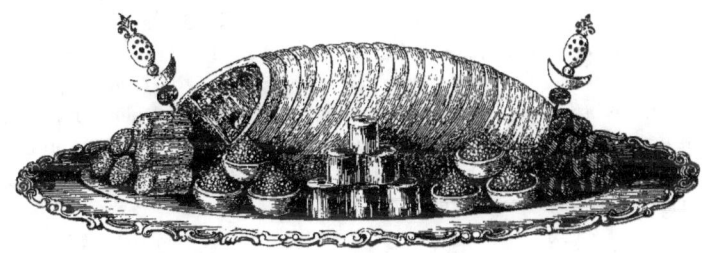

Fig. 163.

lon; poser le vase sur feu, faire tomber le liquide à glace; mouiller alors la viande à hauteur avec du bouillon; mettre le liquide en ébullition, le retirer aussitôt sur feu modéré, de façon qu'il continue à bouillir tout doucement pendant 7 heures; mais vers la fin de la cuisson, quand le jus commence à devenir épais, il convient d'ajouter de temps en temps un peu de bouillon.

Quand la viande est à peu près cuite, l'égoutter sur une plaque; mêler au fonds-de-cuisson la valeur d'un verre de vin blanc, le faire bouillir, le passer,

---

1. La partie du quartier de bœuf à laquelle on a improprement donné le nom de *culotte*, est celle qui correspond exactement au *quasi* dans le quartier de veau, c'est-à-dire qui est adhérente à l'aloyau; elle commence au bas des reins, et s'arrête juste à la limite de l'aloyau.

le dégraisser; parer la pièce, la remettre dans la braisière, l'arroser avec le jus, finir de la cuire, en la glaçant. Au moment de servir, l'égoutter, la parer, la découper en tranches transversales.

Pour dresser avantageusement cette pièce, il faut la poser sur un appui en viande; quand elle est dressée, l'entourer des deux côtés, avec une garniture composée de croquettes de pommes de terre, longues et rondes, des fonds d'artichauts garnis avec de petits légumes, et enfin, avec de petites timbales de choux; piquer un hâtelet garni, à chaque bout de la pièce, la glacer au pinceau; envoyer en même temps le fonds de sa cuisson bien dégraissé, réduit en demi-glace, lié avec quelques cuillerées de sauce tomate.

385. **Pièce de bœuf à la cuiller.** — Prendre une petite *culotte* de bœuf, braisée et refroidie, la creuser en dessus, avec un couteau, en forme de caisse, c'est à-dire, en laissant un fond; la poser alors sur un plat à gratin. — Supprimer la graisse des viandes enlevées, les couper en tranches minces, étroites, de forme carrée.

Émincer une quinzaine de champignons frais, les mettre dans une casserole mince avec du beurre, les faire sauter à feu vif, les mouiller avec un peu de sauce réduite au madère, mêlée avec quelques cuillerées de sauce tomate; cuire le ragoût pendant quelques minutes; quand il est de bon goût, lui mêler les tranches de bœuf; chauffer celles-ci à feu très-doux; verser le ragoût dans la caisse formée par la pièce de bœuf; masquer la surface avec une couche de l'émincé de champignons, saupoudrer cette couche, ainsi que la pièce de bœuf, avec de la mie de pain; arroser le dessus avec du beurre fondu, verser dans le fond du plat une partie du jus de la viande braisée, mêlé avec un peu de vin; pousser le plat à four doux pour chauffer la pièce tout doucement, en l'arrosant de temps en temps avec son fonds. Une heure après, envoyer la pièce de bœuf sur le plat même, et le restant du fonds-de-cuisson dans une saucière.

386. **Pièce de bœuf à l'Allemande.** — Cuire dans la marmite une petite *culotte* de bœuf désossée, roulée et ficelée; quand elle est aux trois quarts de sa cuisson, l'égoutter, la parer régulièrement, la faire braiser, en la glaçant; au moment de servir, la découper en tranches, la dresser; l'entourer, d'un côté, avec des choux de Bruxelles, et de l'autre, avec des marrons cuits au jus, et glacés; arroser la viande et les garnitures avec le fonds-de-cuisson allongé avec un peu de vin, passé, dégraissé; envoyer en même temps un plat de purée de pommes de terre, et une saucière de sauce blonde, finie avec de l'essence d'anchois.

387. **Pièce de bœuf bouillie, aux choux** (Dessin 164). — Le bœuf

bouilli ne peut pas figurer dans un dîner à titre de mets luxueux, mais on peut dire qu'il peut fournir un bon relevé d'ordinaire, si le morceau est choisi avec discernement, si la viande est de bonne qualité, et enfin, si elle est cuite au point voulu. Une pièce de bœuf, bouillie, réunissant ces qualités, peut, malgré son caractère de simplicité, être fort bien appréciée par des gourmets.

Couper, sur une culotte de bœuf, un morceau en forme de carré long (de 3 à 4 kilogrammes), à partir de la naissance de la queue, en remontant vers les reins;

Fig. 164.

c'est cette partie qu'on appelle la *pointe de culotte*, et qui es la plus propice pour bouillir. Désosser la viande, la ficeler, la laver, la mettre dans une marmite, la couvrir largement avec de l'eau froide; poser le vase sur feu, ajouter le sel nécessaire, écumer le liquide; au premier bouillon, le retirer sur le côté de façon qu'il ne fasse que frissonner; 2 heures après, ajouter 2 grosses carottes, 2 gros navets, 1 gros oignon piqué de girofle, 2 poireaux liés avec une poignée de cerfeuil; continuer l'ébullition pendant 6 heures, à vase couvert et à feu doux; retirer ensuite la marmite hors du feu. Au moment de servir, égoutter la viande, la débrider, la parer, sur les bouts, la couper droit en dessous, puis l'arrondir sur les côtés, et la dresser sur un plat, soit entière, soit après l'avoir découpée en tranches, en la reformant; l'entourer avec une garniture de choux braisés; envoyer séparément une saucière de jus ou de sauce brune.

388. Bœuf à la Prussienne (Schmorbraten). — Couper un morceau de noix de bœuf de 2 à 3 kilogrammes sans os; larder la viande dans le sens du fil de la chair, avec des filets de lard et de jambon, crus; la saupoudrer avec du sel, la déposer dans une terrine, ajouter des racines de céleri et de persil, des carottes et des oignons émincés, thym, laurier, basilic, grosses épices; la mouiller juste à couvert avec de la bière blanche [1] (Weissbier); faire macérer cette

---

[1]. Cette bière est aigrelette et gazeuse, mais légère; on peut la remplacer par de la bière d'avoine à laquelle on mêle quelques parties de vinaigre.

viande pendant 3 jours (en hiver), la tenir dans un lieu frais, la retourner de temps en temps.

Foncer une casserole avec quelques débris de lard et des légumes, poser la viande sur ce fond, la mouiller avec sa marinade ; ajouter de la bière, de façon à la couvrir ; ajouter aussi quelques couennes de lard ; poser la casserole sur feu, faire bouillir le liquide, en l'écumant. Au premier bouillon, couvrir la viande avec un fort papier, fermer la casserole, la pousser au four très-doux ou la poser sur des cendres chaudes avec du feu sur le couvercle, de façon que le liquide ne cesse pas de bouillir, mais en frissonnant ; 3 heures après, retourner la viande, continuer l'ébullition pendant encore 3 heures ; elle doit alors se trouver cuite à point. Retirer la casserole du feu, passer le fonds-de-cuisson au tamis, le dégraisser avec soin, et verser le dégraissis sur le bœuf ; couvrir la casserole, tenir la viande au chaud.

Laisser déposer le fonds-de-cuisson pendant une demi-heure, le décanter, en le versant dans une casserole ; le faire bouillir, le lier avec 100 grammes de pain d'épice, ramolli avec un peu d'eau et broyé ; le retirer sur le côté ; continuer l'ébullition modérée. Vingt minutes après, ajouter un morceau de zeste d'orange, les chairs d'un citron sans écorce ni pepins, ainsi qu'un bouquet composé de feuilles de persil, thym et laurier ; dix minutes après, dégraisser la sauce, la passer dans une autre casserole, lui mêler 2 cuillerées de gelée de groseilles, et après quelques minutes d'ébullition, la verser sur le bœuf dressé sur un plat ; ranger sur la viande quelques tranches minces de citron, envoyer en même temps un petit plat de concombres salés, pelés, coupés en tronçons, puis remis en forme.

389. **Bœuf à la daube, de Marseille** (Dess. 165). — Le bœuf à la mode, tel que je vais le décrire, est sans doute le mets le plus national de la Provence.

Couper sur une noix de bœuf, un morceau de 2 ou 3 kilogrammes, le distribuer en carrés de 150 à 175 grammes chacun, les larder, en les traversant de part en part avec des filets de lard et de jambon, assaisonner ces viandes.

Hacher 500 grammes de lard, le mettre dans une marmite en terre, le faire fondre à feu modéré ; l'égrapper à l'aide d'une écumoire ; ajouter alors les carrés de viande, les faire sauter sur feu modéré pendant 10 à 12 minutes ; les mouiller avec la valeur d'une demi-bouteille de vin rouge ; faire bouillir celui-ci à feu vif jusqu'à ce qu'il soit à peu près réduit, mais en observant de faire sauter souvent les viandes afin qu'elles ne s'attachent pas à la marmite ; quand le vin est réduit, retirer la marmite sur des cendres chaudes, en l'entourant jusqu'à moitié de sa hauteur. Ajouter aux viandes un morceau d'écorce d'orange sèche, quelques gousses d'ail entières, un bouquet de persil, 2 feuilles de laurier, et enfin un pied de porc désossé, flambé et blanchi ; à défaut de pied, une poignée de

BOUCHERIE. — BOEUF.

couennes de lard, également blanchies. Couvrir la marmite, d'abord avec un rond de fort papier, puis avec une assiette creuse ; verser de l'eau dans l'assiette, cuire le bœuf pendant 8 heures, en ayant soin d'entretenir autour des cendres quelques charbons embrasés, afin qu'elles se maintiennent toujours chaudes, et que le liquide puisse bouillir sans interruption, mais d'un bouillon à peine sensible ; faire sauter la viande deux fois seulement. Quand le bœuf est cuit, il doit être parfumé, de haut goût, et succulent. — Au moment de servir, dresser

Fig. 165.

la viande sur un plat creux, l'entourer avec des carrés de gras-double cuits séparément ; dégraisser le fonds-de-cuisson, en supprimer les ingrédients, le verser sur le bœuf.

Par le dessin joint à cet article, j'ai voulu démontrer la méthode de cuisson pratiquée dans le midi de la France ; mais dans les cuisines où l'on dispose d'un fourneau à gaz, la cuisson du bœuf à la daube peut être réglée d'une façon encore plus régulière.

390. **Bœuf salé de Hambourg aux épinards.** — Le bœuf de Hambourg est salé et fumé ; il jouit d'une grande réputation en Allemagne ; il est excellent s'il est récemment fumé. On sale indistinctement l'aloyau, les côtes, la noix ou la poitrine de bœuf ; les premiers de ces morceaux sont généralement

désossés avant d'être salés, puis roulés et ficelés ; la poitrine seule est fumée dans être désossée. — Prendre un morceau de bœuf fumé, le faire dégorger à l'eau froide pendant 5 à 6 heures, le cuire, en procédant comme il est dit pour les jambons. Au moment de servir, égoutter la viande, la parer, la découper en tranches, dresser celles-ci sur un plat, en reformant la pièce ; masquer les viandes avec un peu d'espagnole légère, envoyer en même temps une garniture d'épinards.

391. **Paëlla à l'Espagnole.** — La *paëlla* est le mets indispensable aux grands festins des Espagnols, car il est trop coûteux pour être servi tous les jours ; dans certains cas, il forme à lui seul tout le dîner, tout au moins pour les mets de cuisine. — J'engage les cuisiniers à ne servir ce mets qu'à des Espagnols.

Il entre dans les apprêts de ce mets, comme viande : filet de bœuf, filet de porc, *chorisos* et jambon ; comme volaille et gibier : poulets, pigeons, perdreaux, lapins ; comme poisson : anguilles, pageaux, escargots ; comme légumes : artichauts tendres, poivrons doux, frits à l'huile, pelés ; petits-pois, fèves, carottes, tomates. Quant aux quantités, elles sont relatives, et subordonnées au nombre des convives, ou plutôt des plats qu'on veut garnir, car chaque espèce de viande ou de poisson doit être dressée dans un plat séparé.

Pour opérer, il faut faire revenir séparément les viandes, les volailles et les poissons : les corps gras, avec du saindoux, le poisson avec de l'huile.

Quand les viandes de boucherie sont revenues, il faut les placer dans une large braisière, les faire braiser à court-mouillement ; à moitié de cuisson, ajouter les volailles et les chorisos, puis enfin une partie des légumes choisis : les viandes, les volailles et les légumes, doivent se trouver cuits en même temps ; mais un quart d'heure avant de les retirer, allonger le mouillement, de façon que les viandes se trouvent mouillées à hauteur ; pour chaque litre de liquide, ajouter alors un tiers de litre de riz, non lavé, un peu de safran, un peu de poivre rouge ; cuire le riz, en le tenant un peu ferme. — Opérer de la même façon pour cuire les poissons et le restant des légumes.

Au moment de servir, dresser les viandes de boucherie dans un plat, avec une partie des légumes et du riz. Dresser la volaille, le gibier et le poisson dans des plats différents.

392. **Miroton de bœuf.** — Couper en tranches peu épaisses, un morceau de culotte de bœuf cuite. Émincer 3 ou 4 oignons, et quelques échalotes, les faire revenir de couleur blonde, avec du beurre ; leur mêler une gousse d'ail entière, une feuille de laurier, les saupoudrer avec une pincée de farine ; deux secondes après, les mouiller, peu à peu, avec du jus, et un peu de vinaigre ou du vin blanc, de façon à former une sauce peu liée ; colorer cette sauce avec un peu de caramel, si

BOUCHERIE. — BOEUF.

elle était pâle ; lui mêler quelques champignons frais, hachés ou émincés, ainsi qu'une pincée de poivre. Cuire la sauce pendant quelques minutes, lui mêler les tranches de bœuf : la sauce doit couvrir juste les viandes. Fermer la casserole, faire mijoter le bœuf pendant 20 minutes, sur feu très-doux, ou au four ; dressez les tranches de bœuf sur un plat, en couronne et à cheval : retirer le laurier et l'ail, dégraisser la sauce, la verser sur le bœuf.

393. Agnoloti de Turin. — Préparer une pâte à nouille avec 500 grammes de farine, un jaune d'œuf, un petit morceau de beurre, et de l'eau. — Parer un morceau de bœuf braisé, froid, le couper en petits morceaux et le hacher. — Faire revenir, dans une casserole, avec du beurre, 2 cuillerées-à-bouche d'oignon haché, le mouiller avec quelques cuillerées de bouillon, faire réduire le liquide à glace ; retirer alors la casserole du feu, mêler les viandes hachées à l'oignon ; incorporer à l'appareil une poignée de parmesan râpé, l'assaisonner, le laisser refroidir. — Diviser la pâte en deux parties, les abaisser tour à tour très-minces. Prendre l'appareil avec une cuiller, ranger sur la surface de la pâte, et à distance les unes des autres, de petites boules d'appareil. Humecter la pâte au pinceau ; masquer la première abaisse avec la seconde, l'appuyer entre les petites boules d'appareil, la couper avec une roulette, de façon à obtenir des ravioles carrées ; les ranger à mesure sur un linge fariné, étalé sur une plaque. Quelques minutes avant de servir, plonger les *agnoloti* dans de l'eau bouillante et salée, les faire bouillir quelques secondes, les retirer sur le côté ; 7 à 8 minutes après, les égoutter.

Cuire 3 à 400 grammes de beurre, au degré de la *noisette* ; lui mêler la valeur de 2 décilitres de bon jus de braise ou d'étuvée ; au premier bouillon, retirer le liquide du feu, lui mêler les *agnoloti* ; les rouler dans cette sauce, les saupoudrer avec une poignée de parmesan râpé, les dresser sur un plat, les saupoudrer aussi en dessus, avec du fromage.

394. Srasis aux oignons. — Prendre la tête d'un filet de bœuf, en supprimer la graisse et la peau nerveuse ; couper sur la viande 6 bandes de 7 à 8 centimètres de long sur 4 de large ; battre légèrement ces bandes avec le dos d'un couteau, les assaisonner.

D'autre part, émincer 2 ou 3 oignons blancs, les mettre dans une poêle avec un morceau de beurre, les faire revenir tout doucement de belle couleur ; les assaisonner, les mouiller avec 4 cuillerées de jus ; faire bouillir celui-ci jusqu'à ce qu'il soit réduit ; saupoudrer alors les oignons avec une poignée de mie de pain, mêlée avec du persil haché ; laisser refroidir l'appareil, le diviser en six parties ; les poser, à mesure, sur les bandes de viande coupées, en les étalant ; rouler ces bandes en forme de paupiettes, les lier avec du gros fil, les ranger dans une casserole beurrée, les faire revenir sur feu, en les retournant, afin de roidir la viande ; les mouiller à trois quarts de hauteur avec du jus clair et du vin blanc, les couvrir, et finir de les cuire avec du feu sur le couvercle ; les débrider alors, les dresser sur un plat ; dégraisser le fonds de leur cuisson, l'allonger avec un peu de sauce légère, le faire bouillir, le verser sur les *srazis*, en le passant.

395. **Srazis à la Polonaise.** — Cuire à court-mouillement 100 grammes de gruau de sarrasin (*kascha*), avec du bouillon, du sel et du beurre ; le tenir consistant ; le retirer du feu, l'assaisonner, le finir avec quelques cuillerées de fines-herbes cuites.

Hacher 500 grammes de viande de filet de bœuf, prise du côté de la tête, assaisonner le hachis, l'abaisser, avec la lame du couteau, en bande mince, ayant 4 à 5 centimètres de largeur ; sur cette bande, étaler une couche de kascha, puis diviser transversalement la bande en parties de 3 à 4 centimètres : rouler celle-ci sur elle-même, de façon que la bande de viande enferme exactement le kascha. Lier les *srazis* avec du fil, les ranger, les uns à côté des autres, dans une casserole plate, beurrée, saupoudrée avec une pincée d'oignon haché. Faire légèrement revenir les *srazis* à feu vif, puis couvrir la casserole, et finir de les cuire à feu très-doux avec des cendres chaudes sur le couvercle de la casserole.

Au moment de servir, dresser les *srazis* sur un plat, mêler au fonds de leur cuisson, un peu de vin blanc et de sauce ; faire réduire celle-ci pendant 2 minutes, la passer, la finir avec un peu de persil haché, la verser sur les *srazis*.

396. **Entre-côtes des gourmets.** — Couper 4 entre-côtes, les parer, les battre légèrement, les assaisonner, les rouler dans du beurre fondu, les ranger sur un gril, l'une à côté de l'autre, les faire cuire à bon feu ; 5 minutes après, les retourner ; placer aussitôt dans le creux qu'a fait la viande une petite cuillerée de moelle de bœuf, pilée et passée au tamis. — D'autre part, mettre dans une casserole 2 cuillerées d'échalotes hachées, les faire revenir avec un morceau de beurre, sans prendre couleur ; les mouiller avec un peu de glace fondue ; donner un seul bouillon au liquide, le retirer sur le côté du feu, lui incorporer 150 grammes de beurre frais, divisé en petites parties, sans cesser de tourner la sauce jusqu'à ce que le beurre soit dissous ; lui incorporer alors une cuillerée de bon vinaigre, une pincée de persil haché, une pointe de cayenne, et enfin, un morceau de moelle de bœuf, blanchie entière, coupée en carrés ; dresser les entre-côtes dans un plat chaud, verser la sauce au fond de celui-ci.

397. **Petits-pâtés feuilletés, à la graisse de bœuf** (Dessin 166). — Le petit-pâté est un mets essentiellement national en France, un des plus vieux, et sans doute aussi, un de ceux auxquels la mode restera fidèle. Dans

la capitale comme dans les provinces, là où il existe un simple traiteur ou un pâtissier, on mange des petits-pâtés ; là où les pâtissiers font défaut, ce sont les confiseurs qui les remplacent. Mais ils sont bien meilleurs, ils ont bien plus de prix quand on les prépare chez soi, et surtout quand on attend pour les manger, car le petit-pâté doit être mangé aussitôt cuit. Le feuilletage tel qu'on le prépare dans les grandes cuisines, même alors qu'on possède les connaissances voulues, n'est pas toujours facile à exécuter, car, avant tout, il faut posséder les matières

Fig. 166.

premières ; or, le bon beurre, l'élément le plus actif du feuilletage, fait souvent défaut en province, à la campagne, et à l'étranger ; c'est pour parer à cet inconvénient, trop fréquent, que je vais prescrire une formule pouvant rendre bien des services.

Pâte feuilletée. — Avec 400 grammes de farine[1], un peu de sel, demi-litre d'eau froide, préparer une pâte lisse ; la laisser reposer un quart d'heure.

Peser 400 grammes de graisse de rognons de bœuf fraîche, bien épluchée, la hacher, la piler jusqu'à ce qu'elle soit bien lisse ; la passer au tamis, si elle n'était pas lisse. Poser la pâte sur la table farinée, l'abaisser avec la main, en lui donnant une forme carrée. Travailler la graisse dans un linge humide, ou sur la table, l'amener au même degré de mollesse que la pâte, en lui donnant aussi la forme carrée, mais moins large que l'abaisse de pâte ; poser cette graisse sur le centre de la pâte, replier les bords de celle-ci sur la graisse, afin de l'enfermer complètement.

Avec cette pâte, préparer du feuilletage à 6 tours ; l'abaisser d'un quart de centimètre d'épaisseur, la couper en ronds, avec un coupe-pâte uni, rassembler les rognures de la pâte, les abaisser un peu plus mince que la première abaisse, la couper en ronds de même dimension.

Humecter légèrement une plaque, sur celle-ci, ranger les ronds les plus minces,

---

1. La farine doit être blanche, fine, sèche et pas trop fraîche. Le four doit être non-seulement chaud à point, mais bien atteint et sec. A défaut d'un four dans les conditions voulues, on peut très-bien cuire des petits-pâtés dans le four de campagne, et au besoin dans un four de boulanger.

en les posant à distance de 2 centimètres et demi l'un de l'autre ; poser sur chaque rond une petite boulette de godiveau à la ciboulette, de la grosseur d'une noisette ; avec le pinceau, humecter la surface des ronds (autour de la farce) et poser aussitôt sur le godiveau, un des ronds coupés en premier lieu ; l'appuyer d'abord avec le pouce afin de le souder avec le rond du dessus ; l'appuyer aussi avec le revers d'un coupe-pâte plus petit que le premier ; dorer le dessus de chaque petit-pâté, pousser la plaque à four légèrement tombé, mais chaud ; cuire les petits-pâtés pendant 18 à 20 minutes ; les détacher de la plaque, les dresser en buisson sur une serviette pliée.

398. **Croûtes à la moelle de bœuf.** — Faire dégorger à l'eau froide (pendant 2 heures) 2 ou 3 morceaux de moelle de bœuf, ayant de 5 à 6 centimètres de long ; les égoutter, les placer dans une petite casserole, les couvrir avec du bouillon de la marmite passé, non dégraissé. Faire bouillir le liquide pendant quelques minutes, retirer la casserole hors du feu. Un quart d'heure après, égoutter les morceaux de moelle sur un linge, les couper transversalement en tranches, les assaisonner avec un peu de sel et du cayenne, les dresser sur des croûtes de pain de forme ovale, frites au beurre ou grillées ; les saupoudrer avec un peu de ciboulette hachée, les dresser sur une serviette, les envoyer aussitôt.

399. **Gras-double à la Lyonnaise.** — Prendre 7 à 800 grammes de gras-double cuit, le couper en filets un peu épais, ayant de 3 à 4 centimètres de long ; les assaisonner, les fariner, par petites quantités à la fois, les plonger dans de la bonne friture chaude ; 5 à 6 minutes après, les égoutter.

D'autre part, émincer 2 ou 3 oignons blancs, les mettre dans une poêle avec de l'huile et du beurre, une gousse d'ail ; les faire revenir à feu modéré jusqu'à ce qu'ils soient de belle couleur, et à peu près cuits ; ajouter alors les filets de gras-double frits, les assaisonner avec une pointe de cayenne, les faire sauter jusqu'à ce que l'oignon soit cuit ; supprimer la gousse d'ail, saupoudrer le ragoût avec un peu de persil haché, le retirer du feu, ajouter le jus de 2 citrons ou un filet de bon vinaigre, le dresser sur un plat chaud.

400. **Rumstecks grillés** (Dessin 167). — Les Anglais qui, en général, estiment peu le filet de bœuf grillé, le remplacent avantageusement par des tranches coupées sur la *culotte* du bœuf : c'est ce qu'ils appellent *rumpsteak* ; mais, pour se risquer à servir des viandes grillées prises sur cette partie du bœuf, il est indispensable qu'elles proviennent d'un animal jeune, engraissé avant d'avoir travaillé. En France, les *rumpsteacks*, dans les conditions voulues de tendreté et de succulence, sont difficiles à trouver, par ce motif qu'on ne tue généralement que des bœufs de 3 à 5 ans, ayant déjà travaillé.

Prendre la *culotte* d'un jeune bœuf, en supprimer les os, diviser transversalement la *pointe de culotte* en tranches d'un centimètre et demi d'épaisseur ; les saupoudrer avec du sel et du poivre, les humecter avec du beurre fondu, les faire

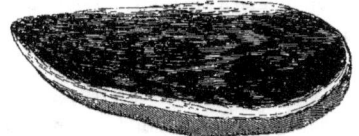

Fig. 167.

griller pendant un quart d'heure à bon feu, en les retournant ; les dresser sur un plat, les glacer au pinceau, envoyer en même temps un plat de pommes de terre.

401. Gras-double à la Toulousaine. — Prendre un morceau de gras-double de bœuf cru (3 à 4 kilogrammes) ; le mettre dans une marmite, avec de l'eau, amener celle-ci à l'ébullition ; égoutter alors le gras-double, le racler, le laver à plusieurs eaux, le diviser en carrés de 6 centimètres. — Hacher 3 à 400 grammes de lard, le faire fondre dans une marmite en terre ; enlever les grappes avec l'écumoire, ajouter le gras-double, un verre de vin blanc, quelques cuillerées de cognac, et assez de bouillon pour couvrir le gras-double ; puis un morceau de jambon cru, une tête d'ail, une carotte, un gros oignon, quelques grosses épices, et un bouquet de persil garni ; poser la marmite sur le feu, faire bouillir le liquide ; la fermer hermétiquement avec une assiette ordinaire et un poids dessus ; la retirer aussitôt sur des cendres chaudes, en l'entourant jusqu'à moitié de sa hauteur (Voy. Dessin 165), en ayant soin d'entretenir autour des cendres un feu suffisant pour que le liquide puisse bouillir pendant 8 à 10 heures sans violence ni interruption.

Égoutter le gras-double avec l'écumoire ; passer le fonds-de-cuisson, le dégraisser avec soin. — Faire fondre du beurre dans une casserole, lui mêler une cuillerée de farine, cuire celle-ci sur feu modéré sans la colorer, la délayer avec le fonds-de-cuisson du gras-double, de façon à obtenir une sauce légère. Au premier bouillon, la retirer sur le côté du feu ; lui mêler 200 grammes de jambon cru, coupé en dés ; 10 minutes après, ajouter le gras-double, le faire mijoter dans la sauce pendant une demi-heure ; dégraisser celle-ci, la finir avec une pincée de persil, et 2 cuillerées de cornichons hachés ; dresser le ragoût sur un plat bien chaud.

402. Gras-double à la Vénitienne. — Prendre 5 à 600 grammes de bon gras-double cuit, le diviser en bandes ; couper celles-ci transversalement en filets minces; couper aussi en filets quelques gros champignons frais; les mettre avec le gras-double, dans une casserole; ajouter un morceau de beurre, le suc de 2 citrons, un peu de jus, sel et poivre; couvrir la casserole, cuire le gras-double à feu modéré, jusqu'à ce que l'humidité soit réduite. Lier alors le ragoût avec un peu de sauce tomate, et un peu de glace; ajouter une pointe de cayenne; donner 2 bouillons à la sauce; la finir avec une pincée de persil haché.

403. **Gras-double à la mode du Dauphiné.** — Couper en julienne un oignon, un poireau, une carotte, un morceau de racine de céleri, 4 ou 5 champignons; faire d'abord revenir le poireau et l'oignon, la carotte et le céleri, en dernier lieu les champignons; quelques minutes après, ajouter la valeur d'un kilogramme de gras-double de bœuf, cuit, coupé en gros filets; faire revenir ceux-ci pendant quelques minutes; assaisonner le ragoût, le mouiller juste à hauteur avec du jus et de la sauce tomate; ajouter un bouquet de persil garni avec des aromates et une gousse d'ail; faire bouillir le liquide, le retirer sur feu modéré; cuire le gras-double pendant 35 à 40 minutes : la sauce doit alors se trouver réduite en demi-glace; la dégraisser, et servir.

404. **Gras-double à la mode de Caen.** — Prendre 3 kilogrammes de gras-double de bœuf, cru, bien propre, le diviser en carrés, déposer ceux-ci dans une terrine; ajouter 2 pieds de bœuf désossés, coupés en morceaux; assaisonner avec sel, grains de poivre, clous de girofle. — Masquer le fond d'une marmite en terre avec des tranches de lard; sur celles-ci placer 2 oignons, une carotte, quelques gousses d'ail, un bouquet d'aromates, et enfin 500 grammes de petit-salé coupé en carrés; sur ceux-ci, ranger les morceaux de gras-double et de pieds, en les entremêlant; les mouiller à hauteur avec du cidre. Faire bouillir le liquide, luter le couvercle de la marmite, avec de la pâte à l'eau, la poser sur une couche épaisse de cendres chaudes, en l'entourant jusqu'à moitié de sa hauteur; entretenir la chaleur des cendres, de façon que l'ébullition soit continue et régulière, mais douce (Voy. Dessin 165); cuire le ragoût pendant 10 heures. Égoutter les carrés de gras-double, et les morceaux de pieds, les ranger dans une terrine pouvant aller au feu. Dégraisser le fonds-de-cuisson, le verser sur les viandes, en le passant au tamis, poser la terrine sur feu, au premier bouillon la couvrir et l'envoyer.

405. **Gras-double à la mode de Dijon.** — Choisir un carré de gras-double cuit et blanc, ayant 30 centimètres de diamètre. Faire revenir avec du beurre ou du saindoux, dans une casserole, 2 cuillerées d'oignon haché, mêlé avec quelques échalotes; le faire colorer, ajouter une douzaine de moyens champignons frais, hachés; cuire ceux-ci à feu vif jusqu'à ce que leur humidité

BOUCHERIE. — BŒUF.

soit évaporée; assaisonner ces fines-herbes avec sel et poivre, additionner 3 cuillerées-à-bouche de câpres hachées, les laisser refroidir; leur incorporer une poignée de mie de pain râpé, un peu de persil, et enfin un morceau de bon beurre, de façon à former du tout une pâte ferme.

Étaler le carré de gras-double sur un linge, poser la pâte préparée sur le centre de ce carré; ployer aussitôt le gras-double de façon que les bords se rapportent exactement, afin de les coudre avec une aiguille et du gros fil; assaisonner le gras-double avec sel et poivre, le tremper dans des jaunes d'œuf battus, mêlés avec un peu de beurre fondu; le paner, le ranger sur un gril, le chauffer tout doucement pendant 25 minutes; le débrider, le dresser ensuite sur un plat chaud, l'envoyer avec un peu de jus autour.

406. **Gras-double grillé, à la Tartare.** — Couper en gros carrés un kilogramme de gras-double cuit, les déposer dans une terrine, les assaisonner avec du sel, un peu de cayenne, les saupoudrer avec 2 cuillerées d'oignon haché, autant de persil, les arroser avec de l'huile, les faire macérer pendant une heure. Prendre tour à tour les carrés de gras-double, les rouler dans l'huile, et les paner; les ranger à mesure sur un gril, les cuire à feu très-doux pendant 20 minutes; les dresser ensuite sur un plat chaud; les servir avec une sauce tartare.

407. **Tourte de palais de bœuf.** — C'est une vieille entrée qu'on ne sert plus guère à Paris, mais encore très en vogue en province; elle est, du reste, fort bonne, simple et peu coûteuse. — Prendre le *palais* d'une tête de bœuf, en y laissant adhérer le *mufle*; le faire blanchir, en retirer la peau blanche, en le grattant; le flamber, le faire cuire, en procédant comme pour la tête de veau; il doit bouillir au moins pendant 5 heures; quand il est cuit, l'égoutter, le rafraîchir, le distribuer en moyens carrés.

Faire fondre dans une casserole, 250 grammes de lard haché; ajouter un petit oignon haché, faire revenir celui-ci sans prendre couleur, lui mêler 7 à 8 champignons également hachés; quand ceux-ci ont réduit toute l'humidité, leur mêler les viandes coupées, les faire revenir aussi; les assaisonner de bon goût; quelques minutes après, les saupoudrer avec un peu de ciboulette et de persil haché. Verser le ragoût dans un plat, le laisser refroidir.

Préparer un kilogramme de godiveau (Voy. pâté de godiveau), le finir avec une pincée de ciboulette, en prendre la moitié, le diviser, et former sur la table farinée des petites quenelles rondes; les pocher à l'eau salée, les égoutter aussitôt. Étaler sur une tourtière une abaisse de pâte brisée, mouiller les bords de la pâte, masquer le milieu avec une couche de godiveau formant un creux, s'arrêtant à 4 centimètres des bords. Sur cette farce, ranger le ragoût préparé, en l'entremêlant avec les quenelles, de façon à former un dôme; masquer le dessus de ce dôme avec une large barde de lard, le couvrir avec une abaisse en rognures de feuilletage. Terminer la tourte, en procédant comme il est dit article 316, la dorer, la pousser au four. Dès que la pâte se colore, la couvrir avec du papier; la cuire pendant une heure; en la sortant du four, la glisser sur un plat; cerner alors le dôme avec la pointe d'un couteau afin de couper un rond de pâte; par cette ouverture, enlever le lard, verser dans l'intérieur une sauce légère; recouvrir la tourte, et l'envoyer.

408. **Mufle de bœuf au cary.** — Prendre un mufle de bœuf cuit, le diviser en moyens carrés. Hacher un oignon, le faire revenir dans une casserole avec du beurre ou du saindoux, sans le colorer; ajouter alors les viandes, les faire revenir en les sautant, les assaisonner, les saupoudrer avec 2 cuillerées-à-bouche de farine, et autant de poudre de cary; 2 minutes après, mouiller le ragoût, hors du feu, avec du bouillon chaud et un peu de vin blanc; ajouter un bouquet garni d'aromates; tourner le liquide sur feu jusqu'à l'ébullition, le retirer aussitôt sur le côté. Vingt-cinq minutes après, dégraisser le ragoût, le lier avec 2 ou 3 jaunes d'œuf délayés avec de la crème, le finir avec le jus d'un citron, le dresser dans une bordure de riz.

409. **Filets de palais de bœuf, gratinés.** — Faire blanchir 4 à 5 filets de palais de bœuf jusqu'à ce que l'épiderme s'en détache, en les grattant avec un couteau; quand ils sont propres, les rafraîchir, les mettre dans une casserole avec un peu de vin blanc, sel, grosses épices, un oignon, une carotte, un bouquet d'aromates; les couvrir avec de l'eau, les cuire comme un pot-au-feu pendant 4 à 5 heures. — Dans l'intervalle, émincer 4 douzaines de champignons frais, propres. Hacher un oignon, le faire revenir dans une casserole, avec du beurre, en le tournant, sans le faire colorer; lui mêler les champignons, faire réduire à ceux-ci toute l'humidité; ajouter alors à ces fines-herbes un bouquet de persil, garni avec une gousse d'ail et des aromates; les assaisonner avec sel et une pincée de cayenne, les lier avec quelques cuillerées de béchamel, les faire bouillir pendant 2 secondes, retirer la casserole du feu. Égoutter les palais de bœuf, les parer en petits carrés longs, les assaisonner, les mêler aux fines-herbes, ainsi qu'un peu de persil haché; verser alors le ragoût dans un plat creux, le saupoudrer avec de la mie de pain, l'arroser avec du beurre fondu, le faire gratiner pendant 20 minutes à four modéré.

410. **Bouchées de palais de bœuf.** — La méthode pour préparer les bouchées est décrite article 261. — Couper en petits dés 2 ou 3 filets de palais de bœuf cuits, refroidis. Placer le salpicon dans une petite casserole avec un tiers de son volume de champignons, cuits, coupés comme les palais. Verser dans une casserole quelques cuillerées de béchamel, finie au moment, et passée, la faire

réduire, en la tournant, et incorporant, peu à peu, la valeur d'un décilitre de glace fondue; quand elle est de bon goût, et crémeuse, lier le salpicon avec elle, tenir la casserole au bain-marie. — Au moment de servir, chauffer les bouchées, les garnir avec l'appareil, les couvrir avec leur couvercle, les dresser en buisson sur une serviette.

411. Attereaux de palais de bœuf. — Prendre quelques filets de palais de bœuf cuits, les égoutter, les couper en carrés de 2 à 3 centimètres, les déposer dans une terrine, les assaisonner, leur mêler 3 cuillerées de fines-herbes cuites, et moitié de leur volume de truffes et champignons cuits, coupés comme les palais de bœuf. Enfiler, tour à tour, les carrés de viande, les truffes et les champignons, à de petites brochettes, en les serrant; les tremper dans une sauce Villeroi, préparée au moment, et encore tiède; les ranger à mesure sur une plaque (à distance l'une de l'autre); laisser refroidir la sauce, détacher ensuite les attereaux de la plaque, les rouler dans de la mie de pain, les tremper dans des œufs battus, les paner de nouveau. — Au moment de servir, plonger les attereaux à friture chaude, les égoutter aussitôt qu'ils sont de belle couleur, les dresser en buisson sur une serviette, avec du persil frit autour.

412. Queue de bœuf grillée à l'Alsacienne. — Distribuer une queue de bœuf, en tronçons de la longueur de 7 à 8 centimètres, les faire blanchir, les cuire à court mouillement, sans les faire glacer; les laisser à peu près refroidir dans leur cuisson, les retirer ensuite, les faire bien égoutter. Quand ils sont froids, les parer légèrement, les rouler dans du beurre ou du saindoux fondu, les paner et les faire griller à feu très-doux pendant 25 minutes; les dresser alors sur une garniture de choucroute cuite, dressée sur un plat.

413. Queue de bœuf à la purée de marrons. — Choisir une belle queue de bœuf, couper les parties les plus épaisses en tronçons de 8 à 10 centimètres, les laisser dégorger pendant 2 heures, les faire blanchir jusqu'à l'ébullition. — Foncer une casserole ovale avec des débris de lard et des légumes émincés, ajouter un bouquet d'aromates; saler légèrement les tronçons, les faire braiser à feu modéré, pendant 5 à 6 heures, en allongeant le mouillement de temps en temps. Quand ils sont à point, les égoutter, les dresser en buisson sur un plat, les entourer avec 4 bouquets de purée de marrons dressés sur les deux bouts et des deux côtés du plat; passer le fonds-de-cuisson, le dégraisser; le faire réduire, le verser dans le plat.

414. Langue de bœuf à l'oseille. — Retirer le cornet à une langue de bœuf fraîche, la laver, la mettre dans une casserole d'eau tiède, poser la casserole sur feu, faire bouillir le liquide à l'ébullition; égoutter alors la langue la faire cuire pendant 2 heures dans la marmite du bouillon ou simplement dans de l'eau salée, avec quelques légumes et un bouquet d'aromates ; l'égoutter ensuite, en supprimer la peau, la placer dans une casserole, foncée avec des légumes ; la mouiller à moitié de hauteur avec du jus et du vin blanc, couvrir la casserole, la poser sur feu, faire réduire le liquide de moitié, et finir de cuire la langue tout doucement, en faisant tomber le mouillement en demi-glace, mais en ayant soin de la retourner afin de la glacer des deux côtés. — Au moment de servir, verser dans un plat une purée d'oseille, poser la langue de bœuf sur celle-ci, l'arroser avec le fonds-de-cuisson passé, dégraissé et réduit.

415. **Langue de bœuf à la mode de Palerme.** — Faire cuire à l'eau, pendant 2 heures, une langue de bœuf salée, l'égoutter, la placer dans une casserole foncée avec du lard et des légumes émincés ; la mouiller à peu près à hauteur avec du vin blanc et du bouillon, finir de la cuire à feu modéré. Quand elle est à point, en supprimer la peau, la glacer avec soin, la poser sur un plafond ; allonger le fonds-de-cuisson avec un peu de jus et un filet de vinaigre ; faire bouillir le liquide, le passer au tamis, le dégraisser ; le lier alors avec 100 grammes de pain d'épices, préalablement ramolli à l'eau, broyé et délayé. Au premier bouillon, retirer la casserole sur le côté du feu, cuire la sauce pendant 12 à 15 minutes, la passer sur la langue de bœuf, en ajoutant 3 à 4 cuillerées à bouche de zeste d'orange et de citron émincés et cuits à grande eau ; quelques minutes après, dresser la langue sur un plat chaud, l'arroser avec la sauce.

416. **Langue de bœuf à l'écarlate, sauce aux raisins** — La méthode pour saler les langues est la même que pour saler les viandes (V. art. 366). — Prendre une langue salée, ayant séjourné 14 jours dans la saumure ; la faire dégorger à l'eau froide pendant 2 ou 3 heures, l'égoutter ensuite ; la placer dans une casserole, la couvrir largement avec de l'eau, et faire bouillir celle-ci : au premier bouillon, retirer la casserole sur le côté du feu, maintenir le liquide frémissant pendant 3 heures ; éloigner tout à fait la casserole du feu ; la tenir ainsi pendant trois quarts d'heure. Égoutter alors la langue, en supprimer la peau, la parer, la dresser sur un plat, la masquer avec la sauce suivante :

Sauce aux raisins. — Mettre dans une casserole un verre de vinaigre, un bouquet de persil, thym, laurier, grains de poivre et clous de girofle ; faire réduire le liquide de moitié, lui mêler la valeur de 2 verres de jus, le faire bouillir, le lier avec une cuillerée-à-bouche de fécule, délayée à l'eau froide ; 5 minutes après, passer la sauce dans une autre casserole ; ajouter 2 cuillerées de gelée de groseilles, ainsi que 2 poignées de raisins de Corinthe et de Smyrne épluchés, lavés à l'eau chaude ; lui donner 5 à 6 minutes d'ébullition, à feu modéré, la verser sur la langue de bœuf.

417. Langue de bœuf à la financière (Dess. 168). — Choisir 2 langues de bœuf fraîches ou salées : si elles sont fraîches, les faire blanchir et braiser ; si elles sont salées, les cuire simplement à grande eau.

Au moment de servir, égoutter les langues, en retirer la peau, et couper une en-

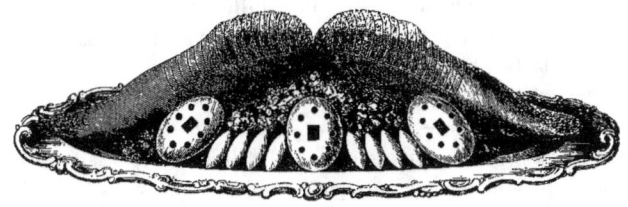

Fig. 168.

taille sur le centre ; enlever le morceau, le couper en tranches, le remettre en place. Dresser alors les langues sur un plat long, dans l'ordre représenté sur le dessin, en les appuyant sur un support en pain frit, collé sur le plat ; glacer les langues, les entourer à leur base avec un ragoût à la financière ; entourer celui-ci avec des quenelles moulées à la cuiller, et des quenelles cloutées aux truffes.

418. Langue de bœuf salée, à la choucroute. — Faire cuire à l'eau une langue salée (V. art. 416). Mettre dans une petite casserole la valeur de 2 verres de jus, et un verre de madère, ajouter un bouquet de persil garni d'aromates, quelques grains de poivre, une poignée de parures de champignon ; faire réduire le liquide de moitié, le lier avec de la sauce brune, retirer la casserole sur le côté du feu. — Quand la langue est cuite, l'égoutter, en supprimer la peau, la placer dans une casserole l'arroser avec la sauce passée au tamis ; mettre le liquide en ébullition et retirer la casserole sur feu très-doux, faire mijoter la langue dans la sauce, pendant une demi-heure ; la dresser ensuite sur une couche de bonne choucroute cuite, l'arroser avec un peu de sauce, envoyer le surplus dans une saucière.

419. Langue de bœuf à l'écarlate, purée de marrons. — Faire cuire une langue salée, en procédant comme il est dit article 416 ; l'égoutter, en supprimer la peau, la placer dans une casserole dont le fond est masqué avec des légumes émincés et des aromates, la mouiller à moitié de hauteur avec du bouillon et du vin, la couvrir d'un rond de papier ; finir de la cuire tout doucement, en la retournant ; quand elle est glacée à point, de belle couleur, la dresser sur une purée de marrons un peu consistante. Mêler un peu de bouillon au fonds-de-cuisson, le faire bouillir, le dégraisser, le passer, le faire réduire en demi-glace, le verser sur la langue de bœuf.

420. Langue de bœuf, sauce Italienne. — Faire cuire à l'eau salée, une langue de bœuf fraîche ; l'égoutter, en supprimer la peau. — Étaler au fond d'une casserole une couche de débris de lard et de légumes émincés, sur cette couche, placer quelques parures de veau, puis la langue de bœuf ; mouiller avec un peu de bouillon, faire tomber le mouillement à glace ; mouiller de nouveau la langue, jusqu'à moitié de hauteur, avec du bouillon et du vin blanc, la couvrir avec du papier graissé, finir de la cuire à feu modéré, en la retournant. L'égoutter, la glacer au four, la dresser sur un plat avec la sauce suivante :

Sauce Italienne. — Allonger le fonds-de-cuisson de la langue avec du bouillon, le faire bouillir, le passer. — Hacher un oignon avec quelques échalotes, les mettre dans une casserole avec une gousse d'ail et du beurre, les faire revenir sans prendre couleur ; leur mêler quelques poignées de champignons frais, coupés en petits dés ; quand ils ont réduit leur humidité, les mouiller avec le fonds-de-cuisson, et lier celui-ci avec un peu de sauce brune. Faire bouillir la sauce sur le côté du feu, la laisser dépouiller, la dégraisser, la faire réduire à point ; lui mêler 150 grammes de maigre de jambon cuit, coupé en dés, quelques truffes crues, épluchées, coupées comme le jambon ; un quart d'heure après, dresser la langue de bœuf sur un plat, la masquer avec la sauce.

421. Ouson-Kebap, rôti à la Turque. — Couper un morceau de filet de bœuf en gros carrés, les assaisonner avec sel et poivre, les enfiler à une petite broche mince, en les alternant avec des tranches de graisse de queue de mouton [1] et quelques feuilles de laurier, les serrer étroitement, les faire cuire au feu de broche ou à la Napolitaine ; quand les viandes sont atteintes à point, les saler, les débrocher, les dresser sur un plat.

422. Kulasch à la Hongroise. — Ce ragoût est très-fréquemment servi, et très-estimé en Allemagne ; je l'ai mangé à Vienne, préparé par un cuisinier hongrois, je l'ai trouvé excellent. — Couper en moyens carrés la tête, le bout et la chaîne d'un filet de bœuf (7 à 800 grammes). Hacher un oignon, le faire revenir avec du beurre sans le colorer, ajouter les viandes coupées ; les faire revenir pendant 10 à 12 minutes, les assaisonner avec du sel, une pincée de *paprika* ; retirer ensuite la casserole sur feu modéré avec des cendres chaudes sur le couvercle, ou à la bouche du four. Trois quarts d'heure après, quand les viandes ont réduit leur humidité, les arroser avec un peu de jus ; une demi-heure après, saupoudrer le ragoût avec une autre pincée de paprika, l'arroser

---

[1]. La queue de mouton, en Turquie, tient lieu du lard, prohibé par les lois du prophète. J'ai vu, à Constantinople, des queues de mouton qui, sans exagération, pesaient bien 10 kilogrammes. C'est à ce point qu'on est obligé de soutenir les queues des moutons vivants par une espèce de petit chariot sur lequel elle porte. Les Turcs estiment beaucoup la graisse de queue de mouton.

avec 4 cuillerées-à-bouche de sauce brune, le cuire encore 10 minutes; ajouter alors une garniture de pommes de terre coupées en petites boules, cuites à l'eau; les rouler avec la sauce; 5 minutes après, dresser le ragoût.

423. **Timbale d'amourettes, à la Romaine** (Dess. 169). — Prendre la valeur de 5 à 600 grammes de moelle épinière de bœuf qu'on appelle vulgai-

Fig. 169.

rement *amourettes* [1]; en supprimer la peau nerveuse qui les enveloppe, les faire dégorger pendant quelques heures, les cuire pendant 5 minutes avec de l'eau, légumes émincés, vinaigre et sel. Les égoutter, les couper de 4 centimètres de long, les mouiller avec un peu de bonne sauce blonde; ajouter 250 grammes de maigre de jambon cuit, coupés en petits dés, autant de truffes noires, cuites, coupées comme le jambon.

Préparer 7 à 800 grammes de farce à quenelle de veau ou de volaille. — Beurrer un moule à dôme, le décorer au fond et contre les parois avec des ronds et losanges de truffes; masquer l'intérieur avec une couche de la farce préparée, ayant un centimètre d'épaisseur. Placer le ragoût froid dans le vide du moule, le masquer en dessus avec une couche de la même farce, couvrir celle-ci avec un rond de papier beurré; poser le moule dans une casserole avec de l'eau bouillante arrivant jusqu'à moitié de sa hauteur; faire bouillir l'eau, couvrir la casserole, la retirer sur feu très-doux. Trois quarts d'heure après, renverser le moule sur un linge, afin d'en éponger l'humidité intérieure, puis renverser la timbale sur un plat; masquer le fond de celui-ci avec un peu de bonne sauce blonde, envoyer en même temps le surplus de la sauce.

424. **Noix de veau à la Soubise.** — La *noix* de veau est la partie du cuissot adhérente à l'os de jonction des deux quartiers de veau, couverte en partie par la tetine. — Détacher la noix du cuissot, en glissant la lame du couteau entre

---

[1]. En Italie et en Allemagne, les bouchers retirent toujours cette moelle des bœufs et des veaux pour la vendre séparément.

les divisions naturelles qui séparent les différentes parties du cuissot : la *noix*, la *sous-noix* et la *semelle*. Retirer l'épiderme qui entoure la tetine, sans toucher à celle-ci ; piquer avec des lardons les chairs mises à nu, à côté de la tetine. Foncer une casserole avec des débris de lard et de jambon crus, de grosses tranches de légumes ; poser la noix de veau sur ce fond, la saler en dessus, la mouiller à hauteur avec du bouillon et du vin blanc, ajouter un bouquet de persil, épices, et enfin les chairs d'un citron. Couvrir la viande avec du papier beurré, faire bouillir le liquide, retirer la casserole sur le côté du feu, mettre des cendres chaudes sur le couvercle, cuire la noix tout doucement pendant 2 à 3 heures, selon sa grosseur, en l'arrosant de temps en temps ; quand la viande est cuite, le fonds doit se trouver réduit en demi-glace ; l'égoutter alors sur un plafond, la dresser sur une couche de purée soubise ; déglacer le fonds de la casserole en le délayant avec un peu de bouillon, le faire réduire en demi-glace, le dégraisser, le verser au fond du plat, en le passant.

425. **Noix de veau à la cuiller.** — Larder intérieurement les chairs d'une noix de veau avec des filets de lard ; la déposer dans une terrine, l'arroser avec 3 verres de madère, ajouter quelques parures de champignons, un bouquet d'aromates, des grosses épices ; la couvrir avec du papier, la faire macérer, pendant 10 à 12 heures.

Foncer une casserole avec des débris de lard, quelques tranches épaisses d'oignon et de carotte ; poser la viande sur ce fond, l'arroser avec sa marinade ; ajouter une gousse d'ail, et des couennes de lard frais ; la couvrir avec un papier graissé ; poser la casserole sur le feu ; après quelques minutes d'ébullition, la retirer sur des cendres chaudes, mettre aussi des cendres sur le couvercle ; entretenir le feu au même degré, et cuire la noix de veau pendant 3 à 4 heures. — Au moment de servir, enlever la noix de la casserole, l'égoutter, la dresser sur un plat ; dégraisser le fonds-de-cuisson, lui mêler un peu de jus, le faire bouillir, le passer au tamis sur la viande. Envoyer en même temps une purée de marrons ou de céleri. — Cette noix doit être assez cuite et tendre pour être coupée à l'aide d'une cuiller.

426. **Noix de veau aux petits-pois.** — Larder les chairs intérieures d'une noix de veau (non parée) avec des filets de lard et de jambon crus. Hacher 200 grammes de lard, le faire fondre dans une casserole, ajouter la noix, la faire revenir sur feu modéré, en la retournant souvent ; quand elle est de belle couleur, la mouiller au quart de hauteur avec la valeur d'un verre de bouillon, ajouter une carotte, et un oignon piqué de clous de girofle. Continuer de cuire la viande pendant 2 heures, toujours à feu modéré, ou à la bouche du four. Quand la noix est aux trois quarts cuite, retirer l'oignon et la carotte, entourer la viande avec trois quarts de litre de petits-pois, ainsi qu'avec 200 grammes de

petit-salé coupé en carrés ; ajouter un bouquet garni ; couvrir la casserole, finir de cuire ensemble la viande et les pois à feu très-doux ; égoutter ensuite la noix, retirer le bouquet, lier les pois avec un morceau de beurre-manié, ajouter une pointe de muscade, les dresser dans un plat, poser la noix sur les petits-pois.

427. **Noix de veau à la duchesse** (Dessin 170). — Choisir une belle et grosse noix de veau, bien blanche, la parer, la clouter avec des filets de truffes

Fig. 170.

crues, coupés carrés d'un côté, pointus de l'autre ; saler la viande, masquer les parties cloutées avec des bardes de lard ; la ficeler, la placer dans un plafond foncé avec des débris de graisse ou du lard, l'arroser avec du beurre fondu, la faire cuire au four modéré pendant 2 heures, en l'arrosant avec la graisse du plafond ; la déballer ensuite, la dresser sur un plat long, l'entourer avec des pommes de terre à la duchesse, en forme de carré long ; la glacer au pinceau, envoyer en même temps un peu d'espagnole réduite avec une partie du fonds-de-cuisson, les épluchures des truffes, et du vin.

428. **Noix de veau à la Bordelaise.** — Dans les pays où la viande de veau est maigre et sèche, les cuisiniers doivent s'attacher à suppléer par des apprêts ingénieux aux qualités qui lui font défaut. Dans les cuisines où l'abondance ne règne pas toujours, il faut tirer parti de ce qu'on a ; l'essentiel est de donner à ces apprêts une apparence convenable.

Prendre une noix de veau cuite, braisée de préférence, la distribuer en tranches pas trop minces. — Laver 2 douzaines de têtes de cèpes, les égoutter, et avec elles, préparer un émincé.

Une demi-heure avant de servir, étaler une couche d'émincé sur un plat ; sur cette couche, dresser régulièrement les viandes coupées, en alternant chaque tranche avec une petite partie du ragoût ; les masquer en dessus avec le restant, saupoudrer celui-ci avec un peu de mie de pain, l'arroser avec du beurre fondu ; tenir le plat à four chaud pendant 20 minutes, en arrosant souvent les viandes avec leur propre fonds ; quand elles sont cuites, en égoutter la graisse, essuyer le plat, verser un peu de bon jus au fond de celui-ci.

429. **Noix de veau à la mode de Pontoise.** — Parer une belle et bonne noix de veau sans retirer la tetine ; la clouter en dessus et en dessous avec des filets carrés, crus, de maigre de jambon et de lard, assaisonnés. Beurrer le fond d'une casserole, le masquer avec des carrés de petit-salé, poser la noix de veau sur ceux-ci, la faire revenir à feu modéré, en la retournant, afin de la colorer sur toutes les surfaces ; l'assaisonner avec sel et poivre, la mouiller avec un verre de vin blanc, la cuire ainsi pendant une heure, à feu modéré, avec des cendres chaudes sur le couvercle ; ajouter alors une garniture de légumes tendres, composés de carottes et petits oignons crus ; assaisonner les légumes, continuer la cuisson à feu modéré. Quand les légumes et la viande sont cuits, dresser la noix sur un plat, l'entourer avec les légumes, passer le fonds, le dégraisser, le verser dans le plat.

430. **Noix de veau à la broche.** — Parer une noix de veau, en retirer la tetine ; l'arrondir, et larder intérieurement les chairs avec des filets carrés de jambon cru, des filets de lard et de truffes ; l'assaisonner avec sel et épices, la masquer avec quelques parures de truffes crues, branches de thym et feuilles de laurier, l'envelopper complétement avec une crépine de porc, en soutenant celle-ci avec de la ficelle. Fixer la noix sur broche, à l'aide d'une brochette en fer ; la cuire à bon feu pendant une heure ; la déballer, la cuire encore 10 à 12 minutes, en l'arrosant ; la débrocher ensuite, la dresser sur un plat ; verser au fond de celui-ci une sauce tomate.

431. **Noix de veau à la béchamel.** — Parer une noix de veau sans laisser la tetine ; la larder intérieurement avec du lard, l'assaisonner, la placer dans une casserole, foncée avec des débris de lard et de jambon, quelques légumes émincés ; la faire braiser à court mouillement, en la glaçant. — Préparer un émincé de champignons à la béchamel. Quand la noix de veau est cuite, l'égoutter, la découper en tranches minces. Étaler au fond d'un plat une couche d'émincé, et sur celle-ci, dresser les tranches de viande, en reformant la noix, mais en ayant soin d'alterner chaque tranche avec une petite partie d'émincé. Quand la noix est reformée, la masquer aussi avec l'émincé, la pousser à four chaud, faire légèrement colorer la surface ; en la sortant, l'entourer avec une garniture de croquettes de pommes de terre.

432. **Noix de veau au gratin.** — Prendre une noix de veau cuite, refroidie, la parer ronde, la cerner sur le haut, la vider, à l'aide d'un couteau, en laissant un fond ; la poser sur un plat pouvant aller au four. Parer les viandes enlevées, les couper en petits dés, les mettre dans une casserole avec un tiers de leur

volume de truffes et de champignons cuits, coupés comme les viandes; lier ce salpicon avec quelques cuillerées de sauce réduite, un peu consistante; l'assaisonner, verser le ragoût dans la caisse formée par la noix; le masquer avec une couche de sauce épaisse, le saupoudrer, ainsi que la viande, avec de la mie de pain, l'arroser avec du beurre fondu. Verser un peu de jus dans le plafond, pousser celui-ci à four doux, chauffer la viande pendant trois quarts d'heure, en l'arrosant avec son fonds. — Au moment de servir, dresser la noix sur un plat, l'entourer avec une garniture de croquettes de pommes de terre. Mêler un peu de vin au jus du plafond, le faire réduire en demi-glace, le lier avec un peu de sauce, le verser dans une saucière.

433. **Quartier de veau rôti à l'Anglaise** (Dessin 171). — La broche anglaise dont je donne ici un dessin est un ustensile si bien compris et si pratique,

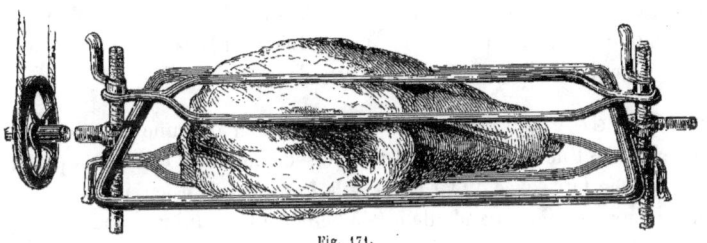

Fig. 171.

qu'on peut s'étonner de ne pas le trouver dans toutes les cuisines. Pouvoir cuire à la broche une grosse pièce de viande sans être dans l'obligation de la traverser avec une broche, est un avantage si évident que tout le monde est à même de l'apprécier. Au point de vue de la facilité et de la sécurité, la broche anglaise est supérieure à toutes les autres: quelque grosse que soit une pièce de boucherie, on peut toujours la mettre en équilibre, la faire rôtir et la colorer d'une égale nuance. C'est dans le but d'en démontrer l'utilité et la perfection que j'en reproduis ici un dessin.

Choisir un quartier de veau bien blanc, le parer, scier le manche au-dessous de la jointure du pied, écourter l'os du *quasi*, l'envelopper dans du papier, le placer en équilibre sur les soutiens inférieurs de la broche à berceau, serrer les vis des deux côtés afin de la maintenir ferme. L'envelopper avec du papier beurré, le faire tourner devant un bon feu; une heure après, le déballer, et finir de le cuire, en l'arrosant avec la graisse de la lèchefrite; le dresser ensuite sur un plat, le papilloter. Envoyer séparément une saucière de bon jus, et un plat de légumes frais, cuits à l'eau salée ou à la vapeur. — On découpe le quartier de veau d'après la même méthode que les gigots de mouton.

434. Noix de veau à la Genevoise. — Émincer 2 oignons, les faire revenir dans une casserole avec du lard haché et 150 grammes de jambon cru ; ajouter quelques parures de truffes et de champignons, branches de persil, aromates, grains de poivre ; les mouiller avec le quart d'un verre de vin blanc, faire réduire celui-ci à glace.

Parer une noix de veau crue, la larder intérieurement avec des filets de lard et de jambon, l'assaisonner, la masquer avec l'appareil préparé ; l'envelopper aussitôt dans une crépine de porc, la déposer dans une casserole foncée avec des débris de lard et des légumes; la mouiller avec un verre de vin blanc, la faire cuire à feu très-doux, avec des cendres chaudes sur le couvercle. Deux heures après, entourer la noix de veau avec une garniture de pommes de terre crues, coupées rondes (avec une grande cuiller à racines), blanchies à l'eau salée pendant quelques minutes seulement ; les assaisonner, et continuer la cuisson à feu modéré : les pommes de terre et la noix de veau doivent se trouver cuites en même temps. — Au moment de servir, égoutter la viande, la déballer, la dresser dans un plat chaud, l'entourer avec les pommes de terre. Déglacer la casserole avec un peu de jus, dégraisser le fonds-de-cuisson, le verser dans une saucière.

435. Noix de veau à la Provençale. — Parer une noix de veau crue, sans enlever la tetine ; la larder avec des filets de jambon et de lard, la placer dans une casserole en terre avec du lard fondu, la faire revenir à feu modéré, en la retournant ; l'assaisonner, quand elle est de belle couleur, lui adjoindre une garniture de petites carottes et de petits oignons crus ; les saler ; ajouter des épices, un bouquet de persil garni avec des aromates et une gousse d'ail ; retirer la casserole sur feu très-doux, avec des cendres chaudes sur le couvercle ; continuer la cuisson, en retournant de temps en temps la viande. Une heure après, ajouter au ragoût 4 à 5 bonnes tomates égrenées, exprimées, coupées en gros carrés ; finir de cuire la viande à feu modéré. — Au moment de servir, enlever la noix de veau, la dresser sur un plat, l'entourer avec les légumes, l'arroser avec son fonds-de-cuisson, dégraissé, passé.

436. Quartier de veau à l'Allemande. — Après avoir scié le manche d'un quartier de veau, le poser dans un plat à rôtir, l'arroser avec du beurre à moitié fondu, le saler, le couvrir avec du papier, le faire rôtir à feu modéré pendant une heure et demie, en le retournant ; quand il est à trois quarts de cuisson, l'arroser avec 2 ou 3 verres de bonne crème aigre ; continuer la cuisson, en l'arrosant ; le dresser ensuite sur un plat. Ajouter un peu de bon jus à la sauce, la faire bouillir, la verser sur le veau, en la passant.

437. Terrine de veau. — Choisir une bonne noix de veau, bien blanche, la parer, la larder avec des filets de jambon et de truffes crues ; l'assaisonner avec sel et épices. — Préparer un hachis avec les parures du veau et du maigre de porc frais ; ajouter une égale quantité de lard frais, haché, ainsi que les parures de truffes ; mettre ce hachis dans le mortier, l'assaisonner, le piler, le passer au tamis ; lui incorporer ensuite quelques cuillerées de madère ou de cognac.

Foncer une terrine à pâté avec des bardes minces de lard, la masquer au fond avec une couche de la farce préparée ; poser la noix de veau sur cette farce, l'entourer, et la masquer également avec de la farce, en faisant bomber celle-ci. Poser la terrine sur un plafond, la pousser à four modéré, en l'arrosant souvent. Une heure après, verser un peu d'eau chaude dans le plafond, cuire encore la terrine pendant une heure et demie ; la retirer alors tout à fait du four ; une demi-heure après, poser un poids léger sur l'appareil afin de le laisser refroidir sous presse.

438. **Rognon de veau à la jardinière** (Dessin 172). — Parer un rognon

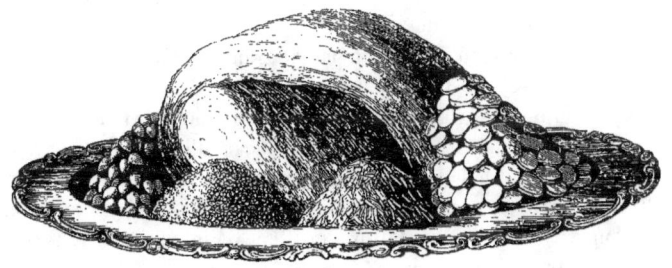

Fig. 172.

de veau, le brider, le placer dans un plafond foncé avec des débris de graisse ; l'arroser avec du beurre, le saler, le couvrir de papier, le cuire au four modéré, en l'arrosant avec sa graisse ; quand il est à point, l'égoutter, le débrider, le dresser sur un plat long ; l'entourer, de chaque côté, avec un bouquet de petits-pois et un bouquet de haricots-verts ; aux deux bouts, dresser un bouquet de carottes nouvelles, glacées, puis un bouquet de pommes de terre à la duchesse. Glacer le rognon au pinceau, envoyer en même temps une saucière de sauce tomate.

439. **Veau en thon.** — Ce mets date de l'ancienne école, où il fut en grande faveur ; aujourd'hui, il semble un peu négligé ; on le sert cependant encore en Italie. C'est à Venise que je l'ai mangé pour la première fois. — Parer un morceau de veau, *noix* ou *sous-noix*, comme pour fricandeau ; larder intérieurement la viande avec des filets d'anchois, la faire dégorger pendant 2 heures ;

changer l'eau, poser la casserole sur le feu, amener le liquide jusqu'au degré d'ébullition; égoutter aussitôt la viande, l'éponger, la déposer dans une terrine; l'assaisonner avec sel et poivre, l'arroser avec de l'huile, du jus de citron; ajouter une feuille de laurier, quelques brins de romarin; la faire macérer pendant 2 ou 3 jours en hiver, 24 heures seulement en été. La faire griller ensuite, en l'arrosant et la retournant; quand elle est cuite, la remettre dans la terrine, l'arroser encore avec de l'huile et du jus de citron. Douze heures après, distribuer cette viande en tranches minces, la dresser sur un plat, l'entourer avec des œufs durs, des cornichons, des câpres, du persil et de l'oignon, hachés; l'arroser avec sa marinade, la servir.

440. **Longe de veau, rôtie à la broche.** — La longe de veau est un mets très-distingué en France, et à Paris surtout, où le veau est généralement si bon. La partie qu'on appelle la *longe* commence à la dernière côtelette du carré, et se continue jusqu'au cuissot, en remontant les reins. Les deux longes d'un veau, avant d'être séparées, constituent ce qu'on appelle la *selle*. La longe est vulgairement connue sous le nom de *rognon*.

Prendre une longe de veau, retirer un peu de graisse sur le rognon, écourter la bavette; rouler celle-ci en dessous, ficeler la longe, l'emballer dans du papier blanc, graissé; l'embrocher, la faire rôtir pendant une heure et demie, en l'arrosant souvent avec la graisse de la lèchefrite. Un quart d'heure avant de la débrocher, retirer le papier, afin de faire prendre couleur à la viande; la saler, la débrocher, la dresser sur un plat; envoyer séparément un peu de bon jus. — Quand on découpe la longe à table, on ne doit pas négliger de joindre à chaque partie de viande une petite tranche de rognon.

441. **Longe de veau à la crème.** — Prendre une longe de veau cuite; détacher de la coquille le gros filet et le filet-mignon, aussi entiers que possible; les distribuer en tranches; ranger celles-ci dans une casserole plate, les arroser avec un peu de bon jus; les chauffer sans ébullition. — Préparer la valeur de 2 verres de béchamel, lui ajouter une poignée de parures de champignons frais, la faire cuire pendant un quart d'heure; la passer ensuite au tamis dans une casserole plate, la faire réduire, en la tournant et en incorporant, peu à peu, le jus ayant servi à chauffer les viandes; quand la sauce est liée à point, la retirer. Masquer le fond d'un plat à gratin avec une couche de la sauce préparée, sur celle-ci, ranger symétriquement les tranches de viande une à une, en les alternant avec un peu de sauce; masquer également la viande en dessus avec de la même sauce, la saupoudrer avec un peu de mie de pain, l'arroser avec du beurre fondu, pousser le plat à four vif afin de colorer légèrement la surface. En sortant le plat du four, en égoutter la graisse, verser dans le fond un peu de bon jus.

442. Ris de veau à la Parisienne (Dessin 173). — Choisir 4 beaux ris de veau, les faire blanchir, les égoutter, les laisser refroidir dans de l'eau froide, les parer, les éponger. Piquer 2 de ces ris avec du lard, clouter les deux autres avec des truffes crues, coupées en forme de lardons, pointus d'un côté ; les ran-

Fig. 173.

ger dans une casserole foncée en braise, les saler légèrement, les mouiller à trois quarts de hauteur avec du bon bouillon, les couvrir avec du papier beurré ; faire réduire le liquide d'un tiers, finir de les cuire avec des cendres chaudes sur le couvercle. — D'autre part, décorer un moule à bordure, plat en dessus, avec quelques détails de truffes ; l'emplir avec de la farce de veau, faire pocher celle-ci au bain-marie.

Au moment de servir, renverser la bordure sur un plat, fixer sur le centre de celui-ci un tampon en pain frit, masqué avec de la farce ; emplir le vide avec quelques truffes et champignons émincés ; dresser sur la bordure, en les appuyant contre le tampon, les 4 ris de veau bien glacés ; combler le vide entre chaque ris avec des têtes de champignons et des truffes ; piquer sur le tampon un hâtelet garni avec une crête et une truffe ; masquer légèrement le fond du plat avec de la sauce brune, réduite avec un peu de vin, ainsi qu'avec les parures des truffes et des champignons. Envoyer, séparément, une saucière de cette sauce.

443. Petits vol-au-vent de ris de veau. — Faire dégorger 2 ris de veau, les blanchir, les rafraîchir, les laisser refroidir ; les émincer, les assaisonner, les faire cuire au beurre ; quand ils sont refroidis, les couper en dés moyens. Déposer ce salpicon dans une petite casserole, lui mêler moitié de son volume de champignons cuits, et un quart de langue salée, le lier avec une béchamel réduite avec la cuisson des champignons, finie avec un peu de bon jus ou de glace fondue ; tenir la casserole au bain-marie.

— Préparer une pâte feuilletée avec 500 grammes de farine, autant de graisse de rognons de bœuf ; lui donner 5 *tours* et demi (art. 397) ; l'abaisser de forme carrée, ayant de 3 à 4 millimètres d'épaisseur; 2 minutes après, couper sur sa surface 30 ronds, avec le douzième coupe-pâte uni. Ranger la moitié de ces ronds sur une plaque humide, en les posant à la distance de 2 centimètres; humecter leur surface au pinceau. Avec un coupe-pâte uni (ayant 3 centimètres de diamètre), vider les autres ronds en forme d'anneaux; prendre ceux-ci un à un, les poser sur les petites abaisses rangées sur la plaque, de façon à les couvrir exactement; dorer la pâte en dessus, piquer légèrement le fond de l'abaisse inférieure, cuire les vol-au-vent à four chaud pendant 18 minutes. Quand ils sont de belle couleur, que la pâte est bien cuite, les sortir du four, les détacher, les garnir avec le salpicon préparé.

444. **Ris de veau à la Piémontaise.** — Faire blanchir 2 ou 3 ris de veau; quand ils sont froids, les couper en tranches sur leur épaisseur, les assaisonner, les faire cuire, des deux côtés, dans une casserole plate, avec du beurre fondu; en égoutter le beurre, les mouiller avec un peu de vin; faire réduire celui-ci, et lier le ragoût avec un peu de sauce légère. Quelques minutes après, ajouter 300 grammes de truffes blanches, émincées, crues; retirer aussitôt la casserole du feu, la couvrir. — D'autre part, faire cuire 300 grammes de riz à la Piémontaise (Voy. Risot); quand il est à point, le verser dans une bordure beurrée, en le pressant; le tenir pendant 7 à 8 minutes à l'étuve, afin de le raffermir. Démouler la bordure sur un plat chaud, dresser le ragoût au milieu.

445. **Ris de veau à la broche.** — Faire blanchir 4 ris de veau jusqu'à l'ébullition, les rafraîchir, les parer, les piquer (avec du lard), sur la surface la plus lisse. Les placer dans une terrine, les saler, les arroser avec un peu d'huile; ajouter un oignon émincé, quelques branches de persil, thym et laurier; les couvrir, les faire macérer pendant une heure dans cet assaisonnement. Les traverser ensuite avec une brochette de cuisine, fixer celle-ci sur broche. Envelopper les ris dans du papier beurré, les faire cuire à bon feu pendant une demi-heure; les déballer alors, les arroser avec le liquide de la lèchefrite, leur faire prendre une belle couleur, en les glaçant au pinceau.

D'autre part, plonger à l'eau bouillante et salée, trois quarts de litre de petits-pois frais et tendres; aussitôt cuits, les égoutter sur une passoire, les verser dans une casserole, ajouter une pointe de muscade, une pincée de sucre, un gros morceau de beurre; faire fondre celui-ci, en sautant les petits-pois, hors du feu; les arroser avec 2 cuillerées de béchamel, les dresser sur un plat avec les ris dessus.

446. **Ris de veau frits à l'Italienne.** — Faire blanchir 3 ou 4 moyens ris de veau, les rafraîchir, les faire refroidir, les diviser chacun en 3 tranches sur leur largeur; assaisonner celles-ci, les fariner. — Déposer dans une terrine 3 à 4 cuillerées-à-bouche de fines-herbes cuites; ajouter 2 œufs crus, battre l'appareil

BOUCHERIE. — VEAU.

avec une fourchette, tremper les tranches de ris de veau dans cet appareil; en les sortant, les rouler dans de la mie de pain, les paner, les plonger à grande friture; quand elles sont de belle couleur, les égoutter; les dresser en buisson sur une serviette.

447. Ris de veau à la chartreuse (Dessin 174). — Piquer avec du lard 3 beaux ris de veau, blanchis et froids; les placer dans une casserole, foncée avec

Fig. 174.

des débris de lard et des légumes; les mouiller à hauteur avec du bon bouillon, les cuire, en procédant comme il est dit article 442; en dernier lieu, les glacer de belle couleur.

D'autre part, beurrer un moule à bordure, uni. Couper à la colonne des petits bâtonnets de navets et de carottes, ayant de 2 à 3 centimètres de longueur; les faire cuire séparément à l'eau salée, en les tenant un peu fermes. Quand ils sont refroidis, les éponger, les couper en biais aux deux bouts, les monter contre les parois intérieures du moule, en les alternant, et les disposant dans le genre que représente le dessin; emplir le vide de la bordure avec une purée de pommes de terre, finie avec des jaunes d'œuf et du beurre comme pour croquettes; couvrir le dessus avec un rond de papier beurré, faire pocher la bordure au bain-marie pendant une demi-heure; la démouler ensuite sur un plat chaud, emplir le vide avec une garniture de têtes de champignons cuites; sur celles-ci, dresser les ris de veau en triangle; placer sur le centre de ce triangle une grosse quenelle décorée aux truffes, pochée, enfilée avec une grosse tête de champignon, à l'aide d'une petite brochette en argent. Envoyer dans une saucière le fonds-de-cuisson des ris, passé, dégraissé, lié avec un peu de sauce tomate.

448. Ris de veau à la financière. — Faire dégorger et blanchir 4 beaux ris de veau; en les sortant de l'eau, les rafraîchir, les faire refroidir sous presse légère; quand ils sont froids, les parer, les assaisonner, les ranger dans une casserole plate, dont le fond est beurré; les faire roidir des deux côtés, en les retournant; les mouiller alors avec la valeur d'un demi-verre de bon bouillon clair; faire tomber celui-ci à glace. Quand le liquide est réduit, retourner les ris, les mouiller de nouveau, faire encore réduire le mouillement; les dresser en couronne sur un plat, les servir avec la garniture suivante:

Garniture financière. — Verser dans la casserole où ont cuit les ris de veau, la valeur d'un verre de vin du Rhin; faire bouillir le liquide, le passer au tamis; le dégraisser, le faire réduire de moitié; lui mêler alors un égal volume de sauce brune, ainsi que 3 ou 4 truffes crues pelées, divisées en quartiers; 5 minutes après, ajouter au ragoût quelques têtes de champignons, l'assaisonner avec une pincée de cayenne.

Au premier bouillon, le retirer du feu, lui mêler une vingtaine de petites quenelles pochées; dresser cette garniture dans le puits de l'entrée.

449. Tourte de ris de veau. — Préparer d'abord une farce à quenelle de veau, dans les mêmes proportions que celle de volaille; quand elle est passée, lui mêler quelques cuillerées de fines-herbes cuites. Couper en tranches épaisses 3 à 4 ris de veau, blanchis et refroidis sous presse; les ranger dans une casserole plate avec du beurre, les assaisonner, les faire revenir, des deux côtés, en les tournant; quand les chairs sont bien saisies, les mouiller avec 4 cuillerées de madère; quand celui-ci est réduit, ajouter quelques cuillerées de fines-herbes cuites; le mélange opéré, retirer la casserole du feu.

Étaler sur une tourtière, une abaisse ronde en pâte brisée; masquer le centre de cette abaisse avec une couche de farce de veau; sur cette couche, dresser les ris et les fines-herbes en dôme, en ayant soin d'entremêler les viandes avec quelques morceaux de jambon cru; masquer ce dôme avec une couche mince de farce, terminer la tourte, en procédant comme il est dit, art. 316; la dorer, la faire cuire à four modéré; en la sortant, la glisser sur un plat, l'ouvrir, la saucer; ajouter quelques champignons, la couvrir et l'envoyer.

450. Croquettes de ris de veau. — Couper en dés 3 à 4 ris de veau cuits; leur mêler moitié de leur volume de maigre de jambon, autant de champignons cuits, coupés comme les ris. Lier ce salpicon avec un peu de béchamel réduite avec de la crème d'abord, et avec de la glace ensuite; assaisonner l'appareil avec une pointe de muscade, le verser sur un plat, le faire refroidir; le prendre ensuite avec une cuiller par parties égales, et faire tomber celles-ci sur la table saupoudrée avec de la mie de pain, les rouler d'abord en boule, puis en forme de bouchon, les tremper dans des œufs battus, et les paner; les plonger à la friture bien chaude; leur faire prendre couleur, les égoutter, les dresser en buisson sur une serviette pliée.

451. Coquilles de ris de veau. — Prendre 3 ris de veau cuits, les couper en dés, les mettre dans une casserole, leur mêler le tiers de leur volume de langue écarlate cuite, coupée comme les ris. Lier ce salpicon avec du velouté ou de la béchamel, bien réduite et succulente; lui mêler 2 ou 3 cuillerées de fines-

BOUCHERIE. — VEAU.

herbes cuites; ajouter une pointe de muscade, et avec lui, emplir 7 ou 8 grandes coquilles de table (naturelles ou en métal); les saupoudrer avec un peu de mie de pain, les arroser avec du beurre fondu, les chauffer 2 minutes à la bouche du four, et glacer le dessus avec la pelle rougie.

452. Ris de veau à la sauce Périgueux. — Couper en tranches 2 ris de veau blanchis; les assaisonner, les faire revenir des deux côtés, avec du beurre, dans une casserole plate; les mouiller avec un peu de vin, leur mêler 250 grammes de truffes crues, coupées en petits dés; couvrir la casserole, faire réduire le liquide à glace. Lier alors le ragoût avec un peu de sauce brune, le retirer du feu, le tenir au bain-marie.

D'autre part, préparer une petite farce à quenelle avec des filets-mignons de veau; avec cette farce, emplir un moule à bordure, beurré, faire pocher la bordure au bain marie; la démouler sur un plat chaud, dresser le ragoût dans le milieu de la bordure.

453. Fricandeau de veau à l'oseille. — Le *fricandeau* est un mets national en France, aussi bien en province que dans la capitale, dans les cuisines bourgeoises comme dans les restaurants. Si la viande est de bonne qualité, et si le fricandeau est mangé aussitôt cuit, c'est un mets qui n'est pas sans valeur. — Parer une *fausse-noix* ou une *semelle* de noix de veau, fendre la viande par le milieu sans détacher les parties, humecter légèrement les surfaces, les battre avec un couperet afin de briser les fibres de la viande; les piquer avec du lard.

Masquer le fond d'une casserole plate avec des légumes émincés; poser le fricandeau sur les légumes, le piquage en haut; le saler légèrement, le mouiller, juste à hauteur, avec du bouillon et un peu de vin; couvrir la viande avec un papier beurré, faire bouillir le liquide, le réduire de moitié; retirer alors la casserole sur feu modéré, mettre des cendres chaudes sur le couvercle; cuire le fricandeau pendant une heure et demie, en l'arrosant souvent avec son fonds; au dernier moment, le glacer de belle couleur, et l'égoutter; allonger le fonds-de-cuisson avec un peu de bouillon ou du jus, le faire bouillir, le passer, le dégraisser, le faire réduire en demi-glace.

D'autre part, préparer une purée d'oseille, la finir avec une partie du fonds-de-cuisson réduit. Dresser le fricandeau sur un plat, l'arroser avec le restant du fonds-de-cuisson; envoyer l'oseille séparément, ce qui vaut mieux que de la servir sous le fricandeau.

454. Hachis de veau cru. — Retirer avec soin les nerfs de 500 grammes de viande maigre de veau, filets-mignons ou sous-noix; la couper en morceaux, lui mêler son même volume de lard frais, également coupé; assaisonner l'appareil de bon goût, avec sel et épices, le mettre dans une machine à hacher afin de le convertir en pâte ; le déposer dans une terrine, le tenir au frais, en attendant de l'employer.

455. **Tête de veau à la sauce hachée.** — Désosser la moitié d'une tête de veau, la faire blanchir à l'eau, en l'écumant ; l'égoutter ensuite, la rafraîchir, la distribuer en morceaux, en laissant l'oreille entière ; la cuire, en procédant comme il est dit art. 456. Au moment de servir, égoutter les morceaux de tête, les éponger sur un linge ; ciseler le pavillon externe de l'oreille, les dresser sur un plat chaud, les masquer avec la sauce suivante :

Sauce hachée. — Hacher un gros oignon et quelques échalotes ; les faire revenir avec du beurre sans prendre couleur, ajouter 200 grammes de jambon cru, coupé en très-petits dés, le double de ce volume de champignons frais, également hachés ; faire évaporer leur humidité, les mouiller avec un quart de verre de vinaigre ; faire réduire celui-ci de moitié, et mouiller de nouveau les fines-herbes avec 4 décilitres de sauce ; au premier bouillon, retirer la casserole sur le côté du feu. Dix minutes après, dégraisser la sauce, additionner une pointe de cayenne, 2 cuillerées-à-bouche de câpres hachées, autant de cornichons hachés ; retirer alors la sauce, la finir avec une pincée de persil haché.

456. **Tête de veau à la financière** (Dessin 175). — Faire blanchir une belle tête de veau désossée ; quand elle est rafraîchie et flambée, couper les oreilles rondes distribuer le restant en morceaux d'une égale grosseur ; les faire cuire à l'eau salée, acidulée, mêlée avec de la graisse de veau hachée, et un peu de farine délayée. Cuire séparément 2 belles cervelles de veau.

Tailler une croustade en pain, de forme ovale, la canneler, la cerner en dessus, la faire frire de belle couleur ; la vider, masquer le dessus avec une couche de farce crue ; la poser d'aplomb (à l'aide de petites brochettes) sur un appui en pain frit, collé sur le centre d'un plat long ; la tenir à la bouche du four.

Au moment de servir, égoutter les oreilles de veau et les autres morceaux, parer ceux-ci, les couper avec un coupe-pâte uni, afin de les obtenir ronds. Parer les oreilles, creuser l'intérieur avec un tube à colonne, ciseler le tuyau externe, en papillote ; les poser d'aplomb sur les deux bouts du plat, en les appuyant sur une couche de farce pochée. Égoutter les cervelles, les dresser, une de chaque côté de la croustade, sur le centre du plat. Garnir l'espace vide entre les oreilles et les cervelles, d'un côté, avec un bouquet de petites quenelles moulées, de l'autre, avec un bouquet de têtes de champignons. Garnir le vide de la croustade avec des quenelles et des champignons mêlés ; autour de cette garniture, dresser en couronne les ronds de tête, garnir le centre avec des truffes et des crêtes de volaille. Masquer légèrement les garnitures et le fond du plat avec un peu de sauce madère, verser le restant de celle-ci dans une saucière. Piquer sur le haut de la croustade, de chaque côté, un hâtelet garni avec des truffes de différentes grosseurs. — Cette pièce ainsi dressée peut être servie comme relevé dans un dîner, et être posée sur table. Au moment de distribuer la tête de veau aux convives, il

Fig. 175.

convient de diviser les morceaux, ainsi que les cervelles, afin qu'ils ne soient pas trop volumineux.

457. **Farce cuite de veau.** — Parer 500 grammes de filets-mignons de veau, les couper en petits dés, les mettre dans une terrine avec 250 grammes de lard frais, également coupé en dés. — Faire revenir dans une casserole 2 ou 3 cuillerées-à-bouche d'oignon haché ; quand il est de couleur blonde, lui mêler les viandes de la terrine ; les assaisonner avec sel et épices, les faire revenir jusqu'à ce qu'elles soient à peu près cuites ; additionner alors 5 à 6 champignons hachés ; faire cuire ceux-ci jusqu'à ce qu'ils aient réduit leur humidité. Retirer les viandes du feu, les laisser refroidir, les piler avec un quart de leur volume de panade ; ajouter 3 ou 4 jaunes d'œuf, les passer au tamis ; retirer la farce dans une terrine, la travailler pendant quelques minutes avec une cuiller, la finir avec une pincée de persil haché.

458. **Timbale de filets-mignons de veau.** — Parer 2 filets-mignons de veau, en supprimant l'épiderme et les parties nerveuses ; les couper transversalement en tranches d'un centimètre d'épaisseur, les assaisonner avec sel et épices. — Faire revenir au beurre 2 cuillerées d'oignon haché, lui mêler les filets-mignons, les faire revenir jusqu'à ce qu'ils soient roidis ; ajouter 250 grammes de jambon cru coupé en carrés minces, et 4 ou 5 truffes crues, pelées, coupées en tranches, les faire revenir ensemble pendant quelques minutes ; mouiller le ragoût avec le quart d'un verre de madère ; faire tomber le vin à glace, retirer la casserole du feu.

Hacher les parures de truffes crues avec 250 grammes de viande maigre de veau, autant de lard frais et 150 grammes de jambon cru ; ajouter un morceau de mie de pain ramolli et exprimé ; assaisonner l'appareil avec des épices, mais peu de sel ; le hacher encore jusqu'à ce que le mélange soit opéré. — Foncer un moule à timbale, ou simplement une casserole avec de la pâte brisée, fine ; masquer le fond et le tour de la pâte avec une couche du hachis préparé, emplir le vide avec le ragoût ; masquer aussi le dessus avec une couche de hachis, replier la pâte des bords sur celui-ci, couvrir la timbale avec un rond de pâte mince, en la soudant avec celle des bords ; poser la timbale sur un petit plafond, la pousser à four modéré ; un quart d'heure après, couvrir le dessus avec du papier, la tenir au four pendant une heure. — Au moment de servir, renverser la timbale sur un plat, faire une ouverture ronde sur le haut, verser dans l'intérieur un peu de bonne espagnole, réduite avec du madère, mêlée avec quelques petites quenelles ; remettre le couvercle à la timbale, l'envoyer aussitôt.

459. **Vol-au-vent à la Parisienne** (Dessin 176). — Dans sa simplicité, le vol-au-vent est cependant une pièce qui offre certaines difficultés d'exécution, si on ne dispose pas d'un bon four. — A Paris on fait généralement bien les vol-au-vent[1], mais, par équité, j'avoue que les plus beaux que j'aie vus sont ceux préparés à Marseille et à Nice, par les confiseurs-pâtissiers suisses. Les praticiens qui ont été à même de faire cette comparaison seront certainement de mon avis.

Préparer une pâte feuilletée avec 500 grammes de farine, autant de beurre (Voy. art. 397), donner 6 tours et demi ; humecter légèrement la surface de la pâte avec le pinceau, la plier en deux, la laisser reposer 5 à 6 minutes ; la poser sur une feuille de papier farinée pour la couper dans les dimensions voulues (14 à 15 centimètres de diamètre) ; couper la pâte sur un modèle, c'est-à-dire, avec un couvercle de casserole, en penchant la pointe du couteau en dehors ; quand elle est coupée, la renverser sur un plafond, à l'aide du papier, puis canneler légèrement les parois ; dorer la surface supérieure, la cerner à 2 centimètres de distance des bords, la ciseler très-légèrement sur le centre. Pousser le plafond à bon four (170 degrés), cuire le vol-au-vent pendant 30 à 35 minutes ; quand il est de belle couleur, le sortir du four, l'ouvrir et le vider ; le glisser alors sur un plat chaud, le garnir avec un ragoût composé de ris d'agneau ou de veau coupés et sautés, des escalopes de foie-gras, également sautées, des truffes coupées en lames, des champignons, des crêtes et des quenelles.

---

1. En Bourgogne, on remplace les croûtes de vol-au-vent par des croûtes de pâte à échaudé cuite dans un plafond fermé. La méthode me paraît digne d'être prise en considération, à l'égard surtout des pays qui n'ont pas de bon beurre, ou dans les saisons où le feuilletage offre des difficultés d'exécution.

Réserver pour le haut un beau ris d'agneau entier, piqué, cuit à part, ainsi qu'une douzaine de quenelles de volaille, moulées à la cuiller, pochées. Dresser le ragoût, par couches, en l'arrosant avec quelques cuillerées d'espagnole, réduite avec les

Fig. 176.

parures des truffes et un demi-verre de madère. Glacer le ris piqué, envoyer séparément une saucière de la sauce.

460. **Tête de veau à la royale** (Dessin 177). — Désosser une tête de veau, la faire blanchir, la distribuer en ronds, en laissant les oreilles entières ; emplir le vide du tuyau externe avec une carotte, les envelopper dans du lard, les ficeler,

Fig. 177.

les faire cuire, ainsi que les autres parties, dans une mirepoix ou simplement dans un fonds blanc. — D'autre part, avec des croûtons de pain, frits de belle couleur, border un plat long, dont le fond est masqué par un fond-d'appui, en farce, ou en riz cuit, ayant un support sur son centre.

Au moment de servir, égoutter les deux oreilles sur un linge, en ciseler les pavillons externes, poser dans le vide une grosse tête de champignon ; les dresser l'une à côté de l'autre sur le support ; dresser autour de celui-ci les ronds de tête, en couronne, et à cheval ; les masquer avec une sauce blonde, réduite avec les parures et la cuisson des champignons ; les entourer avec une garniture composée de crêtes de volaille, de champignons et de truffes. Envoyer séparément une saucière de la même sauce.

461. **Rissoles à l'Anglaise.** — Émincer quelques tranches de bon foie de veau ; ajouter quelques foies de volaille ou parures de foies-gras, quelques parures de truffes crues, les faire revenir à feu vif, avec du lard ; les assaisonner, les arroser avec 4 cuillerées de madère, faire réduire celui-ci, et retirer la casserole du feu. Quand les viandes sont froides, les piler, les passer au tamis ; déposer l'appareil dans une terrine, incorporer quelques cuillerées de truffes et un peu de glace fondue ou de sauce réduite. Avec cet appareil, et du demi-feuilletage, préparer des rissoles, en les coupant avec un coupe-pâte cannelé ; les tremper dans des œufs battus, les paner, les faire frire de belle couleur ; les dresser en buisson sur une serviette pliée.

426. **Paupiettes (brasciole) à la Milanaise.** — Hacher 200 grammes de viande maigre de veau, ensemble avec un morceau de graisse de rognon de bœuf, et un morceau de jambon ou de petit-salé ; quand le hachis est fini, ajouter une pointe d'ail, un peu d'aromates, un brin de menthe ou de sauge, sel, poivre, muscade ; lier le hachis avec un œuf entier. — Sur des filets-mignons de veau, bien blancs, couper une douzaine de petites escalopes de veau ; les parer de même forme, les battre, afin de les obtenir de l'épaisseur d'une pièce de 2 francs, et de la largeur de 7 à 8 centimètres ; les étaler alors sur la table, les assaisonner, poser sur chacune d'elles une petite portion du hachis préparé ; plier les paupiettes sur les deux bouts, les rouler sur elles-mêmes, de forme longue, puis les enfiler par le travers avec une petite brochette, en les alternant avec une lame très-mince de jambon cru ; les fariner légèrement, les faire cuire dans une casserole plate avec du beurre épuré ; quand elles sont de belle couleur, les dresser sur un plat avec le beurre de leur cuisson, les entourer avec des citrons coupés.

463. **Paupiettes de Schwalbach (Fil-fankucken).** — Mettre dans une terrine 6 cuillerées-à-bouche de farine, la délayer avec 6 œufs entiers et un grand verre de lait ; ajouter un grain de sel, une pincée de fleurs de muscade en poudre ; passer le liquide au tamis. Avec cet appareil et du beurre clarifié, cuire quelques larges omelettes, dans une grande poêle, en les tenant plates, et aussi minces que possible ; les renverser sur une plaque à mesure qu'elles sont cuites, les parer carrément, les laisser refroidir.

D'autre part, piler les chairs d'un filet-mignon de veau cuit ; lui mêler

250 grammes de jambon et 5 ou 6 foies de volaille, cuits au beurre; assaisonner l'appareil, ajouter un œuf entier et un jaune, le passer au tamis; en étaler une couche sur les omelettes, les diviser en bandes, ayant 12 centimètres de long sur 5 de large, les rouler sur elles-mêmes, en formant des paupiettes; les ranger dans une casserole plate, beurrée, en les posant l'une à côté de l'autre; les arroser avec du beurre, les saupoudrer avec de la mie de pain, les cuire au four modéré pendant un quart d'heure; les sortir, les dresser sur un plat bien chaud.

464. **Paupiettes de veau glacées** (Dessin 178). — Prendre 6 filets-mignons de veau, les couper d'une égale longueur, en supprimer la peau nerveuse;

Fig. 178.

couper sur la longueur de chaque filet 2 bandes d'un demi-centimètre d'épaisseur; humecter légèrement ces bandes, les battre avec le couperet afin d'en diminuer l'épaisseur, en leur donnant la largeur de 5 centimètres; les parer carrément, les assaisonner.

Hacher les parures de veau, les piler, leur mêler un tiers de leur volume de panade, un morceau de beurre, un jaune d'œuf; assaisonner cette farce; quand elle est lisse, la passer au tamis; la déposer dans une terrine, lui incorporer quelques cuillerées de truffes hachées. Étaler alors sur chaque bande, une couche mince de cette farce, les rouler sur elles-mêmes, les lier avec du gros fil, les ranger l'une à côté de l'autre, dans une casserole foncée avec du lard et des légumes émincés; les mouiller à hauteur avec du bon bouillon, et un peu de vin; ajouter un bouquet de persil garni d'aromates. Poser la casserole sur feu modéré, avec des cendres chaudes sur le couvercle; retourner les paupiettes de temps en temps, en les arrosant; quand elles sont cuites, les égoutter, les débrider, les parer correctement, les dresser en buisson sur un plat. Allonger le fonds-de-cuisson avec un peu de bon bouillon et de madère; le faire bouillir, le passer, le faire réduire à point, le lier avec un peu de sauce brune, ajouter quelques truffes crues. Faire réduire la sauce pendant 5 à 6 minutes. Glacer les paupiettes au pinceau, masquer le fond du plat avec un peu de sauce, envoyer le restant dans une saucière.

465. **Émincé de veau à l'Italienne.** — Couper une *sous-noix* de veau,

en tranches de l'épaisseur d'un centimètre, les battre avec le manche du couteau afin de les élargir et en diminuer l'épaisseur ; les parer rondes du diamètre d'une pièce de 5 francs, les assaisonner, les fariner légèrement, les ranger dans une casserole plate avec du beurre fondu, les faire revenir des deux côtés, en les retournant ; quand elles sont atteintes, les mouiller avec quelques cuillerées de madère, faire réduire le liquide ; retirer alors les escalopes avec une fourchette, les dresser dans une bordure de riz. Verser dans la casserole la valeur de trois quarts de verre de sauce tomate, lui donner quelques bouillons, en la tournant, la verser aussitôt sur les escalopes.

466. **Schnitzel à la Viennoise.** — Choisir 2 bons filets-mignons de veau, en supprimer la peau nerveuse, les couper en tranches d'un centimètre d'épaisseur, un peu en biais ; les battre avec le manche du couteau, les hacher légèrement avec le dos de la lame ; les arrondir, les assaisonner, les fariner, les tremper dans des œufs battus, les paner et les faire frire de belle couleur, dans une poêle, avec du beurre clarifié ; les dresser en couronne sur un plat chaud. Verser un peu de bon jus dans la poêle, le faire réduire d'un tiers ; lui mêler le jus d'un citron, le verser sur les schnitzel, en le passant.

467. **Ragoût d'épaule de veau aux légumes.** — Couper une épaule de veau en moyens carrés, supprimer les os autant que possible. Mettre dans une casserole 4 cuillerées-à-bouche de beurre, le faire chauffer ; ajouter les viandes, les faire revenir à bon feu jusqu'à ce qu'elles soient de belle couleur ; les saupoudrer alors avec une poignée de farine ; 2 minutes après, égoutter la graisse de la casserole, mouiller peu à peu les viandes avec du bouillon chaud, tourner le ragoût sur feu jusqu'à l'ébullition, le retirer sur le côté ; ajouter un peu de sel, une pincée de poivre, un bouquet de persil garni d'aromates. Si la sauce était pâle, lui mêler quelques gouttes de caramel : dans tous les cas elle doit être peu liée.

Trois quarts d'heure après, mêler aux viandes une garniture de petites carottes crues ou blanchies selon qu'elles sont tendres, quelques champignons crus, 3 douzaines de petits oignons, préalablement colorés sur feu ; assaisonner les légumes, couvrir la casserole, continuer l'ébullition jusqu'à ce que la viande et les légumes soient cuits : la viande doit rester légèrement ferme, plutôt que trop cuite ; dresser le ragoût sur un plat, en retirant le bouquet.

468. **Côtelettes de veau grillées, à la sauce Colbert** (Dessin 179). — Couper 6 côtelettes de veau, les battre légèrement, les parer de jolie forme, les assaisonner, les tremper dans du beurre fondu, les paner, les ranger sur un gril, les faire griller à feu modéré pendant un quart d'heure, en les retour-

nant; les dresser en couronne sur un plat bien chaud, garnir le centre de cette couronne avec des haricots-verts, masquer les côtelettes avec la sauce suivante :

Sauce Colbert. — Au point de vue de la simplicité de ses apprêts et de la finesse de son goût, cette sauce est une des meilleures productions de l'école moderne, il est vraiment regrettable qu'elle ne porte pas le nom du praticien qui l'a conçue, et plus regrettable encore que ce nom reste ignoré. C'est une inspiration heureuse, qui, une fois propagée, deviendra populaire. Par sa nature, cette sauce s'applique

Fig. 179.

aussi bien aux viandes qu'aux poissons, et même à plusieurs espèces de légumes ; elle peut être servie avec des rôtis, des grillades et des fritures ; aucune sauce ne peut lui être comparée, et notons en passant, que sa préparation n'exige ni beaucoup de science, ni beaucoup de travail.

Manier 200 grammes de bon beurre avec une pincée de persil haché, une pointe de muscade, le jus de 2 citrons. Verser dans une petite casserole les 2 tiers d'un verre de glace de viande, fondue; la faire bouillir, la retirer sur le côté du feu, lui incorporer, peu à peu, en la tournant vivement avec une cuiller, le beurre préparé, divisé en petites parties, mais en alternant le beurre avec le jus de 2 citrons; éviter l'ébullition. Quand la sauce est bien liée, ajouter une cuillerée d'eau froide, la retirer, et la servir.

469. **Côtelettes de veau à la Berlinoise.** — Parer 7 à 8 côtelettes de veau, hacher légèrement les chairs, des deux côtés, avec la lame du couteau ; les assaisonner avec sel et poivre, les arrondir, les tremper dans des œufs battus, les paner. Faire fondre 200 grammes de beurre, le verser dans une casserole plate, en l'épurant ; quand il est chaud ranger les côtelettes dans la casserole, les faire cuire, et colorer, en les retournant; les dresser alors sur un plat long, et ranger, des deux côtés, une garniture de longues pointes d'asperges blanches ou violettes,

cuites à l'eau salée. — Faire fondre 200 grammes de beurre, le verser dans une casserole, en l'épurant ; le chauffer, lui mêler 4 à 5 cuillerées-à-bouche de mie de pain, râpée. Aussitôt que le pain est légèrement frit, verser cette sauce sur les asperges.

470. Côtelettes de veau à la bouchère. — Couper droit, l'os des côtes d'un bon carré de veau ; couper sur le carré 6 ou 7 côtelettes ayant chacune un os. Enlever simplement les chairs des bouts ; à la distance d'un centimètre des extrémités afin de dégager une petite partie de l'os. Battre légèrement les côtelettes, les assaisonner sur les deux surfaces avec sel et poivre, les humecter légèrement avec du beurre fondu ou de l'huile, les faire griller à bon feu, en les retournant ; quand elles sont cuites, les dresser en couronne sur un plat chaud, les glacer au pinceau ; placer entre chacune d'elles un morceau de beurre à la maître-d'hôtel, les entourer avec des citrons coupés.

471. Côtelettes de veau glacées, à la Lyonnaise. — Parer 7 ou 8 côtelettes de veau, les assaisonner avec sel et poivre, les ranger, l'une à côté de l'autre, dans la casserole, avec du beurre fondu, les faire sauter à bon feu, en les retournant ; quand elles sont atteintes à point, égoutter la graisse, verser dans la casserole quelques cuillerées de jus ; faire vivement tomber celui-ci à glace ; retourner les côtelettes, les mouiller encore avec un peu de jus ; quand celui-ci est réduit, dresser les côtelettes en couronne sur un plat. Verser alors dans la casserole la valeur de 2 décilitres d'espagnole, et 4 cuillerées de madère ; faire bouillir la sauce, en déglaçant la casserole, la finir avec un morceau de beurre, du persil haché, et une pincée de cornichons coupés en dés, la verser sur les côtelettes.

472. Côtelettes de veau à la Provençale. — Émincer 5 à 6 gros oignons blancs, les mettre dans une poêle avec du beurre ou du saindoux, les faire revenir à feu modéré jusqu'à ce qu'ils soient de belle couleur, les assaisonner, les saupoudrer avec un peu de farine, les mouiller avec du vin et du jus ; cuire le ragoût pendant 10 à 12 minutes à feu très-doux.

D'autre part, faire revenir, des deux côtés, dans une casserole plate, 7 à 8 côtelettes de veau, parées, assaisonnées et farinées ; aussitôt que les chairs sont roidies, égoutter la graisse de la casserole, mouiller les côtelettes à moitié de hauteur avec du bouillon ; faire bouillir le liquide, retirer la casserole sur feu modéré, la couvrir, la tenir ainsi jusqu'à ce que les côtelettes soient cuites, et le liquide réduit en demi-glace ; leur mêler alors les oignons, une pointe de cayenne et un peu de persil haché. Deux minutes après, dresser les côtelettes en couronne sur un plat, verser le ragoût dans le centre de cette couronne.

BOUCHERIE. — VEAU.   231

473. Côtelettes de veau braisées, à la Périgueux (Dessin 180).
— Couper des côtelettes de veau du double de l'épaisseur ordinaire, les parer, en tenant l'os de côte court ; couper l'os angulaire de la chaîne, enlever celui du dessous, dégager les chairs du bout du manche. Larder de part en part la noix des côtelettes avec des filets carrés de truffes crues. — Foncer une casserole plate avec des légumes émincés, ranger les côtelettes sur ce fond, l'une à côté de l'autre, les mouiller à moitié de hauteur avec du bouillon, ajouter un bouquet garni : poser

Fig. 180.

la casserole sur feu, faire réduire le mouillement de moitié ; couvrir les côtelettes avec du papier graissé, les retirer sur le côté, finir de les cuire à court mouillement, en additionnant de temps en temps un peu de bouillon.

Aussitôt que les côtelettes sont cuites, les égoutter, les dresser en couronne sur un anneau de farce, poché sur plat ; au centre de celui-ci, coller une petite croustade en pain, frite de belle couleur, la garnir avec de petites truffes. Arroser le fond du plat avec la cuisson des côtelettes, passée, dégraissée, réduite avec les épluchures de truffes, liée avec un peu de sauce brune. Verser le restant dans une saucière.

474. Pâté de godiveau à la mode de Metz. — *Godiveau :* Peser 250 grammes de filets-mignons de veau, autant de chair de volaille ; diviser ces viandes en morceaux, les hacher fin, les piler ; ajouter un œuf entier, les retirer. Piler un kilogramme de graisse de rognons de veau, épluchée et hachée ; 5 minutes après, ajouter la viande, les piler ensemble, jusqu'à ce qu'elles soient converties en pâte. Assaisonner l'appareil, lui incorporer 2 cuillerées de pâte à choux (sans sucre) et ensuite un œuf entier ; quand il est lisse, compact, le retirer du mortier, le tenir sur glace pendant une heure.

Avec les trois quarts de l'appareil, mouler des quenelles, à l'aide de 2 cuillerées à-bouche (Voy. art. 515), les ranger à mesure dans une casserole plate, beurrée ; les faire pocher au four ou à l'eau bouillante.

Foncer un moule à pâté-chaud avec de la pâte brisée ; masquer le fond et le tour de cette pâte avec la farce réservée, en l'étalant en couche mince ; ranger les quenelles dans le vide du pâté, en les dressant en couronnes superposées, et en alternant chaque quenelle avec une lame de truffe crue ; garnir le vide des couronnes avec des escalopes de ris de veau, légèrement revenues au beurre, entremêlées avec quelques lames de truffes. Monter l'appareil un peu en dôme, le masquer avec des bardes minces de lard, et ensuite avec une abaisse en pâte brisée ; souder celle-ci sur les bords, pincer le tour, orner le couvercle avec quelques feuilles imitées, faire une cheminée sur le haut, puis dorer le dôme, et pousser le pâté à four doux ; le cuire pendant une heure ; en le sortant, le dresser sur un plat, enlever le couvercle, retirer le lard, masquer les quenelles avec de la sauce madère, peu liée ; remettre le couvercle, envoyer le pâté.

475. **Timbale de veau, à la Française.** — Préparer 8 à 900 grammes de farce à quenelle dans les conditions prescrites art. 515 ; quand elle est passée, la déposer dans une terrine, la travailler à la cuiller, et la lisser ; en essayer une petite partie, la rectifier au besoin. — Beurrer un moule à timbale, laisser bien refroidir le beurre.

Blanchir 3 ris de veau, les faire refroidir entre deux plafonds, les diviser en tranches un peu épaissies. — Faire revenir dans une casserole, avec du lard fondu, 2 cuillerées-à-bouche d'oignon haché ; quand il est de couleur blonde, ajouter 250 grammes de jambon cru, coupé en carrés minces, ainsi qu'une quinzaine de têtes de champignons épluchées, fendues en deux sur le travers ; quelques minutes après, ajouter les tranches de ris de veau ; les assaisonner ; aussitôt que l'humidité est réduite, les mouiller avec le quart d'un verre de madère. Couvrir la casserole, faire réduire le liquide de moitié ; lier alors le ragoût avec 3 cuillerées de sauce brune, réduite avec un peu de bon fonds, mais tenue serrée ; le laisser refroidir.

Foncer le moule beurré, au fond et autour, avec une couche de farce d'un centimètre d'épaisseur, la lisser, en l'appuyant avec le revers d'une cuiller trempée à l'eau tiède ; emplir le vide de la timbale avec le ragoût préparé ; couvrir le dessus avec une couche de la même farce, tenue en réserve, masquer celle-ci avec un papier beurré ; poser le moule dans une casserole avec de l'eau bouillante, arrivant à moitié de sa hauteur, faire pocher la timbale au bain-marie sur feu très-doux, pendant trois quarts d'heure au moins. Dix minutes avant de servir, sortir le moule, renverser la timbale sur un plat, la masquer avec un peu de sauce réduite au madère.

476. **Aspic à la Normande** (Dessin 181). — Avec un demi-foie de veau bien blanc, préparer un appareil de pain de foie délicat (Voy. art. 494) ; le faire cuire

dans un moule à charlotte, le laisser refroidir, le parer, le couper en tranches ; diviser celles-ci en ronds, à l'aide d'un coupe-pâte uni ; masquer ces ronds avec une sauce chaufroix brune, les ranger à mesure sur une plaque, laisser bien refroidir la sauce. Couper une égale quantité de ronds de langue à l'écarlate.

Couper en tranches 2 ou 3 ris de veau blanchis ; les placer dans une casserole plate, beurrée, les cuire, en les tenant bien blanches ; les laisser refroidir sous presse ; les diviser alors en ronds de même forme que le pain de foie, les masquer avec une sauce chaufroix blonde. Couper en tranches quelques belles têtes de champignons cuits, les masquer aussi avec une sauce chaufroix blonde, les ranger

Fig. 181.

à côté des ris. — Placer un moule à cylindre dans une terrine, l'entourer avec de la glace pilée, faire prendre au fond une couche de gelée ; sur cette couche, dresser une couronne de ronds de langue et de ronds de pain de foie, en les alternant ; la couvrir, peu à peu, avec de la gelée, et aussitôt que celle-ci est prise, dresser sur elle, une couronne de ronds de ris de veau masqués à blanc ; couvrir encore cette couronne avec de la gelée, et dresser une autre couronne de ronds de langue écarlate et pain de foie, alternés. Emplir le moule à hauteur ; une demi-heure après, le tremper dans de l'eau chaude, l'essuyer, et renverser l'aspic sur un plat froid. Dresser sur le haut une couronne de ronds de champignons saucés à blanc, et dans le centre, une salade de légumes, liés à la mayonnaise.

477. **Montglas de veau à la Russe.** — Couper un morceau de veau cuit, en petits filets d'un tiers de centimètre d'épaisseur sur 3 de long (valeur de 250 grammes) ; déposer ces filets dans une terrine, les mêler avec moitié de leur volume de pieds de veau cuits, refroidis, coupés aussi en filets ; ajouter une égale quantité de fraise de veau, autant de langue écarlate, autant de champignons cuits, autant de cornichons et d'agoursis, également coupés comme la viande ; assaisonner l'appareil avec sel et poivre, huile, vinaigre et moutarde, le mêler, en le sau-

tant, le faire macérer pendant une demi-heure ; égoutter le liquide, et lier l'appareil avec quelques cuillerées de mayonnaise ; le saupoudrer avec un peu de ciboulette et du persil hachés, le dresser sur un plat froid, l'entourer avec des croûtons de gelée.

478. Montglas de veau aux croûtons. — Prendre un filet-mignon de veau rôti, en supprimer les parties nerveuses, distribuer les chairs en tranches d'un tiers de centimètre d'épaisseur sur 3 de large ; couper transversalement ces tranches de façon à obtenir de petits filets carrés ; les mettre dans une casserole ; ajouter moitié de leur volume de langue écarlate et de champignons, cuits, coupés comme la viande ; les lier avec un peu d'espagnole réduite au madère ; chauffer les viandes sans ébullition, les assaisonner avec une pointe de cayenne, les dresser sur un plat, les entourer avec des croûtons de pain, frits au beurre, glacés.

479. Langue de veau en tortue. — Cuire à l'eau salée 4 ou 5 langues de veau, pendant une heure seulement ; les égoutter, en retirer la peau, en les grattant ; les parer, en arrondissant le côté le plus épais, les ranger alors dans une casserole foncée avec des légumes émincés, et des tranches de petit-salé ayant 2 centimètres d'épaisseur ; les saler légèrement, les mouiller à moitié de hauteur avec du bouillon et du vin blanc ; ajouter de grosses épices, un bouquet garni avec des aromates, faire réduire le liquide à peu près à glace ; les mouiller de nouveau à hauteur avec du bon bouillon, finir de les cuire à feu modéré.

Dans l'intervalle, couper en moyens carrés une cervelle de veau cuite, les mettre dans une casserole avec 2 douzaines de champignons cuits, autant de petites quenelles moulées à la cuiller, et pochées. Quand les langues sont cuites, les retirer, ainsi que le petit-salé ; les glacer au pinceau, les tenir au chaud. Allonger leur fonds-de-cuisson avec un peu de bouillon et de madère ; le faire bouillir, le passer, le dégraisser, lui mêler moitié de son volume de sauce tomate liée ; faire bouillir vivement cette sauce pendant quelques minutes, afin de la réduire à consistance voulue ; la retirer sur le côté, lui mêler une pincée de cayenne, et les langues coupées en deux sur leur longueur ; les faire mijoter pendant un quart d'heure. Dresser les langues en couronne, avec les garnitures au milieu, et le petit-salé coupé en carrés ; leur mêler quelques tranches de cornichons, les masquer avec la sauce.

480. Veau à la Marengo. — Couper en carrés 7 ou 800 grammes de viande maigre de veau, prise du côté du jarret, les mettre dans une casserole avec de l'huile ou du beurre, les faire revenir jusqu'à ce qu'elles aient réduit leur humidité ; les assaisonner avec sel et épices ; ajouter un bouquet garni avec des aromates, 250 grammes de petit-salé blanchi, coupé en carrés, et 2 douzaines de petits oignons, également blanchis, bien égouttés. Retirer aussitôt la casserole sur feu modéré, avec des cendres chaudes sur le couvercle, finir de cuire ainsi les viandes : elles doivent rester un peu fermes.

Au moment de servir, égoutter une partie de la graisse du ragoût, l'arroser avec quelques cuillerées de sauce tomate : il doit être peu saucé. Donner un seul bouillon à la sauce ; dresser le ragoût sur un plat chaud, en supprimant le bouquet.

481. Croustade de filets-mignons de veau (Dessin 182). — Préparer une bouillie de pouleinte (Voy. aux Légumes) ; quand elle est de consistance

Fig. 182.

voulue, la verser dans une large casserole beurrée, la laisser refroidir pendant plusieurs heures ; la démouler ensuite sur un rond de papier disposé sur un plafond renversé. Tailler alors la croustade dans le genre représenté par le dessin ; la beurrer à l'aide du pinceau, la pousser à four très-vif, simplement pour la saisir et la glacer ; la retirer, la glisser sur un plat ; creuser légèrement sa surface supérieure, la tenir au chaud.

Parer 3 filets-mignons de veau, les envelopper avec des bardes de lard, les ranger dans un petit plafond, les arroser avec du beurre fondu, les faire cuire à four modéré, en les tenant vert-cuits ; les distribuer en tranches d'une égale épaisseur, parer celles-ci de forme ovale, les ranger dans une petite casserole plate, les arroser avec une sauce blonde, réduite à l'essence de champignons. — Couper sur une langue à l'écarlate, cuite au moment, des tranches de même dimension que celles de veau, les glacer au pinceau.—Au moment de servir, garnir le centre de la croustade avec une garniture de champignons ; autour de celle-ci, dresser une couronne de tranches de veau, alternées avec des tranches de langue écarlate. Au-dessus de cette couronne, dresser en rosace une douzaine de moyennes quenelles, préparées avec les parures des filets. Poser une belle truffe au centre de la rosace, masquer les quenelles avec un peu de sauce blonde ; envoyer une saucière séparément.

482. Grenadins de veau à la jardinière. — Couper sur une noix ou des filets-mignons de veau, 8 à 10 tranches d'un centimètre d'épaisseur ; les humecter avec les mains, les battre légèrement avec le plat d'un couperet, les parer de forme ovale, toutes d'une égale dimension, correspondant au volume d'une côtelette de mouton. Quand elles sont parées, les piquer avec 4 rangs de lardons, mais seulement sur le centre d'une surface ; les ranger l'une à côté de l'autre, sur le fond d'une casserole plate, foncée avec des débris de lard et des légumes émincés ; les mouiller à hauteur avec du bon bouillon, faire réduire vivement le liquide d'un tiers. Saler alors les grenadins, les couvrir avec un papier beurré, et les pousser à four doux ; les cuire pendant trois quarts d'heure, en les arrosant ; les glacer avec leur cuisson, les dresser en couronne sur le fond d'un plat, et dresser une garniture à la jardinière dans le centre de cette couronne.

Jardinière de légumes. — Prendre quelques cuillerées de carottes, coupées en boules, autant de navets, autant de concombres coupés en ronds à l'emporte-pièce, de haricots-verts coupés en losange, de petits-pois et de haricots-flageolets : tous ces légumes doivent être blanchis ou cuits séparément. Au dernier moment, les mettre ensemble dans une casserole avec du beurre, les chauffer vivement, en les sautant ; les assaisonner avec sel, muscade, une pincée de sucre, les lier avec un peu de béchamel réduite.

483. Langues de veau froides, à la macédoine. — Faire cuire à l'eau 5 ou 6 petites langues de veau, salées ; en les sortant de leur cuisson, les faire refroidir entre 2 plafonds, les parer, les arrondir sur le bout épais, les couper droites sur les deux surfaces, les fendre en deux sur leur longueur ; les glacer entièrement à l'aide du pinceau, les arroser avec un peu de gelée, mi-prise, afin de leur donner du brillant.

D'autre part, préparer une macédoine de légumes composée avec des choux de Bruxelles, des petits bouquets de choux-fleurs, des carottes, des pommes de terre en boules, des haricots-verts en tronçons ou en losanges, des pointes d'asperges et des petits-pois : tous ces légumes doivent être blanchis séparément, assaisonnés en salade, montés symétriquement en pyramide sur le centre d'un plat ; dresser les moitiés de langue debout, en couronne, avec le bout pointu en haut ; les entourer avec de la gelée, envoyer séparément une sauce Tartare ou ravigote.

484. Petits-pâtés au jus, à la Provençale. — Beurrer une douzaine de moules à *tartelettes* (cannelés) dans le genre de ceux à *brioche,* les foncer avec de la pâte brisée (Voy. art. 505), les emplir avec du godiveau fini avec un peu de ciboulette ; couvrir cette farce avec un rond de papier beurré, cuire les pâtés à four modéré. — Abaisser, de l'épaisseur d'un tiers de centimètre, 250 grammes de feuilletage ; sur sa surface, couper 12 ronds cannelés, du diamètre des moules foncés ;

les ranger à mesure sur une plaque, les cuire de belle couleur. Quand les petits-pâtés sont cuits, les retirer du four, les démouler, les creuser sur le centre afin d'enlever une partie de la farce; les garnir avec un gros salpicon composé de ris de veau, mufle de bœuf, cervelle de veau, jambon et champignons, saucé avec un peu de bonne espagnole; couvrir les petits-pâtés, chacun avec un rond en feuilletage, les dresser en buisson.

485. **Pâté-chaud à la financière** (Dessin 183). — Foncer un moule à pâté-chaud, le masquer au fond et autour avec une couche de farce crue de volaille, aux fines-herbes. Emplir le vide avec des escalopes de ris de veau ou d'agneau, sautées aux fines-herbes, refroidies; masquer les viandes avec une autre couche mince de farce crue; couvrir le pâté avec une abaisse de pâte; pincer la crête tout autour, la dorer, ainsi que le dessus; cuire le pâté à four

Fig. 183.

modéré pendant une heure et quart, en le couvrant avec du papier. — Mouler à la cuiller une quinzaine de quenelles de veau, les faire pocher. Piquer un gros ris d'agneau, le faire cuire, en le glaçant. — Préparer un ragoût composé avec des foies de poularde, des crêtes, des têtes de champignons et des truffes. Au moment de servir, sortir le pâté du four, le déballer, enlever le couvercle et la farce supérieure; en éponger la graisse, le glisser sur un plat. Arroser les viandes avec un peu d'espagnole réduite au madère; dresser autour les quenelles, en couronne; ranger le ragoût dans le milieu, poser le ris de veau sur le haut; envoyer séparément une saucière de sauce madère.

486. **Coulibiac à la Moldave.** — Émincer un rognon de veau, le mettre dans une terrine, l'assaisonner, lui mêler 4 cuillerées de fines-herbes cuites. Cuire 2 cervelles de veau, les diviser chacune en deux parties, couper chaque moitié en tranches, les assaisonner, les saupoudrer aussi avec des fines-herbes. — Étaler sur une serviette farinée une abaisse de pâte à coulibiac un peu

plus longue que large ; sur son centre ranger une couche de riz, cuit dans les conditions prescrites art. 217 ; masquer ce riz avec une couche d'œufs hachés, mêlés avec du persil ; masquer les œufs avec les cervelles, et celles-ci avec du riz, puis avec les rognons ; masquer aussi ceux-ci avec une couche de riz ; relever alors les bords de la pâte sur l'appareil, de façon à le masquer entièrement ; renverser le pâté sur une plaque, à l'aide de la serviette ; le tenir à température douce pendant 35 minutes ; humecter la pâte avec du beurre fondu, la saupoudrer avec de la mie de pain, cuire le pâté au four modéré pendant une heure ; le dresser sur un plat long, envoyer en même temps une sauce madère.

487. **Carbonnade de veau à la Toulousaine.** — Larder les chairs intérieures d'une petite noix de veau avec des lardons de jambon cru ; la saler légèrement, la mettre dans une casserole avec du lard fondu, la faire revenir à feu modéré ; quand elle est colorée sur toutes ses surfaces, lui mêler une vingtaine de petits oignons, autant de petites carottes nouvelles ; un quart d'heure après, ajouter 2 ou 3 moyens artichauts parés, coupés en quartiers ; au bout de 20 minutes, ajouter une vingtaine de petites têtes de cèpes propres, une poignée de haricots-verts coupés en tronçons, 2 tomates égrenées, coupées en morceaux, un bouquet de persil garni avec une gousse d'ail et quelques clous de girofle ; fermer la casserole, la poser sur feu modéré, ou à la bouche du four. — Quand les légumes ont réduit leur humidité, retourner la noix de veau, la mouiller avec un peu de bouillon, continuer la cuisson à feu modéré jusqu'à ce que le veau et les légumes soient cuits, les dresser sur un plat chaud.

488. **Cervelles de veau à l'oseille.** — Choisir 3 cervelles de veau bien fraîches, car rien n'est défectueux, désagréable au goût, et malsain, comme une cervelle laissant à désirer sous ce rapport. Limoner les cervelles, c'est-à-dire, en supprimer l'épiderme superficiel, les faire dégorger pendant 2 heures. Faire bouillir 2 litres d'eau avec une poignée de sel, un bouquet de persil garni de thym et de laurier, un demi-verre de vinaigre blanc, un oignon émincé, un morceau de racine de céleri, grains de poivre et clous de girofle ; 5 minutes après, plonger les cervelles dans le liquide, les cuire pendant 12 minutes. — Au moment de servir, les égoutter, à l'aide de l'écumoire ; beurrer légèrement les surfaces, les dresser en triangle sur une garniture d'oseille.

489. **Cervelles de veau à la matelote.** — Limoner 3 cervelles de veau, fraîches, les plonger à l'eau bouillante ; 2 minutes après, les retirer, les éponger, les diviser chacune en deux parties. Émincer une carotte et 2 oignons, ajouter 300 grammes de petit-salé blanchi, coupé en petits carrés, ainsi qu'un bouquet d'aromates, clous de girofle et une poignée de parures de cham-

pignons ; les faire revenir, les mouiller avec 4 verres de vin rouge ; couvrir la casserole, faire réduire le liquide d'un quart; ajouter alors les cervelles, les cuire pendant 7 à 8 minutes ; passer le fonds-de-cuisson dans une autre casserole, le dégraisser, le faire réduire en demi-glace, le lier avec un peu de sauce brune. Mêler à cette sauce une douzaine de moyens champignons crus, la faire bouillir à couvert pendant quelques minutes, ajouter les cervelles, le petit-salé, 2 douzaines de petits oignons glacés, et autant d'olives blanchies ; faire mijoter le ragoût pendant quelques minutes ; dresser les cervelles sur des croûtons de pain, frits, les entourer avec les garnitures.

490. **Coquilles de cervelles de veau.** — Couper en petits dés 2 cervelles cuites ; les mettre dans une terrine, les assaisonner. Verser dans une casserole quelques cuillerées de béchamel passée, la faire réduire, en lui incorporant, peu à peu, quelques cuillerées de glace fondue ; quand elle est succulente et crémeuse, lui mêler 4 cuillerées de fines-herbes cuites ; 2 minutes après, ajouter le salpicon de cervelles, et retirer la casserole du feu. Avec cet appareil, emplir 7 à 8 coquilles de table ; les saupoudrer en dessus avec du parmesan râpé, les glacer à la salamandre, les dresser sur un plat.

491. **Cromesquis de cervelle de veau.** — Verser dans une casserole la valeur d'un verre de bonne sauce brune, passée ; la réduire pendant quelques minutes, en lui incorporant, peu à peu, 4 cuillerées de glace fondue, et un peu de madère : quand elle est réduite, et serrée, la retirer du feu, lui mêler 2 cervelles de veau cuites, coupées en petits dés ; ajouter à celles-ci, moitié de leur volume de champignons cuits, autant de langue écarlate, également coupée en dés ; mêler le salpicon avec la sauce, l'assaisonner avec une pointe de muscade, le verser dans une terrine. Quand il est refroidi, le diviser en parties égales, rouler celles-ci en forme de bouchon, les aplatir légèrement, les envelopper, tour à tour, avec une bande d'hostie, ramollie entre 2 linges humides. Prendre alors les cromesquis, un à un, les tremper dans une pâte à frire, les plonger à grande friture chaude, par petites quantités à la fois ; quand la pâte est sèche, de belle couleur, les égoutter, les dresser sur une serviette pliée, avec un bouquet de persil frit.

492. **Cervelles de veau à la ravigote chaude.** — Cuire 3 cervelles de veau, en procédant selon la méthode prescrite art. 488 ; les égoutter, les dresser sur un plat, les masquer avec une sauce ainsi préparée :

Sauce ravigote chaude. Verser dans une casserole la valeur d'un demi-verre de vinaigre ; ajouter au liquide un bouquet d'estragon, quelques échalotes, et grosses épices ; faire réduire le liquide de moitié ; ajouter alors quelques cuillerées de sauce blonde, un peu consistante, la faire bouillir pendant quelques minutes, la passer, la tenir au chaud. Hacher fin une pincée de feuilles de persil, une de feuilles d'estragon, une de pimprenelle, une de cerfeuil ; les mettre dans le coin d'une serviette, et tremper celle-ci dans l'eau bien chaude ; en exprimer l'humidité, les mêler alors à la sauce ; finir celle-ci avec 3 ou 4 cuillerées-à-bouche de bonne huile d'olives.

493. **Pain de foie de veau à l'Allemande.** — Choisir un bon foie de veau (600 gr.), le gratter avec un couteau afin de retirer les fibres ou *grappes* des chairs ; passer celles-ci au tamis, les assaisonner, leur mêler une petite pincée d'oignon haché, ainsi qu'un peu de persil.

Mettre 300 grammes de beurre dans une terrine tiède, le travailler avec une cuiller afin de le lier en crème ; lui additionner 7 à 8 jaunes d'œuf l'un après l'autre. Quand l'appareil est mousseux, lui mélanger une pincée de farine, 3 poignées de pain râpé, enfin le foie de veau ; l'assaisonner, en essayer une petite partie dans un moule à tartelette, en le faisant pocher au four. — Beurrer un grand moule uni, à cylindre, le paner avec de la mie de pain, l'emplir avec l'appareil, le poser sur un petit plafond avec un peu d'eau, le masquer en dessus avec du papier beurré, le cuire au four modéré, pendant trois quarts d'heure ; sortir alors le moule du four, égoutter la graisse, renverser le pain sur un plat chaud, le masquer avec une sauce piquante.

494. **Pain de foie de veau à la Française.** — Hacher un petit oignon, le faire revenir dans une poêle avec 100 grammes de lard fondu ; ajouter une feuille de laurier, un peu de thym, 150 grammes de lard frais, coupé en petits dés, et enfin, 6 à 700 grammes de foie de veau émincé ; assaisonner celui-ci avec sel, poivre et épices, le sauter souvent ; quand il est à peu près cuit, le saupoudrer avec une poignée de champignons frais, hachés, ainsi qu'avec quelques parures de truffes fraîches ; le mouiller avec un demi-verre de madère, faire vivement réduire le liquide, retirer la poêle du feu ; laisser refroidir l'appareil, le piler, lui mêler un tiers de son volume de panade ; ajouter 2 œufs entiers et 4 jaunes ; quelques secondes après, passer la farce au tamis, la déposer dans une terrine, l'assaisonner, la travailler pendant quelques minutes avec une cuiller. Beurrer un moule uni, à cylindre, l'emplir avec la farce ; faire pocher celle-ci au bain-marie pendant 40 minutes. — Au moment de servir, renverser le pain sur un plat chaud, l'arroser avec un peu de sauce madère.

495. **Pain de foie de veau glacé.** — Préparer un appareil de foie de veau tel qu'il est décrit art. 494 ; quand il est pilé, lui mêler moitié de son volume de lard frais, haché, le déposer dans une terrine, ajouter un salpicon (en dés moyens) composé de truffes, langue à l'écarlate, et tetine de veau cuite, ou simple-

ment du lard cuit, coupé en dés ; ce salpicon doit former à peu près le tiers du volume de l'appareil de foie, sans panade ni œufs.

Masquer intérieurement un grand moule à charlotte (au fond et autour), avec des bardes minces de lard ; verser l'appareil dans le moule, le couvrir avec du lard ; le placer dans un petit plafond avec 4 verres d'eau chaude dedans, le pousser à four doux ; cuire le pain pendant trois quarts d'heure. A défaut de four, le cuire dans une casserole avec du feu sur le couvercle ; le sortir, le laisser refroidir pendant 5 à 6 heures. Tremper le moule à l'eau bouillante, passer la lame tout autour, entre le moule et le pain, démouler celui-ci sur une assiette renversée ; retirer les bardes de lard, lisser les surfaces avec la lame du couteau trempée à l'eau chaude, les glacer ; enlever le pain avec un couvercle de casserole, le dresser sur un plat froid, l'entourer avec de la gelée hachée, ou en croûtons.

496. Pain de foie de veau à la gelée (Dessin 184). — Préparer un petit appareil de pain de foie de veau, en procédant comme il est dit art. 497, mais sans panade ni œufs ; quand il est passé, le déposer dans une terrine, le

Fig. 184.

délayer avec 2 décilitres de gelée grasse, tiède, bien collée, ainsi qu'avec quelques cuillerées de glace fondue. Verser l'appareil dans une casserole, le lier sur glace ; quand il commence à devenir consistant, le retirer, lui mêler 4 cuillerées de truffes et une égale quantité de langue écarlate, cuites et coupées en dés. Verser aussitôt l'appareil dans un moule uni, à cylindre, placé dans une terrine avec de la glace pilée autour.

Une heure après, tremper vivement le moule à l'eau chaude, l'essuyer, renverser le pain de foie sur un plat ; napper très-légèrement les parois avec la gelée mi-prise, les décorer avec des ronds et des croissants de truffes ; croûtonner le fond de la base.

497. Foie de veau à la Parisienne. — Larder intérieurement un petit foie de veau, avec des filets de lard et de jambon crus, assaisonnés, en opérant par le dessous, de façon que les filets ne traversent pas sur le haut ; le déposer dans une terrine, l'assaisonner avec sel et épices, quelques branches de persil, feuilles de laurier, thym, parures de truffes ; le faire macérer pendant 2 heures ; l'envelopper dans un large carré de crépine de porc, en l'entourant avec les ingrédients de la marinade, maintenir la crépine avec de la ficelle.

Hacher 200 grammes de lard, le faire fondre dans une casserole, ajouter le foie, le faire revenir pendant un quart d'heure ; couvrir la casserole, la retirer sur feu très-doux ; cuire le foie pendant une heure, en le retournant ; lui mêler alors 2 douzaines de petites carottes, autant de petits oignons très-légèrement blanchis, en plaçant les oignons d'un côté, et les carottes de l'autre ; saler ces légumes, couvrir la casserole, continuer la cuisson à feu doux : une heure après, le foie et les légumes doivent se trouver cuits. Égoutter le foie, le débrider, le dresser sur un plat avec les légumes autour ; égoutter la graisse, verser dans une casserole un verre de vin blanc et un peu de jus ; faire réduire le liquide de moitié, le lier avec un peu d'espagnole ; quelques minutes après, ajouter une pincée de poivre ; verser cette sauce sur le foie, en la passant.

498. **Subric à l'Italienne.** — Retirer la peau sanguine à 2 cervelles de veau, les faire dégorger pendant une demi-heure, les éponger, les couper en petits dés ; les assaisonner avec sel, poivre et muscade ; les saupoudrer avec un peu de parmesan râpé, leur mêler un œuf battu : l'appareil doit être à peine lié. Verser du beurre clarifié dans une casserole plate ; quand il est chaud, prendre l'appareil avec une cuiller-à-bouche, par petites parties, laisser tomber celles-ci en rond, dans le beurre, à distance, les cuire, en les retournant ; les dresser en buisson sur un plat, les entourer avec des citrons coupés.

499. **Soufflé de foie de veau.** — Émincer le tiers d'un foie de veau, le faire revenir à feu vif, dans une poêle, avec du lard râpé et fondu, l'assaisonner, en le sautant ; ajouter quelques parures de truffes, le saupoudrer avec une pincée de thym pulvérisé ; quand il est bien atteint, le retirer du feu, le laisser refroidir, le piler et l'envelopper. Piler également un petit morceau de panade (le cinquième du volume du foie), avec une égale quantité de tetine de veau cuite, à défaut de celle-ci un morceau de beurre. Quand les deux corps sont incorporés, ajouter le veau pilé ; assaisonner la farce, la passer au tamis, la déposer dans une terrine, lui incorporer 4 ou 5 cuillerées de sauce madère, réduite avec un peu de glace, 6 jaunes d'œuf, l'un après l'autre, et enfin 4 blancs fouettés ; verser l'appareil dans une casserole à soufflé, beurrée ; la poser sur un plafond, cuire le soufflé à four doux, pendant 25 à 30 minutes, l'envoyer aussitôt.

500. **Cromesquis de veau à la bouchère** (Dessin 185). — Préparer

un salpicon avec des ris de veau cuits, des cervelles, de la langue à l'écarlate, des truffes, des champignons, coupés en dés.

Avec 4 à 5 gros oignons blancs, préparer un émincé, en procédant comme il est dit pour les rognons à la Bretonne. Quand il est bien serré, succulent, lui mêler les viandes coupées ; retirer l'appareil du feu, l'assaisonner avec une pointe de cayenne et de muscade : il est naturel que la quantité des viandes doit être proportionnée à celle de la sauce, de façon à former un appareil qui, après avoir refroidi, ne reste pas trop mou ; l'étaler aussitôt sur une plaque, en lui donnant l'épaisseur de 2 centimètres, le laisser refroidir.

Prendre quelques tranches de jambon cuit, coupées tout à fait minces, les diviser en carrés longs de 7 centimètres sur 3 de large : il en faut une trentaine.

Fig. 188

Quand l'appareil est refroidi, le distribuer, de mêmes forme et dimension que les carrés de jambon ; enfermer alors chaque partie d'appareil entre 2 carrés de jambon, les appuyer légèrement afin de les souder ; tremper ensuite les cromesquis dans une pâte à frire, les plonger à grande friture chaude ; quand ils sont de belle couleur, les égoutter, les dresser en buisson sur une serviette, avec du persil frit autour.

501. **Foie de veau à l'Anglaise.** — Couper 7 à 8 belles tranches de foie de veau, les assaisonner, les fariner, les tremper dans des œufs battus, les tenir de côté. Couper le même nombre de tranches de petit-salé que de foie de veau, les mettre dans une poêle avec un morceau de beurre, les chauffer des deux côtés, les retirer, les remplacer aussitôt par les tranches de foie ; cuire celles-ci, en les retournant ; les dresser ensuite en couronne, en alternant chacune d'elles avec une tranche de petit-salé. Dresser une purée de pommes de terre dans le centre, verser le beurre dessus. — Excellent mets pour déjeuner.

502. **Quenelles de foie de veau, à l'Allemande.** — Mettre dans un mortier 300 grammes de foie de veau, égrappé à l'aide d'un couteau ; le piler, le passer au tamis, le déposer dans une terrine, l'assaisonner, lui mêler 2 cuillerées de fines-herbes cuites.

Travailler à la cuiller, dans une terrine, 150 grammes de beurre ramolli, lui incorporer 2 œufs entiers et un jaune; quand l'appareil est mousseux, ajouter 2 petites poignées de mie de pain, une cuillerée de farine, et enfin le foie; l'assaisonner avec sel et épices; en essayer une petite partie, en le pochant à l'eau bouillante, le rectifier au besoin; le prendre alors avec une cuiller, par petites parties, les laisser tomber dans une casserole d'eau en ébullition, et salée : au premier bouillon, la retirer sur le côté du feu. Quand les quenelles sont raffermies, les égoutter, les dresser sur un plat, les arroser avec de la mie de pain frite au beurre (Voy. art. 469).

503. **Foie de veau à la Bordelaise.** — Choisir un moyen foie de veau bien blanc, le larder intérieurement avec des filets de lard et une gousse d'ail coupée; l'assaisonner avec sel et poivre, le saupoudrer avec une poignée de cèpes hachés; l'enfermer dans une crépine de porc, le ficeler; le traverser sur sa longueur avec une brochette en fer; fixer celle-ci sur broche, par les deux bouts, faire rôtir le foie à bon feu pendant trois quarts d'heure, en l'arrosant avec la graisse de la lèchefrite, mêlée avec un peu de vinaigre.

Quand le foie est cuit, le débrocher, le débrider, le dresser sur un plat sans retirer la crépine. Mêler un peu de bon jus au fonds-de-cuisson de la lèchefrite, le faire bouillir, le dégraisser. — Faire revenir, dans une petite casserole, 2 cuillerées d'échalotes hachées; leur mêler 2 ou 3 cuillerées de cèpes hachés; 3 minutes après, les mouiller avec la valeur de 2 décilitres d'espagnole et le jus de la lèchefrite; faire bouillir la sauce pendant quelques minutes, ajouter une pincée de poivre, une pincée de persil haché, le jus d'un citron; la verser autour du foie.

504. **Foie de veau rôti à la Lyonnaise.** — Larder intérieurement un foie de veau avec des filets de lard et des quartiers de truffes, crues, assaisonnées; piquer le dessus avec du lard fin, en laissant simplement une petite distance nue aux deux bouts. Assaisonner le foie, avec sel et épices, l'arroser avec de l'huile, lui mêler quelques branches de persil et des aromates, une poignée de parures de truffes crues; le laisser macérer pendant 2 ou 3 heures, l'envelopper dans du papier huilé, en l'entourant avec tous les ingrédients de la marinade; maintenir le papier avec de la ficelle, traverser le foie sur sa longueur avec une brochette en fer; fixer celle-ci sur une broche, par les deux bouts; faire rôtir le foie pendant une heure et demie, en l'arrosant; 10 minutes avant de le débrocher, le déballer, le glacer au pinceau.

D'autre part, peler 5 ou 6 truffes noires, crues; les couper en petits dés, les mettre dans une casserole. Placer dans une autre casserole les parures des truffes, les arroser avec un verre de madère; ajouter un bouquet d'aromates, et une gousse d'ail entière; faire réduire le liquide d'un tiers de son volume, le passer au tamis sur les truffes coupées en dés; lier le fonds avec un peu de bonne sauce, cuire les truffes pendant 7 ou 8 minutes. Débrocher le foie, le dresser sur un plat chaud, l'entourer avec la garniture aux truffes.

505. Petites timbales à l'Anglaise (Dessin 186). — *Pâte brisée, fine:* Tamiser 500 grammes de farine sur la table, l'assembler, faire un creux sur le centre ; dans le vide, déposer un grain de sel et un jaune d'œuf ; ajouter les trois quarts d'un verre d'eau, 300 grammes de beurre préalablement pressé dans un linge, divisé en petites parties ; incorporer en même temps le beurre avec le liquide et la farine, de façon à former une pâte lisse et ferme ; la briser deux ou trois fois, en la faisant passer tour à tour entre la paume des deux mains et la table ; la mouler, la laisser reposer 10 minutes avant de l'employer.

Fig. 186.

Foncer une douzaine de moules à dariole avec la pâte. — Couper en carrés les chairs crues d'un filet-mignon de veau, les piler ; avec 5 ou 6 bons foies de poulets, cuits, quelques parures de foie-gras. Assaisonner l'appareil avec de bonnes épices, lui mêler 3 cuillerées de sauce réduite, le passer au tamis ; ajouter 150 grammes de jambon cuit, coupé en dés fins.

Avec cet appareil, emplir les petites timbales, les cuire à four modéré pendant 25 minutes ; en les sortant du four, couper l'appareil à niveau des moules, démouler les timbales ; leur infiltrer à l'intérieur un peu de sauce réduite, les couvrir avec un couvercle en feuilletage cuit, formé avec deux ronds cannelés, en pâte, dont l'un plus petit que l'autre, formant pyramide ; les dresser alors en buisson sur une serviette pliée.

506. Oreilles de veau à la Villeroi. — Cuire 4 oreilles de veau, en procédant comme il est dit pour la tête de veau (art. 456) ; les laisser à moitié refroidir dans leur cuisson ; les égoutter ensuite, les éponger, les diviser sur leur longueur ; les assaisonner, leur mêler 2 ou 3 cuillerées de fines-herbes cuites. Quand les morceaux sont froids, les tremper, un à un, dans une sauce Villeroi, les ranger sur une plaque à petite distance les uns des autres ; laisser refroidir la sauce, puis détacher les oreilles de la plaque, les rouler dans la mie de pain ; les tremper dans des œufs battus, les égoutter, les paner une seconde fois. — Au moment de servir, les plonger à grande friture chaude, par petite quantité à la fois, les faire frire de belle couleur, les égoutter, les dresser sur une serviette pliée.

507. **Oreilles de veau frites, sauce tomate.** — Prendre 4 oreilles de veau refroidies à moitié dans leur cuisson ; les égoutter, les éponger, les diviser chacune en quatre parties ; les déposer dans une terrine, les assaisonner avec sel, poivre, persil haché ; prendre chaque morceau, un à un, les fariner, les tremper dans des œufs battus, les égoutter, les paner ; dix minutes avant de servir, les plonger à grande friture, en petite quantité à la fois ; quand elles sont de belle couleur, les égoutter, les dresser en buisson sur un plat ; verser au fond de celui-ci une sauce tomate un peu relevée.

508. **Oreilles de veau à la marinade.** — Cuire 3 ou 4 oreilles de veau (Voy. art. 456) ; les laisser refroidir à moitié dans leur cuisson, les égoutter, les éponger sur un linge ; les diviser chacune en quatre parties, déposer celles-ci dans une terrine, les assaisonner avec sel, poivre, persil haché, les arroser avec le jus d'un citron ; les tremper dans une pâte à frire ; les plonger à grande friture chaude, les faire cuire tout doucement ; quand elles sont de belle couleur, les égoutter, les saler, les dresser en buisson sur une serviette pliée, les entourer avec du persil frit.

509. **Oreilles de veau à la Bordelaise.** — Cuire 4 oreilles de veau (Voy. art. 456) ; les laisser à peu près refroidir dans leur cuisson, les égoutter. — Hacher 4 à 5 cèpes bien fermes, les mettre dans une casserole avec un morceau de beurre ou de l'huile, les faire revenir, en les tournant ; quand ils ont réduit leur humidité, les assaisonner, les retirer du feu ; ajouter une poignée de mie de pain râpé, quelques cuillerées-à-bouche de jambon cru, haché, 2 cuillerées d'échalotes, une pincée de persil. Assaisonner le hachis de haut goût, le lier avec un œuf, et avec lui, emplir le vide des oreilles ; en ciseler le tuyau externe, le renverser, les ranger debout dans une casserole plate avec 2 douzaines de petites têtes de cèpes, préalablement sautées à la poêle ; mouiller les oreilles à moitié de hauteur avec de l'espagnole mêlée, avec un peu de sauce tomate, finie avec une pointe de cayenne. Faire bouillir la sauce, tenir la casserole à la bouche du four pendant 20 minutes, en arrosant souvent les oreilles de veau ; les dresser sur un plat, les entourer avec les têtes de cèpes, les masquer avec la sauce.

510. **Timbale en colimaçon** (Dessin 187). — Beurrer l'intérieur d'un moule à dôme avec du beurre clarifié. — Prendre 6 à 700 grammes de pâte brisée, fine, la diviser en plusieurs parties, rouler celles-ci en cordons de l'épaisseur d'un

macaroni; les monter contre les parois intérieures du moule, en commençant par le centre; masquer la pâte avec une couche mince de hachis de porc, mêlé avec une truffe hachée.

Escaloper 2 ou 3 ris de veau, blanchis, refroidis sous presse. Faire revenir avec du lard fondu quelques cuillerées de fines-herbes: oignon, échalote et champignons; quand elles ont rendu leur humidité, leur mêler 200 grammes de jambon cru, coupé en petits dés, ainsi que les escalopes de ris de veau; les sauter pendant quelques minutes à feu vif, les assaisonner, les arroser avec 3 cuillerées de madère; quelques secondes après, les retirer du feu, les saupoudrer avec un peu de

Fig. 187.

persil haché. Quand le ragoût est à peu près refroidi, le ranger dans la timbale, par couches, en les alternant avec quelques cervelles de veau, coupées comme les ris, et assaisonnées. Couvrir la timbale avec une abaisse de pâte, la souder avec soin; poser le moule sur une couche de cendres, disposée sur le plafond, cuire la timbale à four modéré, pendant une heure; en la sortant, la renverser sur un plat, faire un petit trou sur le haut, et par cette ouverture, introduire à l'intérieur quelques cuillerées d'espagnole réduite, mais peu liée; poser une tête de champignon sur le centre.

511. Rognons de veau à la Bretonne. — Émincer 5 à 6 gros oignons, les mettre dans une casserole mince avec du beurre et une feuille de laurier, les faire revenir à feu modéré, en les retournant; quand ils sont de belle couleur, les assaisonner avec sel, poivre, une pincée de sucre; les saupoudrer avec une cuillerée de farine, les mouiller avec la valeur d'un demi-verre de jus; finir de cuire les oignons sur feu modéré : à ce point, la sauce doit se trouver tout à fait réduite. — D'autre part, émincer en tranches un rognon de veau cru, mettre ces tranches dans une poêle, avec du beurre fondu, les assaisonner, les faire sauter à feu vif; aussitôt qu'elles sont atteintes, les retirer du feu, les arroser avec quelques cuillerées de glace, et le jus d'un citron; les finir avec un peu de persil haché, les sauter jusqu'à ce qu'elles soient bien imbibées de glace. Dresser alors le ragoût d'oignon sur un plat chaud, faire un creux sur le centre, verser les rognons dedans, entourer le ragoût avec des croûtons de pain, frits, glacés au pinceau.

512. **Pouding de rognons de veau.** — Parer un rognon de veau cru, couper les chairs en tranches un peu épaisses, les assaisonner avec sel et poivre de cayenne; les saupoudrer avec une pincée d'échalotes, autant de persil, hachés. — Avec une pâte à pouding à la graisse (art. 378), foncer un moule à dôme, ou simplement un grand bol; le masquer, au fond, avec quelques tranches minces de filet de bœuf, quelques morceaux de jambon cru. Ranger les tranches de rognon sur ces viandes, par couches, en les alternant avec quelques petits morceaux de beurre-manié; les arroser avec un peu de glace fondue, les couvrir avec une abaisse de pâte. Envelopper alors le moule dans un linge, le plonger à l'eau bouillante, cuire le pouding pendant une heure et quart; l'égoutter, le démouler, sur un plat, le glacer au pinceau.

513. **Rognons de veau au vin.** — Diviser un rognon de veau en plusieurs parties afin de pouvoir en extraire toutes les graisses nerveuses; couper les chairs en tranches pas trop minces. — Faire fondre 125 grammes de beurre dans une poêle; quand il est bien chaud, ajouter les rognons; les assaisonner, les sauter vivement afin de les saisir; aussitôt que l'humidité en est réduite, les enlever, les déposer dans une terrine.

Mettre dans une casserole 2 cuillerées-à-bouche d'échalotes et oignons hachés, les faire revenir sans prendre couleur; ajouter une quinzaine de champignons crus, coupés en quartiers, ou en moitiés, un bouquet de persil; les mouiller avec un demi-verre de vin blanc, et la cuisson des rognons, passée au tamis; faire réduire le liquide de moitié, le lier avec un peu d'espagnole, et 2 cuillerées de glace fondue; 3 minutes après, ajouter les rognons; les chauffer sans ébullition, retirer le bouquet, ajouter une pincée de persil, le jus d'un citron; dresser le ragoût sur un plat chaud, l'entourer avec des croûtons de pain, frits, glacés au pinceau.

514. **Pâté à la ciboulette.** — C'est une bonne entrée d'ordinaire qu'on sert souvent à Paris. — Avec 500 grammes de chairs maigres de veau parées et hachées, un kilogramme de graisse de rognons de veau, épluchée, un œuf entier, sel et muscade, préparer du godiveau, en procédant comme il est dit art. 474; le passer au tamis. Avec 350 grammes de beurre, et 1 kilogramme de farine, préparer une pâte brisée, la laisser reposer, et avec elle, foncer un moule à pâté-chaud, beurré, disposé sur un plafond. Mêler à la farce une pincée de ciboulette

hachée, et avec elle, emplir le vide du moule, en la disposant un peu en dôme ; couvrir la farce avec une abaisse de pâte, pincer les bords de la crête ; dorer le pâté, le cuire à four modéré pendant 45 minutes ; en le sortant, le dresser sur un plat, après avoir retiré le moule. Faire une ouverture sur le haut, et enlever les deux tiers de la farce, en faisant un vide sur le centre. Emplir aussitôt ce vide avec un ragoût de ris d'agneau, émincés, mêlés avec quelques têtes de champignons, coupées sur le travers, puis saucer avec une bonne espagnole, bien réduite, peu liée. Couvrir le pâté, l'envoyer aussitôt.

515. **Quenelles de veau à la Toulouse** (Dessin 188). — Couper 400 grammes de chairs de filets-mignons de veau, les piler, leur mêler trois

Fig. 188.

quarts de leur volume de panade, préparée avec de la farine de riz ; 5 minutes après, additionner à la farce le même volume de beurre que de panade ; quand le mélange est opéré, ajouter 2 ou 3 jaunes d'œuf, sel et muscade ; la passer au tamis, la déposer dans une terrine, lui incorporer 2 cuillerées de crème crue ; en faire pocher une petite partie, afin d'essayer sa consistance ; quand elle est à point, prendre 2 cuillerées-à-bouche, en fer, de préférence ; en mettre une dans une casserole d'eau bien chaude ; emplir l'autre avec de la farce ; lisser le dessus avec la lame d'un petit couteau, en faisant bomber la farce ; prendre alors la cuiller chaude, la glisser entre l'autre cuiller et la farce, afin d'enlever la quenelle d'un seul trait : c'est là une opération fort simple. Aussitôt que la quenelle est enlevée, la glisser sur le fond d'une casserole plate, en les rangeant les unes à côté des autres.

Au moment de servir, verser dans la casserole de l'eau bouillante et salée, en quantité suffisante pour couvrir les quenelles ; faire bouillir le liquide ; retirer la casserole du feu, la couvrir ; 4 à 5 minutes après, égoutter les quenelles sur un linge. — Dresser sur le centre d'un plat, une garniture composée de truffes, crêtes et têtes de champignons. Dresser les quenelles, en rosace, autour de la garniture ; ranger sur le haut quelques crêtes et truffes, les masquer, ainsi que les quenelles, avec du velouté, réduit avec les parures des champignons. — Cette entrée est représentée posée sur un réchaud de table, méthode que je recommande.

516. **Rognons de veau à la Polonaise.** — Supprimer la graisse à un gros rognon de veau ou 2 petits, les couper en larges tranches, les assaisonner avec sel et poivre ; les fariner légèrement, les tremper dans des œufs battus, les paner, les faire cuire des deux côtés dans une casserole avec du beurre. Au moment de servir, dresser sur un plat un émincé de *gribouïs* (cèpes), ranger les tranches de rognons autour, les masquer avec quelques cuillerées de sauce Colbert.

517. **Pieds de veau à la Genevoise.** — Prendre quelques pieds de veau cuits dans un blanc, les désosser, les assaisonner, les faire refroidir sous presse ; les émincer, les assaisonner avec sel, poivre, les arroser avec un filet de vinaigre, les faire macérer pendant 20 minutes ; les égoutter ensuite sur un tamis. Mettre dans une autre terrine 4 jaunes d'œuf cuits, passés au tamis, 3 jaunes crus, une cuillerée-à-bouche de bonne moutarde ; délayer l'appareil avec de l'huile comme pour mayonnaise, l'assaisonner, lui mêler un peu de vinaigre, et en dernier lieu, une pincée de ciboulette, une pincée de persil et d'estragon hachés ; ajouter à cette sauce les pieds de veau émincés, les bien mêler, les dresser sur un plat froid.

518. **Pieds de veau à la Hongroise.** — Cuire 3 pieds de veau dans un blanc, en les tenant un peu fermes ; les égoutter, les désosser, les couper en carrés longs. Émincer un gros oignon, le faire revenir dans du beurre, sans prendre couleur, lui adjoindre les pieds de veau ; assaisonner ceux-ci avec un peu de sel, une pincée de poivre de *paprika*; les mouiller à couvert avec de la sauce brune, légère ; finir de les cuire à feu très-doux. — D'autre part, piler les filets de 2 ou 3 anchois salés ; leur mêler une pincée de persil haché, autant d'estragon, de cerfeuil, de pimprenelle, de ciboulette, d'échalote, de câpres, de cornichons également hachés ; piler aussi ces herbes : quand l'appareil est converti en pâte, lui mêler son même volume de beurre ; 2 minutes après, le passer au tamis, le diviser en petites parties, l'incorporer peu à peu, au ragoût, en le sautant hors du feu ; finir celui-ci avec un peu de bonne moutarde, le dresser sur un plat chaud.

519. **Pieds de veau à la mode d'Anvers.** — Cuire 4 ou 5 pieds de veau, dans un blanc ou une mirepoix ; les égoutter, les désosser, les émincer en filets ou en carrés longs, les déposer dans une terrine, les assaisonner avec sel, cayenne et muscade ; les saupoudrer avec des câpres hachées, corni-

chons, persil, estragon et champignons ; ajouter un peu de bonne moutarde ; les ranger dans un moule ou un plafond carré, les couvrir avec un papier graissé, les faire refroidir avec un poids dessus. Douze heures après, démouler le pain, le couper en tranches d'un centimètre et demi d'épaisseur, les fariner, les tremper dans des œufs battus, les paner, les plonger à grande friture ; les égoutter, les saler, les dresser avec du persil frit.

520. **Pieds de veau à l'Américaine.** — Cuire 3 ou 4 pieds de veau dans un blanc ; les égoutter, les désosser, les couper en ronds avec un coupe-pâte, les ranger dans une casserole avec 2 douzaines de champignons cuits ; les mouiller juste à couvert avec une petite sauce blonde, finie avec 2 cuillerées de poudre de cary ; les faire mijoter pendant un quart d'heure ; lier la sauce avec 2 jaunes d'œuf délayés.

D'autre part, faire blanchir 250 grammes de riz ; le cuire au bouillon, en le tenant consistant, pas trop cuit ; quand il est à sec, le finir avec un morceau de beurre, une pincée de parmesan râpé ; l'assaisonner, le verser dans un moule à bordure, beurré, en le pressant fortement ; le tenir ainsi pendant 10 à 12 minutes ; renverser la bordure sur un plat, enlever le moule, emplir le centre de la bordure avec le ragoût, fini avec le jus de 2 citrons.

521. **Bord de plat** (Dessin 189). — Je donne ici le modèle d'un bord de plat, en fer-blanc, qu'on emploie ordinairement pour le dressage des entrées et

Fig. 189.

même des relevés, afin de préserver la lisière des plats d'argent, et ne pas en ternir le brillant. Ces bords doivent s'adapter exactement au diamètre des plats.

---

522. **Gigot de mouton à la Soubise.** — Choisir un gigot de mouton mortifié à point ; le battre légèrement, afin d'attendrir les chairs ; couper le bout du manche, mais ne désosser aucune partie du gigot. A défaut de broche à l'anglaise, embrocher le gigot à une broche mince, le faire rôtir, en l'arrosant ; le

débrocher, le papilloter, le dresser sur un plat bien chaud. Envoyer en même temps une purée Soubise, ainsi préparée :

Soubise. — Cuire au four quelques gros oignons blancs ; les éplucher, les mettre dans une casserole avec un morceau de beurre ; les assaisonner, en faire réduire l'humidité ; les lier alors avec quelques cuillerées de béchamel ; deux minutes après les passer au tamis. Chauffer la purée avant de la servir.

523. **Gigot de mouton à la Polonaise.** — Choisir un gigot mortifié, en supprimer le bout du manche, le déposer dans un vase en terre, profond, pouvant juste le contenir ; le mouiller aux trois quarts de hauteur avec une marinade cuite, froide ; faire macérer le gigot pendant 24 heures, en le retournant de temps en temps ; l'égoutter, le mettre dans un plat à rôtir avec du beurre, le pousser au four pas trop chaud ; une demi-heure après, l'arroser avec la valeur d'un verre de marinade, le double de *smitane* ; finir de cuire le gigot à feu modéré, en l'arrosant souvent ; le dresser sur un plat, passer le fonds-de-cuisson, le faire réduire, en le tournant comme une sauce, jusqu'à ce qu'il soit lié à point ; le verser alors sur le gigot, papilloter le manche de celui-ci.

524. **Gigot de mouton à la Milanaise.** — Les Italiens mangent peu le mouton, surtout à Rome et à Naples, où la viande conserve toujours un goût de lainage ; mais les Milanais, possédant de fort bonnes races, font beaucoup plus de cas de cette viande. — Couper le bout du manche d'un gigot de mouton ; désosser celui-ci du côté opposé, jusqu'à la jointure intérieure ; emplir le vide avec un hachis composé avec du lard, du jambon, des champignons, une gousse d'ail, un peu de mie de pain ramollie et exprimée, un œuf entier, un peu de poivre ; coudre les chairs, placer le gigot dans une casserole en terre, avec du lard haché et fondu ; le faire revenir à feu modéré, en le retournant, l'assaisonner ; additionner quelques gros légumes émincés, le mouiller avec un verre de vin blanc, autant de bouillon ; le couvrir avec un rond de papier, le cuire pendant 4 à 5 heures, à feu modéré, ou à la bouche du four, en ayant soin d'allonger le mouillement de temps en temps ; quand le gigot est cuit, l'égoutter, le dresser sur un plat bien chaud ; mêler un peu de bouillon ou de jus au fonds-de-cuisson ; le faire bouillir, le passer, le dégraisser ; le faire réduire en demi-glace, le lier avec quelques cuillerées de sauce tomate : la sauce doit rester légère. Entourer le gigot avec un risot à la Milanaise, fini au moment ; l'arroser avec un peu de sauce, verser le surplus dans une saucière.

525. **Gigot de mouton à l'eau.** — Choisir un bon gigot, le désosser jusqu'à la deuxième jointure ; couper le manche ; larder intérieurement les chairs avec de gros lardons de jambon, le ficeler en l'arrondissant, le mettre dans une

casserole, carrée, dont le fond est masqué avec du lard ; le mouiller à hauteur avec de l'eau froide ; faire bouillir le liquide, en l'écumant ; retirer ensuite la casserole sur feu modéré ou au four, pas trop chaud, continuer l'ébullition, en entretenant le feu toujours au même degré. Deux heures après, retourner le gigot, additionner une garniture composée de moyens oignons, de 3 carottes coupées en tronçons, de quelques navets entiers ou divisés ; continuer l'ébullition jusqu'à ce que le fonds soit réduit en demi-glace, que la viande et les légumes se trouvent cuits. Débrider alors le gigot, le dresser sur un plat avec les légumes autour ; allonger très-légèrement le fonds-de-cuisson, le faire bouillir pendant quelques secondes, le passer, le dégraisser, le verser sur le gigot.

526. **Selle de mouton, rôtie, à l'Anglaise** (Dessin 190). — La selle de mouton est, en réalité, cette partie de l'animal qui se trouve entre le haut des

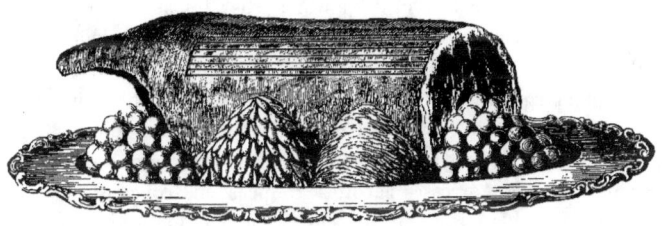

Fig. 190.

gigots et les côtelettes ; mais pour la rendre plus volumineuse et plus attrayante, on coupe les gigots courts, de façon à prolonger la selle jusqu'à la queue, et la faire remonter jusqu'aux dernières côtelettes du carré. Dans ces conditions, pour peu que le mouton soit de belle taille, il est facile de donner à la selle des proportions très-volumineuses. Les Anglais font un très-grand cas de cette pièce qui, avec les qualités incontestables que possède la viande de mouton, dans ce pays, devient un relevé des plus distingués. — Choisir une belle selle, la laisser mortifier à point, en retirer les rognons, désosser le bout des côtes afin de pouvoir replier les bavettes ; la ficeler, l'embrocher solidement, la masquer avec du papier graissé. Deux heures avant de servir, faire rôtir la selle à bon feu, en l'arrosant avec la graisse de la lèchefrite ; 20 minutes avant de la débrocher, la déballer, la faire colorer, la saler, la débrocher, la dresser sur un plat ; l'entourer avec une garniture composée de croquettes de pommes de terre rondes, de petites carottes glacées, et de haricots-verts émincés ; dresser ces garnitures en bouquets ; envoyer séparément une saucière de bon jus, réduit, et un plat de purée de pommes de terre à l'anglaise (*mash-potatoes*).

527. Gigot de mouton, bouilli, à l'Anglaise. — Couper le manche du gigot, arrondir les parties du bout opposé, le peser, le plonger dans une braisière, aux trois quarts remplie d'eau en ébullition ; ajouter une poignée de sel, quelques gros navets propres ; fermer la braisière, la retirer sur le côté du feu, de façon à maintenir une ébullition régulière. Cuire le gigot autant de quarts d'heure qu'il pèse de livres : il faut qu'il se trouve cuit, juste au moment où il doit être servi ; l'égoutter, le dresser ; égoutter aussi les navets, les écraser, les assaisonner, leur mêler un peu de crème et du beurre, les servir dans une assiette. Papilloter le gigot, l'entourer avec une garniture de légumes variés, cuits à l'eau salée ou à la vapeur ; le masquer avec un peu de sauce au beurre, envoyer le surplus dans une saucière, mêlée avec une pincée de câpres confites au vinaigre.

528. Gigot en pot-pourri, à la mode de Bourgogne. — Désosser complétement un gigot de mouton, sans l'ouvrir ; larder intérieurement les chairs avec des filets de lard et de jambon crus ; les assaisonner, placer une gousse d'ail dans le centre ; coudre le gigot, de forme ronde, le déposer dans une terrine, l'assaisonner ; ajouter des aromates et grosses épices, l'arroser avec une bouteille de bon bourgogne ; le tenir dans un lieu frais pendant 24 heures.

Cinq à six heures avant de servir, masquer le fond et le tour d'une marmite en terre avec des bardes de lard ; poser le gigot au fond ; l'entourer avec quelques moyens oignons entiers, 4 grosses carottes coupées en tronçons, 500 grammes de couennes de porc blanchies et divisées ; arroser le gigot avec la marinade ; couvrir la marmite avec un rond de papier, puis avec une assiette creuse, à moitié pleine d'eau ; faire bouillir le liquide, retirer la marmite sur des cendres chaudes, en l'entourant jusqu'à moitié de sa hauteur : le liquide ne doit bouillir que d'une manière imperceptible, mais il doit être maintenu à ce degré pendant toute la durée de la cuisson du gigot ; quand celui-ci est à point, l'égoutter, le dresser sur un plat chaud, avec les garnitures autour ; dégraisser le fonds-de-cuisson, le verser sur le gigot, en le passant.

529. Gigot de mouton rôti, aux haricots (Dessin 191). — Il ne suffit pas qu'un gigot de mouton soit beau et gras, que la viande soit de bonne race, il faut aussi qu'elle soit mortifiée à point ; sans cette condition indispensable, la viande de mouton est toujours coriace. Ni le point exact de cette mortification, ni le temps nécessaire pour l'établir, ne sauraient être précisés, car cette mortification est subordonnée à l'influence des saisons et des climats. Dans certains pays, 24 heures suffisent pour mortifier un gigot, tandis que dans d'autres, 8 à 10 jours ne sont pas de trop. C'est donc une affaire d'appréciation que l'expérience apprend ; mais, dans tous les cas, il faut soigneusement éviter ce danger, de laisser passer cette limite extrême, où, de la mortification exagérée, la viande passe à une prompte corruption : les médecins ont pour tâche de guérir la santé altérée ; aux cuisiniers revient celle de veiller à sa conservation.

Choisir un bon gigot de mouton, rond et gras ; le battre sur toutes les surfaces avec le plat d'un couperet, afin d'en meurtrir les chairs ; arrondir les parties coupées, briser le nerf du genou, en pliant le gigot, couper le bout du manche ; incruster dans la *souris* et l'os de la noix 2 gousses d'ail crues, ciselées (cette adjonction est facultative). Placer le gigot dans un plat à rôtir, l'arroser avec du beurre, le saupoudrer avec du sel, le couvrir avec du fort papier graissé, l'arroser pendant sa cuisson ; si la graisse menaçait de brûler, lui mêler quelques cuillerées d'eau

Fig. 191.

chaude : pour un gigot de 2 à 3 kilogrammes, il faut de 45 à 60 minutes. Quand le gigot est cuit, la *souris*, c'est-à-dire les chairs adhérentes au manche, doivent être molles au toucher : moins le gigot est tendre, plus il convient de le tenir vert-cuit. Quand il est à point, l'égoutter, le dresser sur un plat, mêler un verre de jus au fonds de sa cuisson, la faire bouillir, la passer, la dégraisser.

D'autre part, cuire à l'eau salée un demi-litre de bons haricots blancs secs, de Soissons, en procédant comme il est dit art. 565 ; les tenir dans leur cuisson jusqu'au dernier moment ; les égoutter. — Hacher 2 oignons, les faire revenir de couleur blonde, dans une casserole, avec du beurre ; les mouiller avec le fonds-de-cuisson du gigot, ajouter une feuille de laurier, enfermée dans un bouquet de persil, donner 2 bouillons au liquide, le lier avec un petit morceau de beurre-manié ; tenir la sauce légère, la cuire pendant quelques secondes ; lui mêler les haricots. Assaisonner le ragoût ; quelques minutes après, lui incorporer un morceau de beurre, une pincée de persil haché ; retirer le bouquet, verser les haricots dans un petit plat rond ; dresser le gigot sur un plat long, bien chaud ; papilloter le manche, envoyer les deux plats en même temps, et du jus.

530. **Gigot de mouton des Ardennes, à la Flamande.** — Les

vrais moutons des Ardennes sont de petite forme ; ils ont la chair très-noire, délicate, d'un arome excellent.

Couper le manche d'un gigot de mouton des Ardennes, en supprimer les os de la noix et du bout du quasi ; briser le nerf de la jointure, en ployant le gigot ; le placer dans un plat creux, l'arroser avec un peu de marinade cuite, refroidie ; le faire macérer pendant 6 heures, en le retournant de temps en temps ; l'égoutter ensuite, l'essuyer, le mettre dans un plat à rôtir avec du saindoux, le pousser au four, le faire roussir en le retournant ; quand il est de belle couleur, le mouiller avec la marinade, passée au tamis, dégraissée ; le couvrir avec un papier, finir de le cuire, en l'arrosant de temps en temps ; quand il est à point, passer le fonds-de-cuisson dans une casserole, le dégraisser, le faire réduire en demi-glace, le lier avec un peu d'espagnole ; quelques minutes après, mêler à la sauce, une cuillerée de gelée de groseilles ; aussitôt que celle-ci est dissoute, la retirer du feu. Égoutter le gigot, en papilloter le manche, le dresser sur un plat long, l'arroser avec la sauce.

531. Paquets à la mode de Marseille. — Les *paquets* jouent en Provence le même rôle que les tripes de la Normandie ; c'est un mets national, très-estimé des Marseillais, bien bon quand il est préparé avec soin. — Prendre le gras-double, la fraise, et les boyaux de 2 moutons, bien propres, ainsi que 8 pieds de mouton ; les mettre dans un vase à grande eau, les faire bouillir pendant une demi-heure ; les égoutter, les rafraîchir ; diviser ensuite le gras-double en carrés de 7 à 8 centimètres ; les garnir avec des petits morceaux de la fraise et quelques parties de boyaux, en les entremêlant avec de fines-herbes crues, hachées avec une pointe d'ail. Rouler les paquets en forme de paupiettes, les nouer avec le restant des boyaux.

Masquer, avec des bardes minces de lard, le fond et les parois d'une marmite en terre ; ranger les paquets dans le vase, par couches, en les assaisonnant avec sel et épices, et les entremêlant avec les pieds de mouton désossés. Ajouter un bouquet de persil garni avec des aromates, ainsi que 2 tranches de jambon cru ; les mouiller à hauteur avec du vin blanc et du jus, les masquer aussi avec des bardes de lard. Mettre le liquide en ébullition, couvrir la marmite, en lutant le couvercle, la retirer aussitôt sur des cendres chaudes, de façon à entretenir l'ébullition très-douce du liquide pendant 6 heures. — Une demi-heure avant de servir, égoutter les paquets, ainsi que les pieds, les ranger dans une terrine pouvant aller au feu ; passer le fonds de leur cuisson, le dégraisser avec soin, lui mêler un peu de sauce tomate, le faire bouillir, le verser sur les paquets. Faire mijoter ceux-ci pendant une demi-heure sur feu très-doux ou à la bouche du four. Les envoyer dans la terrine même.

532. Selle de mouton à l'Allemande (Dessin 192). — Faire couper une belle selle de mouton (sans côtes); en supprimer la peau et la graisse adhérant aux chairs des deux filets supérieurs, sans dépasser la limite de la viande, c'est-à-dire ne pas toucher à la graisse, sur le côté des filets. Couper droit la bavette, la rouler sous la selle, des deux côtés; brider les deux parties en dessous, en les rapprochant l'une de l'autre; piquer alors les deux filets de la selle avec du lard, en long ou sur le travers, comme un râble de lièvre; la faire rôtir à la

Fig. 192.

broche ou au four, en l'arrosant; tenir les viandes juteuses. — Au moment de servir, égoutter la selle, la débrider, la dresser sur un plat chaud, ranger sur les deux bouts et sur le milieu, un bouquet de croquettes de pommes de terre de forme ronde. Envoyer en même temps une saucière de bon jus.

533. Arischtiou à l'Anglaise (Irish-stew). — Prendre 4 à 5 carbonnades de mouton, c'est-à-dire le bout des côtelettes, du côté de la selle, les diviser chacune en trois ou quatre parties. — Émincer 2 pommes de terre pelées, et 2 gros oignons. — Étaler au fond d'une casserole une couche de pommes de terre, les assaisonner, les masquer avec une couche d'oignons, et sur celle-ci, ranger le tiers de la viande; l'assaisonner avec sel et poivre, la masquer avec une couche de pommes de terre et d'oignons. Continuer ainsi à alterner les viandes et les légumes, sans négliger de les assaisonner : le poivre doit légèrement dominer. Mouiller les viandes à couvert avec du bouillon ou de l'eau chaude, faire bouillir le liquide, retirer la casserole sur feu très-doux, ou à la bouche du four. Quand les viandes sont aux trois quarts cuites, leur mêler une garniture de pommes de terre crues, les assaisonner, les arroser avec la sauce, finir de les cuire à feu modéré. Au moment de servir, dresser les viandes sur un plat, les entourer avec les pommes de terre.

534. Ragoût de mouton à l'Égyptienne. — Détacher les chairs crues d'un gigot de mouton, les couper en gros carrés, les mettre dans une terrine, les assaisonner avec sel, poivre et aromates, les arroser avec un verre de vinaigre, les faire mariner ; quelques heures avant de servir, les égoutter. — Hacher 300 grammes de lard, le faire fondre dans une marmite en terre, lui mêler les viandes, les faire revenir pendant 20 minutes, les mouiller avec la marinade ; ajouter quelques gousses d'ail, 2 feuilles de laurier ; 5 minutes après, retirer la marmite sur des cendres chaudes, la couvrir avec un rond de papier, et ensuite avec une assiette s'emboîtant dans l'orifice de la marmite ; cuire le mouton à feu très-doux, comme du bœuf à la mode.

Au moment de servir, enlever les viandes avec soin, les dresser sur un plat, dégraisser le fonds-de-cuisson, lui mêler quelques cuillerées de sauce tomate, le faire bouillir, le passer au tamis sur les viandes. Envoyer séparément un plat de riz à la Turque. — Les Turcs, fidèles à la loi du prophète, remplacent le lard par de la graisse de queue de mouton tenant lieu, en Orient, de beurre et de saindoux.

535. **Ragoût de mouton à la Persane (Mehemehalou).** — Couper en carrés les chairs crues d'un gigot de mouton ; les assaisonner de haut goût, les saupoudrer avec un oignon émincé, les arroser avec le jus de quelques citrons, les faire macérer pendant 2 heures ; les égoutter, les mettre dans une casserole avec de la graisse, les faire revenir à feu vif, les mouiller avec du bouillon jusqu'aux trois quarts de hauteur ; les faire cuire à feu très-doux, ou à la bouche du four ; quand elles sont à peu près cuites, dégraisser le fonds-de-cuisson, mêler au ragoût une poignée d'amandes émincées, séchées au four, quelques douzaines de pruneaux secs, cuits à l'eau ; quand les viandes sont cuites, les dresser sur un plat, en les entourant avec les pruneaux et les amandes ; lier le fonds-de-cuisson avec un peu de sirop de raisins, le finir avec le jus de quelques citrons, et avec lui, arroser le ragoût. — Voilà un mets qui n'est sûrement pas du goût de tout le monde, mais il caractérise, jusqu'à un certain point, la cuisine orientale.

536. **Ragoût de mouton aux pommes de terre.** — Le ragoût de mouton est un mets populaire en France ; dans sa simplicité, il est vraiment estimable quand il est préparé avec soin. Pour un ragoût, on emploie ordinairement la poitrine ou l'épaule de mouton et quelquefois les deux parties ensemble. On peut encore employer le haut bout des côtelettes, c'est-à-dire cette partie du carré qu'on appelle la *carbonnade*.

Choisir la viande de mouton plutôt fraîche que mortifiée, en supprimer la peau, ainsi que la graisse superflue, la diviser en moyens carrés, mais sans la désosser ; mettre ces carrés dans une casserole avec du bon dégraissis, et non du beurre ; faire revenir les viandes à feu vif, en les retournant, les assaisonner avec du sel et une pincée de sucre [1], ajouter quelques petits oignons crus ; quand elles sont

---

[1] Le sucre a pour effet de détruire l'âcreté de la viande et d'en faciliter la coloration.

bien colorées, en égoutter la graisse, les saupoudrer avec une poignée de farine ; 2 minutes après, les mouiller à couvert, avec du bouillon ; tourner la sauce jusqu'à l'ébullition ; donner quelques bouillons, et, retirer la casserole sur le côté du feu : la sauce doit alors se trouver abondante et peu liée ; ajouter un bouquet de persil garni d'aromates. — Une heure après, c'est-à-dire, quand le mouton est aux trois quarts cuit, poser une passoire sur une casserole, verser le ragoût dans la passoire ; enlever les morceaux avec une fourchette, en supprimer le surplus des os, les ranger dans la casserole avec la sauce ; ajouter aussi les petits oignons, faire bouillir le ragoût ; lui mêler une garniture de pommes de terre, tournées rondes ou en olives, mais crues ; les arroser avec la sauce, les assaisonner, et retirer la casserole sur feu modéré, ou à la bouche du four : les pommes de terre et la viande doivent se trouver cuites en même temps. — Au moment de servir, dresser les viandes sur un plat chaud, avec les pommes de terre autour.

537. **Pilaw à la Persane.** — Couper en dés les chairs d'un filet de mouton (500 grammes), dont les nerfs ont été retirés.

Hacher fin un oignon, le mettre dans une casserole avec du beurre ou de la graisse, le faire légèrement revenir ; lui mêler les viandes de mouton ; les assaisonner ; les faire aussi revenir à feu modéré, en les tournant ; les assaisonner. Quand elles sont bien atteintes, leur mêler 2 livres de bon riz, lavé et séché à l'air ; mouiller les viandes et le riz, deux fois leur hauteur, avec du bouillon de mouton, ajouter un bouquet de persil garni d'aromates ; 20 minutes après, lui mêler quelques cuillerées de sauce tomate ; tenir la casserole à la bouche du four, pendant 10 minutes, servir ensuite le pilaw.

538. **Schaschliks de mouton à la Tartare.** — Prendre un carré de mouton, auquel adhère le bout de selle ; détacher le filet des os, en supprimer la graisse, le couper en tranches transversales ; assaisonner celles-ci avec sel, poivre, épices, un peu de menthe hachée.

Avec les os et parures de mouton, préparer un peu de bouillon. — Laver 600 grammes de bon riz, l'égoutter sur un tamis, le laisser sécher pendant une heure. Faire revenir un oignon haché, avec du beurre ; ajouter le riz, le faire revenir aussi quelques secondes, le mouiller au triple de sa hauteur avec le bouillon non dégraissé, le cuire à couvert ; quand il est à sec, le retirer à la bouche du four.

D'autre part, prendre les morceaux de mouton, les enfiler à des petites brochettes, en alternant chaque morceau avec une tranche de lard ou de jambon, les rouler dans du beurre fondu, les faire griller à feu vif pendant 8 minutes. Dresser le pilaw sur un plat, et les brochettes sur le pilaw.

539. **Ragoût de mouton à l'Indienne.** — Prendre les chairs d'un petit

gigot de mouton ou d'un filet du carré (un kilogramme), en supprimer les os, les diviser en 24 morceaux carrés, les placer dans une casserole avec du beurre, les faire revenir à bon feu; quand les chairs sont saisies, leur mêler un oignon haché; les assaisonner, les saupoudrer avec une cuillerée et demie de poudre de cary et un peu de farine, les mouiller à couvert avec du jus; faire bouillir le liquide, le retirer sur feu très-doux; ajouter un bouquet garni.

Trier 500 grammes de bon riz, le plonger dans une grande casserole d'eau tiède, le cuire à couvert; aussitôt que les grains ne croquent plus sous la dent, l'égoutter sur un tamis, le rafraîchir, le verser dans une casserole, lui mêler 150 grammes de beurre; le couvrir, le tenir pendant 10 à 12 minutes à la bouche du four. Au moment de servir, dresser le ragoût sur un plat, le riz sur un autre.

540. **Ragoût de mouton à la Turque.** — Couper en moyens carrés 3 livres de filet de mouton; les mettre dans une casserole en terre, ayant un couvercle adapté, et la forme d'une casserole à légumes; ajouter du beurre, les assaisonner, les faire revenir pendant 10 à 12 minutes; retirer alors les viandes, en laissant la graisse; mêler à celle-ci une garniture de légumes frais, tels que: carottes nouvelles, petits oignons, fèves fraîches, petits-pois, haricots-verts, une tranche de bonne courge coupée en carrés; les assaisonner, les faire revenir aussi pendant 10 minutes. Retirer alors la casserole du feu, écarter les légumes du centre, et placer les viandes dans le creux; fermer la casserole, la tenir à four modéré pendant une heure et demie; en la sortant, dégraisser le ragoût, le servir dans la casserole même.

541. **Kimali beurrek.** — Préparer une pâte dans les conditions prescrites pour les « cigara » (V. aux farinages). — Supprimer les nerfs à 500 grammes de chairs de filet de mouton, les hacher fin. Hacher un oignon, le faire revenir avec du beurre, ajouter le hachis de mouton, le faire revenir pendant quelques minutes, en le tournant; l'assaisonner, le retirer du feu, lui mêler une pincée de fenouil vert, haché; le laisser refroidir. Quand la pâte est abaissée, en placer 3 abaisses l'une sur l'autre, en les beurrant tour à tour, puis préparer des rissoles rondes ou carrées; les faire frire au beurre clarifié, à grande friture, les égoutter, les dresser.

542. **Pieds de mouton à la vinaigrette.** — Il n'y a guère qu'en France où les pieds de mouton soient estimés, et c'est regrettable; on mange ailleurs bien des produits qui n'ont pas la valeur gastronomique des pieds de mouton. Ce mets peu coûteux et sain, devient en effet très-bon pour peu qu'on lui porte des soins. — En France, on vend généralement les pieds de mouton prêts à être cuits; si on était obligé de les nettoyer soi-même, il suffit de les échauder, les racler avec un couteau afin d'enlever tout le poil. On retire les semelles des griffes, en les frappant avec le dos du couteau. On fait dégorger les pieds de mouton pendant plusieurs heures avant de les cuire.

Prendre 2 douzaines de pieds de mouton, les fendre avec le couteau, entre les deux griffes, afin d'enlever une petite partie de graisse laineuse qui s'y trouve ; couper l'excédant de l'os, ainsi que l'extrémité des ergots. Lier les pieds de quatre en quatre, les faire blanchir, les cuire comme le gras-double.

Les pieds de mouton bouillis peuvent être servis à la vinaigrette, à la poulette, frits ou grillés.

543. **Quartier de mouton braisé** (Dessin 193). — Couper un gigot de mouton, en laissant adhérer la selle jusqu'à la hauteur des côtelettes ; désosser la selle, puis le gigot jusqu'à la jointure du manche ; saler intérieurement les chairs, les ficeler, en leur donnant une forme allongée ; placer le mouton dans une cas-

Fig. 193.

serole longue, foncée avec des débris de lard et légumes ; le saler légèrement, le mouiller avec la valeur de 2 ou 3 verres de bouillon. Poser la casserole sur feu, faire réduire le liquide jusqu'à ce qu'il tombe à glace ; mouiller alors le mouton à hauteur avec du bouillon, mettre le liquide en ébullition, retirer la casserole sur feu très-doux, ou à la bouche du four ; cuire la viande pendant 5 heures au moins ; dans tous les cas, il est plus prudent de la mettre à cuire une heure plus tôt, car rien n'est pénible comme de subir la crainte et les angoisses du danger, quand avec un peu de prévoyance on eût pu s'y soustraire.

Quand le mouton est cuit à point, l'égoutter ; allonger le fonds-de-cuisson avec un verre de vin blanc, le faire bouillir, le dégraisser, le passer ; le réduire en demi-glace, le lier légèrement avec de l'espagnole. Débrider le mouton, le découper en entailles, dans l'ordre représenté par le dessin, le dresser sur un plat, en papilloter le manche, l'entourer avec une garniture de petits oignons glacés, dressés en bouquets ; le glacer au pinceau, verser une partie de la sauce au fond du plat ; envoyer le surplus dans une saucière. — Le plat est représenté sur un réchaud.

544. Pieds de mouton à la poulette. — Cuire 2 douzaines de pieds de mouton dans un blanc; les égoutter, en supprimer l'os principal, les ranger dans une casserole, les tenir à couvert. — Faire revenir au beurre 2 cuillerées d'oignon haché, le mouiller avec une sauce blonde légère; la faire bouillir, la retirer sur le côté; ajouter un bouquet de persil garni, quelques parures de champignons crus; la cuire pendant un quart d'heure, en ne la laissant bouillir que partiellement; la dégraisser alors, la passer sur les pieds de mouton; additionner au ragoût 3 douzaines de petits champignons frais, et une pincée de poivre; le faire mijoter sur feu doux pendant 12 à 15 minutes, le lier avec 3 jaunes d'œuf délayés, le retirer, le finir en incorporant 150 grammes de bon beurre divisé en petites parties, une pincée de persil haché, le jus d'un citron, le dresser sur un plat chaud. — En Provence, on ajoute généralement une pointe d'ail à la sauce avant de la lier : cette addition lui donne du ton.

545. Épaule de mouton farcie. — Couper une épaule, aussi large que possible, la désosser entièrement; retirer une partie des chairs adhérentes à la peau, sans cependant les amincir trop; parer ces chairs, les hacher avec moitié de leur poids de lard, et 250 grammes de jambon cru; assaisonner ce hachis; ajouter 4 cuillerées-à-bouche d'oignon haché fin, le double de champignons, 2 cuillerées de persil, 150 grammes de mie de pain ramollie dans du bouillon, bien exprimée; quand le hachis est fin, lui incorporer 2 œufs entiers; l'étaler alors sur l'épaule désossée; rouler celle-ci en long, la coudre, la placer dans une casserole foncée avec des racines et des légumes émincés; la mouiller à hauteur avec du vin et du bouillon, faire bouillir le liquide, retirer la casserole sur le côté du feu; cuire l'épaule pendant 2 heures et demie, à feu modéré.

Au moment de servir, égoutter le fonds-de-cuisson de la viande, en le passant; le dégraisser, le faire réduire vivement en demi-glace, le verser sur l'épaule cuite; glacer celle-ci de belle couleur, à la bouche du four ou avec du feu sur le couvercle; la déballer, la dresser sur un plat long, et l'entourer avec une garniture de petits oignons glacés; mêler un peu de vin blanc et du jus au fonds-de-cuisson; le faire réduire en demi-glace, le lier avec quelques cuillerées de sauce tomate; 2 minutes après, le verser sur la viande, en le passant.

546. Côtelettes de mouton à la Bretonne. — Parer 10 ou 12 côtelettes de mouton (Voy. art. 554); les assaisonner, les tremper dans des œufs battus, les paner; les ranger, l'une à côté de l'autre, dans une casserole plate avec du beurre fondu, les faire cuire des deux côtés pendant 12 minutes, en les retournant. — D'autre part, préparer un émincé d'oignons, au jus; quand il est à point, le lier avec 2 jaunes d'œuf délayés avec un peu de crème. Quand les côtelettes sont de belle couleur, les dresser en couronne sur un plat chaud, verser dans le centre de la couronne l'émincé d'oignons.

547. Côtelettes de mouton à l'estragon. — Parer 7 ou 8 côtelettes de mouton ; les assaisonner, les router dans de l'huile, les faire griller à point. — Dans l'intervalle, verser dans une petite casserole la valeur d'un demi-verre de bon jus clair ; ajouter un petit bouquet d'estragon, couvrir la casserole, la poser sur le feu, faire réduire le jus en demi-glace ; retirer le bouquet, mêler au jus une pincée de feuilles d'estragon hachées, le verser sur les côtelettes, dressées sur un plat bien chaud.

548. Côtelettes de mouton sauce à la Réforme. — L'apprêt de ces côtelettes est, je crois, une création d'*Alexis Soyer*, artiste, écrivain et praticien distingué, très-connu en Angleterre. — Parer 12 côtelettes de mouton, les assaisonner, les tremper dans des œufs battus, les paner avec de la langue à l'écarlate, cuite, hachée ; les ranger dans une casserole plate avec du beurre épuré ; les faire cuire des deux côtés, en les retournant ; les dresser en couronne sur un plat ; garnir le milieu avec la sauce et les garnitures suivantes :

Sauce Réforme. — Préparer une montglas, composée par parties égales avec truffes, champignons, maigre de jambon cuit, cornichons au vinaigre. Verser dans une casserole 6 cuillerées-à-bouche de bon vinaigre, ajouter un bouquet d'aromates, faire réduire le liquide d'un tiers, mêler au liquide la valeur d'un verre de sauce brune, et 5 à 6 cuillerées de glace fondue ; faire réduire la sauce pendant quelques minutes ; quand elle est liée à point, lui mêler 2 cuillerées de gelée de groseilles ; aussitôt que celle-ci est dissoute, retirer la sauce du feu, lui mêler la montglas, chauffer sans ébullition, et la servir.

549. Côtelettes de mouton, à la Provençale. — Préparer un émincé d'oignon à la Bretonne, le laisser refroidir. Parer 10 côtelettes de mouton, les assaisonner, les beurrer, les faire griller d'un côté ; les retourner, et masquer la surface cuite avec une couche d'émincé aux oignons ; le saupoudrer avec de la mie de pain, l'arroser avec du beurre, puis faire griller les côtelettes du côté cru ; les glacer à la salamandre, les dresser avec l'os en dessous. Envoyer en même temps une saucière de bon jus.

550. Mouton-chopp des brasseurs. — Couper 4 ou 5 tranches un peu épaisses sur le bout d'une selle de mouton, mais sur toute la largeur de celle-ci ; battre légèrement les chairs, les assaisonner avec sel et poivre de Cayenne ; les frotter au pinceau avec du beurre, les faire griller à feu modéré, en les retournant ; les dresser sur un plat bien chaud, les masquer chacune avec un morceau de beurre, assaisonné, mêlé avec des échalotes hachées, persil et jus de citron.

551. Filets-mignons de mouton, au chasseur. — Dans les cuisines où l'on emploie beaucoup de selles de mouton, il convient de mettre de côté les plus gros filets-mignons, car on peut toujours en tirer parti. — Parer 12 filets-mignons, en supprimant l'épiderme ; les battre, les parer en *demi-cœur*, les faire macérer pendant 24 heures dans une marinade cuite. Égoutter les filets, les piquer avec deux rangs de lard fin ; les ranger, l'un à côté de l'autre, dans une casserole plate, les mouiller à hauteur avec du bouillon et un peu de leur marinade ; faire bouillir vivement le liquide, le réduire de moitié, retirer la casserole sur feu modéré, finir de cuire les filets dans ce fonds avec des cendres chaudes sur le couvercle ; au moment de servir, les dresser en couronne sur un plat ; allonger le fonds-de-cuisson avec un peu de bouillon, le faire réduire d'un tiers, le lier avec un peu de sauce brune, le verser sur les côtelettes, en le passant.

552. **Cervelles de mouton à la remoulade chaude.** — Nettoyer 4 à 5 cervelles de mouton, les faire dégorger pendant une heure, en les changeant d'eau. Faire bouillir de l'eau dans une casserole, avec du sel, des légumes émincés, un bouquet de persil et le quart d'un verre de vinaigre, ou du vin blanc ; quelques instants après, ajouter les cervelles, les cuire pendant 10 minutes, les égoutter, les dresser sur un plat, les masquer avec la sauce suivante :

Sauce remoulade chaude. — Mettre dans une casserole 2 cuillerées-à-bouche d'échalotes hachées, une gousse d'ail, et le quart d'un verre de vinaigre ; faire réduire le liquide de moitié. — Piler 6 jaunes d'œuf cuits, ainsi que les filets de 4 à 5 anchois, propres ; délayer l'appareil avec la valeur d'un demi-verre de sauce blonde, serrée, chaude, puis avec un demi-verre d'huile ; additionner alors l'infusion à la sauce, la chauffer sans la faire bouillir, en la tournant ; ajouter une pincée de feuilles d'estragon, autant de ciboulette, de pimprenelle, de persil et de cerfeuil, pilés ; un peu de sel, poivre et muscade ; retirer la sauce du feu aussitôt qu'elle est chaude, lui mêler 2 cuillerées-à-bouche de moutarde, délayée avec un peu de sauce.

553. **Petits pâtés à la Nîmoise.** — Lever le filet d'une demi-longe de mouton (500 grammes), le parer, le couper en escalopes ; les faire sauter à bon feu avec quelques bons foies de volaille ; les assaisonner, les laisser refroidir, les hacher et les piler avec la moitié de leur valeur de lard, également haché ; passer cet appareil au tamis, le déposer dans une terrine ; lui mêler 2 cuillerées de fines-herbes cuites, ainsi que 2 cuillerées de truffes crues, hachées. Avec cet appareil, préparer des petits-pâtés, en procédant comme il est dit article 397 ; les cuire au moment, les servir bien chauds.

554. **Côtelettes de mouton grillées, purée de pommes de terre** (Dessin 193). — Prendre les deux carrés de mouton pas trop frais ; cou-

per droit le côté des côtes, enlever l'os de la chaîne de façon à dégager complétement le filet du carré ; couper alors transversalement les côtelettes (5 à 6 sur un carré) un peu en biais et d'une égale épaisseur ; les aplatir avec le couperet, de l'épaisseur d'un centimètre ; supprimer la peau nerveuse du manche, couper les chairs à la hauteur d'un centimètre ; couper aussi le bout des os, arrondir le filet,

Fig. 194.

en supprimant le gros nerf. Parer enfin les côtelettes de jolie forme ; les assaisonner, les arroser avec du beurre fondu, les faire griller à bon feu pendant 7 à 8 minutes, en les retournant ; les dresser en couronne sur un plat, garnir le centre avec une purée de pommes de terre ; arroser les côtelettes avec du beurre à la maître-d'hôtel, dissous.

555. **Langues de mouton aux navets.** — Faire dégorger, à l'eau froide, 8 langues de mouton fraîches, les égoutter, les faire blanchir, les gratter.

Faire fondre, dans une casserole, 250 grammes de lard haché ; ajouter les langues, les assaisonner, les faire sauter jusqu'à ce qu'elles soient de belle couleur ; les mouiller alors avec un peu d'espagnole légère et un peu de vin ; faire bouillir le liquide sur feu modéré. Un quart d'heure après, mêler au ragoût une garniture de navets, entiers s'ils sont petits, divisés en boules ou en quartiers s'ils sont gros, mais préalablement blanchis, colorés dans une poêle, assaisonnés avec sel, poivre, une pincée de sucre. Retirer la casserole sur feu modéré, avec des cendres chaudes sur le couvercle, continuer l'ébullition : les langues et les navets doivent se trouver cuits en même temps. Dresser les langues en couronne, et les navets dans le puits de la couronne.

556. **Sou-fassu à la mode de Grasse.** — La ville de *Grasse* (en Provence) n'est pas seulement renommée par la supériorité de sa parfumerie, elle l'est encore par un produit culinaire, dont les habitants revendiquent la

priorité : le *sou-fassu*. — Préparer un pot-au-feu avec 2 kilogrammes de bœuf, 250 grammes de petit-salé, quelques légumes. Choisir un grand chou, en supprimer les feuilles dures, le faire blanchir à grande eau pendant un quart d'heure ; l'égoutter alors, le poser sur un linge, en écartant les feuilles une à une, sans les détacher, afin de pouvoir atteindre le cœur du chou ; couper celui-ci à sa base sans enlever le trognon, hacher fin les feuilles.

Hacher 2 oignons, les mettre dans une casserole avec du saindoux, les faire revenir, sans prendre couleur, ajouter 5 à 600 gr. de viande maigre de porc frais, coupée en carrés, faire cuire ceux-ci pendant un quart d'heure ; laisser refroidir cette viande, la hacher ensuite avec 400 gr. (par moitié) de lard salé et de jambon cru. Quand le hachis est fin, lui mêler le cœur de chou haché, 150 gr. de mie de pain ramollie, bien exprimée, une poignée d'épinards hachés, et enfin une pincée de persil haché avec une gousse d'ail ; l'assaisonner avec sel, poivre et muscade ; lui mêler 2 œufs entiers, le poser sur le centre du chou (en une seule masse); replier aussitôt les feuilles de chou, une à une, afin d'envelopper le hachis ; placer le chou sur le centre d'un petit filet en corde fine de façon à l'envelopper tout entier, en le serrant sur le haut ; les plonger ensemble dans la marmite du pot-au-feu, cuire le *sou-fassu* pendant 4 à 5 heures ; au moment de servir, l'égoutter, le dresser sur un plat, après avoir enlevé le filet ; dresser les viandes de la marmite sur un autre plat, les envoyer ensemble.

557. **Animelles de mouton frites.** — Les *animelles* n'existent que chez les moutons mâles, n'ayant pas subi de castration, c'est-à-dire les béliers. Peu connues en France, les *animelles* sont très-abondantes sur les marchés d'Italie, à Naples et à Rome.

Choisir 7 à 8 *animelles* fraîches, les dépouiller de l'enveloppe qui les enferme, les couper chacune en quatre parties sur leur longueur ; les saupoudrer avec du sel, les faire macérer pendant 10 minutes ; quand elles ont rendu l'humidité, les éponger sur un linge, les fariner par petite quantité à la fois, les plonger à friture bien chaude ; aussitôt qu'elles sont saisies à l'intérieur et sèches au toucher, les égoutter sur un linge, les saupoudrer de sel, les dresser sur une serviette avec un bouquet de persil frit.

558. **Rôti de mouton à la Turque** (chachi-kebassi). — Couper en gros carrés les chairs d'un gigot ou d'un filet de mouton, les assaisonner, les arroser avec du jus d'oignon, les enfiler à de longues brochettes, les faire griller à feu doux. Débrocher les viandes, les dresser sur un plat, les arroser avec de l'*yaourt* (crème aigre).

559. **Pâté de mouton à l'Anglaise** (Dessin 195). — On cuit ces pâtés

dans des plats en porcelaine ou faïence anglaise, de forme carrée ou ovale, résistant à la chaleur du four.

Couper en tranches, pas trop épaisses ni trop larges, la partie la plus charnue d'un gigot de mouton, ou simplement le filet d'une demi-longe (6 à 700 grammes), en supprimer les os et la peau nerveuse, battre légèrement les viandes, les assaisonner. Masquer le fond du plat avec une couche de pommes de terre crues, coupées, assaisonnées; sur cette couche, ranger les viandes de mouton; couler au fond la valeur d'un demi-verre de bon jus froid; humecter les bords du plat au pinceau, appliquer, tout autour, une bande de pâte en demi-feuilletage, mince; humecter aussi cette pâte; couvrir les viandes et le plat avec une abaisse de la même pâte;

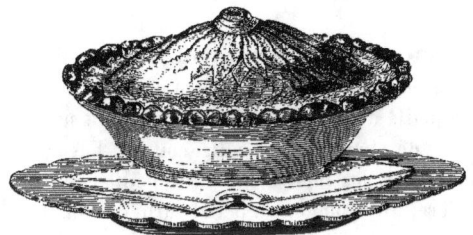

Fig. 193.

l'appuyer sur les bords sans la tirer; couper l'excédant tout autour, en inclinant légèrement le couteau en dehors; appuyer le pouce de la main gauche sur la pâte, couper celle-ci de bas en haut, en tenant le couteau perpendiculairement; aussitôt la pâte coupée, reculer le pouce de 3 centimètres, couper de nouveau la pâte par le même procédé: cette espèce de cannelure produit un joli effet à la cuisson. Décorer le centre du pâté avec une rosace de feuilles imitées en pâte; faire un petit trou au centre de cette rosace, dorer le pâté, le cuire au four modéré pendant une heure et quart, en ayant soin de couvrir la pâte avec du papier, aussitôt qu'elle commence à prendre couleur. En sortant le pâté du four, le dresser sur un plat couvert d'une serviette.

560. **Saucisses à la Persane.** — Parer un filet de mouton, la moitié d'une selle: hacher les chairs avec une égale quantité de graisse de queue de mouton, ou du lard; quand le hachis est fin, l'assaisonner, le diviser en parties de la grosseur d'un œuf; le rouler alors autour d'une petite brochette en fer, en le pressant, et en donnant aux saucisses une forme ronde, allongée: la brochette doit se trouver exactement au centre de chacune d'elles, et celles-ci, être enfilées l'une à la suite de l'autre. Faire rôtir les saucisses à la *Napolitaine*, c'est-à-dire avec du charbon des deux côtés, en tournant la brochette à la main; quand

les viandes sont bien atteintes, débrocher les saucisses sur un plat sans les briser, les entourer avec des cœurs de céleri émincés.

561. Kebap à la Persane. — Couper en carrés les chairs crues d'un filet de mouton, les déposer dans une terrine, les mêler avec un nombre égal de lames épaisses de graisse de queue de mouton; les assaisonner, les saupoudrer avec des tranches d'oignon, les arroser avec le jus de quelques citrons, les faire macérer pendant quelques heures. Enfiler les carrés de mouton à une brochette, en les alternant chacun avec un carré de graisse, ainsi qu'avec des feuilles fraîches de menthe, de basilic et de laurier; faire rôtir ces viandes à la *Napolitaine*. Quand elles sont cuites, les débrocher sur un plat chaud, les entourer avec des cœurs de céleri émincés.

562. Hachis de mouton aux œufs mollets. — Prendre 5 à 600 grammes de viande de mouton, provenant d'un gigot ou d'une selle cuite; parer cette viande, la couper en petits dés; déposer le salpicon dans une casserole, lui mêler quelques cuillerées de champignons cuits, coupés; l'assaisonner.

Hacher 2 ou 3 échalotes, les mettre dans une petite casserole avec un demi-verre de vin de Madère, un bouquet de persil garni d'aromates, quelques grains de poivre; faire réduire le liquide de moitié; lui mêler le double de son volume d'espagnole, faire réduire la sauce jusqu'à ce qu'elle soit bien liée, la finir avec un peu de glace fondue, la passer sur le hachis préparé; chauffer celui-ci, le dresser sur un plat, l'entourer avec des œufs mollets, cuits à 4 minutes et demie.

563. Pouding de mouton, à l'Anglaise. — Diviser en tranches de l'épaisseur d'une côtelette 3 à 4 carbonnades de mouton; en supprimer les os et une partie de la graisse; les assaisonner. Mettre dans une casserole 2 cuillerées-à-bouche d'échalotes et d'oignons hachés, les faire légèrement revenir avec du beurre; ajouter les tranches de mouton; sauter vivement celles-ci pendant quelques minutes, les retirer aussitôt avec une fourchette, les déposer dans un plat, en laissant la graisse au fond de la casserole; mêler à celle-ci une petite poignée de farine, la cuire pendant 2 secondes, en la tournant, la délayer avec la valeur d'un verre de jus, de façon à obtenir une petite sauce légère; lui donner un bouillon, la retirer du feu; ajouter une cuillerée de *Harvey sauce*, un peu de poivre, la verser sur les tranches de mouton.

Foncer un moule à pouding avec de la pâte à la graisse (Voy. art. 378); ranger les viandes dans le vide du moule, en les arrosant avec la sauce; les couvrir en dessus avec un rond de pâte; replier sur celui-ci la pâte des bords, excédant la hauteur du moule. Mouiller une serviette sur son centre, l'exprimer, la beurrer, la fariner sur les parties beurrées; avec cette serviette, couvrir le moule, en appliquant la partie farinée sur la pâte; nouer fortement la serviette en dessous du moule ; plonger le pouding à l'eau bouillante, le faire cuire pendant 2 heures ; le déballer, le renverser sur un plat, le glacer au pinceau.

564. Langues de mouton à la Macédoine (Dessin 196). — Choisir une douzaine de langues de mouton, les faire blanchir, en supprimer la peau, les ranger dans une casserole foncée avec du lard et des légumes émincés ; les braiser à court mouillement ; quand elles sont cuites, les faire refroidir sous

Fig. 196.

presse entre deux plafonds ; les parer ensuite de jolie forme, les chauffer, en les glaçant à la bouche du four.

D'autre part, prendre un appareil de purée de pommes de terre, fini comme pour croustade ; le dresser sur un plat en forme de bordure, le faire sécher au four ; dresser alors les langues tout autour, en les posant debout la pointe en bas ; les glacer au pinceau, tenir le plat à la bouche du four afin de faire raffermir la purée. Au moment de servir, garnir le centre de la couronne avec une macédoine de légumes liés avec de la béchamel, l'arroser avec de la glace fondue, verser dans le fond du plat un peu d'espagnole réduite avec du vin.

565. Cassolet de Castelnaudary. — Le *cassolet* est un mets populaire du Languedoc ; la ville de *Castelnaudary*, dont il porte le nom, n'est pas à coup sûr le lieu où on l'estime le moins, mais en général on le prépare bien dans toute la contrée.

Faire tremper, pendant quelques heures, 500 grammes de bons haricots blancs et secs ; les mettre sur le feu dans une casserole avec de l'eau propre ; au premier bouillon, la retirer entièrement ; couvrir les haricots, les laisser ainsi pendant une heure ; les changer d'eau, les saler, les faire cuire, à feu modéré (pour le cassolet, les haricots ne doivent être cuits qu'aux trois quarts). — Je recommande cette méthode de cuire les haricots comme la plus pratique, et donnant le meilleur résultat.

Mettre dans une casserole en terre ou en fer émaillé, de forme plate et large, une cuisse et une aile d'oie *confites,* ainsi que 200 grammes de leur graisse ; faire revenir les viandes à feu modéré, en les retournant ; 10 à 12 minutes après, ajouter les haricots, bien égouttés, ainsi qu'un petit saucisson.

D'autre part, émincer un ou 2 gros oignons, les mettre dans une casserole avec 2 gousses d'ail et du lard haché, les faire revenir ; les saupoudrer avec une pincée de farine, délayer celle-ci avec la valeur d'un litre de bouillon chaud ; tourner la sauce jusqu'à l'ébullition, ajouter un bouquet d'aromates, quelques cuillerées de sauce tomate, ou simplement une tomate hachée ; réduire vivement la sauce pendant quelques minutes, la verser sur les haricots ; pousser alors le vase au four doux, l'y laisser jusqu'à ce que les viandes et les haricots soient à peu près cuits ; saupoudrer alors le ragoût avec une pincée de mie de pain, mêlée avec du persil haché ; tenir la casserole à la bouche du four jusqu'à ce que la surface soit de belle couleur, légèrement gratinée ; envoyer le cassolet dans le plat où il a cuit.

566. **Cassolet à la mode de Carcassonne.** — Désosser un gigot de mouton, du côté du manche, jusqu'à la jointure intérieure ; assaisonner les chairs, les piquer avec une gousse d'ail ; coudre ou ficeler le gigot, le mettre dans une casserole avec 200 grammes de lard haché ; le faire revenir de belle couleur, l'assaisonner ; le retirer ensuite sur feu modéré, avec des cendres chaudes sur le couvercle, le faire cuire à l'étuvée, c'est-à-dire sans le mouiller ; quand il est arrivé à moitié de cuisson, ajouter une perdrix et un morceau de petit-salé, blanchi, puis des haricots à moitié cuits, et enfin une sauce préparée comme il est dit dans l'article précédent, avec le jus des viandes et de la tomate : la viande et les haricots doivent se trouver mouillés à hauteur. Poser le plat sur feu modéré ; au premier bouillon, le pousser à four doux, de façon que le ragoût ne fasse qu'y mijoter pendant une heure ; l'arroser alors avec du jus, le saupoudrer de mie de pain, et un peu de persil haché ; faire légèrement gratiner la surface, envoyer le cassolet dans le plat même.

567. **Langues de mouton aux oranges.** — Cuire à l'eau 10 petites langues salées de mouton, les égoutter, en supprimer la peau, les faire glacer avec un peu de jus ; allonger le fonds-de-cuisson avec un peu de bouillon, faire bouillir le liquide, le passer au tamis. Verser un demi-verre de vinaigre dans une casserole, le faire réduire de moitié, ajouter le fonds-de-cuisson des langues ; le lier à la fécule ; quelques minutes après, ajouter 2 cuillerées de gelée de groseilles ; retirer aussitôt la sauce sur le côté du feu, la dégraisser. — Dans l'intervalle, parer à vif 4 oranges aigres, les couper en petits quartiers, en supprimant l'épiderme et les semences. Quand la sauce est dégraissée, la retirer du feu, ajouter les quartiers d'oranges ; dresser les langues sur plat avec les oranges autour ; les arroser avec la sauce.

BOUCHERIE. — MOUTON.

568. Oreilles de mouton en croustade (Dessin 197). — Faire blanchir une douzaine d'oreilles de mouton, les flamber, les cuire dans un blanc; les laisser refroidir dans leur cuisson; les égoutter, les masquer intérieurement avec une couche de farce crue, de façon à maintenir le tuyau droit; les tremper dans des œufs battus, les paner, les faire frire.

D'autre part, prendre 7 à 800 grammes de purée de pommes de terre; aussitôt qu'elle est passée, l'assaisonner, incorporer un morceau de beurre, une poignée de parmesan râpé, et enfin 10 jaunes d'œuf; la verser sur la table farinée, la travailler avec les mains, en lui faisant absorber, peu à peu, de la farine jusqu'à ce qu'elle

Fig. 197.

soit de consistance ferme; la placer alors sur un rond de papier coupé dans les dimensions d'un plat d'entrée. Avec cet appareil, préparer une croustade de forme basse, en formant les cannelures à l'aide d'un morceau de carotte coupé en biais, mais en ayant soin de laisser un creux sur le centre; quand elle est finie, la dorer, la pousser à four vif, la faire légèrement colorer; la glisser sur un plat; emplir le vide avec un émincé de champignons, sur celui-ci dresser les oreilles, en les posant debout; les glacer, envoyer séparément une saucière d'espagnole, réduite avec les parures de champignons.

569. Ravioles à la Grecque. — Prendre les chairs cuites d'un filet de mouton (500 grammes); les parer, les piler avec une cervelle de mouton cuite; assaisonner, ajouter 2 ou 3 jaunes d'œuf, ainsi que 3 à 4 cuillerées de fines-herbes cuites. Avec cet appareil et de la pâte à nouille, préparer de grosses ravioles, de forme ronde. Dix minutes avant de servir, les plonger à l'eau bouillante, salée; les cuire pendant 3 à 4 minutes, les égoutter sur un tamis; les dresser sur un plat, par couches, en saupoudrant chaque couche avec du fromage râpé; les arroser avec quelques cuillerées de bon jus, lié avec de la sauce tomate.

570. Carbonnades de mouton à la crème. — On appelle *carbonnade* le bout d'un carré de mouton, à partir du point où les côtelettes finissent et où commence la *selle* (Voy. Dessin 198).

Prendre 3 carbonnades, en supprimer l'os de la chaîne ; rouler la bavette, les ficeler correctement, les ranger dans une casserole dont le fond est masqué avec des légumes émincés, des grosses épices et des aromates ; les faire braiser à court mouillement. Les arroser, les retourner de temps en temps, les égoutter. Supprimer l'os intérieur de la chaîne, placé entre le gros filet et le filet-mignon ; faire refroidir les carbonnades entre deux plafonds ; les diviser chacune en deux parties ; les prendre alors, une à une, les parer droit, en supprimer la graisse, qui masque le gros filet ; les tremper dans une béchamel bien serrée, de façon à les masquer entièrement, les ranger à mesure sur un plafond, faire refroidir la sauce. Une demi-heure avant de servir, tremper les carbonnades dans un mélange de beurre fondu et de jaunes d'œuf battus ; en les sortant, les rouler dans de la panure fraîche, les ranger sur un plafond beurré, les arroser au pinceau avec du beurre fondu, les faire colorer à four modéré ; quand elles sont bien chaudes, les dresser sur un plat, autour d'une purée de navets à la crème,

571. **Navarin.** — C'est un mets fréquemment servi dans les restaurants, mais à des titres divers ; le meilleur que j'aie mangé, et dont j'ai conservé le souvenir le plus agréable, c'est à l'hôtel des Princes à Bordeaux. Je vais le décrire, tel qu'on le prépare dans les officines de cette estimable maison : Désosser entièrement un petit gigot de bon mouton, couper les chairs en carrés moyens, en supprimer les graisses, les déposer dans une terrine ; les assaisonner, ajouter un petit bouquet d'aromates ; les arroser avec la valeur d'un demi-verre de madère, les faire macérer pendant 7 à 8 heures.

Égoutter les viandes, les éponger sur un linge. — Faire fondre dans une casserole 200 grammes de lard ; l'égrapper, lui mêler les carrés de viande, ainsi que 250 grammes de petit-salé blanchi, coupé en carrés ; les faire revenir à bon feu ; en égoutter la graisse, les arroser avec le madère ayant servi à les mariner ; 2 minutes après, les mouiller à hauteur avec de l'espagnole, peu liée. Couvrir la casserole, cuire le ragoût à feu modéré, avec des cendres chaudes sur le couvercle ; quand les viandes sont à peu près à point, dégraisser la sauce, l'allonger avec un verre de vin blanc, lui mêler une garniture de bons navets, coupés en boules, mais colorés avant dans une poêle, avec du beurre ; continuer l'ébullition modérée. La viande et les navets doivent se trouver cuits en même temps. Dresser le ragoût sur un plat chaud, les viandes au centre, les navets autour.

572. **Rognons de mouton à la Vieville.** — Ce mets est peu connu, mais il n'en est pas moins très-estimable ; il porte le nom d'un gourmet émérite. — Retirer la peau et les parties nerveuses à 7 ou 8 rognons de mouton, les diviser chacun en deux parties ; les mettre dans une poêle, avec du beurre fondu, une

pincée d'échalotes hachées ; les faire sauter vivement ; quand ils sont bien saisis, les assaisonner avec sel et une pointe de cayenne ; aussitôt qu'ils ont réduit leur humidité, les égoutter avec une écumoire ; verser dans la poêle un demi-verre de madère, le faire réduire de moitié, lui mêler une égale quantité de glace fondue ; faire bouillir le liquide, le lier avec un peu de sauce espagnole ; au premier bouillon, mêler les rognons à la sauce, en même temps que 2 cuillerées de jambon cuit, coupé en dés, ainsi qu'une pincée d'estragon haché ; retirer le ragoût du feu, le dresser sur un plat, l'entourer avec des croûtons de pain.

573. Carbonnades de mouton glacées (Dess. 198). — Prendre 4 carbonnades, en supprimer l'os de la chaîne, placé entre le gros filet et le filet-

Fig. 198.

mignon, sans détacher celui-ci ; enlever la graisse qui couvre le gros filet, le piquer avec du lard ; rouler la bavette en dessus ; brider les carbonnades, les ranger dans une casserole plate, les faire braiser, en les glaçant, les déballer, les parer, les dresser autour d'une garniture de petits-pois, ou de petites carottes glacées ; envoyer leur fonds-de-cuisson dans une saucière, passé et dégraissé.

574. Croûtes aux rognons de veau (Dess. 199). — Couper 10 à 12 croûtons de mie de pain, de cuisine, en forme de carré long, ayant à peu près un cen-

Fig. 199.

timètre d'épaisseur ; les cerner, les faire frire, les ouvrir, les vider en partie, les tenir au chaud.

D'autre part, prendre un beau rognon de veau, retirer une partie seulement de la graisse qui l'entoure, le faire rôtir dans une casserole ; le saler, le laisser refroidir ; supprimer la graisse, couper les chairs en petits dés, les mêler avec une égale quantité de champignons cuits, couper de même forme, lier ce salpicon avec un peu de bonne béchamel, réduite avec la cuisson des champignons, un peu de crème crue, un peu de glace ; ajouter à l'appareil une pointe de muscade, et avec lui, emplir le vide des croûtes ; lisser le dessus, le saupoudrer avec un peu de mie de pain ; l'arroser avec un peu de beurre fondu, le glacer à la salamandre. Dresser les croûtes sur une serviette pliée.

575. Rognons de mouton à la Flamande. — Mettre dans une casserole, 2 cuillerées-à-bouche d'échalotes et d'oignons hachés, une gousse d'ail entière ; les faire revenir sans prendre couleur ; ajouter une douzaine de moyens champignons frais, hachés ; faire vivement réduire l'humidité de ceux-ci, les assaisonner avec sel et poivre de Cayenne, les mouiller avec le tiers d'un verre de madère, autant de glace fondue ; faire bouillir le liquide, le lier avec un peu d'espagnole.

D'autre part, retirer l'épiderme à 8 rognons de mouton, les fendre chacun en deux parties sur la longueur, en les divisant, les faire revenir dans une poêle, avec du beurre, à feu vif, les assaisonner, les faire sauter jusqu'à ce qu'ils soient atteints à point, et qu'ils aient réduit leur humidité ; les enlever alors avec l'écumoire, les dresser sur un plat chaud, les masquer avec la sauce finie au moment.

---

576. Côtelettes d'agneau à la bouchère. — Choisir 2 carrés d'agneau, supprimer la peau superficielle qui couvre la graisse, couper 5 belles côtelettes sur chacun d'eux, en prenant le filet en biais, afin de les obtenir plus larges. Couper l'os de la chaîne, parer les os de côte, en les dégageant proprement des chairs et des parties nerveuses, sur le bout et sur les côtés ; battre légèrement les côtelettes de jolie forme, les saler, les rouler dans du beurre fondu et les paner ; 10 minutes avant de servir, les ranger sur un gril, les faire cuire à bon feu, en les retournant ; quand elles sont à point, les glacer, les papilloter.

D'autre part, couper 4 ou 5 gros cornichons en montglas, les déposer dans une casserole, ajouter le double de leur volume de champignons cuits, autant de langue à l'écarlate, autant de foie d'agneau, cuits, coupés en montglas. Lier ces garnitures avec 4 cuillerées d'espagnole, réduite avec un peu de glace et de madère, finie avec une pointe de cayenne. Chauffer le ragoût sans ébullition.

Au moment de servir, dresser les côtelettes en couronne sur un plat, et la garniture dans le centre de la couronne.

577. Côtelettes d'agneau en crépinettes. — Parer une douzaine de côtelettes d'agneau, en tenant court l'os de la côte, les battre, les assaisonner, les ranger dans une casserole plate avec du beurre, les faire cuire à feu vif, en les retournant; quand elles sont aux trois quarts cuites, leur mêler 4 cuillerées-à-bouche de fines-herbes cuites, autant de truffes crues, coupées en dés; les mouiller alors avec quelques cuillerées de madère; faire réduire celui-ci, retirer la casserole du feu; égoutter les côtelettes, puis mêler aux fines-herbes la moitié de leur volume de farce cuite, au gratin. Masquer les côtelettes, des deux côtés, avec une couche de cet appareil, les envelopper ensuite avec de la crépine de porc ou d'agneau, les beurrer, les paner, les faire griller à feu modéré, en les retournant; les dresser sur un plat, masquer le fond de celui-ci avec un peu de sauce Périgueux.

578. Côtelettes d'agneau sautées, à la purée de champignons (Dessin 200). — Couper une quinzaine de côtelettes d'agneau, les parer,

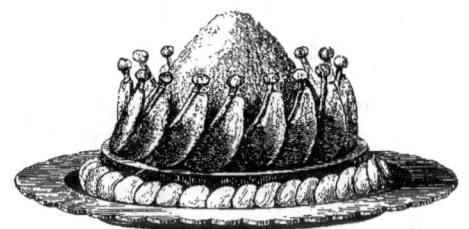

Fig. 200.

les assaisonner; les faire revenir, des deux côtés, avec du beurre, dans une casserole plate; quand elles sont à point, égoutter le beurre; les arroser avec 2 ou 3 cuillerées de glace fondue; faire réduire le mouillement afin de glacer les côtelettes; en papilloter le manche, les dresser en couronne sur une bordure de pommes de terre, renversée sur un plat. Garnir le centre de la couronne avec une purée de champignons, entourer les côtelettes avec des têtes de champignons, coupées sur le travers, ou entières.

579. Côtelettes d'agneau à l'Anglaise. — Parer 12 côtelettes, les assaisonner, les tremper dans des œufs battus, les paner; les ranger dans une casserole plate, avec du beurre fondu, les faire colorer des deux côtés, en les retournant; les dresser sur un plat en couronne. — Cuire vivement un demi-litre de petits-pois à l'eau salée, avec un brin de menthe; les égoutter, les mettre dans une casserole avec 150 grammes de beurre frais; ajouter une pointe de muscade, une pincée de sucre; les sauter (hors du feu) jusqu'à ce que le beurre soit dissous, les dresser dans le centre de la couronne.

580. Poitrines d'agneau grillées. — Choisir 2 bonnes poitrines d'agneau, en supprimer la peau, ainsi que l'os des tendons ; les faire cuire dans la marmite ou dans du bouillon non dégraissé ; quand elles sont à point, les égoutter, en supprimer les os des bouts de côte, les faire refroidir sous presse légère ; les parer sur les deux surfaces, les assaisonner avec sel et poivre, les arroser avec du beurre fondu, les paner, les faire griller des deux côtés, pendant 15 minutes ; les dresser, les envoyer en même temps qu'une sauce ravigote chaude (Voy. art. 496).

581. Ris d'agneau piqués, à la purée de pois. — Choisir une douzaine de beaux ris d'agneau, les faire blanchir, les rafraîchir, les éponger, les faire refroidir sous un couvercle de casserole ; les parer, les piquer avec du lard fin, sur la surface la plus lisse ; les ranger alors dans une casserole foncée avec des légumes émincés, les mouiller à hauteur avec du bon bouillon, les saler légèrement, les couvrir avec du papier beurré ; faire réduire le liquide en demi-glace, à feu vif ; retirer la casserole sur un feu modéré, enlever le papier, mettre du feu sur le couvercle et glacer les ris de belle couleur, en les arrosant avec leur fonds-de-cuisson ; les égoutter, les dresser sur une purée de pois-verts, tenue un peu ferme, dressée sur le centre d'un plat ; l'arroser avec la cuisson des ris, dégraissée et passée.

582. Coquilles de ris d'agneau. — Couper en dés une quinzaine de ris d'agneau, pas trop cuits, mais froids ; les mêler avec le tiers de leur volume de champignons cuits ; lier ce salpicon avec quelques cuillerées de bonne béchamel, réduite avec un peu de glace ; ajouter une pointe de muscade. Avec cet appareil, emplir quelques grosses coquilles de table ; lisser le dessus, le saupoudrer avec un peu de mie de pain, l'arroser avec du beurre fondu, le faire légèrement gratiner à four vif, ou avec la salamandre, les dresser sur un plat.

583. Timbale de ris d'agneau. — Beurrer et foncer un moule à timbale avec de la pâte brisée, masquer le fond et le tour de la caisse avec une petite couche de godiveau à la ciboulette (Voy. art. 474) ; mêler au restant de la farce un tiers de son volume de fines-herbes cuites, ainsi que quelques cuillerées de maigre de jambon cru, coupé en petits dés. — Choisir une vingtaine de ris d'agneau, les parer, les faire légèrement blanchir ; les sauter vivement avec un peu de lard fondu, les assaisonner ; 2 minutes après, les retirer du feu, les laisser refroidir ; les ranger dans la timbale, par couches, en alternant chaque couche avec le restant de la farce aux fines-herbes. Couvrir le dessus avec la farce d'abord, puis avec un rond de pâte, en soudant celle-ci sur les contours ; poser la timbale sur un plafond, la pousser à four modéré ; une heure après, la retirer, la

BOUCHERIE. — AGNEAU.   277

renverser sur un plat chaud ; faire une ouverture ronde sur le haut de la pâte, infiltrer à l'intérieur de la timbale un peu d'espagnole, réduite avec quelques cuillerées de madère ; remettre le rond enlevé, et servir.

584. **Épaules d'agneau en canetons** (Dessin 201). — Faire couper 3 épaules d'agneau, en laissant adhérer un petit bout de la patte de devant ; les désosser, mais sans retirer l'os du manche ; assaisonner les chairs intérieures. Préparer une farce à quenelle avec de la viande d'agneau ou de veau ; lui mêler moitié de son volume de salpicon composé avec du jambon cuit, des ris d'agneau et des champignons cuits, coupés en dés. Avec cet appareil, emplir le

Fig. 201.

vide des épaules, les coudre, en rapprochant les viandes, et les laissant sur toute leur longueur ; les brider alors, avec le manche, en haut, de façon à leur faire prendre la forme d'un canard : l'épaule d'agneau se prête naturellement à cette imitation. Ranger ces épaules dans une casserole, en les posant telles qu'elles doivent être servies, les mouiller à couvert avec de l'eau tiède, chauffer celle-ci jusqu'à ce que la peau soit roidie ; égoutter alors les épaules, les rafraîchir, les faire refroidir, les essuyer, les piquer avec du lard, des deux côtés, sur la partie simulant le corps du canard ; envelopper le cou, ou plutôt le manche des épaules, avec des bardes de lard, les poser sur le fond d'une casserole foncée en braise, les caler avec de gros légumes, afin de les soutenir en équilibre, les mouiller à hauteur avec du bon bouillon, les faire braiser, en les glaçant ; en dernier lieu, les égoutter, les débrider, les couper légèrement en dessous afin de leur donner l'aplomb nécessaire. Parer le haut du manche, imiter les yeux avec un rond de langue ou de jambon, les dresser sur un plat, les entourer avec une garniture composée de champignons et d'olives sans noyaux. — Allonger le fonds de la cuisson avec un peu de vin, le faire bouillir, le passer, le dégraisser, lui mêler la cuisson des champignons, le faire réduire de moitié, le lier avec un peu de sauce brune ; avec cette sauce, masquer le fond du plat, envoyer le surplus séparément dans une saucière.

585. **Épaules d'agneau à l'Italienne.** — Désosser 2 belles épaules d'agneau, en leur laissant le manche, scier celui-ci au-dessus de la jointure du pied, étaler les épaules sur la table, assaisonner les chairs intérieures. — Hacher 300 grammes de petit-salé, lui mêler 2 cuillerées-à-bouche d'oignon haché, 4 cuillerées de champignons, un peu de persil, 2 poignées de mie de pain trempée et bien exprimée; assaisonner l'appareil de bon goût, lui incorporer 2 œufs entiers; le diviser alors en deux parties, et avec lui, emplir les épaules; les coudre, les placer dans un petit plafond à rebord, foncé avec des légumes émincés; les mouiller à moitié de hauteur avec du bouillon, les faire cuire à la bouche du four, en les arrosant. Quand elles sont à point, le fonds-de-cuisson doit se trouver à peu près réduit à glace. Les débrider, les dresser sur un plat; verser au fond de celui-ci une sauce tomate, finie avec le fonds-de-cuisson.

586. **Blanquette d'agneau.** — Couper 2 épaules d'agneau en moyens carrés, faire dégorger les viandes pendant une heure, les placer dans une casserole, les mouiller juste à couvert avec du bouillon léger, et un demi-verre de vin blanc; faire bouillir le liquide; 2 minutes après, égoutter les viandes dans une passoire, en conservant la cuisson, les rafraîchir, les parer des os aussi bien que possible, les éponger; laisser reposer le liquide. — Faire revenir, dans une casserole, avec du beurre, 2 cuillerées-à-bouche d'oignon haché; quand il est de couleur blonde, lui mêler les viandes, les faire revenir ensemble pendant quelques minutes; les assaisonner légèrement, les saupoudrer avec une poignée de farine, les mouiller avec la cuisson réservée; ajouter un bouquet de persil garni d'une feuille de laurier, une poignée de parures de champignons, épices. Faire bouillir vivement le ragoût pendant 10 minutes, de façon que la sauce réduise d'un quart; retirer la casserole sur feu modéré, finir de cuire la viande; dégraisser la sauce, la lier avec 3 jaunes d'œuf, ajouter une pointe de muscade; dresser les viandes sur un plat, les saupoudrer avec un peu de persil haché, les arroser avec la sauce, en la passant.

587. **Double d'agneau rôti.** — Le *double d'agneau* n'est autre chose que l'*arrière-train* de l'agneau, c'est-à-dire la selle adhérant aux cuisses; c'est un relevé qu'on sert souvent en Angleterre, où les pièces volumineuses sont toujours bien accueillies dans un dîner, même quand les convives sont peu nombreux. La pièce de boucherie est en quelque sorte le mets le plus luxueux d'un dîner anglais, celui du moins pour lequel le volume et la quantité sont le moins limités.

Couper le *double d'agneau* de la longueur voulue, ployer les gigots à la jointure, briser l'os intérieur de la noix, scier le bout des manches, rouler les bavettes, les ficeler en dessous, et embrocher la pièce sur sa longueur; traverser les deux gigots avec une brochette en bois, les maintenir ferme; envelopper la pièce avec

BOUCHERIE. — AGNEAU.

du papier graissé, afin de faire cuire pendant une heure et quart, en l'arrosant avec la graisse de la lèchefrite ; 10 minutes avant de le débrocher, le déballer, le saler, le dresser sur un plat ; envoyer séparément du bon jus.

588. **Petites chartreuses de ris d'agneau** (Dessin 202). — Beurrer 12 grands moules à dariole, les décorer au fond avec un rond de truffe. — A l'aide d'un tube à colonne, couper de petits bâtonnets de navets et de carottes, couper également quelques petites boules rouges, avec une cuiller-à-légume. Faire cuire séparément ces légumes à l'eau salée, en les tenant un peu fermes ; quand ils sont froids, couper en biais, sur les bouts, les bâtonnets de navets, les monter contre les

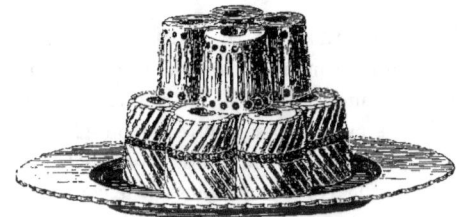

Fig. 202.

parois des petits moules, en les penchant ; sur ces navets, ranger une chaîne de petites boules rouges, et, sur celles-ci, de nouveau des navets, en les penchant dans le sens opposé. Huit des petites chartreuses doivent être décorées dans le même ordre ; les 4 autres sont décorées, au fond et sur le haut, avec une chaîne de ronds de truffes, et, sur le centre, avec des bâtonnets de navets et de carottes, alternés.

A mesure que les parois des moules sont garnies, soutenir les légumes avec une couche de farce à quenelle, en laissant un vide sur le centre.

Préparer un salpicon de ris d'agneau cuits ; lui mêler moitié de son volume de champignons cuits, coupés comme les ris ; le lier avec quelques cuillerées de bonne béchamel, un peu de glace ; laisser refroidir l'appareil, et, avec lui, emplir le vide des petites chartreuses ; le masquer avec une couche mince de farce, couvrir celle-ci avec un petit rond de papier beurré ; ranger alors les petits moules dans une casserole plate, avec de l'eau chaude, les faire pocher au bain-marie pendant 25 minutes.

Au moment de servir, démouler les chartreuses, les dresser en buisson : 8 sur le fond, 4 sur le haut ; servir en même temps une saucière de bonne béchamel, réduite à l'essence de champignons.

589. **Quartier d'agneau rôti.** — Ce qu'on appelle le quartier d'un

agneau, c'est le gigot auquel on laisse adhérer la longe, se prolongeant jusqu'aux premières côtes. La viande d'agneau ne comporte pas de mortification : elle doit être bien cuite.

Scier le manche d'un quartier d'agneau, en ficeler la bavette, le traverser sur sa longueur avec une brochette en fer; l'envelopper avec du papier graissé, le faire cuire en l'arrosant avec du beurre ou du saindoux. Trois quarts d'heure après, le déballer, le saupoudrer avec de la mie de pain, lui faire prendre couleur; le saler, le débrocher, le dresser sur un plat, le papilloter; envoyer un bon jus à part. — En Angleterre on sert habituellement les quartiers d'agneau avec une sauce aigre-douce, composée avec de la menthe fraîche, hachée, délayée avec un peu d'eau et du vinaigre, assaisonnée avec du sel et du sucre.

590. Ragoût d'agneau aux petits-pois. — Couper 2 épaules d'agneau en moyens carrés, les mettre dans une casserole avec du beurre, 2 ou 3 petits oignons, une carotte et un bouquet de persil; faire vivement revenir les viandes, en les colorant, les assaisonner, les laisser cuire à moitié; leur mêler alors trois quarts de litre de petits-pois crus, 250 grammes de petit-salé coupé en carrés, un peu de sel et poivre, mettre des cendres chaudes sur le couvercle de la casserole, finir de cuire le ragoût tout doucement. La viande et les pois doivent se trouver cuits en même temps. Au moment de servir, lier le ragoût avec un peu de sauce, le dresser sur un plat, après avoir retiré le bouquet.

591. Ragoût d'agneau à la Valenciennes. — Couper en moyens carrés une épaule et une poitrine d'agneau, faire revenir ces viandes dans une casserole, avec du saindoux; quand elles sont de belle couleur, leur mêler un petit oignon haché, quelques cuillerées de jambon cru, coupé en dés, un peu de sel, une cuillerée à café de poivre rouge, et enfin une gousse d'ail; faire revenir ces viandes encore quelques minutes, les mouiller à hauteur avec du bouillon; faire bouillir le liquide pendant 5 minutes; retirer la casserole sur feu modéré. Quand l'agneau est à peu près cuit, lui mêler du riz cru, lavé et séché sur un tamis (un verre de riz pour 2 verres de liquide); cuire encore le ragoût pendant un quart d'heure, à casserole couverte, puis retirer celle-ci sur des cendres chaudes ou à la bouche du four; 5 minutes après, dresser le ragoût.

592. Croquettes d'agneau aux artichauts. — Prendre un morceau de gigot d'agneau cuit, refroidi; le parer, couper la viande en petits dés; lui mêler moitié de son volume de fonds d'artichauts cuits, coupés comme la viande; lier ce salpicon avec un peu de bonne béchamel, réduite avec de la crème, finie avec un peu de glace; assaisonner l'appareil avec poivre et muscade; l'étaler sur un plafond, en couche d'un centimètre d'épaisseur, le laisser bien refroidir. For-

BOUCHERIE. — AGNEAU.

mer les croquettes, en leur donnant la forme d'un bouchon ; quand elles sont panées, les faire frire de belle couleur ; les dresser en buisson sur une serviette pliée.

593. **Agneau sauté aux tomates.** — Prendre les 2 filets d'une selle d'agneau, les diviser en morceaux carrés, supprimer en partie les os, mettre les viandes dans une casserole plate avec de l'huile ou du beurre, un oignon, une gousse d'ail ; les assaisonner, les faire revenir, en les sautant, jusqu'à ce qu'elles soient à peu près cuites.

D'autre part, couper 4 tomates par le milieu, les égrener, les diviser en gros morceaux, les faire revenir à feu vif, dans une poêle, avec de l'huile ; les assaisonner, les faire sauter jusqu'à ce qu'elles aient réduit leur humidité ; les adjoindre alors à l'agneau ; 10 minutes après, dresser le ragoût, après avoir retiré l'ail et l'oignon.

594. **Émincé d'agneau aux cèpes.** — Parer les chairs cuites d'un gigot d'agneau, les émincer en tranches, les assaisonner. Émincer quelques cèpes frais, propres ; les faire revenir dans une poêle avec de l'huile ; ajouter 2 cuillerées-à-bouche d'échalote hachée, et une gousse d'ail ; quand ils ont réduit leur humidité, les lier avec quelques cuillerées de sauce tomate et de glace fondue ; donner quelques bouillons au ragoût, lui mêler les tranches d'agneau, les chauffer sans ébullition ; ajouter une pincée de cayenne et une pincée de persil haché, le dresser sur un plat, en l'entourant avec de petites croquettes de pommes de terre.

595. **Pilaff d'agneau à la Grecque.** — Désosser un gigot d'agneau, diviser les chairs en morceaux de forme carrée. Avec les os, préparer un peu de bouillon. — D'autre part, mettre dans une casserole 2 cuillerées d'oignon haché, et 250 grammes de petit-salé coupé en carrés ; les faire revenir pendant quelques minutes, leur mêler les morceaux d'agneau ; les saler légèrement, les faire revenir à bon feu pendant 8 à 10 minutes, les mouiller, un peu plus qu'à couvert, avec le bouillon d'agneau préparé ; ajouter au ragoût, 2 piments et 2 tomates bien mûres (celles-ci sans peau ni pepins et hachées), un bouquet de persil garni avec des aromates, et enfin une pointe de safran ; faire bouillir vivement le liquide pendant 3 à 4 minutes, lui mêler (pour 2 kilogrammes de viande) 5 à 600 grammes de bon riz lavé, bien égoutté ; couvrir la casserole ; 5 minutes après, la retirer sur des cendres chaudes, ou à la bouche du four : au bout de 18 à 20 minutes, le riz doit se trouver cuit à point, sans être défait ; dresser alors le pilaff sur un plat creux.

596. **Rognons d'agneau, glacés.** — Retirer la graisse et la peau à une quinzaine de rognons d'agneau, les diviser chacun en deux parties. — Mettre

dans une poêle un morceau de beurre, et une cuillerée-à-bouche d'échalotes hachées, les faire revenir; aussitôt qu'elles sont de couleur blonde, leur mêler les rognons, les assaisonner, en les sautant à feu vif; aussitôt qu'ils sont saisis, les arroser avec quelques cuillerées de glace fondue; les rouler dans cette glace, hors du feu, les saupoudrer avec un peu de persil haché, les finir avec le jus de 2 citrons, les dresser dans un plat chaud, les entourer avec des croûtons de pain frits, glacés.

597. **Fraissure (Coratelle) d'agneau, à l'Italienne.** — Émincer le foie, le cœur et le poumon d'un agneau, ce dernier doit préalablement être blanchi. Émincer un oignon, le faire revenir, avec du beurre, dans une poêle, sans lui faire prendre couleur; lui mêler les tranches du poumon et celles du cœur d'agneau, les sauter vivement jusqu'à ce qu'elles soient à peu près cuites; ajouter les tranches de foie, les assaisonner; aussitôt que le foie est atteint, retirer la poêle du feu, saupoudrer le ragoût avec du persil, l'arroser avec le jus d'un citron, le dresser sur un plat chaud. — Ce mets, simple et d'une exécution facile, est excellent pour les déjeuners.

598. **Fraissure d'agneau à la Lyonnaise.** — Faire cuire, d'un agneau : la *fraise*, les 4 pieds et les 2 oreilles, en procédant comme pour la tête de veau. — D'autre part, mettre dans une casserole 2 cuillerées-à-bouche d'échalotes hachées, et un morceau de beurre; les faire revenir sans prendre couleur, les saupoudrer avec 2 cuillerées de farine, cuire celle-ci pendant 2 minutes, en la tournant; la mouiller, peu à peu, avec une partie du fonds-de-cuisson des viandes, et un peu de bouillon; tourner la sauce jusqu'à l'ébullition, la retirer sur le côté du feu. Un quart d'heure après, la dégraisser, la passer dans une casserole; lui mêler une quinzaine de champignons crus, parés, bien propres; faire réduire la sauce pendant 10 minutes, la lier avec 2 jaunes d'œuf. — Au moment de servir, égoutter la fraise, les pieds et les oreilles d'agneau; retirer les os des pieds, dresser la fraise sur le centre d'un plat avec les pieds et les oreilles autour, masquer les uns et les autres avec la sauce, dresser les champignons autour.

599. **Foie d'agneau grillé, à la Provençale.** — Émincer en tranches 2 foies d'agneau, les déposer dans une terrine, les assaisonner avec sel et poivre, les arroser avec de l'huile, les saupoudrer avec une pincée de persil, haché avec une pointe d'ail. Les appuyer tour à tour sur de la mie de pain, les faire griller pendant 7 à 8 minutes à feu vif, en les arrosant et les retournant; les dresser sur un plat chaud.

600. **Fraises d'agneau au cary.** — Choisir 2 *fraises* d'agneau bien blanches, propres. — Foncer une marmite en terre avec des bardes minces de lard, ranger les fraises sur celles-ci, ajouter un gros oignon piqué de girofles, un bouquet de persil garni d'aromates, un peu de sel et poivre; mouiller les viandes, à

trois quarts de hauteur, avec du vin blanc, les masquer avec des bardes de lard ; poser la marmite sur feu, au premier bouillon, la retirer sur des cendres chaudes, la couvrir avec une assiette creuse, cuire les fraises à feu modéré ; 4 heures après, les égoutter, les dresser sur un plat chaud ; dégraisser le fonds-de-cuisson, le mêler avec un peu de bon jus, le faire bouillir, le lier avec du beurre-manié mêlé avec de la poudre de cary. Au premier bouillon, la verser sur les fraises.

601. **Timbale de ris d'agneau, en écailles** (Dessin 203). — Foncer un moule à timbale avec de la pâte brisée, fine, coupée en demi-ronds ; ceux-ci doi-

Fig. 203.

vent être posés à cheval, de façon à imiter des écailles. Masquer la pâte, au fond et contre les parois, avec une couche de godiveau à la ciboulette ou de la farce de veau. Mêler au restant de cette farce quelques cuillerées de fines-herbes cuites, et une égale quantité de jambon cuit, coupé en dés.

Faire blanchir une quinzaine de ris d'agneau ; les laisser refroidir sous presse ; les parer, les faire revenir dans un sautoir, avec du lard fondu, sans les cuire trop ; les assaisonner, les laisser refroidir ; les ranger ensuite dans le vide de la timbale, par couches, en les alternant avec la farce aux fines-herbes. Les couvrir, d'abord avec une couche de farce, puis avec une abaisse en pâte. Faire cuire la timbale à four modéré pendant une heure ; en la sortant, la renverser sur un plat, l'ouvrir, et dresser sur le haut une petite garniture, composée de crêtes et de truffes ; l'arroser avec un peu de bonne espagnole au madère, et la servir.

602. **Fraise d'agneau à la sauce ravigote, Bordelaise.** — Les fraises d'agneau sont à Bordeaux d'une beauté remarquable ; cuites avec soin, elles constituent un excellent mets.

Choisir 2 fraises d'agneau, les laver, les faire blanchir, les cuire simplement à l'eau salée, avec quelques légumes ; les égoutter, les éponger, les dresser sur un plat, verser dans le fond de celui-ci la sauce suivante :

Sauce ravigote chaude à la Bordelaise. — Mettre dans une casserole 2 ou 3 cuillerées-à-bouche d'échalotes hachées, ajouter 6 cuillerées de vinaigre; faire réduire le liquide de moitié, lui mêler 6 cuillerées de sauce blonde, un peu serrée; la faire bouillir pendant quelques secondes, la retirer du feu, lui incorporer le quart d'un verre d'huile, mais peu à peu, en la tournant toujours; aussitôt qu'elle est liée, la finir avec une cuillerée de moutarde, délayée; ajouter une pincée de feuilles d'estragon et pimprenelle, hachées.

603. Pâté-chaud d'agneau, à l'Anglaise. — Prendre les deux filets d'une longe d'agneau, les parer; couper les chairs en tranches; les assaisonner.

Masquer le fond d'un plat à tarte avec des tranches de jambon cru, et des moitiés d'œufs durs, les saupoudrer avec un peu de cayenne, les masquer avec les viandes d'agneau; sur celles-ci, ranger également des moitiés d'œufs durs; mouiller les viandes à moitié de hauteur avec un peu de bon jus froid, les couvrir, ainsi que le plat, avec de la pâte brisée ou des rognures de feuilletage, en procédant comme il est dit art. 559; cuire le pâté au four pendant une heure.

604. Pâté-froid d'agneau. — Préparer une pâte brisée avec 600 grammes de farine, 250 grammes de beurre, un grain de sel, 2 jaunes d'œuf et l'eau nécessaire. — Désosser 2 carrés d'agneau, supprimer les parties nerveuses des chairs, les diviser en carrés longs, ayant 2 centimètres d'épaisseur; les déposer dans une terrine, ajouter un quart de leur volume de lard blanchi, coupé en carrés, et une égale quantité de jambon cuit coupé comme le lard; assaisonner ces viandes, les arroser avec un peu de madère, les laisser macérer pendant une heure.

Dans l'intervalle, retirer les chairs de 2 épaules d'agneau, les parer, les hacher avec une égale quantité de lard frais; quand le hachis est bien fin, l'assaisonner, le piler pendant 5 minutes, le retirer dans une terrine.

Prendre les trois quarts de la pâte préparée, l'abaisser en forme de carré long, la poser sur une plaque; masquer le centre de l'abaisse avec une couche épaisse du hachis, et sur celui-ci, dresser (en long) une couche de filets d'agneau, de lard et de jambon, en les mélangeant; masquer ces viandes avec une autre couche mince de hachis; continuer ainsi à garnir le pâté, en faisant bomber le dessus; couvrir l'appareil avec le restant de la farce, ramener sur celle-ci les quatre pans de l'abaisse; humecter la pâte, la couvrir avec une abaisse en pâte feuilletée, la dorer, la ciseler avec la pointe d'un petit couteau, et pousser le pâté au four; le cuire pendant une heure et demie. Un quart d'heure après qu'il est sorti du four, lui infiltrer, par l'ouverture laissée sur le centre, la valeur de 2 verres de gelée.

605. Petites caisses de ris d'agneau (Dessin 204). — Faire blanchir quelques ris d'agneau, les diviser chacun en deux parties sur le travers. — Faire revenir des fines-herbes, les lier avec un peu de bonne sauce et quelques cuillerées de madère, ajouter les ris d'agneau, les assaisonner, et finir de les cuire avec les fines-herbes : la sauce ne doit pas être abondante.

Beurrer au pinceau une dizaine de caisses en papier, plissées ; les masquer au fond et autour avec une mince couche de farce à quenelle ; faire pocher celle-ci à la bouche du four, emplir alors les caisses avec l'appareil préparé, et masquer

Fig. 204.

celui-ci avec une couche mince de farce, la saupoudrer avec une pincée de truffes hachées, et la faire pocher à la bouche du four. Dresser les caisses sur un plat, en collant celles du fond avec un peu de glace de viande ou de farce crue.

---

606. **Jambon fumé, à l'Alsacienne.** — On achète ordinairement les jambons fumés, car la salaison est une opération qui ne réussit que quand elle est faite en grand ; l'essentiel est de les acheter fumés depuis peu, provenant d'un jeune animal de bonne race. A peu près toutes les nations ont des contrées renommées pour fournir de bons jambons, cette préférence est un peu une affaire de goût ; mais aujourd'hui les jambons d'Angleterre, d'Amérique et de Bayonne semblent l'emporter sur toutes les autres espèces, à l'égard des jambons à cuire. Ceux de Mayence et de Westphalie sont plus propices à manger crus. Les gourmets et les cuisiniers ont inventé bien des méthodes différentes pour cuire les jambons ; j'en citerai quelques-unes qui, à mes yeux, ne sont pas sans mérite. Celle que je vais décrire, peut être pratiquée dans tous les pays sans beaucoup de frais ni grands embarras.

Couper le bout du manche d'un jambon, en écourter l'os du *quasi*, en supprimer la surface des chairs atteintes par la fumée, le faire dégorger pendant 2 ou 3 heures ; le placer ensuite dans une grande casserole, le mouiller à couvert avec de l'eau froide ; poser le vase sur feu, amener graduellement le liquide à l'ébullition ; égoutter alors cette eau, la remplacer par de l'eau tiède ; ajouter quelques légumes, des grosses épices et des aromates, mais pas de laurier ; poser la casserole sur feu, au premier bouillon la retirer sur le côté, de façon que le liquide ne fasse que frissonner pendant 3 heures et demie; la retirer hors du feu, mais sans sortir le jambon qui doit rester encore trois quarts d'heure dans sa cuisson.

Au moment de servir, égoutter le jambon, retirer l'os du quasi et la couenne, parer les chairs du manche; lisser la graisse du dessus, en la parant; couper le jambon en dessous afin de lui donner l'aplomb nécessaire, le glacer au pinceau, le dresser sur un plat long; l'entourer, des deux côtés, avec de la bonne choucroute, dresser aux deux bouts un bouquet de pommes de terre cuites à l'eau. Envoyer séparément une sauce madère.

607. Jambon des Épicuriens. — Choisir un jambon de *Tonkin*, provenant d'un jeune animal; le saler pendant 14 jours à la saumure salpêtrée, le fumer 2 jours; le laver alors, en supprimer la couenne, parer superficiellement les chairs atteintes par la fumée, le désosser entièrement; le déposer dans une terrine; ajouter : 2 échalotes, et 2 oignons émincés, une gousse d'ail entière, une pincée de thym, un peu de basilic et de marjolaine; l'arroser avec 2 bouteilles de vin rouge de Bourgogne et un verre de madère; le faire macérer pendant 24 heures; l'égoutter ensuite; emplir alors le vide laissé par les os avec un morceau de glace de viande non fondue, ainsi que 3 ou 4 truffes crues; coudre les issues, le ficeler selon sa forme naturelle.

Faire ramollir une vessie de porc, l'éponger, agrandir l'ouverture, et introduire le jambon à l'intérieur; passer la marinade, en mêler une petite partie au jambon, mais sans aucun aromate; fermer l'ouverture de la vessie, en la liant très-avant et fortement; l'envelopper dans un linge, nouer celui-ci du côté de l'ouverture de la vessie, et plonger le jambon à l'eau chaude; lui donner 4 heures d'ébullition continue, mais sans violence; quand il est cuit, le retirer du feu; une heure après, l'égoutter, le déballer de la serviette, puis de la vessie, verser le liquide dans une casserole, le lier avec un peu de sauce, le faire réduire; débrider le jambon, le dresser sur un plat, l'arroser avec la sauce.

608. Jambon de Tonkin rôti, à la Vernon. — Choisir un bon jambon de Tonkin provenant d'un animal jeune, récemment fumé, le faire dégorger pendant une heure, le parer superficiellement, le mettre dans une casserole avec de l'eau froide; amener le liquide à l'ébullition. Cuire le jambon, sur le côté du feu, pendant trois quarts d'heure seulement; l'égoutter ensuite, en supprimer la couenne et l'os du *quasi*; le déposer dans une terrine étroite, le mouiller, juste à hauteur, avec une marinade cuite, au vinaigre; le faire macérer pendant 24 heures, à vase couvert; l'égoutter ensuite, l'embrocher sans le percer, le masquer avec les légumes et les aromates de la marinade, en les soutenant avec du papier; faire rôtir le jambon à feu modéré, l'arroser avec de la graisse. Au bout de 50 minutes, mêler une partie du fonds de la marinade à la graisse de la lèchefrite, arroser le jambon avec ce mélange. Une heure après, le déballer, lui donner encore une demi-heure de cuisson, ce qui fait 2 heures et demie ; le débrocher alors, le dresser sur un plat. Passer au tamis le fonds de la lèchefrite, le dégraisser, en faire réduire une partie en demi-glace, mêler à celle-ci quelques cuillerées de sauce ; 5 minutes après, la verser sur le jambon. Envoyer séparément un plat de croquettes de légumes.

609. Jambon à l'Anglaise (Dessin 205). — Choisir un jambon de *Yorkshire* de bonne qualité et récemment fumé, le faire dégorger quelques heures, le parer, le

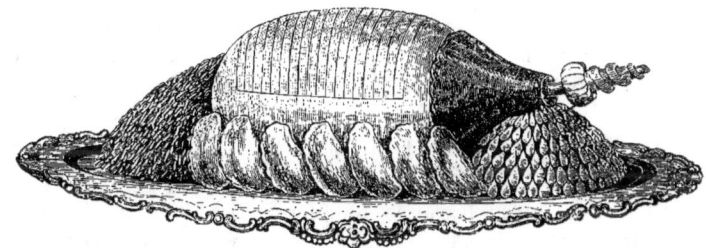

Fig. 205.

désosser en partie, l'emballer dans un linge, le faire cuire à l'eau, en procédant comme il est dit art. 606. Au moment de servir, l'égoutter sur un plafond, supprimer les deux tiers de la couenne, en formant des cannelures avec la pointe d'un couteau ; lisser les surfaces de la graisse, l'arrondir tout autour, puis enlever un morceau sur le centre, le découper en tranches, le remettre en place. Poser alors le jambon sur un fond de purée de pommes de terre, dressée sur un plat long, l'entourer des deux côtés avec une garniture de rissoles aux truffes ; dresser sur un bout une garniture de haricots-verts, et sur l'autre une garniture de petites carottes glacées. Papilloter le manche du jambon, glacer celui-ci, envoyer en même temps une sauce madère réduite avec les parures de truffes.

610. Pâté-froid de jambon. — Couper la noix et sous-noix d'un jambon cru ; parer les viandes, les distribuer en carrés de 4 centimètres. Si les chairs étaient très-salées, il faudrait les faire dégorger pendant quelques heures dans du lait et de l'eau, avant de les couper. Prendre ces carrés de jambon, un à un, les larder, chacun, avec un morceau de truffe crue, traversant de part en part. Les mettre dans une casserole, avec du beurre, les faire revenir quelques minutes seulement. — Préparer un hachis avec moitié viande maigre de veau et de porc, autant de lard frais. — Hacher les parures des truffes, les piler, les mêler au hachis ; lui mêler encore un cinquième de son volume de maigre de jambon cuit, haché très-fin, autant de lard cuit, coupé en petits dés ; assaisonner l'appareil de haut goût, mais avec peu de sel.

Foncer un moule à pâté-froid avec de la pâte brisée (Voy. art. 194), masquer le fond et le tour de la pâte avec une couche du hachis préparé ; emplir le vide de la caisse, en alternant les carrés de jambon avec le hachis. Monter l'appareil en dôme, le couvrir avec des bardes de lard, et ensuite avec de la pâte ; terminer le pâté selon les prescriptions données pour le pâté-froid de saumon ; le dorer, le cuire pendant 2 heures et demie, à four modéré. Une demi-heure après que le pâté est sorti du four, lui infiltrer, par la cheminée du haut, la valeur de 2 décilitres de gelée de viande tiède ; l'enlever du moule une heure après.

611. **Timbale froide de jambon.** — Foncer un moule à timbale avec de la pâte brisée (art. 194) ; la masquer, au fond et autour, avec une couche de hachis de veau (Voy. art. 454). — Couper en carrés, de 3 à 4 centimètres, 7 à 800 grammes de jambon cru.

Préparer quelques cuillerées de fines-herbes cuites aux truffes ; quand elles ont réduit leur humidité, leur mêler les carrés de jambon, les faire sauter pendant 5 minutes ; les retirer du feu, les faire refroidir à moitié ; les dresser par couches, ainsi que les fines-herbes, dans le vide de la timbale, en alternant chaque couche avec une couche de hachis de veau. Quand la timbale est pleine, la couvrir avec un rond de pâte, souder celle-ci avec les bords de la caisse excédant le moule, la poser sur un plafond, la cuire à four modéré pendant une heure et demie, en ayant soin de couvrir le haut avec du papier aussitôt que le pâté se colore. Une heure et demie après, démouler la timbale sur un plat, enlever un rond de pâte sur le haut, et, par cette ouverture, verser dans l'intérieur un peu d'espagnole légère, réduite avec du madère, mêlée avec quelques champignons cuits, coupés en deux.

612. **Jambon d'Asturies aux œufs filés** (Dess. 266). — Les jambons d'*Asturies* sont les plus renommés de l'Espagne, et, servis aux œufs filés, ils constituent un mets des plus recherchés pour les Espagnols. — Choisir le jambon provenant d'un jeune animal ; le parer, le faire cuire en procédant comme il est dit art. 606. L'égoutter, en supprimer la couenne, le parer, et en égaliser la surface supérieure ; éponger la graisse avec un linge, la saupoudrer avec un peu de sucre en poudre ; faire glacer ce sucre de belle couleur, avec la salamandre ; en papilloter le manche, le dresser sur un plat.

Dans l'intervalle, casser 15 œufs frais ; mettre les jaunes dans une terrine, les broyer, les passer au tamis ; les faire pocher en forme de vermicelles, en les laissant tomber dans du sirop léger, en ébullition dans un poêlon ; pour arriver à ce résultat, il faut disposer d'une passoire de forme évasée, mais à fond plat, et n'étant percée que par 5 ou 6 petits tubes en fer-blanc, du diamètre d'un vermicelle, soudés extérieurement en relief. Pour pocher les œufs, il suffit de les verser dans la passoire et de tenir celle-ci au-dessus du sirop bouillant. Aussitôt qu'ils sont raffermis, les enlever avec une écumoire, les ranger sur un tamis, en les étalant et

Fig. 206.

les humectant avec un peu d'eau froide, afin que les cordons ne se collent pas ; les dresser autour du jambon.

613. **Jambon à la gelée** (Dess. 207). — Cuire un jambon fumé, en procédant comme il est dit art. 606 ; en le sortant de sa cuisson en supprimer l'os du

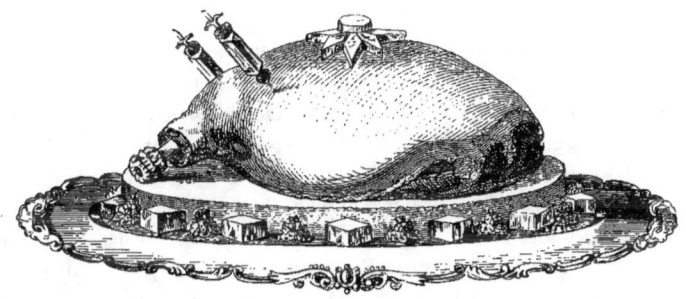

Fig. 207.

quasi, ainsi que l'os intérieur ; l'envelopper dans un linge, en le serrant, le faire refroidir. Le déballer ensuite, en supprimer toute la couenne, parer le bout du manche, arrondir les chairs du côté opposé. Papilloter le manche, poser le jambon d'aplomb sur un *pain-vert* masqué de graisse ; le glacer, et l'entourer à sa base avec de la gelée hachée ; croûtonner la base du pain-vert, piquer sur le côté du manche un ou deux hâtelets, garnis avec des truffes. — Ce jambon peut être découpé en entailles avant d'être dressé (Voy. dessin 205).

614. **Jambon à l'Américaine.** — Les jambons de provenance améri-

caine sont assez communs à Paris, et recherchés par les amateurs ; ils sont ordinairement très-gros, pesant jusqu'à 15 kilogrammes ; il est préférable cependant de choisir ceux de moyenne grosseur (9 à 10 kilogrammes), en ce sens qu'on est plus sûr de les rencontrer tendres. Ceux qui vendent ces jambons prétendent qu'ils les reçoivent de certaines contrées des États-Unis, où les porcs vivent à peu près à l'état sauvage, dans les forêts, et que pour les abattre, on est obligé de les tirer au fusil. Je n'ai pas été à même de vérifier l'exactitude de cette assertion, mais si elle est vraie, elle doit évidemment contribuer à augmenter les qualités de la viande de ces animaux.

Désosser à moitié le jambon, sans arriver jusqu'à la jointure du manche, scier celui-ci ; parer superficiellement les chairs, faire dégorger le jambon à l'eau froide, le faire cuire, en procédant comme il est dit art. 606, mais sans excès, plutôt vert-cuit, l'égoutter, le parer, en supprimer la couenne, le placer dans une braisière étroite ; le mouiller alors avec une bouteille de madère, le couvrir et faire bouillir le liquide jusqu'à ce qu'il soit à peu près réduit, en ayant soin d'arroser souvent le jambon ; égoutter celui-ci, le dresser sur un plat. Mêler un peu de sauce brune au fonds de sa cuisson, le faire réduire d'un tiers ; finir cette sauce, en lui mêlant une ou deux cuillerées de gelée de groseilles ; la verser sur le jambon, en la passant ; envoyer séparément un plat de légumes frais.

615. **Tranches de jambon de Bayonne à la zingara.** — Couper quelques tranches sur la noix d'un jambon cru, sans les tenir trop minces, et, autant que possible, de même épaisseur ; les mettre dans une poêle avec du saindoux fondu ; les faire légèrement revenir des deux côtés, en les retournant. Aussitôt qu'elles sont saisies, les enlever avec une fourchette, les dresser sur un plat chaud. Mêler à la graisse de la poêle 2 poignées de mie de pain, cuire celle-ci pendant quelques secondes, en la tournant ; la mouiller avec un demi-verre de vinaigre et un peu de jus ; donner quelques bouillons au liquide, lui mêler une pincée de poivre, ainsi que du persil haché, la verser sur les tranches de jambon.

616. **Longe de porc frais rôtie, à la Bordelaise.** — Prendre la moitié d'une selle ou *échine* de porc (3 kilogrammes), dépouillée de la plus grande partie de sa graisse, ou plutôt du lard ; enlever l'os de la chaîne, ciseler légèrement la graisse, et piquer la viande avec 2 gousses d'ail ciselées, une de chaque bout ; brider la longe, la poser dans un plafond à rôtir, avec la valeur d'un verre d'eau ; assaisonner la viande, lui adjoindre quelques branches de sauge, la couvrir avec du papier graissé, la faire rôtir à four modéré, pendant une heure et demie, en ayant soin de l'arroser souvent. Aux trois quarts de sa cuisson, l'entourer avec des petits cèpes frais, bien propres, assaisonnés ; les arroser avec la graisse ; quand la longe est cuite, la dresser, en l'entourant avec les cèpes ; enlever la graisse du

plafond, verser quelques cuillerées de bon jus dans celui-ci, le faire bouillir, le passer, l'envoyer avec la viande.

617. Pâté-froid pour découper (Dessins 208, 209). — Le moule que représente le dessin 208, est en fer-blanc, il a 50 centimètres de longueur, et 7 à 8 de largeur à l'embouchure ; il pose sur deux petits appuis droits, placés aux extrémités. Coupés en tranches, ces pâtés conviennent pour les déjeuners et les soupers.

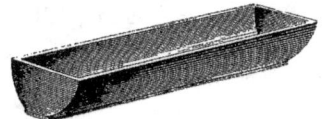
Fig. 208.

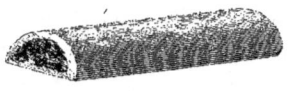
Fig. 209.

Beurrer le moule, le foncer avec de la pâte brisée, en tenant celle-ci mince. — Préparer un hachis fin, composé avec des viandes maigres de veau et du lard, par parties égales, lui mêler un quart de son volume de foies de volaille, cuits avec du lard et des aromates, puis pilés. Assaisonner l'appareil avec sel et épices, le déposer dans une terrine, lui mêler quelques cuillerées de lard blanchi, autant de truffes crues, l'un et l'autre coupés en dés. Avec cet appareil, emplir le moule ; couvrir le pâté, en soudant bien la pâte sur les côtés. Pratiquer trois trous sur le haut du pâté ; le dorer, le pousser à four modéré, dix minutes après, le couvrir avec du papier, le cuire pendant une heure. En le sortant du four, le laisser dans le moule ; deux heures après, lui infiltrer de la gelée liquide, par les trois ouvertures, le tenir au frais. — Le deuxième dessin de cet article représente le pâté coupé d'un côté.

618. Quartier de porc salé, bouilli à l'Anglaise. — C'est un mets qu'on sert très-souvent en Angleterre. — Frotter un quartier de jeune porc avec du sel, le déposer dans un vase avec un poids dessus ; recommencer l'opération pendant 4 ou 5 jours consécutifs ; laisser macérer la viande dans sa propre saumure pendant 12 jours.

Laver le quartier de porc, le mettre dans un vase suffisant, le couvrir avec de l'eau froide ; faire bouillir celle-ci, en l'écumant ; au premier bouillon, la retirer sur le côté du feu ; ajouter à la viande un gros bouquet de persil et d'aromates ; une heure après, ajouter la moitié d'un chou coupé en deux, 6 grosses carottes coupées en tronçons, 2 gros navets divisés. — Deux heures après, la viande et les légumes doivent se trouver cuits. Égoutter le quartier de porc, le dresser sur un plat, ranger les légumes autour. — Envoyer séparément une saucière de bon jus ou une sauce aux câpres. — En Angleterre, on sert généralement avec le porc bouilli, des pois secs ramollis, cuits à moitié, puis enfermés dans un linge comme un pudding, et finis de cuire avec le porc.

619. Tête de porc fourrée, à l'Allemande. — Faire macérer pendant 5 jours, dans la saumure salpêtrée, les oreilles, le museau, les pieds, et la langue d'un porc. Le museau doit être préalablement désossé, et la peau des pieds piquée avec une grosse aiguille ; cuire ces viandes à l'eau avec quelques légumes, les égoutter; en retirer tous les os et couper les viandes en filets de 7 à 8 centimètres de long ; déposer ceux-ci dans une terrine, les assaisonner, et avec eux, emplir un grand boyau de bœuf bien propre ; nouer les bouts de celui-ci, en ayant soin de ne pas laisser de l'air à l'intérieur. Faire cuire cette galantine dans un bouillon préparé avec les os de la tête, jusqu'à ce qu'elle monte au-dessus de la cuisson ; l'égoutter alors, la faire refroidir sous presse, la dresser sur un plat, entière, ou divisée en tranches, en l'entourant avec de la gelée.

620. Longe de tonkin rôtie, à l'Anglaise. — Choisir une jolie longe de porc tonkin, sans en retirer la couenne ; ciseler légèrement celle-ci avec la lame du couteau. Avec le filet-mignon de la longe, et la graisse qui lui adhère, préparer un hachis ; l'assaisonner, lui mêler 2 œufs et une pincée d'oignon, de sauge et de persil, hachés, une poignée de mie de pain. Avec ce hachis, emplir le vide laissé par le filet-mignon ; le masquer avec un morceau de crépine de porc, puis replier la bavette, et ficeler la longe ; la faire rôtir à feu modéré pendant une heure ; la saler, la dresser sur un plat ; la servir avec un peu de bon jus ou une petite sauce piquante. Servir en même temps des pickles. — Ce mets est excellent.

621. Tête de porc frais à la sauce poivrade. — Désosser la moitié d'une tête de porc, la frotter avec du sel, la déposer dans une terrine avec des aromates, de grosses épices et 2 ou 3 verres de vinaigre ; la faire macérer pendant 24 heures ; l'égoutter ensuite, l'éponger, la flamber, la diviser en morceaux ; les faire cuire avec leur marinade et de l'eau, quelques légumes. Au moment de servir, égoutter les morceaux de tête, les éponger, les dresser sur un plat, les masquer avec la sauce suivante :

Sauce poivrade. — Émincer un gros oignon et 4 échalotes ; les mettre dans une casserole avec quelques parures de jambon cru, un peu de beurre, une gousse d'ail, une poignée de parures de champignons, quelques branches de persil, thym, laurier et grosses épices. Faire revenir ces ingrédients pendant 7 à 8 minutes, les mouiller avec un verre de bon vinaigre, et faire réduire celui-ci de moitié ; les mouiller alors avec la valeur de 2 verres d'espagnole ; faire bouillir la sauce, la retirer de façon à continuer l'ébullition d'un seul côté seulement ; un quart d'heure après, la dégraisser, lui additionner une pincée de cayenne ou de poivre fin, et la passer.

622. Zampino aux haricots verts (Dessin 210). — Les Italiens et les

Viennois font un grand cas d'un *zampino* de Modène, et ils ont raison. Je ne connais aucun produit de cette nature qui soit si heureusement combiné et réussi ; ce qui est regrettable, c'est qu'il ne soit pas plus répandu et mieux connu des gourmets.

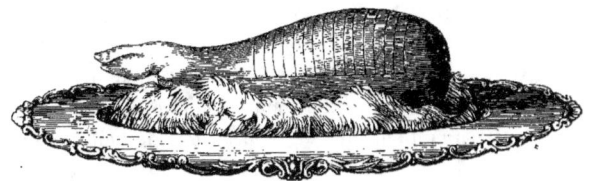

Fig. 210.

Choisir un zampino récemment salé, le faire dégorger pendant 2 heures, l'égoutter, l'envelopper dans un linge fin ; le ficeler, le placer dans une casserole longue, le mouiller largement avec de l'eau froide ; faire bouillir le liquide, le retirer sur le côté du feu, le maintenir frémissant pendant 2 heures ; le retirer alors hors du feu ; une heure après, le déballer, le dresser sur une garniture de haricots-verts.

623. **Perckoëll à la Hongroise.** — Le perckoëll est un ragoût national de la Hongrie.

Couper en carrés 500 grammes de viande de veau, prise du côté du jarret ; ajouter une égale quantité de filet de porc. Couper un oignon en petits dés, le mettre dans une casserole plate avec du saindoux, ajouter une demi-feuille de laurier, une petite partie de gousse d'ail ; le saupoudrer avec une pincée de paprika, le faire revenir pendant quelques secondes ; ajouter alors les viandes, les assaisonner, les faire revenir pendant 7 ou 8 minutes ; les retirer sur feu modéré, les faire cuire, avec des cendres chaudes sur le couvercle, en les remuant de temps en temps. Quand elles sont à point, les arroser simplement avec 2 cuillerées-à-bouche de sauce brune ou de glace, les dresser dans une bordure de risot à l'italienne, dressée sur un plat.

624. **Cochon de lait rôti.** — L'Angleterre, la Pologne et la Russie sont les seuls pays que je connaisse, où ce mets soit estimé, et fréquemment servi. En Allemagne et en Italie, on le sert peu, en France encore moins. Dans les pays où ce mets est en usage, on trouve généralement à acheter les cochons de lait, prêts à cuire.

Choisir un petit cochon de lait bien blanc ; le flamber sur les parties où il pourrait rester des vestiges de poils, nettoyer avec soin la tête, et surtout l'ouverture postérieure ; emplir alors le corps de l'animal avec un hachis de porc, mêlé avec son foie, un peu de panade, des fines-herbes, et de la sauge, ou bien avec une farce à l'Anglaise, composée de mie de pain ramollie, de la graisse de bœuf, des œufs entiers, de l'oignon, du persil et de la sauge, hachés. Quand l'animal est farci, enlever l'os du gras-de-cuisses, brider les quartiers de derrière, en les ramenant sous le ventre; allonger les pattes de devant sous le museau; soutenir les membres avec des petites brochettes, ou en les bridant. Traverser le cochon de lait sur sa longueur avec une broche, en le soutenant sur les côtés, avec des brochettes en fer fixées à la broche par les deux bouts; l'arroser au pinceau avec du saindoux fondu, le cuire pendant une heure et demie, à feu modéré, en l'arrosant souvent. En dernier lieu, quand la peau est de belle couleur, sèche, croustillante, saler le cochon de lait, le débrider, le dresser sur un plat. Envoyer séparément un jus à l'estragon, ou une sauce piquante.

En Russie, on sert les cochons de lait farcis avec du *kasche* cuit, mêlé avec le foie, le poumon et le cœur de l'animal, cuits, coupés en dés.

625. **Cochon de lait froid, à la Russe.** — Prendre la moitié d'un cochon de lait, le diviser en morceaux; cuire les viandes dans une mirepoix au vin, les laisser refroidir; en supprimer les os, les tenir de côté. Mêler au fonds-de-cuisson quelques parties de colle de pieds de veau, le clarifier, en procédant comme pour l'aspic. — Incruster sur glace un grand moule à timbale de forme ovale, le décorer au fond et autour avec du blanc d'œuf poché, des cornichons, des betteraves confites, en ayant soin de tremper chaque détail du décor dans de la gelée mi-prise, avant de l'appliquer.

Faire prendre au fond du moule, une épaisse couche de gelée; sur celle-ci, ranger les viandes, par couches, en les alternant avec des cornichons émincés et des câpres entières, mais en ayant soin de laisser un espace vide autour du moule; emplir peu à peu ce vide avec de la gelée froide quoique liquide, la laisser bien raffermir; au moment de servir, tremper le moule à l'eau chaude, renverser le pain sur un plat, l'envoyer en même temps qu'une saucière de sauce froide, au raifort et à la crème.

626. **Saucisses de Francfort à la choucroute.** — Les saucisses de Francfort sont très-renommées, et c'est à juste titre, car elles sont préparées avec un soin tout particulier. C'est dommage que ce produit ne soit pas répandu en France, car il y serait apprécié. Ces saucisses étant volumineuses, une par personne suffit; 10 minutes avant de les servir, les plonger à l'eau bouillante, les cuire 7 à 8 minutes; couvrir la casserole, la retirer sur le côté; 4 minutes après, les égoutter, les dresser sur une garniture de bonne choucroute.

627. **Le Béni russe** (Dessins 211 et 212). — Le Béni n'est pas un mets, c'est un repas, festin sacramentel que les Russes, les Polonais et les Grecs ont

BOUCHERIE. — PORC. 295

l'habitude de célébrer le jour de Pâques. Dans ce repas, tous les mets sont froids, et les convives ne s'asseyent pas autour de la table : ils mangent debout. La table n'est pas desservie de la journée : les mets sont remplacés à mesure qu'ils sont consommés.

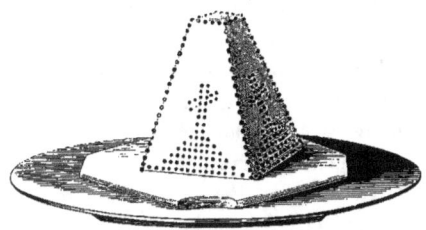

Fig. 211.

Ce repas se compose surtout de viandes froides : agneau entier, volailles, gibier, jambons, saucisses, boudins, veau ; pas de poisson. Avec ces viandes, on sert des babas, les uns cuits dans des moules, les autres dans des plaques minces ; ces derniers sont pralinés aux amandes et carrés.

Fig. 212.

Le nombre des mets et les espèces varient selon les pays, et sont évidemment facultatifs. Mais ce qui est rigoureusement nécessaire, c'est le sel cuit, le fromage décoré aux raisins de Corinthe, les œufs durs, colorés, un cochon de lait ou un agneau rôti entier, un autre agneau modelé en beurre, posé sur un livre imité, tenant entre les deux pattes de devant une croix grecque.

Le fromage qu'on sert dans ce repas est tout simplement du fromage blanc, frais (fromage à la pie), pressé dans un linge, puis pilé avec un morceau de beurre, légèrement sucré, mêlé avec un peu de crème crue. Il est ensuite passé au tamis et tenu pendant toute une journée dans un moule en bois.

Avant de mouler le fromage, il faut masquer l'intérieur du moule avec un petit linge fin. Quand le fromage est démoulé, décorer les angles et les croix avec des raisins de Corinthe noirs.

Pour cuire le sel, il faut d'abord le piler, le délayer ensuite avec du blanc d'œuf, de façon à former une pâte ferme; l'envelopper dans un linge ordinaire, ficeler celui-ci, le jeter dans le foyer (pas trop ardent) afin de le cuire pendant 3 à 4 heures. Quand le linge est consumé par le feu, le sel forme une masse calcinée et blanche; le piler alors, et le placer dans les salières.

Avant de cuire les œufs, il faut dessiner une croix grecque sur les coquilles, à l'aide d'un corps gras (du savon), et les plonger dans de l'eau colorée avec de la cochenille ou du safran, afin de les faire cuire et les obtenir rouges ou jaunes : les Russes mangent les œufs avec le sel purifié.

Tous les mets composant ce repas solennel doivent être bénis par le *pope* avant d'être offerts à la famille ou aux convives.

Voilà en résumé ce qui constitue le *Béni*. Les Russes célèbrent ce repas non-seulement au foyer domestique, mais partout où ils se trouvent à l'époque des fêtes de Pâques. C'est pourquoi j'ai cru utile d'en donner une description succincte, mais suffisante.

Le premier dessin, joint à cet article, représente le fromage démoulé et décoré avec les raisins; il est dressé sur une serviette; il peut être entouré avec des œufs colorés. Les autres dessins représentent le moule en bois, servant à mouler le fromage; ce moule est en forme de pyramide carrée, il est sans fond, et formé par quatre pièces mobiles, s'assemblant à l'aide de rainures sur les côtés; sur chacune de ces pièces, est gravée une croix grecque : ce moule existe dans toutes les cuisines russes.

628. **Saucisses fraîches aux truffes, grillées** (Dessin 213). — Les saucisses, les andouilles, les saucissons, et en général toutes les salaisons sont du domaine de la charcuterie; mais, dans un livre comme celui-ci, j'ai cru ne pouvoir me dispenser de les mentionner, car la charcuterie n'est au fond qu'une branche dérivant de la cuisine et s'y rattachant étroitement dans tous ses détails; les cuisiniers ne peuvent donc pas y rester étrangers, par ce motif que, dans maintes occasions, ils peuvent être appelés à la mettre en pratique.

Prendre 200 grammes de truffes fraîches, enlever d'abord, avec la pointe d'un couteau, les parties terreuses des cavités que la brosse ne peut pas atteindre, les peler ensuite; hacher les parures, couper les chairs en petits dés. — Préparer un hachis avec 300 grammes de viande maigre de porc, et 300 grammes de lard; lui mêler les parures crues de truffes, le hacher encore quelques minutes, l'assaisonner de bon goût, le déposer dans une terrine; ajouter les truffes coupées en petits dés.

Dans l'intervalle, faire dégorger à l'eau tiède et salée, des boyaux de mouton bien frais ; les éponger sur un linge, les emplir avec le hachis de porc, à l'aide d'un petit entonnoir ; les nouer à distance avec un bout de fil afin de marquer la longueur des saucisses ; les suspendre dans un lieu aéré, les tenir ainsi pendant 12 heures ; les diviser ensuite, les ranger sur un gril, les faire cuire de 12 à 14 minutes, en les tournant. — Les saucisses doivent toujours être bien cuites.

J'ai donné, plus haut, plusieurs dessins des grillades usitées en France ; celui

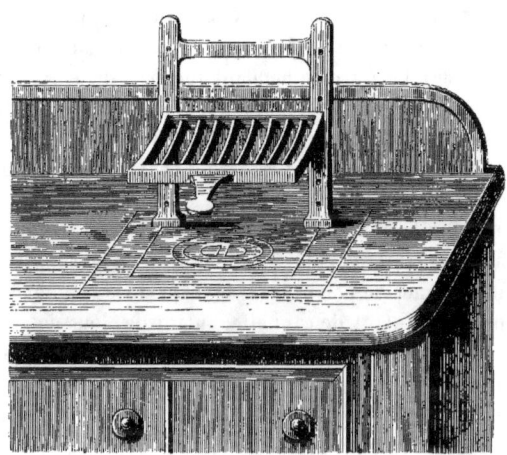

Fig. 213.

que je reproduis dans cet article, représente la grillade anglaise, opérant sur le fourneau, à feu ouvert ; cette méthode, bonne en principe, n'est cependant pas sans inconvénients. Une grillade à la française, ayant un tirage facile, opérant avec de la braise ou du charbon de bois, est sans contredit préférable.

629. Saucisses à griller, de Neufchâtel. — Hacher 5 kilogrammes de viande maigre de veau, avec un kilogramme et demi de lard frais ; assaisonner le hachis avec sel, poivre, girofle, une pincée d'écorce de citron ; hacher de nouveau l'appareil, en lui mêlant, peu à peu, une panade froide, préparée avec 2 poignées de farine et 2 verres de lait ; mettre l'appareil dans une terrine, lui incorporer les trois quarts d'un verre de crème crue ; avec cet appareil, emplir des boyaux, nouer les saucisses de longueur voulue, les faire sécher à l'air pendant 12 heures, les faire griller.

630. Saucisses fumées au cumin. — Hacher fin 5 kilogrammes de bœuf avec une poignée de sel, une pincée de salpêtre. — D'autre part, hacher 2 kilogrammes de viande de porc, et un kilogramme de lard ; mêler les deux hachis ; les assaisonner avec 100 grammes de poivre, 50 grammes de piment et 200 grammes de cumin ; toutes ces épices doivent être pulvérisées. Additionner à l'appareil quelques gousses d'ail crues, pelées, hachées ; le hacher encore pendant quelques minutes, en incorporant, peu à peu, la valeur d'un litre d'eau ; emplir alors des boyaux comme pour les saucisses à griller, les fumer pendant 2 jours, les cuire à l'eau pendant 5 minutes, les laisser refroidir.

631. **Saucissons fumés, à la mode Suisse.** — Prendre 3 kilogrammes d'oreilles de porc, de couennes et de viandes de cuissot de porc, par portions égales ; les faire dégorger à l'eau froide pendant une demi-heure ; les égoutter, les éponger, les déposer dans un vase, les saupoudrer avec sel et salpêtre ; les faire macérer pendant 6 jours dans la saumure. Cuire ces viandes à l'eau, ainsi que les couennes et les oreilles de porc, les désosser, les couper en filets longs, les déposer dans une terrine.

Hacher séparément 2 kilogrammes de viande crue de porc, et 800 grammes de lard, les mêler ; assaisonner le hachis avec une poignée de sel, une cuillerée à café de salpêtre, une poignée de poivre, une demi-poignée de piments pulvérisés, une cuillerée de muscade, autant de cannelle, autant de clous de girofle en poudre, et enfin 125 grammes d'échalotes hachées. Hacher de nouveau l'appareil, le mêler avec les viandes de la terrine, et avec lui, emplir de moyens boyaux propres ; nouer les saucissons, les faire fumer pendant 2 jours, les cuire à l'eau pendant 10 minutes, les égoutter, les serrer dans un linge, les faire refroidir ainsi. — On sert ces saucissons froids, après les avoir coupés en tranches fines.

632. **Saucisson de foie.** — Râper, avec un couteau, un kilogramme de foie de porc cru, afin d'en retirer les grappes ; le hacher fin. D'autre part, hacher un kilogramme de viande maigre de porc, cuite, ainsi qu'un kilogramme de lard frais ; mêler ces viandes avec le foie, les assaisonner avec sel, une pincée de salpêtre, des épices, un peu de cayenne ou de piment en poudre ; arroser le hachis avec 2 ou 3 cuillerées de kirsch, lui mêler 200 grammes d'oignon haché, préalablement revenu avec du saindoux ; hacher encore l'appareil pendant 10 minutes, et avec lui, emplir des boyaux de porc, dégorgés, bien lavés, en les bourrant aussi bien que possible ; les nouer à distance de 12 à 15 centimètres ; les faire sécher à l'air pendant 24 heures ; les plonger ensuite à l'eau bouillante, les cuire à feu très-doux (l'eau ne doit que frémir) pendant une heure. A ce point, retirer la casserole du feu ; une demi-heure après, égoutter les saucissons, les envelopper dans des petits linges, les serrer aux deux bouts, les laisser complétement refroidir avant de les servir.

633. **Saucisson de foie aux truffes.** — Peler 300 grammes de truffes

fraîches, les couper en petits dés, les cuire pendant 2 minutes avec un quart de verre de madère ; les couper en dés, les déposer dans une terrine, avec une égale quantité de foie-gras, les assaisonner avec sel et épices. — Prendre un kilogramme de foie de porc, en retirer les grappes en le raclant, le hacher et le passer au tamis. — Couper en dés un kilogramme de lard frais, blanchi, le mêler avec le foie.

Prendre un kilogramme de chairs de porc, sur les parties du collet, couper la viande en petits morceaux, la mettre dans une casserole avec du saindoux, la faire revenir à feu modéré jusqu'à ce qu'elle soit cuite ; la laisser refroidir, la hacher, la passer au tamis ; la mêler avec le foie, le lard, le foie-gras, et les truffes. Assaisonner l'appareil de bon goût, ajouter une pincée de salpêtre, une pincée de cayenne ; emplir les boyaux, et terminer l'opération comme il est dit art. 632.

634. **Saucisson de foie à la mode de Francfort.** — Hacher très-fin 4 kilogrammes de foie de porc cru. Hacher 2 kilogrammes de viande de porc, grasse ; quand elle est bien fine, lui mêler, peu à peu, le foie sans cesser de hacher. Le mélange opéré, assaisonner l'appareil avec sel, poivre et girofle en poudre ; emplir alors de moyens boyaux ; nouer les saucissons, les cuire pendant une heure à feu très-doux. Les égoutter, les faire refroidir, en les enveloppant dans un linge.

635. **Saucisson de Bologne.** — Hacher un kilogramme de viande maigre de mouton, lui mêler 2 petites poignées de sel et une cuillerée à café de salpêtre. — D'autre part, hacher 2 kilogrammes de viande de porc, les mêler avec celle de mouton ; assaisonner l'appareil avec 2 cuillerées-à-bouche de poivre, une de piment, une de coriandre. Hacher de nouveau l'appareil jusqu'à ce qu'il soit bien mêlé, le déposer dans une terrine, lui mêler 800 grammes de lard coupé en petits dés, en le travaillant avec une cuiller, et lui mêlant, peu à peu, 3 verres de lait froid ; laisser reposer l'appareil pendant 12 heures, en un lieu frais ; emplir ensuite des boyaux à saucisson, les fumer pendant 2 jours ; les plonger à l'eau, les cuire pendant un quart d'heure seulement ; les servir froids.

636. **Hachis de porc frais.** — Le hachis de porc frais est l'auxiliaire fondamental des galantines, des pâtés-froids, des crépinettes, des saucisses, etc.

Prendre toutes les chairs attachées au collet du porc, ou celles d'une épaule de porc frais ; séparer les parties grasses et les maigres ; parer celles-ci des nerfs et peaux dures ; parer aussi les graisses retirées des viandes, les mêler avec du lard frais, de façon à former une égale quantité de parties grasses et maigres. Hacher séparément la viande et le lard ; quand l'un et l'autre sont bien fins, les mêler, les hacher encore, les assaisonner, avec sel et épices.

637. **Gayettes à la Provençale.** — Prendre le foie, le rognon et le mou

d'un porc, les distribuer en morceaux ; déposer ceux-ci dans une terrine, les assaisonner avec sel et épices, leur mêler une pincée de persil haché avec une gousse d'ail, ajouter un tiers de viande maigre de porc, hachée, assaisonnée. Distribuer l'appareil en plusieurs parties de la grosseur d'une orange ; les envelopper chacune dans un morceau de crépine de porc, les ranger dans un plafond creux, en les serrant, les arroser avec un peu de saindoux, les faire cuire à four modéré pendant une heure et demie. — On sert ces gayettes froides. — Excellent mets pour déjeuner.

638. **Andouilles de Nancy.** — Prendre un kilogramme et demi de fraise de veau, autant de *panse* de porc ; les faire dégorger, les laver avec soin, les cuire à l'eau pendant 2 heures. Les égoutter, les rafraîchir, les bien éponger, les couper en morceaux, les mettre dans une terrine, les assaisonner de haut goût avec sel et épices, les arroser avec un peu de vin blanc, les saupoudrer avec des fines-herbes cuites. Avec cet appareil, emplir des boyaux gras, de porc, préalablement dégorgés, bien lavés ; nouer les andouilles de 15 à 25 centimètres de longueur, les piquer avec la pointe d'une aiguille, les plonger dans une marmite d'eau bouillante ; aussitôt que l'ébullition reprend, retirer la marmite sur le côté du feu afin que le liquide ne fasse que frémir ; ajouter du sel, des gros légumes, des aromates ; donner 2 heures d'ébullition. Retirer alors la marmite du feu, laisser à peu près refroidir les andouilles dans leur cuisson ; les égoutter ensuite, les ranger entre deux plafonds, ou les envelopper dans un linge, les faire refroidir. Faire griller les andouilles pendant 25 minutes à bon feu, en les retournant : elles doivent être bien atteintes à l'intérieur, et servies bien chaudes, sur un plat chauffé.

639. **Cervelas de Strasbourg.** — Retirer la graisse et les nerfs à 6 kilogrammes de viande de bœuf, la hacher fin avec une poignée de sel et une demi-cuillerée de salpêtre. Hacher 3 kilogrammes de viandes de porc, et un kilogramme de lard frais : ajouter ces viandes à celles de bœuf ; assaisonner le hachis avec 4 cuillerées-à-bouche de poivre, 2 de piment, 2 de coriandre, pulvérisés ; hacher encore l'appareil, en lui mêlant un verre d'eau froide. Quand le mélange est opéré, emplir de moyens boyaux ; les nouer, afin de marquer la longueur des cervelas ; les fumer pendant 2 jours, les cuire avec précaution ; les sortir de la cuisson aussitôt que l'eau est visible, entre le hachis et les boyaux ; les envelopper alors dans un linge, les laisser refroidir.

640. **Côtelettes de porc, sauce à la Catalane.** — Couper 6 côtelettes de porc, les parer, les battre, les assaisonner, les faire griller à bon feu pendant 14 à 15 minutes, les dresser sur un plat chaud, les masquer avec une sauce ainsi préparée :

BOUCHERIE. — PORC.

Sauce Catalane. — Hacher un oignon, le mettre dans une casserole avec de l'huile et une douzaine de gousses d'ail blanchies, les faire colorer tout doucement; les mouiller avec un peu de bouillon, et faire réduire celui-ci à glace : l'ail doit alors se trouver cuit; le mouiller de nouveau avec un peu d'espagnole, donner un bouillon à la sauce, lui mêler une pincée de persil haché, un peu de cayenne, un peu de menthe ciselée, ainsi que les chairs d'un citron et celles de 2 oranges aigres, parées à vif, coupées en quartiers. — Au moment de servir la sauce, lui mêler une cuillerée-à-bouche de moutarde anglaise, délayée avec du madère.

641. **Karapulka à l'Espagnole.** — Couper 2 filets de porc en moyens carrés, les mettre dans une casserole avec du saindoux, de gros dés de jambon cru et 2 douzaines de petits oignons; faire vivement revenir les viandes, les assaisonner, les mouiller à hauteur avec du bouillon; faire bouillir le liquide pendant quelques minutes, retirer la casserole sur feu modéré, finir de cuire les viandes; à ce point, verser le ragoût dans une terrine à cuire; étaler sur sa surface 4 ou 5 saucisses frites à la poêle, coupées en tronçons, ainsi que 4 ou 5 œufs durcis, divisés en quartiers; les assaisonner, les saupoudrer avec des amandes émincées, frites à l'huile, écrasées au rouleau; faire bouillir le ragoût, le pousser au four modéré, le faire gratiner pendant une demi-heure; l'envoyer dans la terrine.

642. **Oreilles de porc salées, à la purée de lentilles.** — Flamber 3 ou 4 oreilles de porc salées; les faire blanchir jusqu'à l'ébullition, les égoutter, les mettre dans une casserole avec de l'eau, quelques gros légumes, un bouquet d'aromates et de grosses épices; faire cuire les oreilles pendant 3 à 4 heures; les égoutter ensuite, les dresser debout sur une purée de lentilles; les arroser avec un peu de jus, réduit avec 4 cuillerées-à-bouche de bon vinaigre, légèrement lié.

643. **Pieds de porc à la Piémontaise.** — Prendre 4 pieds de porc cuits, refroidis; les diviser chacun en deux parties, les assaisonner, les tremper dans des œufs battus, et les paner; les plonger à grande friture chaude, les faire bien chauffer; les égoutter, les ranger dans une casserole plate avec du beurre; les tenir 10 minutes à la bouche du four, en les retournant. Envoyer séparément une sauce Tartare.

644. **Pieds de porc à la Sainte-Menehould.** — Les charcutiers de Sainte-Menehould jouissent depuis fort longtemps de la renommée de fournir des pieds de porc qui, après avoir été grillés, ont les os assez tendres pour être écrasés sous la pression des doigts [1]; le fait est exact, je l'ai vérifié par

---

[1]. D'autres disent qu'on peut les manger, mais il semble douteux qu'un os de pied de porc, pour bien cuit qu'il puisse être, fasse jamais les délices d'un gourmet.

moi-même, il n'y a pas bien longtemps. Mais cela n'a rien de bien extraordinaire ; tout le monde pourra désormais opérer ce miracle, si, comme moi, on ne craint pas de braver les foudres de Sainte-Menehould, car les charcutiers de ce pays font un secret de leur science.

Prendre 5 ou 6 pieds de porc, échaudés et propres, les faire dégorger, les mettre dans un vase avec de l'eau, les faire blanchir pendant trois quarts d'heure ; les égoutter, les rafraîchir et les flamber ; les envelopper séparément dans un petit linge, ou les ficeler simplement avec de larges rubans de fil ; les ranger dans une marmite foncée avec quelques gros légumes, les couvrir largement avec de l'eau, et demi-bouteille de vin blanc ; ajouter un peu de sel et des aromates ; faire bouillir le liquide, en l'écumant, puis retirer le vase sur feu très-doux, soit en l'entourant avec des cendres chaudes, soit en le tenant au four [1], mais de façon que le liquide soit constamment maintenu à l'état frémissant. Luter le couvercle de la marmite, cuire les pieds pendant 24 heures, les laisser refroidir dans leur cuisson ; les égoutter ensuite, les déballer, les diviser chacun en deux parties, les assaisonner de haut goût, les paner à l'Anglaise ; c'est-à-dire, avec des jaunes d'œuf battus avec du beurre fondu, les faire griller à feu vif ; quand ils sont bien chauds, les dresser sur un plat, et les envoyer. — Cette cuisson prolongée a pour effet d'attendrir les os des pieds, mais, par le fait, la viande devient forcément trop cuite.

645. **Pieds de porc aux truffes à la mode de Nancy.** — Préparer un petit hachis fin, composé avec moitié viande maigre de porc, moitié lard frais ; lui mêler quelques cuillerées de fines-herbes cuites, et des parures de truffes fraîches, pilées avec un peu de hachis ; l'assaisonner avec sel, épices, une pointe de cayenne.

Cuire 4 pieds de porc simplement à l'eau salée, avec quelques légumes ; les égoutter sur un plafond, les déballer, les fendre en deux sur leur longueur, les désosser complétement ; en retirer les parties nerveuses, les mêler au hachis. Quand les pieds sont à peu près refroidis, les assaisonner avec sel et épices, les étaler sur la table, les masquer, du côté intérieur, avec le hachis préparé ; masquer celui-ci avec des lames de truffe crues, assaisonnées ; puis, envelopper chaque moitié de pied dans un carré de crépine de porc ; humecter la crépine avec du beurre ou saindoux fondu, paner les pieds de porc ; les faire griller à feu modéré pendant 20 minutes, en les retournant ; les servir aussitôt.

646. **Pâté-chaud de porc frais, à l'Anglaise.** — Couper quelques

---

1. J'ai fait cette opération sur un petit fourneau à gaz ; je crois ce moyen de cuisson supérieur à tous les autres, pour toutes les cuissons prolongées, en ce sens qu'on peut mieux régler le degré de chaleur. Le gaz est encore fort peu usité dans les cuisines françaises, et c'est un tort ; les Anglais sont, sous ce rapport, bien plus avancés que nous.

tranches de porc frais, soit sur la longe, soit sur le cuissot; les parer, les battre légèrement avec le manche du couteau, les assaisonner. — Masquer le fond d'un plat à tarte avec des tranches de jambon cru, les assaisonner avec une pincée de poivre, les saupoudrer avec 2 cuillerées-à-bouche d'échalotes et d'oignons hachés; sur cette couche, ranger une couche de pommes de terre crues, coupées en tranches; sur les pommes de terre, ranger les tranches de porc, par couches, en les entremêlant avec quelques feuilles de sauge. Glisser au fond du plat la valeur d'un verre de bon jus froid. Masquer les bords du plat avec une bande de pâte fine ou de demi-feuilletage, l'humecter, puis couvrir le pâté avec une abaisse de même pâte, afin d'en souder les bords avec la bande primitive; canneler et décorer le pâté, en procédant comme il est dit art. 559; le dorer, le poser sur un petit plafond, le pousser au four modéré. Un quart d'heure après, le couvrir avec du papier, lui donner encore une heure de cuisson; en le sortant du four, le poser sur un plat. — J'ai vu faire ce pâté en Angleterre, en entremêlant les tranches de porc avec des pommes aigres et crues coupées en tranches.

SOMMAIRE DES TROIS PLANCHES GRAVÉES, HORS TEXTE

D. 214. — Buisson à la Marinière, page 105.
D. 215. — Saumon de Vatel, page 111.
D. 216. — Chapon de Lulli, page 324.

VOLAILLE ET GIBIER.

La volaille se divise en plusieurs catégories distinctes : les poules, poulardes et chapons ; les dindes, paons et pintades ; les oies et canards, et enfin les pigeons.

La volaille proprement dite, c'est-à-dire les poulets et poulardes, sont en cuisine d'une indispensable nécessité, non-seulement par les propriétés particulières de leurs chairs, succulentes, délicates, mais encore, et dans une mesure plus large, par leurs produits naturels : les œufs. Les œufs, en effet, sont pour ainsi dire d'une nécessité absolue par rapport aux opérations culinaires.

La volaille existe, je crois, dans tout l'univers, mais à des titres bien divers. Les races n'étant pas les mêmes, les produits sont loin de posséder les mêmes qualités.

La France et l'Angleterre sont les pays les mieux approvisionnés sous ce rapport. Les poulets, les poulardes, les chapons et les dindes sont, par les soins intelligents qu'on porte à leur reproduction, d'une incomparable perfection. L'introduction des races étrangères, et le croisement de ces races avec celles de nos pays, ont eu pour résultat de créer les sujets les plus estimables, autant sous le rapport de leur fécondité que par la qualité supérieure de leurs chairs. Mais c'est là un privilége qui n'est pas exclusif, et que toutes les nations pourraient partager, car partout où la volaille se reproduit, partout elle peut être perfectionnée, engraissée. On n'a de la mauvaise volaille que parce qu'on ne veut pas se donner la peine de l'améliorer, ou qu'on ignore les procédés en application : les poulets de Bruxelles et de Sagan, les oies de Silésie et de Wurtemberg, les canards de Toulouse, les chapons de Kieff, de Florence et de Styrie, sont un témoignage irrécusable que la volaille peut devenir supérieure sur les points les plus opposés de notre continent.

L'art d'engraisser la volaille, et d'en perfectionner les races, n'est qu'une affaire de science et de soins bien entendus, et non pas, comme on pourrait le supposer, une affaire de climat.

En cuisine, l'emploi de la volaille est des plus importants, soit qu'on l'applique comme substance dans les fonds-de-cuisson, soit qu'elle entre dans le cadre d'un dîner au même titre que les poissons, les viandes de boucherie ou le gibier. La bonne volaille, en général, quels que soient les apprêts qu'on lui donne, est toujours bien accueillie à table, car ses chairs sont nutritives, en même temps que de facile digestion. Le gibier est aussi commun dans tous les pays d'Europe, mais les espèces sont nombreuses, et très-variées : chaque contrée produit les siennes.

Le gibier se divise en deux grandes catégories : les bipèdes et les quadrupèdes; mais le nombre des sujets qui les composent est infini. Le gibier est en cuisine d'une grande importance, et comme valeur réelle, et comme diversion dans le travail.

---

647. **Dinde glacée aux nouilles.** — Vider une dinde, la brider avec les pattes en dedans, lui barder l'estomac, la placer dans une casserole, avec du lard fondu ou du beurre ; la faire revenir, sur feu modéré, en la retournant. Quand elle est colorée, la mouiller aux trois quarts de hauteur avec du bouillon ; ajouter 3 oignons, un morceau de racine de céleri, un bouquet d'aromates, quelques épices ; faire bouillir le liquide ; 10 minutes après, retirer la braisière sur le côté du feu avec des cendres chaudes sur le couvercle ; finir de cuire la dinde tout doucement. Quand elle est à point, le fonds-de-cuisson doit se trouver réduit en demi-glace ; le passer au tamis dans une autre casserole, le dégraisser, en partie seulement, le lier avec quelques cuillerées de sauce tomate ; faire mijoter cette sauce sur le côté du feu.

Débrider la dinde ; la dresser sur une garniture de nouilles cuites, finies avec du beurre et du parmesan ; l'arroser avec quelques cuillerées de sauce, envoyer le surplus en saucière.

648. **Dinde poêlée à l'écarlate** (Dess. 217). — Flamber une dinde, la vider, emplir son estomac avec une farce de pain à la graisse de bœuf hachée, de façon à l'obtenir bien rond ; la brider avec les pattes recourbées en dedans, la placer dans une casserole longue, avec des aromates, de grosses épices, un bouquet de feuilles de céleri frais. Deux heures avant de servir, mouiller la dinde avec un fonds-à-poêler, ou simplement du bouillon chaud de la marmite, passé, mais non dégraissé. Poser la casserole sur feu, faire bouillir le liquide, couvrir la dinde avec du papier

graissé, la cuire pendant 2 heures, à couvert, et à feu modéré, afin de ne pas réduire sensiblement le fonds-de-cuisson.

D'autre part, faire bouillir 2 langues de bœuf salées, en ayant soin de les mettre assez tôt pour qu'elles se trouvent cuites en même temps que la dinde; les tenir dans leur cuisson jusqu'au moment de servir. Quand la dinde est cuite, passer sa cuisson, la dégraisser, et remettre le dégraissis avec la dinde.

Mettre 150 grammes de beurre dans une casserole, lui mêler 150 grammes de farine, et faire un petit roux blond; le délayer avec la valeur de 2 verres de

Fig. 217.

cuisson de la dinde, tiède, tourner la sauce sur feu; au premier bouillon, la retirer, la lier avec une liaison de 3 jaunes d'œuf, la passer au tamis.—Au moment de servir, égoutter les langues et la dinde; débrider celle-ci, la dresser sur un plat long, lui décorer l'estomac avec des feuilles d'estragon blanchies; l'entourer, à sa base, avec des tranches de langue coupées, un peu épaisses, sur les parties les plus larges; masquer le fond du plat avec du bon jus, verser la sauce dans une saucière. — Cette pièce est posée sur un réchaud.

649. Galantine de dinde à la gelée. — Désosser une dinde, diminuer l'épaisseur des chairs, sur les cuisses et les filets, couper ces derniers en gros dés, les déposer dans une terrine, les assaisonner, leur mêler le double de leur volume de lard blanchi, et le tiers de jambon cru, aussi coupés en dés; les arroser avec un demi-verre de madère.

Couper en morceaux la carcasse de la dinde, les mettre dans une grande casserole avec tous les os, parures et débris de viande, jamais du mouton; 2 pieds de veau désossés et blanchis; ajouter des légumes, aromates et épices; mouiller ces viandes à couvert avec du bouillon léger; faire bouillir le liquide, en l'écumant, le retirer sur le côté.

D'autre part, préparer un hachis de veau, composé avec moitié viande maigre et moitié lard frais; lui mêler la viande des cuisses, l'assaisonner avec sel et épices; quand il est bien haché, le piler, le déposer dans une terrine, lui mêler les viandes coupées et le lard; emplir la dinde avec cet appareil, la coudre dans le sens de sa longueur, et l'envelopper avec une petite serviette, en la serrant; ficeler fortement les deux bouts de la serviette à niveau de la galantine, et lier celle-ci sur le milieu avec 3 ou 4 tours de ficelle. Une heure après que le liquide est en ébullition, lui adjoindre la galantine, la faire cuire pendant 2 heures et demie, à feu modéré; l'égoutter ensuite sur un plafond, la déballer, la réemballer vivement dans le même linge rafraîchi, la ficeler, la faire refroidir avec un poids léger dessus; la déballer ensuite, la parer, la glacer, la servir, entière ou découpée, en l'entourant avec de la gelée en croûtons ou hachée.

Gelée de volaille. — Aussitôt que la galantine est sortie de la cuisson, passer celle-ci au tamis, la dégraisser avec soin, en prendre une petite partie dans un moule, afin d'essayer sa consistance, en la tenant sur glace; si elle était faible, lui mêler quelques feuilles de gélatine dissoute à l'eau. Quand la cuisson est à peu près refroidie, la transvaser dans une casserole, en la décantant. — Hacher 500 grammes de viande maigre de bœuf (pour 4 litres de liquide); lui additionner 2 œufs entiers, un verre de vin blanc, un demi-verre de madère; mêler cet appareil avec la cuisson de la galantine, ajouter une poignée de cerfeuil et un petit bouquet d'aromates. Fouetter le liquide sur feu jusqu'à ce qu'il soit bien chaud; retirer la casserole sur le côté, la tenir à couvert jusqu'à ce que le premier bouillon se développe; reculer vivement la casserole, afin que le liquide ne fasse que frémir; 20 minutes après, le passer à la serviette, le dégraisser encore, le laisser à peu près refroidir, le clarifier avec 3 blancs d'œuf, un peu de madère, quelques feuilles d'estragon, et grains de poivre. Passer la gelée.

650. **Filets de dinde à la Milanaise.** — Lever les 2 filets de l'estomac d'une petite dinde crue, en supprimer la peau et l'épiderme; couper les chairs en biais sur leur longueur, de façon à obtenir des tranches longues comme un filet de poulet; les battre, les parer, en leur donnant la forme d'un filet; les assaisonner, les tremper dans des œufs battus, les paner à la mie de pain fraîche. — Faire fondre 200 grammes de beurre, le laisser déposer, le verser dans une casserole plate; ranger les filets sur le fond de la casserole, les faire pocher à feu vif, des deux côtés; les dresser en couronne sur un plat chaud; les arroser avec le beurre de leur cuisson; dresser dans le centre une garniture de riz à la Milanaise.

651. **La dinde de Noël à la Provençale.** — Choisir une belle dinde tendre[1], mortifiée sans excès; la vider avec soin, l'essuyer à l'intérieur avec un

---

[1]. On reconnaît la tendreté de la dinde si, en pressant entre les doigts l'extrémité aiguë de l'estomac, on la trouve flexible et cassante; si elle résiste, la dinde est vieille. — A ce signe on

VOLAILLE. — DINDES.

linge, l'emplir avec de petites saucisses fraîches, et de gros marrons à peine grillés, épluchés : autant que possible ne laisser aucun vide dans le corps. Emplir aussi, avec des saucisses, le vide de l'estomac, après avoir détaché le cou, et coupé la peau aussi longue que possible; coudre celle-ci, en la fixant sur les reins; coudre également l'ouverture inférieure. Brider la dinde, la piquer avec du lard, la faire rôtir.

Si on dispose d'une broche, capable de pouvoir supporter le poids de la dinde, en la faisant tourner, il est à peine besoin de dire que c'est là le mode de cuisson qu'on doit préférer à tout autre. Dans le cas contraire, on peut cuire la dinde dans un grand plat à rôtir; dans tous les cas, il faut l'arroser largement avec du beurre, ou de la bonne graisse [1]. Un quart d'heure avant de la débrocher, la déballer afin de lui faire prendre une belle couleur; aussitôt qu'elle est à point, la saler, la débrocher, la dresser sur un grand plat. La durée de cuisson d'une grosse dinde, varie d'une heure et demie à 2 heures, et quelquefois davantage; le difficile, c'est d'obtenir les surfaces également colorées; cependant ce résultat n'est pas celui qu'on doit le moins rechercher, car l'apparence appétissante d'un rôt de volaille, est une qualité qui lui est indispensable; la pièce la plus délicate, si elle est trop cuite, noire ou brûlée, même superficiellement, fait une bien triste figure sur table. — Avec la dinde rôtie, on sert le jus de la lèchefrite passé, dégraissé, mêlé avec un peu de glace et réduit. En Provence, on accompagne ce rôt avec une bonne salade de tiges de céleri.

652. Dinde truffée à la mode de Toulouse (Dessin 248). — Les

Fig. 218.

dindes grasses de Toulouse sont les plus renommées du midi de la France. Ce rôt, peut reconnaître le degré de tendreté de tous les animaux de basse-cour. Pour être mortifiée à point, une dinde doit être tuée de 4 à 5 jours et même davantage en hiver. La chair cuite des dindes non mortifiées est coriace et peu succulente.

1. Quels que soient les rôtis qui cuisent à la broche, ils doivent être arrosés pendant la durée de leur cuisson avec du beurre ou de la graisse pure, et non mélangée avec des parties humides.

tel qu'on le sert à Toulouse, et tel qu'il est représenté par le dessin, est un des plus distingués qu'on puisse offrir à des gourmets. — Prendre une quinzaine de truffes crues, les peler, les déposer dans une casserole. Piler 250 grammes de lard frais, avec les parures des truffes, le passer au tamis.

Vider une bonne dinde, pas trop grasse, bien en chair; lui emplir l'estomac et le corps avec le lard; coudre les ouvertures; la brider solidement, l'envelopper avec du papier beurré, la faire cuire à la broche, en l'arrosant avec du beurre.

Quand la dinde est à peu près cuite, la déballer, lui faire prendre couleur, la saler, la débrocher; la poser dans un plat, en l'appuyant sur d'épaisses tranches de pain grillé, afin d'en relever la forme; l'entourer, sur les côtés, avec une douzaine d'ortolans rôtis, et sur les deux bouts, avec les truffes, assaisonnées, cuites au moment avec du vin. Envoyer en même temps une saucière de bon jus.

653. **Dinde rôtie, aux olives noires.** — Cette méthode de farcir les dindes est particulière au midi de la France et à l'Italie, où les olives sont abondantes et fort bonnes; ce sont les olives noires, confites, qu'on emploie de préférence à toutes les autres espèces. Une dinde ainsi farcie, est un rôt peu connu dans le Nord, mais digne d'être offert à des gourmets.

Le procédé, pour farcir les dindes avec des olives, consiste tout simplement à égoutter celles-ci, et les introduire dans l'estomac et le corps de la dinde, sans en supprimer le noyau. Coudre les issues, faire rôtir la dinde à la broche ou au four, piquée, bardée, ou simplement enveloppée de papier.

654. **Abatis de dinde à la chipolata.** — On entend par abatis les cous, les ailerons, les pattes, le gésier et le foie des dindes, ou de toute autre volaille.

Prendre 2 ou 3 abatis de dinde (moins les foies) préalablement nettoyés; les échauder à l'eau bouillante, les égoutter, les essuyer, les mettre dans une casserole avec du beurre et 200 grammes de petit-salé, dessalé et coupé en morceaux; poser la casserole sur feu vif, assaisonner les viandes, les faire revenir jusqu'à ce qu'elles soient bien colorées; en égoutter alors la graisse, les saupoudrer avec 2 cuillerées de farine; 2 minutes après, les mouiller à hauteur avec du bouillon; tourner le ragoût jusqu'à ce que le liquide soit en ébullition, le retirer sur feu modéré. Une heure après, additionner 2 douzaines de petits oignons, autant de petites carottes et de navets coupés en boules ou en quartiers, mais blanchis, ainsi qu'un bouquet de persil garni avec des aromates, grosses épices; ajouter 3 cuillerées-à-bouche de cognac; cuire les viandes et les légumes à feu modéré, avec des cendres chaudes sur le couvercle.

Dix à douze minutes avant de retirer le ragoût du feu, lui mêler une quinzaine de petites saucisses chipolata, ainsi que les foies de dindes blanchis, coupés en morceaux. Continuer l'ébullition; au dernier moment, dresser le ragoût sur un plat creux.

VOLAILLE. — DINDES.

655. Paupiettes de filets de dinde à la Romaine (Dessin 219). — Prendre les 2 filets crus d'une dinde; en supprimer la peau et les os des ailerons; distribuer les chairs en tranches, 5 de chaque côté; les battre légèrement, les parer carrément, les assaisonner, les piquer avec du lard fin, d'un côté seulement

Fig. 219.

et sur un bout; les masquer, de l'autre côté, avec une mince couche de farce crue, aux fines-herbes; rouler ces bandes afin d'en former des paupiettes, en laissant le piquage à découvert; les lier avec du gros fil, les ranger, les unes à côté des autres, dans une casserole plate, foncée avec du lard et quelques légumes; les faire braiser à court mouillement, en les glaçant; les égoutter ensuite, les parer aux deux bouts, les ranger dans une autre casserole. Dégager le fonds de leur cuisson avec un peu de vin blanc; le faire bouillir, le passer, le dégraisser, l'incorporer à 4 décilitres de sauce blonde en réduction; lui mêler quelques parures de truffes; quand elle est réduite à point, la passer à l'étamine.

D'autre part, préparer une petite farce avec les parures des filets, et avec elle, mouler quelques quenelles à la cuiller; les ranger à mesure sur le fond beurré d'une casserole plate, les faire pocher à l'eau salée.

Préparer une jolie croûte à pâté-chaud, la faire cuire à blanc, la coller sur un plat; l'emplir à hauteur, avec un bon risot, fini avec une julienne de truffes crues; lisser la surface, et sur celle-ci dresser les paupiettes debout, en couronne. Emplir également avec du riz, le puits formé par les paupiettes; sur celui-ci, dresser les quenelles debout, en rosace; poser une grosse truffe entière sur le centre, et une petite sur chaque paupiette; masquer légèrement les quenelles avec un peu de sauce, verser le surplus dans une saucière.

656. Brochettes de dinde à la Turque. — Prendre les chairs crues d'un estomac de dinde, en supprimer la peau et les nerfs, les couper en petits carrés; les déposer dans une terrine, les assaisonner, les arroser avec du beurre ou de l'huile, le jus de quelques citrons. Une heure après, enfiler ces carrés à de petites brochettes, puis, envelopper les viandes avec une bande de crépine d'agneau. Faire griller ces brochettes à feu modéré, les dresser sur un plat chaud.

657. Pain de volaille à la duchesse. — Je recommande aux cuisiniers ce simple apprêt ; il donne un excellent résultat. — Prendre 600 grammes de chair crue de volaille parée des parties nerveuses, et coupée en morceaux : les piler, les assaisonner, les passer au tamis ; les piler encore, en leur incorporant, peu à peu, 150 grammes de beurre fin, et la valeur d'un demi-verre de béchamel, réduite avec des parures de champignons, passée, refroidie. Déposer la farce dans une terrine, lui incorporer 2 ou 3 cuillerées de bonne crème crue ; en essayer une petite partie, afin de juger de sa consistance.

Beurrer un moule uni, à cylindre, l'emplir avec la farce, faire pocher le pain au bain-marie, pendant 40 minutes. Au moment de servir, le renverser sur un plat chaud, le masquer avec une bonne sauce blonde, préparée avec les carcasses et cuisses des poulets, réduite.

658. Ragoût de dinde à la mode de Nancy. — Prendre les abatis de 2 dindes, les nettoyer, les faire blanchir jusqu'à l'ébullition, les égoutter, tenir les foies de côté. Placer le restant des viandes, les cous, les ailerons et les gésiers dans une casserole, avec du lard haché et un oignon émincé ; les assaisonner, les faire revenir à feu modéré ; quand elles sont bien saisies, les mouiller à hauteur avec la moitié d'un verre de vin blanc et du bouillon ; ajouter un bouquet garni, les faire cuire à feu modéré, jusqu'aux trois quarts de cuisson ; les égoutter alors, les parer, les remettre dans la casserole, les mouiller avec leur cuisson passée ; mêler alors au ragoût 250 grammes de riz lavé, bien séché sur un tamis, 100 grammes de jambon cru coupé en petits dés, ainsi que 5 ou 6 cuillerées-à-bouche de sauce-tomate ; poser la casserole sur feu, la couvrir ; faire bouillir le liquide, retirer la casserole sur le côté, avec des cendres chaudes sur le couvercle ; cuire le ragoût pendant 25 minutes, le dresser ensuite sur un plat.

659. Filets de dinde à l'écarlate (Dessin 220). — Lever les filets d'une dinde crue, en supprimer la peau, les parer, les battre légèrement avec le manche du couteau ; les saler, les emballer dans des bardes de lard, les ranger dans une casserole plate avec du beurre, les faire cuire sans autre mouillement, en les tenant *vert-cuits* ; les laisser refroidir dans leur cuisson ; les diviser ensuite en filets réguliers, coupés sur toute la longueur de l'estomac ; parer ces filets d'une égale forme, les assaisonner, les masquer avec une sauce chaufroix blonde ; les ranger à mesure sur une plaque, l'un à côté de l'autre ; faire refroidir la sauce.

Couper sur la longueur d'une langue de bœuf à l'écarlate, des filets de même dimension que ceux de dinde, et en nombre égal ; les ciseler en dents de loup, du côté arqué ; les ranger, l'un à côté de l'autre, sur une plaque, les napper avec une couche mince de gelée légèrement rougie avec du carmin végétal ; les tenir sur glace.

Coller sur un plat, un *pain-vert*, décoré autour, le masquer en dessus avec du papier ; coller sur le centre une petite colonne en graisse, entourer celle-ci

Fig. 210.

avec une salade de légumes, liés à la mayonnaise. Dresser les filets de dinde et de langue sur le *pain-vert*, debout, et alternés, un blanc et un rouge ; fixer sur le haut de la colonne un petit vase en graisse ; croûtonner le *pain-vert*, envoyer séparément une saucière de mayonnaise.

660. **Dinde froide à la gelée** (Dessin 221). — Emplir l'estomac d'une dinde avec une farce au pain ; l'envelopper dans du papier, la faire rôtir, de belle

Fig. 221.

couleur ; la laisser refroidir. Couper les pattes à la jointure, papilloter les pilons. Détacher ensuite les deux filets de l'estomac, les découper en tranches, les remettre sur place ; glacer la dinde au pinceau, la dresser sur un plat, l'entourer des deux côtés avec de beaux croûtons de gelée ; sur chaque bout du plat dresser un bouquet de cresson.

Si on voulait découper les cuisses de la dinde, il faudrait les détacher, les diviser chacune en trois parties, puis les reformer, et les remettre sur place, en les maintenant à l'aide de petites brochettes en argent. Cette méthode réussit très-bien.

661. **Dinde piquée, à la purée de marrons.** — Flamber et vider une bonne petite dinde ; l'éplucher, briser le bréchet de l'estomac, couper les pattes à leur jonction avec les cuisses ; dégager l'os de celles-ci afin de le raccourcir de 2 centimètres ; écourter les pattes, après les avoir flambées, les introduire dans les cuisses par l'ouverture du pilon ; emplir alors la poche de l'estomac avec de la graisse hachée, mêlée avec une farce au pain ; brider la dinde à deux brides, avec de la double ficelle, la flamber de nouveau afin de raffermir la peau de l'estomac et des cuisses ; la piquer avec des moyens lardons ; la placer ensuite dans une braisière, foncée avec des débris de lard et des légumes, la mouiller à moitié de hauteur avec du bouillon, la couvrir d'un fort papier beurré. Deux heures avant de servir, faire bouillir le liquide ; 20 minutes après, le retirer sur feu modéré, avec des cendres chaudes sur le couvercle de la braisière ; cuire la dinde, en l'arrosant souvent ; en dernier lieu, la glacer sur l'estomac, à l'aide du pinceau ; la tenir à la bouche du four, lui faire prendre une belle couleur ; l'égoutter sur un plafond, la débrider, la dresser sur un plat, l'entourer avec une purée de marrons. Mêler un peu de vin au fonds-de-cuisson, le dégraisser, le passer, le faire réduire en demi-glace, le verser dans une saucière. — Si la dinde doit être découpée à table, il faut dresser séparément la purée.

662. **Ailerons de dinde en tortue.** — Prendre une vingtaine d'ailerons de dinde, coupés au-dessus de la seconde jointure ; les flamber, les désosser jusqu'à la deuxième jointure ; enfoncer alors les chairs dans le vide laissé par les os. Faire blanchir les ailerons jusqu'à l'ébullition, les rafraîchir, les éponger, les éplucher, les mettre dans une casserole avec du beurre, 150 grammes de petit-salé, blanchi, coupé en carrés, ainsi que 3 petits oignons ; les faire revenir à bon feu, les assaisonner ; quand ils sont de belle couleur, en égoutter la graisse, les mouiller à hauteur avec de l'espagnole légère, et un peu de vin blanc ; ajouter un bouquet de persil garni avec quelques aromates, et une poignée de parures de champignons frais ; faire bouillir le ragoût pendant quelques minutes, le retirer sur feu modéré.

D'autre part, diviser en deux parties une cervelle de veau cuite ; distribuer chaque moitié en moyens carrés, mettre ceux-ci dans une casserole avec 2 douzaines de têtes cuites de champignons, autant de petites quenelles de veau, pochées.

VOLAILLE. — POULARDES.

Quand les ailerons sont cuits, les égoutter, les mêler avec la garniture. Dégraisser la sauce, la passer dans une casserole plate, la faire réduire à point, en la tournant, et lui mêlant, peu à peu, le quart d'un verre de madère ; la finir avec une pincée de cayenne, la verser sur les garnitures. Faire mijoter le ragoût, sans ébullition, le dresser sur un plat, le saupoudrer avec des cornichons crus, coupés.

663. Dindonneau rôti, au cresson (Dessin 222). — Le dindonneau, par la délicatesse de ses chairs, peut être compris dans l'ordre des rôts les plus dis-

Fig. 222.

tingués : la broche est l'unique apprêt digne de lui. Le dindonneau est bon à manger dès qu'il a atteint l'âge de deux mois.

Vider un dindonneau, le flamber, l'éplucher, le brider, le piquer sur l'estomac et sur les cuisses, le faire rôtir, en l'arrosant seulement avec du beurre ; le cuire à feu soutenu pendant 30 à 40 minutes, en le tenant *vert-cuit*. Au dernier moment, le saler, le débrocher, le débrider, le dresser sur un plat, l'arroser avec le jus de la lèchefrite, mêlé avec un peu de bon jus, passé et dégraissé. Envoyer séparément un plat de cresson, salé et assaisonné avec du vinaigre.

---

664. Poularde en galantine. — Prendre une moyenne poularde, flambée ; couper les pattes et les ailerons à la jointure ; la désosser complètement ; retirer les chairs des cuisses, ainsi que celles de l'estomac ; couper ces dernières en moyens carrés, les déposer dans une terrine avec un égal volume de langue écarlate et du lard, l'un et l'autre cuits, coupés comme les filets ; ajouter à ces viandes 5 ou 6 truffes crues, pelées, coupées en filets carrés, les assaisonner avec sel et épices, les arroser avec un peu de madère.

Hacher fin les chairs des cuisses avec de la viande maigre de veau ; leur mêler un égal volume de lard, également haché fin, assaisonner le hachis avec du sel et de bonnes épices, le piler, l'assaisonner, le passer au tamis ; mettre cette farce dans la terrine avec les filets, les truffes et la langue ; avec cet appareil, emplir la poularde ; la coudre en long, l'envelopper dans une petite serviette, la ficeler, la cuire pendant une heure trois quarts, dans un fonds préparé avec les carcasses, en procédant comme il est dit pour la galantine de dinde.

En sortant la galantine de sa cuisson, la déballer, la réemballer dans la même serviette, la faire refroidir sous presse légère ; la déballer ensuite, la glacer, la dresser sur un plat, entière ou découpée en tranches ; l'entourer avec de la gelée en croûtons ou hachée, préparée avec le fonds-de-cuisson (Voy. n° 649).

665. **Poularde des gourmets.** — Choisir une petite poularde, grasse et tendre, la vider, éponger l'intérieur avec un linge, la flamber. — Piler un morceau de glace de viande froide, de la grosseur d'un œuf, avec le double de son volume de beurre fin ; mêler à cette pâte une pincée de feuilles d'estragon, l'introduire dans le corps de la poularde ; brider celle-ci avec les pattes en dedans ; fermer bien les ouvertures.

Prendre une vessie de porc fraîche, bien propre, introduire la poularde dedans ; ficeler l'ouverture, l'envelopper dans une serviette, la ficeler et la plonger dans l'eau bouillante ; la cuire pendant 2 heures sans interruption, l'égoutter ensuite, la déballer, la dresser sur un plat chaud avec son propre jus. Envoyer en même temps une saucière de sauce blonde, réduite, mêlée avec des feuilles d'estragon.

666. **Poularde aux huîtres.** — Quelque excentrique que puisse paraître cette préparation aux yeux des profanes, je les engage à ne pas la critiquer avant d'y avoir goûté ; pour mon compte, je la considère comme digne des gourmets les plus experts.

Vider une poularde, la brider avec les pattes en dedans, la flamber, en frotter l'estomac avec un demi-citron, la barder, la placer dans une casserole ; la mouiller à hauteur avec un fonds-à-poêler ; ajouter quelques grains de poivre, la couvrir avec un rond de papier, la faire cuire à feu modéré.

D'autre part, détacher de leurs coquilles 3 douzaines de grosses huîtres ; les faire pocher avec un verre de vin blanc ; les égoutter, et les parer ; passer leur cuisson, la laisser reposer, la tirer à clair. — Quand la poularde est cuite, égoutter le fonds-de-cuisson, en le passant ; le dégraisser.

Faire fondre 150 grammes de beurre, dans une casserole, lui incorporer 150 grammes de farine, afin de former une pâte lisse ; lui mêler 3 jaunes d'œuf, puis la délayer, peu à peu, avec la valeur d'un demi-litre du fonds de la poularde, et une partie de la cuisson des huîtres. Poser la casserole sur feu modéré, et tourner assidûment la sauce. Quand elle est liée, au moment où elle va bouillir, la retirer du feu, la passer au tamis fin ou à l'étamine dans une autre casserole ;

VOLAILLE. — POULARDES.

lui mêler le jus d'un citron, un morceau de beurre divisé, puis les huîtres rafraîchies, bien épongées. Débrider la poularde, la dresser sur un plat, la masquer avec un peu de sauce, verser autour le restant ainsi que la garniture d'huîtres.

667. Pain de poularde à la Conti (Dessin 223). — Parer une douzaine de filets-mignons de poularde ou de dinde, les battre, leur faire, à distance, sur le côté le plus lisse, des petites incisions transversales; glisser dans chacune d'elles la moitié d'une tranche de truffe coupée ronde d'abord, puis en biais sur le travers; ranger alors ces filets contre les parois intérieures d'un moule à dôme,

Fig. 223.

à cylindre, beurré, en appuyant le côté pointu sur la base du cylindre, le côté décoré contre les parois. Emplir le vide du moule avec une farce à quenelle de volaille crue; couvrir le dessus avec un rond de papier beurré, faire pocher le pain au bain-marie pendant 40 minutes; en le sortant, le démouler sur un plat; garnir le vide du cylindre avec quelques lames de truffes et des crêtes; former sur le haut une petite couronne, et poser sur le centre une truffe ronde; masquer le pain avec un peu de sauce blonde, réduite avec les parures de truffes; verser le surplus dans une saucière. — Cette entrée est dressée pour aller sur table; elle est posée sur un réchaud.

668. Poularde rôtie, sauce Toulousaine. — Faire rôtir une belle poularde, en l'arrosant avec du bon beurre; quand elle est cuite, la saler, la débrocher, la dresser sur un plat, et envoyer séparément la sauce suivante :

Sauce Toulousaine. — Cette sauce est une véritable spécialité locale, elle est appétissante, et très-agréable pour ceux à qui l'ail ne répugne pas. — Faire bouillir à l'eau salée une quinzaine de gousses d'ail épluchées, en les cuisant seulement aux trois quarts; les égoutter, les mettre dans une casserole avec la graisse de la poularde rôtie, les faire colorer; les mouiller alors avec la valeur d'un verre de bouillon; faire réduire celui-ci de moitié, mais tout doucement, de façon à cuire en même temps les gousses d'ail; à ce point, lier le liquide avec une poignée de mie de pain, sèche, ajouter les chairs de 2 oranges amères ou bigarades, coupées en tranches, mais sans zeste ni semences; faire mijoter la sauce pendant quelques minutes; lui mêler un peu de jus; l'envoyer en même temps que la poularde.

669. **Brochettes (stucchi) à la Génoise.** — C'est là un mets national de la cuisine génoise. — Faire blanchir quelques bons foies de poularde, les couper en carrés de 2 centimètres, pas trop épais; couper de même forme des ris d'agneau ou de veau, ainsi que des amourettes, les uns et les autres blanchis.

Hacher un oignon, le faire revenir avec du beurre, sans prendre couleur, lui additionner 150 grammes de jambon cru, autant de truffes crues, l'un et l'autre hachés; 2 minutes après, les mouiller avec un peu de jus et de vin; faire bouillir le liquide pendant quelques minutes, lui mêler les amourettes, les ris de veau et les foies, quelques moitiés de champignons, et des fonds d'artichauts cuits, coupés comme les viandes; 5 minutes après, lier le liquide, d'abord avec un morceau de beurre manié et ensuite avec 2 jaunes d'œuf, de façon à obtenir une sauce serrée; laisser refroidir les viandes et les légumes dans cette sauce. Les prendre alors par morceaux, les enfiler à des petites brochettes en bois de la longueur de 5 à 6 centimètres, en alternant les espèces, et sans retirer la sauce qui leur adhère; cela fait, masquer ces viandes avec une mince enveloppe de farce à quenelle crue, en ayant soin de fermer toutes les issues par où la sauce pourrait s'échapper; tremper les brochettes garnies dans des œufs battus, les paner, les faire frire à grande friture; les égoutter, les dresser sur un plat, en buisson, sur une serviette pliée.

670. **Croquettes à la gastronome** (Dessin 224). — Peler 4 truffes fraîches, les émincer, les couper en petits dés, les mettre dans une petite casserole, les tenir à couvert; tenir aussi les parures de côté. Parer les chairs cuites d'une poularde, en supprimant la peau et les parties dures; les couper en petits dés, comme les truffes; le volume des chairs doit être du double de celui des truffes.

Mettre les os et parures de volaille dans une petite casserole avec les parures des truffes, la valeur d'un verre et demi de jus, un bouquet garni; faire réduire le liquide de moitié, le passer au tamis. Verser dans une casserole plate la valeur d'un verre et demi de bonne béchamel; lui mêler quelques morceaux de jambon cru, faire réduire la sauce; quelques minutes après, lui incorporer, peu à peu, l'essence de volaille et de truffes; continuer la réduction jusqu'à ce que la sauce soit serrée, succulente; à ce point, retirer le jambon, ajouter les truffes; 2 minutes après, la retirer du feu; lui mêler le salpicon de volaille : l'appareil doit alors se trouver consistant; l'assaisonner avec une pointe de muscade; le verser sur un plafond, en l'étalant de forme carrée, et lui donnant l'épaisseur d'un centimètre et demi.

Quand l'appareil est raffermi, le diviser en carrés longs; chauffer le fond du plafond afin de détacher les parties coupées, les enlever avec la lame d'un couteau, les poser sur la table saupoudrée avec de la mie de pain, les rouler en

Fig. 224.

forme de bouchon; les tremper dans des œufs bien battus, les paner à la mie de pain fraîche, les plonger (peu à la fois) dans la friture chaude. Aussitôt qu'elles sont colorées, les égoutter, les dresser en buisson, sur une serviette pliée, les entourer avec 2 bouquets de persil frit.

671. **Filets-mignons de poulardes à la Parisienne** (Dessin 225).

Fig. 225.

— Quand on a servi une entrée, chaude ou froide, de filets de poulardes, cet apprêt devient facile et peu coûteux, si on a la prévoyance de mettre de côté les filets-mignons.

Supprimer le nerf intérieur et l'épiderme superficiel des filets-mignons; les battre légèrement avec le manche du couteau humide, leur faire de petites incisions transversales, et introduire dans celles-ci des demi-ronds de truffe coupés en biais. Quand les filets sont ainsi décorés, les ranger sur le fond beurré d'une casserole plate, en leur donnant la forme circulaire; les saler légèrement, les masquer au pinceau avec du beurre fondu.

Avec de la chair crue de volaille, et les parures des filets, préparer une farce à quenelle. Beurrer l'intérieur d'un moule à pyramide, le masquer, au fond et autour, avec une couche de la farce préparée, ayant un centimètre d'épaisseur; emplir alors le vide du moule avec un ragoût de foies de poularde, mêlé avec 4 truffes émincées, lié avec quelques cuillerées de sauce brune réduite au madère : ce ragoût doit être froid. Le masquer avec une couche de farce, et faire pocher le pain au bain-marie pendant trois quarts d'heure.

Au moment de servir, faire pocher les filets-mignons à feu vif, pendant quelques secondes seulement, car ils doivent simplement être roidis; les égoutter, les éponger, les dresser en couronne, et à cheval, autour du pain de farce poché, renversé sur le centre d'un plat; masquer très-légèrement ce pain et le fond du plat, avec un peu de sauce blonde; piquer sur le haut un hâtelet garni avec une belle crête et une truffe. — Cette entrée est posée sur un réchaud.

672. **Terrine de foies de poulardes.** — Peler 4 ou 5 truffes crues, les couper en gros dés, les mettre dans une terrine avec 200 grammes de lard cuit, coupé comme les truffes, et enfin, 10 à 12 bons foies de poulardes; assaisonner ces viandes avec sel, épices; les arroser avec une cuillerée de madère.

Émincer, en tranches, la moitié d'un foie de veau; le mettre dans une poêle avec 2 cuillerées de lard râpé, une cuillerée d'échalotes, et les parures de truffes; l'assaisonner avec sel et poivre, le faire revenir à feu vif jusqu'à ce qu'il soit bien atteint; le mouiller alors avec un peu de madère, et, 2 minutes après, le retirer, le laisser refroidir; le piler ensuite, et le placer dans une terrine. — Prendre autant de lard frais que de foie, le hacher, le piler, lui mêler le foie pilé; assaisonner cette farce de haut goût; 5 à 6 minutes après, la passer au tamis.

Masquer le fond et le tour d'une terrine à pâté avec une couche de la farce de foie, puis ranger par couches les foies de poulardes et le lard, en les alternant avec la farce; masquer le dessus avec du lard, ajouter une feuille de laurier; couvrir la terrine avec son couvercle, en lutant celui-ci; la poser sur un petit plafond, la pousser à four modéré; lui donner 2 heures de cuisson; la sortir du four, et faire refroidir aux trois quarts la terrine, sans couvercle, avec un poids léger sur l'appareil. Nettoyer la terrine, la coller sur un plat, après avoir découpé l'appareil, l'entourer avec de la gelée hachée ou en croûtons.

673. Montglas de poularde en croustades (Dessin 226). — Lever les chairs de l'estomac d'une poularde cuite; les parer, les diviser en tranches

Fig. 226.

d'un tiers de centimètre d'épaisseur, parer carrément ces tranches, en leur donnant 2 centimètres de largeur; les diviser en filets aussi larges qu'épais; les ranger dans une casserole, leur mêler un tiers de leur volume de langue écarlate et de champignons, l'un et l'autre cuits, coupés.

Mettre dans une casserole plate la valeur de 3 à 4 décilitres de sauce béchamel; lui additionner quelques morceaux de jambon cru, la faire réduire, en lui incorporant, peu à peu, un demi-verre de bonne crème; quand elle est succulente et serrée, retirer le jambon, lui mêler (hors du feu) la montglas préparée. Chauffer le ragoût sans ébullition, l'assaisonner, le tenir au bain-marie.

Cette montglas est représentée, dressée dans une croustade en pain, se composant de trois pièces : la coupe, le boudin et le pied. Ces pièces sont frites, l'une après l'autre, d'une teinte égale; il faut les assembler, bien d'aplomb, et les soutenir avec de petites brochettes piquées à l'intérieur. La coupe de la croustade ne doit être vidée qu'après qu'elle a été frite. Masquer alors le creux avec une couche de farce à quenelle crue, la coller sur plat avec du repère, et faire sécher celui-ci, en même temps que la farce, à la bouche du four modéré; dresser la montglas dans le vide formé par la coupe.

674. Foies de poulardes en caisses. — Choisir 8 foies gras de poulardes, en supprimer le fiel; les faire pocher sans ébullition; les éponger, les parer, et diviser chaque foie en deux parties.

Prendre quelques foies de volaille inférieurs; les faire revenir avec du lard fondu ensemble avec les parures des foies de poulardes; les laisser refroidir, les piler avec un égal volume de lard haché. Assaisonner l'appareil, le passer, lui mêler 2 cuillerées de farce à quenelle, et 4 cuillerées de fines-herbes cuites; lui incorporer quelques cuillerées de glace fondue; avec la moitié de cet appareil, masquer le fond et le tour de 8 petites caisses carrées ou rondes, huilées.

Vingt-cinq minutes avant de servir, faire vivement sauter les foies de poulardes dans une poêle avec un peu de beurre et 2 cuillerées de vin blanc; quand le vin est réduit, les arroser au pinceau avec un peu de glace, les verser dans une assiette. Diviser chaque moitié de foie en deux parties, et ranger 2 de ces moitiés dans chaque caisse; les masquer vivement avec une autre couche de farce, puis poser les caisses sur un petit plafond; les couvrir avec une feuille de papier huilée, les chauffer à la bouche du four modéré pendant 18 à 20 minutes. En les sortant, les arroser, en dessus, avec un peu de sauce brune, réduite; les dresser sur un plat.

675. **Chapons de Lulli** [1]. — Vider 2 chapons, les flamber, couper les pattes à la jointure, dégager en partie les chairs du pilon, couper celui-ci à moitié de la longueur; introduire alors les pattes dans le vide. Emplir l'estomac des chapons avec un peu de farce à quenelle crue, les brider de jolie forme avec les pattes droites, les citronner, les masquer complétement avec du lard; les placer dans une casserole, les mouiller à hauteur avec une mirepoix au vin blanc; les faire cuire à couvert, à feu modéré; quand ils sont à point, les égoutter, les envelopper dans un linge humide, les faire refroidir.

D'autre part, préparer une garniture composée de truffes rondes, de têtes de champignons et de belles crêtes cuites; napper les têtes de champignons avec une sauce chaufroix blonde; glacer les truffes au pinceau, les napper à la gelée; laisser les crêtes dans leur état naturel.

Fixer sur un plat long, un *pain-vert*, de forme ovale, peu épais, ayant sur son centre un montant en bois masqué de graisse.

Quand les chapons sont refroidis, les débrider, les dresser sur le *pain-vert*, en les inclinant légèrement et les appuyant contre le montant. Dresser les truffes en buisson des deux côtés du montant, en les entourant avec les crêtes; border le centre du plat avec de beaux croûtons de gelée; entourer l'estomac des chapons avec les têtes de champignons. Fixer sur le montant du centre un sujet représentant le célèbre *Lulli*, en cuisinier, jouant du violon. Le plat est posé sur socle.

Le socle est en graisse, de forme ovale, monté sur un mandrin en bois; le pied, la coupe et la frise, sont coupés au couteau; les petits enfants en toque, faisant de la musique, sont en partie coulés et modelés à la main. Les chimères, formant les anses, sont modelées en graisse sur un fil de fer fixé sur le mandrin du socle.

1. Cette pièce est représentée sur la planche gravée, hors texte, page 304.

676. Petites timbales à la Montglas (Dessin 227). — Beurrer 10 à 12 moules à dariole; au fond de chacun d'eux, placer un rond de truffe cuite;

Fig. 227.

emplir le vide des moules avec une farce de volaille (Voy. art. 662), finie avec un peu de sauce; couvrir la farce avec un rond de papier beurré; faire pocher les timbales au bain-marie. Aussitôt que la farce est raffermie, retirer les moules, dresser les timbales en couronne sur le fond d'un plat. Dresser dans le vide de la couronne une garniture montglas, composée de filets de volaille, de langue à l'écarlate, de truffes et champignons : cette garniture doit être liée avec un peu de bonne sauce, bien réduite, peu abondante. — Envoyer séparément une saucière de sauce blonde réduite avec de la cuisson de champignons ou des parures crues.

677. Poulardes à la Régence (Dessin 228). — Choisir 12 truffes fraîches, crues, rondes, d'une égale grosseur, bien brossées; les peler, les tenir à

Fig. 228.

couvert dans une casserole. Piler la moitié des pelures avec 250 grammes de lard râpé, passer l'appareil au tamis, lui mêler 2 ou 3 petites truffes crues, pelées, coupées en morceaux. Avec cet appareil, emplir l'estomac de 2 poulardes, les brider avec les pattes rentrées sous la peau, les barder, les placer dans une casserole, les entourer avec des légumes, les mouiller aux trois quarts de hauteur, avec du bon fonds, clair; faire bouillir le liquide à feu vif pendant 10 minutes; retirer la casserole sur feu modéré; finir de cuire ainsi les poulardes. Au moment de servir, faire glacer à la bouche du four.

D'autre part, cuire les truffes à feu vif, pendant 7 à 8 minutes, avec 2 verres de madère et un bouquet de persil garni d'aromates; en égoutter le fonds-de-cuisson, le mêler avec le double de son volume de cuisson des poulardes, ajouter quelques parures de truffes, le faire réduire en demi-glace, le lier avec un peu de sauce brune. Passer la sauce dans une casserole, lui adjoindre les 12 truffes cuites au moment.

Dresser les poulardes sur un plat long bordé en pâte à nouille, ou en pâte anglaise, ayant sur son centre un tampon en pain frit, masqué avec de la farce, les poser à peu près debout, en appuyant leur estomac sur une couche de farce pochée sur plat, et le dos contre le tampon. Entre les poulardes, dresser une grosse quenelle cloutée aux truffes; dresser 3 grosses truffes de chaque côté de cette quenelle; garnir le vide entre les poulardes avec quelques crêtes et des têtes de champignons. Piquer de chaque côté du tampon 2 hâtelets garnis, juste au-dessus de la grosse quenelle; en piquer 2 autres sur le haut, en les écartant; piquer enfin, sur l'extrémité du tampon, une grosse tête de champignon. Masquer très-légèrement l'estomac des poulardes avec un peu de sauce, envoyer le surplus dans une ou deux saucières. — Cette pièce est dressée pour figurer sur table. Les poulardes doivent être découpées sur le buffet pour être distribuées aux convives. Les bordures de plat, en pâte, conviennent surtout pour les mets qui ne sont pas présentés aux convives.

678. Brochettes de foies de poulardes. — Retirer le fiel à une douzaine de bons foies de poulardes; les diviser chacun en quatre parties; les déposer dans une terrine, les assaisonner avec sel et épices; leur mêler un nombre égal de carrés de lard, pas trop épais, crus, coupés du même diamètre que les carrés de foie; saupoudrer ces viandes avec une pincée de fines-herbes cuites; enfiler ensuite les carrés de lard et de foie (en les alternant) à de petites brochettes en métal, ou en bois, pointues d'un côté; quand les brochettes sont garnies, les rouler dans du beurre fondu, les paner, les faire griller pendant un quart d'heure à feu modéré, en les retournant; les dresser sur un plat avec des citrons coupés.

679. Quenelles de volaille aux champignons (Dessin 229). — Avec une bonne farce de volaille (Voy. art. 662), mouler une quinzaine de quenelles, dans des cuillers-à-bouche, les ranger, l'une à côté de l'autre, sur le fond d'une casserole plate; étaler le restant de la farce, sur un plat, en couche épaisse; la couvrir avec un papier beurré, la faire pocher à la bouche du four. Faire

VOLAILLE. — CHAPONS ET POULARDES.

pocher les quenelles à l'eau salée; les égoutter, les dresser en couronne sur la farce; garnir le centre avec des têtes de champignons et quelques crêtes; arroser

Fig. 229.

les quenelles et la garniture avec un peu de bonne sauce, préparée avec les carcasses et cuisses des poulets; envoyer séparément le surplus de cette sauce.

680. **Poulardes à l'Anglaise** (Dessin 230). — Brider 2 poulardes avec les pattes rentrées sous la peau; les barder, les placer dans une casserole foncée

Fig. 230.

avec des débris de lard et des légumes, les mouiller à hauteur avec du bouillon blanc, les couvrir avec du papier beurré, les faire cuire à four modéré.

D'autre part, cuire à l'eau 2 petites langues de bœuf, en faisant concorder leur cuisson avec celle des poulardes. — Au moment de servir, les égoutter, en supprimer la peau. Égoutter également les poulardes, les débrider.

Coller sur le centre d'un plat long un tampon en pain frit, coupé carrément, mais un peu plus long que large. Masquer les deux bouts du plat, à côté du tampon, avec une couche de farce crue, la faire pocher à la bouche du four; dresser les poulardes, en appuyant l'estomac sur la farce, et le dos contre le tampon en pain. Dresser les langues debout sur les côtés; garnir les intervalles, à droite, avec des haricots-verts émincés, cuits à l'eau salée, ou à la vapeur; à gauche, avec de petites carottes glacées; aux deux bouts, dresser un bouquet de choux-fleurs divisés; piquer, sur le haut du tampon, un hâtelet simplement garni avec une belle tête de champignon, et une petite truffe. Glacer les langues au pinceau, masquer légèrement l'estomac des poulardes avec un peu de sauce blonde, préparée avec leur cuisson; verser le surplus dans une saucière. — Cette pièce est dressée pour figurer sur table : les poulardes doivent être découpées sur le buffet de la salle à manger.

681. **Chapon au gros sel.** — Le chapon au gros sel est un mets qui nous vient de l'ancienne école; mais c'est par une fausse interprétation de sa dénomination qu'on sert le chapon avec du gros sel sur l'estomac. Pour peu qu'on réfléchisse, en effet, à cet assaisonnement étrange, on s'aperçoit bientôt qu'il n'est rien moins qu'un contre-sens, en dehors de toutes les règles culinaires et gastronomiques; que ce sel en gros grains n'a aucun but, aucun rôle défini qui puisse en démontrer l'utilité : en somme, il n'est là à aucun titre, ni comme auxiliaire, ni comme assaisonnement, et à coup sûr, ce n'est pas pour orner la volaille. Son rôle serait donc nul, s'il n'était d'abord gênant, car on ne mange, que je sache, ni volaille, ni viande avec du gros sel. Qu'on se figure quelqu'un croquant un grain de sel avec un morceau de viande quelconque, et on jugera bien vite de l'inconvenance de sa présence dans un mets. Il est donc temps de renoncer à un apprêt qui semble tenir du préjugé, plutôt que de la raison, et dont l'efficacité est si contestable.

Choisir un bon chapon, gras et tendre; le brider avec un morceau de beurre dans l'estomac; le frotter sur toutes ses surfaces avec un citron coupé. Faire bouillir de l'eau dans une casserole, en suffisante quantité pour couvrir largement le chapon; ajouter une poignée de gros sel et un bouquet de persil; quand l'ébullition est prononcée, plonger le chapon dans l'eau, couvrir la casserole, maintenir le couvercle avec un poids dessus, la retirer sur le côté du feu, de façon que le liquide ne cesse pas de bouillir vigoureusement; cuire le chapon de une heure à une heure un quart, selon sa grosseur; le dresser sur un plat avec des demi-citrons, ainsi qu'un bouquet de feuilles de persil; envoyer séparément une purée de racines de céleri ou de navets, en même temps qu'une saucière de bon jus, ou une sauce blonde.

682. **Côtelettes de volailles à la Parisienne** (Dessin 231). — Préparer un salpicon composé, par égales parties, avec des filets de volaille cuits, des truffes, de la langue à l'écarlate et des champignons également cuits; déposer ce salpicon dans une terrine, le lier avec un peu de béchamel bien réduite avec de la

glace de viande : si les truffes sont crues, il faut les cuire dans la sauce pendant 2 minutes.

Étaler l'appareil sur une plaque, en couche d'un centimètre d'épaisseur ; le laisser refroidir, le diviser ensuite en parties, ayant la forme d'une côtelette, de même dimension, pas trop grosses. Masquer les surfaces avec une couche mince

Fig. 231.

de farce crue, les rouler dans de la mie de pain, les tremper dans des œufs battus, les paner. Au moment de servir, les plonger à grande friture ; quand elles sont de belle couleur, les égoutter, les papilloter, les dresser en couronne sur un plat, dresser dans le milieu une purée de champignons.

683. Chapon à la Parisienne (Dessin 232). — Choisir un beau et gros chapon ; le vider, sans cependant le dégarnir de la graisse sur l'arrière du

Fig. 232.

corps. — Choisir un kilogramme de bonnes truffes, pas trop grosses ; les peler, les tenir à couvert, les cuire au moment avec un peu de madère. — Piler les parures de ces truffes avec un morceau de panade, ajouter la moitié d'un foie gras cru, quelques cuillerées de lard râpé, et enfin une couple de blancs d'œuf ; l'assaisonner, le passer au tamis, et avec lui, emplir l'estomac du chapon, en le faisant bomber ; le brider avec les pattes rentrées sous la peau ; en frotter les surfaces supérieures avec un citron coupé, le barder largement ; le placer dans une casserole, foncée avec des débris de lard et des légumes ; le mouiller à couvert avec du bouillon blanc, le couvrir avec du papier beurré, le cuire à feu modéré.

Au moment de servir, égoutter le chapon, le débrider, le dresser sur une couche de farce pochée sur un plat long ; l'entourer, des deux côtés, avec une garniture de belles crêtes cuites, bien blanches. Dresser les truffes sur les deux bouts du plat, envoyer séparément une saucière de sauce blonde, préparée avec la cuisson du chapon. — Cette pièce est dressée pour figurer sur table ; elle peut être ornée avec des hâtelets garnis.

684. **Chapon au riz à la Provençale.** — Brider un chapon avec les pattes en dedans ; le barder, le placer dans une casserole, le mouiller juste à couvert avec du bouillon du pot-au-feu, chaud, passé, mais non dégraissé ; ajouter de grosses épices, le cuire pendant une heure et quart, à feu modéré.

Vingt-cinq minutes avant de servir, faire revenir, dans une casserole, 2 cuillerées-à-bouche d'oignon haché ; lui mêler une grosse tomate égrenée, pelée, hachée ; 2 minutes après, ajouter 500 grammes de bon riz, lavé et égoutté ; le mouiller trois fois sa hauteur avec la cuisson du chapon, passée au tamis sans être dégraissée ; ajouter une pointe de safran, et un bouquet de persil ; couvrir la casserole, cuire le riz pendant 40 minutes ; il doit être bien cuit et rester consistant ; à ce point, lui mêler une pointe de muscade, le dresser dans un plat ; égoutter le chapon, le débrider, le dresser sur le riz.

685. **Chapon de Caux, rôti à la casserole.** — Quand les chapons sont jeunes et tendres, on doit de préférence les faire rôtir à la broche ; mais, dès qu'on peut avoir quelque soupçon sur leur tendreté, la casserole est préférable. Les chapons peuvent, à l'égal des dindes, être cuits farcis avec des truffes, des marrons, des saucisses, des olives ou une farce à l'Anglaise.

Vider un bon chapon, le brider, le flamber, le mettre dans une casserole dont le fond est masqué avec du lard coupé en petits morceaux, ajouter un morceau de beurre ; couvrir la casserole, la poser sur feu vif, faire colorer le chapon sur toutes les surfaces ; retirer alors la casserole sur feu plus modéré, mais avec du feu sur le couvercle ; retourner souvent le chapon, lui donner une heure de cuisson ; l'égoutter ensuite, le saler, le débrider, le dresser sur un plat ; égoutter la graisse de la casserole, verser dans celle-ci un peu de bon jus, le faire réduire en demi-glace, le verser sur le chapon, en le passant.

686. **Chapon de Toulouse, à la chipolata.** — Vider et flamber un chapon ; le brider pour entrée, avec les pattes en dedans ou coupées et rajustées ; lui masquer l'estomac avec quelques tranches de citron sans zeste, les maintenir avec des bardes de lard, et celles-ci avec de la ficelle. Placer le chapon dans une casserole foncée avec des légumes et des débris de graisse ; le faire revenir pendant quelques minutes, lui adjoindre 300 grammes de petit-salé, le mouiller à moitié de hauteur avec du bouillon et du vin blanc ; faire bouillir le liquide, le

retirer sur feu modéré ; cuire le chapon tout doucement, en le retournant de temps en temps. Une heure et quart doit suffire.

Vingt minutes avant de retirer le chapon, lui adjoindre une vingtaine de petites saucisses *chipolata*, ou simplement un bout de saucisse ordinaire, mais peu épaisse. Quand il est cuit, égoutter le fonds-de-cuisson, en le passant ; le dégraisser, le faire réduire en demi-glace ; lui mêler quelques cuillerées de bonne sauce brune, ainsi que 2 ou 3 douzaines de mousserons frais ; quand elle est réduite à point, lui mêler le petit-salé coupé en carrés, les petites saucisses, 2 douzaines de marrons cuits au jus, autant de petits oignons glacés. — Au moment de servir, débrider le chapon, le dresser sur un plat, l'entourer avec les garnitures, le masquer avec la sauce.

687. **Poulardes rôties, découpées** (Dessin 233). — Brider et barder 2 poulardes, propres, les traverser avec la broche sur leur longueur, les fixer à

Fig. 233.

celle-ci par les pattes ; les envelopper avec du papier beurré, les faire rôtir pendant une heure, en les arrosant ; quand elles sont à peu près cuites, enlever le lard afin de colorer légèrement les chairs de l'estomac, les saler, les débrocher, les débrider, les découper chacune en cinq parties ; si elles étaient grosses, couper les hauts-de-poitrine en deux. Diviser les carcasses, les dresser sur le centre d'un plat. Couper les cuisses à la jointure, sans les séparer, les dresser autour des carcasses, 2 de chaque côté. Sur les cuisses dresser 2 filets, et sur le milieu les hauts-de-poitrine ; entourer le rôti avec des bouquets de cresson ; envoyer en même temps une saucière de bon jus.

688. **Timbale de poulets à la Bourguignonne.** — Flamber 2 moyens poulets, en supprimer les ailerons et les pattes, les diviser chacun en cinq parties sans les carcasses ; briser l'os des cuisses, et l'enlever. Diviser les carcasses en deux parties, les mettre dans une casserole avec les ailerons, 3 cuillerées de lard fondu, 250 grammes de jambon dessalé, coupé en gros dés, ainsi qu'un bouquet de persil garni d'aromates ; poser la casserole sur feu vif, les faire revenir, les assaisonner, et aussitôt qu'ils sont de belle couleur les enlever, ainsi

que le jambon, les tenir au chaud. Mêler à la graisse de la casserole 2 cuillerées d'échalotes et oignons hachés, les faire revenir, leur mêler une quinzaine de champignons coupés en quartiers. Quand ils ont réduit leur humidité, ajouter 6 foies de poulets blanchis, coupés en deux, ainsi qu'un peu de madère et de glace fondue ; remettre les poulets dans la casserole, les sauter, hors du feu, en leur mêlant une pincée de persil haché, les retirer de côté.

Foncer un moule à timbale avec de la pâte brisée ; masquer cette caisse, au fond et autour, avec une couche de hachis de veau ou de porc, fini avec un peu de fines-herbes ; ranger les morceaux de volaille dans le vide de la timbale, en les entremêlant avec les champignons, les foies et le jambon ; couvrir également le dessus avec une couche de hachis, replier les bords de la pâte sur celui-ci, et couvrir la surface supérieure avec une abaisse de pâte ; poser la timbale sur un petit plafond, la pousser au four modéré, la cuire pendant une heure. En la sortant, la renverser sur un plat ; faire une ouverture sur le dessus, infiltrer, à l'intérieur, la valeur d'un verre de bonne espagnole, réduite avec un peu de vin ; la couvrir, l'envoyer aussitôt.

689. **Pâté des chasseurs.** — C'est un mets très-utile, très-agréable à la chasse ou en voyage. — Prendre un pain de ménage tendre, de forme ronde, le cerner en dessus, lui faire une ouverture circulaire de 10 centimètres, et par celle-ci, en retirer toute la mie.

Préparer une fricassée de poulets, la lier avec des jaunes d'œuf selon la règle ; la laisser à peu près refroidir, la ranger dans le pain ; quand la sauce et le poulet sont bien froids, fermer l'ouverture du pain avec le rond enlevé.

690. **Pâté-chaud de poulets à l'écossaise.** — Préparer un hachis avec 300 grammes de maigre de veau, et 200 grammes de lard frais ; l'assaisonner, le piler, le passer, lui mêler quelques cuillerées de fines-herbes cuites. — Avec une abaisse de pâte brisée, foncer un plat à tarte (au fond et autour du plat) ; masquer la pâte avec une couche de farce ; sur celle-ci, ranger les membres de 2 petits poulets, crus, divisés chacun en quatre parties, assaisonnés avec sel et poivre, en les entremêlant avec quelques tranches de ris de veau et de champignons crus, des fonds d'artichauts à moitié cuits, et des œufs durs divisés ; masquer alors les légumes et les poulets avec quelques tranches de jambon cru ; couvrir le pâté avec une abaisse de demi-feuilletage, l'orner avec quelques feuilles imitées, le ciseler tout autour (Voy. art. 559) ; le dorer, le faire cuire à four modéré pendant une heure, en ayant soin de couvrir la pâte avec du papier, aussitôt qu'elle se colore. En sortant le pâté du four, lui infiltrer, par le haut, quelques cuillerées d'espagnole légère ; l'envoyer aussitôt.

691. **Pain de volaille à l'estragon** (Dessin 234). — Incruster sur

VOLAILLE. — CHAPONS ET POULETS.

glace un moule à bordure, le chemiser avec de la gelée. — Mettre dans une petite bassine la valeur de 4 décilitres de purée de volaille ; la délayer d'abord avec un décilitre d'huile et autant de velouté froid, puis avec 3 décilitres de gelée d'aspic, tourner l'appareil sur glace avec une cuiller ; aussitôt qu'il commence à se lier, le retirer, lui mêler un décilitre de bon vinaigre à l'estragon, et un petit

Fig. 234.

salpicon de cornichons au vinaigre. Verser l'appareil dans le moule, le tenir sur glace pendant une heure.

Au moment de servir, tremper le moule à l'eau chaude, renverser le pain sur un pain-vert, ayant une douille fixée sur son centre ; entourer la base du pain avec un cordon de gelée hachée et le pain-vert avec des croûtons de gelée. Fixer un hâtelet garni de truffes sur le haut de la douille. — Ce pain peut être décoré avec des détails en blanc de volaille, de truffes ou de cornichons.

692. **Chapon rôti au four** (Dessin 235). — Quand, à défaut de broche,

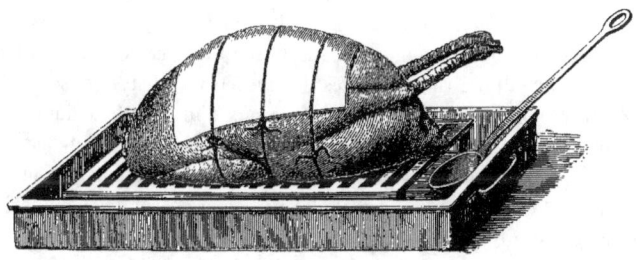

Fig. 235.

ou pour tout autre motif, on se trouve dans la nécessité de cuire un chapon au four, il convient de faire cette opération dans les meilleures conditions possibles, car une volaille mal cuite perd évidemment ses meilleures qualités. C'est afin d'éviter cet obstacle, que je produis le dessin d'un chapon rôti dans un plafond, mais sur une grille adaptée au plafond, afin que la volaille cuise sans baigner dans la graisse. Par ce procédé, et avec les soins voulus, on peut obtenir des rôts de volaille aussi délicats que ceux cuits à la broche ; il faut seulement ne pas négliger de les retourner, ni de les arroser souvent avec le beurre du plafond : ce qu'il faut surtout éviter, c'est de laisser brûler ce beurre, mieux vaut lui mêler de temps en temps un peu d'eau chaude.

693. Poulets sautés aux fines-herbes. — Faire revenir avec du beurre, dans une petite casserole, 2 cuillerées-à-bouche d'échalotes et oignons hachés ; ajouter une quinzaine de champignons frais, hachés ; cuire ceux-ci jusqu'à ce qu'ils aient réduit leur humidité ; leur mêler 2 poignées de truffes également hachées, ainsi que le quart d'un verre de vin, et une gousse d'ail ; couvrir la casserole, faire réduire le vin de moitié ; assaisonner les fines-herbes, leur mêler une pincée de persil, les lier avec la valeur de 2 verres de sauce brune ; donner quelques bouillons au liquide, le retirer.

Flamber et dépecer 2 petits poulets ; mettre les cuisses, les carcasses et les ailerons dans une casserole plate, avec du lard fondu, et un bouquet garni d'une gousse d'ail ; les assaisonner, les faire cuire à moitié, en les retournant ; leur adjoindre les filets et hauts-de-poitrine, finir de les cuire à feu modéré. Égoutter alors la graisse des poulets, mouiller ceux-ci avec le quart d'un verre de vin blanc ; quand il est réduit, ajouter les fines-herbes ; donner un seul bouillon à la sauce ; dresser les poulets en buisson, sur un plat chaud, les masquer avec les fines-herbes.

694. Pain de volaille à la gelée (Dessin 236). — Prendre 10 filets-mignons de poulardes, les parer, les battre légèrement, en décorer la moitié avec des lames de truffes, en glissant celles-ci dans de petites coupures transversales, faites à distance égale sur la surface la plus lisse des filets ; les saler, les ranger dans une casserole plate avec du beurre fondu dedans, ensemble avec les autres filets qui doivent rester au naturel. Faire pocher les filets à feu vif, en les conservant bien droits ; les égoutter, les faire refroidir dans le creux d'un moule à dôme, en les appuyant contre les parois, afin de leur faire prendre une forme courbée.

Quand les filets sont froids, les parer avec soin ; essuyer le moule, le placer dans une terrine, l'entourer avec de la glace pilée. Décorer les 6 filets blancs avec du beurre de Montpellier poussé au cornet, les napper avec de la gelée mi-prise, les appliquer contre les parois du moule, en alternant ceux décorés aux truffes et ceux décorés au beurre. Emplir les interstices des filets, aussi avec de la gelée mi-prise ; puis emplir le vide du moule avec un appareil de pain de volaille à l'estragon.

Chemiser 10 ou 12 petits moules à dariole, décorés au fond avec un rond de truffe; emplir le vide avec du même appareil de volaille à la gelée, les tenir sur glace pendant une demi-heure.

Fig. 236.

Au moment de servir, tremper vivement le moule à dôme dans de l'eau chaude, l'essuyer, le renverser sur un *pain-vert*, juste de la dimension du moule, c'est-à-dire pas trop large. Autour de ce pain, dresser les petits aspics en couronne; piquer sur le haut du dôme un petit hâtelet garni avec un filet-mignon et une truffe ronde. — On peut diviser les petits aspics, ou les remplacer par des croûtons de gelée.

695. **Filets de poulets à l'Anglaise** (Dessin 237). — Parer 10 filets de

Fig. 237.

volaille, en supprimant l'os du moignon et l'épiderme superficiel des chairs;

les battre légèrement avec le manche d'un couteau humide, les arrondir du bout le plus large, les parer en pointe du côté opposé ; les saler légèrement, les tenir à couvert.

Faire fondre 150 grammes de bon beurre, le laisser déposer, le passer, en le décantant. — Cuire à l'eau salée une bonne langue à l'écarlate, en combinant de façon que sa cuisson concorde avec l'heure du service. — Avec le gras-de-cuisses des poulets préparer une farce à quenelle ; avec cette farce emplir un moule à bordure uni, la faire pocher au bain-marie. — Choisir une quinzaine de petites truffes crues, les peler, les tenir à couvert. — Avec les os et carcasses de poulets, des légumes, des aromates, un peu de vin blanc et du bouillon préparer un jus, peu, mais bon. Quand il est passé, ajouter les parures des truffes, le faire réduire en demi-glace, lui mêler une égale quantité d'espagnole ; faire bouillir cette sauce pendant 3 minutes, la passer dans une petite casserole ; lui adjoindre alors les truffes crues, ainsi que quelques cuillerées-à-bouche de *sherry*. Cuire les truffes à feu très-doux pendant 8 à 10 minutes.

Au moment de servir, verser le beurre fondu dans une casserole plate, ranger les filets dans celle-ci, les uns à côté des autres, les faire pocher à point, en les retournant : 2 minutes suffisent. Les retirer aussitôt, les égoutter. Égoutter la langue salée, en supprimer la peau, puis couper en biais, sur son épaisseur, une douzaine de belles tranches pas trop minces ; les parer dans les dimensions et la forme des filets de poulets. Renverser la bordure sur un plat, dresser sur le haut les filets et les tranches de langue, en couronne, en les alternant ; sortir les truffes de la sauce, les dresser en buisson dans le puits de la bordure ; arroser celle-ci avec une partie de la sauce, verser le surplus dans une saucière ; glacer au pinceau les tranches de langue. — Cette entrée est dressée pour figurer sur table ; le plat est posé sur un réchaud.

696. **Poulets sautés à l'Espagnole.** — Prendre 2 poulets dépecés, les saupoudrer avec du sel et du poivre rouge d'Espagne. Faire fondre 125 grammes de beurre ou de saindoux dans une poêle ; ranger les cuisses dans celle-ci, les faire cuire à moitié, en les retournant ; ajouter les filets et hauts-de-poitrine, en même temps que 2 oignons hachés, une gousse d'ail, un bouquet de persil garni, avec quelques aromates. Sept à huit minutes après, ajouter 300 grammes de jambon cru, dessalé, coupé en carrés minces. Quand les poulets sont cuits, les retirer. Mettre dans la poêle 4 tomates sans semences, coupées en carrés ; les assaisonner légèrement, faire réduire leur humidité à feu vif ; leur adjoindre les poulets, les arroser avec 4 cuillerées de glace fondue, les chauffer sans ébullition, les dresser sur un plat, avec les tomates autour.

697. **Poulets sautés à la Cumberland.** — Découper 3 poulets, chacun en cinq parties. — Beurrer grassement une casserole plate, étaler au fond une

couche d'oignons émincés ; sur ceux-ci, ranger les morceaux de poulets, les carcasses et les ailerons ; les assaisonner, ajouter un bouquet de persil ; les faire cuire à feu doux, avec des cendres chaudes sur le couvercle de la casserole, mais sans colorer ni l'oignon, ni la volaille. A mesure que les morceaux les plus tendres sont cuits, les enlever, les parer ; additionner alors aux oignons quelques cuillerées de béchamel réduite, mais sans être trop serrée ; la faire bouillir, enlever le bouquet, la lier avec un peu de beurre de cayenne ; ajouter les poulets à la sauce, les chauffer sans ébullition ; les dresser sur un plat, les masquer avec la sauce, les entourer avec des croûtons de pain frits, et glacés.

698. **Poulets rôtis à la Napolitaine** (Dessin 238). — A Naples, les tourne-broches sont inconnus, et cependant on fait, sans exception, tous les rôtis

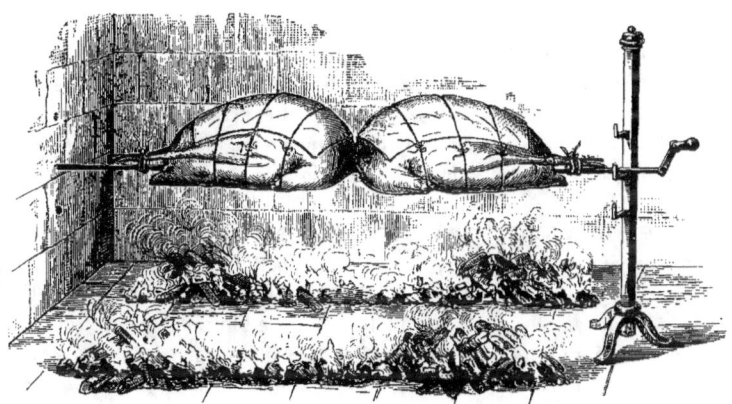

Fig. 238.

à la broche. Le moyen employé est des plus simples, j'ajoute qu'il réussit à merveille. Cependant, en indiquant cette méthode, je n'ai pas l'intention d'en faire une règle ; c'est un expédient qui, dans certains moments, peut trouver son application, et que j'ai cru utile de mettre en relief. Un cuisinier doit connaître tout ce qui a quelque rapport avec le métier.

Brider et barder [1] 2 poulets, les fixer sur une broche par les pattes avec de la ficelle. — Étaler quelques pelletées de charbon de bois, le long du mur du foyer ou du fourneau, et une autre rangée en avant de la première, en laissant un espace vide ; placer de la braise sur le charbon, le laisser bien allumer ; piquer alors le côté aigu de la broche contre le mur, à hauteur voulue, en l'appuyant du

---

[1]. Les poulets peuvent fort bien ne pas être bardés. En les représentant bardés j'ai voulu donner un modèle sur l'application des bardes de lard dont il est souvent parlé dans mes descriptions.

côté opposé sur un chenet à crochets. Beurrer les poulets, à l'aide d'un pinceau attaché au bout d'une baguette, les faire rôtir, en tournant la broche de temps en temps, par gradation; quand ils sont cuits, les saler, les débrocher, les dresser sur un plat avec du jus.

699. Poulets sautés à la fermière. — Flamber 2 moyens poulets, les éplucher, les vider, couper les pattes et les ailerons, en détacher les cuisses, faire trois morceaux de l'estomac : 2 filets et le haut-de-poitrine; couper transversalement les carcasses.

Faire fondre un morceau de beurre dans une casserole plate, ranger les cuisses, les carcasses et les ailerons sur le fond ; ajouter 200 grammes de petit-salé coupé, une gousse d'ail entière, un bouquet de persil, sel et poivre ; poser la casserole sur un feu vif, faire revenir les viandes des deux côtés, en les retournant ; quand les cuisses sont à moitié cuites, leur adjoindre les filets et hauts-de-poitrine, ainsi que 2 ou 3 gros oignons blancs émincés ; mettre du feu sur le couvercle de la casserole, et continuer la cuisson à feu modéré : les oignons et les poulets doivent se trouver cuits en même temps. Les arroser alors avec quelques cuillerées de sauce tomate; donner deux bouillons au ragoût, le dresser en pyramide sur un plat, avec quelques têtes de champignons cuites séparément.

700. Poulets aux artichauts, à la Bordelaise. — Flamber 2 moyens poulets, en supprimer les ailerons, le cou et les pattes ; les diviser chacun en cinq parties ; couper aussi les carcasses en deux, les mettre avec les cuisses et les ailerons dans une casserole plate avec du beurre et de l'huile ; les faire revenir à feu vif pendant quelques minutes ; leur mêler 2 cuillerées d'échalotes hachées ; aussitôt que les viandes commencent à se colorer, leur mêler les filets et les estomacs de poulets ; les assaisonner ; quand ils sont aux trois quarts cuits, ajouter 4 à 5 artichauts tendres, parés, écourtés, divisés en quartiers ; ajouter encore un peu d'huile ; retirer la casserole sur feu modéré, avec des cendres chaudes sur le couvercle ; continuer la cuisson jusqu'à ce que les poulets et les artichauts soient atteints à point ; dresser alors les poulets sur le centre du plat avec les artichauts autour ; déglacer la casserole avec quelques cuillerées de sauce brune, légère ; la faire bouillir, la finir avec un peu de persil et le jus d'un citron, la verser sur les poulets, en la passant.

701. Poulets de Hambourg rôtis, à l'Allemande. — La ville de Hambourg fournit pendant l'hiver, à une grande partie de l'Allemagne, des petits poulets quelquefois assez gras, mais du moins toujours tendres. Ils sont de la grosseur d'un gros perdreau; leur chair est blanche et délicate; ils sont vraiment d'une grande ressource, dans ces contrées, où, dès le mois de novembre, on ne trouve plus que des poulets médiocres.

Prendre 150 grammes de beurre pour chaque poulet, manier ce beurre avec de la mie de pain fraîche, former une pâte ferme; additionner un peu de sel et du persil haché. Avec cette pâte, emplir l'estomac et le corps des poulets, les brider, les enfiler à une petite broche par le travers, les faire rôtir à feu modéré pendant 14 à 15 minutes, en les arrosant avec du beurre; les saler, les débrocher, les dresser sur un plat, les arroser avec le beurre de la lèchefrite.

702. Petits-pâtés fontange (Dessins 239, 240). — C'est un mets bon à pré-

Fig. 239.   Fig. 240.

parer quand on éprouve de la difficulté à faire du feuilletage, en été par exemple, quand la chaleur est intense et le beurre mauvais, ou bien à la campagne quand les fours font défaut.

Mettre dans une terrine 200 grammes de farine, la délayer, peu à peu, avec 3 cuillerées-à-bouche d'huile, un peu d'eau tiède et de la bière, de façon à obtenir une pâte légère; la couvrir, la tenir à température tiède, pendant 2 ou 3 heures; lui mêler alors un grain de sel, et 3 à 4 jaunes d'œuf, la verser dans une petite casserole, haute et étroite.

Chauffer, dans la friture, un fer à fontange, cannelé, légèrement conique; quand il est chaud, le tremper juste à hauteur dans la pâte préparée; l'enlever aussitôt, le plonger de nouveau dans la friture; quand la pâte est de belle couleur, et assez sèche pour se dégager du fer, retirer le petit-pâté, et recommencer l'opération.

Au moment de servir, garnir ces pâtés avec un appareil à bouchées, ou avec une purée de volaille ou de gibier; masquer le dessus avec un peu de sauce, les dresser sur une serviette.

703. Poulets à la Valencienne. — Brider deux moyens poulets pour entrée; les mettre dans une casserole avec du beurre ou du saindoux, les faire revenir pendant quelques minutes; les assaisonner, leur mêler 2 cuillerées-à-bouche d'oignon haché, autant de jambon cru, coupé en dés, une gousse d'ail; faire revenir les viandes encore quelques minutes; ajouter 2 petits *chorisos,* une feuille de laurier, une pointe de safran, une cuillerée-à-café de poivre rouge d'Espagne; mouiller alors les poulets avec du bouillon, juste à couvert; les couvrir avec un rond de papier graissé, les faire cuire à feu modéré, afin que le liquide ne réduise pas trop; quand ils sont à peu près cuits, plonger dans la casserole le riz nécessaire : un verre pour 2 verres de liquide ; couvrir la casserole, faire bouillir le liquide à bon feu pendant un petit quart d'heure ; retirer ensuite la casserole à la bouche du four ou sur les cendres chaudes, l'y laisser 7 à 8 minutes : le riz doit se trouver alors cuit à point ; le dresser sur le fond du plat, dresser les poulets sur le riz, et les *chorisos* autour.

704. **Croquettes de poulets à la Soubise.** — Préparer un salpicon de volaille avec langue écarlate et champignons ; le tenir à couvert dans une casserole. — Couper 4 gros oignons en quartiers, les plonger dans une casserole d'eau bouillante, les cuire pendant un quart d'heure ; les égoutter, les mettre dans une casserole plus petite, avec un morceau de beurre ; les assaisonner avec sel et poivre, les cuire sur feu modéré, à couvert, jusqu'à ce qu'ils aient réduit leur humidité. Les briser alors avec la cuiller, les mouiller avec 2 cuillerées de béchamel, de façon à obtenir un appareil consistant ; le faire réduire, en le tournant, jusqu'à ce que l'oignon soit cuit ; ajouter quelques cuillerées de glace fondue ; 2 secondes après, le passer au tamis ; le mêler, peu à peu, avec le salpicon, de façon à le rendre consistant ; le verser sur un plafond, le faire refroidir ; former les croquettes, les paner, les faire frire, les égoutter, les dresser en buisson sur une serviette pliée.

705. **Salpicon de poulet aux œufs pochés.** — Couper en petits dés un salpicon de volaille cuite ; lui mêler un tiers de son volume de langue à l'écarlate, autant de champignons cuits, également coupés en dés ; le lier avec un peu de bonne béchamel, réduite avec de la glace, le tenir au bain-marie.

Beurrer un moule à flan ayant de 15 à 16 centimètres de diamètre ; le poser sur un petit plafond couvert de papier, le foncer avec de la pâte brisée ; couper la pâte à hauteur des bords, et la pincer. Masquer alors le fond et le tour intérieurement avec du papier beurré, en l'appliquant directement sur la pâte ; emplir le vide avec de la semoule ordinaire, cuire le flan à four modéré pendant 20 minutes ; le vider ensuite, le dresser sur un plat, le garnir avec le salpicon ; sur celui-ci, dresser, en rosace, sur le salpicon, 7 à 8 œufs pochés.

706. **Galantine de poulet à la gelée** (Dessin 241). — Désosser un moyen poulet tendre ; enlever les chairs des cuisses et les filets, parer ceux-ci, les diviser en gros dés, les déposer dans une terrine. Hacher les chairs des cuisses, leur mêler 250 grammes de filets-mignons de veau, autant de lard frais, l'un et l'autre hachés ; les piler, les assaisonner avec du sel et des épices, les passer au tamis ; mêler alors à la farce les filets de volaille, 3 truffes crues, et 150 grammes de lard blanchi, les uns et les autres coupés en carrés.

Assaisonner le poulet, l'emplir avec la farce préparée, rouler la galantine, en la tenant un peu longue, pas trop large ; l'envelopper dans un petit linge, la ficeler, la faire cuire pendant une heure et demie, en procédant comme il est dit à l'art. 946 ; en la sortant, la déballer, la réemballer, la faire refroidir ronde. La parer ensuite, la diviser en tranches d'une égale forme et dimension ; les glacer au pinceau, les décorer à mesure avec des petits carrés de truffes symétriquement

Fig. 241.

disposés ; les napper à la gelée mi-prise ; laisser bien refroidir celle-ci ; les parer, les dresser en couronne sur un *pain-vert* ayant sur son centre un petit montant en graisse. Sur ce montant, fixer une petite coupe, coulée en graisse, la garnir avec de la gelée hachée. Entourer la base du *pain-vert* avec des croûtons carrés en les alternant avec de petits bouquets de gelée hachée.

707. **Petits poulets en entrée de broche** (Dessin 242). — Émincer 2 oignons et une carotte, les faire revenir dans une casserole avec du beurre et

Fig. 242.

quelques débris de lard ; ajouter une pincée d'aromates, quelques branches de persil, une poignée de parures de truffes ; les mouiller avec le quart d'un verre de madère, le faire réduire à feu vif, retirer la casserole du feu.

Avec cet appareil, masquer l'estomac de 3 poulets, bridés avec les pattes en dedans ; le soutenir avec des bardes minces de lard, en les ficelant. Enfiler les poulets sur leur longueur avec une petite brochette de fer, fixer celle-ci sur broche.

Trois quarts d'heure avant de servir, faire rôtir les poulets à bon feu ; les arroser avec du beurre et le fonds de la lèchefrite ; les débrocher, les déballer, et les débrider. — Renverser sur un plat une bordure en farce, décorée et pochée, fixer au centre du plat un tampon en pain frit, masqué de farce ; dresser les poulets en triangle sur la bordure, en les appuyant contre le tampon ; dresser entre eux des petits bouquets de truffes rondes, pelées, en dresser une petite couronne, sur le haut, entre les poulets et le tampon, puis piquer un hâtelet garni sur le sommet de celui-ci ; glacer les poulets ; arroser le fond du plat avec un peu de sauce madère, réduite avec les parures de truffes. Envoyer séparément une saucière de cette sauce.

708. **Filets de poulets à la Bordelaise.** — Lever les filets de 3 poulets, les assaisonner avec sel, poivre, muscade. Mettre 3 jaunes d'œuf dans une terrine, leur mêler quelques cuillerées de fines-herbes cuites, et 150 grammes de beurre fondu ; battre bien l'appareil, tremper les filets dedans, un à un ; en les sortant, les rouler dans de la mie de pain ; les égaliser avec la lame d'un couteau ; les ranger sur un gril, l'un à côté de l'autre ; les cuire à feu très-doux pendant 15 à 18 minutes, en les retournant et les arrosant avec du beurre fondu ; quand ils sont atteints, les dresser en rosace sur une garniture de cèpes à la Bordelaise. C'est là un mets d'amateur.

709. **Poulets sautés à la Marengo.** — Les poulets à la Marengo furent inventés sur le champ de bataille même, pour être servis au général Bonaparte. C'est un mets presque historique, qui a fait le tour de l'Europe, quoiqu'il n'ait rien de bien remarquable, si ce n'est le nom qu'il porte.

Dépecer 2 moyens poulets, chacun en cinq parties, sans compter les ailerons et les carcasses ; faire chauffer de l'huile dans une poêle, ajouter les cuisses, les ailerons, les carcasses, une gousse d'ail, un bouquet de persil garni d'aromates ; les faire revenir, en les sautant jusqu'à ce que les cuisses soient à moitié atteintes, ajouter alors 200 grammes de jambon cru, coupé en gros dés, puis les filets et les hauts-de-poitrine, les sauter ensemble jusqu'à ce que les viandes soient cuites, sans être sèches ; les enlever, ainsi que le jambon, le bouquet et la gousse d'ail, les déposer dans une autre casserole, les tenir au chaud. — Émincer 2 oignons, les faire légèrement colorer dans la poêle à feu modéré ; ajouter 2 grosses tomates pelées, hachées, quelques champignons émincés ; les assaisonner, les faire cuire jusqu'à ce qu'ils aient réduit leur humidité ; les mouiller alors avec un peu de bon jus ; après quelques minutes d'ébullition, ajouter les poulets, les faire chauffer, les dresser en buisson sur un plat, les entourer avec la garniture, et 5 à 6 œufs pochés à l'huile, dans une petite poêle.

710. Salade de poulets à l'ancienne (Dessin 243). — Prendre les chairs de 2 poulets cuits ; en supprimer la peau et les os ; les diviser en petites parties, les déposer dans une terrine, les assaisonner, les arroser avec un peu d'huile et de vinaigre, les saupoudrer avec une pincée de feuilles d'estragon, hachées.

Avec 5 jaunes d'œuf et 3 verres d'huile, préparer une mayonnaise ; lui incorporer quelques cuillerées-à-bouche de gelée froide, mais liquide.

Placer un moule à pyramide dans une terrine ; l'entourer avec de la glace pilée, l'emplir, par couches, avec les morceaux de volaille, en alternant chaque

Fig. 243.

couche avec une petite partie de la mayonnaise, une pincée de câpres ou de cornichons, ainsi que quelques olives salées, sans noyaux. Une heure après, tremper vivement le moule à l'eau chaude, l'essuyer, et renverser l'appareil sur un plat froid ; le masquer aussitôt avec une couche de mayonnaise ; lisser les surfaces avec la lame d'un couteau, les décorer avec des filets d'anchois, des câpres et des cornichons coupés ; poser un cœur de laitue sur le sommet de la pyramide, ranger tout autour, en rosace, 8 ou 10 olives tournées. Entourer la base de la pyramide avec une couronne de quartiers d'œufs durs, en les trempant à mesure dans de la gelée mi-prise. Entre les œufs et la pyramide, ranger une couronne de cœurs de laitues, divisés en quartiers.

711. Cuisses de poulets en côtelettes. — Désosser 10 cuisses crues de poulet, sans les ouvrir ; les assaisonner, les emplir avec un peu de farce à quenelle crue, de volaille ou de veau, aux fines-herbes ; les coudre, en leur laissant la forme naturelle ; les ranger dans une casserole plate, l'une à côté de l'autre ; les faire braiser ; les égoutter ensuite, les faire refroidir entre 2 plafonds ; les débrider, les parer tout autour et sur le bout; les assaisonner légèrement, les tremper dans des œufs battus, les paner, les ranger, l'une à côté de l'autre, dans une casserole plate avec du beurre fondu; les faire colorer des deux côtés, en les retournant; les égoutter, leur piquer à chacune une petite manchette au bout de l'os du pilon tenu en réserve, et adapté ensuite; les dresser en couronne sur un plat chaud, garnir le milieu avec une purée de céleri, ou toute autre garniture.

712. Poulets à la Monaco. — Dépecer un gros poulet en six morceaux, couper les carcasses en deux; mettre les cuisses, les carcasses et les ailerons dans une poêle, avec du beurre ou de l'huile, les faire colorer à feu modéré, en les sautant; quand ils sont à peu près cuits, ajouter les filets et l'estomac; les assaisonner. Quelques minutes après, les mouiller avec le quart d'un verre de vin blanc, faire réduire le liquide à glace.

D'autre part, émincer 2 oignons, les mettre dans une casserole avec une gousse d'ail, les faire cuire tout doucement, sans les colorer trop : leur mêler alors 3 ou 4 tomates égrenées, coupées en morceaux; sauter le ragoût à feu vif afin de réduire promptement l'humidité des tomates; à ce point, les mêler avec le poulet, arroser le ragoût avec un peu de sauce brune, lui donner un seul bouillon, le dresser, l'entourer avec des tranches de jambon cuit, alternées avec des croûtons de pain frits.

713. Crêtes de volaille à la Bordelaise. — Couper les pointes saillantes, ainsi que la base, à quelques douzaines de belles crêtes; les prendre avec une écumoire par petite quantité à la fois, les plonger à l'eau bien chaude, les chauffer jusqu'à ce que l'épiderme s'en détache sous la pression des doigts; les retirer aussitôt, les frotter vivement avec un linge, les plonger à mesure dans un grand vase d'eau froide; les rafraîchir, les faire dégorger à l'eau tiède, puis les cuire avec de l'eau, du vin blanc, du jus de citron, du sel, et un peu de graisse hachée. Quand les crêtes sont cuites, les égoutter, les placer dans une casserole, les lier avec un peu de bon velouté, réduit avec de la crème. Dresser le ragoût sur un plat, l'entourer avec des croûtes de pain, de forme ovale, garnies avec un émincé de cèpes, fini avec un peu de glace.

714. Poulets sautés au madère (Dessin 244). — Découper 2 poulets, chacun en cinq parties; placer les cuisses dans une casserole plate avec du beurre fondu; les assaisonner, les faire cuire, avec du feu sur le couvercle, en les retournant. Quand ils sont à moitié de leur cuisson, ajouter les filets et hauts-de-poitrine, ainsi qu'un bouquet de persil garni, et une poignée de truffes fraîches. Quand les poulets sont à peu près cuits, en égoutter la graisse, les mouiller avec un demi-verre de madère. Faire vivement réduire le liquide, arroser les poulets avec un peu de glace fondue; donner 2 bouillons à la sauce, retirer la casserole du feu, en la tenant à couvert.

Coller un montant en pain frit sur le centre d'un plat d'entrée; le masquer, ainsi que le fond du plat, avec une couche de farce crue, la pocher à la bouche du four; en sortant le plat, le border avec une bordure en pâte à nouille ou en pâte anglaise.

Au moment de servir, égoutter les poulets, dresser les cuisses debout sur le fond du plat, en les appuyant contre le tampon en pain, et les soutenant à leur

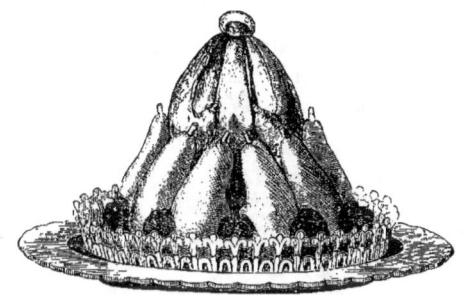

Fig. 241.

base avec quelques petites truffes cuites. Emplir le vide avec quelques champignons, puis dresser les filets et hauts-de-poitrine sur les cuisses, en les appuyant aussi contre le tampon. Fixer sur le haut une grosse tête de champignon, en la traversant à l'aide d'une petite brochette. — Verser dans une casserole plate la valeur de 2 décilitres de sauce brune et un de madère, faire bouillir la sauce, lui mêler 2 ou 3 truffes pelées, coupées en lames; les faire cuire dans la sauce; aussitôt que celle-ci est à point, en arroser légèrement les poulets, et verser le restant dans la saucière. — Cette entrée est dressée pour aller sur table.

715. Ragoût fin (menuto) à la Milanaise. — Ce mets est très-recherché par les gastronomes italiens; il est pour ainsi dire obligatoire dans les déjeuners fins.

Désosser une douzaine d'ailerons de poulardes, faire rentrer les chairs dans le vide; les mettre dans une casserole avec un petit oignon haché et du beurre, les faire revenir jusqu'à ce qu'ils soient de belle couleur; les mouiller alors avec de l'espagnole, du jus, et du vin blanc; les cuire à feu modéré. Quand ils sont à peu près à point, leur mêler une douzaine de petits ris d'agneau blanchis, quelques amourettes de veau blanchies, coupées en tronçons, 18 crêtes de volaille cuites, bien blanches, quelques poignées de petits-pois; continuer la cuisson modérée. — Au dernier moment, ajouter au ragoût une vingtaine de rognons de coq blanchis, le dresser ensuite sur un plat, le garnir avec des petits croûtons en feuilletage.

716. Beignets italiens au fromage. — Préparer un salpicon composé avec 200 grammes de chairs d'estomac de volaille cuites, et 150 grammes de maigre de jambon cuit, le placer dans une casserole. Piler 100 grammes de parmesan frais, lui mêler la moitié d'une cervelle de veau cuite et froide ; mêler cet appareil au salpicon et avec celui-ci former des petites boules de la grosseur d'une noix ; les fariner très-légèrement, les tremper dans une pâte à frire, les plonger dans une grande poêle de friture chaude ; quand la pâte est sèche, de belle couleur, égoutter les beignets pour les servir.

717. **Timbale de poulets aux truffes.** — Dépecer 2 moyens poulets, chacun en cinq parties ; les faire revenir, dans une casserole, avec du lard haché ; les assaisonner ; quand les viandes sont colorées, leur mêler 200 grammes de jambon ou de petit-salé coupé en carrés. Quelques minutes après, ajouter 5 à 6 truffes crues, pelées, coupées en épaisses lames, ainsi que les foies des poulets, blanchis. Quand les poulets sont à moitié cuits, les mouiller avec le quart d'un verre de vin blanc ; faire vivement réduire celui-ci à glace, verser le ragoût dans une terrine.

D'autre part, beurrer un moule à timbale avec de la pâte brisée (Voy. art. 505) ; masquer le fond et le tour de cette pâte, avec une couche de hachis de porc, haché, pilé, fini avec quelques cuillerées de fines herbes cuites. Dresser le ragoût dans la timbale, en laissant le moins de vide possible ; le masquer également avec une couche du hachis, et enfin avec une abaisse de pâte ; souder celle-ci avec les bords de la timbale, la pousser à four modéré. Une heure après, la sortir du four, la renverser sur un plat ; faire une ouverture ronde sur le haut, arroser l'intérieur avec quelques cuillerées de bonne sauce brune, réduite avec les parures des truffes et du madère ; remettre en place le rond enlevé, arroser le fond du plat avec un peu de la sauce, l'envoyer aussitôt.

718. **Poulets à la Tyrolienne.** — Dépecer 2 moyens poulets, chacun en cinq parties, couper les carcasses en deux. Émincer 2 oignons, les faire revenir dans une poêle avec de l'huile pendant quelques minutes ; ajouter les cuisses de poulet, les faire revenir pendant 10 à 12 minutes, leur mêler les filets, les hauts-de-poitrine et les carcasses ; les assaisonner, et, quand les poulets sont aux trois quarts cuits, leur mêler 2 ou 3 tomates, coupées en morceaux, 250 grammes de jambon cru, coupés en dés, et enfin un bouquet de persil garni avec une gousse d'ail. Cuire les tomates jusqu'à ce qu'elles aient réduit leur humidité ; arroser les poulets avec un peu de glace, et finir de les cuire, avec des cendres chaudes sur le couvercle ; au moment de servir, supprimer le bouquet, dresser le ragoût sur un plat.

719. **Poulets à la Bordelaise.** — Dépecer 2 moyens poulets, chacun en cinq parties ; détacher les ailerons des filets ; les ranger, ainsi que les cuisses et les carcasses, dans une casserole plate ; les arroser avec du beurre ou de l'huile, les faire revenir pendant 10 à 12 minutes ; leur mêler 2 douzaines de petites

pommes de terre nouvelles, tournées rondes, 4 oignons nouveaux émincés, et enfin les ailes et hauts-de-poitrine des poulets, assaisonner le ragoût; le pousser au four, le remuer de temps en temps. Quand les poulets sont cuits, les dresser sur un plat avec les pommes de terre et les oignons; verser un peu de jus au fond de la casserole, le faire bouillir, le lier avec un peu de sauce brune, le verser sur les poulets, en le passant.

720. **Pain de volaille à la Russe** (Dessin 245). — Incruster un moule à cylindre dans de la glace pilée; le décorer, sur les côtés, avec des cornichons

Fig. 245.

coupés et des légumes, en trempant à mesure, dans de la gelée mi-prise, les détails du décor. Chemiser le moule avec une couche de purée de volaille, étendue avec de la gelée, et mêlée avec de la mayonnaise; garnir ensuite l'intérieur, par couches, avec des escalopes de volaille, entremêlées avec une salade de légumes. Arroser chaque couche avec de la purée de volaille à la mayonnaise collée. Continuer ainsi jusqu'à ce que le moule soit plein.

Au moment de servir, tremper le moule à l'eau chaude, renverser le pain sur un plat froid. L'entourer avec des petits fonds d'artichauts garnis avec de la salade de légumes, mais coupés chacun en deux parties afin qu'ils se tiennent mieux contre le pain. Garnir également le cylindre du moule avec de la gelée hachée; entourer celle-ci avec des légumes coupés ronds, servir ainsi le pain.

721. **Poulet à la mode de Nice.** — Flamber un bon poulet, le vider, en briser le bréchet avec la pointe d'un gros couteau. Faire revenir dans une casserole, avec du lard fondu, 2 cuillerées-à-bouche d'oignon haché, lui mêler 200 grammes de bon riz lavé, et séché sur un tamis; le chauffer, en le tournant, le mouiller à hauteur avec du jus, le cuire pendant 10 à 12 minutes au plus : il doit être à peine atteint. Le retirer alors du feu, lui mêler une pincée de piment en poudre, et un petit salpicon de maigre de jambon cru. Avec cet appareil, emplir

le poulet, le brider avec les pattes en dedans ; lui barder l'estomac avec du lard, le placer dans une casserole avec du beurre, le faire revenir, en le retournant. Une demi-heure après, le mouiller avec un verre de vin blanc et un petit morceau de glace ; finir de le cuire sans violence.

Vingt minutes avant de servir, faire fondre un morceau de beurre dans une poêle ; lui additionner 200 grammes de jambon coupé en carrés, ainsi que 4 à 5 tomates égrenées, divisées chacune en 4 morceaux ; les assaisonner avec poivre, muscade, un grain de sel ; ajouter un bouquet de persil, enfermant une gousse d'ail ; les faire sauter jusqu'à ce qu'elles aient réduit leur humidité ; égoutter alors la graisse de la poêle, verser le ragoût dans la casserole autour du poulet ; 7 à 8 minutes après, égoutter celui-ci, le débrider, le dresser sur un plat ; saupoudrer les tomates avec un peu de persil haché, enlever le bouquet, dresser le ragoût autour du poulet.

722. **Poulet sauce à l'estragon.** — Choisir un bon poulet, propre ; lui mettre dans l'estomac un morceau de beurre, mêlé avec une petite poignée de feuilles d'estragon ; le brider avec les pattes en dedans, le barder, le placer dans une casserole avec le cou et le gésier, ainsi que quelques parures de veau ; le mouiller juste à couvert avec un demi-verre de vin blanc, et du bouillon de la marmite passé sans être dégraissé ; le cuire ainsi pendant 40 à 50 minutes, passer le mouillement, le dégraisser, remettre la graisse avec le poulet, le tenir au chaud.

Avec 100 grammes de beurre et une cuillerée de farine, préparer un petit roux ; cuire la farine sans la faire colorer, la délayer avec la cuisson du poulet ; tourner la sauce jusqu'à l'ébullition, la retirer sur le côté du feu, lui additionner un petit bouquet d'estragon, la cuire pendant 20 minutes ; la dégraisser, la passer dans une casserole plate, la faire réduire au point voulu, la lier avec 2 jaunes d'œuf, la finir avec un petit morceau de beurre et une pincée de feuilles d'estragon blanchies, bien vertes. Débrider le poulet, le dresser sur un plat, le masquer avec la sauce.

723. **Quenelles de gélinottes aux truffes** (Dessin 246). — La chair de gélinotte est blanche, délicate, d'un arome exquis ; les quenelles de gélinottes, préparées avec des chairs de filets, constituent une entrée distinguée.

Parer les chairs de 3 estomacs de gélinottes fraîches ; les piler, ajouter moitié de leur volume de panade ; quand celle-ci est bien mêlée, ajouter une égale quantité de beurre, puis 2 jaunes d'œuf ; assaisonner la farce, la passer, la déposer dans une terrine, la travailler vivement avec une cuiller, pendant 5 à 6 minutes, en lui incorporant quelques cuillerées de bonne sauce.

Avec cette farce, mouler à la cuiller 14 quenelles, les faire pocher à l'eau salée, les dresser en couronne sur une bordure de farce, décorée, renversée sur un plat ;

garnir le centre de la couronne avec de petites truffes, pelées, rondes, cuites avec un peu de madère et de glace fondue; masquer les quenelles et le fond du plat

Fig. 246.

avec un peu de velouté, réduit avec les parures des truffes; envoyer en même temps une saucière de cette sauce.

724. Poulets et langues découpés (Dessin 247). — Faire rôtir 2 gros poulets, en les arrosant avec du beurre, et sans leur laisser prendre beaucoup de cou-

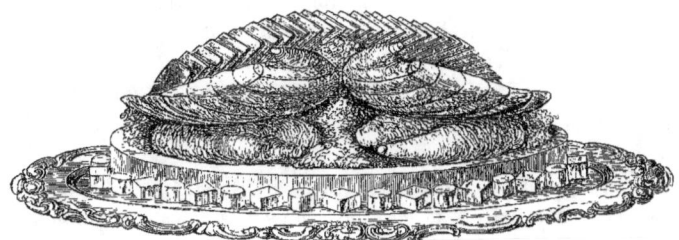

Fig. 247.

leur; les saler, les laisser refroidir. Les débrider ensuite, les découper chacun en quatre parties, sans faire de haut-de-poitrine, parer les deux filets, dégager les chairs des ailerons, les découper en tranches. Couper les cuisses à la jointure, sans séparer les parties. — Couper en tranches, pas trop minces, la partie centrale de 2 langues de bœuf, salées, cuites, refroidies sous presse; parer ces tranches de forme égale.

Coller sur un plat long un *pain-vert* de forme basse, masqué sur le haut avec du papier blanc. Poser les 2 carcasses des poulets sur le centre de ce *pain-vert*, ranger deux cuisses de chaque côté, et sur celles-ci, dresser les deux filets, en les soutenant d'aplomb avec de la gelée hachée. Masquer également les carcasses avec de la gelée; sur cette gelée dresser les tranches de langue, à cheval, en les disposant dans le genre que représente le dessin; glacer légèrement la volaille, entourer le *pain-vert* avec de gros croûtons de gelée, les uns coupés ronds et les autres carrés.

725. **Quenelles de volaille à l'essence de champignons.** — Lever les chairs des estomacs de 2 poules ou poulets; les parer, les couper en morceaux, les piler, ajouter un tiers de leur volume de panade, autant de beurre. Quand la farce est lisse, bien mêlée, l'assaisonner avec sel et muscade, lui incorporer 2 ou 3 jaunes d'œuf; 5 minutes après, la passer, lui additionner 2 ou 3 cuillerées-à-bouche de crème double; l'essayer aussitôt; elle doit être moelleuse. — Avec cette farce, mouler 15 ou 16 quenelles, dans des cuillers à bouche, les glisser à mesure sur le fond d'une casserole beurrée, en les rangeant l'une à côté de l'autre.

D'autre part, couper les carcasses de poulets en morceaux; les faire dégorger pendant quelques minutes à l'eau tiède, ensemble avec les abatis. — Émincer un oignon, le mettre dans une casserole avec du beurre, le faire revenir, lui adjoindre les morceaux de volaille, les sauter à bon feu, sans les colorer; les saupoudrer avec 2 cuillerées-à-bouche de farine, les mouiller avec la valeur d'un litre de bouillon blanc, passé, dégraissé; ajouter un bouquet de persil, garni, quelques grains de poivre, quelques parures fraîches de champignons, un verre de vin blanc. Faire bouillir la sauce, la cuire sur le côté du feu pendant 25 minutes, en l'écumant, et la dégraissant; la passer, la faire réduire à feu vif, jusqu'à ce qu'elle soit succulente et liée à point, en lui incorporant peu à peu quelques cuillerées de cuisson de champignon dégraissée, et passée; quand elle est serrée, la lier avec 2 jaunes d'œuf délayés.

Quelques minutes avant de servir, faire pocher les quenelles; les dresser en couronne sur un plat; garnir le puits avec quelques têtes de champignons, les arroser avec la sauce.

726. **Poulets aux fines-herbes.** — Diviser, chacun en quatre parties, 3 jeunes poulets. Beurrer largement le fond d'une casserole, masquer ce beurre avec une couche de fines-herbes crues, composée: d'oignons, échalotes et champignons frais, hachés; ajouter un bouquet de persil. Sur ces fines-herbes, ranger les cuisses des poulets, les assaisonner, les saupoudrer également avec des fines-herbes; fermer hermétiquement la casserole, la poser sur un bon feu, avec des cendres chaudes sur le couvercle; cuire les poulets pendant 18 à 20 minutes; les dresser sur un plat, arroser les fines-herbes avec un peu de glace fondue, les verser sur les poulets.

727. **Les poulets du Sahara.** — Flamber 2 moyens poulets, les éplucher; hacher leurs foies et les gésiers, ainsi que 500 grammes de viande maigre de mouton; ajouter un oignon haché, sel, poivre, piment, gingembre en poudre,

une poignée de mie de pain, un œuf entier; mêler bien le hachis, le diviser en petites parties, et avec elles, former des boulettes de la grosseur d'une noix, les rouler sur la table farinée.

Dépecer les poulets par membres, les mettre dans une casserole avec les carcasses coupées, 3 ou 4 petits oignons entiers, un bouquet de persil, 2 cuillerées de saindoux; les faire revenir, en les sautant, jusqu'à ce qu'ils soient colorés. Les assaisonner alors, les saupoudrer avec 2 cuillerées de farine, les mouiller à couvert avec du bouillon; ajouter une pointe de cayenne, une cuillerée à café de poivre rouge d'Espagne, faire bouillir la sauce, en la tournant; au premier bouillon, la retirer sur feu modéré, avec des cendres chaudes sur le couvercle. Quand les poulets sont à peu près cuits, leur mêler les boulettes; couvrir la casserole, continuer l'ébullition modérée jusqu'à ce qu'ils soient cuits à point; les dresser alors, ainsi que les boulettes, sur un plat, les masquer avec la sauce, en la passant.

728. **Turban de filets de volaille** (Dessin 248). — Prendre 10 ou 12 filets de dindes ou de poulets, les parer, les piquer avec du lard sur une surface.

Avec le gras des cuisses et les parures, préparer une farce à quenelle un peu

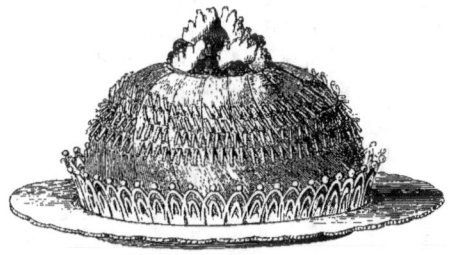

Fig. 248.

ferme; quand elle est passée, lui mêler un tiers de son volume de purée de champignons; avec les deux tiers, emplir un moule à dôme, à cylindre, beurré; faire pocher le pain au bain-marie, le démouler sur une abaisse en pâte ordinaire cuite, coupée du diamètre du fond du plat.

Quand le pain en farce est refroidi, le masquer avec une couche de farce crue; sur celle-ci, ranger les filets, en les appuyant du côté qui n'est pas piqué; envelopper les parties non piquées avec des bardes minces de lard, pousser le turban à four modéré, le cuire pendant 12 à 15 minutes. En le sortant, humecter légèrement avec de la glace les parties piquées des filets, les glacer à la salamandre; enlever aussitôt le lard, éponger avec soin la graisse du cylindre, et glisser le turban sur un plat rond ; chauffer celui-ci en dessous, l'orner (à l'aide du repaire) avec une bordure en pâte anglaise ou pâte à nouille ; le tenir à l'étuve pendant quelques minutes. Emplir l'intérieur du cylindre du turban avec une garniture composée de crêtes et de truffes ; masquer celles-ci avec un peu de sauce brune, réduite au madère ; verser le surplus dans une saucière chaude. — Cette entrée est dressée pour aller sur table.

729. **Ragoût de sot-l'y-laisse.** — Le sot-l'y-laisse est cette partie de chair tendre qui se trouve placée des deux côtés des reins de volailles, immédiatement au-dessous de l'os plat, reliant la carcasse à l'estomac. Ces chairs sont assez volumineuses chez les dindes, poulardes et chapons. C'est un mets d'amateur, qu'on ne peut préparer que dans les occasions où on sert des rôts copieux de volaille.

Détacher les sot-l'y-laisse des carcasses de 7 à 8 poulardes cuites ; les parer, les ranger dans une petite casserole ; leur mêler quelques têtes de champignons cuites, fendues en deux sur le travers. Dix minutes seulement avant de servir, les mouiller avec quelques cuillerées de sauce blonde, chaude, réduite avec les parures des champignons, les tenir 10 minutes au bain-marie. — Au moment de servir, dresser une bordure de riz sur un plat ; garnir le vide avec le ragoût.

730. **Rissoles de crêtes de poulets au jambon.** — Prendre 3 douzaines de crêtes cuites, refroidies ; les diviser en petits dés, les mettre dans une casserole, leur mêler un tiers de leur volume de maigre de jambon cuit, coupé comme les crêtes ; lier ce salpicon avec un peu de bonne béchamel réduite, mais en le tenant consistant : le laisser refroidir, puis le diviser en petites parties ; avec celles-ci et du demi-feuilletage préparer des rissoles. Les faire frire et les dresser en buisson sur une serviette pliée.

731. **Cary à l'Indienne.** — La méthode que je vais décrire est celle qui est pratiquée dans l'Inde ; elle diffère en beaucoup de points de celle adoptée en Europe, mais c'est pour moi un motif de plus pour la mettre en évidence.

Dépecer un gros poulet en huit parties ; couper la carcasse en deux ; les assaisonner, les saupoudrer avec une cuillerée de poudre de cary. Émincer en julienne un gros oignon d'Espagne ou de Portugal ; le faire revenir dans une casserole, avec du beurre clarifié, jusqu'à ce qu'il soit de belle couleur ; ajouter alors les morceaux de volaille, ainsi que la carcasse et les ailerons ; les faire revenir de belle couleur, leur mêler les autres parties du poulet ; 2 minutes après, les mouiller à moitié de hauteur avec du bouillon ; couvrir la casserole, faire réduire le liquide à feu modéré, et mouiller de nouveau les viandes avec du bouillon, le faire réduire à glace ; continuer ainsi à mouiller, et faire réduire le fonds jusqu'à ce que le poulet soit à peu près cuit ; lui additionner alors quelques

VOLAILLE. — POULETS.

cuillerées de noix de coco émincé en julienne, ainsi que quelques cuillerées de lait de coco ; de ce moment, le ragoût ne doit plus que mijoter.

Quand le poulet est cuit, l'arroser avec quelques cuillerées de bonne crème double ; finir le ragoût, en lui incorporant le jus de 2 ou 3 citrons ; le dresser aussitôt sur un plat chaud, envoyer, séparément, un plat de riz ainsi cuit :

Riz à l'Indienne. — Plonger 300 grammes de riz à l'eau bouillante ; au premier bouillon, verser dans la casserole un grand verre d'eau froide, afin d'arrêter l'ébullition ; attendre de nouveau le premier bouillon ; couvrir alors hermétiquement la casserole, la retirer sur le côté du feu : le liquide doit frissonner, sans que l'ébullition se développe ; tenir ainsi la casserole pendant 20 minutes ; verser ensuite le riz sur un large tamis, l'étaler, le remuer afin qu'il s'égoutte au plus tôt ; le tenir à la bouche du four pendant 10 minutes, le mettre dans une casserole à légumes, le couvrir, et l'envoyer.

732. Aspic de crêtes aux truffes (Dessin 249). — Placer un moule à cylindre uni dans une terrine, l'entourer avec de la glace pilée, en mettre aussi dans le cylindre et couvrir le moule.

Choisir 2 douzaines de belles crêtes cuites, bien blanches. Couper avec un

Fig. 249.

tube à colonne quelques douzaines de ronds de truffes cuites. Prendre ces ronds un à un avec la pointe d'une lardoire, les tremper dans de la gelée mi-prise, les ranger au fond du moule, contre les parois, de façon à former une couronne tout autour ; sur les truffes, former une couronne de crêtes ; continuer ainsi, jusqu'à ce que le moule soit garni. Emplir peu à peu le vide du moule avec de la gelée liquide, mais froide.

Une heure après, tremper vivement le moule à l'eau chaude, l'essuyer, le démouler sur un plat, ayant une petite colonne en graisse fixée sur son centre ;

sur le haut de cette colonne, fixer un petit sujet coulé en graisse, représentant un coq. Croûtonner la base de l'aspic avec des croûtons triangulaires posés à plat.

733. Poulet au risot, à l'Italienne. — Briser le bréchet à un bon poulet gras, vidé et flambé; emplir l'estomac avec un morceau de moelle de bœuf hachée, le brider avec les pattes en dedans; flamber de nouveau les chairs de l'estomac, les roidir, les piquer avec du lard fin. Placer alors le poulet dans une casserole, foncée avec des débris de lard et des légumes émincés; le mouiller avec un grand verre de bouillon; couvrir la casserole, et faire réduire le liquide à feu vif; mouiller de nouveau le poulet au tiers de sa hauteur avec du bouillon et du vin blanc, le retirer sur feu modéré ou à la bouche du four, finir de le cuire ainsi, en le glaçant; le servir avec un bon risot.

734. Filets de poulets à la Béarnaise. — Lever les filets de 5 petits poulets, les parer, les ouvrir, en les fendant sur leur épaisseur; garnir le vide avec un peu de fines-herbes cuites; masquer les filets, sur les deux surfaces, avec une mince couche de farce; les paner aux œufs, les faire cuire dans une casserole plate avec du beurre fondu, en les retournant; les égoutter, les dresser en couronne sur un plat, et verser dans le centre une sauce Béarnaise.

735. Fritot de poulets à la Viennoise. — Vingt minutes avant de servir, faire saigner 5 à 6 petits poulets, les tremper vivement dans de l'eau presque bouillante, afin d'en retirer les plumes d'un seul trait; les bien essuyer, les flamber, les couper chacun en deux parties; fendre transversalement les cuisses afin de pouvoir introduire le bout du pilon sous la peau; les saler, les fariner; les tremper dans des œufs battus, les paner, et les plonger à friture chaude; quand ils sont de belle couleur, égoutter, les saler, les dresser en buisson sur une serviette, les entourer avec du persil frit; envoyer séparément une sauce tomate. — On sert souvent ces poulets en Italie.

736. Filets de poulets piqués, à la purée de champignons (Dessin 250). — Prendre 10 filets de poulets pris sur le même côté des estomacs, les parer, en leur laissant adhérer le moignon des ailes; les piquer ensuite avec du lard, les ranger dans une casserole plate, foncée avec des débris de lard et de la graisse crue; les saler très-légèrement, les mouiller à hauteur avec du bon bouillon, faire vivement réduire celui-ci de moitié, et retirer la casserole sur feu modéré, avec des cendres chaudes sur le couvercle, ou à la bouche du four; cuire les filets en les glaçant.

D'autre part, préparer une farce à quenelle avec le gras-de-cuisse des poulets. La faire pocher dans un moule uni, à bordure.

Au moment de servir, démouler la bordure sur un plat chaud, garnir le centre avec une purée de champignons, dresser les filets en rosace, presque debout, en les appuyant à la fois sur la bordure et contre la purée. Masquer le fond du plat

Fig. 250.

avec un peu de sauce brune, réduite avec la cuisson des filets, un peu de vin blanc et les parures des champignons. Verser le surplus dans une saucière.

737. **Poulets frits à l'Italienne** (Dessin 251). — Découper 3 petits poulets, chacun en cinq parties; les déposer dans une terrine, les assaisonner, les

Fig. 251.

arroser avec un peu d'huile et le jus de 2 citrons; leur mêler un oignon émincé, ainsi qu'une pincée de persil en feuille; les retourner de temps en temps; une heure après, les égoutter sur un tamis, les fariner, les tremper dans des œufs battus, et les paner. Plonger les cuisses de poulets à grande friture, pour les cuire à feu modéré; les égoutter, les tenir au chaud. Plonger les hauts-de-poitrine, et quelques secondes après les filets.

Coller sur le centre d'un plat, un tampon de pain frit coupé en forme de pyramide; entourer la base de celle-ci avec deux hauts-de-poitrine coupés par le milieu, posés debout; les masquer, ainsi que le fond du plat, avec une couche de persil frit, et sur celle-ci, dresser les cuisses de poulet, les masquer aussi avec une couche de persil frit; sur les cuisses dresser les filets; les couvrir avec une autre couche de persil, et poser un haut-de-poitrine sur le haut, de façon à former une pyramide. Envoyer séparément une saucière de sauce tomate.

738. Petits poulets grillés à l'estragon. — Brider 2 petits poulets avec les pattes en dedans; les plonger dans la marmite du pot-au-feu, pour faire roidir les chairs; 5 à 6 minutes suffisent. Les égoutter, les laisser refroidir et les diviser chacun en deux parties sur la longueur; enlever les os de la carcasse de chaque moitié, les assaisonner, les rouler dans du beurre fondu, les paner, les arroser avec du beurre, et les faire griller à feu modéré pendant 20 minutes, en les retournant. Les dresser ensuite sur un plat, verser au fond de celui-ci un bon jus à l'estragon.

739. Petits poulets à la crème. — Les petits poulets de *Rouen*, connus sous le nom de poulets *à la Reine*, sont ceux qui conviennent pour servir des entrées non découpées: avec 3 de ces poulets on peut faire une jolie entrée.

Brider 3 petits poulets à la Reine, avec les pattes en dedans; les barder, les placer dans une casserole, foncée avec des légumes, parures de jambon cru et de champignons, placer un bouquet garni, mouiller les poulets à moitié de hauteur avec du bon bouillon, faire bouillir le liquide, retirer la casserole sur feu modéré, cuire les poulets pendant 35 à 40 minutes; passer leur cuisson, la dégraisser, et l'incorporer, peu à peu, à une sauce béchamel en réduction.

Quand la sauce est à point, la retirer, la finir avec un morceau de beurre fin; débrider et dresser les poulets sur un plat, en triangle; ranger entre chacun d'eux quelques têtes de champignons, les masquer avec la sauce passée à l'étamine.

740. Fricassée de poulets en bordure (Dessin 252). — Diviser 2 moyens poulets, chacun en cinq parties, les faire dégorger à l'eau froide pendant 10 minutes, ainsi que les cous, les ailerons et les carcasses; les égoutter; les ranger dans une casserole, les mouiller juste à couvert avec de l'eau tiède, et un verre de vin blanc; ajouter un peu de sel, quelques parures de champignons frais; faire bouillir le liquide, en l'écumant.

Retirer les filets et hauts-de-poitrine aussitôt qu'ils sont roidis; laisser les cuisses jusqu'à ce qu'elles soient à moitié cuites, les égoutter alors sur une passoire, en conservant le liquide; les rafraîchir, les parer, les éponger, les mettre dans une casserole avec un morceau de beurre, 2 petits oignons, 200 grammes de jambon coupé en gros dés; les faire revenir pendant 10 minutes, les saupoudrer avec 2 cuillerées de farine, les mouiller avec le bouillon de leur cuisson; ajouter un bouquet de persil garni d'aromates, grains de poivre, clous de girofle; faire bouillir la sauce de façon qu'elle réduise d'un tiers de son volume pendant que la volaille cuit. Quand les cuisses sont aux trois quarts cuites, leur adjoindre les ailes et hauts-de-poitrine, ainsi que quelques champignons frais, continuer l'ébullition pendant 10 à 12 minutes.

Au moment de servir, dégraisser la sauce, la lier avec 3 jaunes d'œuf, la finir avec le jus d'un citron, un morceau de beurre, une pointe de muscade. Dresser

Fig. 252.

les poulets en buisson dans une bordure de riz ou de risot ; entourer celle-ci avec une partie des champignons, en les alternant chacun avec une crête. Masquer légèrement l'entrée avec une partie de la sauce, envoyer le surplus en saucière.

741. Poulet à la printanière. — Brider un bon poulet avec les pattes en dedans ; le faire revenir dans une casserole avec 200 grammes de lard haché ; aussitôt que les chairs sont saisies, ajouter une garniture composée de petites carottes et oignons nouveaux ; les saler légèrement, leur mêler 200 grammes de petit-salé blanchi, coupé en carrés ; retirer la casserole sur feu modéré, avec des cendres chaudes sur le couvercle, cuire ainsi le poulet tout doucement. — Vingt minutes après, additionner aux légumes 2 poignées de petits-pois ; aussitôt que ceux-ci sont cuits, égoutter le poulet, le débrider, le dresser sur un plat avec les légumes autour. Dégraisser le fonds de la cuisson ; lui mêler un peu de sauce légère ; 2 minutes après, passer cette sauce sur le poulet.

742. Poulets au paprika à la Hongroise. — Flamber 2 poulets, les découper chacun en cinq parties ; diviser la carcasse en deux ; saupoudrer les viandes avec du *paprika*, les placer dans une casserole avec les ailerons, un oignon blanc émincé, et 130 grammes de jambon cru, coupé en carrés ; les assaisonner, les faire revenir à feu modéré ; quand elles ont réduit leur humidité, les mouiller avec quelques cuillerées de jus ; les cuire à court mouillement ; quand ils sont aux trois quarts cuits, lier le ragoût avec la valeur d'un verre de bonne crème aigre ; 10 à 12 minutes après, dresser les poulets sur un plat ; faire vivement réduire la sauce, en la tournant ; quand elle est à point, la finir avec une pincée de paprika, le jus d'un citron, un morceau de beurre ; la passer sur les poulets.

743. Épigramme de pigeons. — Lever les filets de 3 pigeons, en procédant comme il est dit à l'égard des filets de poulets. Enlever l'os de l'aileron, ainsi que l'épiderme; détacher les filets-mignons, les parer, les battre légèrement avec le manche du couteau, les appliquer sur les gros filets; assaisonner ceux-ci, les ranger, l'un à côté de l'autre, dans une casserole plate avec du beurre fondu; les couvrir avec un papier beurré.

Avec les parures des filets, les chairs des cuisses, et un égal volume de viande maigre de mouton, préparer une farce à quenelle (Voy. art. 515); en prendre 6 cuillerées-à-bouche, les mettre sur une table farinée, et rouler chaque partie en forme de poire; les abaisser ensuite avec la lame du couteau, afin de leur donner la forme d'un filet de pigeon; les ranger dans un plafond beurré, les faire pocher à l'eau bouillante; les égoutter, les laisser refroidir, les tremper dans des œufs battus, mêlés avec des fines-herbes cuites; en les sortant, les paner à la mie de pain, les faire frire avec du beurre dans une casserole plate.

Cuire en même temps les filets de pigeons à bon feu, en les retournant aussitôt qu'ils sont roidis; en égoutter le beurre, les arroser avec un peu de glace et de madère; donner 2 bouillons au liquide, et retirer la casserole du feu; dresser alors les filets en couronne, en les alternant chacun avec un des faux-filets frits, emplir le milieu de la couronne avec une purée de marrons, arroser le fond du plat et la purée avec un peu de bon jus réduit, tiré avec les carcasses et les os des pigeons.

744. **Pigeons aux petits-pois.** — Brider 3 pigeons avec les pattes en dedans, les mettre dans une casserole avec du lard fondu, et 2 petits oignons; les saler, les faire revenir; quand ils sont de belle couleur, leur mêler 250 grammes de petit-salé coupé en gros dés, les mouiller, à moitié de hauteur, avec du bon bouillon, continuer l'ébullition à feu modéré, jusqu'à ce que les pigeons soient à moitié cuits. Leur mêler alors un demi-litre de petits-pois écossés, et un bouquet de persil; couvrir la casserole, la retirer sur feu modéré. Sauter le ragoût, de temps en temps. Quand les pigeons sont à point, les égoutter, les débrider, les dresser; enlever le bouquet et les oignons, lier les petits-pois avec un morceau de beurre-manié, les verser sur les pigeons.

745. **Pâté de poulets à la Russe** (Kouri pirogui). (Dessin 253.) — Préparer une pâte à coulibiac avec 4 à 500 grammes de farine (Voy. art. 217); quand elle est levée, la travailler 2 minutes sur la table farinée, l'abaisser, et avec elle, foncer une terrine proportionnée, après en avoir saupoudré l'intérieur avec de la farine.

Découper par membres 2 poulets, les faire sauter avec du beurre et des fines-herbes, en les cuisant à moitié seulement, les assaisonner. — Masquer le fond intérieur de la pâte avec une couche de kasche cuit comme pour les coulibiacs; sur le kasche, dresser une couche d'œufs durs, hachés; sur ces œufs, dresser une couche de gribouïs émincés, sautés au beurre, finis avec une pincée de fenouil haché; sur les gribouïs, ranger les morceaux de poulets; les masquer avec

VOLAILLE. — POULETS. 357

une autre couche de kasche, d'œufs hachés, de gribouïs. Masquer le tour avec du kasche, puis avec une abaisse de pâte; humecter celle-ci, replier sur elle les

Fig. 253.

pans de la caisse, de façon à bien fermer les issues. Renverser alors le pâté sur une plaque beurrée, en retirant la terrine, l'entourer à sa base avec une bande de papier beurré. Faire un petit trou sur le centre du pâté, le tenir à température douce pendant 20 minutes; le dorer, le cuire à four modéré pendant une heure et quart. En le sortant, retirer la bande, le dresser sur un plat; infiltrer alors à l'intérieur, par l'ouverture du haut, quelques cuillerées de bonne sauce.

746. **Poulets à l'écarlate** (Dessin 254). — Choisir 3 moyens poulets vidés;

Fig. 254.

en désosser l'estomac, emplir le vide de celui-ci avec de la farce à quenelle de volaille crue. Les brider avec les pattes rentrées sous la peau, les faire cuire dans un fonds blanc, en les tenant *vert-cuits;* les laisser à moitié refroidir dans leur cuisson. Quand ils sont froids, les débrider, en découper l'estomac, le remettre en place. Masquer alors les poulets avec une sauce chaufroix blonde, de façon à les napper légèrement; laisser bien refroidir la sauce.

D'autre part, cuire à l'eau 3 grosses langues de veau, ou 3 grosses langues de veau salées; les faire refroidir sous presse légère, en leur faisant prendre une jolie forme; en supprimer la peau, les parer et les découper en entailles. Remettre en place la partie enlevée, et napper légèrement les langues avec de la gelée rougie.

Fixer sur le centre d'un *pain-vert* un montant en graisse, de forme triangulaire; coller ce pain sur un socle rond, profilé, bas de forme. Sur le pain, dresser les poulets et les langues, en les alternant, et les appuyant contre le montant; piquer les poulets sur le haut avec une petite brochette, en enfonçant la pointe de celle-ci dans le montant. Garnir les interstices avec de la gelée hachée, poser une truffe entre les langues et les poulets. Fixer une petite coupe en graisse sur le haut du montant; le croûtonner à sa base.

747. Pigeonneaux en caisse. — Désosser l'estomac de 4 jeunes pigeons pas trop gros; les emplir avec de la farce à quenelle, crue, mêlée avec un salpicon de jambon cru, et quelques cuillerées de fines-herbes cuites; les brider avec les pattes en dedans, les barder.

Masquer le fond d'une casserole avec du lard coupé en dés, un oignon émincé, quelques parures de champignons, épices, un bouquet garni; ranger les pigeons dans la casserole, les mouiller avec un verre et demi de vin blanc, faire bouillir le liquide, et 5 minutes après couvrir la casserole, la retirer à la bouche du four; retirer les pigeons aussitôt qu'ils sont atteints.

Faire revenir au beurre 5 ou 6 foies de volaille; les assaisonner, les piler, les passer au tamis; mêler cette farce avec son volume de lard râpé et autant de truffes crues, pelées, hachées; assaisonner l'appareil de bon goût.

Huiler une caisse en papier pour entrée, en masquer le fond avec une couche de l'appareil préparé; débrider les pigeons, les dresser sur l'appareil, en les serrant; les glacer au pinceau, poser la caisse sur un plafond couvert d'un fort papier, la couvrir également avec du papier, et poser le plafond sur un trépied disposé à la bouche du four, afin de chauffer les pigeons tout doucement pendant un quart d'heure.

Dégraisser le fonds-de-cuisson des pigeons, lui mêler un peu d'espagnole et de madère, ainsi que les parures de truffes; faire réduire la sauce d'un tiers, la passer, lui mêler une petite garniture de foies de volaille. — Au moment de servir, sortir la caisse, la dresser sur un plat, arroser le dessus avec un peu de sauce; envoyer le restant dans une saucière.

748. Pain de volaille à l'écarlate (Dess. 255). — Piler 500 grammes

VOLAILLE. — PIGEONS.

de chairs de filets de poulets, les assaisonner, les passer au tamis ; les remettre dans le mortier, les piler de nouveau, en leur mêlant 150 grammes de bon beurre, et

Fig. 255.

2 décilitres de béchamel froide, réduite avec des parures ou de la cuisson de champignons frais. Déposer la farce dans une terrine, la travailler avec une cuiller, lui mêler 2 jaunes d'œuf et 2 ou 3 cuillerées de crème crue ; essayer la farce, faire pocher au bain-marie, dans un moule uni, à cylindre, beurré. Au moment de servir, renverser la timbale sur un plat, l'entourer, à sa base, avec une jolie couronne de langue à l'écarlate, cuite au moment, bien rouge ; envoyer séparément une saucière de velouté préparé avec les carcasses et cuisses de poulets.

749. **Chartreuse de pigeons** (Dessin 256). — Avec le second tube de la boîte à colonne, couper des bâtonnets de carottes et de navets, ayant 2 centimètres

Fig. 256.

de longueur : ceux en carottes doivent être coupés sur les parties rouges seulement, mais ceux en navets doivent être tenus d'un dixième plus longs, de façon à pouvoir, sur le diamètre d'un bâtonnet blanc disposé en travers, placer debout 4 bâtonnets rouges. Faire cuire séparément ces légumes à l'eau salée, seulement à trois quarts de cuisson; les égoutter, quand ils sont froids les monter contre les parois d'un moule à timbale de forme ovale, masqué avec du papier, en les disposant selon l'ordre que représente le dessin. Soutenir ces légumes à l'intérieur avec une couche de farce, masquer également le fond du moule avec de la farce.

Faire blanchir, puis braiser un gros chou avec un morceau de petit-salé blanchi, et un petit saucisson à cuire. Faire braiser 4 bons pigeons, les diviser ensuite chacun en quatre parties; en supprimer la peau et les os, les ranger dans une casserole, les arroser avec quelques cuillerées de sauce brune. Quand le chou est cuit, en égoutter bien la graisse, en supprimer les parties dures, et le broyer. Couper le petit-salé et le saucisson l'un en carrés et l'autre en tranches; puis ranger dans le vide formé par la farce, le chou, le lard, le saucisson et les pigeons, en les alternant par couches. Couvrir le dessus avec une couche de farce, faire pocher la chartreuse au bain-marie pendant trois quarts d'heure.

Quelques minutes avant de servir, renverser la chartreuse sur un plat, en éponger la graisse; l'entourer à sa base avec des petits bottillons d'asperges, alternés avec les petits-pois, les pointes d'asperges blanches, et les concombres : ces derniers doivent être glacés. Dresser, sur le haut, en rosace, quelques laitues braisées, avec un petit bouquet de petits-pois au milieu. Envoyer séparément le fonds-de-cuisson des pigeons, lié avec un peu de sauce.

750. **Pigeons à la Valencienne.** — Faire dessaler pendant une heure 500 grammes de jambon cru, l'éponger, le couper en petits carrés. Dépecer 3 pigeons, chacun en quatre parties; les mettre dans une terrine pouvant aller au feu, les assaisonner, les faire revenir, avec du beurre ou du saindoux, à feu modéré; quand ils sont de belle couleur, leur mêler les carrés de jambon, et 5 minutes après, les enlever, ainsi que le jambon, en laissant la graisse dans la terrine; mêler à cette graisse un oignon haché, le faire revenir de couleur blonde; lui mêler 300 grammes de riz, lavé et séché, pendant une heure; le faire frire quelques secondes, le mouiller avec du bouillon, trois fois sa hauteur. Faire bouillir le liquide, ajouter les pigeons et le jambon, un bouquet garni, une pincée de poivre rouge d'Espagne; après 5 minutes d'ébullition, couvrir la casserole, la retirer sur le côté du feu; quand le riz est cuit, envoyer le ragoût dans la terrine.

751. **Timbale de pigeons aux olives** (Dessin 257). — Retirer les noyaux à 6 douzaines de belles olives salées; les plonger à mesure dans de l'eau froide, les égoutter, les farcir, à l'aide d'un cornet, avec de la farce à quenelle crue; les remettre en forme, les faire blanchir jusqu'à ce que la farce soit raffermie; les égoutter, les monter par rangs, autour et au fond d'un moule à timbale, en les appuyant contre la paroi, mais en ayant soin de les soutenir, à mesure, avec une couche de farce; tenir le moule sur glace.

Mettre dans une casserole 3 pigeons dépecés, les faire revenir avec 200 gram-

VOLAILLE. — PIGEONS.

mes de petit-salé coupé en carrés ; les mouiller avec un demi-verre de vin blanc, faire réduire celui-ci ; les mouiller alors avec quelques cuillerées de sauce brune ; finir de les cuire à feu très-doux, leur mêler quelques foies de volaille blanchis

Fig. 257.

et divisés ; les laisser refroidir ; avec ce ragoût, emplir le vide de la timbale ; masquer le dessus avec une couche de farce, et celle-ci avec un rond de papier ; la faire pocher au bain-marie, la renverser sur un plat ; arroser le fond de celui-ci avec un peu de sauce brune.

752. **Tourte de pigeons.** — La méthode de préparer la tourte, est décrite art. 466. — Préparer 600 grammes de farce à quenelle de veau (art. 515) ; avec le tiers de cette farce, préparer des petites quenelles rondes ou ovales, en les roulant sur la table farinée ; mêler au restant quelques cuillerées de fines-herbes cuites.

Couper 3 pigeons, chacun en quatre parties, les faire revenir dans une casserole avec 150 grammes de lard haché, et 250 grammes de petit-salé coupé en morceaux, un peu de fines-herbes ; quand ils sont à moitié cuits, les assaisonner, les mouiller avec un demi-verre de vin blanc, faire réduire celui-ci, ajouter les foies de pigeons ; 2 minutes après, les retirer du feu pour les laisser refroidir.

Masquer l'abaisse en pâte de la tourte, avec la moitié de la farce restante, mais en l'arrêtant à 4 centimètres des bords de cette abaisse ; sur cette couche, dresser les pigeons, en les montant en dôme ; boucher les interstices avec le petit-salé ; masquer ce dôme avec le restant de la farce, et celle-ci avec des bardes minces de lard, puis avec la deuxième abaisse ; terminer la tourte, lui donner une heure et quart de cuisson ; en la sortant du four, la dresser sur un plat, ouvrir le dôme avec un petit couteau ; par cette ouverture retirer le lard ; emplir le vide avec les quenelles pochées ; arroser celles-ci avec un peu de bonne espagnole dans laquelle auront cuit 2 douzaines de champignons coupés ; couvrir la tourte, envoyer le restant de la sauce dans une saucière, mêlée avec des champignons et quenelles.

753. **Croustade de Carcassonne.** — Faire revenir 3 jeunes pigeons, avec 4 petits oignons, du saindoux, et 300 grammes de petit-salé, les saupoudrer avec une cuillerée de farine ; 2 minutes après, les mouiller à peu près à hauteur, avec du bouillon et du vin blanc ; les cuire pendant un quart d'heure, leur mêler quelques salsifis cuits, coupés en tronçons, quelques mousserons crus, une pointe de cayenne ; quand ils sont à peu près cuits, les retirer du feu.

Avec de la pâte brisée ou des rognures de feuilletage, masquer le fond et le tour d'un plat à tarte ; ranger le ragoût dans le plat, le masquer avec une abaisse de la même pâte ; appuyer celle-ci sur les bords, la couper ras du plat, et la ciseler (Voy. Dessin 195) ; décorer le dessus du pâté avec quelques feuilles imitées ; dorer la pâte, cuire le pâté à four modéré, pendant trois quarts d'heure ; en le sortant du four, le poser sur un autre plat couvert d'une serviette.

754. **Pigeons à la Périgueux.** — Briser l'os intérieur de l'estomac à 3 bons pigeons, les emplir avec une farce à quenelle, mêlée avec le quart de son volume de jambon cru coupé en dés ; les brider pour entrée, les barder en dessus et en dessous, les embrocher, les faire rôtir à bon feu pendant 25 minutes, les débrocher, les débrider, les dresser, les masquer avec une sauce Périgueux.

755. **Terrine de pigeons à la Provençale.** — Préparer un hachis de porc, dans les conditions prescrites art. 636 ; désosser 2 ou 3 jeunes pigeons, les assaisonner, les emplir avec une partie du hachis préparé, mais préalablement mêlé avec un salpicon de jambon cru et quelques cuillerées de fines-herbes cuites. Coudre les pigeons, les faire roidir dans du lard fondu.

Masquer le fond et le tour d'une terrine (façon de Strasbourg ou de Toulouse), avec une couche de farce ; débrider les pigeons, les ranger sur cette farce ; les entourer avec quelques mousserons crus, les couvrir avec une couche du hachis, puis avec des bardes de lard ; poser la terrine sur un plafond, cuire l'appareil à four modéré pendant 2 heures et quart, en l'arrosant souvent ; 10 minutes après que la terrine est sortie du four, mettre un poids léger sur l'appareil, le laisser refroidir ainsi. — Au moment de servir, découper l'appareil de la terrine, dresser celle-ci sur un plat.

756. **Filets de pigeons à la chartreuse** (Dessin 258). — Lever les filets de 7 pigeons, sans laisser l'os du moignon d'aileron ; en supprimer l'épiderme, les battre légèrement, les assaisonner, les ranger sur le fond d'une casserole plate, avec du beurre fondu.

Avec des ronds en carottes ou en truffes, et des ronds en navets, blanchis, décorer les parois d'un moule à bordure ; emplir le vide avec de la farce, la faire pocher au bain-marie.

Au moment de servir, faire cuire les filets de pigeons à feu vif, en les retour-

VOLAILLE. — PIGEONS.

nant; en égoutter le beurre, les arroser avec quelques cuillerées de glace fondue, les placer à la bouche du four pour quelques secondes seulement.

Démouler la bordure sur un plat, emplir le vide avec une macédoine de légumes

Fig. 258.

nouveaux, liés avec de la béchamel. Dresser les filets sur le haut de la bordure, en les posant à cheval et presque debout. Envoyer séparément une saucière d'espagnole.

757. **Pigeons aux écrevisses, à l'Allemande.** — Pour étrange que ce mets paraisse au premier abord, on finit cependant par arriver à cette conclusion, qu'au fait il n'a rien d'incompatible avec nos propres goûts, ni avec les principes de l'école française. Il n'est pas plus extraordinaire, en effet, de manger des pigeons aux écrevisses que de manger des biftecks au beurre d'anchois. Cet argument me paraît d'une rigoureuse logique.

Désosser l'estomac à 2 ou 3 pigeons tendres; imbiber au bouillon ou au lait un gros morceau de mie de pain (250 grammes), en extraire toute l'humidité, la broyer avec une cuiller, dans une casserole; lui mêler un morceau de beurre, quelques jaunes d'œuf, ainsi que les foies des pigeons cuits, coupés en petits dés; ajouter un peu de sel, poivre et muscade. Avec cette farce emplir l'estomac des pigeons, coudre à ceux-ci la peau de l'estomac, les brider, les mettre dans une casserole avec un morceau de beurre, quelques débris de jambon, leurs abatis, 4 petits oignons, et enfin un bouquet garni.

Faire revenir les pigeons à bon feu, en les sautant, les assaisonner, et, dès qu'ils sont légèrement colorés, les saupoudrer avec une pincée de farine, les mouiller à couvert avec moitié bouillon et moitié vin blanc; ajouter un bouquet de persil garni et parures de champignons; 5 à 6 minutes après, couvrir la casserole, la retirer sur feu modéré, finir de cuire les pigeons; au moment de servir, les égoutter; passer la sauce au tamis dans une autre casserole, la faire réduire pendant 2 minutes, la lier avec 3 jaunes d'œuf, la finir avec un morceau de beurre d'écrevisses, lui mêler 4 douzaines de queues d'écrevisses cuites, épluchées, parées.

Dresser les pigeons sur un plat chaud, les masquer avec la sauce, les entourer avec la garniture.

758. Pâté de pigeons à l'Anglaise. — Prendre 3 ou 4 jeunes pigeons; les vider, les flamber; couper les pattes et les ailerons; faire rentrer les pattes sous la peau. Emplir les pigeons avec un hachis de veau mêlé avec un peu de graisse, et les foies de pigeons, puis des fines-herbes cuites.

Masquer le fond d'un plat à tarte avec quelques tranches minces de filet de bœuf ou du jambon; les assaisonner avec sel et poivre; placer les pigeons sur les viandes, ajouter les ailerons, puis 6 à 8 jaunes d'œuf cuits; assaisonner également les pigeons avec sel et poivre, verser dans le fond du plat quelques cuillerées de jus, légèrement lié.

Humecter les bords du plat avec de l'eau, les masquer avec une bande mince de pâte feuilletée; couvrir les pigeons et le plat avec une autre abaisse, terminer le pâté en procédant comme il est dit art. 559; le dorer, le cuire pendant une heure et quart à four modéré, en ayant soin de couvrir la pâte avec du papier, aussitôt qu'elle commence à se colorer. — Ces pâtés peuvent être servis chauds ou froids.

759. Pigeons farcis à l'Italienne. — Désosser l'estomac à 3 jeunes pigeons. Hacher 300 grammes de lard frais avec 6 rognons de mouton crus, quelques foies de volaille blanchis; ajouter à ce hachis son volume de mie de pain, imbibée au bouillon et exprimée, ainsi que 3 jaunes d'œuf, sel, poivre, une pincée de persil haché. Avec cette farce emplir les pigeons, coudre la peau de l'estomac en dessous, les brider avec les pattes recourbées en dedans, les ranger dans une casserole étroite, foncée avec quelques légumes émincés, un peu de jambon; les mouiller à moitié de hauteur avec du bouillon, les couvrir avec un rond de papier beurré, les faire braiser à court mouillement, en les retournant et les arrosant souvent; quand ils sont à point, les égoutter. Allonger le fonds-de-cuisson avec un peu de jus et un demi-verre de vin blanc, le faire bouillir, le passer, le dégraisser, le faire réduire en demi-glace, le lier avec quelques cuillerées d'espagnole, lui mêler 2 poignées d'olives, légèrement blanchies.

Cuire à l'eau salée 250 grammes de nouilles émincées; les assaisonner, les finir avec du beurre, du parmesan, un peu de sauce tomate; les dresser sur un plat, débrider les pigeons et les dresser sur les nouilles. Verser la sauce aux olives dans une saucière, l'envoyer séparément.

760. Oie rôtie à l'Allemande. — Vider une oie, en conservant la graisse et les abatis; en essuyer l'intérieur, lui emplir le corps et l'estomac avec des petites pommes, entières, vidées, mais non pelées; ajouter un petit bouquet d'armoise (*beifuss*); coudre les ouvertures, brider l'oie; la placer dans un plat à rôtir, foncé avec la graisse retirée; ajouter un verre d'eau chaude, saupoudrer l'oie avec un peu de sel, la masquer avec du papier beurré, la pousser au four, la faire cuire pendant 3 heures, en ayant soin de l'arroser souvent; elle doit être bien cuite; la saler, la débrider, et la dresser; dégraisser le fonds de la lèchefrite; lui mêler un peu de bon jus, le faire bouillir, le passer, le verser dans une saucière.

761. Oie braisée à la mode de Strasbourg (Dessin 259). — Choisir une oie grasse ayant la surface lisse, et les carrés, marqués sur la peau, fins et étroits : c'est à ce signe qu'on reconnaît la tendreté d'une oie. La vider, la flamber

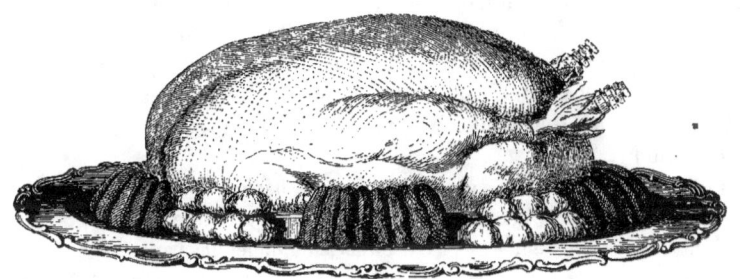

Fig. 259

et lui emplir l'estomac avec un hachis de porc, assaisonné de haut goût, mêlé avec une poignée de mie de pain, un peu de persil haché. Coudre la peau en dessous, couper les ailerons et les pattes; puis brider l'oie, la placer dans une casserole foncée avec sa graisse et des légumes coupés; la mouiller avec un demi-litre de bouillon, la saler légèrement; faire réduire le liquide à feu vif; mouiller de nouveau l'oie à moitié de hauteur avec une demi-bouteille de vin et du bouillon; ajouter un bouquet d'aromates et épices; faire bouillir le liquide, retirer la casserole sur feu modéré; couvrir l'oie avec un papier beurré, la cuire à feu modéré pendant 3 heures, en l'arrosant souvent.

Un quart d'heure avant de servir, égoutter le fonds de sa cuisson, en le passant, le dégraisser, et remettre la graisse avec l'oie; réduire ce fonds en demi-glace, le lier avec de la sauce brune; faire réduire cette sauce, en la tournant et lui incorporant un demi-verre de vin blanc; quand elle est à point, la tenir au bain-marie.

Au moment de servir, débrider l'oie, la dresser, en papilloter les deux pattes; l'entourer avec des bouquets de petites saucisses cuites, ainsi qu'avec des bouquets de marrons cuits, glacés, à court mouillement avec du bouillon. Arroser légèrement l'oie avec un peu de la sauce préparée; envoyer le surplus dans une saucière.

762. Oie confite à la Toulousaine. — Couper une ou plusieurs oies, chacune en quatre parties; en supprimer les os autant que possible, les déposer dans une terrine, les saupoudrer avec du sel légèrement salpêtré, les faire macérer pendant 24 heures, les égoutter, les poser sur un linge. Prendre le même poids de panne de porc que le poids des chairs, la diviser, la faire fondre. Plonger alors les viandes d'oie dans le liquide, les faire bouillir ensemble pendant une heure; sonder la viande en la piquant avec une pointe quelconque; si celle-ci entre sans résistance, les égoutter, les ranger dans un vase; laisser déposer le saindoux pendant une heure, le verser sur les viandes, en le passant.

763. Pâté-chaud de foie-gras. — Retirer le fiel à un bon foie-gras d'oie, le plonger à l'eau bouillante, le faire roidir, mais sans le faire bouillir; l'égoutter, le laisser refroidir. Faire revenir avec du lard râpé, sans le colorer, 2 cuillerées d'oignon haché, lui mêler le foie, divisé en gros carrés, ainsi que 250 grammes de truffes crues, coupées en dés moyens; assaisonner l'appareil avec sel et épices, le chauffer pendant 7 ou 8 minutes, en le sautant; le retirer du feu, le laisser refroidir.

Dans l'intervalle, préparer 5 à 600 grammes de hachis, avec autant de maigre de veau que de lard frais; lui mêler une forte poignée de mie de pain, ramollie et exprimée; le hacher encore, l'assaisonner, lui mêler les parures des truffes, ainsi que celles du foie, hachées, et enfin 200 grammes de maigre de jambon coupé en dés.

Beurrer un moule à pâté-chaud, le poser sur un plafond couvert de papier graissé, le foncer avec de la pâte brisée (Voy. art. 194); masquer le fond et le tour de la caisse avec le hachis; ranger l'appareil de foie dans le vide, en l'alternant avec du hachis; le couvrir avec celui-ci; former le dessus en dôme, le masquer avec une abaisse ronde de la même pâte; le décorer, lui faire une cheminée; dorer le pâté, le pousser à four modéré, le cuire pendant une heure et demie, en ayant soin de le couvrir avec du papier, aussitôt que la pâte commence à se colorer. En le sortant du four, enlever le couvercle, éponger la graisse, aussi bien que possible, dresser le pâté sur un plat; le saucer avec de l'espagnole réduite avec un peu de madère, ainsi qu'avec quelques parures de truffes; remettre le couvercle sur le pâté, et l'envoyer.

764. Oie sauvage à la choucroute. — Faire mortifier l'oie pendant plusieurs jours, la vider, la laver à l'intérieur, lui emplir le corps avec un bouquet d'aromates, la brider, la placer dans une braisière, foncée avec des légumes et des débris de lard ou de graisse; la faire braiser à court mouillement pendant plusieurs heures, en ayant soin de la retourner et de la sonder. Quand elle est à point, l'égoutter, la brider, la dresser sur un lit de choucroute cuite; passer et dégraisser le fonds-de-cuisson, le faire réduire en demi-glace, le verser dans une saucière.

VOLAILLE. — FOIE-GRAS.

765. **Croquettes de riz à l'Italienne** (Dessin 260). — Avec un demi-foie-gras cuit et refroidi, préparer un salpicon, le déposer dans une terrine, lui

Fig. 260.

mêler un tiers de son volume de truffes cuites, coupées comme le foie; lier cet appareil avec une bonne béchamel, réduite avec de la glace, et les parures de truffes; laisser refroidir cet appareil sur glace; le prendre ensuite avec une cuiller, le diviser en parties grosses comme une noix; les rouler en forme de petites poires, les masquer avec une enveloppe de riz cuit à l'Italienne, consistant; leur donner la forme d'une poire; les paner, les faire frire de belle couleur; les égoutter, leur piquer à chacune une queue imitée avec une tige de persil, les dresser sur une serviette pliée.

766. **Timbale de foie-gras** (Dessin 261). — Beurrer un grand moule à

Fig. 261.

dôme, en décorer les parois intérieures avec 3 bandes de pâte à nouille, mince; le foncer avec de la pâte brisée.

Couper un foie-gras en gros carrés, les placer dans une casserole, leur adjoindre moitié de leur volume de truffes crues coupées en quartiers; les assaisonner de haut goût avec sel et épices. Ajouter un bouquet d'aromates, les arroser avec 4 cuillerées-à-bouche de madère, faire vivement réduire le liquide, et retirer la casserole du feu.

Préparer un hachis avec 250 grammes de chairs crues de volaille, et autant de lard frais; lui mêler les parures crues des truffes, celles du foie, et aussi quelques bons foies-gras de poulardes. Les piler, les assaisonner, les passer. Avec cette farce, les morceaux de foie-gras et les truffes, emplir le vide de la timbale. Couvrir le dessus avec une abaisse de pâte; faire un petit trou sur le milieu de l'abaisse, et cuire la timbale pendant une heure et demie à four modéré, en la couvrant avec du papier. Un quart d'heure après qu'elle est sortie du four, lui infiltrer par le haut la valeur d'un verre de sauce madère, mêlée avec quelques parties de gelée; quelques heures après, démouler la timbale sur un *pain-vert*; l'entourer à sa base avec un cordon de gelée hachée; entourer le *pain-vert* avec des croûtons de gelée. Piquer sur le haut un hâtelet garni avec une truffe et une crête.

767. Oie confite à l'Allemande (Weiss-sauer). — Masquer le fond d'une casserole ou braisière, avec des légumes émincés; sur ceux-ci placer une oie bridée, l'entourer avec un morceau de trumeau de bœuf, 2 pieds de veau désossés, quelques couennes blanchies; ajouter un bouquet garni avec des aromates, un peu de sel, grains de poivre, clous de girofle; mouiller les viandes à hauteur avec du bouillon et un verre de vin blanc; cuire l'oie à feu très-doux, et à vase bien fermé; quand elle est à peu près cuite, la retirer, la laisser à moitié refroidir dans sa cuisson; la dépecer ensuite; ranger les morceaux dans une terrine. Passer le fonds-de-cuisson, le dégraisser, le clarifier avec un peu de viande crue, des œufs entiers, des aromates, des feuilles d'estragon, et un demi-verre de vinaigre. Quand la gelée est passée, la verser sur l'oie découpée; quand elle est prise, dresser les morceaux d'oie en buisson, les entourer avec la gelée, et avec des citrons coupés.

768. Oison rôti à l'Anglaise. — L'oison ne doit être mangé que rôti, à la broche ou au four. — Mettre dans une casserole de 4 à 500 grammes de mie de pain, ramollie et exprimée, lui mêler 2 poignées de graisse de rognons de bœuf ou de veau hachée, sel et poivre, une pincée d'oignon cru, une pincée de menthe et de persil, hachés; lier l'appareil avec 2 œufs crus.

Avec cet appareil, emplir l'oison, le brider, le masquer avec une feuille de papier beurrée, le faire rôtir pendant trois quarts d'heure, en l'arrosant avec du beurre, le servir avec un bon jus ou une sauce à la menthe.

769. Coquilles de foie-gras aux champignons. — Couper en petits dés la moitié ou les trois quarts d'un foie-gras; mettre ce salpicon dans une casserole avec moitié de son volume de champignons cuits, coupés comme le foie, l'assaisonner, le lier avec un peu de bonne béchamel réduite avec la cuisson des champignons; avec cet appareil, garnir 10 coquilles de table, en métal; lisser la surface, la saupoudrer avec un peu de mie de pain, la glacer à la salamandre; dresser les coquilles sur une serviette pliée.

770. **Rissoles de foie-gras** (Dessin 262). — Préparer un salpicon de foie-gras cuit (valeur de 300 gr.), lui mêler un tiers de son volume de truffes

Fig. 262.

crues, pelées, coupées aussi en dés; lier ce salpicon avec une bonne espagnole, réduite avec les parures de truffes, et du madère : la sauce doit juste suffire à le lier; si elle était trop abondante ou trop liquide, elle s'échapperait des rissoles, en les cuisant. Laisser bien refroidir l'appareil.

Abaisser, sur la table farinée, 600 grammes de pâte brisée fine ou demi-feuilletage; donner à l'abaisse une forme carrée, puis ranger d'un côté, en ligne droite et à distance, des petites parties rondes de l'appareil préparé; humecter la pâte, couvrir l'appareil avec celle-ci, couper les rissoles en forme de demi-lune. Les régulariser avec les mains, en diminuant l'épaisseur de la pâte; les tremper dans des œufs battus, les paner, les plonger à grande friture, les cuire à petit feu; les égoutter, les dresser en deux couronnes sur une serviette pliée; emplir le vide de la plus haute couronne avec un petit bouquet de persil frit.

771. **Oie rôtie à la mode du Mecklembourg.** — Vider une oie grasse, la laver à l'intérieur, l'emplir avec des pommes en quartiers, pelées, mêlées avec des raisins de Malaga, et 2 poignées de pain râpé. Faire braiser l'oie, la servir avec une garniture de choux rouges, cuits avec quelques petites saucisses, finis avec un peu de vinaigre.

772. **Foie-gras d'oie à la mode de Strasbourg.** — Choisir un gros foie-gras n'ayant pas séjourné dans l'eau; le larder intérieurement, en dessous,

avec des filets de truffes fraîches; l'assaisonner avec sel et épices, le déposer dans une terrine, l'arroser avec 2 cuillerées-à-bouche de madère; quelques heures après, le poser sur une couche de farce à gratin, étalée sur un plat en métal; le masquer avec des bardes de lard et du papier, le faire cuire à four modéré pendant trois quarts d'heure, en l'arrosant avec sa graisse; en le sortant, égoutter la graisse du plat, enlever le lard, et masquer le foie avec une sauce au madère un peu épaisse, de façon à le napper.

773. **Cannelloni de Marseille.** — Ce mets est une création nouvelle de l'école méridionale; il n'est pas sans mérite. Cuire à l'eau salée une douzaine de gros *cannelloni* [1]; les égoutter, les fendre sur leur longueur, les étaler sur un linge.

D'autre part, piler l'estomac d'un poulet cuit avec un quart de son volume de foies de poularde ou de foie-gras, 4 cuillerées-à-bouche de jambon cuit, haché, ainsi que la moitié d'une cervelle de veau cuite; ajouter un morceau de panade de la grosseur d'un œuf, et 3 jaunes d'œuf; passer l'appareil au tamis, en étaler une petite partie sur chaque cannelloni; à mesure qu'ils sont garnis, les rouler en paupiettes; les ranger dans un plat à gratin beurré, les arroser avec un peu de bon jus, mêlé par portions égales avec de la sauce tomate liée; les saupoudrer avec du parmesan râpé, les arroser avec un peu de beurre, les tenir au four doux pendant quelques minutes, sans cependant les faire gratiner; les envoyer, en les sortant du four.

774. **Foie-gras d'oie, sauce Périgueux.** — Couper un foie-gras cru, en escalopes; les assaisonner, les fariner, les tremper dans des œufs battus, les paner à la mie de pain; les faire frire, à feu vif, dans une casserole plate, avec du beurre clarifié; quand elles sont de belle couleur, les dresser en couronne, sur un plat chaud, verser dans le milieu une sauce Périgueux ainsi préparée :

Sauce Périgueux. — Peler 5 ou 6 truffes crues, propres, les couper en petits dés, les tenir à couvert. Verser dans une casserole plate la valeur de 3 décilitres de bonne espagnole, et quelques cuillerées-à-bouche de bon fonds de veau; ajouter une partie des parures de truffes, faire réduire la sauce, en la tournant; quand elle est réduite d'un tiers, lui incorporer, peu à peu, le tiers d'un verre de madère; passer la sauce sur les truffes coupées, lui donner 2 minutes d'ébullition, la retirer du feu.

775. **Terrine de foie-gras de Strasbourg** (Dessin 263). — Dans tous les pays, on peut acheter des terrines, des pâtés, et même des boîtes de foie-gras de Strasbourg; or, à moins de se trouver dans un lieu où les foies-gras sont

---

1. On trouve à acheter les cannelloni à Marseille et à Paris. Ce sont des tubes en pâte mince du diamètre d'un centimètre. On peut préparer soi-même les cannelloni avec de la pâte à nouille mince coupée en carrés longs de 7 à 8 centimètres sur 5 de large, mais cette pâte est beaucoup moins délicate que les vrais cannelloni.

VOLAILLE. — FOIE-GRAS.   371

abondants et bons, mieux vaut acheter les terrines que les préparer soi-même. Il s'agit seulement de les choisir de bonne provenance.

Quelques heures avant de servir la terrine, l'entourer avec de la glace, afin de bien laisser raffermir l'appareil intérieur; supprimer la couche de graisse qui le

Fig. 263.

recouvre, puis le couper, à l'aide d'une cuiller-à-bouche, en fer, en ayant soin de la tremper à mesure dans de l'eau bien chaude : les morceaux coupés doivent avoir la forme concave et longue de la cuiller; les déposer à mesure sur une plaque, puis les dresser dans la terrine, en les montant en dôme régulier et correct. Coller la terrine sur un plat, et l'envoyer.

776. **Foie-gras aux truffes** (Dessin 264). — Le foie-gras représenté par

Fig. 264.

le dessin pesait un peu plus d'un kilogramme; des foies d'une telle dimension ne sont pas rares, ni à Toulouse ni à Strasbourg. Dans ces conditions, un seul foie-gras peut suffire pour une entrée; quand ils sont plus petits, on en prend deux ou trois. Dans tous les cas, il faut s'attacher à avoir de bons foies qui ne se détériorent pas à la cuisson.

Supprimer le fiel du foie, lui faire des deux côtés, sur la surface la plus lisse, des incisions transversales, et glisser dans celles-ci de grosses lames de truffes crues, coupées en biais sur le travers. Saler légèrement le foie, en masquer la surface avec une mirepoix sèche; soutenir celle-ci avec des bardes de lard, et envelopper le foie dans une abaisse de pâte ordinaire; le placer sur un plafond, le cuire au four pendant une heure; le déballer, le dresser sur une couche de farce pochée sur plat, l'entourer avec une chaîne de belles truffes rondes, au naturel ou pelées, cuites au moment, glacées au pinceau. Masquer le foie et le fond du plat avec un peu de bonne espagnole, réduite au vin, et avec la cuisson des truffes; envoyer le surplus dans une saucière.

777. **Attereaux de foie-gras.** — Diviser la moitié d'un foie-gras cuit et refroidi, en carrés de deux centimètres, sur un d'épaisseur; les déposer dans une terrine, leur mêler une égale quantité de carrés de langue écarlate cuite, coupés de même dimension que ceux de foie-gras; les assaisonner, les saupoudrer avec une poignée de truffes hachées, les arroser avec quelques cuillerées de sauce Villeroi, finie au moment; les rouler dans cette sauce, les laisser refroidir. Enfiler alors les carrés de foie et de langue à de petites brochettes en bois ou en métal de 10 centimètres de long; les rouler dans de la mie de pain, les tremper dans des œufs battus, et les paner de nouveau; les plonger à grande friture, les frire de belle couleur, les égoutter, les dresser sur une serviette pliée, les entourer avec des citrons coupés.

778. **Abatis d'oie en hochepot.** — Nettoyer 2 abatis, en procédant comme il est dit à l'égard de ceux de dinde; les faire blanchir, et les rafraîchir; tenir le foie de côté, éplucher le cou, ainsi que les autres parties; les faire revenir, dans une casserole, avec du beurre, en les sautant souvent, les assaisonner; quand les viandes sont de belle couleur, les saupoudrer avec une petite poignée de farine; 2 minutes après, les mouiller largement avec du bouillon; ajouter un bouquet de persil garni; faire bouillir le liquide; le retirer sur le côté du feu. Quand les viandes sont à moitié cuites, leur mêler 250 grammes de petit-salé, coupé en carrés, ainsi qu'une garniture composée de petits oignons, carottes et navets entiers, ou divisés, selon leur grosseur, mais blanchis; les navets et les oignons peuvent, en outre, être légèrement colorés à la poêle, et à feu vif.

Un quart d'heure après, ajouter au ragoût 2 douzaines de petites pommes de terre crues, tournées d'une égale grosseur; les assaisonner, continuer la cuisson.

D'autre part, blanchir la moitié d'un chou, le diviser en petits bouquets, les faire braiser; 10 minutes avant de servir le ragoût, lui mêler les foies d'oie blanchis, divisés; dresser alors les viandes sur le centre d'un plat et les légumes autour, ainsi que les bouquets de chou.

779. Petits pâtés-froids (Dessin 265). — Avec de la pâte brisée, foncer quelques petits moules à pâté-froid; les emplir avec un appareil ordinaire de

Fig. 265.

pain de foie cru. Les couvrir avec une mince abaisse de pâte, les cuire à four doux; en les sortant, les laisser refroidir; couper le couvercle, retirer en partie l'appareil de pain de foie; emplir alors le vide avec le contenu d'une petite terrine de foie-gras, coupé à l'aide d'une petite cuiller-à-café, chaude; monter l'appareil en dôme au-dessus des bords de la pâte; placer sur le haut de l'appareil une petite truffe ronde, glacée. Dresser les pâtés en pyramide, sur un fond en pâte; entourer ce fond avec des croûtons de belle gelée.

780. Canetons rôtis (Dessin 266). — Les canetons de Rouen sont les plus estimés en France. Ils sont, en effet, généralement, d'une beauté remarquable, et de qualité supérieure.

Fig. 266.

Vider 2 beaux canetons gras, les laver intérieurement, leur mettre dans le corps un petit bouquet d'aromates; les brider, enlacer les pattes au pilon de la cuisse, en fixant celle-ci debout; les embrocher, les faire rôtir à bon feu pendant 25 minutes, en les arrosant au pinceau avec du beurre clarifié. Quand ils sont débrochés, les saler, les dresser sur un plat long, avec les estomacs tournés vers les bouts. Dresser sur le milieu un bouquet de cresson, envoyer séparément une saucière de jus.

781. **Ganseklein à la Berlinoise.** — Parer 2 abatis d'oie, les mettre dans une casserole avec 2 petits oignons, une carotte, un bouquet de persil garni d'aromates ; les mouiller à couvert avec du bouillon et un peu de vin blanc ; faire bouillir le liquide, retirer la casserole sur le côté, finir de cuire les viandes doucement ; préparer un peu de roux avec 125 grammes de beurre et autant de farine, le faire cuire à feu modéré, sans prendre couleur ; le délayer avec la cuisson des abatis passée au tamis ; tourner la sauce jusqu'à l'ébullition, la retirer sur le côté du feu ; 10 minutes après, la dégraisser, lui mêler les abatis bien parés, ajouter un bouquet d'aromates, et finir de cuire les viandes ; lier ensuite la sauce avec 2 ou 3 jaunes d'œuf délayés ; finir le ragoût avec un peu de persil haché et le jus d'un citron.

782. **Escalopes de foie-gras à l'Alsacienne.** — Couper en tranches transversales un petit foie-gras ; les assaisonner, les fariner, les ranger dans une casserole plate, avec du beurre chaud, les faire revenir des deux côtés, en les tournant ; aussitôt qu'elles sont bien atteintes, les retirer sur un plat. Faire revenir, dans la casserole où ont cuit ces escalopes, 2 cuillerées-à-bouche d'échalote et d'oignon, hachés ; leur mêler 5 à 6 champignons également hachés ; quand ceux-ci ont réduit leur humidité, les assaisonner, les mouiller avec le quart d'un verre de madère, et le double de sauce brune, leur donner quelques minutes d'ébullition, et remettre les escalopes dans la casserole ; les chauffer sans ébullition, les dresser en couronne sur un plat, les masquer avec la sauce.

783. **Canard à la Bordelaise.** — Vider un bon canard, le laver, l'emplir avec un hachis composé avec des queues de cèpes frais, du lard haché, une pincée d'échalotes, de persil, du jambon cuit, quelques filets d'anchois, le foie cuit du canard haché, une poignée de pain râpé. — Cuire le canard dans une casserole avec du beurre ; quand il est à peu près à point, lui mêler les têtes de cèpes, assaisonnées, finir de les cuire avec le canard ; dresser celui-ci dans un plat, lier les cèpes avec un peu de glace fondue, ajouter une pointe d'ail, hachée avec du persil, les dresser autour du canard.

784. **Foie de canard à la mode de Toulouse.** — Choisir un ou deux foies-gras de canard, bien fermes, blancs, surtout n'ayant pas été dans l'eau [1] ; les

---

1. Les marchands de foies d'oie ou de canard, pour augmenter le volume et la blancheur des foies, les font séjourner dans de l'eau de chaux ; cet apprêt est extrêmement préjudiciable aux foies, car dès qu'ils sont imbibés d'eau ils ne conservent plus leur forme à la cuisson et fondent en écume.

couper en tranches sur leur longueur ; les assaisonner avec sel et épices. Beurrer le fond d'un plat en métal, le saupoudrer avec une pincée d'échalotes hachées, une poignée de mousserons frais, également hachés ; ranger les tranches de foie sur ces fines-herbes, en les entremêlant avec des lames de citron sans peau ni semences ; les saupoudrer avec une pincée de persil, haché avec une petite pointe d'ail, mêlé avec une poignée de mie de pain ; les arroser au pinceau avec un peu de beurre fondu, les pousser à four modéré, les cuire pendant 20 à 25 minutes, en les arrosant avec leur propre fonds ; quand ils sont bien atteints, les retirer, en égoutter la graisse, les arroser avec un peu de glace fondue, mêlée avec le jus d'un citron ; poser le plat sur un autre plat, et l'envoyer.

785. **Canetons à la choucroute** (Dessin 267). — Faire braiser 3 canetons, à court mouillement, les glacer, les découper chacun en cinq parties ; les

Fig. 267.

ranger dans une casserole, les arroser avec un peu de sauce brune, les tenir au chaud.

D'autre part, faire cuire 1 kilogramme de bonne choucroute, avec 2 petits saucissons à cuire. Une demi-heure avant de servir, égoutter la choucroute dans une passoire, la dresser en couche épaisse sur le fond d'un plat, ayant un tampon en pain collé sur son centre. Dresser les morceaux de canetons sur la choucroute, les cuisses au fond, les filets et hauts-de-poitrine en dessus. Piquer un hâtelet sur le pain frit, entourer la choucroute avec les saucissons coupés en tranches ; masquer les canetons avec un peu de bonne espagnole réduite, envoyer le surplus dans une saucière.

786. **Canard aux petits-pois.** — Vider un bon canard, le laver à l'intérieur, emplir l'estomac avec un morceau de beurre ou de saindoux, mêlé avec une pincée de persil haché ; le brider avec les pattes en dedans, le faire colorer sur feu modéré, avec du lard fondu, en le retournant souvent, l'assaisonner ;

quand il est de belle couleur, aux trois quarts cuit, lui mêler la valeur d'un demi-litre de petits-pois écossés, un oignon, un bouquet de persil, 250 grammes de petit-salé coupé en petits carrés ; fermer la casserole, finir de cuire les petits-pois et le canard. — Au moment de servir, égoutter le canard, le dresser sur un plat ; retirer l'oignon et le bouquet des petits-pois, les lier avec un morceau de beurre-manié ; ajouter un peu de poivre, muscade, une pointe de sucre ; les dresser autour du canard.

787. **Canard à la Sicilienne.** — Brider un bon canard pour entrée ; le faire braiser à feu modéré, et à court mouillement.

D'autre part, couper (chacune en deux parties) 4 oranges aigres, diviser chaque moitié en 3 ou 4 quartiers ; détacher les chairs de l'écorce, en passant la lame d'un couteau, juste au-dessus de l'épiderme, de façon à retirer les chairs sans aucune partie blanche ; enlever avec soin les semences de chaque quartier d'orange, les placer dans une casserole. Dresser le canard sur un plat, l'entourer avec la garniture d'oranges ; dégraisser avec soin la cuisson, la lier avec un peu de bonne sauce, la verser sur le canard, en la passant.

788. **Canard aux cerises, à la Flamande.** — Brider un canard pour entrée ; le masquer avec des bardes minces de lard ; le faire braiser avec un peu de vin blanc ; retirer la queue et le noyau à un cent de cerises aigres ; les mettre dans un poêlon en cuivre non étamé ; ajouter un peu d'eau, une pincée de sucre, un morceau de cannelle ou zeste de citron ; cuire les cerises, à couvert. Quand le canard est cuit, le retirer ; dégraisser le fonds de sa cuisson, le lier légèrement avec un peu de sauce brune, faire réduire celle-ci pendant quelques minutes, la passer sur les cerises ; dresser le canard sur un plat, l'entourer avec la garniture [1].

789. **Terrine de foies-gras de canard** (Dessin 268). — Choisir 2 bons foies de canard ; en supprimer le fiel et les parties qui l'entourent, car elles sont généralement amères. Les diviser, chacun, en quatre parties, les parer, et tenir les parures de côté ; assaisonner les foies avec sel et épices, les arroser avec un demi-verre de madère.

Éplucher avec soin, et peler 5 ou 600 grammes de truffes fraîches ; diviser les petites en deux et les grosses en quartiers ; les assaisonner avec sel et épices, les mêler avec les foies. Piler les parures des truffes et des foies avec 300 grammes de lard frais préalablement haché, les passer au tamis. Hacher fin 300 grammes de viande maigre de veau ou de porc frais, ainsi que 200 grammes de jambon cru ; piler ces viandes, leur mêler le lard pilé avec les truffes, ainsi que 2 cuillerées-à-bouche de fines-herbes cuites. Assaisonner l'appareil, le retirer dans une terrine,

---

[1]. A l'égard de ces mets qui par leur originalité semblent s'écarter des règles culinaires, j'ai une observation à faire qui s'applique indistinctement à tous ceux que j'ai mentionnés dans ce recueil : comme enseignement, mon devoir était de les signaler.

lui mêler 2 truffes crues, hachées, ainsi que le madère dans lequel ont macéré les foies et les truffes. Avec cet appareil, les foies et les truffes, emplir une terrine en

Fig. 268.

terre jaune de Toulouse, la couvrir avec du lard, la cuire au four modéré pendant 2 heures dans un plafond, en l'arrosant souvent avec sa graisse ; sortir la terrine du four, la laisser refroidir à moitié, et poser un rond en bois sur le dessus, afin de faire refroidir l'appareil sous presse ; 24 heures après, tremper la terrine à l'eau chaude pour démouler l'appareil ; en parer les superficies et le découper en tranches ; distribuer celles-ci en forme de carré long, les dresser dans la terrine, en couronnes superposées et en pyramide ; combler le vide avec de la gelée hachée ; entourer la terrine avec des croûtons de gelée.

790. **Hure de marcassin, sauce Berlinoise** (Dessin 269). — Jus-

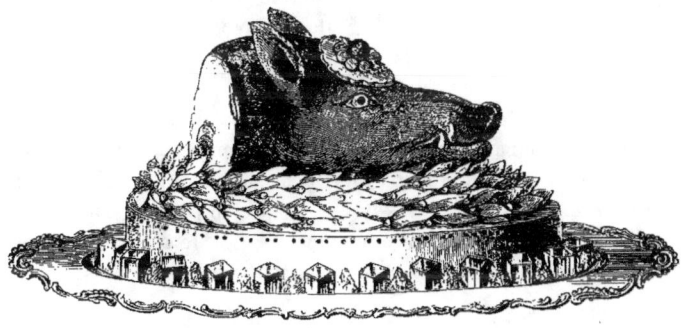

Fig. 269.

qu'à l'âge de 18 mois, les jeunes sangliers peuvent être considérés comme des marcassins, mais c'est à l'âge de 10 à 15 mois que la chair de l'animal est le meilleure à manger, parce qu'elle est grasse et tendre.

Couper la hure avec le cou un peu long, arrivant jusqu'à la hauteur des épaules, car ce sont précisément les chairs musculeuses du cou qui sont recherchées par les amateurs; en dehors de celles-ci, il ne reste guère que celles des *bajoues*, en général peu volumineuses, mais cependant très-délicates.

Quand la hure est coupée, l'échauder comme on échaude les porcs afin d'en gratter les poils (soies), ou bien la flamber sur un fourneau à charbon de terre, après l'avoir saupoudrée de résine pulvérisée, en l'appuyant sur un trépied. En Allemagne, ce sont les forgerons qui se chargent de cette opération.

Faire dégorger la hure pendant une heure; fendre la peau du crâne depuis le haut du front jusqu'à la hauteur des yeux, juste sur le milieu, afin de prévenir le déchirement de la peau. Dégager les chairs du bout du museau (boutoir), scier transversalement sur celui-ci un morceau d'os de 3 à 4 centimètres de long, emballer la hure dans un linge, en la ficelant, mais en ayant soin de ficeler les oreilles en relief, afin de les maintenir droites. Cuire la hure dans une mirepoix au vinaigre, fortement aromatisée. La cuire à feu modéré pendant 3 heures, si l'animal est tout jeune; dans tous les cas, il est bon d'observer qu'elle doit être bien cuite; car en refroidissant, les chairs musculeuses tendent à se raffermir; la laisser refroidir hors du feu, dans sa cuisson; la déballer ensuite; parer droit les chairs du cou, vernir la peau, sur toutes les surfaces, avec du saindoux coloré à l'aide de caramel bien noir; la poser sur un plat long, masquer la déchirure du crâne avec une plaque de beurre, et décorer celui-ci avec des truffes, du blanc d'œuf cuit, de la gelée; de chaque côté du museau, imiter une défense naturelle ou imitée en beurre. Poser alors la hure sur un *pain-vert* de forme ovale, masqué de graisse blanche; l'entourer à sa base avec une couronne de feuilles de chêne ou d'oranger, garnir le tour avec des croûtons de gelée.

Cette pièce est dressée pour figurer sur table. Pour la servir, il faut couper les chairs du cou en tranches minces, les garnir avec de la gelée, et faire présenter aux convives la sauce suivante:

Sauce Berlinoise. — Avec 3 jaunes d'œuf et la valeur de 2 verres d'huile, préparer une sauce mayonnaise froide; la finir avec 2 ou 3 cuillerées-à-bouche de moutarde anglaise et du bon vinaigre; lui incorporer ensuite un peu plus que son volume de gelée de groseilles, très-ferme, coupée en petits dés, mêler la gelée sans l'écraser, et verser la sauce dans une saucière. — Cette sauce n'est pas belle à la vue, mais pour un amateur elle a certainement du prix.

791. **Pain de foie-gras aux truffes** (Dessin 270). — Prendre un foie-gras cuit et refroidi, le couper en petits morceaux, le piler et le passer au tamis, mettre cette purée dans une casserole, lui mêler quelques cuillerées de bonne sauce réduite, puis la valeur de 2 décilitres de gelée; assaisonner l'appareil, l'étaler sur une plaque, en couche de l'épaisseur d'un demi-centimètre;

quand il est bien raffermi, le détacher de la plaque, le diviser en petits carrés longs.

Entourer un moule à cylindre avec de la glace pilée, en décorer les contours avec des tranches de truffes symétriquement disposées, en les trempant à mesure dans de la gelée. Chemiser légèrement le moule, puis couler au fond une couche de gelée, ayant un centimètre et demi d'épaisseur; aussitôt qu'elle est prise,

Fig. 270.

dresser sur elle une couronne de carrés d'appareil; couvrir cette couronne avec de la gelée liquide et froide, la laisser raffermir, puis recommencer l'opération, et continuer ainsi jusqu'à ce que le moule soit plein. Trois quarts d'heure après, démouler l'aspic sur un plat froid, ayant sur son centre un tampon en bois masqué de papier; sur le haut de celui-ci, piquer un hâtelet garni de truffes rondes, entourer la base de l'aspic avec des croûtons de gelée, et le servir.

792. **Paon rôti à la crème aigre.** — Brider un jeune paon, le mettre dans un grand plat à rôtir avec du beurre, le saler, le faire revenir à four modéré, en le retournant; une demi-heure après, l'arroser avec la valeur de 2 verres de crème aigre, et finir de le cuire, en l'arrosant de temps en temps avec cette crème; le débrider, le dresser; ajouter un peu de jus au fonds-de-cuisson, le faire réduire vivement jusqu'à ce qu'il soit lié comme une sauce, le verser sur le paon, en le passant.

793. **Quartier de marcassin, sauce aux cerises.** — Choisir un quartier de marcassin tendre, frais, sans couenne; enlever l'os du quasi, et couper droit le bout du manche; le saler, le mettre dans une terrine, l'arroser avec la valeur d'un litre de marinade cuite et à moitié refroidie; le faire macérer pen-

dant 2 ou 3 jours; l'égoutter, le placer dans un plafond creux avec du saindoux, le couvrir avec du papier graissé, le faire cuire pendant trois quarts d'heure, en l'arrosant souvent avec la graisse; lui mêler alors quelques cuillerées de sa marinade, le faire cuire encore une demi-heure, en l'arrosant toujours avec son fonds; quand il est bien atteint, retirer le plafond du four; égoutter le quartier, en masquer la surface avec une couche épaisse de mie de pain noir, râpée, séchée, pilée, passée, mêlée avec un peu de sucre et de la cannelle, puis humectée avec du vin rouge, mais seulement ce qui est nécessaire pour la lier; saupoudrer cette couche avec de la mie de pain non humectée, l'arroser avec la graisse du plafond, et remettre le quartier dans celui-ci; le tenir à la bouche du four pendant une demi-heure. — Au moment de servir, le sortir, papilloter le manche, le dresser sur un plat, envoyer la sauce suivante :

Sauce aux cerises. — Faire ramollir 2 poignées de cerises noires et sèches, comme on en vend communément en Allemagne, c'est-à-dire avec les noyaux; les faire ramollir, les piler, les délayer avec un verre de vin rouge; verser l'appareil dans un poêlon non étamé, ajouter un morceau de cannelle, 2 clous de girofle, un grain de sel, un morceau de zeste de citron; faire bouillir le liquide pendant 2 minutes, le lier avec un peu de fécule délayée; retirer la casserole sur le côté du feu, la couvrir, la tenir ainsi pendant un quart d'heure, la passer ensuite au tamis.

794. **Sanglier à l'aigre-doux, à la Romaine.** — C'est un mets qu'on mange généralement en Italie, mais à Rome surtout. — Couper un morceau de sanglier, sur la selle ou le cuissot, en supprimer la couenne; les mettre dans une terrine, les mouiller à peu près à hauteur avec une marinade cuite, fortement aromatisée; les faire macérer pendant 2 jours; les égoutter, les éponger, les faire revenir dans une casserole, avec du saindoux, les colorer sur toutes leurs surfaces; les saupoudrer alors avec 2 cuillerées-à-bouche de sucre en poudre; 5 minutes après, les mouiller avec la marinade réservée, les cuire à feu modéré jusqu'à ce qu'elles soient arrivées à trois quarts de cuisson; les égoutter, les placer dans une autre casserole, les tenir au chaud; passer le fonds, le dégraisser.

Émietter 3 *mustacioli* de Naples, les humecter avec un peu d'eau tiède; quand ils sont ramollis, les broyer avec une cuiller; les délayer avec une partie de la cuisson du sanglier, verser la sauce dans la casserole, la faire bouillir, en la tournant : elle doit alors être liée sans excès; la cuire sur le côté du feu pendant 10 minutes, la verser dans la casserole où est le sanglier, en la passant; ajouter une poignée de *pignoli* torréfiés; finir de cuire le sanglier dans cette sauce, sur feu très-doux, en l'arrosant souvent. — Dix minutes avant de servir le sanglier, mêler à la sauce une poignée de raisins de Corinthe, autant de raisins de

Smyrne; dresser la viande sur un plat; l'entourer avec la sauce et les garnitures.

795. Cimier de daim à la Polonaise (Dessin 271). — Faire macérer une selle de daim, dans une marinade cuite, pendant quelques heures; suppri-

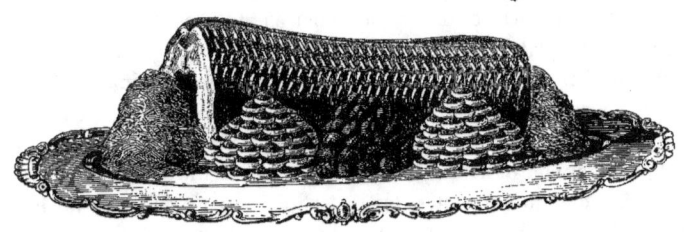

Fig. 271.

mer ensuite la peau des filets, les piquer; faire cuire la selle au four, avec une partie de sa marinade et du bouillon.

Au moment de servir, dresser la selle sur un plat; l'entourer, des deux côtés, avec un buisson de truffes rondes, et 2 bouquets de champignons farcis; dresser à chaque bout un bouquet de choucroute. Glacer la selle au pinceau, et envoyer en même temps une saucière d'espagnole, réduite avec un peu du fonds-de-cuisson et un peu de sauce brune préparée avec la cuisson, verser le surplus dans une saucière.

796. Hanche de venaison à l'Anglaise. — Laisser mortifier un quartier de daim, en le laissant sécher à l'air pendant plusieurs jours, mais en ayant soin de le saupoudrer avec du poivre fin, sur les parties coupées ou meurtries.

Laver le quartier de daim avec de l'eau tiède, l'essuyer, le saler, le masquer entièrement avec du papier beurré, l'envelopper avec une large abaisse de pâte, faite simplement avec de la farine et de l'eau tiède, en lui donnant l'épaisseur d'un centimètre; souder attentivement les jointures; soutenir la pâte, en l'enveloppant à son tour avec du papier beurré; ficeler celui-ci, et poser le quartier de daim sur les barreaux d'une broche anglaise; serrer légèrement les vis, faire rôtir le quartier pendant 3 heures; s'il est très-gros, lui donner un quart d'heure de plus de cuisson, sans négliger de l'arroser souvent. Quand il est à point, le débrocher, le déballer, le dresser sur un réchaud de table à réservoir. Piquer le quartier de daim, vers le bout, avec la pointe d'un couteau, afin de faire sortir le jus de la viande; envoyer le quartier avec une saucière de gelée de groseilles, et un plat de haricots blancs bouillis, mêlés avec un morceau de beurre.

797. Filets-mignons de daim, sauce Portugaise. — Parer 2 filets-mignons de daim, frais; en supprimer la peau superficielle, les faire macérer pendant 5 à 6 heures dans une petite marinade cuite; les égoutter, les piquer sur la surface supérieure avec du lard, les ranger l'un à côté de l'autre dans un petit plafond beurré, les saupoudrer avec du sel, les couvrir avec du papier beurré, les cuire à four modéré pendant une demi-heure; quand ils sont bien atteints, sans être secs, les retirer, les découper en tranches, un peu en biais; les dresser sur un petit plat long, les masquer avec la sauce suivante :

Sauce Portugaise. — Verser un verre de vin de Madère dans une casserole, le faire réduire de moitié, lui mêler une égale quantité de bon jus, 4 cuillerées-à-bouche de zeste de citron et d'oranges amères, émincés en julienne, cuits à l'eau ; faire bouillir le liquide, le lier légèrement avec de la fécule délayée; faire réduire la sauce pendant quelques minutes, lui mêler une poignée de petits raisins secs, lavés à l'eau tiède, ainsi que 2 cuillerées d'amandes douces, émincées en filets, séchées au four; ajouter une pincée de poivre rouge d'Espagne, un brin de zeste d'orange verte; retirer la casserole du feu, finir la sauce avec le jus de 2 citrons.

798. Fricandeau de daim. — Parer une noix de daim, la fendre horizontalement sur le milieu, sans cependant séparer les deux parties; humecter avec la main le côté coupé, et battre légèrement la viande avec le couperet. Piquer le fricandeau avec du lard, le déposer dans une terrine, l'arroser avec la valeur d'un verre de marinade cuite et froide (Voy. art. 527); le faire macérer pendant quelques heures, l'égoutter ensuite, le placer dans une casserole foncée avec des débris de lard, de jambon, des légumes émincés, des aromates, des grosses épices ; le faire braiser sur feu modéré, en l'arrosant de temps en temps ; quand il est à peu près cuit, lui adjoindre 4 saucisses cuites, divisées, puis une quinzaine de marrons légèrement grillés, et épluchés; couvrir la casserole, continuer la cuisson ; 20 minutes après, dresser le fricandeau sur un plat, l'entourer avec les marrons et les saucisses divisées, puis avec 2 douzaines de petites carottes, et autant de petits oignons glacés; allonger le fonds-de-cuisson avec un peu de sauce, le faire bouillir, le dégraisser; la verser sur les garnitures, et dresser.

799. Quartier de cerf, sauce poivrade. — Le cerf est très-abondant en Allemagne et en Angleterre; mais les Anglais font peu de cas de cette viande. En France, ce gibier est peu usité. Le cerf n'est vraiment bon à manger que quand il est jeune, c'est-à-dire de l'âge de deux ans à deux ans et demi; plus tard, sa chair perd beaucoup de ses qualités; dans tous les cas, il faut éviter de manger ce gibier à l'époque du *rut*, c'est-à-dire dans la seconde moitié du mois de septembre.

Couper le bout du manche à un quartier de daim, enlever l'os du *quasi;* saler la viande, la déposer dans un vase, l'arroser avec la valeur d'un litre de vinaigre, cuit ensemble avec des épices ainsi que des aromates, à moitié refroidi; tenir le

GIBIER. — CHEVREUIL.

vase dans un lieu frais, faire macérer la viande pendant 24 heures, l'égoutter, l'éponger, la faire braiser pendant 2 heures. Quand le quartier est à point, glacer sa surface au pinceau, le tenir à la bouche du four pendant quelques minutes.

Dans l'intervalle, allonger le fonds-de-cuisson avec un peu de jus, le faire bouillir, le passer, le dégraisser, le lier avec un peu d'espagnole; lui mêler quelques grains de poivre, un demi-verre de madère ou un peu de bon vinaigre; faire réduire la sauce pendant 10 minutes, la retirer; dresser le quartier, papilloter le manche; verser la sauce au fond du plat, en la passant.

800. **Quartier de chevreuil glacé** (Dessin 272). — Parer un quartier de chevreuil, en supprimer la peau superficielle; l'assaisonner, le placer dans un vase en terre, l'arroser avec un verre de madère, lui adjoindre des aromates, le

Fig. 272.

faire macérer pendant 5 à 6 heures; l'égoutter, le piquer sur le haut avec du lard; le placer dans une casserole foncée en braise, le mouiller avec le vin de sa marinade et le double de bouillon; le faire cuire à court mouillement, et à feu modéré, en l'arrosant de temps en temps. Au moment de servir, l'égoutter, le dresser, le papilloter, l'entourer avec une garniture composée de quenelles et d'olives; arroser les garnitures avec un peu d'espagnole, réduite avec la cuisson du chevreuil; envoyer le surplus dans une saucière.

801. **Cimier de cerf à l'Allemande.** — Parer carrément le cimier ou la selle d'un jeune cerf; écourter les os des côtes, enlever la peau des filets, faire macérer la viande pendant 24 heures dans une marinade cuite; l'égoutter ensuite, la piquer sur les filets, la faire braiser avec une partie de sa marinade et du vin rouge; quand elle est cuite, la retirer, la laisser refroidir à moitié; en détacher les deux filets; émincer les chairs de ceux-ci en tranches, les remettre sur place; dorer le dessus des filets au pinceau, les masquer avec une couche d'un centimètre d'épaisseur de mie de pain noir de *pumpernikel* ou simplement de mie de pain bis, assaisonnée avec un peu de sucre à la cannelle, et humectée avec du

vin rouge. Cette couche doit rester solide ; la saupoudrer avec un peu de mie de pain, l'arroser avec du beurre fondu ; poser la selle sur un plafond avec un peu de dégraissis, le pousser à four modéré, chauffer les viandes pendant une demi-heure, en arrosant la couche de pain de temps en temps avec du beurre fondu ; dresser la selle sur un plat, envoyer séparément une sauce aux cerises (Voy. art. 794).

802. **Quartier de chevreuil à la broche.** — En France on mange généralement le chevreuil dénaturé par le séjour trop prolongé qu'on lui fait faire dans la marinade ; c'est là tout simplement un préjugé des vieux temps, méthode erronée, peu conforme au bon goût. On fait macérer les viandes de gibier par deux motifs : pour les attendrir ou pour leur enlever l'odeur et le goût trop prononcé de *sauvage*, comme par exemple celles du sanglier, du cerf ou du daim, qui, sans cette précaution, seraient coriaces et souvent désagréables au goût ; mais la chair du chevreuil est toujours tendre, et n'a aucune mauvaise odeur naturelle quand elle est fraîche ; dans ces conditions, le séjour dans la marinade ne peut aboutir qu'à la dénaturer, sans lui apporter aucun avantage : renoncer à cette pratique vicieuse, c'est donc faire acte de raison.

Choisir un quartier de chevreuil frais ; s'il était altéré par la mortification, ou s'il avait contracté superficiellement l'odeur de cave, le laver avec du vinaigre ou de l'eau tiède ; parer les chairs, en supprimant l'épiderme superficiel ; enlever l'os du *quasi*, couper court celui du manche, et piquer avec du lard la surface supérieure. Déposer le quartier de chevreuil dans une terrine, le saler, l'arroser avec quelques cuillerées-à-bouche d'huile, ajouter un oignon émincé, une poignée de feuilles de persil, le faire macérer ainsi pendant quelques heures. — Une heure avant de servir, traverser le quartier de chevreuil avec une brochette en fer, fixer celle-ci sur broche par les deux bouts, le faire rôtir, en l'arrosant avec du beurre, ou avec la marinade ; trois quarts d'heure après, débrocher le chevreuil, le dresser sur un plat, le papilloter, et envoyer à part une sauce poivrade.

803. **Épigramme de chevreuil aux truffes.** — Parer 6 côtelettes de chevreuil ; les faire mariner à cru ; les ranger dans une casserole avec de l'huile, les tenir de côté et à couvert. Avec leurs parures et quelques parties de viande maigre de veau, préparer une farce à quenelle, lui mêler 2 ou 3 cuillerées-à-bouche de truffes crues, coupées en petits dés ; en prendre 6 cuillerées-à-bouche pleines et poser ces parties sur la table farinée ; les rouler avec la main afin d'en former 6 boudins de même forme et de même dimension que les côtelettes, les faire pocher ; aussitôt qu'ils sont maniables, les égoutter, les tremper dans des œufs battus, les paner.

Peler 5 ou 6 truffes de moyenne grosseur, les couper en tranches, les mettre dans une casserole avec un peu de madère. Avec les os et les parures de gibier, un peu de vin, du bouillon, des aromates et des épices, préparer un petit fumet de gibier; le mêler à quelques décilitres d'espagnole, faire réduire la sauce.

Quelques minutes avant de servir, faire sauter les côtelettes; quand elles sont cuites, les arroser avec un peu de glace; 2 secondes après, les retirer, les dresser en couronne sur un plat chaud, les alterner avec un boudin de farce, frit au beurre; papilloter le manche des côtelettes, piquer une petite papillote au bout pointu de chaque boudin, et dresser dans le milieu le ragoût de truffes.

804. Côtelettes de chevreuil à la purée de marrons (Dess. 273). — Couper une douzaine de jolies côtelettes de chevreuil, les battre avec le cou-

Fig. 273.

peret, les parer de jolie forme, les piquer toutes du même côté avec des lardons fins; les assaisonner, les ranger, l'une à côté de l'autre, dans une casserole plate foncée avec des débris de lard et des légumes émincés; les mouiller juste à hauteur avec du bouillon non dégraissé, mettre le liquide en ébullition, le faire réduire de moitié, et retirer la casserole sur feu modéré, cuire ainsi les côtelettes; quand elles sont à point, les glacer au pinceau, les dresser en couronne, avec les os en bas, sur une croustade en pain ou en riz, de forme basse, collée sur un plat. Dresser dans le centre une purée de marrons, l'arroser avec un peu de glace fondue, envoyer séparément une saucière de sauce madère. — Cette entrée est certainement très-élégante, mais cela ne veut pas dire qu'on doive la servir toujours avec un tel luxe. Les côtelettes peuvent simplement être dressées sur un plat.

805. Lièvre à la crème. — Cette préparation n'est pas seulement commune en Allemagne, en Hollande, en Russie, en Pologne, elle l'est aussi dans les provinces du nord de la France, mais il est vraiment regrettable qu'elle ne soit pas plus généralisée.

Choisir un bon lièvre, détacher les épaules du corps, et couper le haut du lièvre à l'extrémité du râble; supprimer l'épiderme des filets et celui des cuisses, les piquer avec du lard; désosser le gras des cuisses afin de pouvoir rapprocher celles-ci, en les ficelant; placer le lièvre dans un plat à rôtir, le saler, l'arroser avec du beurre fondu, le cuire à four un peu chaud, pendant 20 minutes, en l'arrosant souvent avec sa cuisson; le mouiller avec la valeur de 2 ou 3 décilitres de bonne crème douce ou aigre, et finir de le cuire en l'arrosant avec son fonds; le dresser sur un plat long; verser aussitôt dans le plat à rôtir, un peu de glace fondue, faire bouillir le liquide, en le tournant jusqu'à ce qu'il soit réduit et lié au point d'une sauce légère, mais de bon goût; la verser alors sur le lièvre, en la passant.

Si on opérait avec de la crème douce, peu épaisse, on pourrait lier la sauce avec un peu de beurre-manié, et la finir avec un filet de vinaigre. — En Russie et en Allemagne, on sert ordinairement avec le lièvre, ainsi préparé, de la compote de *Preisselbeeren*.

806. **Pain de lièvre, sauce poivrade.** — Lever les chairs des épaules et des cuisses d'un lièvre, en supprimer les nerfs et les peaux dures, les couper en petits carrés, ajouter moitié de leur volume de lard, également coupé en carrés; les faire revenir dans une poêle, avec une pincée d'oignons hachés, et des aromates; les assaisonner, leur mêler le foie du lièvre, coupé, leur faire réduire un peu de madère, puis les piler, avec un tiers de leur volume de panade; quand le mélange est opéré, additionner à cette farce 4 ou 5 jaunes d'œuf, l'un après l'autre; la passer au tamis, la déposer dans une terrine, la travailler pendant 2 minutes avec une cuiller, puis la verser dans un moule uni, à cylindre, beurré; la couvrir avec du lard, la faire pocher au bain-marie pendant trois quarts d'heure. Renverser le pain sur un plat, le masquer avec une bonne sauce poivrade, tirée avec les os et les parures du lièvre.

807. **Pâté de lièvre à la Saxonne.** — Dépouiller un lièvre tendre, le vider; détacher les épaules et les cuisses du râble, les désosser. Parer les viandes, les couper, les hacher avec leur même poids de lard frais, et 200 grammes de jambon cru; quand elles sont bien hachées, les piler, les assaisonner, leur mêler quelques cuillerées de fines-herbes : champignons, persil et oignon. — Piquer les filets du râble, les couper en tronçons, les mettre dans une casserole avec du lard fondu, les cuire à moitié; détacher les chairs des os, les tenir de côté.

Avec tous les os, le cou du lièvre, quelques parures de jambon, des légumes, des aromates et un peu de vin, tirer un bon jus; quand il est passé et dégraissé, le faire réduire en demi-glace avec quelques cuillerées-à-bouche de madère, le lier avec un peu de sauce.

Masquer le fond d'un grand plat à tarte avec des bardes minces de lard. Masquer ce lard avec une couche de la farce préparée; sur cette farce, dresser une couche de bonne choucroute cuite avec 200 grammes de petit-salé, mais refroidie ; couper ce petit-salé en carrés, mêler ceux-ci avec les morceaux de lièvre, et quelques truffes noires, crues, coupées en tranches ; dresser les viandes en dôme sur la choucroute, les masquer avec une autre couche de choucroute, masquer celle-ci avec le restant de la farce ; humecter alors les bords du plat, les masquer avec une bande de pâte brisée, puis couvrir le pâté, le ciseler sur les côtés, le décorer, le dorer, et le cuire au four pendant une heure et quart ; en le sortant, lui infiltrer la sauce préparée, par l'ouverture supérieure, le dresser sur un plat. — Ce pâté est excellent s'il est mangé bien chaud.

808. Pain de lièvre à la gelée (Dessin 274). — Piler les filets d'un lièvre cuit, ajouter moitié de leur volume de foies de volaille, également

Fig. 274.

cuits ; les assaisonner, les passer au tamis ; déposer la purée dans une casserole, lui incorporer un tiers de son volume de sauce chaufroix, brune, tiède, puis 150 grammes de bon beurre divisé en petites parties ; le travailler vivement jusqu'à ce que le beurre soit entièrement dissous. Verser aussitôt l'appareil dans un moule à dôme, à cylindre, le poser sur glace ; une heure après, tremper le moule à l'eau chaude, démouler le pain sur un fond collé sur un plat ; le glacer, le découper sur le haut, emplir le vide du cylindre avec de la gelée hachée, et poser dessus un petit moule de gelée, décoré avec des truffes ; entourer la base avec des croûtons de gelée.

809. Filets de lièvre sautés, à l'Allemande. — Lever les 2 filets d'un lièvre, les parer, les assaisonner, les ranger, l'un à côté de l'autre, dans une casserole plate avec du beurre fondu. — Avec les os et débris du lièvre, préparer un peu de jus ; quand il est passé et dégraissé, le verser dans une casserole, ainsi que 4 cuillerées-à-bouche de vinaigre ; ajouter un bouquet garni, faire réduire le liquide en demi-glace, lui mêler de l'espagnole, de façon à obtenir une sauce légère ; faire réduire celle-ci pendant quelques minutes à feu vif, lui mêler 2 cuillerées de gelée de groseilles ; 5 minutes après, ajouter une poignée de petits raisins de Corinthe, ramollis à l'eau chaude ; lui donner quelques bouillons, la retirer du feu. Faire pocher les filets, les égoutter, les dresser en couronne sur un plat, les masquer avec la sauce.

810. **Terrine de lièvre aux truffes.** — Éplucher avec soin 7 ou 8 bonnes truffes crues, les couper en quartiers, les tenir à couvert. Lever les chairs des épaules et des cuisses d'un lièvre ; les parer, les couper, les mettre dans une poêle avec du lard râpé et fondu, le foie et le poumon du lièvre, une pincée d'oignon haché, ainsi que les épluchures des truffes ; les sauter à feu vif pendant quelques minutes afin de les faire roidir ; les laisser refroidir dans la poêle, les piler ensuite avec leur même volume de lard frais, et le quart de celui-ci de viande maigre de porc, l'un et l'autre hachés ; quand la farce est finie, l'assaisonner, la retirer dans une terrine.

Lever les filets du râble de lièvre, les parer, les couper en carrés de moyenne grosseur, les mêler avec les truffes, les assaisonner aussi ; les arroser avec 4 cuillerées-à-bouche de cognac, autant de madère ; les faire macérer 2 heures ; les égoutter, les mêler avec la farce.

Prendre une terrine à pâté-froid, proportionnée à la quantité d'appareil ; l'emplir avec celui-ci, le couvrir avec du lard, puis avec une abaisse de pâte ordinaire ; poser la terrine sur un plafond, la cuire à four modéré pendant une heure et demie ; la retirer, la laisser refroidir et la servir.

811. **Paupiettes de filets de lièvre, au madère.** — Détacher du râble, les 2 filets d'un lièvre ; les parer, les couper transversalement sur le milieu ; diviser chaque moitié en deux parties, afin d'obtenir 8 filets, en forme de carré long ; les humecter, les battre avec le manche du couteau, les parer, les assaisonner des deux côtés.

Hacher très-fin les parures des filets, les filets-mignons et les rognons du lièvre ; ajouter à ce hachis, un égal volume de lard haché, une pointe d'échalote, 2 cuillerées de champignons et une de persil hachés, une poignée de mie de pain et un œuf ; l'assaisonner.

Avec les os du lièvre, préparer un peu de bon jus, le lier avec un peu d'espagnole.

Étaler sur chaque filet de lièvre une couche du hachis préparé ; les rouler sur eux-mêmes afin de former les paupiettes ; les ficeler, les ranger dans une casserole avec du beurre, les faire légèrement revenir ; les mouiller ensuite à moitié de hauteur avec du madère et un peu de glace fondue ; les faire braiser sur feu modéré, en les arrosant ; les égoutter, les dresser sur un plat, dégraisser le fonds de leur cuisson, lui mêler la sauce, la faire réduire à feu vif jusqu'à ce qu'elle soit liée à point et succulente ; la verser sur les paupiettes.

812. Poule de neige, rôtie (Dessin 275). — Ce gibier, qu'on trouve depuis quelques années sur les marchés de Paris, vient de Suède et de Norwége.

Fig. 275.

Par sa forme, il ressemble à ces gros pigeons *pattus* qu'on trouve à Rome. Les pattes sont velues jusqu'aux extrémités, les plumes sont entièrement blanches; la chair est noire, et généralement tendre; son goût se rapproche beaucoup de celui du coq de bruyère.

Pour faire rôtir ce gibier, il faut le piquer après en avoir retiré la première peau, qui est ordinairement très-dure.

813. Lièvre à la provençale (Dessin 276). — Dépouiller un bon lièvre, jeune et frais, en laissant adhérer les oreilles à la tête, les échauder; vider

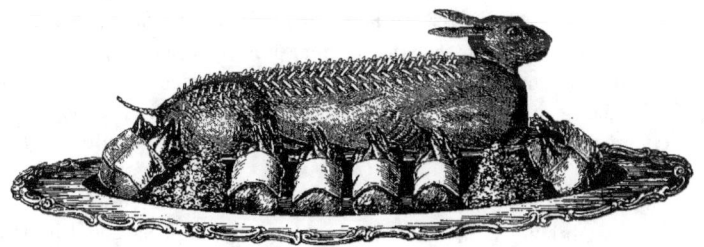

Fig. 276.

le lièvre, en mettant de côté le sang, le foie et le cœur. Couper les 4 pattes à la première jointure, désosser le gras des cuisses.

Prendre 5 à 600 grammes de hachis de porc, l'assaisonner, lui mêler le foie et le cœur du lièvre, hachés, ainsi qu'une pincée d'oignon, une de persil, et une de thym, le tout haché. Avec cet appareil, emplir le corps du lièvre, coudre l'ouverture, puis brider le lièvre, en ramenant les cuisses du côté du ventre afin de les maintenir avec une bride ; enfoncer le bout des pattes de devant dans la poitrine du lièvre, les maintenir également avec une bride, qui doit en même temps assujettir la tête entre les deux épaules. Flamber les chairs des filets, ainsi que celles des cuisses, les piquer avec du lard.

Embrocher le lièvre, en le traversant sur sa longueur avec une broche mince ; le faire rôtir pendant trois quarts d'heure, en l'arrosant avec du beurre, mais avec de larges tranches de pain dessous. Quand il est cuit, le saler, le débrocher, le débrider, le dresser sur les croûtes de pain, posées sur le centre d'un plat long. Entourer le lièvre, avec une douzaine de grives bardées, rôties. Envoyer en même temps une sauce hachée, légère, liée avec le sang du lièvre.

814. Filets de lièvre à la Russe. — Lever les deux filets d'un lièvre, les parer, en retirant l'épiderme supérieur, les faire macérer pendant 2 heures dans une marinade cuite ; les égoutter, les piquer avec des lardons fins ; les saler, les arroser avec du beurre fondu, les envelopper sur leur longueur, chacun dans une demi-feuille de papier, les ficeler, les faire rôtir au four dans un petit plafond beurré ; quand les chairs sont roidies, les déballer, finir de les cuire, en les glaçant au pinceau, mais en les tenant vert-cuits. Découper transversalement ces filets en biais, chacun en 5 ou 6 tranches, afin de les obtenir plus longues, les dresser en couronne sur plat chaud, emplir le puits avec un émincé de cèpes à la crème aigre (Voy. aux Légumes).

815. Civet de lièvre à la Provençale. — Le civet de lièvre est un mets national de la France ; on le prépare généralement bien dans toutes les contrées, mais j'avoue que c'est en Provence que je l'ai trouvé le meilleur ; cela tient peut-être à ce que les lièvres, se nourrissant dans les montagnes aromatiques de ces riches contrées, possèdent un fumet plus vigoureux ; mais la science des cuisiniers provençaux n'y est pas non plus sans influence. Ce mets, dans sa simplicité bourgeoise, n'est pas moins excellent, s'il est préparé avec soin. Pour un civet, il n'est pas nécessaire que le lièvre soit très-jeune ; il suffit qu'il soit bien en chair.

Vider le lièvre, en mettant le foie, le poumon et le cœur de côté ; recueillir le sang dans un vase, lui mêler un jus de citron ou un filet de vinaigre. Distribuer le lièvre en morceaux de moyenne grosseur, les assaisonner. Hacher 250 grammes de lard frais, le faire fondre dans une casserole ; quand il est bien chaud, lui mêler les morceaux de lièvre, ainsi qu'un gros oignon piqué de clous de girofle, quelques grains de poivre, une gousse d'ail, un bouquet d'aromates composé avec du thym, du laurier et du serpolet. Faire revenir les viandes à feu vif ; quand elles ont réduit leur humidité, ajouter 4 à 500 grammes de petit-salé blanchi, coupé en gros carrés ; quelques minutes après, les mouiller avec une bouteille de vin rouge ; couvrir la casserole, faire réduire le liquide aux trois quarts. Saupoudrer les viandes avec 3 cuillerées-à-bouche de farine, les mouiller à couvert avec du bouillon chaud ; ajouter une poignée de parures de champignons frais, tourner le ragoût jusqu'à l'ébullition : la sauce doit alors se trouver abondante et peu liée ; couvrir la casserole, et 5 minutes après la retirer sur feu modéré ; cuire ainsi le ragoût pendant 2 à 3 heures, selon le degré de tendreté du lièvre, sonder les viandes de temps en temps.

Quand le lièvre est cuit, dégraisser la sauce, égoutter les morceaux, les ranger à mesure dans une autre casserole, enlever le petit-salé avec l'écumoire, le mêler avec les viandes. Additionner à la sauce un peu de vin blanc ou de jus, la passer au tamis, la faire réduire à feu vif, l'amener au point de consistance voulu ; la lier alors avec le sang, lui donner un seul bouillon, la verser sur les viandes ; dresser le civet, le garnir avec 3 à 4 douzaines de petits oignons glacés.

816. **Civet des chasseurs.** — Préparer un civet de lièvre, en procédant comme il est dit art. 815, mais sans le lier au sang, et en remplaçant le vin rouge par du madère ; quand il est fini, lui mêler quelques champignons.

Couper quelques croûtons de mie de pain, les faire frire, les vider, les emplir avec une purée Soubise, arroser celle-ci avec un peu de glace.

Au moment de servir, dresser le civet, l'entourer avec les croûtons, l'arroser avec quelques cuillerées de bon rhum, chauffé dans un poêlon d'office et enflammé. Cette opération doit se faire dans la salle à manger même, afin que le plat arrive sur table bien enflammé.

817. **Lièvre à la Bavaroise.** — Détacher les filets d'un bon lièvre, désosser les cuisses, ainsi que les pattes de devant, couper les viandes en gros carrés, les larder avec des filets de truffes crues, les assaisonner avec sel et épices.

Faire fondre 200 grammes de lard frais, le verser dans une petite marmite en terre, en le passant ; ranger alors les viandes, par couches, dans la marmite, en les alternant avec une poignée de petit-salé coupé en petits dés ; saupoudrer celui-ci, ainsi que le lièvre, avec une poignée de mie de pain râpé, continuer l'opération. Ajouter un bouquet garni, mouiller les viandes à hauteur avec du bon vin du Rhin ; fermer la marmite, ficeler et luter le couvercle avec de la pâte, la poser sur le feu ; au premier bouillon, la retirer sur des cendres chaudes ; cuire le lièvre pendant 4 heures à feu très-doux ; dresser ensuite les viandes dans un plat, dégraisser le fonds avec soin, le verser sur les viandes, en le passant. Ce simple apprêt a bien son mérite.

818. **Levraut, sauce à l'archevêque.** — Choisir un bon levraut gras, en supprimer l'os des cuisses afin de pouvoir entrelacer les jambes; flamber ensuite les chairs du râble et des cuisses, les piquer avec du lard. Emplir le ventre du levraut avec des petites saucisses fraîches, nouées très-courtes, entremêlées avec un appareil de mie de pain, du persil haché et du lard râpé, coudre l'ouverture, couper le bout des pattes de devant, afin de les enfoncer dans l'estomac du levraut; traverser celui-ci sur sa longueur avec une broche mince, le faire rôtir à feu vif, en l'arrosant avec du lard fondu; 40 minutes après, le débrocher, le dresser sur un plat long, envoyer séparément une sauce ainsi préparée:

Sauce à l'archevêque. — Mettre dans une petite casserole un oignon haché, un bouquet de persil garni d'aromates (thym, laurier, serpolet, une gousse d'ail), 4 ou 5 cuillerées-à-bouche de jambon coupé en petits dés; les mouiller avec un grand verre de vin blanc, faire réduire le liquide de moitié; lui mêler alors quelques cuillerées de bon jus ou de glace fondue; 2 minutes après, le lier avec un morceau de beurre, manié avec de la mie de pain; au premier bouillon, retirer la sauce du feu, lui mêler une pincée de poivre, un peu de persil haché, 2 cuillerées-à-bouche de câpres non pareilles.

819. **Bigos à la Polonaise.** — Cuire un kilogramme de bonne choucroute (Voy. art. 844); l'égoutter, la ranger, par couches, dans une casserole en terre, en entremêlant chaque couche avec des viandes cuites coupées en morceaux, tels que, chevreuil, mouton, poulet, canard, jambon, saucisses, petit-salé; couvrir la casserole, la tenir au four pendant une demi-heure. — C'est un mets de prédilection des Polonais et des Russes, quand ils vont à la chasse ou en voyage.

820. **Rissoles russes.** — Couper en petits dés un morceau de filet de chevreuil rôti, ainsi que 2 truffes; mettre ce salpicon dans une casserole, le lier avec de la sauce brune, réduite, serrée. Prendre le double du volume du salpicon de bonne choucroute cuite, bien égouttée; la hacher, la mêler avec le salpicon; laisser refroidir l'appareil. — Étaler sur la table farinée une large abaisse de pâte à *koulibiak* un peu ferme; avec cette pâte et l'appareil à choucroute, préparer des rissoles (Voy. art. 177) un peu plus grosses qu'à l'ordinaire, les ranger à mesure sur des plaques, à distance; faire revenir la pâte à température douce. Dorer les rissoles, les cuire à four chaud; en les sortant, les dresser en buisson sur une serviette.

821. **Côtelettes de lièvre aux truffes** (Dessin 277). — Préparer un appareil de pain de lièvre dans les conditions prescrites art. 808; l'étaler sur une plaque, en couche lisse, ayant un centimètre d'épaisseur; quand il est bien refroidi, le diviser (à l'aide d'un modèle) en parties ayant la forme et les dimensions d'une côtelette un peu marquante; les glacer au pinceau, les décorer sur l'épais-

GIBIER. — LIÈVRES. 393

seur avec des truffes, les napper à la gelée ; les papilloter, les dresser en couronne sur un petit socle en stéarine, de forme basse, collé sur plat ; emplir le centre

Fig. 277.

avec un petit buisson de truffes. — Le socle n'est ici qu'un accessoire, il peut être supprimé, c'est-à-dire que les côtelettes et les truffes peuvent être dressées directement sur un plat.

822. **Levraut sauté à la Provençale.** — Distribuer un levraut en morceaux d'une égale grosseur ; les mettre dans une casserole plate avec du lard fondu, 3 petits oignons entiers, un bouquet de persil garni avec des aromates, et une gousse d'ail. Faire revenir les viandes sur feu vif, pendant 7 à 8 minutes ; retirer ensuite la casserole sur feu modéré. Quand les viandes sont à peu près atteintes, les arroser avec un demi-verre de vin blanc et un peu de glace, faire bouillir le liquide jusqu'à ce qu'il soit à peu près réduit ; enlever alors les morceaux de levraut avec une fourchette. — Mettre dans la casserole, 4 tomates hachées, et 300 grammes de jambon cru, dessalé, coupé en dés ; quand les tomates ont réduit leur humidité, les arroser avec quelques cuillerées de sauce brune ; enlever les oignons et le bouquet, ajouter une pincée de piment en poudre, masquer les morceaux de levraut avec ce ragoût, et l'envoyer.

823. **Timbale de levraut.** — Dépecer un jeune levraut en moyens morceaux, mettre ceux-ci dans une casserole avec du lard fondu, 2 cuillerées-à-bouche d'oignon haché, 250 grammes de petit-salé blanchi, coupé en carrés ; faire revenir les viandes à bon feu, les assaisonner avec sel et épices ; quand elles sont roidies, leur mêler une quinzaine de gros champignons frais, coupés chacun en quatre parties, les mouiller avec un verre de vin blanc ; couvrir la casserole, faire vivement réduire le liquide, laisser refroidir l'appareil.

Beurrer un moule à timbale, le saupoudrer, au fond et autour, avec une poignée de nouilles émincées. Foncer alors le moule avec de la pâte brisée; masquer la caisse, sur les surfaces intérieures, avec une couche mince du hachis, préparé, avec autant de maigre de porc que de lard frais (V. art. 636); l'emplir avec le ragoût de levraut, le masquer avec une couche de hachis, le couvrir avec un rond de pâte, en le soudant avec celle des bords. Cuire la timbale au four modéré pendant une heure; en la sortant, la renverser sur un plat, l'ouvrir sur le dessus, introduire à l'intérieur un peu d'espagnole légère, réduite avec les parures de champignons, mêlée avec quelques petites quenelles pochées.

824. Lapins grillés à l'Anglaise. — Prendre les râbles de 3 petits lapins de champs, les assaisonner, les mettre dans une casserole plate avec du beurre, les faire revenir, simplement pour roidir les chairs; les égoutter aussitôt, les rouler dans des œufs battus, les paner, et les tremper dans du beurre fondu; les faire griller à point, des deux côtés, en les retournant; les dresser sur un plat, avec un peu de bon jus réduit.

825. Lapin de garenne[1], au cary. — Dépecer en morceaux les râbles et cuisses de 2 ou 3 lapins, les mettre dans une casserole avec du beurre, et 200 grammes de petit-salé coupé en gros dés; les faire revenir sur feu modéré, sans leur faire prendre beaucoup de couleur; les saler, les saupoudrer avec autant de farine que de poudre de cary, les faire revenir encore pendant quelques secondes, les mouiller, à couvert, avec du bouillon; tourner le liquide jusqu'à l'ébullition; 5 minutes après, retirer la casserole sur feu modéré. Dix minutes avant de servir, passer la sauce au tamis; mêler au ragoût 2 gros oignons coupés en dés, assaisonnés, et colorés au beurre dans une poêle; lier la sauce avec 2 jaunes d'œuf délayés avec un peu de crème; dresser le ragoût sur un plat; envoyer séparément du riz cuit à l'eau (V. art. 731).

826. Timbale Milanaise (Dessin 278). — Ce mets est fort en vogue à Paris; bien préparé, il est à la fois excellent et distingué. — Beurrer un moule à timbale, le décorer au fond et autour avec de la pâte à nouille, très-légèrement sucrée; le foncer avec une pâte brisée, préparée dans les proportions de 200 grammes de beurre pour 500 grammes de farine. Le décor est facultatif.

Hacher très-fin 250 grammes de chairs crues de lièvre ou de perdreau, parées, leur mêler moitié de ce volume de foie-gras ou foies de poulardes, simplement revenus à feu vif, autant de truffes crues, gros comme une noix de panade; assaisonner le hachis, le lier avec un jaune d'œuf, l'enfermer dans un morceau de crépine ou dans un papier beurré, en lui donnant l'épaisseur d'un saucisson; le

---

[1]. Les lapins de garennes sont les lapins de champs.

placer dans un petit plafond avec du beurre, le cuire à four modéré, en le retournant ; le laisser à peu près refroidir, le couper en tranches pas trop minces.

Peler 2 ou 3 grosses truffes, les couper en tranches un peu épaisses, les arroser avec un peu de madère, faire bouillir le liquide, simplement pour chauffer les

Fig. 278.

truffes. — Avec les os et parures de gibier préparer un peu de bon jus ; quand il est passé, le lier très-légèrement, lui mêler le quart de son volume de sauce tomate ; ajouter les parures et la cuisson des truffes, un bouquet d'aromates, un morceau de jambon cru. Le faire dépouiller sur le côté du feu pendant une demi-heure, le passer ensuite.

Cuire à l'eau salée 5 à 600 grammes de gros macaroni, l'égoutter, le diviser en morceaux de la longueur de 4 à 6 centimètres, le mettre dans une casserole, l'arroser avec une partie de la sauce, le faire mijoter pendant un quart d'heure, de façon qu'il absorbe le liquide ; le retirer du feu, lui incorporer 150 grammes de beurre divisé en petites parties, une poignée de parmesan râpé ; l'assaisonner, le laisser à peu près refroidir. Le ranger alors, par couches, dans la caisse de la timbale, en l'alternant avec les tranches de truffes et les tranches du saucisson préparé. Fermer la timbale avec un rond de pâte, la cuire au four pendant trois quarts d'heure ; en la sortant, la renverser sur un plat, la cerner en dessus, et infiltrer à l'intérieur le restant de la sauce. — Pour donner plus de luxe à ce mets on peut remplacer le hachis de gibier par des tranches de foie-gras très-légèrement cuit.

827. **Pattes d'ours à la Russe.** — En Russie, on vend les pattes d'ours écorchées. C'est un mets peu connu de l'Europe centrale, et peu appétissant pour les Occidentaux.

Laver les pattes d'ours, les essuyer, les saler, les plonger dans une marinade cuite, et froide ; les faire macérer pendant 2 ou 3 jours ; les faire cuire pendant 7 à 8 heures, dans une forte mirepoix au vinaigre ; quand elles sont tendres, les laisser à peu près refroidir dans leur cuisson, les égoutter, les diviser chacune en quatre parties sur leur longueur; les saupoudrer avec du cayenne, les rouler dans du beurre fondu, les paner, les faire griller pendant une demi-heure, à feu très-doux; les dresser sur un plat, verser au fond de celui-ci une sauce piquante, réduite, finie avec 2 cuillerées de gelée de groseilles.

828. Faisan à la Silésienne. — Laver un kilogramme de bonne choucroute, la faire cuire avec de la graisse d'oie, un morceau de petit-salé, blanchi, et un peu de bouillon.

Brider un bon faisan de l'année, gras, et mortifié sans excès, le faire colorer dans une casserole à feu vif. — Faire blanchir 4 à 5 douzaines d'huîtres d'*Ostende* ou du *Holstein*, avec un verre de vin blanc; les égoutter, en conservant la cuisson, les rafraîchir, les parer, et les tenir à couvert. — Avec la cuisson des huîtres et un peu de bon bouillon, préparer une petite sauce blonde, un peu consistante.

Deux heures et demie après que la choucroute est au feu, lui mêler un verre de champagne. Un quart d'heure après, ajouter le faisan coloré. Une heure après, le faisan et la choucroute doivent se trouver cuits à point. Égoutter le faisan, et faire réduire à bon feu le mouillement de la choucroute; la retirer, lui mêler aussitôt les huîtres et la sauce, la dresser sur le centre d'un plat; faire un creux dans le milieu de la choucroute, et ranger au fond le petit lard coupé en tranches; sur celles-ci, dresser le faisan découpé en six ou huit parties, et celles-ci arrosées avec un peu de bonne sauce.

829. Sauté de faisan aux truffes. — Dépecer un faisan en six parties, en coupant le haut-de-poitrine en deux; faire cuire d'abord les cuisses avec du beurre, leur mêler ensuite les filets et haut-de-poitrine; ajouter un petit oignon et un bouquet garni d'aromates. Assaisonner les viandes, les retourner, finir de les cuire à feu modéré.

Dans l'intervalle, peler 5 à 6 truffes crues, les couper en lames, les tenir à couvert. Avec les carcasses et les abatis du faisan, préparer un petit fumet; quand il est passé, le faire réduire, le lier avec de l'espagnole, lui mêler les parures de truffes et quelques cuillerées de madère; passer cette sauce, la tenir au chaud.

Quand le faisan est à peu près cuit, retirer le bouquet et l'oignon, lui mêler les truffes émincées, et 4 cuillerées-à-bouche de madère; finir de le cuire à couvert; l'égoutter ensuite, diviser les cuisses et les filets, chacun en deux parties, les dresser en buisson sur un plat; égoutter la graisse de la casserole, verser la sauce sur les truffes, lui donner un seul bouillon, la verser sur le faisan.

830. Petits aspics de levraut (Dessin 279). — Avec des truffes, décorer le fond et les parois de 14 grands moules à dariole, en les trempant à mesure dans de la gelée mi-prise. Ranger ces moules dans une casserole plate avec de la glace pilée autour, les chemiser avec de la gelée.

Préparer un appareil de pain de levraut, en procédant comme il est dit art. 808 ; lui mêler un salpicon de truffes cuites, et avec lui, emplir le vide des moules.

Fig. 279.

Coller sur le fond d'un plat, un petit montant en graisse. Faire prendre une couche de gelée au fond du plat.

Un quart d'heure avant de servir, tremper vivement les moules à l'eau chaude, en démouler 8 sur le fond du plat, autour du montant ; en dresser 6 autour du deuxième gradin.

831. **Boudins de lapereaux aux petits-pois** (Dessin 280). — Avec 500 grammes de filets de lapereaux, préparer une farce à quenelle, dans les

Fig. 280.

mêmes proportions que celle de faisan (Voy. art. 838) ; lui incorporer 4 cuillerées-à-bouche de fines-herbes cuites, l'envelopper alors dans une feuille de papier beurré, en donnant à la masse une forme ovale ; coller le papier, le plonger à l'eau bouillante ; 2 secondes après, retirer la casserole sur le côté, de façon que la farce poche, sans ébullition, pendant 10 ou 12 minutes. — Cette méthode de pocher la farce pour boudins est très-pratique.

Quand la farce est refroidie, la déballer, la diviser transversalement en tranches, tremper celles-ci dans des œufs battus, les paner, les faire colorer, des deux côtés, avec du beurre fondu, épuré ; les dresser, en couronne, sur un plat, emplir le centre avec une garniture de petits-pois, cuits à l'eau salée, liés avec un morceau de beurre.

832. Faisan à la Bohémienne. — Vider un bon faisan jeune et mortifié à point, le vider par l'estomac, et le vider sans faire d'autre ouverture.

Désosser une grosse et bonne bécasse mortifiée, en supprimer toute la peau, couper les chairs des filets en carrés, leur mêler 3 à 4 truffes crues, coupées comme les chairs ; les saler légèrement, les saupoudrer avec une pincée d'épices, les arroser avec 2 cuillerées de madère, les faire macérer 2 heures ; les mêler ensuite avec un égal volume de lard pilé ; avec cet appareil, emplir le corps du faisan ; le brider, l'envelopper dans une crépine de porc.

Mettre dans une casserole les intestins de la bécasse avec son foie et celui de 2 volailles, un brin d'échalote, la moitié des parures de truffes, et enfin un morceau de beurre ; les faire revenir, les assaisonner, les piler, les passer au tamis ; mêler à cet appareil 2 cuillerées de glace fondue, une pointe de paprika ou de cayenne, et, avec lui, masquer la surface de 6 tranches de pain, coupées de forme ovale et frites au beurre.

Cinquante minutes avant de servir, faire rôtir le faisan à la broche, avec les 6 tranches de pain placées dans la lèchefrite ; arroser de temps en temps le faisan avec du beurre, a l'aide du pinceau ; aussitôt qu'il est cuit, le débrocher, le dresser sur un plat avec les croûtes de pain garnies. Envoyer à part une saucière de bon jus réduit ensemble avec les épluchures de truffes.

833. Pâté de faisan, façon de Strasbourg (Dessin 281, 282). — Avec un kilogramme et demi de farine, 250 grammes de beurre, l'eau nécessaire, une pincée de sel, préparer une pâte brisée ; la briser trois fois, la mouler, la laisser reposer 2 heures.

Préparer 800 grammes de hachis avec moitié chairs maigres de porc, moitié viandes de gibier, faisan, coq de bois, ou lièvre ; mêler ces viandes avec un égal volume de lard salé, ajouter quelques foies de volaille sautés, les piler, les assaisonner de bon goût, les passer au tamis ; mêler alors à cette farce quelques cuillerées de truffes hachées très-fin.

Dépecer un faisan par membres, les désosser, couper les chairs en morceaux, les déposer dans une terrine avec un égal volume de foie-gras, 500 grammes de lard blanchi, coupé en petits dés, ainsi que quelques truffes crues, pelées, coupées en quartiers ; assaisonner l'appareil avec sel et épices, l'arroser avec quelques cuillerées de madère, le faire macérer pendant 2 heures.

A l'aide d'un sachet en flanelle contenant de la farine, saupoudrer les parois d'un moule à pâté de Strasbourg[1], uni et à charnières, le poser sur un plafond

---

1. On vend à Paris des moules à pâtés de Strasbourg dont les parois sont estampées, de façon à imiter le pinçage de la pâte.

couvert de papier. Abaisser les deux tiers de la pâte en abaisse ronde de 3 centimètres d'épaisseur. Avec cette pâte, former une caisse, en la pressant peu à peu avec les mains, et élevant les bords de la pâte à la hauteur de 7 à 8 centimètres; mettre cette caisse dans le moule, fermer la charnière, et monter la pâte, en la pres-

Fig. 281.

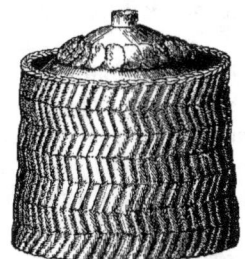

Fig. 282.

sant, peu à peu, avec les mains, afin de la maintenir d'une égale épaisseur sur toutes les surfaces : c'est là un point très-essentiel. Quand la pâte dépasse les bords du moule de 2 centimètres, masquer les parois et le fond de la caisse avec une couche de farce préparée; emplir ensuite le vide, en alternant les viandes de faisan et la farce, monter l'appareil en dôme, masquer celui-ci avec une couche mince de farce d'abord, et ensuite avec une abaisse en pâte; souder attentivement les bords de cette abaisse avec la bande du tour, égaliser celle-ci, la pincer sur le haut. Orner le dôme avec une couronne de ronds en pâte, faire une cheminée sur le centre du dôme; puis enlever le moule, en décrochant les charnières; pincer toute la surface extérieure des parois, dans le genre représenté par le dessin; dorer le dôme du pâté, envelopper les parois avec des feuilles de papier-ministre, à défaut de celui-ci, avec du demi-carton, légèrement beurré, les ficeler solidement afin d'éviter que le pâté ne se déforme à la cuisson. Couvrir le pâté avec du papier ordinaire, le pousser à four modéré, mais bien atteint, lui donner 3 heures de cuisson. Une demi-heure après qu'il est sorti du four, lui infiltrer, par le haut, la valeur d'un verre de bonne gelée d'aspic mêlée avec 2 cuillerées de glace et de madère. Laisser bien refroidir le pâté avant de le servir.

834. Pain de faisan à la Montglas. — Préparer une farce à quenelle de faisan dans les conditions prescrites art. 838; la travailler pendant quelques minutes dans une terrine, à l'aide d'une cuiller, en incorporant quelques cuillerées-à-bouche de glace fondue, et avec elle, emplir un moule à bordure uni ou façonné, beurré; la faire pocher pendant 40 minutes.

Emincer en montglas, 3 à 4 truffes noires, cuites; leur mêler autant de champignons cuits, et autant de langue écarlate coupée comme les truffes; placer cette montglas dans une casserole, la lier avec un peu de bonne espagnole, réduite avec du fumet de faisan et les parures de truffes, la tenir au chaud. Au moment de servir, renverser le pain sur un plat, éponger le beurre, verser la montglas dans le centre du pain, et masquer celui-ci avec le restant de la sauce.

835. **Faisandeaux à la Piémontaise.** — Dépecer 2 petits faisans, chacun en cinq ou six parties. — Avec les cous, les gésiers, les pattes et les carcasses tirer un fumet ; le faire réduire, le lier avec un peu de sauce. Ranger les cuisses des faisans dans une casserole plate avec du beurre, les faire revenir ; quand elles sont à moitié cuites, ajouter les filets et hauts-de-poitrine, 2 petits oignons émincés, 200 grammes de jambon dessalé, coupé en dés, ainsi qu'un bouquet de persil garni d'aromates ; finir de les cuire tout doucement à la bouche du four, en les retournant. Quand ils sont à point, les retirer sur une assiette, les parer, séparer le pilon des cuisses. Égoutter le beurre de la casserole, verser la sauce dans celle-ci ; ajouter les morceaux de faisan, les chauffer sans ébullition ; les dresser dans une bordure de risot, renversée sur un plat, en les entremêlant avec des truffes blanches de Piémont. Passer une partie de la sauce sur les faisans, envoyer le surplus dans une saucière.

836. **Tourte Russe.** — Préparer une petite farce cuite, composée par parties égales de viande de veau, de foie de veau et de lard. — Cuire 300 grammes de riz à grande eau, l'égoutter, lui mêler un morceau de beurre, le faire étuver pendant 10 minutes. — Étaler sur une tourtière une abaisse en pâte brisée fine, la couper ronde, la masquer avec une couche de la farce préparée ; masquer cette farce avec une couche de riz, sur celui-ci, étaler une couche de filets de faisans ou de perdreaux cuits, émincés ; masquer ces viandes avec une autre couche de farce, couvrir le tout avec une abaisse en demi-feuilletage. Couper la tourte sur les bords, en la cannelant comme un pithiviers ; la dorer en dessus, la rayer, la faire cuire à four chaud pendant 45 minutes. En la sortant, la glisser sur un plat ; envoyer en même temps une saucière d'espagnole, réduite au fumet de gibier.

837. **Côtelettes de perdreaux à la Pojarski.** — *Pojarski* est le nom d'un hôtelier habitant entre Saint-Pétersbourg et Moscou, qui s'est fait une grande réputation, en vendant des côtelettes, auxquelles on a fini par donner son nom.

Lever les chairs d'estomac de 3 perdreaux crus, en supprimer la peau et les nerfs, les hacher, les mêler avec un quart de leur volume de beurre, les assaisonner avec sel, poivre, muscade. Diviser cet appareil par petites parties, les rouler sur la table farinée, en leur donnant la forme d'une petite côtelette ; les tremper dans des œufs battus, les paner, piquer à chacune d'elles, au bout le plus pointu, un petit os cuit, propre; les faire frire dans un sautoir avec du beurre; les dresser en couronne sur un plat, autour d'un émincé de cèpes, à la Russe.

838. Quenelles de faisan, aux truffes (Dessin 283). — Piler 300 grammes de chairs de faisan, parées, les passer au tamis. Mettre dans le mortier 200

Fig. 283.

grammes de panade, préparée avec de la farine de riz, la broyer, lui mêler les chairs de faisan; piler cette farce pendant 7 à 8 minutes, ajouter 200 grammes de beurre fin; quand il est bien mêlé, incorporer 2 jaunes d'œuf; assaisonner la farce avec sel et épices; 3 minutes après, la passer; la déposer dans une terrine, la travailler pendant quelques secondes à la cuiller afin de la lisser; en essayer une petite partie, puis mouler une quinzaine de quenelles, à la cuiller; les faire pocher, les dresser en couronne sur une mince couche de farce, pochée sur un plat; dresser dans le centre de la couronne une garniture de petites truffes, cuites; les masquer avec une bonne sauce brune, réduite au fumet de faisan, ensemble avec les parures de truffes; verser le surplus de la sauce dans une saucière.

839. Faisan piqué, rôti (Dessin 284). — Choisir un bon et beau faisan

Fig. 284.

mâle, mortifié à point, le plumer, en réservant le cou, avec la peau et les plumes. Mettre aussi de côté les plumes de la queue. Quand il est vidé et flambé, emplir son estomac avec 200 grammes de lard pilé avec son foie, et quelques foies de volaille cuits, passés au tamis ; le brider de jolie forme, le piquer avec du lard sur les deux filets et sur les cuisses. Le fixer sur broche, en appuyant ses pattes sur un tampon de papier, afin qu'elles ne se brisent pas à la cuisson ; le cuire à bon feu pendant 40 à 50 minutes avec de larges croûtes de pain disposées dans la lèchefrite, et en l'arrosant souvent au pinceau avec du beurre.

Dans l'intervalle, traverser le cou du faisan avec un solide fil de fer, et piquer celui-ci sur un croûton de pain frit collé sur le bout d'un plat, de façon à maintenir le cou droit.

Quand le faisan est cuit, le saler, le débrocher, le débrider, le poser sur les tranches de pain de la lèchefrite, dressées sur le centre du plat, l'entourer avec des citrons coupés, et un bouquet de cresson de chaque côté ; glisser les plumes de la queue du faisan entre les tranches de pain et le plat ; envoyer une saucière de bon jus.

840. **Perdreaux à la lithuanienne.** — Mêler dans une terrine 200 grammes de beurre, avec de la mie de pain fraîche, râpée, en quantité suffisante pour former une pâte ferme ; ajouter sel, poivre et persil haché. Faire rôtir 2 perdreaux tendres ; les diviser sur la longueur, chacun en trois parties ; diviser la pâte en 4 parties, en placer une de chaque côté de l'estomac ; reformer aussitôt le perdreau et faire la même opération avec l'autre ; les placer, l'un à côté de l'autre, dans une casserole étroite, la couvrir, la tenir à la bouche du four pendant un quart d'heure, en arrosant de temps en temps les perdreaux ; les dresser sur un plat, mêler le jus de 3 citrons au beurre, le verser sur les perdreaux.

841. **Perdreaux sauce au chasseur.** — Choisir des perdreaux gras et très-jeunes, les plumer, les vider, les flamber, les couper en deux sur leur longueur ; assaisonner chaque moitié, puis les rouler dans de l'huile, les paner, les faire griller à feu vif, en les retournant et les arrosant ; les dresser ensuite sur un plat, les envoyer avec la sauce suivante :

Sauce au chasseur Polonais. — Hacher un oignon et une échalote, les mettre dans une casserole avec quelques cuillerées de petit-salé coupé en dés, et un bouquet d'aromates ; les faire revenir pendant quelques minutes, leur mêler quelques cuillerées de champignons hachés ; en faire réduire l'humidité, les mouiller avec 2 décilitres de jus ; ajouter les foies des perdreaux hachés, leur donner quelques minutes d'ébullition, les lier avec une poignée de mie de pain râpée, fraîche, mêlée avec 100 grammes de beurre. Ajouter une pincée de persil, un peu de poivre ; tourner la sauce jusqu'à ce que le beurre soit dissous, la finir avec le jus de 2 citrons.

842. **Soufflé de faisan** (Dessin 285). — Prendre les chairs d'estomac d'un faisan cuit, les couper en morceaux, les piler, ajouter moitié de leur volume de riz cuit à sec, ainsi que le foie du faisan, cuit ; piler de nouveau l'appareil, lui

mêler 3 cuillerées-à-bouche de sauce brune, réduite très-serrée, avec un peu de bon jus tiré des parures de faisan et de truffes; l'assaisonner de bon goût, le passer

Fig. 285.

au tamis fin ; le mettre dans une casserole, le chauffer, et lui incorporer, hors du feu, 6 à 7 jaunes d'œuf crus, et 100 grammes de beurre fin ; le travailler vivement pendant 3 minutes, lui incorporer ensuite 4 ou 5 blancs fouettés.

Beurrer une casserole à soufflé, l'emplir à moitié avec une partie de l'appareil ; appliquer alors, contre les parois intérieures de la casserole, une bande de papier déchiquetée, large de 6 centimètres, dont 3 seulement doivent dépasser les bords. Emplir la casserole, en maintenant le papier contre les parois ; la poser sur un plafond masqué avec une couche de cendres, la pousser à four doux ; 25 minutes doivent suffire à la cuisson du soufflé. En sortant la casserole, l'essuyer, la poser sur un plat chaud. — Ces soufflés, ne pouvant résister longtemps à l'action de l'air, doivent être mangés aussitôt cuits.

843. **Faisan rôti, découpé** (Dessin 286). — Brider un bon faisan, le bar-

Fig. 286.

der, le fixer sur broche, le faire rôtir à bon feu pendant 40 à 50 minutes, selon sa grosseur, surtout selon qu'il est plus ou moins mortifié. Quand il est à point, le saler, le débrocher, le découper en cinq parties; couper la carcasse en deux sur le travers, dresser les deux morceaux sur le centre du plat, poser les deux cuisses en long, les deux ailes et le haut-de-poitrine sur le centre. Entourer le faisan avec du cresson, glacer les membres au pinceau, et envoyer séparément une saucière de bon jus. — Si on sert le faisan sans cresson, on peut mettre le jus dans le plat.

Ce rôti est disposé pour être présenté aux convives; mais afin que chacun puisse y trouver un morceau à sa guise, et pas trop gros, les filets peuvent, sans inconvénient, être divisés en deux parties, et remis en forme; il en est de même des cuisses. Quant au haut-de-poitrine, on peut indifféremment le diviser en long ou en travers.

844. **Perdreaux à la choucroute.** — Laver 1 kilogramme de choucroute, la laisser bien égoutter, la mettre dans une casserole avec de la graisse d'oie ou du bon dégraissis de braise, un bouquet garni, une carotte et 250 grammes de petit-salé blanchi; mouiller la choucroute avec la valeur de 2 verres de bouillon, la couvrir en dessus avec un large morceau de couenne d'un jambon cuit, si c'est possible; faire bouillir le liquide pendant 10 minutes; couvrir la casserole, la retirer sur feu doux, ou la placer à la bouche du four, cuire la choucroute pendant 4 heures. — Dans l'intervalle, brider 2 gros perdreaux avec les pattes en dedans, les piquer, les faire revenir dans une casserole avec du beurre; quand ils sont à moitié cuits, les retirer du feu.

Quand la choucroute est à peu près cuite, l'arroser avec un verre de vin blanc sec, faire réduire le liquide à bon feu; retirer le petit-salé, la couenne et les légumes, lier la choucroute avec 2 cuillerées de sauce, lui mêler les perdreaux, la retirer sur feu très-doux. Un quart d'heure après, la dresser sur un plat, poser les perdreaux dessus, après les avoir débridés, les entourer avec le petit-salé, paré, coupé; les glacer au pinceau, et les envoyer.

845. **Terrine de perdreaux rouges.** — Désosser 2 perdreaux rouges, les diviser chacun en deux parties sur leur longueur, les assaisonner, les faire revenir pendant quelques minutes, avec du lard fondu, les enlever aussitôt que les chairs sont superficiellement roidies. — Émincer la moitié d'un petit foie de veau, le faire revenir à feu vif avec du lard, une pincée d'oignon haché, des aromates, quelques parures de jambon cru; le piler, le passer au tamis. Hacher la moitié de ce volume de viande maigre de porc frais, et autant de lard cru; piler le hachis, lui mêler la purée, et quelques truffes coupées; l'assaisonner de haut goût, lui mêler 2 cuillerées de cognac, et avec lui, emplir une terrine à pâté-froid, en l'alternant avec les moitiés de perdreaux, divisées chacune en deux parties. Couvrir l'appareil avec une abaisse de pâte ordinaire; poser la terrine sur un plafond, la faire cuire pendant 2 heures à four modéré, en l'arrosant de temps en

temps ; quand elle est sortie du four, enlever la pâte, et faire refroidir l'appareil avec un poids léger dessus.

846. **Salmis de perdreaux aux truffes** (Dessin 287). — Brider 2 ou 3 perdreaux, les mettre dans une casserole avec du beurre, quelques débris de

Fig. 287.

lard, les cous et les gésiers, les faire revenir à feu vif pendant 5 ou 6 minutes ; les retirer sur feu modéré, les cuire avec du feu sur le couvercle ; les laisser à moitié refroidir, les découper chacun en cinq morceaux ; en supprimer la peau, les ranger dans une casserole. Avec les carcasses et débris de perdreaux, préparer un fumet ; quand il est passé, le faire réduire, le lier avec de l'espagnole. — Faire cuire au beurre les foies des perdreaux, avec 2 foies de volaille, les piler, les passer au tamis ; délayer cette purée avec la sauce, la verser sur les perdreaux ; les chauffer sans ébullition, les dresser en pyramide sur un fond en farce, pochée sur plat, ayant sur son centre un tampon en pain frit, masqué de farce ; masquer les perdreaux avec une partie de la sauce, les entourer avec des croûtes de forme ovale, garnies avec un salpicon de truffes ; piquer sur le haut, 2 hatelets garnis ; envoyer dans une saucière le surplus de la sauce.

847. **Perdreaux sautés, à la diplomate.** — Détacher les cuisses de 2 perdreaux, en retirer les chairs, les parer, les mêler avec un égal volume de chairs de volaille, de gibier ou de veau ; avec elles, préparer une farce à quenelles, et avec cette farce, emplir un moule à bordure beurré ; la faire pocher au bain-marie.

Couper les estomacs des perdreaux, chacun en trois ou quatre parties, les ranger dans une casserole plate, avec du beurre, un petit oignon, un bouquet d'aromates, sel et poivre. Couper en morceaux les carcasses et les os, et, avec elles, préparer un peu de fumet.

Éplucher et peler 5 ou 6 bonnes truffes fraîches, les couper en dés et les tenir de côté. Mettre les parures dans une casserole plate, avec la valeur d'un verre de bonne béchamel, faire réduire celle-ci, en incorporant, peu à peu, le fonds tiré des carcasses. Passer la sauce à l'étamine, la tenir au chaud.

Faire sauter les poitrines et les filets de perdreaux à bon feu, en les retournant; aux trois quarts de cuisson, leur mêler les truffes coupées en dés, ainsi que 4 cuillerées-à-bouche de madère; finir de cuire les perdreaux et les truffes à feu modéré, renverser la bordure sur un plat, dresser les filets et les poitrines de perdreaux dans le centre, retirer l'oignon et le bouquet de la casserole, en égoutter la graisse, et verser la sauce dedans; ajouter au ragoût 150 grammes de maigre de jambon cuit, coupé comme les truffes, donner quelques bouillons à la sauce, et, avec elle, masquer les perdreaux.

848. **Perdreaux aux choux rouges.** — Pour cet emploi, il n'est pas nécessaire que les perdreaux soient tout à fait jeunes.

Émincer 2 petits choux rouges, les mettre dans une casserole en terre ou en fer émaillé, avec un oignon, du lard fondu ou du saindoux, les faire revenir à feu modéré, jusqu'à ce qu'ils aient réduit leur humidité; ajouter alors un morceau de petit-salé (250 grammes) et un verre de vin blanc; faire bouillir le liquide; 10 minutes après, retirer la casserole sur le côté du feu, cuire les choux à feu modéré.

Brider 2 perdreaux, les faire revenir avec du beurre, simplement pour les colorer; les mettre dans les choux, et finir de les cuire ensemble : les choux doivent rester un peu fermes, et de belle couleur; aussitôt les perdreaux cuits, les égoutter, les débrider, retirer aussi le petit-salé, le parer et le découper en tranches; lier alors les choux avec un morceau de beurre-manié, les finir avec un filet de vinaigre, les dresser ensuite sur un plat avec les perdreaux dessus et les tranches de lard autour.

849. **Perdreaux à la Sierra-Morena.** — Ce mets est d'origine espagnole. — Brider 2 perdreaux avec les pattes en dedans, les mettre dans une casserole, avec de l'huile, 4 petits oignons, une carotte, un morceau de céleri, 250 grammes de jambon coupé en gros dés, quelques gousses d'ail, thym, laurier, poivre en grains, clous de girofle; faire revenir ces ingrédients à feu vif, pendant 8 à 10 minutes; les mouiller avec un verre de bouillon, faire réduire celui-ci, à glace; mouiller alors les perdreaux à trois quarts de hauteur avec un demi-verre de vinaigre et du bouillon; les couvrir avec un rond de papier huilé, les pousser à la bouche du four jusqu'à ce qu'ils soient cuits.

Dans l'intervalle, faire frire dans de l'huile 3 poignées de mie de pain râpée; aussitôt qu'elle est de couleur blonde et sèche, la retirer du feu, en égoutter l'huile; quand les perdreaux sont cuits, passer le mouillement, le dégraisser, et avec lui, délayer la mie de pain frite, de façon à obtenir une sauce légère; au premier bouillon, la retirer sur le côté, la cuire pendant 25 minutes : elle doit alors se trouver liée à point et de bon goût ; la passer, la verser sur les perdreaux, dressés sur un plat chaud.

850. Chaufroix de perdreaux aux truffes (Dessin 288). — Prendre les estomacs de 5 ou 6 perdreaux rôtis, froids, en détacher les filets et le haut-de-

Fig. 288.

poitrine, en supprimer la peau et le moignon des filets, les parer, les tremper dans une sauce chaufroix, composée avec deux tiers de sauce brune, et un tiers de gelée d'aspic ; les ranger à mesure sur une plaque, faire refroidir la sauce.

D'autre part, préparer un gradin en bois masqué de graisse ; le coller sur un plat. Fixer sur le haut un petit sujet coulé en graisse ou en stéarine, l'entourer à sa base avec une couronne de petites caisses plissées, garnies chacune avec une petite truffe glacée, détacher les filets et hauts-de-poitrine de la plaque, en les touchant le moins possible ; dresser les filets sur le premier gradin, presque debout et à cheval, les entourer avec un cordon de gelée hachée ; dresser une partie des estomacs sur le dernier gradin.

851. Perdreaux au chasseur. — Diviser 3 jeunes perdreaux, sur la longueur, couper les pattes, fendre la peau du pilon, afin de passer la jambe en dessous ; battre légèrement chaque moitié, les assaisonner, les rouler dans de l'huile, les paner, et les faire griller pendant 14 à 15 minutes, en les retournant ; les dresser sur un plat, masquer le fond de celui-ci avec un peu de sauce madère.

852. Pain de perdreaux à la Périgueux. — Avec les estomacs de 2 perdreaux, préparer une farce à quenelle sans beaucoup de panado ; cuire les cuisses avec les foies des perdreaux et quelques parures de truffes; les piler, les passer, les mêler à la farce; avec celle-ci, emplir un moule uni, à cylindre, beurré; faire pocher le pain au bain-marie pendant une demi-heure, le dresser sur un plat, en éponger la graisse, le masquer avec une bonne espagnole, réduite avec du fumet de perdreau, du madère et des parures de truffes, mêlée, quand elle est passée, avec un salpicon de truffes.

853. **Quenelles de perdreaux, au fumet.** — Avec 2 estomacs crus de perdreaux, et les cuisses cuites, préparer une farce à quenelle, dans les conditions que je viens de prescrire art. 852. Avec les carcasses et parures de perdreaux, quelques parures de volaille, préparer un bon fumet; le clarifier comme un consommé; en dernier lieu, le lier avec un peu d'arrow-root, le tenir au bain-marie.

Avec la farce, mouler une quinzaine de quenelles, à la cuillère, les faire pocher, les égoutter, les dresser en buisson dans un plat, les masquer avec une partie du fumet de perdreau; envoyer le surplus dans une saucière.

854. **Crépinettes de filets de perdreaux.** — Lever les filets de 4 perdreaux tendres, en supprimer les os et la peau, les fendre sur l'épaisseur des chairs, les fourrer avec un petit hachis fin, composé de lard frais, jambon cru, truffes crues, une pointe d'échalote, sel et poivre; assaisonner les filets, les masquer de chaque côté avec 2 ou 3 tranches de truffes crues; les envelopper alors chacun dans un carré de crépine de porc, les rouler dans du beurre, les paner, les faire griller à feu modéré pendant 12 à 14 minutes, en les retournant; les dresser ensuite sur un plat avec une demi-glace dessous. — Avec les 8 filets-mignons légèrement battus, on peut faire 2 crépinettes.

855. **Galantine de perdreaux à la gelée** (Dessins 289, 290). — Désosser 3 perdreaux : avec les chairs des cuisses, quelques parties de chairs de gibier, autant de lard frais, préparer une farce à galantine; l'assaisonner de haut goût, lui mêler 4 à 5 truffes pelées, coupées en dés. Assaisonner les perdreaux, les emplir avec la farce, mais sans trop les grossir, les coudre en leur donnant une forme ronde, les envelopper chacun dans un petit linge, les ficeler, les cuire pendant cinq quarts d'heure dans un bon fonds; les égoutter, les déballer et les réemballer, les laisser refroidir ronds. Les déballer ensuite, les parer, les découper en tranches minces sans séparer celles-ci. Les glacer au pinceau.

Ranger dans une terrine 3 petits moules à galantine, dont je donne ici le dessin, les entourer avec de la glace pilée; faire prendre au fond une couche de gelée bien claire; quand elle est raffermie, poser une galantine dessus, et finir d'emplir les moules, peu à peu, aussi avec de la gelée, mais en maintenant les galantines sur le milieu. Une heure après, tremper tour à tour les moules à l'eau chaude, les essuyer, les renverser autour d'un petit sujet en graisse, fixé sur le centre d'un pain-vert; entourer celui-ci, avec des petites caisses en papier, gar-

Fig. 289.

Fig. 290.

nies chacune avec une petite truffe cuite, refroidie, glacée au pinceau. — Cette entrée, d'un très-joli effet, est destinée à figurer sur table.

856. **Épigrammes de perdreaux à la Provençale.** — Lever les filets de 2 perdreaux crus, en laissant les filets-mignons attachés à la charpente de l'estomac, les parer selon la règle, les ranger dans une casserole avec du beurre épuré. Détacher les filets-mignons, les battre légèrement, les accoupler de deux en deux, à l'aide d'un peu de farce, en leur donnant la même forme qu'aux gros filets, les assaisonner, les mettre avec les autres.

Avec les chairs crues d'un perdreau, quelques parures de volaille ou de gibier, préparer une farce à quenelle. Avec les carcasses, les parures, les os, un peu de jambon, légumes et aromates, préparer un fumet; le faire réduire, le lier avec de l'espagnole. Diviser la farce en six parties, les rouler, sur la table saupoudrée avec de la farine, en forme de poire, les aplatir avec la lame d'un couteau, en leur donnant la forme et les dimensions des filets de perdreaux; les faire pocher à l'eau salée, les égoutter, les paner aux œufs, les faire frire, au beurre, dans une casserole plate; les égoutter, et leur piquer une manchette.

Faire pocher les filets, à feu vif, en les retournant et les tenant *vert-cuits*; en égoutter le beurre, les arroser avec 3 cuillerées-à-bouche de sauce; les dresser en couronne sur un plat, en les alternant avec les boudins; emplir le vide de la couronne avec une garniture de champignons ou de cèpes sautés à la Provençale, liés avec le restant de la sauce.

857. **Escabescia de perdreaux.** — Ceux qui ont voyagé en Espagne,

savent que les auberges de ce pays ne jouissent pas d'une grande renommée culinaire; mais, du moins, le voyageur est sûr d'y trouver le populaire *escabescia*, et cet excellent jambon fumé, si tendre, si bon dans toutes les contrées. Avec ces deux mets, du pain exquis et de l'eau qui vaut presque du vin, si on ne dîne pas de façon luxueuse, on peut, du moins, apaiser agréablement sa faim.

Découper 2 ou 3 perdreaux, chacun en cinq parties, les mettre dans un sautoir avec beaucoup d'huile et beaucoup d'aromates, 2 têtes d'ail non épluchées, poivre en grains, clous de girofle. Quand ils sont bien revenus, les mouiller, juste à hauteur, avec du vinaigre et du bouillon, les laisser cuire tout doucement, mais assez longtemps pour qu'ils soient très-tendres; à ce point, le mouillement doit se trouver très-court, lui mêler quelques cuillerées de gelée d'aspic ou simplement de la cuisson de pied de veau; faire bouillir le fonds, et 3 minutes après, retirer la casserole du feu; ranger les perdreaux dans une terrine, les arroser avec leur cuisson, en la passant. Les laisser bien refroidir avant de les servir.

858. **Purée de perdreaux aux croûtons.** — Lever les chairs de 2 petits perdreaux cuits, en supprimer la peau et les nerfs, les couper, les piler avec un morceau de beurre, et quelques cuillerées-à-bouche de sauce froide, tirée avec les carcasses et parures de perdreaux; assaisonner l'appareil avec sel et muscade, le passer au tamis; déposer cette purée dans une terrine. Piler les foies de perdreau avec 2 ou 3 foies de volaille cuits, les passer également au tamis; mêler à cette purée, quelques cuillerées de glace fondue, et avec elle, masquer (d'un côté seulement) 7 ou 8 croûtons de pain, frits au beurre, en la faisant bomber; ranger ces croûtons sur un couvercle de casserole, les masquer au pinceau avec un peu de sauce, les tenir à la bouche du four afin de les glacer.

Au moment de servir, chauffer la purée sans la faire bouillir, en lui mêlant 2 ou 3 cuillerées-à-bouche de sauce : elle doit néanmoins rester consistante; la dresser en dôme sur un plat, l'arroser au pinceau avec un peu de sauce ou de glace fondue, l'entourer avec les croûtons farcis.

859. **Rissoles de perdreaux, à la Russe.** — Lever les filets de 2 perdreaux crus, parer les chairs, les hacher fin; hacher également 150 grammes de moelle de bœuf crue, ainsi que 150 grammes de lard blanchi, assaisonner le hachis, avec sel et muscade, lui mêler 2 truffes crues et hachées, le lier avec un jaune d'œuf. Avec cet appareil, préparer des rissoles, les faire frire, les égoutter et les dresser en buisson sur serviette.

860. **Pain de perdreaux aux olives** (Dessin 291). — Avec les chairs crues de 2 perdreaux, préparer une farce à quenelle; lui mêler quelques cuillerées de sauce brune, réduite avec un peu de glace et du vin.

Beurrer un moule uni, à cylindre, le saupoudrer avec une poignée de truffes noires coupées en petits dés; emplir le vide avec la farce; la faire pocher au bain-marie. Au moment de servir, retirer le moule, égoutter la graisse, renverser le

Fig. 291.

pain sur un plat; garnir le vide central avec une garniture d'olives, sans noyaux, blanchies; l'arroser avec un peu de sauce brune, réduite avec du fumet de perdreau et un peu de madère.

861. **Pain de perdreaux aux truffes** (Dessin 292). — Détacher des os les chairs d'un perdreau cuit; les piler avec quelques foies de volaille cuits; leur

Fig. 292.

mêler la valeur d'un demi-verre de sauce brune, réduite avec les parures de quelques truffes crues; les passer au tamis fin; déposer l'appareil dans une terrine, lui incorporer 4 cuillerées-à-bouche de glace, puis 200 grammes de beurre fin, manié, divisé en petites parties; verser l'appareil dans un moule à six pans. Tenir celui-ci sur glace pendant une heure; le tremper ensuite à l'eau chaude, et démouler le pain sur un fond collé sur un plat, ayant une petite colonne fixée sur son centre. Glacer le pain au pinceau, décorer les faces avec une rosace formée d'un rond de blanc d'œuf et des losanges de truffes cuites. Fixer sur le haut de la colonne une petite coupe coulée en graisse ou en stéarine, garnie avec des petites truffes nappées à la gelée. Entourer la base du pain avec une couronne de truffes en petites caisses, et le fond du plat avec de jolis croûtons de gelée.

862. **Croquettes de perdreaux, à la Lyonnaise.** — Avec les chairs crues de 2 perdreaux préparer une farce à quenelle ; la tenir sur glace ; une demi-heure après, la prendre avec une cuiller, par petites parties, laisser tomber celles-ci sur la table saupoudrée de farine, les rouler en forme de bouchon ; faire un creux dans le centre, à l'aide du manche d'une petite cuiller en bois, trempé dans du beurre chaud, emplir aussitôt ce creux avec un hachis de truffes crues, lié à chaud avec de l'espagnole réduite ; fermer l'ouverture avec de la farce crue, tremper les croquettes dans des œufs battus, les paner. Quelques minutes avant de servir, les plonger à friture chaude ; quand elles sont de belle couleur, les dresser en buisson sur une serviette pliée.

863. **Timbale de perdreaux à l'Alsacienne.** — Préparer d'abord un hachis, avec 250 grammes de maigre de porc frais, autant de lard, autant de jambon cru ; l'assaisonner de haut goût, le piler, lui mêler quelques cuillerées de fines-herbes, ainsi qu'un peu de panade, un œuf entier, le passer ensuite au tamis.

Dans l'intervalle, faire bouillir un gros chou pendant 15 minutes, l'égoutter, le rafraîchir ; détacher les feuilles les plus larges, en supprimer les côtes dures, les étaler sur un linge.

Découper 2 perdreaux crus, les faire revenir avec quelques cuillerées de petit-salé ; les assaisonner, les mouiller avec un peu d'espagnole, les faire cuire tout doucement ; au dernier moment, leur mêler quelques truffes crues coupées en tranches.

Choisir un grand moule à timbale, le masquer au fond et autour avec des tranches minces de lard ; sur celui-ci, appliquer des feuilles de choux (2 ou 3 l'une sur l'autre) de façon à former un soutien suffisant ; masquer les choux, au fond et autour, avec une couche de hachis de porc, masquer aussi le hachis avec des feuilles de chou, puis dresser dans le vide du moule les membres des perdreaux entremêlés avec les truffes et le petit-salé ; fermer l'ouverture de la timbale avec une couche de farce ; masquer celle-ci avec des feuilles de chou, poser la timbale dans un plafond avec de l'eau dedans, la cuire à four modéré pendant 2 heures ; la démouler sur un plat, enlever le lard et la graisse, la masquer avec la sauce.

864. **Perdreaux à l'Italienne.** — Brider 3 perdreaux, les faire revenir dans une casserole, les ranger ensuite de façon qu'ils forment le triangle, en lais-

sant un vide au milieu ; placer dans ce vide quelques petits oignons, quelques carottes, les uns et les autres blanchis, ainsi que 200 grammes de jambon cru, coupé en gros dés, 2 gousses d'ail, un bouquet d'aromates ; mouiller les perdreaux à hauteur avec un verre de *Marsala* sec et du bouillon ; poser la casserole sur feu vif, faire bouillir le liquide, et 5 minutes après, la retirer à la bouche du four ; finir de cuire ainsi les perdreaux. Au moment de servir, égoutter le fonds de leur cuisson, en le passant, le dégraisser, le lier avec un peu de sauce tomate, faire réduire la sauce pendant quelques minutes, la verser sur les perdreaux ; les faire mijoter pendant 10 minutes, les égoutter, les dresser sur un plat, avec les garnitures autour.

865. **Petites timbales de nouilles à la purée de perdreaux** (Dessin 293). — Préparer une pâte à nouilles avec 4 à 500 grammes de farine. La

Fig. 293.

laisser reposer, la diviser en cinq ou six parties ; abaisser celles-ci très-fines, les émincer, les faire cuire à l'eau salée ; les égoutter sans les rafraîchir, les remettre dans la casserole, les assaisonner, leur incorporer 150 grammes de beurre et 100 grammes de parmesan râpé ; les verser dans une casserole plate, beurrée ; les étaler en couche de 6 centimètres d'épaisseur. Faire refroidir l'appareil sous presse légère, puis couper les petites timbales à l'aide du sixième coupe-pâte uni ; les tremper dans des œufs battus, les paner, les cerner d'un côté avec un petit coupe-pâte afin de marquer le couvercle, puis les faire frire de belle couleur ; les vider, les remplir avec une purée de perdreaux chauffée (art. 858), glacer la purée en dessus et la couvrir. Dresser les timbales en buisson sur une serviette pliée.

866. **Perdreaux à la Sybarite.** — Vider 2 perdreaux par l'estomac ; désosser 2 bécassines. — Peler 2 truffes crues, piler les parures avec les foies cuits des bécassines et des perdreaux, ainsi qu'avec un morceau de moelle de bœuf crue ; assaisonner l'appareil, le passer au tamis, lui mêler les truffes crues, coupées en petits dés. Assaisonner les chairs intérieures des bécassines, poser une partie de l'appareil sur le centre de chacune d'elles, les rouler sur elles-mêmes, les introduire, une dans l'intérieur de chaque perdreau, emplir l'estomac de ceux-

ci avec le restant de l'appareil, les brider, les saler, les envelopper dans un carré de crépine de porc. Vingt-quatre heures après, traverser les perdreaux avec une brochette mince, les fixer sur une broche, les faire rôtir à bon feu pendant 25 minutes, les débrocher, les débrider, les dresser sur un plat avec du bon jus réduit.

867. **Perdreaux à la Piémontaise.** — Brider 2 perdreaux avec les pattes en dedans, leur masquer l'estomac avec des tranches de citron, soutenir celles-ci avec des bardes de lard. — Foncer une casserole plate avec des débris de lard et de jambon, des légumes émincés, un bouquet d'aromates ; poser les perdreaux sur ce fond, les mouiller avec un verre de vin blanc sec, les faire cuire à la bouche du four, en les retournant ; les débrider, les découper chacun en cinq parties, les ranger dans une petite casserole, les arroser avec un peu de glace et de sauce tomate, les tenir au bain-marie ; préparer un petit appareil de pouleinte ; le finir avec du beurre et du parmesan ; le verser dans un moule à bordure beurré ; le laisser raffermir pendant 8 à 10 minutes, le renverser sur un plat ; dresser alors les membres de perdreaux dans le puits de la bordure, les cuisses au fond, les filets et hauts-de-poitrine en dessus ; les arroser avec la sauce.

868. **Perdreaux gris rôtis, à la Polonaise.** — Brider 2 perdreaux gris, les faire revenir dans une casserole avec du beurre ; quand ils sont à moitié cuits, les mouiller avec la valeur d'un demi-verre de crème aigre, finir de les cuire, en les arrosant ; les égoutter ensuite, les débrider, les dresser sur un plat. Verser un peu de bon jus dans la casserole, faire bouillir le fonds, le lier avec un petit morceau de beurre-manié ; réduire quelques secondes la sauce, la passer sur les perdreaux. — A défaut de crème aigre, on peut employer de la bonne crème double, et finir la sauce, après l'avoir réduite, avec un filet de vinaigre ou jus de citron. Cette méthode donne un excellent résultat.

869. **Grouses rôties, à la mie de pain.** — Brider 2 grouses, les enfiler sur leur longueur avec une brochette en fer, fixer celle-ci par les 2 bouts à une broche, les faire rôtir, en les arrosant avec du beurre ; quand elles sont à peu près cuites, les retirer du feu, les saler, les saupoudrer avec une légère couche de farine, continuer la cuisson, en les arrosant ; les débrocher, les débrider, les dresser sur un plat avec du jus. Envoyer séparément, soit une saucière de mie de pain cuite au beurre, soit simplement du pain grillé, pilé, passé.

870. **Côtelettes de grouses, sauce Victoria** (Dessin 294). — Vider 3 ou 4 jeunes grouses de la grosseur d'un pigeon, les couper chacune en deux parties sur la longueur ; fendre en travers les chairs du pilon de la cuisse, faire passer le bout de la patte sous la peau du pilon, en la faisant sortir du côté de la carcasse ; battre légèrement chaque moitié de grouse, les parer, les assaisonner avec sel et poivre, les rouler dans du beurre fondu, les paner, les faire griller à feu

modéré pendant 12 minutes, en les retournant, les dresser alors sur un plat chaud, les envoyer avec la sauce suivante :

Sauce Victoria. — Mettre dans une petite casserole une cuillerée à bouche d'échalotes hachées, un petit bouquet d'aromates, le jus de 2 citrons ; couvrir la casserole, faire bouillir le liquide pendant 2 minutes, lui mêler 3 à 4 cuillerées de champignons crus, coupés en dés fins ; cuire ceux-ci jusqu'à ce qu'ils aient réduit leur humidité ; les mouiller ensuite avec la valeur d'un demi-verre de glace fondue ; faire bouillir le liquide, le retirer du feu, lui incorporer, peu à peu, 150 grammes de bon beurre ; tourner la sauce sur le côté jusqu'à ce que le beurre soit incorporé, mais sans la faire bouillir. Quand elle est crémeuse, bien liée, lui mêler un filet de vinaigre, une cuillerée de soya, 2 cuillerées de cornichons coupés en dés fins, une pincée de feuilles d'estragon coupées en losange.

Fig. 294.

871. **Pâté-froid de perdreaux** (Dessin 295). — Beurrer un moule à pâté-froid, le poser sur un plafond couvert de papier, le foncer avec de la pâte

Fig. 295.

brisée (art. 195). — Détacher les cuisses de 4 à 5 perdreaux, les désosser, les couper en morceaux, les piler. — Détacher les filets de l'estomac des perdreaux, les couper en carrés, les déposer dans une terrine, ajouter moitié de leur volume de lard, blanchi, coupé en gros dés, puis 300 grammes de truffes crues, coupées comme le lard ; les assaisonner avec sel et épices, les arroser avec quelques cuillerées-à-bouche de madère, les laisser macérer pendant 2 heures.

Hacher 800 grammes de viande maigre de porc ; la piler avec les chairs des cuisses de perdreaux, ajouter 800 grammes de lard salé, non fumé ; assaisonner cette farce, la déposer dans une terrine, lui mêler 2 truffes. — Avec une partie de cette farce, masquer le fond et le tour de la caisse, en lui donnant l'épaisseur d'un demi-centimètre ; ranger alors les filets de perdreaux et la garniture par couches alternées avec de la farce, monter l'appareil en dôme, dépassant la hauteur du moule, le couvrir avec des bardes minces de lard frais, puis avec une abaisse ronde de pâte, en soudant celle-ci avec la pâte des bords. Couper droit la bande en relief, la pincer sur le haut, et décorer le dôme ; le dorer, le cuire à four modéré pendant 2 heures et demie, en ayant soin de le couvrir avec du fort papier. Une demi-heure après que le pâté est sorti du four, lui infiltrer, par l'ouverture du haut un peu de bon jus, réduit avec les parures de truffes, un peu de madère, un peu de gelée ; laisser refroidir le pâté pendant 24 heures.

872. **Pâté de grouses à l'Écossaise.** — Dépecer 2 grouses, chacune en cinq parties ; les assaisonner avec sel et poivre. Masquer le fond d'un plat à pâté avec quelques lames de jambon et de bœuf crus, ranger les morceaux de grouses dessus, les saupoudrer avec un peu d'échalote hachée ; combler les vides avec quelques jaunes d'œuf, masquer également les viandes avec des tranches de jambon cru, les mouiller à moitié de hauteur avec un peu de bon jus froid, les couvrir avec de la pâte, et terminer le pâté, en procédant comme il est dit art. 559 ; le dorer, le faire cuire à four modéré pendant une heure ; en le sortant, le poser sur un autre plat.

873. **Filets de perdreaux, sauce bigarade.** — Lever les filets de 3 perdreaux, en laissant les filets-mignons attachés à la charpente de l'estomac ; supprimer l'épiderme et le bout de l'aileron des gros filets, les battre légèrement avec le manche du couteau humide, les parer en pointe d'un côté, les arrondir de l'autre ; les ranger dans une casserole plate, avec du beurre fondu. Parer aussi les filets-mignons, les battre avec le manche du couteau, les masquer, d'un côté, avec un peu de farce à quenelle préparée avec les parures des filets, en souder deux ensemble, en leur donnant la forme des gros filets, les ranger dans la même casserole à côté de ceux-ci.

Au moment de servir, saupoudrer les filets avec un peu de sel, les faire pocher à feu vif, des deux côtés, en les tenant *vert-cuits*, comme les filets de volaille ; les égoutter sur un linge, les dresser en couronne sur un plat ; les masquer avec

GIBIER. — PERDREAUX ET COQS DE BRUYÈRES.

une sauce bigarade, les alterner avec des croûtons de pain frits, parés de la même forme, glacés au pinceau. Verser la sauce suivante dans le centre de la couronne :

Sauce bigarade. — Couper en rubans le zeste d'une grosse bigarade ou d'une orange verte, les émincer en travers, comme pour une julienne de légumes, les faire cuire à l'eau, les égoutter. Mettre dans une petite casserole une cuillerée-à-bouche d'échalotes hachées, les faire revenir avec un morceau de beurre, les mouiller avec un peu de bouillon, ainsi qu'un filet de vinaigre, les faire cuire, en faisant réduire le liquide à glace. Verser alors, dans la casserole, la valeur de 2 décilitres d'espagnole, ajouter le zeste de la bigarade ; faire bouillir la sauce pendant 2 minutes, la retirer, lui incorporer le jus de 2 bigarades.

874. **Cannelons à la purée de perdreaux** (Dessin 296). — Abaisser mince 4 à 500 grammes de feuilletage à huit tours, distribuer la pâte en bandes d'un centimètre et demi de largeur.

Beurrer 10 bâtons à cannelons, les envelopper tour à tour avec les bandes de pâte, en spirale et à cheval, leur donner la longueur de 10 centimètres, les ranger

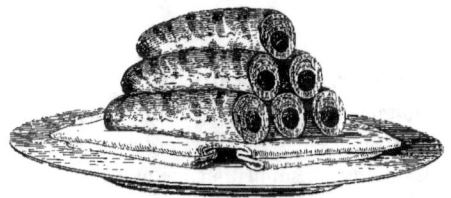

Fig. 296.

à mesure sur une plaque, les dorer et les cuire à bon four ; quand ils sont de belle couleur, les sortir ; quelques minutes après, enlever le bâton et garnir l'intérieur, à l'aide d'une poche à douille, avec de la purée de perdreaux, chauffée avec un peu de glace fondue, et mêlée avec un salpicon de truffes. Masquer l'ouverture avec un rond de truffe, dresser les cannelons en pyramide sur une serviette pliée.

875. **Pâté-chaud de coqs de bruyères à la Russe.** — Prendre 2 jeunes coqs de bruyères, en détacher d'abord les cuisses, supprimer la peau de l'estomac, et diviser les chairs des filets chacune en trois parties ; les larder avec du lard et des truffes, les assaisonner, les arroser avec quelques cuillerées de madère. — Foncer un plat à tarte avec des tranches minces de veau, les assaisonner avec sel et poivre, les saupoudrer avec une pincée d'oignon haché ainsi que quelques tranches de jambon cru entrelardé ou des tranches de petit-salé, ranger les cuisses sur celui-ci, puis les filets en comblant les vides avec des œufs durs coupés par moitié, masquer aussi les viandes avec des tranches minces de petit-

salé et les mouiller à moitié de hauteur avec du jus froid, mêlé avec la marinade des viandes; masquer les bords du plat avec une bande de pâte en rognures de feuilletage, couvrir le pâté, en procédant comme il est dit art. 559, le cuire pendant une heure à four modéré avec du papier dessus.

876. **Perdreaux rôtis, truffés.** — Flamber 2 perdreaux, en supprimer la poche, en fendant la peau du cou, les vider par l'extrémité opposée. — Peler 5 ou 6 truffes noires et fraîches, les couper en quartiers, les assaisonner ; hacher les épluchures, les piler avec un peu de lard frais, ajouter les foies des perdreaux, cuits avec 2 ou 3 foies de volaille ; assaisonner l'appareil, le passer au tamis. — Faire fondre 150 grammes de lard râpé, lui mêler les truffes coupées, les chauffer pendant 2 secondes, en les sautant ; les mêler ensuite avec la farce, et emplir le corps et l'estomac des perdreaux ; en coudre les issues, les brider, les fixer sur broche, les faire rôtir à feu modéré pendant 14 à 15 minutes, selon leur grosseur, en les arrosant avec du beurre ; les saler, les débrocher, les dresser sur un plat avec des citrons coupés autour. Mêler un peu de jus au fonds de la lèchefrite ; le faire bouillir, le dégraisser, le réduire en demi-glace, le passer, le verser dans une saucière.

877. **Filets de perdreaux à l'ancienne.** — Lever les filets de 2 perdreaux, les parer, les ranger, ainsi que les filets-mignons, dans une casserole plate avec du beurre ; faire cuire les cuisses de ces perdreaux dans une autre casserole, les laisser refroidir, les désosser; supprimer les parties dures des chairs, les piler avec 3 cuillerées de riz bien cuit et sec ; ajouter un morceau de beurre à l'appareil, l'assaisonner, le passer au tamis. Mettre cette purée dans une casserole, la chauffer sur feu modéré, en la travaillant et lui incorporant un peu de sauce ou de glace fondue, mais sans la faire bouillir.

Au moment de servir, faire pocher les filets à feu vif ; aussitôt atteints à point, en égoutter le beurre, les arroser avec 2 ou 3 cuillerées d'espagnole, tirée avec les carcasses des perdreaux, rouler les filets dans cette sauce, les dresser en couronne sur un plat avec la purée au milieu ; arroser celle-ci, ainsi que les filets, avec le restant de la sauce.

878. **Pâté-froid de coqs de bruyères** (Dessin 297). — Ce pâté est très-estimé, et souvent servi en Allemagne. — Lever les filets de 2 gros coqs de bruyères, en supprimer la peau, les larder avec des truffes et du jambon cru ; les déposer dans une terrine, les assaisonner avec sel et épices, leur additionner 5 à 6 truffes pelées, coupées en quartiers ; les arroser avec le quart d'un verre de madère, les laisser mariner pendant quelques heures. — Avec un demi-foie de veau et quelques foies de volaille ou de gibier préparer une farce cuite, assaisonnée de

haut goût. Mêler cette farce avec le double de son volume de hachis de porc frais, composé avec moitié lard et moitié viande maigre. — Foncer un moule à pâté avec de la pâte brisée ; masquer le fond et le tour de la caisse en pâte avec une

Fig. 297.

partie de la farce ; emplir ensuite le vide avec les filets de coqs et le restant de la farce. Couvrir le pâté selon la règle ordinaire, le dorer, le cuire à four modéré pendant 2 heures ; une demi-heure après qu'il est sorti du four, lui infiltrer par le haut un peu de bon jus mêlé avec de la gelée.

879. **Croustades à la Reine** (Dessin 298). — Ces croustades sont en pain, et découpées au couteau. Le pain qu'on emploie pour les croustades est celui

Fig. 298.

qu'on appelle *pain anglais*, en usage dans les cuisines ; on l'appelle aussi *pain de mie*. — La forme des croustades est une affaire de goût ; tous les dessins conviennent, s'ils sont réguliers et corrects. — Couper 8 petites croustades, les mettre à l'abri de l'air, à mesure qu'elles sont coupées ; les cerner en dessus, les plonger à grande friture neuve, leur faire prendre une belle couleur, les égoutter et les vider ; les garnir avec une purée de perdreaux ; ranger sur le haut une petite rosace de truffes cuites, glacées au pinceau. Dresser les croustades sur une serviette pliée, 7 au fond, une en dessus, appuyée sur celle du milieu, qui doit être moins garnie que les autres.

880. **Perdreaux à la Catalane.** — Brider 3 perdreaux avec les pattes en dedans, les faire revenir dans une casserole avec du lard haché et un bouquet d'aromates; les assaisonner; quand ils sont de belle couleur, les mouiller avec un peu de vin, les retirer sur feu modéré. Quand ils sont à peu près cuits, ajouter 200 grammes de jambon cru coupé en dés, ainsi que 4 à 5 douzaines de gousses d'ail, cuites à grande eau; les saupoudrer avec une pincée de poivre rouge d'Espagne, et finir de les cuire avec les perdreaux; égoutter ceux-ci, les débrider, les dresser sur un plat, les entourer avec les garnitures; retirer alors le bouquet, dégraisser le fonds-de-cuisson, le lier avec un peu d'espagnole, le verser sur les perdreaux.

881. **Salade tartare.** — Prendre des chairs cuites d'estomac de gélinottes, de faisans, de perdreaux ou de coqs de bruyères : les espèces peuvent être mêlées; en supprimer les os et la peau, les émincer en tranches, les déposer dans une terrine; les assaisonner avec sel, poivre, huile et vinaigre. Prendre les parures de ces chairs, les piler avec une cuillerée de sauce, les passer au tamis; mêler à cette purée quelques cuillerées d'huile et du vinaigre à l'estragon, puis la valeur de 3 décilitres de gelée froide.

Décorer un moule à bordure avec des cornichons, des câpres, des piments rouges, des betteraves, des haricots-verts au vinaigre : ces détails du décor doivent être préalablement trempés dans de la gelée mi-prise avant d'être appliqués.

Quand le moule est décoré, lier sur glace la purée de gibier, la verser dans le moule décoré. Une heure après, renverser la bordure sur un plat froid; lier alors les morceaux de gibier avec quelques cuillerées de mayonnaise à la ravigote, les dresser en pyramide dans le centre de la bordure, en les entremêlant avec des pickles anglais, divisés; masquer la pyramide avec une couche de mayonnaise à la ravigote.

882. **Perdreaux à la purée de lentilles.** — Vider 2 perdreaux, les brider avec les pattes en dedans, les barder, les placer dans une casserole étroite, foncée avec des légumes émincés, des débris de jambon, un peu de graisse, un bouquet d'aromates, et poivre en grains; les faire revenir à feu modéré, en les retournant; les mouiller à moitié de hauteur avec du vin et du bouillon; faire bouillir le liquide, retirer la casserole à la bouche du four. Quand les perdreaux sont cuits, passer le fonds-de-cuisson, le dégraisser, le lier très-légèrement avec un peu de fécule délayée ou du beurre manié.

D'autre part, préparer une petite purée de lentilles, en la tenant un peu ferme; la chauffer, en lui incorporant quelques cuillerées-à-bouche de glace; la dresser sur un plat, et placer les perdreaux dessus, l'un à côté de l'autre ; les arroser avec la sauce.

883. Perdreaux aux choux. — Brider 2 perdreaux avec les pattes en dedans ; les faire revenir avec du beurre, finir de les cuire avec des choux braisés en bouquets, avec un morceau de petit-salé et quelques saucisses ; les égoutter aussitôt cuits. Égoutter les choux sur une passoire, en extraire la graisse, les dresser symétriquement sur un plat, avec le petit-salé coupé, et les saucisses ; dresser les perdreaux en dessus, entiers ou découpés ; les glacer, envoyer en même temps une saucière d'espagnole.

884. Gélinottes à la Russe (Dessin 299). — Brider 3 ou 4 gélinottes, les mettre dans une casserole avec du beurre, les assaisonner, les faire revenir, en les retournant ; quand elles sont à peu près cuites, les arroser avec quelques cuillerées de crème aigre ; finir de les cuire, en les arrosant ; les égoutter ensuite, les débrider, les couper chacune en quatre parties, les dresser sur un plat ou dans une casserole à légumes ; mêler un peu de béchamel à la sauce, la faire réduire jusqu'à

Fig. 299.

ce qu'elle soit consistante ; la verser sur les gélinottes de façon à les masquer d'une couche épaisse, les saupoudrer avec de la mie de pain, les faire gratiner au four, jusqu'à ce que la sauce soit légèrement colorée.

885. Pâté-froid de gélinottes. — Lever les filets entiers de 4 gélinottes crues, sans faire d'estomac ; en supprimer la peau et les os, les diviser, chacun, en deux parties, les déposer dans une terrine, les assaisonner avec sel et épices, leur mêler 4 à 500 grammes de jambon cru, dessalé, coupé en gros dés ; les arroser avec quelques cuillerées-à-bouche d'eau-de-vie. — Retirer les chairs du gras des cuisses des gélinottes, les parer, les piler avec les chairs d'estomac de 2 poules, une égale quantité de viande maigre de veau, et le double de celle-ci de lard frais ; assaisonner la farce, la déposer dans une terrine, lui incorporer quelques cuillerées-à-bouche de champignons hachés.

Foncer un moule à pâté-froid avec de la pâte brisée, masquer la pâte, au fond et autour, avec une couche épaisse de farce, emplir le vide par couches alternées avec le jambon, les filets et la farce, celle-ci mêlée avec la marinade des filets. Couvrir le pâté, en procédant selon la méthode ordinaire (Voy. art. 904), le décorer, le dorer, le cuire à four modéré pendant 2 heures, en ayant soin de couvrir la pâte avec du papier aussitôt qu'elle se trouve légèrement colorée. Une demi-heure après que le pâté est sorti du four, lui infiltrer, par la cheminée, la valeur de 3 décilitres de gelée, mêlée avec un peu de vin et de bon jus ou glace de viande. — Il convient d'employer les carcasses et os des gélinottes avec beaucoup de réserve, même dans du jus, car elles ont toujours un goût d'amertume extrêmement prononcé.

886. **Pain de gélinottes à la Suédoise.** — Lever les filets de 3 gélinottes, les parer, les piler avec moitié de leur volume de beurre; assaisonner l'appareil, le passer au tamis, le déposer dans une terrine, le travailler avec une cuiller, pendant quelques minutes; lui incorporer alors un blanc d'œuf fouetté, et en même temps un égal volume de crème fouettée. Le mélange opéré, verser l'appareil dans un moule à timbale, le faire pocher au bain-marie pendant 25 minutes; au moment de servir, le renverser sur un plat, le masquer avec une bonne sauce béchamel réduite avec quelques cuillerées de glace de viande.

887. **Gélinottes à la Tartare.** — Vider et flamber 2 ou 3 bonnes gélinottes, les diviser chacune en deux parties sur la longueur, sans laisser adhérer l'os de la poitrine à aucun des filets; supprimer également une partie de la carcasse. Assaisonner les gélinottes avec sel; les rouler dans du beurre fondu, les paner, les faire griller à feu modéré pendant 12 minutes, en les retournant, les dresser sur un plat chaud. Envoyer en même temps une sauce tartare.

888. **Purée de bécasses aux œufs de vanneaux.** — Couper les chairs de 2 bécasses cuites, les piler ensemble avec les intestins; ajouter un morceau de beurre, 4 cuillerées de riz cuit; assaisonner l'appareil, le passer au tamis dans une casserole. Chauffer la purée sans la faire bouillir, en lui mêlant, peu à peu, un peu de sauce préparée avec les os des bécasses; la dresser, l'entourer avec 12 œufs de vanneaux cuits à l'eau pendant 8 minutes, épluchés. Arroser la purée avec le restant de la sauce.

889. **Pain de gélinottes aux truffes** (Dessin 300). — Avec 600 grammes de chairs de filets de gélinottes, 350 grammes de panade de riz, 350 grammes de bon beurre et 4 jaunes d'œuf, préparer une farce à quenelle. Quand elle est assaisonnée et passée, la déposer dans une terrine et lui incorporer 4 cuillerées de crème double.

GIBIER. — BÉCASSES. 423

Beurrer un moule à cylindre uni, l'emplir avec la farce, faire pocher celle-ci au bain-marie pendant 35 minutes.

Dans l'intervalle, coller sur le centre d'un plat une petite colonne en fer-blanc

Fig. 300.

masquée avec de la pâte anglaise glacée au pinceau, ayant la même hauteur que le moule, creusée sur le centre. Essuyer le moule, le renverser sur le plat en passant la colonne dans le cylindre ; l'enlever aussitôt, et introduire dans le vide de la colonne la base d'une petite coupe en fer-blanc, s'adaptant au creux de la colonne : cette coupe est aussi masquée avec de la pâte ; la garnir avec quelques petites truffes rondes, et entourer le pain, à sa base, avec une couronne de crêtes alternées avec des tranches de truffes. Envoyer en même temps une saucière de sauce blonde réduite avec les parures des truffes ou le fonds de leur cuisson.

890. **Bécasses farcies** (Dessin 301). — Désosser 3 bécasses, couper la plus grande partie des chairs de l'estomac, les diviser en gros dés, les déposer dans

Fig. 301.

une terrine, leur mêler une quantité égale de truffes crues, autant de foie-gras ; les assaisonner, les arroser avec 2 cuillerées-à-bouche de madère.

Piler les chairs des cuisses de bécasses avec celles de 3 pigeons crus, ajouter le tiers de leur volume de panade, puis 4 jaunes d'œuf. Assaisonner la farce, la passer.

Faire fondre 4 cuillerées de lard râpé, lui mêler les intestins des bécasses, ainsi que 5 ou 6 bons foies de poularde; assaisonner l'appareil de haut goût, le laisser refroidir, le piler, le passer, le mêler avec la farce; ajouter à celle-ci les truffes et les viandes de la terrine; avec cet appareil, emplir les bécasses, leur donner la forme de galantine, les envelopper séparément dans des linges minces, en les ficelant; les faire cuire, à feu modéré, dans un bon fonds, pendant une heure; les laisser refroidir à moitié dans leur cuisson, les égoutter, les déballer, les récmballer, les laisser refroidir en forme, sans les mettre sous presse.

Une demi-heure avant de servir, déballer les galantines, les découper en entailles sur l'estomac, les placer dans une casserole; les arroser avec un peu de leur cuisson réduite en demi-glace, les chauffer à la bouche du four, en les arrosant. Les dresser ensuite, en triangle, sur une bordure en farce, pochée et renversée sur un plat, ayant sur son centre un tampon en pain frit, masqué de farce. Poser dans les angles les trois têtes de bécasses légèrement cuites, glacées au pinceau; piquer sur le haut du tampon 3 hatelets garnis de truffes; saucer légèrement les bécasses et la bordure avec de l'espagnole préparée avec leur cuisson et les parures des truffes.

891. Soufflé de bécasses, en petites caisses. — Piler les chairs cuites de 2 bécasses avec un morceau de beurre, leurs intestins cuits, et un tiers de leur volume de riz cuit à sec, refroidi; assaisonner l'appareil, le passer au tamis fin; mettre la purée dans une casserole, la chauffer très-légèrement, sans ébullition, la retirer, et lui incorporer 6 jaunes d'œuf bien battus, puis 4 ou 5 blancs fouettés; avec cet appareil, emplir 8 à 10 caisses plissées, beurrées; les ranger sur un plafond couvert avec du papier; cuire les soufflés à four doux pendant 18 minutes; en les sortant, les dresser sur un plat couvert d'une serviette pliée.

892. Salmis de bécasses, à la Provençale. — Brider 2 bécasses sans les vider; les barder, les faire rôtir à la broche, les dépecer chacune en cinq morceaux, les ranger dans une casserole, ainsi que les têtes, les arroser avec quelques cuillerées de glace fondue; couvrir la casserole, la tenir hors du feu; piler les intestins des bécasses avec quelques foies de volaille cuits, et les parures des bécasses, délayer l'appareil avec un peu de bonne sauce, réduite avec du vin, le passer, le verser sur les bécasses; chauffer celles-ci sans ébullition, les dresser sur un plat chaud dont le fond est masqué avec des croûtons de pain frits. Masquer les bécasses avec la sauce.

893. Terrine de bécasses. — Désosser 2 bécasses, les diviser chacune en deux parties, les déposer dans une terrine, ajouter 5 ou 6 truffes épluchées et coupées, un égal volume de gras de jambon cuit ou du lard; assaisonner de haut goût, les arroser avec le tiers d'un verre de madère. Faire revenir les chairs crues d'une cuisse de lièvre, avec quelques foies de volaille ou de gibier, du lard, des fines-herbes, et enfin les intestins des bécasses; les assaisonner, les passer au tamis; mêler alors cette purée à un hachis de porc, cru, assaisonné de haut goût avec des épices et aromates. Avec cet appareil, les truffes et les bécasses, emplir une terrine à pâté-froid, le masquer avec des bardes de lard; couvrir la terrine avec de la pâte, la poser sur un plafond; verser un peu d'eau chaude au fond de celui-ci, le pousser à four modéré; cuire la terrine pendant une heure et demie; la sortir enfin du four, la laisser refroidir à moitié; poser alors un poids léger sur l'appareil; quand il est tout à fait froid, le démouler de la terrine, le découper en carrés longs, et dresser ceux-ci en couronne dans la même terrine (Voy. Dessin 268).

894. **Pâté-chaud de Bécassines.** — Désosser une douzaine de bécassines, du côté des reins seulement, assaisonner les chairs. Faire revenir les intestins des bécassines avec un peu de lard râpé, les assaisonner, les piler et les passer au tamis; mêler cette purée avec son même volume de godiveau ou de farce à quenelle crue, ainsi que 4 cuillerées-à-bouche de fines-herbes cuites. Avec cet appareil, emplir les bécassines; les coudre, en brider les pattes; les ranger dans une casserole avec du lard fondu et 250 grammes de petit-salé coupé en petits carrés; les faire sauter à feu vif jusqu'à ce que les chairs soient raffermies; leur mêler une quinzaine de champignons crus; 5 minutes après, les retirer du feu.

Foncer un moule à pâté-chaud de forme basse, masquer la caisse, au fond et autour, avec une couche de la farce préparée; ranger les bécassines dans le vide avec le petit-salé et les champignons, en les alternant avec de la farce; monter l'appareil en dôme, le masquer en dessus avec des bardes de lard, puis, avec une abaisse de pâte; décorer le pâté, le dorer, le faire cuire à four modéré pendant une heure et quart; en le sortant, cerner le couvercle à moitié de hauteur pour l'enlever, retirer les bardes de lard, et verser dans le pâté une bonne sauce à l'essence de gibier, tirée avec les carcasses de bécassines. Couvrir le pâté, le dresser sur un plat.

895. **Bécassines à la Rouennaise.** — Vider 8 bécassines, en désosser les reins; les emplir avec un petit hachis de porc frais mêlé avec son même volume de champignons crus et hachés, une pincée d'échalotes, une pincée de persil et de poivre; les coudre, les brider, les enfiler à une brochette en fer, les embrocher, et les faire rôtir après avoir placé des tranches de pain dans la lèchefrite. Préparer un émincé d'oignon, à la Bretonne; le finir, en lui mêlant

les intestins des bécassines, cuits avec quelques foies de volaille, pilés et passés.

Débrocher les bécassines, les débrider, les glacer au pinceau et les dresser sur un plat, en les posant chacune sur une croûte de pain ; les masquer avec l'émincé aux oignons.

896. **Outarde à la daube.** — Laisser mortifier l'outarde plusieurs jours, la vider ; couper les ailerons, le cou et les pattes ; détacher les cuisses de la carcasse, et celle-ci de l'estomac ; larder les chairs des cuisses et de l'estomac avec de gros filets de jambon cru ; assaisonner ces viandes, les déposer dans une terrine, les arroser avec 2 verres de vinaigre, les faire macérer pendant 24 heures.

Masquer une marmite en terre, au fond et autour, avec des bardes de lard ; ranger au fond quelques petits oignons, un bouquet d'aromates, 2 pieds de veau désossés et blanchis, grains de poivre, clous de girofle ; sur ceux-ci, placer les carcasses et les cuisses, puis l'estomac de l'outarde ; mouiller ces viandes, à moitié de hauteur, avec du vin blanc, les masquer avec du lard, faire réduire le liquide pendant quelques minutes ; couvrir hermétiquement la marmite avec du papier et un plat ordinaire à moitié plein d'eau ; entourer le vase jusqu'aux deux tiers de hauteur, avec des cendres chaudes et du feu ; cuire les viandes pendant 6 ou 7 heures, selon leur tendreté. Les enlever avec soin, les dresser sur un grand plat avec les pieds de veau et les légumes ; dégraisser le fonds-de-cuisson, le verser sur les viandes, en le passant.

897. **Terrine de vanneaux.** — Lever les filets de 7 ou 8 vanneaux ; les mettre dans une terrine, les assaisonner avec sel et épices, les arroser avec quelques cuillerées de madère. Détacher les chairs des cuisses, les couper en morceaux, leur mêler les chairs de 2 cuisses de lièvre, les intestins et les foies des vanneaux, du lard et des fines-herbes, les faire revenir à feu vif, les assaisonner, les piler, les passer au tamis.

Masquer le fond et le tour d'une terrine à pâté avec des bardes de lard, emplir le vide avec la farce préparée, et avec les filets de pluviers, en les alternant ; couvrir l'appareil avec du lard, couvrir la terrine, la poser sur un plafond, la cuire à four modéré pendant une heure et demie ; la retirer ensuite, la laisser bien refroidir avant de la servir.

898. **Gratin de pluviers.** — Désosser 4 ou 5 pluviers, sans enlever les os des cuisses ; les assaisonner à l'intérieur, les emplir avec une farce cuite (Voy. 899), les barder et les brider.

Étaler au fond d'un plat à gratin une couche épaisse de farce à quenelle, mêlée avec ce qui reste de la farce en l'élevant un peu sur le centre ; sur cette farce, poser les pluviers en rosace, avec le côté des pattes tourné vers le centre du plat, et l'estomac vers les bords, en les appuyant de façon qu'ils soient à moitié enfoncés dans la farce; les entourer avec une double bande de papier. Masquer les pluviers avec des bardes minces de lard, et celles-ci avec du papier; poser le plat sur un plafond renversé, afin qu'il ne reçoive pas trop de chaleur du bas, le pousser à four modéré, l'y laisser pendant une heure. En sortant le gratin du four, retirer le lard et le papier; éponger la graisse; débrider et découper les pluviers chacun en deux parties, les remettre à leur place, les entourer, et les garnir en dessus avec des champignons cuits; les masquer avec une sauce brune réduite avec un fumet de gibier, préparée avec les carcasses de pluviers.

899. **Bécasses rôties aux croûtes** (Dessin 302). — Vider 2 grosses bécasses, mortifiées à point, leur tordre le cou, afin d'introduire la tête dans l'ouverture de l'estomac, les brider; brider aussi les têtes afin de les maintenir en forme, les barder, les traverser avec une brochette, les fixer sur broche.

Faire revenir les intestins avec du beurre, les piler, les passer au tamis; mêler

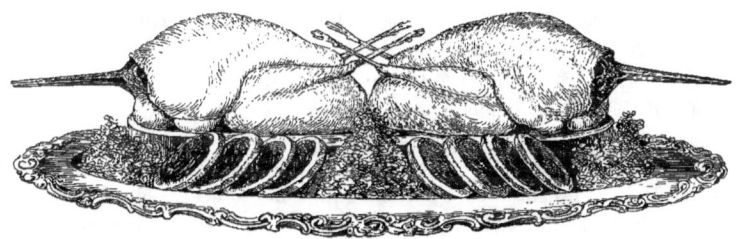

Fig. 302.

à cet appareil 2 cuillerées-à-bouche de farce crue, autant de glace fondue; avec cet appareil, garnir des croûtes de forme ovale, frites au beurre.

Faire rôtir les bécasses à feu vif pendant 14 à 15 minutes, avec de larges tranches de pain dessous. Quand elles sont à point, les saler, les débrocher, les débrider; dresser les tranches de pain sur un plat long, ranger les bécasses dessus, avec l'estomac tourné vers les bouts du plat, les glacer, les entourer avec les croûtons farcis; dresser sur le centre un bouquet de cresson. Envoyer en même temps un bon jus réduit en demi-glace.

900. **Cailles au laurier, à la Provençale.** — Vider 6 cailles grasses, hacher leurs foies avec un peu de lard, une pincée de persil, un peu de poivre, une cuillerée-à-bouche d'échalotes, une poignée de mie de pain, ainsi que la moitié d'un œuf battu; avec cet appareil, emplir les cailles, les enfiler à une brochette, en les traversant, sur les cuisses, et les alternant avec une feuille de laurier; les arroser avec du saindoux, les faire rôtir à feu vif pendant 10 à 12 minutes.

Dans l'intervalle, mettre dans une casserole la graisse des cailles, tombée dans la lèchefrite, lui mêler une poignée de mie de pain râpé, et 250 grammes de jambon cru, dessalé, coupé en dés; les faire revenir ensemble pendant quelques secondes, les mouiller avec un verre de vin blanc, un peu de jus ou glace fondue; donner quelques bouillons à la sauce, la retirer du feu, la finir avec le jus de 2 citrons, la verser sur les cailles débrochées, dressées sur un plat, mais sans en retirer le laurier.

901. Cailles en caisse. — Flamber 7 ou 8 cailles, en désosser les reins à moitié; mettre leurs foies dans une poêle avec du lard râpé, ainsi que 7 ou 8 foies de volaille crus; les assaisonner, les faire revenir à feu vif; les piler avec un égal volume de lard frais, haché, et une truffe hachée; l'assaisonner, et avec la moitié, emplir les cailles; coudre celles-ci, les brider, les mettre dans une casserole avec un peu de beurre, les faire revenir jusqu'à moitié de leur cuisson. Mêler 2 ou 3 cuillerées de fines-herbes cuites au restant de la farce; en étaler une couche au fond de 7 ou 8 petites caisses en papier, de forme ovale, huilées; mettre une caille dans chaque caisse, poser celles-ci sur un plafond couvert d'un double papier, les entourer aussi avec une bande de papier, les tenir à four doux pendant 18 à 20 minutes; en les sortant, les dresser sur un plat, les masquer avec un peu de bonne sauce réduite au madère.

902. Cailles à la cendre. — Désosser 6 cailles, les assaisonner, les emplir avec une petite farce préparée avec des chairs de volaille crues, des foies de volaille cuits et du lard, mêlés avec des truffes coupées. Rouler les cailles, en leur donnant une forme ronde; les beurrer très-légèrement, les poser, en les appuyant sur le côté de la peau, chacune sur une petite abaisse carrée, en pâte brisée, replier la pâte sur les galantines, la souder sur le dessus; ranger les cailles sur une plaque, en les appuyant sur le côté où la pâte est soudée; entourer celle-ci avec une petite bande de papier, beurrer le dessus de la pâte, et pousser la plaque à four modéré; cuire les cailles pendant trois quarts d'heure, en supprimer la bande et les dresser. — Ce mets a été en vogue dans les grands restaurants de Paris.

903. Cailles à la Turque. — Brider 8 à 10 cailles, les faire revenir dans une casserole avec du beurre, jusqu'à moitié de cuisson, les assaisonner; leur mêler alors 500 grammes de bon riz lavé et séché, le faire revenir pendant 2 minutes, le mouiller avec du bouillon, au double de hauteur, ajouter quelques cuillerées de purée de tomate, claire, un bouquet d'aromates; cuire vivement le riz pendant 15 minutes, retirer la casserole à la bouche du four; 5 à 6 minutes après, le dresser sur un plat avec les cailles autour.

904. Cailles aux truffes. — Flamber 7 ou 8 cailles, en désosser les reins

GIBIER. — CAILLES ET BÉCASSES.

à moitié seulement. Peler 5 ou 6 truffes noires, les couper en petits dés, les tenir à couvert dans une petite casserole. Faire revenir les foies des cailles avec 3 ou 4 foies de volaille et du lard; les piler avec la moitié des pelures de truffes, leur mêler un égal volume de lard haché; assaisonner l'appareil, le passer au tamis, et avec lui, emplir les cailles; les coudre, les brider, les placer dans une casserole foncée avec des débris de lard et de jambon, ainsi que le restant des pelures de truffes; les mouiller avec un peu de jus, et de vin, les couvrir avec du papier, les faire cuire au four; quand elles sont cuites, les débrider, les dresser sur un plat.

Passer le fonds, le dégraisser, le mêler avec un peu d'espagnole, faire réduire cette sauce, en la tournant; lui mêler les truffes et un peu de madère, les cuire pendant 2 minutes; avec cette sauce, masquer les cailles.

905. Pâté-froid de bécasses (Dessin 303). — Désosser 3 bécasses, ou 7 à 8 bécassines; supprimer la peau des chairs, les déposer dans une terrine, ajouter

Fig. 303.

une livre de truffes crues, coupées en dés; les arroser avec un peu de madère. Prendre les foies des bécasses et les intestins, leur mêler quelques foies de volaille crus; les faire revenir ensemble, à feu vif, avec du lard fondu; les assaisonner de haut goût, les laisser refroidir, les piler, les passer au tamis; les mêler alors à un hachis de porc frais.

Faire revenir aussi 4 cuisses de lièvre, en supprimer les parties dures; les assaisonner, les piler, les passer, les mêler également avec le hachis.

Foncer un moule à pâté-froid avec de la pâte brisée, masquer cette pâte avec une épaisse couche de la farce préparée; dans le centre, ranger les morceaux de bécasse et les truffes, par couches alternées avec de la même farce; monter l'appareil en dôme. Couvrir le pâté avec de la pâte, le décorer avec goût; le dorer en dessus; le cuire à four modéré pendant deux heures, en ayant soin de le couvrir avec du papier; une demi-heure après qu'il est sorti du four, lui infiltrer, par le haut, quelques cuillerées de gelée d'aspic, mêlée avec un peu de madère.

Le pâté représenté par le dessin, est dressé sur une serviette; le dessus n'est pas ouvert; sur le centre du dôme, là où est la cheminée, destinée à laisser échapper la vapeur intérieure du pâté pendant sa cuisson, est placée une tête de bécasse avec ses plumes; pour faire tenir debout cette tête, le cou doit être enlevé, et le vide rempli avec un morceau de carotte traversé par un fil de fer.

906. **Timbales aux alouettes, à la Florentine.** — Avec 400 grammes de pouleinte, préparer une bouillie; la finir avec du beurre et du parmesan, la verser dans un moule à timbale beurré, la laisser complètement refroidir; démouler ensuite ce pain, le vider, en laissant au fond et autour l'épaisseur d'un centimètre; essuyer le moule, le beurrer de nouveau, le paner, et remettre le pain dans le moule.

Vider 24 alouettes, en supprimer les pattes et le cou, emplir leur corps avec un peu de farce cuite au foie-gras, finie avec quelques cuillerées de truffes hachées; les faire revenir, dans une casserole, avec du lard râpé et 200 grammes de jambon cru, coupé en dés moyens; les sauter jusqu'à ce qu'elles soient colorées, les mouiller avec un verre de vin blanc, et faire tomber celui-ci à glace, tout doucement; les arroser avec un peu d'espagnole, les cuire encore pendant 5 à 6 minutes; leur mêler alors quelques champignons et une garniture de petites quenelles, moulées sur la table, pochées; verser le tout dans la timbale, fermer l'ouverture de celle-ci avec le rond de poulcinte enlevé, le souder avec un peu de farce ordinaire; couvrir la timbale avec un papier beurré, la cuire au four jusqu'à ce que la croûte soit de belle couleur; la renverser alors sur un plat.

907. **Mauviettes au riz.** — Vider une quinzaine de mauviettes, en supprimer les pattes, les mettre dans une casserole avec du beurre et 250 grammes de jambon cru, entrelardé, dessalé, coupé en dés. Aussitôt que les chairs des mauviettes sont roidies, les enlever, ainsi que le jambon, les déposer dans un plat; mêler alors au beurre de la casserole 2 cuillerées-à-bouche d'oignon haché, le faire revenir sans prendre couleur, lui mêler 500 grammes de riz trié, lavé, et égoutté sur un tamis pendant une heure; le faire revenir avec le beurre pendant quelques secondes, en le tournant; le mouiller trois fois sa hauteur avec du bouillon; ajouter un bouquet et une pointe de cayenne, couvrir la casserole, cuire le riz pendant 10 minutes; lui mêler alors les mauviettes, et retirer la casserole sur feu modéré. Quand le riz est cuit, il doit être à sec; en supprimer le bouquet, lui mêler un peu de sauce tomate, et dresser.

908. **Bécasseaux en petites croustades** (Dessin 304). — Les bécasseaux sont un peu plus petits que les bécassines, mais ils appartiennent à la même espèce, et peuvent recevoir les mêmes apprêts. — Désosser 10 bécasseaux, les assaisonner à l'intérieur; les emplir avec une farce cuite, préparée comme pour

GIBIER. — BÉCASSINES ET BÉCASSEAUX.

les bécassines en chaufroid, les rouler de forme ovale, les entourer avec une bande de papier, les faire cuire à court mouillement, avec un peu de bon jus; les déballer, les parer, les ranger chacun dans une des croustades en pain, cou-

Fig. 304.

pées en forme de demi-cœur, frites et vidées ; les masquer au pinceau avec un peu de sauce réduite au fumet de gibier, les tenir à la bouche du four pendant quelques minutes. Dresser les croustades en rosace sur une serviette pliée, poser la ronde sur le milieu.

909. **Bécassines rôties** (Dessin 305). — Flamber 4 bécassines, en supprimer le gésier, sans les vider. Couper le bout des pattes, retourner celles-ci, les

Fig. 305.

enlacer ensemble. Avec le bec des bécassines, traverser le gras des cuisses; les barder, les enfiler sur le côté avec une brochette en fer, fixer celle-ci sur broche; les faire rôtir à feu vif avec des croûtes de pain dessous : 12 à 14 minutes suffisent; les saler, les débrocher, les dresser sur les croûtes de pain disposées d'avance sur le centre d'un plat long, les entourer avec quelques bouquets de cresson ; envoyer en même temps une saucière de bon jus.

910. **Tourte de mauviettes.** — Faire revenir, pendant quelques minutes, 2 douzaines de mauviettes dans une casserole avec un peu de beurre, du lard haché, et 200 grammes de petit-salé coupé ; les assaisonner avec sel et muscade, une feuille de laurier, les retirer du feu, les laisser refroidir.

Préparer 4 à 500 grammes de farce à quenelle de veau, mêlée avec quelques parties de chair de gibier ou de foies de volaille cuits ; lui mêler 5 à 6 champignons, hachés et cuits.

Étaler, sur une tourtière ou un plafond, une abaisse ronde, en pâte brisée;

mouiller les bords de la pâte, garnir le centre avec une couche de farce ; sur celle-ci, ranger les mauviettes, en forme de dôme, et en comblant les interstices avec de la farce ; masquer le dôme avec de larges bardes de lard, terminer l'opération, en procédant comme il est dit, art. 316 ; la dorer, la cuire à four modéré pendant une heure ; en la sortant, la glisser sur un plat, la cerner sur le centre, enlever un large rond de pâte ; par cette ouverture retirer le lard, arroser l'intérieur, avec quelques cuillerées d'espagnole, réduite avec un peu de vin.

911. **Mauviettes de Leipzig.** — C'est au mois d'octobre, alors que commencent les matinées brumeuses, qu'apparaissent, dans les vastes plaines de Leipzig, ces belles mauviettes qui font les délices des gourmets, car elles sont tendres et grasses comme des ortolans. La chasse de ce gibier ne dure que quelques semaines, mais on en prend une si grande quantité à la fois, que la récolte de chaque jour suffit à alimenter tous les grands centres de l'Allemagne. On achète ces mauviettes plumées, moins la tête et les ailerons.

Couper les ailerons et les pattes à la jointure, plumer la tête des mauviettes, en supprimer le gésier, les flamber ; les enfiler à une petite brochette de 4 en 4, les mettre dans une casserole plate, avec du beurre ; les saler, les faire rôtir à feu vif, les retourner ; deux minutes après, les retourner encore, les saupoudrer avec de la mie de pain sèche, et finir de les cuire au four ; les dresser sur un plat bien chaud, sur deux rangs, en retirant les brochettes ; verser le beurre et la mie de pain sur les mauviettes.

912. **Salmis de grives à la Provençale.** — Faire rôtir à la broche 8 ou 10 grives, sans les vider, et avec quelques croûtes de pain en dessous ; quand elles sont débrochées, en supprimer les têtes et les pattes, les diviser en deux parties sur leur longueur, parer chaque moitié, les ranger dans une casserole, et tenir celle-ci au bain-marie. Piler les parures des grives, ensemble avec quelques croûtes de pain séchées dans la lèchefrite ; les délayer avec un peu de sauce et de vin rouge, chauffer le liquide sans ébullition, en le tournant ; le passer ensuite au tamis, le verser sur les grives. Piler les intestins et les foies des grives, leur mêler un peu de sauce, les passer au tamis. Au moment de servir, dresser les moitiés de grives en buisson sur une couche des croûtes de pain, parées, étalées sur le fond d'un plat ; incorporer à la sauce une partie de la purée préparée, la chauffer sans ébullition, la verser sur les grives.

913. **Crépinettes de grives.** — Lever les filets de 8 ou 10 grives ; en supprimer la peau, diviser chaque filet en deux parties, les mettre dans une terrine, leur mêler une égale quantité de lard blanchi coupé en petits filets, autant de truffes crues coupées aussi en filets ; les assaisonner de haut goût, les arroser avec 2 cuillerées de cognac.

Faire revenir dans une poêle, avec du lard râpé, les intestins de grives, leurs foies, et quelques foies de volaille; ajouter une pincée d'oignon haché, les pelures des truffes; cuire vivement l'appareil; quand les foies sont bien atteints, retirer la poêle du feu, les piler, les passer, les mêler à un hachis de porc, assaisonné de haut goût; ajouter la marinade des grives.

Couper des carrés de crépine de porc, les masquer avec une couche de la farce préparée; sur celle-ci, ranger les filets de grives, de lard et de truffes; les masquer également avec une couche de farce, en donnant aux crépinettes la forme d'un carré long et plat; envelopper l'appareil avec la crépine, de façon à ne laisser aucun jour. Faire griller les crépinettes à feu doux pendant 15 à 18 minutes; les dresser sur un plat avec un peu de bon jus préparé avec les carcasses des grives, et réduit à demi-glace avec une partie des épluchures de truffes.

914. **Bécassines en chaufroix** (Dessin 306). — Désosser 10 ou 12 bécassines, les assaisonner à l'intérieur. — Émincer 250 grammes de foie de volaille, de gibier, ou de veau, le faire revenir dans une poêle avec du lard; ajouter les intestins des bécassines, une pincée d'oignon haché, quelques brins d'aromates et quelques épluchures de truffes; assaisonner les viandes; quand elles

Fig. 306.

sont atteintes, les retirer du feu, les laisser refroidir; les piler alors avec moitié de leur volume de lard frais, haché; mêler à cet appareil 2 ou 3 truffes crues, pelées, coupées en petits dés; avec lui, emplir les bécassines; leur donner la forme ovale, les entourer avec une bande de papier, les ranger dans une casserole plate, foncée avec quelques débris de lard; les mouiller à moitié de hauteur avec du jus (tiré des carcasses) et du vin blanc; les couvrir avec du papier, les faire cuire pendant 20 minutes à feu doux; les laisser refroidir dans leur cuisson; les débrider, les parer, les masquer avec une sauce chaufroix brune; les ranger à mesure sur une plaque, laisser refroidir la sauce; les parer, les napper légèrement avec de la gelée, les dresser en buisson sur un socle, en graisse ou en stéarine, collé sur un plat; les orner avec les têtes de bécassines cuites, glacées.

915. **Grives rôties à l'Allemande.** — Plumer 12 grives, les flamber, en supprimer la poche et le gésier, enfoncer leur tête dans l'estomac, enlacer les pattes; les faire cuire à feu vif, dans une casserole, avec du beurre et quelques morceaux de lard ou du petit-salé coupé en petits carrés, les saler peu, les faire cuire à feu vif, en les retournant; quand elles sont à peu près à point, les saupoudrer avec une forte poignée de mie de pain, mêlée avec quelques grains de genièvre, pilés; pousser la casserole au four, l'y laisser jusqu'à ce que les grives soient cuites; les dresser alors sur un plat avec le lard, la graisse et le pain; verser 2 cuillerées de jus dans la casserole, lui donner 2 bouillons, le verser dans le fond du plat.

916. **Becs-fins rôtis.** — Les petits oiseaux, n'ayant pas le bec dur et crochu, forment cette catégorie de menu gibier qu'on appelle *becs-fins*, et qu'on désigne aussi sous le nom de *becfigues*. Les *rouges-gorges*, les *rouges-queues*, les *têtes-noires*, sont tous de petits oiseaux qui, dans le midi de la France, mangent beaucoup de figues. En automne leur chair est très-délicate et recherchée.

Plumer les oiseaux, les flamber sans les vider, les embrocher sans les barder; il suffit, en les enfilant à une petite brochette, de les alterner avec un carré de lard mince; les humecter avec du beurre, les cuire à feu vif pendant 7 à 8 minutes avec de petites tranches de pain dans la lèchefrite, sur lesquelles tombent leur graisse et une partie des intestins; les saler, en les débrochant, les dresser sur les croûtes.

917. **Ortolans à la Toulousaine.** — Plumer les ortolans, en supprimer la poche, les flamber légèrement, les frotter avec un demi-citron, les enfiler à une petite brochette en fer, les envelopper avec une couche de beurre, manié avec du jus de citron, les saupoudrer sur toutes les surfaces avec de la mie de pain, les faire rôtir à feu vif pendant 7 à 8 minutes, en les arrosant avec le beurre qui coule dans la lèchefrite; au dernier moment, les saler, les débrocher, les dresser sur un plat chaud; les arroser simplement avec la graisse de la lèchefrite, les servir avec des citrons coupés.

GIBIER. — CAILLES, MAUVIETTES.

918. Cailles aux petits-pois (Dessin 307). — Brider 8 ou 10 cailles, avec les pattes recourbées en dehors, les barder, les ranger dans une casserole

Fig. 307.

plate, foncée avec des débris de lard et des légumes ; les mouiller à trois quarts de hauteur avec du jus ou du bouillon non dégraissé, les faire braiser sur feu modéré ; les égoutter ensuite, les débrider, les dresser en rosace sur une bordure décorée, ou simplement sur un fond en farce, pochée sur plat ; dresser sur le centre, une purée de pois frais, ou une garniture de petits-pois, cuits à l'anglaise, simplement liés avec un morceau de beurre. Masquer les cailles avec un peu de bonne sauce, envoyer le surplus dans une saucière.

919. Petits pâtés-froids de mauviettes (Dessin 308). — Désosser 7 grosses mauviettes, en réservant les têtes ; les assaisonner, les farcir avec un

Fig. 308.

appareil préparé dans les conditions prescrites art. 914, leur donner une forme ronde, les entourer avec une bande de papier beurré, les faire cuire à court mouillement ; les laisser refroidir, les parer, les glacer, et les napper à la gelée.

Cuire à blanc, dans des moules cannelés, 12 croûtes de petits-pâtés ; quand elles sont vidées, les masquer, au fond et autour, avec une couche d'appareil de purée de foies de volaille ou foie-gras, cuits, délayée avec un peu de sauce chaufroix ; les entourer avec de la gelée hachée, poussée au cornet. Poser les galantines dessus. Piquer sur le haut de chacune, une tête de mauviette cuite et glacée. Dresser ensuite les petits pâtés sur une serviette pliée.

920. Mauviettes au gratin. — Vider une quinzaine de mauviettes, en couper les pattes, faire revenir à feu vif quelques foies de volaille avec un égal volume de viande maigre de veau ; les piler avec un petit morceau de panade et du lard haché ; assaisonner la farce, la passer, lui mêler quelques cuillerées-à-bouche de champignons hachés, un peu d'oignon ; mettre une petite partie de cette farce dans chaque mauviette, et avec le restant masquer le fond d'un plat à gratin. Ranger les mauviettes en buisson sur la farce, les saupoudrer avec des champignons, un peu d'oignon et persil, les uns et les autres hachés ; ajouter un peu de mie de pain ; les arroser au pinceau avec du beurre fondu, les pousser à four chaud, les cuire pendant un quart d'heure ; en les sortant, les masquer avec un peu d'espagnole légère.

921. Timbale d'ortolans à la Provençale. — Retirer la poche de l'estomac à 18 ortolans, en supprimer les ailes, le cou et les pattes ; les flamber, leur enlever le gésier, en élargissant légèrement l'ouverture de l'estomac du côté des reins ; emplir le vide de l'estomac avec un petit salpicon de truffes crues, assaisonnées, mêlées avec un peu de lard frais râpé, et une pincée de persil haché.

Foncer un moule à timbale avec de la pâte brisée fine ; masquer cette pâte, autour et au fond, avec une couche épaisse de hachis de porc, haché d'abord très-fin, puis pilé avec quelques truffes crues ; mettre les ortolans dans une casserole avec un peu de lard fondu, les faire sauter à feu vif, 2 minutes seulement, c'est-à-dire le temps de les froidir ; les assaisonner, les retirer aussitôt ; les arroser avec un peu de bonne glace, les ranger dans le vide de la timbale, les couvrir vivement avec une couche de la farce réservée, et enfin avec un couvercle de pâte ; pousser la timbale à four vif, la cuire pendant une heure, en veillant à ce que la pâte ne se colore pas trop.

D'autre part, verser dans une casserole trois quarts de verre de madère, ajouter une poignée de parures de truffes crues et un bouquet d'aromates ; faire réduire le liquide de moitié, à casserole couverte, le passer au tamis, lui mêler une égale quantité de glace fondue ; en sortant la timbale, lui faire une ouverture sur le haut, et par celle-ci, lui infiltrer cette essence ; boucher l'ouverture, renverser la timbale sur un plat chaud.

922. Sarcelles aux cardons. — Vider 3 sarcelles, les flamber, les brider, les enfiler à la broche ; les envelopper avec du papier huilé, les faire rôtir à feu vif ; les déballer 2 minutes avant de les débrocher ; les mettre dans une casserole avec 4 cuillerées-à-bouche de vin blanc, autant de glace fondue ; poser la casserole sur feu, faire réduire le mouillement de moitié ; débrider les sarcelles, les dresser sur un plat, les entourer avec une garniture de cardons à l'Espagnole (Voy. aux Légumes) ; les arroser avec la réduction, et les envoyer.

GIBIER. — GRIVES. 437

923. **Petites caisses de grives aux truffes** (Dessin 309). — Préparer une douzaine de galantines de grives (Voy. art. 914), en leur donnant une forme

Fig. 309.

pointue d'un bout et ronde de l'autre. Les parer, les glacer, les napper à la gelée. Prendre 12 petites caisses plissées, pointues d'un bout, les garnir avec un peu de gelée hachée, poser une galantine dans chaque caisse; les dresser sur un petit socle d'entrée froide, autour d'un buisson de truffes rondes, glacées; le socle doit être collé sur plat.

924. **Timbale de macaroni aux grives** (Dessin 310). — Faire cuire à l'eau salée 200 grammes de gros macaroni, en le conservant bien entier; l'égout-

Fig. 310.

ter, le couper de la longueur d'un centimètre au plus; emplir alors le vide du macaroni avec un filet de truffe coupé à la colonne; avec ce macaroni, masquer le fond et les parois d'un moule à dôme beurré, en les posant à plat; masquer alors la surface intérieure du macaroni avec une couche de farce à quenelle.

Lever les filets de 2 douzaines de grives, les parer, les battre légèrement, les faire cuire à feu vif avec du beurre, en les retournant ; leur mêler 300 grammes de truffes crues, les assaisonner avec sel et épices, les sauter ensemble pendant quelques secondes, les retirer du feu, les arroser avec quelques cuillerées d'espagnole, réduite avec les parures de truffes et un peu de vin. Quand le ragoût est refroidi, le verser dans le vide de la timbale, fermer l'ouverture de celle-ci avec de la farce crue, la faire pocher au bain-marie pendant trois quarts d'heure ; la renverser sur un plat chaud, l'entourer avec une couronne de têtes de champignons ; piquer sur le haut un hâtelet garni avec une grosse truffe, envoyer en même temps une saucière de la sauce réduite.

925. **Filets de sarcelles, sauce à l'orange**. — Brider 4 sarcelles, les traverser avec une brochette, les faire rôtir à feu vif pendant 12 ou 14 minutes en les arrosant au pinceau avec de l'huile ; quand elles sont à point, les saler, les débrocher, en détacher les filets, mettre ceux-ci dans une casserole plate avec un peu de glace au fond, les chauffer une minute à feu vif afin de sécher l'humidité des filets ; les dresser ensuite en rosace sur un plat, les masquer avec la sauce suivante :

Sauce à l'orange. — Couper le zeste d'une grosse orange encore verte. L'émincer en julienne, le faire cuire à l'eau, l'égoutter ; le mettre dans une petite casserole, lui mêler la valeur d'un verre d'espagnole réduite. Au moment de servir, alléger cette sauce, en lui incorporant, hors du feu, le jus de l'orange et celui d'un citron.

926. **Canards sauvages rôtis, à la Polonaise**. — Flamber 2 canards sauvages, les laver intérieurement, les brider, les mettre dans une terrine, les arroser avec une petite marinade cuite, les faire macérer pendant 5 ou 6 heures ; les mettre ensuite dans un plat à rôtir, avec la marinade, les couvrir avec du papier, les faire cuire, en les arrosant souvent ; quand ils sont à moitié de cuisson, leur mêler la valeur d'un verre de bonne crème aigre ; finir de les cuire tout doucement, en les arrosant de temps en temps. Au moment de servir, les égoutter, les débrider, les dresser sur un plat ; mêler un peu de jus au fonds de leur cuisson ; faire réduire le liquide, en le tournant, jusqu'à ce qu'il soit lié comme une sauce, le passer alors sur les canards.

927. **Étuves de salle à manger** (Dess. 312, 313). — Dans les grandes maisons, les étuves de salle à manger sont aussi nécessaires que celles de la cuisine. Quel que soit l'ordre de service qu'on adopte, il n'est pas possible de servir un grand dîner, en parfait état, sans le secours d'étuves suffisantes pour contenir une ou plusieurs séries de mets, selon que la salle à manger est plus ou moins éloignée de la cuisine. Ces étuves sont placées dans l'avant-salle.

Les deux étuves dont je reproduis le modèle, pages 443 et 447, sont en fer ;

la première peut servir pour un dîner de 50 à 80 couverts ; elle est plus haute que large, portée sur des pieds à roulettes ; elle est à cinq rayons, elle a la profondeur d'un grand plat long ou de deux ronds. Elle peut être chauffée au gaz ou à l'esprit-de-vin. Sur l'un des côtés est fixé un support mobile sur lequel on peut placer une petite caisse à bain-marie, pouvant contenir quelques petites casseroles à sauce.

La seconde étuve peut servir pour un dîner de 2 à 300 couverts ; elle est plus large que haute, elle n'a que trois rayons, mais le dessus, n'étant pas très-élevé, peut fort bien être employé à tenir au chaud les soupières, les saucières et même les casseroles à sauce. Cette dernière étuve, étant aussi transportable, peut être employée à la cuisine quand les étuves fixes ne sont pas suffisantes.

FARINAGES ET LÉGUMES.

J'ai classé dans ce chapitre, les légumes et les farinages ensemble, par ce motif que, dans un dîner, leur rôle est identique, et qu'ils peuvent sans inconvénient se suppléer ; on les sert indistinctement comme entremets.

Les entremets de légumes, dans leur simplicité, sont cependant toujours bien accueillis à table ; ils ont un rang assigné et distinct dans l'ordre d'un dîner classique, qui serait incomplet s'ils lui faisaient défaut.

Dans un dîner familier, on ne sert pas toujours d'entremets de légumes, surtout si les pièces de boucherie ou les entrées sont garnies ; mais dans les dîners choisis, ils sont obligatoires.

---

928. **Gnoquis à la Florentine.** — Faire bouillir trois quarts de litre de lait ; lui incorporer 250 grammes de semoule, en la laissant tomber en pluie ; tenir l'appareil léger, ajouter un grain de sel, une pointe de sucre ; le travailler sur feu jusqu'à ce qu'il soit consistant, et la semoule cuite ; lui mêler alors, hors du feu, 3 ou 4 œufs fouettés, avec un demi-verre d'eau froide, mais sans cesser de tourner l'appareil ; le verser aussitôt sur un marbre ou sur une plaque humide, le laisser refroidir, le distribuer en ronds ou en losanges ; ranger ceux-ci en rosace sur le fond d'un plat beurré, les saupoudrer avec du parmesan râpé, les arroser avec du beurre, les faire gratiner ; les servir dans le plat même.

929. **Gnoquis Parisiens.** — Mêler, dans une terrine, autant de farce de volaille que de pâte à choux, sans sucre, ni zeste : 250 grammes de l'un, 250 grammes de l'autre ; travailler l'appareil avec une cuiller, lui incorporer une poignée de parmesan râpé, le prendre alors avec une cuiller-à-bouche, par petites parties, en les posant à mesure sur la table farinée ; les rouler en forme de quenelles, les plonger à l'eau bouillante et salée ; les égoutter aussitôt qu'elles sont pochées ; les ranger, par couches, dans une casserole à légumes, en les saupoudrant avec du fromage, et les arrosant avec du beurre fondu, mêlé avec un peu de bon jus ; les saupoudrer également en dessus, les faire gratiner à four modéré pendant 12 à 15 minutes.

930. Timbale aux gnoquis, à la Parisienne (Dessin 311). — Préparer une pâte à choux avec trois quarts de verre de lait, sans sucre, ni zeste ; la tourner sur feu pour la dessécher ; ajouter alors une poignée de parmesan râpé, les œufs, une pointe de muscade, une pincée de sucre. Renverser cette pâte sur la table farinée, la travailler, en lui incorporant une poignée de farine ; la diviser ensuite en plusieurs parties, rouler celles-ci en cordons, deux fois plus épais qu'un gros macaroni ; diviser transversalement ces cordons en petites parties d'un

Fig. 311.

centimètre de long, les mettre dans un tamis avec de la farine, les rouler vivement afin de les arrondir ; les plonger aussitôt dans une large casserole avec de l'eau bouillante, salée ; aussitôt que la pâte est raffermie, égoutter les gnoquis dans une passoire ; les mettre dans une casserole, les assaisonner avec du parmesan et du gruyère, râpés ; les arroser avec 3 ou 4 cuillerées de béchamel réduite, un peu de bon beurre, un peu de glace ; les verser dans un moule à timbale, foncé avec de la pâte brisée fine, décoré au fond et autour ; couvrir l'appareil avec une abaisse en pâte, souder celle-ci avec celle des bords, et pousser la timbale au four modéré ; la faire cuire pendant trois quarts d'heure ; la renverser alors sur un plat et l'envoyer.

931. Ravioles de Gênes. — Avec 500 grammes de farine et de l'eau tiède, préparer une pâte comme pour le feuilletage ; la laisser reposer pendant 10 minutes.

Couper en dés 250 grammes de viande crue de filet-mignon de veau, sans peau ni nerfs, ainsi qu'un ris de veau blanchi et paré ; faire revenir ensemble ces viandes avec du beurre ; quand elles sont bien saisies, les laisser refroidir, les piler ; quelques minutes après, ajouter les trois quarts de leur volume de fromage blanc (on peut remplacer celui-ci par de la mie de pain blanc, ramollie avec du bouillon, bien exprimée et pilée) ; quand ces corps différents sont mêlés, ajouter le quart d'une tétine de veau cuite, froide, hachée, et 2 cuillerées de feuilles de bourrache, blanchies et hachées comme les épinards ; assaisonner la farce de bon goût, la finir, en lui incorporant 2 poignées de parmesan râpé, 2 ou 3 jaunes d'œuf, une cuillerée à café de marjolaine hachée ; la passer au tamis.

Diviser la pâte en deux parties égales, les abaisser séparément, en forme de carré, aussi mince que possible; étaler la farce sur l'une de ces abaisses, en couche régulière, mouiller les bords de la pâte, couvrir le tout avec l'autre abaisse. Appuyer légèrement les bords, puis avec un rouleau incrusté [1] en carrés, appuyer l'abaisse supérieure, afin de marquer les ravioles; couper ensuite la pâte avec une roulette, en suivant les limites des incrustations faites par le rouleau, ranger à mesure sur un linge les ravioles coupées; quelques minutes avant de servir, les plonger à l'eau bouillante, salée; donner quelques bouillons au liquide, le retirer sur le côté du feu; 5 minutes après, égoutter les ravioles à l'écumoire, les dresser dans un plat, par couches, en les saupoudrant avec du parmesan râpé, et les arrosant avec la sauce.

932. Surtout de riz à l'Italienne. — Beurrer un moule à timbale, le paner avec de la mie de pain, puis, verser dans le moule 2 œufs entiers, préalablement bien battus; renverser le moule sur un plafond, en égoutter les œufs, et le paner de nouveau.

Diviser, chacun en deux parties, 7 ou 8 foies de volaille, les mettre dans une casserole avec du beurre, ajouter 8 ou 10 ris d'agneau, blanchis et divisés; les faire revenir, leur mêler 200 grammes de jambon cru, dessalé, coupé en dés. Assaisonner les viandes de bon goût, en les sautant; quand elles sont bien saisies, les mouiller avec 4 cuillerées de vin blanc, autant de jus lié; couvrir la casserole, faire réduire le liquide de moitié; retirer le ragoût du feu, le laisser refroidir.

Faire cuire 350 grammes de bon riz à l'Italienne, en procédant comme il est dit à l'art. 733; le tenir sec et consistant; quand il est à point, le retirer du feu, lui incorporer 125 grammes de bon beurre, ainsi que 100 grammes de parmesan râpé; laisser refroidir l'appareil, et avec lui, emplir le moule pané, en laissant un vide dans le centre; dans ce vide, verser le ragoût préparé; le couvrir avec du riz et avec un rond de papier beurré; poser le couvercle sur le moule, le pousser à four chaud. — Au moment de servir, passer la lame d'un couteau entre le moule et le surtout, afin de dégager celui-ci, le renverser sur plat.

933. Surtout de pouleinte (*polenta*) **à la Milanaise.** — Faire bouillir un litre et demi d'eau, avec un grain de sel; la retirer sur le côté du feu, lui incorporer 4 à 500 grammes de semoule de maïs, jaune, fraîche, odorante, en la laissant tomber en pluie. Cuire la bouillie jusqu'à ce qu'elle soit serrée; lui incorporer alors un morceau de beurre, la verser dans un moule à timbale, beurré;

---

1. Ce rouleau incrusté est très en usage en Italie; par son emploi, on abrége le travail; mais à défaut de celui-ci, on coupe tout simplement les ravioles avec la roulette à pâtisserie, en leur donnant la forme carrée; elles ne doivent pas être trop grosses.

FARINAGES. — SURTOUT DE RIZ ET POULEINTE.   443

couvrir le dessus de l'appareil avec un papier beurré, le laisser refroidir pendant 4 à 5 heures. Tremper ensuite le moule à l'eau chaude, et démouler le pain; essuyer l'intérieur du moule, le beurrer de nouveau, le paner; dorer extérieurement le pain de pouleinte, le paner et le remettre dans le moule; le vider alors,

Fig. 312. — Étuve mobile de salle à manger (voy. p. 438).

par le dessus, à l'aide d'un couteau et d'une cuiller, de façon à ne laisser, autour et au fond, qu'une épaisseur d'un centimètre, mais en ayant soin d'enlever et de conserver le rond de pâte coupé. Garnir l'intérieur avec un ragoût, composé de ris-de-veau ou d'agneau, de foies de volaille, de champignons et de petites quenelles pochées : ce ragoût doit être lié avec un peu de bonne espagnole, réduite avec de la tomate; fermer l'ouverture avec le couvercle réservé; souder les jointures avec un peu de pouleinte liquide ou de farce, beurrer le dessus, et pousser le moule à four modéré. Trois quarts d'heure après, passer la lame d'un couteau entre le moule et l'appareil afin de dégager celui-ci, et renverser le *surtout* sur un plat chaud.

934. **Timbale de pouleinte à la Piémontaise.** — Préparer une bouillie de pouleinte (Voy. art. 933) ; quand elle est liée à point, la retirer du feu, la finir avec 150 grammes de beurre et 100 grammes de parmesan râpé ; la verser dans un moule à timbale beurré, la laisser refroidir ; démouler ensuite la pouleinte sur la table ; essuyer le moule, le beurrer et le paner. Couper horizontalement la pouleinte, en abaisses, ou plutôt en feuilles minces, à l'aide d'un fil solide ; à mesure qu'une feuille est coupée, la déposer au fond du moule, de façon qu'elle se trouve exactement dans la même position où elle était avant ; humecter la surface de cette feuille avec du beurre fondu, la saupoudrer avec du parmesan, la masquer avec une couche de tranches minces de *fontina* ou du fromage de gruyère ramolli à l'eau ; couper une autre feuille avec le fil, la poser sur la première, en la renversant ; recommencer l'opération, et continuer ainsi jusqu'à ce que le moule soit plein ; pousser alors la timbale au four vif, la cuire pendant une demi-heure ; la renverser sur un plat, après avoir dégagé le tour avec la lame d'un couteau.

935. **Gougère au fromage, à la Suisse.** — Préparer une pâte à choux avec 200 grammes de farine, un verre de lait, un petit morceau de beurre ; l'assaisonner avec sel, muscade, une pincée de sucre ; quand elle est desséchée à point, la retirer du feu, la changer de casserole, lui incorporer 5 ou 6 jaunes d'œuf, en même temps que 200 grammes de beurre divisé en petites parties : l'appareil doit être léger ; incorporer aussitôt 5 ou 6 blancs d'œuf fouettés, et en même temps une poignée de fromage râpé (gruyère ou parmesan) ; étaler l'appareil sur un plafond, en abaisse d'un centimètre d'épaisseur, masquer toute la surface avec des tranches minces de gruyère frais ; les saupoudrer avec un peu de poivre et du parmesan, pousser le plafond à four modéré. Vingt minutes après, sortir le plafond, diviser la pâte en carrés longs ; dresser ceux-ci en buisson sur une serviette pliée, les envoyer bien chauds. — C'est un mets de déjeuner.

936. **Taillarini à l'Italienne** (*tagliarini*). — Excepté à Naples, où l'on préfère le macaroni à toutes les autres pâtes, les *taillarini* sont usités dans toutes les contrées de l'Italie. On trouve même à Rome, des fabricants spéciaux. Ils tirent de cette pâte divers produits, tels que : *lasagnes, fetuccie, capelleti*, etc. Généralement leur pâte est fort bien faite.

Pâte à taillarini et à nouille. Étaler, sur la table, 300 grammes de farine tamisée, l'écarter avec la main, faire un creux, déposer dans celui-ci un peu de sel, quelques cuillerées-à-bouche d'eau tiède, et 5 ou 6 œufs entiers; broyer les œufs avec la main, les incorporer peu à peu à la farine, de façon à obtenir une pâte lisse et ferme : quand la pâte est bien faite, elle ne doit laisser sur la table (après l'avoir moulée) ni farine ni pâte attachée. Placer cette pâte sous une terrine, la faire reposer pendant 5 à 6 minutes; la diviser ensuite en deux parties; abaisser tour à tour celles-ci, sur la table farinée, à l'aide du rouleau, en la tenant très-mince ; ranger ces abaisses sur un linge, dans toute leur largeur, afin de les laisser sécher pendant un quart d'heure. Diviser chaque abaisse en bandes de 5 à 6 centimètres de large, les saupoudrer avec de la farine, les poser l'une sur l'autre, les ciseler transversalement en filets fins. Aussitôt les *taillarini* coupés, les étaler sur des feuilles de papier, afin qu'ils sèchent sans se coller ensemble.

Plonger les *taillarini* à l'eau bouillante et salée, les cuire 2 minutes, retirer la casserole du feu ; 2 minutes après, verser le liquide et les *tailarini* sur un grand tamis; les remettre dans la casserole avec 250 grammes de beurre divisé en petites parties; incorporer ce beurre, à l'aide d'une grosse fourchette, en saupoudrant l'appareil avec 150 grammes de bon parmesan râpé; l'assaisonner avec un peu de poivre et de muscade; le dresser sur un plat, par couches, en alternant chaque couche avec de la sauce tomate, mêlée avec un peu de bon jus ou de glace fondue.

937. **Nouilles à l'Allemande, sauce au pain frit.** — Faire cuire à l'eau salée 600 grammes de nouilles émincées (Voy. art. 936); les égoutter, leur incorporer 150 grammes de beurre et 100 grammes de parmesan râpé; les assaisonner avec un peu de poivre et de muscade, les lier avec 4 cuillerées de béchamel, les dresser sur un plat; lisser la surface, masquer celle-ci avec la sauce suivante :

Sauce au pain frit. — Faire chauffer 150 grammes de beurre, dans une casserole, lui mêler deux poignées de mie de pain, la faire frire pendant 3 ou 4 minutes, en la tournant. Verser la sauce sur les nouilles.

938. **Lasagnes à la Génoise.** — Mêler, dans une casserole, la valeur d'un verre de bon fonds de braise, avec moitié de ce volume de sauce tomate et 250 grammes de beurre cuit à la noisette ; tenir la casserole au chaud.

Préparer une pâte à nouille, avec 500 grammes de farine, 2 œufs entiers, un peu de sel, gros comme une noix de beurre et de l'eau tiède ; tenir la pâte un peu ferme, la mouler en rond, l'envelopper dans un linge, la laisser reposer pendant 10 minutes; l'abaisser ensuite sur la table farinée, en forme de carré long; quand elle est mince, la saupoudrer largement avec de la farine, l'enrouler autour du rouleau; poser aussitôt celui-ci sur la table, afin de couper la pâte en lignes droites, sur la longueur du rouleau, de façon à dégager complétement celui-ci. Abaisser de nouveau la pâte, la couper encore une fois, toujours sur la longueur et sur le milieu, puis couper transversalement ces bandes, afin d'obtenir des carrés de 10 à 12 centimètres superposés les uns sur les autres; les enlever un à un, les ranger sur des feuilles de papier.

Dix à douze minutes avant de servir, plonger, peu à la fois, les lasagnes dans une large casserole d'eau bouillante, salée, les cuire pendant 2 à 3 minutes. Quand la pâte est atteinte, retirer la casserole du feu, allonger la cuisson avec de l'eau froide, en quantité suffisante pour lui faire perdre immédiatement sa plus grande chaleur; enlever les lasagnes à l'aide d'une large écumoire, les étaler sur un linge, puis les dresser sur un plat creux, couche par couche, en les alternant avec une partie de la sauce préparée, ainsi qu'avec du parmesan râpé. Chauffer le plat au four pendant quelques minutes, l'envoyer aussitôt.

939. Kloeuses au pain. — Couper en dés la mie de 7 à 8 petits pains blancs (la valeur de 200 grammes), la déposer dans une terrine, l'arroser avec du lait bouillant, la laisser imbiber; un quart d'heure après, en exprimer l'humidité, la mettre dans une casserole, la broyer avec une cuiller, la chauffer afin de la lier; la retirer ensuite, l'assaisonner, lui incorporer 150 grammes de beurre divisé en petites parties, 3 à 4 œufs entiers, 2 poignées de petits croûtons de pain, 200 grammes de petit-salé, coupé en petits dés et frit. — L'appareil doit alors se trouver assez consistant pour être divisé en petites parties, et celles-ci roulées rondes sur la table farinée. — Quelques minutes avant de servir, plonger les kloeuses à l'eau bouillante, salée; donner 7 à 8 minutes d'ébullition au liquide, à casserole couverte; les retirer sur le côté; 8 à 10 minutes après, les égoutter, les dresser dans un plat, en les arrosant avec du beurre cuit à la noisette.

940. Kloeuses à la farine. — Déposer 250 grammes de farine dans une terrine avec un peu de sel, un morceau de beurre fondu; 3 ou 4 œufs entiers; délayer l'appareil avec du lait, de façon à obtenir une pâte lisse et ferme; à ce point, lui mêler 2 poignées de croûtons de pain coupés en dés, frits au beurre; l'appareil doit se trouver alors de la consistance d'une panade; s'il était trop mou, lui incorporer une poignée de mie de pain râpé; le prendre avec une cuiller, en parties de la grosseur d'une noix, les laisser tomber sur la table farinée, les rouler de forme ronde; les plonger à l'eau bouillante, salée, les cuire pendant 7 à 8 minutes, à casserole couverte; les retirer sur le côté; 10 minutes après, les égoutter, les dresser sur un plat, les arroser avec du beurre à la noisette.

941. Kloeuses Viennois. — Prendre la valeur de 500 grammes de mie de pain de cuisine, la couper en petits dés, faire frire ceux-ci avec du beurre; les mouiller alors avec la valeur d'un verre de lait bouillant, couvrir la casserole, la tenir de côté. Quand le pain a absorbé toute l'humidité, ajouter à l'appareil 4 à 5 cuillerées-à-bouche de fines-herbes cuites, mêlées avec moitié de leur volume de jambon cru, coupé en dés; le saupoudrer en même

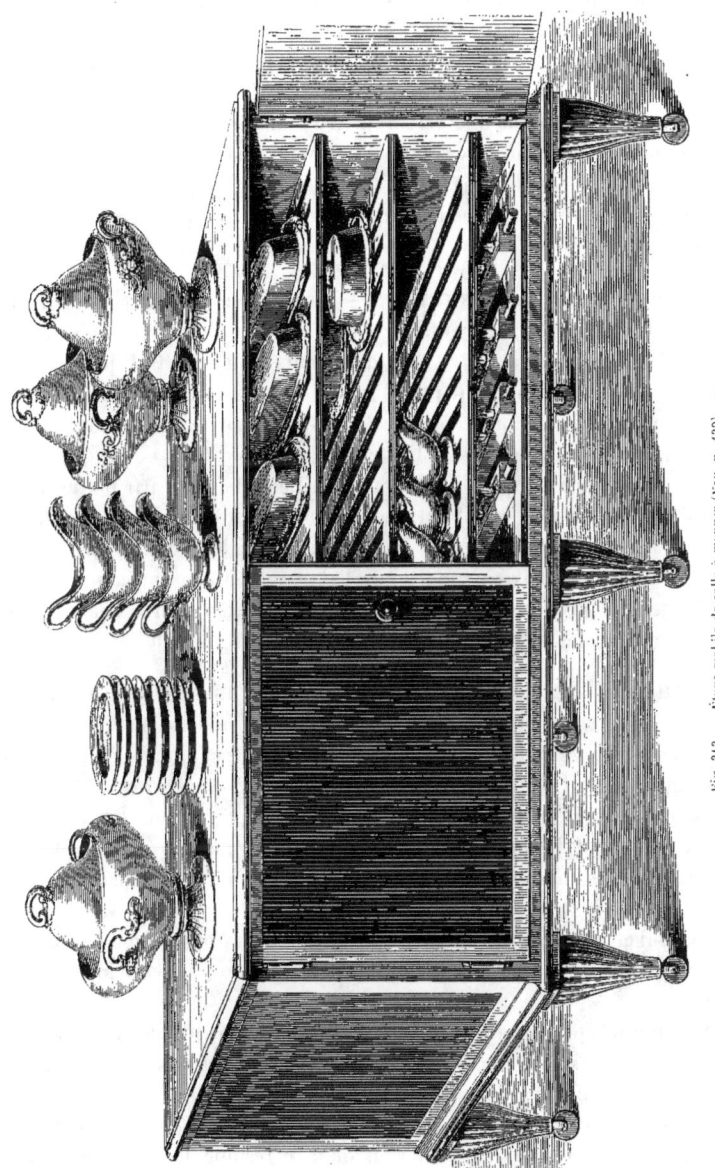

Fig. 313. — Étuve mobile de salle à manger (Voy. p. 439).

temps avec une pincée de farine, puis l'arroser avec quelques œufs battus, l'assaisonner : il doit être assez consistant pour être moulé en petites parties rondes. Plonger celles-ci à l'eau bouillante, salée; au premier bouillon, retirer le vase du feu, les faire pocher pendant 10 minutes.

D'autre part, verser dans une casserole 200 grammes de beurre fondu; quand il est bien chaud, ajouter deux poignées de mie de pain, cuire celle-ci pendant 2 minutes. Quand les klocuses sont égouttés, les ranger dans la casserole avec le beurre, les tenir ainsi pendant quelques minutes, les dresser sur un plat chaud.

942. **Noques à l'Allemande.** — Verser dans une terrine demi-livre de beurre à moitié fondu; le travailler avec une cuiller jusqu'à ce qu'il soit bien lié; lui mêler alors, l'un après l'autre, deux œufs entiers, et trois jaunes, l'assaisonner avec sel et muscade; quand il est bien mousseux, ajouter 4 onces de farine, et un blanc d'œuf fouetté; essayer une petite partie de l'appareil dans de l'eau bouillante pour juger de sa solidité.

Prendre la moitié de l'appareil avec une cuiller-à-bouche, par petites parties, puis, en les poussant avec un doigt, les laisser tomber dans une casserole d'eau chaude, salée; faire bouillir l'eau, finir de pocher les noques, les égoutter. Faire pocher alors la deuxième moitié de l'appareil, en opérant comme auparavant. Dresser les noques sur un plat, par couches; saupoudrer chaque couche avec du parmesan, les arroser avec du beurre cuit à la noisette.

943. **Spaghetti à la Napolitaine.** — Ce qu'on appelle à Naples, *spaghetti*, n'est autre chose qu'une variété de macaroni, dont l'épaisseur est entre les *fidelini* et les *maroncini*; c'est celui qu'on mange le plus communément à Naples, où cependant toutes les espèces de pâtes sont si parfaites. *Portici, Salerne, Grignano*, fournissent des produits d'une incomparable perfection. Les Napolitains n'ont pas seulement l'avantage d'avoir à leur disposition des pâtes d'un apprêt supérieur, mais ils ont encore celui, bien grand, de pouvoir les manger de première fraîcheur, avantage qui double positivement leur valeur. Aussi le macaroni ne peut-il être mangé dans toute sa perfection qu'à Naples même, et ceux qui ne l'ont pas goûté dans le pays, peuvent difficilement se faire une idée exacte de sa bonté.

Les Napolitains, préparent les *spaghetti* très-simplement : les cuire au point précis, où ils sont assez tendres pour ne plus croquer sous la dent, les égoutter promptement, les dresser dans un plat creux, par couches alternées avec du beurre fondu, du parmesan râpé, et du bon jus mêlé avec de la sauce tomate ou de la pâte de tomate délayée; voilà en quoi se résume l'apprêt; mais quand on veut préparer les *spaghetti* avec plus de luxe et de succulence, on remplace le jus par de la bonne glace fondue; ils sont alors plus onctueux, plus succulents.

— Après avoir mangé le macaroni, gros ou fin, les Italiens boivent un verre d'eau, afin d'en faire promptement la digestion : l'eau pure la facilite.

944. Fidelini au beurre. — On trouve en Italie des espèces de vermicelles très-fins, mais séchés droits, de la même longueur que les *spaghetti*. C'est une qualité de pâte extrêmement délicate et recherchée par les amateurs : ce sont des *fidelini*.

Plonger 500 grammes de *fidelini* à l'eau bouillante, salée, un peu abondante ; couvrir la casserole, les cuire vivement pendant 3 minutes ; les égoutter sur un tamis, les remettre dans la même casserole (bien essuyée), avec 150 grammes de bon beurre, divisé en petites parties ; leur incorporer 100 grammes de parmesan râpé ; opérer le mélange à l'aide d'une fourchette ; quand les *fidelini* sont bien liés, les verser dans un plat creux.

945. Quiche à la Lorraine. — Préparer une pâte brisée avec 500 grammes de farine, 300 grammes de beurre, 2 jaunes d'œuf, un grain de sel, l'eau nécessaire ; la laisser reposer pendant une demi-heure, l'abaisser mince et ronde. Avec cette abaisse, foncer une tourtière en tôle, large, à rebords élevés d'un centimètre ; pincer la pâte sur les bords, puis ranger sur sa surface des petites parties de beurre frais (100 gr.), disposées à petites distances.

Battre 3 œufs dans une terrine, les délayer avec 2 décilitres de bonne crème crue ; assaisonner l'appareil avec sel, poivre, muscade, une pincée de sucre ; le passer, le verser sur la pâte, dans la tourtière ; pousser celle-ci à bon four, en la posant bien d'aplomb. Cuire la quiche de 15 à 18 minutes. On sert ordinairement la quiche dans la tourtière après l'avoir divisée. — La quiche est un mets de déjeuner : bien préparé, il est excellent. — On peut aussi préparer la quiche avec du petit-salé ou du jambon coupé mince, qu'on étale sur la pâte, avant de verser la crème.

946. Macaroni à la Sicilienne. — Faire braiser un morceau de bœuf à court mouillement, de façon à obtenir un jus succulent, un peu foncé ; passer ce jus, le lier avec quelques cuillerées de sauce tomate. — Cuire, à l'eau salée, 5 à 600 grammes de gros macaroni ; l'égoutter sur une passoire sans le rafraîchir, puis le dresser par couches dans un plat creux, en saupoudrant chaque couche avec du parmesan, et les arrosant avec une partie du jus préparé ; sur cette première couche, ranger des aubergines émincées, farinées et frites ; sur les aubergines, placer des champignons cuits, émincés, et aussi quelques crêtes de volaille ; saupoudrer cette couche avec du parmesan, l'arroser avec du jus. Continuer l'opération jusqu'à ce que le macaroni soit absorbé, sans négliger d'arroser le dessous, ni de le saupoudrer avec du parmesan. Tenir le plat à la bouche du four, pendant 10 minutes, le servir ensuite.

947. Macaroni maigre, à la Napolitaine. — Laver quelques poignées de petites clovisses (*arcelli*), les déposer dans une casserole, les sauter sur feu jusqu'à ce qu'elles soient ouvertes, les verser dans une terrine. — Faire revenir, à l'huile, une mirepoix de légumes, composée de céleri, carottes, poireaux, persil, un brin de sarriette, ainsi que quelques parures de champignons; saupoudrer ces légumes avec un peu de farine; 2 minutes après, les mouiller avec le bouillon des clovisses et quelques cuillerées de sauce tomate; tourner le liquide jusqu'à l'ébullition, cuire la sauce tout doucement pendant un quart d'heure, la passer ensuite.

D'autre part, cuire 500 grammes de macaroni; l'égoutter, le remettre dans la même casserole (essuyée), lui mêler un morceau de beurre, et quelques poignées de parmesan; lui incorporer, peu à peu, la sauce préparée, ainsi que les clovisses, détachées des coquilles; le verser dans un plat, le saupoudrer avec du parmesan.

948. Macaroni à la Livournaise. — Cuire, à l'eau salée, 500 grammes de gros macaroni; l'égoutter, le verser dans une casserole, le lier avec quelques cuillerées de béchamel; l'assaisonner avec un peu de poivre blanc et une pointe de muscade; lui incorporer, hors du feu, à l'aide d'une fourchette, 200 grammes de bon beurre frais, divisé en petites parties, en même temps 150 grammes de parmesan râpé; quand il est bien lié, crémeux, le dresser par couches dans un plat creux, en arrosant chaque couche avec une purée de tomates très-légèrement liée.

949. Pizza à la Napolitaine. — La *pizza* est un mets favori des Napolitains. On la sert surtout à souper; mais pour qu'elle soit bien appréciée, elle doit être mangée en la sortant du four; voilà pourquoi les vrais amateurs vont la manger chez les fabricants (*pizzaioli*) eux-mêmes; ils jouissent alors, non-seulement du plaisir de la manger bien chaude, mais aussi de la voir préparer, ce qui n'est pas sans intérêt.

Prendre 5 à 600 grammes de pâte à pain, un peu plus légère qu'à l'ordinaire, mais bien levée; la poser sur la table farinée, l'abaisser ronde, en la battant avec les mains; relever légèrement la pâte des bords, arroser la surface avec un peu d'huile, et garnir celle-ci, soit avec des petits anchois frais, soit avec des demi-tomates, des filets d'anchois salés ou de la *mouzarella* (fromage tendre de brebis): les Napolitains mêlent souvent ensemble ces différentes substances. Saupoudrer la *pizza* avec du sel et du poivre, puis avec de l'ail haché fin, mêlé avec du persil et de la sarriette en poudre; l'arroser ensuite avec de l'huile. Prendre alors la *pizza* avec une pelle plate, l'enlever, et la pousser à four nu, chauffé comme pour cuire le pain, mais surtout bien propre. Les pizzaioli cuisent à four ouvert, en entretenant des allumes sur le côté : 20 minutes suffisent. En sortant la *pizza* du four, l'arroser avec de l'huile, la glisser sur un plat.

950. **Risot maigre, à la Russe.** — Faire pocher 3 à 4 douzaines d'huîtres. — Hacher un oignon, le faire revenir à l'huile sans prendre couleur, lui mêler 250 grammes de riz, trié, lavé, égoutté sur un tamis pendant une heure ; faire revenir ce riz jusqu'à ce qu'il soit bien saisi, mais en le tournant ; le mouiller, trois fois sa hauteur, avec la cuisson des huîtres et du bouillon de poisson ; faire bouillir le liquide, le retirer sur le côté, laisser cuire le riz à couvert ; quand il est à peu près à sec, et tendre, ajouter les huîtres cuites, parées ; le dresser sur un plat chaud.

951. **Risot des Épicuriens.** — Mettre dans une casserole une cuillerée-à-bouche d'oignon haché, et quelques cuillerées de moelle fondue, le faire revenir sans prendre couleur ; ajouter alors 250 grammes de bon riz de Piémont, sans être lavé ; le chauffer pendant quelques secondes, le mouiller, trois fois sa hauteur, avec du bouillon, lui mêler 3 saucisses, le faire cuire à bon feu jusqu'à ce qu'il soit à peu près à sec ; le retirer alors du feu, lui incorporer 200 grammes de bon beurre et 150 grammes de parmesan râpé ; l'arroser avec quelques cuillerées de glace fondue ; le couvrir, le tenir ainsi pendant 5 minutes. — D'autre part, préparer une garniture composée de crêtes et rognons de volaille, d'amourettes et de ris d'agneau ; les mêler, les déposer dans une casserole.

Peler 3 ou 4 truffes noires, crues ; mettre les pelures dans une casserole avec la valeur d'un demi-verre d'espagnole et le quart de vin de Marsala ou de Madère ; ajouter un bouquet de persil garni d'aromates ; faire réduire la sauce d'un tiers ; lui mêler 2 cuillerées de sauce tomate, autant de glace fondue, une pointe de cayenne ; faire bouillir la sauce, la passer ; ajouter alors les truffes coupées en quartiers ; cuire celles-ci dans la sauce, sur le côté du feu, pendant 4 à 5 minutes ; verser aussitôt la sauce et les truffes sur la garniture préparée, tenir celle-ci au bain-marie, en attendant que le riz soit cuit.

Au moment de servir, finir le risot avec du beurre et du parmesan ; le dresser dans un plat, faire un creux sur le centre, et dans celui-ci, dresser la garniture préparée. Entourer le risot avec les saucisses coupées.

952. **Risot à la Napolitaine.** — Hacher un oignon, le faire revenir avec de l'huile dans une casserole ; lui mêler 500 grammes de riz de Piémont, sans être lavé ; le faire revenir pendant 2 secondes, le mouiller, trois fois sa hauteur, avec du bouillon de poisson ; lui mêler une tomate épepinée, et hachée ; cuire le risot pendant 20 minutes, le retirer du feu, lui incorporer 4 ou 5 poignées de parmesan râpé, ainsi qu'un petit ragoût composé de queues d'écrevisses,

d'huîtres et de champignons, cuits, coupés. Couvrir la casserole ; 2 minutes après, dresser le risot dans un plat creux.

953. **Kasche Russe.** — Ce que les Russes et les Polonais appellent *kascha* ou *kasche*, n'est autre que du blé de sarrasin concassé, en semoule plus ou moins grosse ; cet aliment est très-usité en Pologne et en Russie. Il est, au fond, l'aliment journalier du peuple ; sain, léger par sa nature, peu coûteux dans son apprêt, le kasche devrait être introduit dans tous les pays d'Europe, et comme variété d'aliment, et comme nourriture des masses. Il peut aisément remplacer le riz, et il coûte meilleur marché. — Déposer 300 grammes de kasche dans une casserole, le mouiller deux fois sa hauteur avec de l'eau chaude ; ajouter un peu de sel, un petit morceau de beurre ; couvrir la casserole, faire bouillir le liquide, le retirer sur le côté ; cuire tout doucement le kasche pendant une heure ; lui additionner quelques parties d'eau chaude, s'il devenait trop compact ; il doit cependant se trouver consistant. Au moment de servir, l'assaisonner avec sel et muscade, lui incorporer un morceau de beurre, le dresser sur un plat. — Si on finit le kasche avec du parmesan râpé, il devient excellent.

954. **Strohl-Cheese à l'Anglaise.** — Étaler sur la table 175 grammes de farine, déposer dans le centre 175 grammes de beurre, 175 grammes de parmesan râpé, 3 jaunes d'œuf, une pointe de cayenne, une cuillerée-à-bouche de crème crue. Manier le beurre avec le fromage, puis avec la farine, de façon à obtenir une espèce de pâte-frolle, l'abaisser mince, la diviser en baguettes fines, de 10 à 12 centimètres de long ; les ranger à mesure sur une plaque, les cuire à four vif. En les sortant du four, les détacher des plaques, les dresser sur une serviette. — Cet entremets de farinage est très-estimé en Angleterre ; on le sert ordinairement à déjeuner ou au lunch.

955. **Crissins au fromage.** — Avec 250 grammes de farine, préparer une pâte à l'eau comme pour le feuilletage ; la laisser reposer pendant un quart d'heure ; la beurrer avec 250 grammes de beurre, épongé, ferme ; lui donner 4 *tours*, en procédant d'après la même méthode que la pâte feuilletée, avec cette différence, qu'il faut saupoudrer la pâte avec du parmesan, au lieu de la saupoudrer avec de la farine. Quand la pâte est tourrée, et abaissée mince, la diviser en filets de l'épaisseur d'un tuyau de plume, et de 15 centimètres de long ; les rouler sur la table, les ranger sur plaque, à distance les uns des autres ; les dorer légèrement, les saupoudrer avec du parmesan râpé, les faire cuire à bon four ; les dresser en les sortant du four.

956. **Blinis Russes** (Dessins 314, 315, 316). — Les Russes mangent les blinis en hiver seulement, mais surtout à l'époque du carême ; ils deviennent alors un mets de tous les jours. — Mettre dans une terrine 250 grammes de farine de

froment, et 300 grammes de farine de sarrasin. Délayer 20 grammes de levûre avec 2 verres de lait tiède, passer le liquide, et avec lui, délayer la farine, peu à

Fig. 314. Fig. 315. Fig. 316.

peu, sans lui faire prendre du corps; la pâte doit avoir la même consistance que celle à pannequets; ajouter un grain de sel, la laisser lever à température douce pendant 2 heures.

Faire fondre et clarifier 400 grammes de beurre. — Quand la pâte est levée, et légère, faire chauffer des poêles à blinis, les beurrer avec le pinceau, les emplir avec une petite partie de la pâte préparée, pousser vivement les petites poêles [1] au four du fourneau, à l'aide d'une palette dont je donne ici le dessin. Cuire les blinis pendant 3 à 4 minutes, les retirer, les arroser avec un peu de beurre, les retourner et les remettre au four : cette opération doit se faire aussi vivement que possible. Deux minutes après, les blinis doivent se trouver cuits; les arroser encore avec un peu de beurre, les dresser sur un plat chaud, les envoyer sans retard, en les accompagnant, soit avec un plat de caviar, soit avec une saucière de crème aigre ou de beurre fondu.

En Russie on prépare souvent des blinis, avec addition d'œufs durs, hachés, des carottes, et même de petits poissons; les carottes sont cuites, mais les petits poissons sont crus; les uns et les autres doivent être placés sur la pâte avant de retourner les blinis.

957. **Blinis, autre procédé.** — Peser 250 grammes de farine de sarrasin et autant de farine de gruau; avec un tiers de celle-ci, 25 grammes de levûre et du lait tiède, préparer un petit levain.

Mêler le gruau et la farine de sarrasin dans une terrine, la délayer avec du lait tiède, à consistance d'une pâte à frire; ajouter un grain de sel et 4 ou 5 jaunes d'œuf; quand le levain est revenu, le mêler à la pâte; tenir la terrine dans un lieu frais ou sur glace; il faut préparer cette pâte le matin pour cuire les blinis le soir; mais il faut avoir soin de la remuer souvent afin qu'elle ne monte pas.

Une heure avant de cuire les blinis, mêler à la pâte 5 blancs d'œuf fouettés; la laisser revenir à température de la cuisine, puis cuire les blinis comme il est dit à l'article qui précède.

958. **Farinade de Gênes.** — La *farinade* est à Gênes, ce que la *pizza* est

---

[1]. Ces poêles sont représentées par le dessin 314; elles sont en fer, légèrement creuses, ayant 10 centimètres de diamètre.

à Naples, un mets national et populaire; la *farinade* bien préparée, mangée chaude, est un mets très-agréable.

Délayer dans une terrine 500 grammes de farine fraîche de pois pointus (pois chiches), avec une suffisante quantité d'eau tiède, afin d'obtenir une pâte liquide de même consistance que la crème crue : elle doit simplement napper la cuiller; ajouter une pincée de sel, et la passer au tamis. Chauffer de la bonne huile (un quart de litre pour chaque 2 litres de pâte) dans un large plafond à rebord; verser la pâte dans celui-ci, la remuer légèrement avec une cuiller, et pousser le plafond à four chaud, en le posant bien d'aplomb. Aussitôt que l'appareil est raffermi, et de belle couleur, le sortir, le découper et le dresser, en l'enlevant avec une palette. — Il est bon d'observer que l'appareil cuit ne doit pas avoir plus de deux tiers de centimètre d'épaisseur.

959. **Gâteaux de maïs, à l'Américaine** (*corn-cakes*). — Mêler dans une terrine 500 grammes de farine de maïs jaune (*Indian mell*), avec une poignée de farine de froment. Faire avec la main un creux dans le centre, et dans celui-ci, mettre 4 œufs entiers, 100 grammes de beurre fondu, une pincée de soda, une pincée de crème de tartre, une pincée de sel et 100 grammes de sucre en poudre; ajouter trois quarts de verre de lait, puis incorporer la farine avec le liquide, de façon à obtenir une pâte sans grumeaux. Avec cette pâte, emplir des moules à tartelette, beurrés. Cuire les gâteaux 20 minutes. — On sert ces gâteaux pour déjeuner; ils doivent être bien chauds.

960. **Buckro-heat-cakes**. — Mettre dans une terrine 500 grammes de farine de sarrasin (*buckro-heat-flour*), faire un creux sur le centre. Délayer 20 grammes de levûre avec les trois quarts d'un verre d'eau tiède, passer le liquide, et avec lui, délayer la farine, de façon à obtenir une pâte de même consistance que la pâte à frire. Ajouter un grain de sel, couvrir la terrine, la placer à température douce, faire lever la pâte pendant 7 à 8 heures. On fait ordinairement cette pâte le soir pour l'employer le lendemain matin.

Une heure avant de cuire les gâteaux, rompre la pâte avec la main, lui incorporer une poignée de farine de maïs, jaune, et quelques cuillerées-à-bouche de bonne mélasse. — Graisser une plaque en fonte, la faire chauffer; prendre la pâte avec une cuiller, la laisser tomber sur la plaque chaude; quand elle est étalée, les gâteaux doivent avoir le diamètre de 6 à 7 centimètres, les cuire à bon four, en les retournant, les dresser dans un plat bien chaud, les envoyer aussitôt. — Les Américains estiment ces gâteaux, comme les Russes estiment les blinis.

961. **Soufflé au fromage, en petites caisses** (Dessin 317). — Faire fondre et chauffer 200 grammes de beurre dans une casserole. Battre 10 jaunes d'œuf dans une terrine, les mêler au beurre, les tourner sur feu modéré pen-

dant quelques secondes, simplement pour lier l'appareil; le retirer alors du feu, lui incorporer, peu à peu, 400 grammes de fromage par moitié gruyère et par-

Fig. 317.

mesan, râpés; l'assaisonner avec une pincée de poivre, une pincée de sucre; le chauffer légèrement, sans le quitter; quand il est lisse, le retirer, lui incorporer la valeur de 2 blancs d'œuf fouettés.

Vingt-cinq minutes avant de servir, incorporer à l'appareil encore 6 blancs d'œuf fouettés. Emplir une dizaine de caisses en papier de forme carrée, de moyenne grosseur; les ranger sur un plafond couvert de papier, les pousser à four doux; en les sortant, les dresser sur un plat, les envoyer aussitôt. — Cet appareil ne monte pas beaucoup, mais il ne tombe pas; il est excellent à manger: c'est le meilleur que je connaisse.

962. **Fromage pour dessert.** — En Angleterre et en Allemagne, on sert généralement du beurre en même temps que le fromage, ou alors des tartines de pain, blanc ou noir, beurrées. Cette excellente méthode est peu admise en France, et c'est un tort, car le bon beurre se marie bien, avec la plupart des espèces de fromage, mais surtout avec ceux qui sont secs. En Angleterre, quand on sert du fromage à la fin d'un repas, on l'accompagne toujours avec des cœurs de céleris ou de laitues tendres. Les Américains mangent du fromage, *chester* ou *stilton*, avec la salade assaisonnée.

963. **Tartelettes suisses au fromage.** — Avec des rognures de feuilletage, foncer deux douzaines de moules à tartelette, de forme ronde ou ovale.

Mêler dans une casserole une cuillerée-à-bouche de farine, 4 cuillerées de parmesan râpé, 6 jaunes d'œuf; délayer l'appareil avec à peu près un verre de bon lait; ajouter un petit morceau de beurre, une pincée de sucre; le tourner sur feu modéré jusqu'à ce que le beurre soit dissous; le retirer du feu, le laisser refroidir; lui incorporer alors 4 blancs d'œuf fouettés, et avec lui, emplir les moules; les ranger sur une plaque, cuire les tartelettes à four chaud; en les sortant, les saupoudrer avec du parmesan râpé, les servir sans retard.

964. Tartines de Munster. — Couper des tranches de pain noir, de Westphalie (*pumpernickel*), d'un demi-centimètre d'épaisseur, en forme de carré long, ayant 10 centimètres de large; couper de même forme et de même épaisseur, des tranches de pain de cuisine (pain anglais) frais. Étaler sur le pain noir une couche mince de bon beurre, et appliquer une tranche de pain blanc sur le noir; masquer également celui-ci avec du beurre, lui appliquer dessus une autre tranche de pain noir; appuyer légèrement le pain, le couper transversalement en carrés longs. — On sert ces tartines avec le thé.

On pourrait facilement avoir ce pain en France, tout aussi bien que d'autres produits de l'étranger, car il se conserve fort longtemps frais et bon.

965. Ramequins de Dijon. — Mettre dans une casserole, un demi-verre d'eau, un grain de sel, une pincée de poivre, une cuillerée-à-café de sucre et 175 grammes de beurre; faire bouillir le liquide, le retirer aussitôt; lui incorporer 250 grammes de farine, en remuant avec une cuiller, de façon à obtenir une pâte à choux bien liée, et lisse; la travailler pendant quelques minutes sur le feu, la verser dans une autre casserole; lui incorporer, peu à peu, 4 ou 5 œufs entiers, puis 150 grammes de fromage de gruyère frais, haché. Prendre alors la pâte avec une cuiller-à-bouche, la coucher sur plaque, en boules rondes, de la grosseur d'un petit œuf. Dorer les ramequins, poser sur chacun d'eux une petite lame de gruyère, les cuire à four chaud.

966. Fondue aux truffes de Piémont. — La *fondue* est un mets très-populaire en Piémont; on la prépare avec un fromage gras appelé *fontina*, c'est tout simplement du gruyère à l'état frais et mou. On ne peut remplacer cette espèce de fromage que par du gruyère, aussi frais que possible, qu'on fait ramollir pendant quelques heures dans du lait. — Couper en dés 250 grammes de *fontina* après en avoir supprimé la peau mince qui forme la superficie; la rafraîchir, l'égoutter, la mettre dans une moyenne casserole avec quelques cuillerées de lait. — Broyer 6 jaunes d'œuf, leur mêler une cuillerée-à-café de farine, les délayer avec 5 à 6 cuillerées de crème crue ou de bon lait; passer l'appareil au tamis, dans une terrine. Poser la casserole de la *fontina* sur feu très-doux, tourner l'appareil avec une cuiller, jusqu'à ce qu'il soit dissous; lui mêler alors les jaunes d'œuf délayés, le tourner de nouveau, toujours sur feu très-doux, jusqu'à ce qu'il soit lié comme une crème, mais sans le faire bouillir; ajouter une pincée de poivre, le retirer du feu, lui incorporer un morceau de bon beurre, sans cesser de tourner; 3 minutes après, il devient plus consistant; lui mêler alors une petite poignée de truffes blanches, émincées; verser la fondue dans un plat creux; placer sur le centre une autre poignée de truffes blanches, émincées. — A défaut de truffes, on entoure la fondue avec des croûtons de pain frits.

967. Fondue à la Genevoise. — Broyer 7 ou 8 jaunes d'œuf dans une casserole, avec une cuiller; leur mêler 200 grammes de fromage râpé (moitié parmesan et moitié gruyère), une pincée de poivre, une pointe de muscade et de sucre, puis 150 grammes de bon beurre, divisé en petites parties; lier l'appareil sur feu, en le tournant avec une cuiller; aussitôt qu'il commence à se lier, lui mêler 2 ou 3 cuillerées de bonne crème crue; finir de le lier, sans cesser de le tourner.

D'autre part, faire blanchir 250 grammes de nouilles émincées; les égoutter sur un tamis, les remettre dans une casserole, les lier avec un morceau de beurre; les assaisonner, les dresser en rond, autour d'un plat, en laissant un large creux dans le milieu. Verser la fondue dans celui-ci, l'envoyer aussitôt.

968. Boudins blancs à la Polonaise. — Prendre 200 grammes de gruau blanc (*kascha*); à défaut de celui-ci, prendre de la grosse semoule, lui mêler 2 jaunes d'œuf, puis le passer entre les mains jusqu'à ce que le gruau se trouve sec; le cuire alors avec du bouillon de champignons secs, mais à court mouillement, de façon à obtenir un appareil consistant et sec; en dernier lieu, le finir avec un peu de bonne crème double.

Faire revenir avec du beurre 2 oignons hachés, leur mêler 300 grammes de mie de pain blanc coupée en petits dés; faire revenir ceux-ci pendant 2 minutes, puis les mouiller à hauteur avec du bon lait; tourner l'appareil sur feu jusqu'à ce qu'il soit réduit en panade consistante; le finir avec quelques cuillerées de crème double; le retirer du feu; lui mêler alors le gruau, en même temps qu'un salpicon de champignons ou de truffes; l'assaisonner de bon goût, le lier avec quelques jaunes d'œuf.

Avec cet appareil, emplir de petits boyaux de porc ou de mouton; les nouer à distance égale, avec de la ficelle, afin de marquer la longueur des boudins; les plonger ensuite dans du lait chaud, coupé avec de l'eau; amener le liquide à l'ébullition, le retirer aussitôt sur le côté du feu, couvrir la casserole; quand les boudins sont raffermis, les égoutter, les diviser, les ranger dans une casserole plate, les arroser largement avec du beurre fondu, épuré, les tenir à couvert à la bouche du four, pendant 12 minutes; les dresser sur un plat, les arroser avec du beurre.

969. Cigara beurrek à la Turque. — Prendre un gros morceau de fromage de *cascavalpenir;* à défaut de celui-ci, du gruyère frais, ou ramolli dans l'eau; le couper en filets d'un centimètre à peu près d'épaisseur, sur 5 centimètres de long. — Avec un kilogramme de farine, un peu de sel, quelques cuillerées d'huile et de l'eau tiède, préparer une pâte dans le genre de la pâte à nouille, mais plus légère; la diviser en 7 ou 8 parties; les abaisser séparément avec le rouleau; les placer à mesure sur une table humectée avec du beurre fondu;

humecter également la pâte en dessus, puis la couvrir avec un linge humide, la laisser reposer pendant une demi-heure. Prendre alors chaque abaisse de pâte avec le pouce et l'index de chaque main, la frapper continuellement sur la table humectée avec du beurre, de façon à l'élargir, en l'amincissant ; par ce procédé, les Turcs arrivent à obtenir la pâte aussi mince que du papier, mais il ne faut pas négliger d'humecter de temps en temps la pâte avec du beurre.

Quand toute la pâte est amincie, en couper des carrés longs d'une égale diminution, ayant 12 centimètres de long sur 8 de large. Prendre alors un morceau de fromage, le placer sur le centre, en droite ligne des deux angles de chaque carrée ; ramener les deux autres angles sur le fromage, en roulant la pâte de façon à l'envelopper sous plusieurs plis, car celle-ci joue en fait le rôle du feuilletage ; humecter l'enveloppe de fromage, et la placer sur un autre carré de pâte dans le même sens que le fromage a été placé, c'est-à-dire en droite ligne des deux angles ; ramener de nouveau les deux autres angles sur le centre, et rouler encore la pâte sur elle-même. Recommencer une troisième fois la même opération ; déposer les cigara sur une plaque farinée, les plonger dans une poêle de friture chaude, au beurre, les faire colorer, les égoutter, et les dresser.

970. Piroguis aux carottes. — Couper en dés le rouge de quelques carottes ; les faire revenir avec un peu d'oignon, les faire tomber à glace avec du bouillon ; lier l'appareil avec un peu de béchamel réduite ; ajouter quelques œufs durs, hachés, une pincée de ciboulette et de persil également hachés ; assaisonner l'appareil, le laisser refroidir, et avec lui, préparer de grosses rissoles, avec de la pâte brisée ; les ranger sur plaque, les dorer, les cuire au four ; en les sortant, les dresser sur serviette.

971. Watrouskis à la Russe. — Presser fortement dans un linge 400 grammes de fromage blanc (à la pie), afin d'en extraire l'humidité ; le piler avec un morceau de beurre ; quand la pâte est lisse, l'assaisonner avec sel et muscade, la déposer dans une terrine, lui incorporer 2 ou 3 jaunes d'œuf, en le travaillant ; avec cet appareil, et de la pâte à coulibiac, préparer de grosses rissoles ; les ranger à distance, sur une plaque, les tenir pendant 20 minutes à température douce, les dorer, les cuire à four modéré.

972. Œufs mollets, au beurre d'anchois. — Plonger 8 gros œufs à l'eau chaude, entiers, sans les casser ; faire bouillir l'eau pendant 5 minutes, à casserole couverte ; les égoutter aussitôt, les plonger à l'eau froide, les laisser complètement refroidir ; en supprimer alors la coquille, en la cassant peu à peu. Chauffer les œufs dans de l'eau pendant quelques secondes ; les égoutter, les dresser sur un plat, les masquer avec une sauce au beurre, finie avec une purée d'anchois.

Pour que ces œufs soient cuits à point, il faut qu'ils se maintiennent bien en forme, tandis que le jaune reste liquide à l'intérieur. On peut servir les œufs mollets comme garniture.

973. Œufs farcis au maigre (Dessin 318). — Faire durcir 8 ou 10 œufs; quand ils sont froids, en supprimer les coquilles, couper les œufs en deux

Fig. 318.

sur leur longueur, séparer les blancs des jaunes; piler ceux-ci avec un morceau de mie de pain ramollie et exprimée, les filets de 4 anchois et un morceau de beurre; lier l'appareil avec 3 ou 4 jaunes d'œuf crus, l'assaisonner, le déposer dans une terrine, lui mêler quelques cuillerées de fines-herbes cuites, et une poignée de mie de pain. Avec cet appareil, emplir les moitiés d'œuf, en le faisant bomber; les tremper dans des œufs battus, les paner, les faire frire; les dresser en buisson, en les entremêlant avec du persil frit.

974. Œufs à la Montglas. — Cuire des œufs à l'eau, dans leur coquille; s'ils sont gros, les cuire 5 minutes, les petits 4 minutes et demie. Aussitôt cuits, les plonger à l'eau froide; 20 minutes après, les égoutter, en supprimer les coquilles; puis, à l'aide d'un tube à colonne, les ouvrir d'un côté, afin de les vider en partie; les emplir alors avec une montglas fine, composée de filets de volaille, de truffes, de langue écarlate, liée avec un peu de bonne sauce réduite; fermer l'ouverture avec un peu de farce. Tremper les œufs dans des œufs battus, les faire frire.

975. Œufs pochés à la Parisienne. — Avec de la glace de viande fondue et tiède, humecter à l'intérieur quelques moules à dariole, les sabler avec des truffes fraîches hachées. Casser alors dans chaque moule un œuf très-frais; les assaisonner, les ranger dans une casserole plate, les cuire au four, pendant 6 à 7 minutes, les renverser ensuite sur un plat; masquer le fond de celui-ci avec un peu de jus ou de la sauce blonde, finie avec du beurre d'écrevisses.

976. Œufs à l'aigre-doux. — Faire chauffer un verre de bonne huile dans une petite poêle creuse; couper un œuf bien frais dans cette huile, en l'ouvrant à fleur du liquide, afin qu'il ne se déforme pas; ramener aussitôt, à l'aide d'une petite écumoire, les parties blanches vers le centre, de façon à envelopper entièrement le jaune de l'œuf dans le blanc, en lui donnant une forme allongée; quand il est de belle couleur, l'égoutter, et en cuire un autre. Dresser ensuite les œufs sur un plat, les masquer avec une sauce *aigre-doux*.

977. Œufs brouillés aux queues de crevettes. — Prendre la valeur de 4 cuillerées de queues de crevettes épluchées; avec les coquilles, préparer un peu de beurre rouge.

Beurrer le fond d'une casserole. Casser 8 œufs dans une terrine, les battre, les assaisonner, les verser dans la casserole beurrée; poser celle-ci sur feu modéré, tourner les œufs avec une cuiller en bois; aussitôt qu'ils commencent à se lier, les retirer sans cesser de les tourner; ajouter 2 cuillerées-à-bouche de bonne crème crue, et ensuite le beurre de crevettes divisé en petites parties; 2 minutes après, ajouter les queues de crevettes, verser l'appareil dans un plat; l'entourer avec des croûtons de pain frits, glacés au pinceau.

978. Omelettes du chasseur. — Battre 10 à 12 œufs dans une casserole, les assaisonner avec sel, poivre et muscade. Verser une cuillerée-à-bouche de beurre fondu dans une petite poêle à pannequets; puis, avec la valeur d'un œuf d'appareil, préparer des petites omelettes minces, les cuire des deux côtés, sans les plier, et les renverser sur un plafond; quand elles sont froides, les masquer, d'un côté, avec une couche de beurre d'anchois, les poser les unes sur les autres. — Ces omelettes sont très-agréables à manger, en voyage ou à la chasse.

979. Omelette à la Lyonnaise. — Faire fondre dans une petite casserole 150 grammes de beurre, le laisser déposer, le verser dans une poêle à omelette. Casser 8 œufs dans une terrine, les assaisonner avec sel, poivre, muscade, une pincée de parmesan râpé; les fouetter vivement jusqu'à ce qu'ils fassent l'écume; poser alors la poêle sur un bon feu clair et vif; aussitôt que le beurre est bien chaud, verser les œufs dans la poêle, et rouler celle-ci sur elle-même, afin de lier l'omelette sans y toucher avec la cuiller; quand elle est de belle couleur, légère, cuite à point, la rouler en *portemanteau*, la renverser sur un plat chaud.

980. Œufs de vanneaux dans un nid en beurre (Dessin 319). — Pour reconnaître la fraîcheur des œufs de vanneaux et de pluviers, il faut les plonger, un à un, dans un vase d'eau froide. Ceux qui montent au-dessus du liquide ne sont plus bons, ou, tout au moins, ils ont perdu la plus grande de leurs qualités, la fraîcheur.

Poser tout doucement, sur le fond d'une casserole, 18 œufs de vanneaux crus, les couvrir avec de l'eau froide, mettre le liquide en ébullition ; les cuire à feu modéré pendant 7 à 8 minutes ; les égoutter, les plonger à l'eau froide.

D'autre part, avec du beurre frais, former une petite bordure sur le fond d'un plat froid. Prendre 250 grammes du même beurre, le manier dans un linge, et

Fig. 319.

l'introduire dans une poche à douille fine, afin de le pousser irrégulièrement sur la bordure, et former une imitation de nid d'oiseau. Masquer le fond du plat avec une couche de cresson alénois ; sur celui-ci, dresser les œufs en pyramide, après avoir légèrement brisé la coquille du côté pointu. Tenir le plat sur glace jusqu'au dernier moment.

981. **Omelette du désert.** — Les œufs d'autruche pleins, à l'état de fraîcheur voulue, ne sont plus rares aujourd'hui en Europe. Dans le midi de la France, et en Italie, les autruches prisonnières des jardins d'acclimatation, pondent leurs œufs comme dans le désert. J'ai acheté tout récemment de ces œufs à Florence, à raison d'un franc la pièce, ce qui est relativement bon marché, car un œuf d'autruche contient l'équivalent de 10 à 12 œufs ordinaires. L'œuf d'autruche possède les mêmes qualités que celui de canard.

J'ai mangé en Égypte l'omelette que je vais décrire, préparée par les Arabes mêmes qui en font un grand cas, et s'en acquittent assez bien.

Émincer un oignon nouveau, le mettre dans une poêle avec de l'huile, le faire revenir sans le colorer, lui mêler les chairs de 2 gros poivrons doux, après les avoir fait griller ou frire quelques minutes pour en retirer la peau, ajouter 2 bonnes tomates pelées, coupées en petits dés, assaisonner l'appareil avec un peu de sel et une pointe de cayenne ; faire réduire l'humidité des tomates ; retirer alors la poêle du feu, mêler aux légumes les filets de 4 anchois coupés en petits dés.

D'autre part, frotter le fond d'une terrine avec une gousse d'ail, percer un œuf d'autruche par les deux bouts, afin d'en retirer le jaune et le blanc, en les faisant tomber dans la terrine ; les assaisonner, les battre avec un fouet. — Verser le quart d'un verre d'huile dans une poêle à omelette : quand elle est bien chaude, verser les œufs dans la poêle, lier l'omelette, lui mêler l'appareil préparé ; la retourner, en la laissant plate, l'arroser encore avec un peu d'huile ; 2 secondes après, la glisser sur un plat rond.

982. **Omelette à l'Allemande.** — Mettre dans une terrine 4 cuillerées-à-bouche de farine, la délayer avec 3 œufs entiers, et 3 jaunes, puis avec un demi-verre de bon lait ou de crème ; ajouter un grain de sel, une pincée de poivre, une pointe de muscade ; passer l'appareil, lui mêler une pincée de ciboulette hachée.

Verser dans une poêle à omelette 100 grammes de beurre fondu, le faire chauffer, lui mêler la moitié de l'appareil, en l'étalant sur toute la largeur de la poêle ; tenir l'omelette mince ; percer sa surface, avec les dents d'une fourchette, afin de la sécher ; la retourner aussitôt qu'elle peut se dégager de la poêle, soit en la faisant sauter d'un trait, soit en la renversant avec un plat pour la remettre dans la poêle, après avoir versé dans celle-ci 2 cuillerées de beurre fondu. Quand l'omelette est cuite, de belle couleur, la renverser sur une feuille de papier blanc, la rouler sur elle-même. Cuire le restant de l'appareil, en procédant de la même façon, puis dresser les deux omelettes sur un petit plat long, l'une à côté de l'autre.
— En Allemagne, on sert souvent ces omelettes comme garniture de légumes, après les avoir divisées transversalement.

---

983. **Petits-pois aux laitues.** — Faire d'abord blanchir et braiser une douzaine de laitues. — Hacher un oignon, le mettre dans une casserole avec un morceau de beurre et 150 grammes de petit-salé coupé en dés ; le faire revenir sur feu modéré, lui mêler un demi-litre de petits-pois écossés, un bouquet de persil, un peu de sel ; couvrir la casserole, finir de cuire les pois. En dernier lieu, les mouiller avec quelques cuillerées de bouillon, les lier aussitôt avec un morceau de beurre-manié ; les dresser sur un plat, en les entourant avec les laitues, glacées, alternées avec un croûton de pain coupé en crête, frit et glacé.

984. **Courgerons à la Grecque.** — Vider les courgerons, les blanchir très-légèrement, les farcir avec un hachis de mouton au lard, mêlé avec du riz blanchi, un peu d'oignon haché. Faire braiser les courgerons avec du bouillon non dégraissé ; quand ils sont à point, les glacer, les dresser sur un plat, les masquer avec leur fonds-de-cuisson dégraissé, passé, mêlé avec un peu de sauce tomate.

985. Céleris à la demi-glace (Dessin 320). — Supprimer les tiges vertes à 8 ou 10 pieds de céleris; les couper de la longueur de 10 à 12 centimètres, parer le pied en pointe; les laver à plusieurs eaux, les plonger à l'eau bouillante,

Fig. 320.

salée, les cuire pendant 10 à 12 minutes; les égoutter, les rafraîchir, les ranger dans une casserole plate, foncée avec des débris de lard; les mouiller à couvert avec du jus, les couvrir avec un papier graissé, les faire cuire à feu modéré. — Au moment de servir, les égoutter, les parer, les dresser en pyramide sur un plat. Passer et dégraisser le jus, le faire réduire en demi-glace, le lier avec un peu de sauce espagnole, le verser sur les céleris.

986. Courgerons longs, farcis à la mode de Nice. — Choisir 7 ou 8 moyens courgerons longs, les couper en deux; creuser les moitiés, les blanchir légèrement, les égoutter. Hacher les chairs enlevées, avec quelques courgerons pelés, les saupoudrer avec du sel; quelques minutes après, en exprimer l'humidité, en les pressant entre les mains.

Hacher 2 oignons, les faire revenir à l'huile, leur mêler les chairs hachées; quand elles ont réduit leur humidité, saupoudrer l'appareil avec une poignée de mie de pain, afin de lui donner de la consistance; l'assaisonner, lui mêler une pincée de persil haché, le lier avec quelques jaunes d'œuf délayés, le retirer aussitôt du feu. Avec cet appareil, emplir les demi-courgerons, les rouler dans de la mie de pain, puis dans des œufs battus, les paner; les plonger à grande friture, chaude; quand ils sont bien atteints, les égoutter, les dresser.

987. Coucoucelles (*cucuzzelle*) **à la Romaine.** — Choisir 2 douzaines de petites coucoucelles rondes, les vider avec une cuiller à légumes, en leur faisant une très-petite ouverture; les faire légèrement blanchir, les éponger. Hacher les chairs des coucoucelles, les faire revenir au beurre, à feu vif, jusqu'à ce qu'elles aient réduit toute leur humidité; les passer alors au tamis. Mettre cette purée dans une casserole, lui mêler une égale quantité de poudre de biscuit, ainsi qu'une poignée de mie de pain, un grain de sel, une pointe de muscade; lui incorporer 5 ou 6 jaunes d'œuf; avec cet appareil, emplir les coucoucelles; les ranger, les unes à côté des autres, dans une casserole plate, beurrée; les arroser aussi avec un peu de beurre, les cuire au four, en leur faisant prendre couleur; les dresser ensuite, en les arrosant avec le beurre de leur cuisson.

988. **Courgerons** (*zucchetti*) **frits à la Génoise.** — Choisir des courgerons pas trop gros, de forme longue, en supprimer les deux bouts, diviser les chairs en filets longs, de forme carrée, de l'épaisseur d'un gros lardon à piquer; les mettre dans une terrine, les saupoudrer avec du sel, les faire macérer pendant dix minutes, en les sautant souvent; les égoutter ensuite, les éponger dans un linge, les fariner vivement, par petites parties à la fois; les plonger à friture chaude; quand ils sont secs, les égoutter; cuire les autres, les saler, les égoutter, les dresser en buisson sur un plat.

989. **Asperges à l'Espagnole.** — Ratisser des asperges blanches ou violettes, les couper d'une égale longueur, les lier en bottes, les faire cuire à l'eau salée; quand elles sont à peu près à point, retirer le vase du feu. — Prendre une partie de leur cuisson dans une petite bassine à fond rond ou une casserole, la poser sur feu, lui mêler un peu de vinaigre; mettre le liquide en ébullition, et faire pocher dans celui-ci une douzaine d'œufs frais; quand les œufs sont égouttés et parés, dresser les asperges sur une serviette; les entourer avec les œufs pochés; envoyer séparément une saucière de vinaigrette.

990. **Salade d'asperges, à l'Allemande.** — Prendre des petites asperges blanches, ou violettes, épluchées; couper les parties tendres d'une égale longueur (2 ou 3 centimètres), les faire cuire à l'eau salée, les laisser refroidir. Quelques minutes avant de servir, les mêler dans une terrine avec un tiers de leur volume de queues d'écrevisses parées, les assaisonner. Passer au tamis le jaune de 6 œufs durs, les délayer avec de l'huile et du vinaigre; verser cette sauce sur les asperges et les écrevisses; puis dresser symétriquement la salade dans un saladier, l'arroser avec l'assaisonnement.

991. **Asperges à la sauce de Genève.** — Ratisser et faire cuire les asperges à l'eau salée (Voy. art. 989); les égoutter, les dresser sur une serviette, envoyer séparément la sauce suivante:
Sauce de Genève. — Passer au tamis 4 jaunes d'œuf cuits, les déposer dans une terrine; leur mêler 3 jaunes d'œuf crus, et une cuillerée-à-bouche de bonne moutarde. Travailler l'appareil avec une cuiller, en lui incorporant de l'huile, de façon à obtenir une espèce de mayonnaise légère; finir la sauce avec un peu de vinaigre, l'assaisonner, la verser dans une saucière.

992. Omelette aux pointes d'asperges vertes. — Choisir des asperges vertes, fraîches et tendres; racler légèrement les tiges, couper l'extrême pointe des têtes, casser la tige à l'endroit où elle cesse d'être tendre; couper transversalement ces parties d'un centimètre de long, les mettre dans une poêle avec de la bonne huile ou du beurre, les assaisonner avec sel et poivre, les faire sauter à bon feu jusqu'à ce qu'elles soient cuites, en observant de les tenir légèrement fermes et de ne pas les faire noircir ni sécher; les égoutter alors sur un tamis. — Casser 10 œufs dans une terrine, les assaisonner avec sel, poivre, persil haché, une petite pointe d'ail écrasée au couteau, hachée avec le persil; battre vivement les œufs avec un fouet. — Chauffer, dans une poêle à omelette, du beurre ou de la bonne huile, verser les œufs dans la poêle, leur mêler les pointes d'asperges; tourner l'omelette afin de la lier, la faire tout doucement sauter, la ramener sur l'avant de la poêle, et la plier des deux côtés, en lui donnant une forme ovale; la renverser sur un petit plat chaud.

993. Beignets de pommes de terre (Dessin 321). — Cuire quelques pommes de terre au four, passer la pulpe au tamis, la mettre dans une terrine,

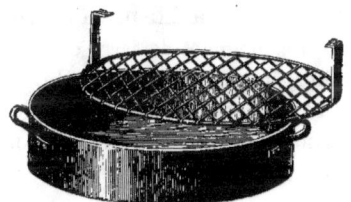

Fig 321.

lui mêler un petit morceau de beurre, quelques cuillerées de crème crue, 3 jaunes d'œuf, 2 blancs fouettés; assaisonner avec sel et muscade. Prendre l'appareil avec une cuiller-à-bouche, ranger les beignets à distance sur une plaque beurrée au pinceau avec du beurre épuré; les faire colorer des deux côtés sur feu doux, en les retournant. — Le dessin représente une poêle à frire, munie d'une grille.

994. Pommes de terre au beurre, à l'Allemande. — Couper des pommes de terre crues, chacune en deux ou trois parties, les peler, en leur donnant une forme ronde, de même grosseur; les mettre dans une casserole, les laver, les mouiller à hauteur avec de l'eau; les saler, les cuire à bon feu pendant un quart d'heure; quand elles sont à point, en égoutter l'eau, les tenir 10 minutes à couvert sur le côté du feu; leur incorporer, hors du feu, un morceau de beurre, assaisonné, mêlé avec du persil haché; quand ce beurre est dissous, verser les pommes de terre dans une casserole à légumes; les couvrir, et les servir.

995. **Pommes de terre soufflées.** — Cuire au four 6 à 8 pommes de terre, en les sortant les vider; et piler la pulpe, lui mêler un quart de son volume de pâte-à-choux, sans sucre, autant de beurre, 2 ou 3 œufs entiers, 3 cuillerées de crème double, assaisonner avec sel, muscade, une pincée de sucre. Diviser l'appareil en petites parties d'une égale grosseur, les tremper dans du beurre fondu, les paner; les plonger à friture chaude; les égoutter, les dresser aussitôt.

996. **Timbale de pommes de terre.** — Cuire à l'eau salée, la valeur d'un litre de pommes de terre épluchées; quand elles sont à point, en égoutter l'eau, en les laissant dans la casserole; les faire ressuyer pendant quelques minutes à la bouche du four; les passer ensuite au tamis; mettre cette purée dans une casserole, l'assaisonner, lui mêler 150 grammes de beurre divisé en petites parties, 4 jaunes d'œuf, 2 œufs entiers, une poignée de parmesan râpé, ainsi que les filets de 6 anchois coupés en morceaux. — Beurrer un moule à timbale, le paner à la mie de pain; verser l'appareil dans le moule, cuire la timbale à four modéré pendant 25 minutes; en la sortant, passer la lame du couteau entre le moule et la timbale, la dégager, la renverser sur un plat chaud.

997. **Pommes de terre à la Hanovrienne.** — Tourner de forme ronde 3 douzaines de petites pommes de terre crues, les laver, les mettre dans une casserole, les mouiller juste à couvert avec du bouillon, les faire cuire à bon feu, à couvert : quand elles sont à point, le bouillon doit se trouver réduit. Assaisonner les pommes de terre, leur mêler 100 grammes de beurre, divisé en parties, ainsi qu'une pincée de persil haché; les dresser aussitôt.

998. **Concombres farcis à la Turque.** — Couper les concombres en tronçons, les faire très-légèrement blanchir; les vider et les emplir avec un hachis de filet de mouton mêlé avec un peu de graisse, une pincée d'oignon haché, un peu de persil, et enfin quelques cuillerées de riz blanchi : l'appareil doit être bien assaisonné. Cuire les concombres à court mouillement avec un peu de bouillon et de l'eau de tomate; les servir avec un peu de sauce brune légère.

999. **Navets de Teltow, aux marrons.** — *Teltow* est un village des environs de *Potsdam*. On a donné son nom à des navets qu'on cultive sur son territoire, et dont l'espèce est très-recherchée en Allemagne. Ces navets sont petits, blancs, de forme allongée.

Choisir les navets d'égale grosseur, les ratisser. Mettre dans une casserole une cuillerée de sucre en poudre, le faire dissoudre sur feu doux; quand il est de belle couleur, ajouter les navets, les mêler avec le sucre, en les sautant, puis les mouiller à hauteur avec de la sauce brune légère. Couvrir la casserole, faire bouillir le liquide à feu doux : un quart d'heure après, les navets doivent se trouver cuits, et la sauce réduite en demi-glace.— Cuits d'après cette méthode, ces navets sont excellents.

1000. **Haricots-verts garnis de fonds d'artichauts** (Dessin 322). — On ne trouve pas en tous lieux à acheter des artichauts propres à faire des fonds; mais on peut acheter partout des fonds d'artichauts conservés. — Prendre 10 à 12 fonds d'artichauts blanchis, ou de conserve, c'est-à-dire à moitié cuits, d'une

Fig. 322.

égale grosseur; les parer, les ranger dans une casserole plate, les mouiller à couvert avec du vin blanc et du bouillon non dégraissé, les couvrir avec un papier beurré, finir de les cuire tout doucement.

Prendre la valeur d'un demi-litre de haricots-verts; s'ils sont fins, les laisser entiers, les émincer s'ils sont gros; les cuire à l'eau bouillante, avec du sel, à feu vif; les égoutter, les mettre dans une casserole avec 150 grammes de beurre; les assaisonner, les chauffer à feu vif, en les sautant jusqu'à ce que le beurre soit fondu; leur mêler alors le jus de 2 citrons; les dresser en pyramide sur un plat chaud, les entourer avec les fonds d'artichauts, en posant ceux-ci à cheval, presque debout.

1001. **Artichauts à la barigoule.** — Choisir les artichauts pas trop gros, n'ayant pas de *foin;* parer le fond, écourter les feuilles. — Préparer un appareil composé avec de la mie de pain, du persil, haché avec une gousse d'ail, sel et poivre, écarter légèrement les feuilles des artichauts, les frotter, en dessus, avec cet appareil, de façon qu'il glisse entre les feuilles. — Masquer le fond d'une large casserole en terre avec de gros légumes émincés, poser les artichauts debout sur cette couche avec le fond en bas; les serrer les uns contre les autres, les arroser largement avec de l'huile, ajouter un peu de vin; couvrir la casserole, cuire les artichauts à feu très-doux, ou à la bouche du four. Au moment de servir les dresser sur un plat; passer et dégraisser le fonds-de-cuisson, le lier légèrement, le verser sur les artichauts.

1002. **Omelette aux artichauts.** — Ce mets est excellent, à condition d'avoir des artichauts frais, tendres, n'ayant pas encore de *foin*. — En supprimer les feuilles vertes, couper les autres à moitié de hauteur; diviser les artichauts, chacun en deux parties; émincer chaque moitié en tranches minces, longues; les mettre dans une poêle avec du beurre ou de l'huile, les assaisonner, les faire cuire à feu modéré, en les retournant; les retirer du feu, en égoutter l'huile.

Casser 8 ou 10 œufs frais dans une terrine, les assaisonner, les battre vivement pendant quelques secondes, leur mêler une pincée de persil haché, ainsi que les artichauts cuits. Faire chauffer, dans une poêle à omelette, du beurre ou de la bonne huile, verser les œufs dans la poêle, lier l'omelette, la dégager, la rouler en *portemanteau*, la renverser sur un plat.

1003. **Brocolis à l'Italienne.** — Le brocoli est une variété du chou-fleur : cru, il est de teinte violette; en cuisant, il devient d'un beau vert. Le brocoli est très-commun en Italie. — Diviser les brocolis en petits bouquets, couper le bout de la tige, les cuire à l'eau salée, en les tenant un peu fermes; les égoutter ensuite, les placer dans une poêle ou une casserole mince, avec du beurre ou de l'huile, les assaisonner, les faire sauter à feu vif pendant quelques minutes; les dresser alors sur un plat, les arroser avec du beurre d'anchois fondu.

1004. **Garbanzos bouillis.** — Le légume qu'on appelle *garbanzos* en espagnol, est appelé *cecci* en italien et *pois pointus* ou *pois chiches* en Provence, où ils sont très-communs; mais les meilleurs et les plus réputés sont ceux de Castille, en Espagne; ils sont plus gros, et ils ont l'incomparable avantage de cuire bien, en peu de temps.

Plonger les pois à l'eau tiède, dans un vase, avec une poignée de sel pilé; placer ce vase de telle façon que l'eau puisse se maintenir au même degré de tiédeur, pendant une quinzaine d'heures; remuer de temps en temps les pois; quand ils sont bien ramollis et gonflés, les égoutter, les laver, les plonger à l'eau bouillante et salée; les cuire à petit bouillon, jusqu'à ce qu'ils soient bien tendres, ce qui exige 3 à 4 heures. — Quand on rencontre des pois rebelles à la cuisson, on peut mêler à l'eau, gros comme une lentille d'ammoniac; cet acide, inoffensif pour la santé, précipite d'une manière sensible le ramollissement des pois, seulement il ne faut pas en mettre avec excès.

1005. **Haricots-asperges, au lard.** — Casser les haricots par moitié, les mettre dans une casserole avec du beurre. Faire légèrement revenir 250 grammes de petit-salé blanchi, mais entier; quelques minutes après, ajouter les haricots, faire revenir ceux-ci jusqu'à ce qu'ils aient réduit leur humidité; les assaisonner, les mouiller à hauteur avec du bouillon, les faire cuire à feu très-

LÉGUMES. — BROCOLIS, HARICOTS-ASPERGES.

doux, ou à la bouche du four ; retirer alors le petit-salé, lier les haricots avec un peu de sauce, les dresser sur un plat avec le petit-salé autour, après en avoir supprimé la couenne et l'avoir divisé en tranches.

1006. Fonds d'artichauts frits (Dessin 323). — Choisir des petits fonds d'artichauts cuits ; les bien éponger, les emplir, du côté creux, avec une Montglas

Fig. 323.

de volaille et langue à l'écarlate, liée avec un peu de sauce espagnole bien réduite. Masquer la Montglas avec une couche de farce crue, puis tremper les fonds d'artichauts dans des œufs battus, mêlés avec un peu de fines-herbes cuites : en les sortant, les rouler dans la panure fraîche ; les faire frire de belle couleur ; les dresser sur une serviette, en deux couronnes superposées.

1007. Ravioles aux épinards. — Avec 500 grammes de farine, un grain de sel, un petit morceau de beurre, préparer une pâte comme pour faire le feuilletage. — Blanchir et hacher 3 à 4 poignées d'épinards, les mettre dans une casserole avec du beurre bien chaud, en faire réduire l'humidité, en les remuant ; les assaisonner avec sel, poivre et muscade, les saupoudrer avec une poignée de mie de pain, les arroser avec 4 cuillerées de bon jus ou de crème crue ; les cuire pendant 3 à 4 minutes, les lier (hors du feu) avec 3 jaunes d'œuf : l'appareil doit rester consistant ; le laisser refroidir ; le diviser alors en parties de la grosseur d'une noisette, et les poser à distance sur la pâte, abaissée très-mince ; mouiller les intervalles au pinceau, couvrir cette abaisse avec une abaisse semblable, appuyer la pâte entre les lignes, couper les ravioles de forme carrée, à l'aide d'une roulette ; les plonger à l'eau salée et bouillante, leur donner 2 ou 3 minutes d'ébullition, sans violence ; les égoutter ensuite, les ranger par couches, dans un plat, en les saupoudrant avec du parmesan, et les arrosant avec un peu de bonne sauce tomate, mêlée avec du beurre à la noisette.

1008. Salade de pommes de terre aux harengs. — Cette salade est un mets populaire de l'Allemagne ; elle est très-agréable, si elle est préparée avec les soins voulus.

Cuire quelques pommes de terre en robe; quand elles sont égouttées, les peler, les émincer en tranches, les couper en petits dés. Couper également en dés 2 pommes aigres, quelques cornichons au vinaigre, ainsi que les chairs de 2 ou 3 harengs salés, mais préalablement dégorgés, propres, sans arêtes. Assaisonner d'abord les pommes de terre dans un saladier avec sel et poivre, les sauter, les arroser avec de l'huile et du vinaigre; ajouter les pommes aigres, les cornichons, les harengs, une cuillerée-à-bouche d'oignon haché, et en dernier lieu, quelques cuillerées de betteraves marinées, coupées en dés; mêler ces ingrédients, en les sautant dans le saladier, dresser la salade sur un plat.

1009. Salade Parisienne. — Couper en tranches minces un morceau de betterave cuite au four; couper de même forme une égale quantité de racines de céleri cuites à l'eau, autant de pommes de terre cuites en robe; déposer ces légumes dans une terrine, leur mêler une poignée de raiponces avec leur panache, les assaisonner, les arroser avec de l'huile et du vinaigre.

Passer au tamis 5 ou 6 jaunes d'œuf durs; les mêler dans un saladier avec 2 cuillerées-à-bouche de purée d'anchois; travailler l'appareil avec une cuiller en bois, en lui incorporant peu à peu la moitié d'un verre d'huile de Provence ou de Lucques; quand l'appareil est lié, ajouter une petite cuillerée de bonne moutarde, un peu de bon vinaigre à l'estragon, 4 cuillerées de thon mariné, coupé en petits dés, autant de cornichons, 2 cuillerées de blancs d'œuf, également coupés en petits dés, une pointe de cayenne, une pincée de feuilles d'estragon hachées; puis les légumes émincés, bien égouttés; les sauter pendant 2 minutes, et dresser la salade dans un saladier.

1010. Salade de choucroute. — En Russie, les médecins ordonnent à ceux qui ont le tempérament faible, de manger, le soir, de la choucroute en salade. L'apprêt de cette salade est des plus simples. Il suffit de choisir de la bonne choucroute, la laver ou simplement en exprimer l'humidité, la déposer dans un saladier, l'assaisonner avec peu de sel et peu de vinaigre, mais avec du poivre et de l'huile.

1011. Timbale de choucroute à l'Alsacienne. — Couper en tranches 7 à 800 grammes de filet de porc frais cru, paré des parties dures; assaisonner ces viandes avec sel et poivre.

D'autre part, faire cuire 1 kilogramme de choucroute avec 300 grammes de petit-salé, blanchi; quand elle est aux trois quarts cuite, l'égoutter sur une passoire, ainsi que le petit-salé, les laisser refroidir. — Foncer un moule à timbale avec de la pâte brisée, masquer la caisse, au fond et autour, avec une couche de pâte à saucisse (art. 636) pilée avec une truffe crue; sur cette farce, ranger par couches la choucroute, le petit-salé, les tranches de porc frais; couvrir le dessus

LÉGUMES. — CHOUCROUTE, SALADE DE LÉGUMES.

avec une abaisse de pâte, pousser la timbale à four modéré ; la cuire pendant une heure et demie, en ayant soin de couvrir la pâte avec du papier aussitôt qu'elle commence à se colorer. En sortant le moule du four, renverser la timbale sur un plat, cerner le dessus, enlever un rond de pâte, et par cette ouverture, infiltrer à l'intérieur quelques cuillerées d'espagnole réduite avec du vin, mêlée avec quelques truffes coupées en petits dés.

1012. **Salade de légumes à la gelée** (Dessin 324). — Couper des pointes d'asperges blanches, de 5 à 6 centimètres, les éplucher, les faire cuire à l'eau salée.

Fig. 324.

Cuire également quelques pointes d'asperges vertes, un chou-fleur divisé en petits bouquets, des carottes coupées en boule, des haricots-verts, des haricots-flageolets, des pommes de terre en robe, des racines de céleri et des betteraves. — Avec une partie des pointes d'asperges vertes, former un joli bottillon, soutenu par un anneau en carotte ; le tenir de côté, ainsi qu'une partie des asperges blanches et des carottes en boules. Mêler le restant des légumes dans une terrine, ajouter quelques cornichons, quelques olives sans noyaux, quelques câpres ; les assaisonner, les arroser avec de l'huile et du vinaigre, les faire macérer pendant 10 minutes ; les égoutter, les lier avec quelques cuillerées de mayonnaise à la gelée. Avec cet appareil, emplir un moule à pyramide, entouré avec de la glace pilée. Quand l'appareil est raffermi, le démouler sur un *pain-vert* collé sur le centre d'un plat.

Prendre les pointes d'asperges réservées, les tremper dans la gelée mi-prise, les ranger debout à la base de la pyramide, en les appuyant contre celle-ci ; au-dessus des asperges, disposer un rang de choux-fleurs, puis un rang de boules de carottes, un autre rang de choux-fleurs, et sur ceux-ci une couronne d'olives. Poser sur le sommet le bottillon d'asperges ; napper tous les légumes à la gelée ; ranger sur les bords du *pain-vert* une couronne de moitiés d'œuf, garnies avec des légumes liés à la gelée, mais ces moitiés d'œuf doivent être divisées en deux, afin qu'elles tiennent moins de place. Croûtonner la base du *pain-vert*, envoyer séparément une saucière de mayonnaise aux œufs.

1013. **Salade de cardons à l'Espagnole.** — Diviser les cardons en petits tronçons, les cuire selon les règles prescrites art. 1015 ; les égoutter sur un linge, les éponger, les ranger dans une casserole plate, les saupoudrer avec sel et poivre.

D'autre part, faire chauffer de l'huile dans une poêle avec une gousse d'ail ciselée ; retirer aussitôt la poêle, mêler à l'huile une pincée de poivre doux d'Espagne, et le quart d'un verre de vinaigre ; donner un seul bouillon au liquide, le verser sur les cardons ; chauffer ceux-ci pendant 2 minutes, les dresser dans un plat creux.

1014. **Galimafrée.** — La *galimafrée* est un mets populaire, et presque historique de la Gascogne, qui par l'antiquité de son origine mérite une place dans ce recueil. C'est un mets qu'on sert surtout en été, époque où les légumes tendres et le jambon s'associent si bien.

Couper, sur le milieu d'un jambon fraîchement salé, une tranche de l'épaisseur de 3 à 4 centimètres, enlever avec soin l'os du milieu et les petits débris d'os. — Faire fondre et chauffer dans une large casserole en terre, 250 grammes de saindoux, ajouter la tranche de jambon, la faire revenir pendant quelques minutes ; ranger autour de celle-ci 5 ou 6 petits artichauts tendres, parés, divisés chacun en deux parties ; 2 douzaines de petites carottes nouvelles, autant de petits oignons nouveaux ; faire revenir ces légumes et le jambon à feu modéré, mais en les sautant. Une demi-heure après, ajouter 3 à 4 poignées de fèves fraîches et tendres, 4 à 5 poivrons doux coupés, quelques poignées de haricots-verts coupés en tronçons, et enfin, un bouquet de persil garni avec de la sarriette ; assaisonner les légumes, les mouiller avec un peu de vin blanc ; couvrir la casserole, la poser sur feu très-doux afin de cuire les légumes à l'étuvée. Une demi-heure après, leur mêler 2 poignées de petits-pois écossés, autant de pointes d'asperges ; au bout de 12 minutes, lier le ragoût avec un peu de beurre-manié ; ajouter une pincée de sucre, ainsi qu'une pointe de muscade, le faire bouillir encore quelques secondes ; puis dresser le jambon sur un plat long ; l'entourer avec les légumes, entourer ceux-ci avec des petites tomates farcies et des laitues braisées.

1015. **Cardons à la moelle** (Dessin 325). — Prendre les tiges blanches d'un ou de deux pieds de cardon ; les diviser en tronçons de 15 centimètres de long, en supprimer la peau superficielle ou filaments, les plonger à mesure dans de l'eau froide, acidulée ; les faire blanchir pendant un quart d'heure à casserole couverte ; les égoutter, les faire dégorger à l'eau froide pendant une heure ; les égoutter ensuite, les ranger dans une casserole ; les mouiller à couvert avec un verre de vin blanc et du bouillon non dégraissé ; ajouter le jus de 2 citrons, gros comme une amande de beurre-manié, grains de poivre et girofles ; couvrir les cardons avec du lard et avec du papier beurré, les faire cuire à feu modéré.

Au moment de servir, égoutter le liquide de la casserole, sortir les tronçons de

Fig. 326.

cardons, un à un, sans les briser ; les ranger en pyramide sur un couvercle de casserole, les couper droits des deux bouts, les glisser sur un plat ; les couper alors sur le milieu, en divisant la pyramide ; les arroser légèrement avec de l'espagnole réduite au vin, les entourer avec de petites bouchées en feuilletage garnies avec de la moelle cuite. Envoyer séparément une saucière.

1016. **Coulibiac de choux à la Russe.** — Prendre la moitié d'un chou blanc, supprimer les parties dures des feuilles, les hacher. Hacher un oignon, le faire revenir dans une casserole, avec du beurre, sans prendre couleur ; ajouter le chou ; quelques minutes après, l'assaisonner, le retirer sur feu modéré, afin de le cuire jusqu'à ce que son humidité se trouve réduite ; le lier alors avec un peu de sauce ou un petit morceau de beurre-manié, lui adjoindre 5 ou 6 œufs durcis, refroidis et hachés avec du persil.

Avec cet appareil, et de la pâte à coulibiac, préparer un pâté de forme longue (Voy. Dess. 253) ; le tenir pendant trois quarts d'heure à température de la cuisine, le dorer, le saupoudrer avec un peu de mie de pain, le cuire à four modéré, pendant une heure ; en le sortant, l'humecter avec du beurre, le dresser sur un plat.

1017. **Salade de Brunswick.** — Éplucher une racine de céleri tendre, la couper en julienne fine, l'assaisonner, la faire macérer pendant un quart d'heure. — Peler 4 truffes crues, les mettre dans une casserole avec le quart d'un verre de madère, les cuire pendant 3 minutes ; les laisser refroidir, couper en julienne. Passer au tamis 4 ou 5 jaunes d'œuf durs, les déposer dans une terrine dont le fond est frotté avec une gousse d'ail ; les broyer avec une cuiller afin d'en former une pâte, mêler à cette pâte une cuillerée de bonne moutarde, la délayer avec la valeur d'un demi-verre d'huile et un peu de vinaigre ; l'assaisonner, lui mêler les filets de céleris (après en avoir exprimé l'humidité), ainsi que les truffes ; saupoudrer la salade avec une pincée d'estragon et de ciboulette, hachés ; la dresser dans un saladier.

1018. Laitues romaines, farcies. — Choisir des petites laitues bien tendres, les éplucher, les écourter, les faire blanchir à l'eau salée pendant 10 minutes ; les égoutter, les rafraîchir, en exprimer l'eau, les ouvrir, les emplir avec une farce à quenelle, mêlée avec un petit salpicon de jambon cru ; quand elles sont farcies, les ficeler, les ranger l'une à côté de l'autre, dans une casserole plate dont le fond est masqué avec des débris de lard ; les saler, les faire braiser ; les égoutter ensuite, les parer, les remettre dans la même casserole, les arroser avec un peu de bon jus, les faire mijoter pendant une demi-heure, les dresser sur un plat.

1019. Subric d'épinards. — Mettre dans une casserole 125 grammes de beurre, le faire bien chauffer, lui mêler la valeur de 500 grammes d'épinards hachés, les assaisonner, les faire revenir pendant 2 minutes ; les saupoudrer avec une cuillerée de farine, les mouiller avec du bon lait, de façon à obtenir un appareil consistant ; le cuire pendant quelques minutes, le retirer du feu, lui mêler alors une poignée de parmesan râpé, 100 grammes de beurre, 4 à 5 jaunes d'œuf, 2 blancs fouettés. — Verser dans une plaque à rebords du beurre fondu, et épuré ; prendre l'appareil avec une cuiller, le laisser tomber, en rond, dans le beurre chaud ; quand il est raffermi, le couper avec un coupe-pâte rond, les retourner, les faire colorer de l'autre côté, les dresser sur un plat.

1020. Dolmas de Constantinople. — En Turquie, les dolmas tiennent une large place dans la cuisine nationale ; on les prépare de bien des façons : avec des feuilles de vigne, des feuilles de figuier, des feuilles de mauve, et enfin avec des feuilles de chou.

La farce des dolmas se compose ordinairement avec de la viande de mouton, mêlée avec de la graisse de queues de mouton, des oignons, persil haché, et du riz cru, assaisonnée de haut goût. — Diviser la farce en portions de la grosseur d'une muscade, les envelopper dans les feuilles préalablement blanchies, en donnant aux dolmas la forme ronde ; les ranger dans une casserole étroite et haute, par couches, et en les serrant : faire 5 ou 6 couches l'une sur l'autre ; les mouiller à hauteur avec du bouillon, poser une assiette dessus afin de les maintenir serrés ; faire réduire le liquide aux trois quarts, sur bon feu, les retirer ensuite sur feu modéré ; 25 minutes après, les égoutter de la casserole un à un, les dresser en pyramide sur un plat ; lier le fonds-de-cuisson avec des jaunes d'œuf délayés, le finir avec le jus de quelques citrons, le verser sur les dolmas, en le passant.

1021. Artichauts bouillis (Dessin 326). — On ne fait bouillir les artichauts que quand ils sont gros; les plus tendres conviennent moins. — Parer les artichauts, en supprimant les premières feuilles, les couper sur le haut; en découvrir entièrement le fond; les frotter avec un demi-citron, les plonger à

Fig. 326.

mesure dans de l'eau bouillante, salée et acidulée, les cuire jusqu'au point de pouvoir facilement enlever les parties du milieu (le *foin*); les égoutter alors à l'écumoire; vider l'intérieur, et remettre les artichauts dans leur cuisson pour finir de les cuire; les égoutter ensuite, les couper chacun en deux, sans séparer les parties, les dresser sur un plat, en les renversant. — On peut servir ces artichauts avec une sauce au beurre, une hollandaise ou une vinaigrette.

1022. Dolmas du Caucase. — Détacher, une à une, les feuilles tendres d'un chou blanc, les laver, les faire bouillir pendant 25 minutes à l'eau salée; les égoutter, les rafraîchir, les éponger sur un linge.

Préparer 600 grammes de hachis, composé avec moitié lard et moitié viande maigre de mouton; ajouter une poignée de mie de pain râpé, 2 œufs, une pincée d'oignon, quelques cuillerées de champignons hachés, et un peu de persil. Avec ce hachis et les feuilles de chou coupées, préparer une quarantaine de dolmas, un peu plus gros que ceux à la Turque, c'est-à-dire de la grosseur d'une noix; les ranger sur le fond d'une casserole, les uns à côté des autres, les saler, les arroser avec du beurre, les mouiller avec du bouillon jusqu'à moitié de hauteur, les couvrir, les cuire vivement jusqu'à ce que le mouillement soit réduit à peu près à glace; retirer alors la casserole du feu.

D'autre part, préparer un risot avec 300 grammes de riz du Piémont, le finir avec du beurre et du parmesan. — Masquer le fond et le tour d'un grand moule à timbale avec des feuilles de choux tendres, larges, sans côtes dures; masquer alors les feuilles du fond avec une couche de risot de 3 centimètres d'épaisseur; arroser cette couche avec un peu de sauce tomate, et sur celle-ci ranger 10 dolmas, légèrement aplatis; les saupoudrer avec un peu de fromage, les masquer avec une couche de riz ; continuer ainsi, en alternant les dolmas et le riz jusqu'à ce que le moule soit plein ; masquer alors l'ouverture du moule avec une large feuille de chou, et celle-ci avec des bardes de lard ; pousser le moule à four modéré, cuire les dolmas pendant une demi-heure ; en égoutter la graisse, et renverser le moule sur un plat ; enlever le lard, puis glacer les feuilles de chou au pinceau.

1023. **Dolmas de choux à la Turque.** — Détacher les feuilles blanches d'un gros chou, les faire blanchir à l'eau bouillante, quelques minutes seulement ; les rafraîchir, les laisser égoutter ; les étaler sur un linge, en supprimer les côtes dures. Prendre 500 grammes de chair crue de filets de mouton, en retirer les nerfs, les hacher très-fin, les déposer dans une terrine ; leur mêler deux poignées de riz, légèrement blanchi, un petit oignon et une pincée de persil, hachés ; assaisonner l'appareil.

Couper des morceaux de feuilles de choux, placer sur le centre une petite partie du hachis, de la grosseur d'une noisette, l'envelopper soigneusement ; ranger à mesure les dolmas dans une casserole plate, en les serrant ; placer 5 à 6 rangs, les uns sur les autres, en les assaisonnant ; les mouiller alors à hauteur avec du bouillon, les couvrir avec une assiette, afin de les serrer ; faire réduire le liquide de moitié, retirer la casserole sur feu modéré. Quand les dolmas sont cuits, le fonds doit se trouver à peu près réduit ; les dresser en pyramide sur un plat. Passer le fonds-de-cuisson, le lier avec 5 ou 6 jaunes d'œuf, délayés avec le jus de quelques citrons ; verser cette sauce sur les dolmas, les servir.

1024. **Kalalou à l'Orientale.** — Il me serait difficile de définir l'origine de ce mets, qu'on mange dans tout l'Orient, et dans l'Inde ; ce que je puis dire, c'est que ce sont les riches familles grecques, établies à Marseille, qui l'ont popularisé dans cette cité gourmande, en introduisant dans la culture du Midi l'un des éléments qui lui est indispensable, le *gombo*, cet excellent légume qui a déjà pénétré dans la capitale, et qui s'y imposera certainement avec le temps.

Couper les bouts à 2 douzaines de gombos, les faire macérer au sel pendant un quart d'heure, les laver à l'eau chaude, les cuire à feu vif, à l'eau salée, en les maintenant verts et un peu fermes. Cuire également à l'eau salée quelques poignées de haricots-verts. Couper en carrés longs une couple d'aubergines, les saler, les faire macérer pendant quelques minutes au sel, les exprimer ensuite. — Fendre par le milieu 4 ou 5 tomates, en exprimer les semences, les couper en morceaux. Supprimer la queue et le cœur à quelques poivrons-verts, doux et tendres, émincer les chairs sur leur longueur.

Émincer un oignon blanc, le mettre dans une poêle avec de l'huile, le faire revenir sans le colorer ; lui mêler alors les poivrons, les cuire à moitié, en les sautant ; ajouter les aubergines, et les tomates ; cuire ces légumes jusqu'à ce

LÉGUMES. — KALALOU, SALADE ITALIENNE.

qu'ils aient réduit leur humidité; leur ajouter les haricots-verts; assaisonner avec sel, une pointe de cayenne, un peu de persil, haché ensemble avec une pointe d'ail; au dernier moment, ajouter les *gombos*, préalablement chauffés dans une poêle, avec de l'huile, entiers s'ils sont petits, ou coupés en grosses lames; 2 minutes après, dresser le ragoût sur un plat chaud. — L'ail peut être supprimé.

1025. Salade Italienne (Dessin 327). — D'une part, couper en petits dés des cornichons, des pommes de terre cuites (en robe), des betteraves confites; couper aussi des filets d'anchois salés, des filets de soles : l'ensemble des légumes doit former le double du volume des poissons. Assaisonner les filets de soles, leur

Fig. 327.

mêler les anchois, assaisonner séparément les légumes avec sel, huile et vinaigre; une heure après, les égoutter sur un tamis, les déposer dans une terrine, leur mêler une poignée de petites câpres, les lier avec quelques cuillerées de mayonnaise; égoutter les poissons, les mêler avec les légumes.

Incruster sur glace un moule à charlotte, le décorer au fond et autour avec du blanc d'œuf cuit, des cornichons, des câpres, des filets d'anchois, en ayant soin de tremper à mesure les détails du décor dans de la gelée mi-prise. Faire prendre au fond du moule une couche de gelée, ayant un demi-centimètre d'épaisseur; placer alors, dans le moule, un moule plus petit dont le vide est empli avec de la glace pilée, en le posant exactement sur le centre; puis verser de la gelée entre les deux moules; aussitôt qu'elle est raffermie, enlever la glace du moule formant cylindre, la remplacer par de l'eau chaude afin de pouvoir retirer ce moule. Emplir le vide laissé par celui-ci avec la salade préparée; la couvrir en dessus avec une couche de gelée. Une demi heure après, tremper le moule à l'eau chaude, l'essuyer, renverser la salade sur un plat froid; l'entourer avec des œufs durs coupés par quartiers.

1026. Tomates farcies à la Turque. — Vider quelques bonnes tomates, les saler, les faire égoutter sur un tamis. Faire blanchir du riz à l'eau salée, jusqu'à ce qu'il ne croque plus sous la dent, l'égoutter, lui incorporer un morceau de beurre, un peu d'oignon et fenouil, hachés. Avec cet appareil, emplir les tomates, les ranger dans un plafond rond et creux, les arroser avec de l'huile, les faire cuire au four.

1027. Tomates au gratin. — Choisir des tomates bien mûres, de moyenne grosseur; les fendre par le milieu, en supprimer les semences; les assaisonner, les saupoudrer du côté coupé avec un petit appareil composé avec de la mie de pain râpée, un peu d'oignon, et quelques champignons, hachés avec une pointe d'ail; ranger alors les demi-tomates dans un plat à gratin, l'une à côté de l'autre, les arroser avec de l'huile ou du beurre, les faire cuire à four modéré, les envoyer dans le plat à gratin, sans autre addition.

1028. Omelette aux tomates, à la Provençale. — Peler 3 ou 4 bonnes tomates bien mûres, à chairs fermes; les couper en deux, en exprimer les semences, les couper en petits carrés, les cuire dans une poêle, avec de l'huile et une pincée d'oignon haché, jusqu'à ce qu'elles aient réduit leur humidité; les assaisonner, leur mêler une pointe d'ail et une pincée de persil haché. — Couper 8 ou 10 œufs dans une terrine, les assaisonner, les battre.

Chauffer de l'huile dans une poêle à omelette; verser les œufs battus dans cette poêle, les tourner avec une cuiller, assembler la masse en la ramenant sur le côté de la poêle opposé au manche de celle-ci; étaler alors les tomates cuites sur le centre de l'omelette, rouler celle-ci en *portemanteau*, la renverser sur un plat. — On mêle ordinairement les tomates cuites avec les œufs, mais il arrive souvent que leur âcreté fait tourner ou grener les œufs à la cuisson : il est donc préférable de les mêler après, surtout si l'on opère avec des tomates du Nord, toujours plus acides que celles du Midi.

1029. Carottes et petits-pois à l'Alsacienne. — Éplucher 3 douzaines de petites carottes nouvelles, en les laissant entières, les faire blanchir pendant quelques minutes à l'eau salée; les mettre dans une casserole avec du beurre; les sauter sur feu modéré, les assaisonner, les mouiller avec un peu de bouillon, les cuire à moitié; leur mêler trois quarts de litre de petits-pois, ainsi qu'un bouquet de persil, et une pincée de sucre; couvrir la casserole. Quand les petits-pois sont cuits, lier les légumes avec un morceau de beurre-manié, les finir, en leur incorporant, hors du feu, 2 cuillerées-à-bouche de bonne crème crue, et un morceau de beurre; les dresser sur un plat.

1030. Aubergines farcies à la Turque. — Choisir de petites aubergines, en couper les deux bouts; hacher ces chairs, les mêler avec une égale quantité de hachis de mouton, cru; assaisonner l'appareil, ajouter un peu d'oignon cuit, et du persil haché, ainsi qu'une poignée de riz cru. — Ciseler transversalement la peau des aubergines, à l'extérieur, puis glisser des petites lames d'oignon ou d'ail, dans les coupures; les plonger à grande friture, les cuire 2 minutes, les égoutter, les emplir avec l'appareil, les ranger dans une casserole, l'une à côté de l'autre; les mouiller à moitié de hauteur avec une sauce tomate légère; finir de les cuire sur feu très-doux, ou à la bouche du four avec des cendres chaudes sur le couvercle. — Ce mets est très-estimé par les Turcs.

1031. **Hunkiav beyendi.** — La traduction de cette dénomination signifie : *le sultan les a appréciées.*

Supprimer les bouts à 7 ou 8 aubergines fraîches, les faire griller sur de la braise, afin d'en retirer la peau. Hacher les chairs, les mettre dans une casserole avec du beurre, les cuire, en les remuant jusqu'à ce qu'elles aient évaporé leur humidité; les assaisonner, les passer au tamis, tenir la purée au chaud.

Couper en gros dés les chairs crues d'un gigot d'agneau, les assaisonner, les arroser avec du jus de citron et de l'huile. Enfiler ces carrés à des petites brochettes, en les alternant avec des carrés minces de tétine de veau cuite, ou de la graisse de queue de mouton; les faire griller à feu vif, en les retournant; les servir en même temps que la purée préparée.

1032. **Menestra à l'Espagnole.** — Choisir un assortiment de légumes variés, tels que : artichauts tendres, laitues, petits-pois, fèves, asperges, haricots-verts, poivrons rouges et doux, mais surtout des truffes d'Espagne (*manequillos*). Éplucher et parer ces légumes selon leur nature, faire blanchir les laitues.

Hacher un oignon, le mettre dans une casserole avec du saindoux, le faire revenir sans prendre couleur, lui mêler 250 grammes de jambon cru, coupé en carrés; les saupoudrer avec une pincée de farine, les mouiller avec du jus ou du bouillon; tourner la sauce sur feu jusqu'à l'ébullition : elle doit être légère. Au premier bouillon, la retirer sur feu modéré, ajouter tour à tour les légumes, en commençant par les plus longs à cuire; ajouter aussi un bouquet de persil garni d'une feuille de laurier; continuer la cuisson des légumes sans y toucher avec une cuiller; les assaisonner, quand ils sont cuits, les égoutter tout doucement sur un tamis, disposé sur une casserole plate, afin de recueillir la sauce; faire réduire vivement celle-ci jusqu'à ce qu'elle soit bien liée et succulente, lui mêler les truffes, les cuire 2 secondes, et remettre les légumes dans la sauce, ainsi que le jambon; les chauffer, les dresser sur un plat, en les entourant avec des croûtons de pain frits.

1033. **Moussaka à la Moldave.** — Choisir 5 ou 6 aubergines, les couper chacune en deux; diminuer un peu leur épaisseur, de façon qu'elles soient égales partout; les saler afin de leur faire rendre l'eau; les essuyer, les faire revenir à la poêle, des deux côtés, les égoutter à mesure sur un tamis. — Peler 4 autres aubergines, les couper en tranches épaisses, les faire macérer au sel pendant quelques minutes; les laver ensuite, les éponger, les fariner, les faire frire des deux côtés jusqu'à ce qu'elles soient à peu près cuites; les égoutter alors sur un tamis.

D'autre part, parer un filet de mouton pris sur une demi-selle, le couper transversalement en escalopes, les faire sauter vivement avec du saindoux et quelques parures de lard et de jambon; les assaisonner, les laisser refroidir, les hacher; ajouter moitié de leur volume de fines-herbes cuites, une poignée de mie de pain, et un œuf entier. — Avec les demi-aubergines, masquer le fond et les parois d'un moule à charlotte beurré, en les plaçant debout contre les parois du moule, et les serrant les unes contre les autres, afin de ne pas laisser de jour; emplir le vide, par couches, avec les aubergines coupées en tranches, en les alternant avec une couche de farce; quand le moule est plein, masquer le dessus avec un rond de papier beurré, le tenir au four modéré pendant trois quarts d'heure; renverser l'entremets sur un plat.

1034. **Aubergines au parmesan.** — Peler une demi-douzaine d'aubergines tendres; couper les chairs en tranches, les saupoudrer avec du sel, leur faire rendre l'humidité; les éponger, les faire sauter dans une poêle, à feu vif, jusqu'à ce qu'elles soient à peu près cuites; les assaisonner alors, les lier légèrement avec de la béchamel; les ranger par couches dans un plat à gratin, en saupoudrant chaque couche avec du parmesan râpé; les saupoudrer aussi en dessus, les arroser avec du beurre fondu, les pousser à four modéré, les faire gratiner pendant un quart d'heure.

1035. **Aubergines à la Napolitaine.** — Peler et émincer 6 aubergines; les faire macérer pendant un quart d'heure avec un peu de sel, les éponger sur un linge, les faire frire à l'huile; les égoutter, les ranger dans un plat à gratin, par couches, en les arrosant avec un peu de sauce tomate, et les saupoudrant avec du parmesan râpé; les saupoudrer aussi, en dessus, avec du parmesan mêlé avec de la mie de pain, les arroser avec de l'huile, les faire gratiner à four modéré, pendant un quart d'heure; les envoyer dans le plat même. — On entremêle quelquefois les aubergines avec des tranches minces de *muzzarella* (fromage frais).

1036. **Aubergines à la Turque.** — Les aubergines jouent un grand rôle dans la cuisine turque. On leur donne une infinité d'apprêts différents. — Couper les bouts à 7 ou 8 petites aubergines, vider les chairs intérieures, à l'aide d'une cuiller à légumes, les hacher, les mêler avec une égale quantité de viandes crues de mouton hachées, autant de riz cru; assaisonner le hachis, et avec lui, emplir les aubergines; ciseler alors en travers la peau de ces aubergines, et incruster dans ces incisions, de l'oignon et de l'ail émincés. Plonger les aubergines dans la friture chaude, 2 minutes après les égoutter, les ranger, l'une à côté de l'autre, dans une casserole plate, ou un plafond; les mouiller à peu près à hauteur avec de la sauce tomate claire, les cuire à feu très-doux; les dresser sur un plat, les masquer avec la sauce passée.

1037. **Truffes blanches, à l'Italienne.** — C'est le Piémont qui fournit ces excellentes truffes, d'une espèce particulière, si estimée des gourmets. Ces truffes ont cela de remarquable, qu'elles n'ont pas besoin d'être cuites. — Laver les truffes, les essuyer, en supprimer les points noirs des surfaces, avec la pointe d'un petit couteau; les couper en tranches aussi minces que possible, les chauffer simplement, au moment de les servir, dans la sauce ou avec la garniture à laquelle elles doivent être associées.

On sert aussi les truffes blanches en salade; en ce cas, il faut les émincer, puis faire chauffer de l'huile, et lui mêler les truffes, en même temps qu'une petite purée d'anchois; les retirer, hors du feu, en les sautant.

1038. **Truffes noires au gratin.** — Choisir 7 à 8 belles truffes rondes, crues, les couper en deux, les vider, à l'aide d'une cuiller à légumes; couper en petits dés les chairs enlevées, les mêler avec une égale quantité de foie-gras cuit; assaisonner l'appareil, le lier avec un peu de sauce brune réduite, et avec lui, emplir les moitiés de truffes, le saupoudrer avec un peu de mie de pain, l'arroser avec du beurre fondu; ranger alors les moitiés de truffes, l'une à côté de l'autre, dans une casserole plate, avec un peu de vin dedans; faire bouillir le liquide, pousser la casserole au four; 10 minutes après, dresser les truffes sur un plat.

1039. **Pouding de truffes noires.** — Piler dans un mortier 200 grammes de hachis de porc frais (Voy. art. 636), avec 100 grammes de jambon cru, coupé en petits dés; ajouter à cette farce 250 grammes de foie-gras cru, l'assaisonner de haut goût, la passer au tamis.

Brosser et peler 5 ou 600 grammes de truffes fraîches, les couper en tranches, pas trop minces, les déposer dans une terrine, les assaisonner. Verser dans une casserole trois quarts de verre de bon madère, lui mêler une poignée de parure de truffes; le faire réduire de moitié, le passer au tamis; lui mêler alors un tiers de son volume de glace de viande; faire bouillir le liquide, le lier avec un peu de beurre-manié : cette sauce doit être tenue un peu consistante.

Beurrer un moule à dôme, en cuivre étamé, mince, de forme plus large que haute; à défaut de moule, prendre un bol à pouding, le foncer intérieurement avec de la pâte à la graisse de rognons de bœuf, masquer les surfaces de cette abaisse avec une couche mince de la farce préparée; ranger alors les truffes dans le vide du moule, par couches serrées, en étalant sur chaque couche une petite partie de la sauce froide; masquer la couche supérieure des truffes avec le restant de la farce, et celle-ci avec une abaisse de pâte, en la soudant avec les bords; mouiller une serviette sur le centre, la beurrer, la fariner, et appliquer cette partie de la serviette, juste au-dessus du moule, en l'appuyant sur la pâte; serrer alors les pans de la serviette autour du moule, en les ficelant fortement à l'autre extrémité. Plonger le pouding dans un vase d'eau bouillante, couvrir le vase, faire bouillir le liquide pendant une heure et demie; égoutter ensuite le pouding, le déballer, le renverser sur un plat, le glacer; envoyer séparément une saucière de sauce madère, peu liée.

1040. **Timbale de truffes, à la Périgord.** — Éplucher une quinzaine de belles truffes noires, brossées et lavées; les couper en quartiers, les mettre dans une terrine vernie; les assaisonner avec sel et poivre, les arroser avec quelques cuillerées-à-bouche de cognac, leur mêler un bouquet de persil, garni avec quelques brins de thym; couvrir la terrine, la tenir dans un lieu frais. Prendre la moitié seulement des épluchures de truffes, les piler, les mêler avec 500 grammes de lard frais, râpé; assaisonner l'appareil, le passer au tamis, sans trop de pression, car il n'est pas nécessaire de faire passer les parures de truffes; elles ne doivent fournir que leur arome.

Beurrer un moule à timbale, le paner, le foncer avec de la pâte brisée, fine; masquer le fond et les parois de la caisse en pâte, avec les trois quarts du lard passé; verser les truffes dans le vide, les arroser avec un peu de glace fondue, les couvrir avec le restant du lard; fermer l'ouverture avec un rond de pâte, soudée avec celle des parois; cuire la timbale à four chaud pendant 50 ou 60 minutes, en observant de ne pas colorer trop la pâte.

Dans l'intervalle, faire réduire, d'un tiers, 2 ou 3 décilitres de sauce brune, en lui additionnant, peu à peu, un demi-verre de madère, ainsi que l'assaisonnement des truffes, et quelques cuillerées de glace fondue. Quand elle est liée à point, ajouter le restant des parures de truffes; 2 minutes après, la passer au tamis fin. En sortant la timbale du four, lui faire une petite ouverture sur le dessus, infiltrer la sauce à l'intérieur; boucher l'ouverture, renverser la timbale sur un plat chaud.

1041. **Salade aux truffes, à la Toulousaine.** — Ce mets est une innovation récente de l'école toulousaine; elle prouve qu'en France, l'art de la gastronomie est partout cultivé avec un égal empressement, et toujours avec succès.

Brosser 5 ou 6 truffes noires, fraîches, d'un bon arome; les peler, les émincer très-fin, les enfermer dans un vase. Supprimer les feuilles dures, à 3 artichauts, jeunes, tendres; les diviser par le milieu, et sur leur longueur, émincer chaque moitié en tranches aussi fines que les truffes, les faire macérer avec un peu de sel pendant 10 minutes; les éponger ensuite.

Passer au tamis 3 jaunes d'œuf cuits, les mettre dans une terrine, leur mêler nu eu de moutarde, les délayer avec un demi-verre d'huile fine, et un peu de bon vinaigre à l'estragon. Frotter le fond d'un saladier avec une gousse d'ail, et ranger dans celui-ci, les truffes et les artichauts par couches alternées, en les assaisonnant avec sel et poivre, ainsi qu'avec une partie des œufs délayés avec l'huile; 10 minutes après, sauter les truffes et les artichauts (dans le saladier), afin d'opérer le mélange de l'assaisonnement. Cette salade est digne de porter un grand nom.

1042. Salade de truffes noires, à la Russe. — Peler quelques truffes crues, les mettre dans une casserole plate avec un peu de madère, les saler, les faire cuire pendant 4 minutes; les émincer, les déposer dans une terrine, les assaisonner, les arroser avec un peu d'huile; les couvrir, les faire macérer pendant 10 minutes, les saupoudrer ensuite avec une pincée d'estragon, de ciboulette et de persil hachés, les lier avec quelques cuillerées de sauce mayonnaise. Dresser alors la salade sur un plat, la masquer avec une couche de mayonnaise, finie avec une cuillerée de moutarde anglaise.

1043. Coquilles de truffes à la crème. — Peler 5 à 6 truffes crues, propres; mettre les parures dans une casserole avec un peu de madère, et quelques aromates, afin d'en tirer une petite essence. Verser dans une casserole la valeur d'un verre de bonne béchamel, la faire réduire, en lui incorporant peu à peu l'essence de truffes.

D'autre part, couper en petits dés les truffes crues, les mettre dans une casserole avec du beurre fondu, les assaisonner, les chauffer vivement; les lier alors avec la sauce réduite, de façon à obtenir un appareil consistant; avec cet appareil, garnir 5 ou 6 coquilles de table, le saupoudrer en dessus avec de la mie de pain, l'arroser avec un peu de beurre fondu, le faire légèrement colorer à four vif ou avec la salamandre.

1044. Morilles farcies. — Choisir de grosses morilles, en supprimer les queues, afin de les creuser de ce côté, avec une cuiller à légume; les faire blanchir pendant quelques minutes, les égoutter aussitôt. — Préparer un hachis avec du lard et viandes maigres de veau ou de porc, par parties égales, lui mêler un peu de mie de pain, une pointe d'ail, un peu de persil haché, et enfin les parties des morilles enlevées, hachées, cuites au beurre; ranger alors les morilles debout dans une casserole dont le fond est masqué avec du beurre fondu et du jus de citron; les saler légèrement; couvrir la casserole, la poser sur feu modéré; quand l'humidité des morilles est réduite, les mouiller avec un peu de bouillon, laisser réduire celui-ci à glace; aussitôt qu'elles sont cuites, les dresser sur un plat; mêler au fonds de leur cuisson un peu de bon jus, le faire bouillir, le lier avec du beurre-manié; finir la sauce (hors du feu), avec un peu de persil haché, jus de citron, un autre morceau de beurre divisé en petites parties; la verser [sur] les morilles.

1045. Petits-pâtés de cèpes à la crème. — Foncer 12 moules à tartelette avec de la pâte fine, les garnir avec des cèpes émincés, sautés à la p[oêle] avec un peu d'oignon haché; les pousser au four; quand les tartelettes sont à [peu] près cuites, les retirer, les masquer avec une petite couche de béchamel rédu[ite] mêlée avec du blanc d'œuf fouetté; remettre les tartelettes au four; aussitôt [que] la béchamel est raffermie, et légèrement colorée, sortir les tartelettes, les dre[sser] sur une serviette pliée.

1046. Cèpes à la crème aigre. — Choisir quelques têtes de cè[pes] fermes, les essuyer, les diviser chacune en quatre parties; les mettre dans [une] casserole avec du beurre, les assaisonner, les faire revenir, en les sautant; qu[and] elles ont réduit l'humidité, les saupoudrer avec une pincée de farine, les mo[uil]ler avec du lait; faire bouillir la sauce, en la tournant; ajouter alors un bouc[et] de fenouil vert; cuire le ragoût pendant trois quarts d'heure; au moment [de] servir, enlever les cèpes à l'écumoire, les dresser sur un plat; mêler à la sa[uce] quelques cuillerées de crème aigre, passée, la faire réduire vivement; quand [elle] est liée à point, ajouter une pincée de fenouil haché, la verser sur les cèpes.

1047. Cèpes au gratin. — Parer quelques cèpes, les laver, en supprim[ant] les queues; émincer les têtes, les mettre dans une poêle avec un peu d'oig[non] haché et du beurre ou de l'huile, les faire revenir à bon feu; les assaison[ner] avec sel et poivre, en faire réduire toute l'humidité, les lier avec de la béchar[mel] ou simplement avec un morceau de beurre-manié; ajouter une pincée de pe[rsil] haché avec une pointe d'ail, donner quelques bouillons au ragoût, le verser d[ans] un plat à gratin; masquer le dessus avec les queues de cèpes hachées, reven[ues] avec du beurre; saupoudrer la surface avec de la mie de pain, l'arroser avec [de] l'huile ou du beurre, cuire le gratin pendant 25 minutes.

1048. Pâté de cèpes à la Russe. — Les cèpes, en Russie, sont con[nus] sous le nom de *gribouis*. Ils sont très-abondants, et d'excellente qualité; [les] Russes et les Polonais en font un grand usage; frais ou secs, ils en mangent à p[eu] près pendant toute l'année. La Russie fournit une grande variété de champigno[ns] en automne, les marchés en regorgent, et j'ai vu vendre des espèces dont la p[hy]sionomie n'avait rien de fort rassurant, mais les Russes les mangent sans crain[te] et il faut croire que c'est aussi sans danger.

Choisir les cèpes gros, charnus, en supprimer les queues; laver les têtes, [les] parer, les couper en deux; les mettre dans une poêle avec du beurre ou de l'hui[le,] les assaisonner, les faire revenir à feu vif pendant quelques minutes seuleme[nt] afin d'en diminuer le volume; les lier avec un peu de smitane où de bécham[el]

Masquer le fond d'un plat à tarte avec quelques tranches de jambon cru ; sur ces tranches, ranger les cèpes, par couches, en les alternant avec de l'oignon, du persil et un peu de fenouil hachés ; appuyer les cèpes, les masquer également en dessus avec des tranches de jambon, les arroser avec un peu de sauce brune légère ; masquer les bords du plat avec de la pâte fine, couvrir le pâté, en procédant comme il est dit art. 559 ; le poser sur un plafond, le pousser à four modéré, le cuire une heure. — On prépare aussi les pâtés de cèpes d'après la même méthode du pâté de volaille (art. 745).

1049. Soya. — Les champignons de prairie sont excellents pour cet emploi, mais on peut également opérer avec des cèpes, des oronges et des mousserons.

Prendre les champignons les plus petits, et les parures des gros, c'est-à-dire de ceux qui peuvent être utilisés pour la cuisson ; les laver, les diviser en parties, les ranger dans un vase, par couches, en saupoudrant chaque couche avec un peu de sel ; les couvrir, les tenir dans un lieu frais, les faire macérer pendant 10 à 12 heures ; en exprimer alors tout le liquide, passer celui-ci, le verser dans une casserole, le faire réduire, par l'ébullition, jusqu'à ce qu'il soit légèrement lié, lui mêler alors un peu de *porto-wein* ou de madère, des aromates, des épices de toute espèce, et du cayenne ; faire de nouveau bouillir le liquide, le ramener au degré d'un sirop léger ; le retirer, l'enfermer dans des petites bouteilles, les boucher, les ficeler, les cuire au bain-marie pendant 2 ou 3 minutes.

1050. Champignons de couche, farcis. — Choisir 2 douzaines de gros champignons, en supprimer les queues, les laver, les vider du côté de la queue, à l'aide d'une cuiller à légumes ; les saler légèrement, les renverser sur un tamis.

Mettre dans une casserole quelques cuillerées-à-bouche d'oignon et échalotes hachés, les faire revenir avec du beurre ou de l'huile, leur mêler les queues et les parures des champignons, également hachées, ainsi que quelques champignons médiocres réservés à cet effet. Quand les champignons ont réduit leur humidité, les assaisonner, leur mêler une pincée de persil, haché avec une pointe d'ail ; 2 minutes après, additionner à ces fines-herbes un égal volume de mie de pain râpé, et 2 cuillerées de sauce brune ou de sauce tomate ; retirer la casserole du feu ; lier l'appareil avec quelques jaunes d'œuf, emplir les champignons, en bissant l'appareil ; les saupoudrer avec de la mie de pain, les ranger sur un plafond, les arroser avec de l'huile ou du beurre fondu, les cuire à four modéré pendant une demi-heure ; les dresser sur un plat en buisson.

1051. Gaspaschio à l'Andalouse. — Le *gaspaschio* est une salade de légumes crus, dont les Andalous sont très-friands ; ils en mangent tous les jours, en été, car ils la considèrent comme rafraîchissante. — Émincer un de ces bons

oignons d'Espagne, blancs, sans odeur, doux à manger. Émincer aussi un con
combre frais, pelé. Fendre en deux, par le milieu, 3 bonnes tomates, char
nues, sans acides, telles qu'on les trouve dans les provinces méridionales d
l'Espagne, de Séville à Valence; les égrener, les couper en morceaux. Ranger ce
légumes dans une terrine vernie, mince, par couches alternées, en les saupou
drant avec du sel et du poivre, puis avec de la mie de pain émiettée; les arrose
avec du vinaigre et de l'huile. Poser la terrine sur glace, ou dans un lieu très-frais
une heure après, les légumes doivent se trouver submergés; envoyer aussitôt l
gaspaschio, dans la terrine même.

En terminant la partie culinaire de mon livre, je ne puis me défendre de fair
encore une fois cette remarque, que les aromates de haut ton, tels que l'oignon
l'ail et le cayenne, dont il est souvent question dans le cours de mes formules
sont tout à fait facultatifs; il en est de même de l'application de l'huile et du sain
doux dans les apprêts de provenance étrangère. Avant tout j'ai voulu, et deva
être exact; si j'avais uniquement tenu à reproduire la cuisine telle qu'on la fai
à Paris, mon livre ne s'appellerait pas *Cuisine de tous les Pays*.

ENTREMETS SUCRÉS, PATISSERIE, GLACES, COMPOTES.

Les entremets de douceur entrent dans le cadre d'un dîner au même titre que les autres mets qui le composent. Dans un dîner classique, il faut que les entremets de douceur forment un nombre identique avec les entrées froides ou chaudes, mais à la rigueur on peut confondre les entremets de légumes avec ceux de douceur. Un dîner sans entremets sucrés ne peut pas être considéré comme un dîner complet.

Les entremets sucrés sont en usage chez toutes les nations où la gastronomie a quelque importance ; il est même à remarquer que ces mets sont non-seulement estimés partout, mais que ce sont ordinairement ceux-là que, dans les cuisines, on prépare avec le plus de soins.

J'ai réuni, dans ce chapitre, les mets sucrés, chauds ou froids, qu'on sert à la fin du dîner. Afin de le rendre plus complet et plus instructif, j'ai voulu lui adjoindre les glaces et les compotes. Sans doute qu'un cuisinier n'est pas toujours tenu de préparer les glaces qu'on sert dans les dîners, cela lui deviendrait souvent impossible ; mais ce qui est indispensable, c'est qu'il en connaisse la manipulation, et qu'il soit à même de les exécuter au besoin, car dans le cours de sa carrière, l'occasion d'utiliser ses connaissances se présentera fréquemment.

La série des entremets que je produis est relativement très-étendue ; pour la plupart, ils sont simples, d'une exécution facile ; quelques-uns seulement sont plus luxueux, plus travaillés ; par ces quelques productions d'un ordre plus élevé, j'ai voulu initier les jeunes gens à ce travail de coquetterie qui relève toujours avec avantage la physionomie d'un dîner.

Dans ce livre, dont le cadre était limité, je n'ai pu qu'effleurer la théorie de l'ornementation en général ; mais ceux qui voudraient l'étudier dans toute son étendue et ses ressources, n'auront qu'à consulter la *Cuisine classique*, où cette partie est définie dans tous ses détails de luxe et de précision.

1052. **Omelette aux fraises.** — Choisir de grosses fraises-ananas fraîches, parfumées; les éplucher, en retirer une vingtaine des plus belles, les couper chacune en quatre, les mettre dans un bol avec du sucre, un peu de zeste d'orange, 2 cuillerées-à-bouche de rhum. Passer le reste des fraises au tamis fin, en faire une purée : la valeur d'un verre; la sucrer à point, additionner aussi un peu de sucre à l'orange, la faire refroidir sur glace.

Casser 10 œufs dans une terrine, leur mêler 2 cuillerées de sucre fin, 2 cuillerées de bonne crème; les battre pendant quelques secondes avec un fouet.

Faire fondre dans une poêle 150 grammes de beurre fin; quand il est chaud, ajouter les œufs, lier l'omelette à l'aide d'une cuiller; la ramener en avant de la poêle, déposer les fraises coupées sur le milieu, la plier des deux côtés, en lui donnant une jolie forme; la dresser sur un plat, la saupoudrer avec du sucre vanillé, la glacer, et verser autour la purée de fraises.

1053. **Omelette aux pommes.** — Je recommande cette omelette aux amateurs d'entremets simples. — Déposer dans une terrine 2 cuillerées-à-bouche de farine, ajouter un grain de sel, une cuillerée de sucre, 2 œufs, 2 jaunes, 100 grammes de beurre fondu; délayer l'appareil avec trois quarts de verre de bon lait tiède, le passer au tamis.

D'autre part, peler et émincer 5 ou 6 pommes de reinette; les mettre dans une poêle avec 150 grammes de beurre, les sauter sur feu; aussitôt qu'elles sont bien chaudes, verser l'appareil dessus, en l'étalant sur toute la surface du fond de la poêle; à mesure qu'il prend de la consistance, traverser l'épaisseur de l'omelette avec la pointe d'un couteau afin que les parties liquides du dessus descendent au fond. Dès qu'en agitant fortement la poêle sur elle-même, l'omelette peut se détacher, couler un peu de beurre dans le fond de la poêle; saupoudrer alors la surface de l'omelette avec de la cassonnade, puis la renverser, à l'aide d'un plat de même dimension que la poêle; placer de nouveau celle-ci sur le feu, chauffer l'omelette à feu assez vif afin que le sucre du fond se glace : c'est là un point qu'il importe de bien saisir. Renverser l'omelette à l'aide du plat : sa surface supérieure doit alors se trouver d'un beau glacé; si cela n'était pas, c'est-à-dire si l'opération n'avait pas bien réussi, il conviendrait de glacer le dessus de l'omelette avec la pelle rougie au feu, puis la glisser sur un plat au centre duquel sera disposée une assiette renversée : de cette façon l'omelette est plus apparente.

1054. **Omelettes fourrées, aux pommes** (Dessin 328). — Mêler dans une bassine, 5 jaunes d'œuf, et 4 cuillerées de sucre en poudre au zeste d'orange ou de citron; travailler l'appareil comme pour biscuit; quand il est crémeux, lui mêler 4 blancs d'œuf fouettés en même temps que 200 grammes de farine tamisée, en dernier lieu, ajouter quelques cuillerées de crème fouettée.

Faire chauffer dans une poêle à omelette, 4 cuillerées-à-bouche de beurre

ENTREMETS SUCRÉS. — OMELETTES.

épuré; verser dans la poêle la moitié de l'appareil, en l'étalant sur le fond; aussitôt qu'il commence à prendre, pousser la poêle au four doux, de façon à sécher le dessus de l'omelette; quand celle-ci est à point, la glisser sur une feuille de papier, sans la renverser; placer alors sur le centre quelques cuillerées d'émincé

Fig. 328.

de pommes, cuites au beurre comme pour charlotte, liées avec un peu de marmelade d'abricots; plier l'omelette de jolie forme, à l'aide du papier, la dresser sur un plat, en la renversant, la tenir au chaud.

Avec le restant de l'appareil, préparer une autre omelette, exactement semblable; la dresser à côté de la première; les saupoudrer de sucre fin, les glacer à la salamandre, ou les tenir au four pour quelques minutes; les servir ensuite.

1055. Omelette au kirsch (Dessins 329, 330). — Battre 10 œufs dans une terrine, ajouter un grain de sel, 3 cuillerées-à-bouche de sucre, une cuillerée de kirsch. Faire chauffer dans une poêle à omelette 125 grammes de beurre, verser

Fig. 329.   Fig. 330.

les œufs dans la poêle, les lier, en les tournant; aussitôt que l'omelette se dégage de la poêle, la rouler en *porte-manteau*, la dresser sur un petit plat long; la saupoudrer avec du sucre en poudre, la glacer, en appuyant sur sa surface un fer à omelette, rougi au feu, et former un décor quelconque. — Faire chauffer le quart d'un verre de kirsch, le lier avec 3 cuillerées de marmelade d'abricots, le verser dans le fond du plat. — Cette omelette sucrée est excellente.

1056. Omelettes au sucre, à l'Allemande. — Mêler dans une terrine 175 grammes de farine, 7 ou 8 jaunes d'œuf, 2 cuillerées-à-bouche de sucre, un grain de sel, 4 cuillerées de beurre fondu; travailler l'appareil à la cuiller, le délayer avec un demi-verre de crème simple; quand il est lisse, incorporer 5 blancs fouettés et 4 cuillerées de crème fouettée.

Verser dans une poêle bien propre 5 à 6 cuillerées-à-bouche de beurre clarifié, le faire chauffer, verser aussitôt dans la poêle la moitié de l'appareil préparé, en lui donnant un centimètre d'épaisseur ; faire sécher la surface supérieure à la bouche du four ; quand l'omelette est cuite, la glisser sur une feuille de papier ; la saupoudrer avec du sucre fin, la rouler sur elle-même, à l'aide du papier, puis la glisser sur un plat. Cuire le restant de l'appareil, en procédant comme il vient d'être dit. Quand la seconde omelette est cuite, et roulée, la glisser sur le plat à côté de la première ; les saupoudrer avec du sucre fin, tenir le plat à la bouche du four chaud pendant 5 minutes, les envoyer ensuite.

1057. **Crêpes de la marquise.** — Les crêpes sont comme les blinis, elles doivent être mangées aussitôt cuites. Le meilleur moyen, pour les faire manger chaudes, consiste à les cuire, et les envoyer à table en deux fois. — Mettre dans une terrine 250 grammes de farine, un grain de sel, 3 ou 4 œufs entiers ; incorporer les œufs avec la farine, à l'aide d'une cuiller, mais de façon à obtenir une pâte lisse, en lui faisant prendre beaucoup de corps ; à ce point, délayer, peu à peu, la pâte avec un verre et demi de lait ; quand le lait est incorporé, la pâte doit se trouver très-légèrement liée et coulante.

Faire fondre 250 grammes de beurre, le verser dans une petite casserole, en le décantant, le cuire à la petite noisette. Faire chauffer une poêle à pannequets, en arroser le fond avec un peu de beurre ; quand celui-ci est chaud, verser de la pâte dans la poêle, en quantité suffisante pour en masquer le fond avec une couche mince ; aussitôt que la crêpe commence à cuire, crever les boursouflures avec une fourchette, et tourner vivement la poêle sur elle-même, afin que la crêpe ne s'attache pas ; quelques secondes après, la retourner, en la faisant sauter par un mouvement vif, et combiné, de façon qu'elle retombe sur toute sa largeur. Humecter aussitôt la poêle au pinceau, avec un peu de beurre, afin de cuire la crêpe sur l'autre surface, sans cesser d'agiter la poêle ; la glisser dans une assiette chaude, la saupoudrer avec du sucre fin. Continuer à cuire ainsi le restant de la pâte.

1058. **Rissoles à la Hongroise.** — Avec de la pâte à nouille et de la marmelade d'abricots, préparer des rissoles de même forme que les rissoles grasses. Un quart d'heure avant de servir, les plonger à l'eau bouillante, les cuire pendant 2 minutes, retirer la casserole du feu ; 3 minutes après, les égoutter, les bien éponger, les ranger, les dresser sur un plat, par couches, en les saupoudrant avec du sucre fin à la cannelle ; les arroser avec quelques cuillerées de mie de pain, légèrement frite avec du beurre.

1059. **Grosse poire farcie** (Dessin 331). — Choisir une grosse poire de bon-chrétien, pas trop mûre ; la peler, en laissant adhérer une partie de la queue ; couper transversalement la poire au tiers de sa hauteur (du côté de la queue), vider la partie la plus épaisse, à l'aide d'une cuiller à racine ; faire cuire les deux parties de la poire dans un sirop léger, en les tenant fermes ; les laisser

ENTREMETS SUCRÉS. — CRÊPES, OEUFS A LA NEIGE. 491

refroidir dans le sirop, les égoutter ensuite sur un linge, puis poser la partie inférieure de la poire sur une couche de riz à la crème, froid, dressé sur un plat ; emplir le vide avec un salpicon de fruits, lié avec de la marmelade d'abricots ou

Fig. 331.

de la gelée, la couvrir avec la seconde moitié de la poire ; entourer celle-ci, à sa base, avec une couronne de reines-Claude vertes ; les arroser, ainsi que la poire, avec un peu de sirop réduit à la vanille.

1060. **Œufs à la neige, moulés** (Dessin 322). — Cette nouvelle méthode de préparer les œufs à la neige mérite l'attention des cuisiniers. — Fouetter 4 blancs

Fig. 332.

d'œuf ; quand ils sont bien fermes, leur incorporer 150 grammes de sucre en poudre, vanillé, mais en brisant légèrement l'appareil ; le verser ensuite dans un moule d'entremets, à cylindre et à gros cannelons, beurré, glacé au sucre. Poser le moule dans une casserole avec de l'eau chaude, faire pocher l'appareil au *bain-marie* pendant 12 à 15 minutes. Retirer le moule, et, 5 minutes après, renverser l'entremets sur un plat ; verser au fond de celui-ci une crème anglaise, à la vanille.

1061. Beignets de brioche au sabayon. — Distribuer en tranches, un peu épaisses, en forme de carré long, une brioche cuite de la veille : il en faut une quinzaine. — Délayer 6 jaunes d'œuf avec un verre de bonne crème double, ajouter 2 cuillerées-à-bouche de sucre, passer l'appareil au tamis. Tremper tour à tour chaque morceau de brioche dans le liquide, les ranger à mesure sur un tamis, les prendre ensuite avec attention, les plonger à grande friture. Quand ils sont de belle couleur, les enlever à l'écumoire, les égoutter, les saupoudrer avec du sucre parfumé ; les dresser en couronne sur un plat, verser dans le vide un sabayon bien pris.

1062. Zuppinglese, à la Romaine. — C'est un entremets d'Italie, très-estimé dans le pays, et que les Italiens préparent avec grand soin.

Frangipane : Broyer 4 œufs dans une terrine, ajouter 125 grammes de farine, moitié froment, moitié de riz, 125 grammes de sucre, vanille ou zeste, un grain de sel ; passer l'appareil dans une terrine, lui mêler 125 grammes de beurre, le lier sur feu, en le tournant.

Préparer un appareil à biscuit dans les proportions de 500 grammes de sucre, 150 grammes de farine, 15 œufs. Le cuire dans un large moule à timbale ; quand il est froid, le diviser en quatre parties, couper chacune d'elles en tranches.

Quand la frangipane est froide, la diviser en deux parties, déposer chacune d'elles dans une petite terrine, les parfumer, l'une à la vanille, l'autre aux amandes.

Masquer le fond d'un plat avec une couche de frangipane. Verser dans 3 assiettes différentes du rhum, du marasquin et du *rosolio*. Prendre 4 tranches de biscuit, les imbiber les unes avec du rhum, les autres avec les liqueurs, les ranger à mesure sur la couche de frangipane ; les masquer aussitôt avec une couche de gelée de groseilles ; les saupoudrer avec des fruits confits, coupés en dés fins. Sur cette couche, ranger 4 autres tranches de biscuit, imbibées ; les masquer avec une couche de frangipane, les saupoudrer avec des fruits ; continuer ainsi, en alternant la gelée et la frangipane, de façon à reformer le biscuit. Masquer les surfaces, soit avec de la gelée, soit avec de la frangipane ; les saupoudrer avec des fruits, les masquer enfin avec une couche épaisse de meringue italienne ; décorer le dessus et le tour au cornet. Pousser le plat au four doux, 2 minutes seulement, le temps nécessaire pour raffermir extérieurement la meringue sans la colorer ; quand elle est froide, la décorer avec des confitures et des fruits confits.

1063. Pannequets au gingembre (Dessin 333). — Piler 150 grammes de gingembre confit ; quand il est converti en pâte, ajouter 6 cuillerées-à-bouche de frangipane (Voy. art. 1062), le passer au tamis.

Mettre 200 grammes de farine dans une terrine avec 100 grammes de sucre, un

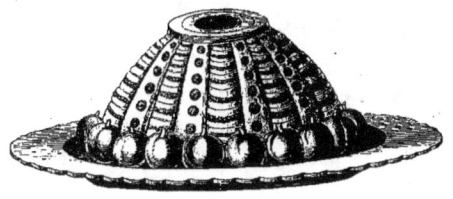

Fig. 333.

grain de sel ; délayer l'appareil avec 6 œufs entiers, un verre de lait, 150 grammes de beurre fondu ; ajouter le zeste d'un demi-citron râpé. Travailler bien l'appareil pour qu'il soit lisse ; s'il ne l'était pas, le passer au tamis.

Faire fondre 120 grammes de beurre, l'épurer, le tenir dans une petite casserole à côté du feu. Chauffer une petite poêle à pannequets, la beurrer au pinceau, verser 2 cuillerées-à-bouche d'appareil dedans, en l'étalant sur toute la largeur du fond ; le cuire à four très-doux ; aussitôt que la pâte est sèche, retourner le pannequet, puis le renverser sur une plaque. Quand l'appareil est absorbé, masquer tour à tour les pannequets avec une couche mince d'appareil, les plier, en leur donnant 4 centimètres de largeur, les plier encore sur leur longueur, de façon à former un carré long ; les dresser en couronne serrée sur un plat, les meringuer, les décorer, pousser le plat à four doux. Orner la meringue avec des fruits confits ou des confitures ; entourer l'entremets à sa base avec une couronne de reines-Claude.

1064. **Beignets de semoule, à la gelée de groseilles** (Dessin 334).

Fig. 334.

— Faire bouillir 3 verres de lait, le sucrer, lui incorporer 200 grammes de semoule, en la laissant tomber en pluie ; former un appareil lisse et consistant, le cuire quelques minutes en le tournant; le retirer du feu, lui incorporer un morceau de beurre, 4 jaunes, un œuf entier, un peu de zeste d'orange râpé; l'étaler alors sur un petit plafond humecté, en lui donnant trois quarts de centimètre d'épaisseur; quand il est refroidi, le diviser en ronds (avec le douzième coupe-pâte), évider ces ronds avec un coupe-pâte plus petit, en ayant soin de le tremper à mesure à l'eau chaude. Poser ces beignets sur la table farinée, les régulariser, les tremper dans des œufs battus, les paner, les plonger à grande friture; en les sortant, les égoutter, les éponger sur un linge, les appuyer des deux côtés sur du sucre en poudre à l'orange, les dresser sur une serviette, en couronnes superposées; envoyer séparément une saucière de gelée de groseilles.

1065. **Grenades aux cerises.** — Couper en deux 7 ou 8 petits pains au lait, ayant la mie serrée, rassis; parer chaque moitié, en lui donnant la forme d'un œuf, en retirant la croûte; les imbiber avec de la crème sucrée et vanillée, mêlée avec quelques jaunes d'œuf; les exprimer avec la main, sans les déformer; les tremper dans des œufs battus, les paner et les faire frire de belle couleur dans du beurre clarifié; les égoutter, les saupoudrer avec du sucre vanillé; les dresser sur un plat creux, les arroser avec une sauce aux cerises ainsi préparée :

Sauce aux cerises d'entremets. — Mettre dans un poêlon 2 poignées de cerises aigres, sans queues ni noyaux; ajouter 4 à 5 cuillerées de sucre, et la valeur d'un verre de vin rouge, un petit morceau de cannelle, un demi-zeste de citron; donner quelques bouillons violents au liquide, le lier avec une cuillerée-à-bouche de fécule délayée à froid.

1066. **Beignets à la Marie-Louise** (Dessin 335). — 50 grammes de levûre, 4 décilitres de lait, 1 kilogramme de farine, 10 œufs entiers, 2 jaunes; 200 grammes de beurre, 3 cuillerées de sucre au citron, un grain de sel.

Faire le levain, pas trop mou, avec le quart de la farine et la levûre délayée avec 3 décilitres de lait tiède; le faire lever à température douce.

Mettre la farine dans une terrine, faire un creux, ajouter les œufs, le beurre fondu et un peu de lait; incorporer la farine, avec le liquide, de façon à obtenir une pâte lisse, aussi ferme que pour la pâte à brioche; la battre vivement de haut en bas, avec une cuiller en bois, afin de lui faire prendre beaucoup de corps; un quart d'heure après, la cuiller doit sortir sèche de la pâte. Couvrir la terrine, la tenir à température douce, et faire lever la pâte pendant trois quarts d'heure; la verser alors sur la table farinée, la saupoudrer avec de la farine, et l'abaisser mince avec le rouleau. Couper des ronds sur cette abaisse, avec un coupe-pâte ayant 3 à 4 centimètres de diamètre. Sur la moitié de ces ronds, poser une petite partie de marmelade d'abricots très-ferme, mêlée avec quelques gouttes de rhum; couvrir ces abaisses avec les autres, appuyer les bords de la pâte avec les mains, la couper de nouveau avec le même coupe-pâte. Ranger à mesure

ENTREMETS SUCRÉS. — BEIGNETS, STRUDEL, ABRICOTS.

les beignets, à distance, sur un linge étalé sur une plaque, et largement saupoudré de farine; les couvrir avec un linge léger, les tenir à température douce jusqu'à ce que la pâte soit légèrement levée et molle au toucher; les plonger

Fig. 335.

alors, peu à la fois, dans une poêle de friture au beurre ou au saindoux, pas trop chaude; les cuire tout doucement, en les retournant; quand ils sont de belle couleur, légers, les égoutter. Un quart d'heure après, les tremper dans une glace de sucre au rhum, mais légère. Les dresser ensuite sur une serviette. — Avec cette quantité de pâte on peut obtenir 50 beignets.

1067. Abricots au riz (Dessin 336). — Préparer du riz à la crème, parfumé à l'orange ou à la vanille, bien cuit; le tenir assez ferme pour le mouler, le

Fig. 336.

finir avec quelques jaunes d'œuf et un morceau de bon beurre; le verser dans un moule à bordure mince et haut, beurré; quand il est refroidi, tremper le moule à l'eau chaude, et renverser le riz sur un plat; le masquer d'abord avec une couche mince de marmelade, puis avec une couche de meringue; sur cette couche, former un décor, à l'aide du cornet; colorer très-légèrement la meringue au four pendant 4 à 5 minutes, et tenir le plat à l'étuve chaude. Au moment de servir, garnir le vide de la bordure avec des moitiés d'abricots en compote, tenus un peu fermes, les arroser avec leur sirop réduit, parfumé. Orner les cavités du décor avec de la gelée de fruits.

1068. Strudel à la crème d'orange. — Avec un verre de lait, un verre de farine, 100 grammes de beurre, une cuillerée de sucre, 3 œufs entiers et 2 jaunes, un grain de sel et un peu de zeste d'orange, préparer une pâte à choux; introduire la pâte dans une poche à douille (du diamètre d'un petit macaroni), puis la faire couler dans du lait bouillant, légèrement sucré; la cuire pendant 2 minutes, la retirer du feu; 3 minutes après, l'égoutter à l'aide d'une écumoire; la dresser par couches, dans un plat, en arrosant chaque couche avec du beurre fondu; faire gratiner l'appareil à four chaud pendant 10 minutes, le sortir et l'arroser avec une crème Anglaise à l'orange.

1069. Bouchées du Sultan, à la Turque. — Tamiser dans une terrine 300 grammes de farine; lui mêler un grain de sel, un peu de sucre, quelques cuillerées de beurre fondu, 2 ou 3 jaunes d'œuf; la délayer avec de l'eau tiède, en lui donnant la consistance d'une pâte à frire; lui mêler 125 grammes de levûre de pain. Couvrir la terrine, faire lever la pâte à température douce jusqu'à ce qu'elle ait à peu près doublé de volume; la rompre alors, la laisser refroidir, la distribuer en petites parties de la grosseur d'une grosse noisette; rouler ces parties de forme ronde, les faire frire au beurre clarifié, ou à l'huile; 2 minutes après, les égoutter; quand elles sont refroidies, les plonger de nouveau à friture chaude, afin de les colorer; les égoutter, les placer dans une terrine, les arroser largement avec du sirop épais, parfumé à l'orange ou à la vanille; quand elles sont imbibées, les dresser dans un plat, les arroser encore avec le même sirop.

1070. Savarin aux fruits. — Délayer 20 grammes de levûre avec environ un verre de lait; avec ce liquide, et 250 grammes de farine, préparer un levain dans une terrine, le faire lever au double de son volume primitif; lui mêler alors 250 grammes de farine, en même temps que deux œufs entiers et 125 grammes de beurre fondu; travailler fortement la pâte, afin de lui faire prendre du corps, en ajoutant de temps en temps un œuf, jusqu'à concurrence de 6 œufs entiers et quelques jaunes : plus la pâte est travaillée, plus elle absorbe d'œufs; quand elle est liée au point de pouvoir l'enlever avec la main, lui mêler 125 grammes de sucre à l'orange et 3 cuillerées de crème crue; la couvrir, la laisser lever pendant une heure et demie, à température de la cuisine; la prendre alors avec la main, et emplir aux trois quarts un moule à dôme, beurré; faire de nouveau lever la pâte jusqu'à ce qu'elle arrive à peu près à la hauteur du moule; entourer aussitôt les bords de celui-ci avec une bande de papier beurré; poser solidement le moule sur un plafond, cuire le gâteau à four modéré pendant 25 minutes; en le sortant du four, le démouler, le laisser refroidir à moitié; le couper droit en dessus, l'imbiber avec du sirop chaud, mêlé avec un peu de rhum, un peu de cognac, un peu de kirsch; le placer sur une grille à pâtisserie posée sur un plat; le laisser bien égoutter, le tenir au chaud.

D'autre part, préparer un salpicon de fruits confits, lavés à l'eau tiède, les déposer dans une casserole, leur mêler le restant du sirop d'infusion, ainsi qu'une

Fig. 337.

poignée de raisins de Smyrne; faire bouillir le liquide, le lier avec un peu de marmelade d'abricots.

Au moment de servir, verser les fruits et la sauce sur le gâteau. — Cette quantité de pâte peut fournir 2 ou 3 gâteaux. — Le dessin représente le savarin siropé, posé sur une grille d'office.

1071. Croûte aux pêches. — Choisir 8 à 10 bonnes pêches, pas trop mûres, les diviser, les faire blanchir quelques secondes, afin d'en retirer la peau, les ranger dans une casserole plate; les arroser avec un peu de sirop, mêlé avec du kirschwasser.

Avec quelques petites pêches, préparer la valeur d'un demi-verre de purée, lui mêler une égale quantité de sirop, la faire bouillir, la lier avec un peu de fécule délayée; la passer de nouveau; ajouter un bâton de vanille et le quart d'un verre de kirschwasser; la tenir au bain-marie.

Foncer un moule à flan, avec de la pâte à tartelette (V. art. 1079); masquer la pâte avec du papier beurré, la cuire à four doux; en la sortant, supprimer le papier, masquer le fond et le tour de la croûte avec une couche de marmelade, la placer sur un plat; chauffer les pêches, sans ébullition, les égoutter, les dresser en pyramide dans la croûte, les napper au pinceau avec de la marmelade, les orner avec quelques fruits confits, tels que : angélique, cerises, raisins secs, pistaches; les servir ainsi; envoyer la purée de pêches dans une saucière.

1072. Gaufres à la levûre. — Travailler 175 grammes de beurre dans une terrine, en incorporant peu à peu 6 jaunes d'œuf; quand l'appareil est mousseux, ajouter 175 grammes de farine, un grain de sel, une pincée de sucre; délayer l'appareil avec 10 grammes de levûre étendue avec un verre de bière ou de l'eau tiède. Couvrir la terrine, la tenir à température douce. Quand la pâte est levée, la laisser refroidir, incorporer 4 ou 5 blancs d'œuf fouettés, très-fermes. — Chauffer un gaufrier creux, le beurrer légèrement avec du beurre clarifié, le masquer d'un côté avec de la pâte préparée, le fermer, cuire les gaufres à bon feu, en les retournant jusqu'à ce qu'elles soient de belle couleur; en les sortant du gaufrier, les saupoudrer avec du sucre vanillé.

1073. **Pâté de cerises au pain bis.** — Avec 4 à 500 grammes de pâte à tartelette (Voy. art. 1079) foncer un moule à pâté-chaud, de forme basse; le masquer au fond et sur les côtés avec du papier beurré, emplir le vide avec de la farine ordinaire, cuire le pâté pendant une demi-heure à four modéré.

Dans l'intervalle, préparer un appareil de biscuit au pain bis, lui additionner une pincée de cannelle en poudre. Quand la pâte est à peu près cuite, sortir le pâté du four, le vider et enlever le papier; l'emplir alors avec l'appareil à biscuit, mais par couches, en saupoudrant chaque couche avec des cerises cuites sans noyaux, bien égouttées; réserver un peu de l'appareil à biscuit, pousser le pâté au four, le cuire pendant trois quarts d'heure; 12 à 15 minutes avant de le retirer du four, masquer la surface avec le restant de l'appareil, le lisser avec la lame du couteau, le saupoudrer avec du sucre fin; pousser de nouveau le pâté au four; quand le sucre est glacé, le sortir, le démouler, le dresser sur un plat.

1074. **Marrons soufflés.** — Faire rôtir 3 douzaines de marrons sans leur faire prendre couleur; les éplucher, les piler, les passer au tamis; remettre la purée dans le mortier avec moitié de son poids de sucre vanillé, et un blanc d'œuf. Quand le mélange est opéré, prendre la pâte par petites parties, en former des boules de la grosseur d'une noix. Broyer ensuite quelques blancs d'œuf avec le fouet, tremper les boules de marrons dedans, afin d'humecter leur surface avec le liquide; les faire égoutter pendant quelques secondes sur un tamis, puis les rouler, un à un, dans du sucre fin, en glace, jusqu'à ce que ces boules soient enveloppées d'une couche de sucre; les ranger alors sur une feuille de papier; 10 minutes après, les tremper de nouveau dans le blanc d'œuf, les rouler encore dans le sucre; les ranger à mesure sur une plaque, en les posant à distance; les faire cuire à four doux pendant 25 minutes; les dresser en buisson sur une serviette.

1075. **Macédoine aux pêches** (Dessin 338). — Choisir 8 ou 10 grosses pêches, pas trop mûres, les diviser chacune en deux parties, en supprimer le noyau. Parer rondes les plus belles moitiés, les plonger dans de l'eau bouillante, les laisser jusqu'au point de pouvoir en retirer la peau : quelques secondes suffisent. Les égoutter, les ranger dans une terrine, les couvrir avec du sirop vanillé et froid; les faire macérer pendant une heure. — Avec les autres moitiés de pêches, préparer une purée; quand elle est passée, la mêler avec la valeur d'un verre de gelée. — Cuire à grande eau 150 grammes de riz, l'égoutter; le déposer dans une terrine, l'arroser avec du sirop vanillé. — Avec une cuiller à légumes, couper des boules de pommes de la grosseur d'une balle de fusil ; les cuire très-

Fig. 338.

légèrement dans un sirop léger ; les égoutter, les déposer dans une terrine, les faire macérer dans du sirop rougi.

Une demi-heure avant de servir, égoutter les pêches ; lier la purée, en la tournant sur glace, lui mêler le riz bien égoutté. Avec cet appareil, emplir le vide des demi-pêches, le décorer avec les boules de pommes, divisées en deux. Napper le décor avec de la gelée mi-prise, dresser les pêches sur un fond en pastillage, ayant un petit support sur son centre ; en placer 7 ou 8 en couronne, une sur le milieu ; garnir le fond du plat avec des croûtons de gelée à l'orange.

1076. **Gaufres en cornets, à la crème** (Dessin 339). — Travailler, dans une terrine, 200 grammes de sucre en poudre, vanillé, avec 3 blancs d'œuf ;

Fig. 339.

quand l'appareil est mousseux, ajouter 200 grammes de farine tamisée, bien sèche, ainsi que 500 grammes d'amandes moulues ou pilées, passées au tamis ; ajouter un grain de sel, un ou deux blancs d'œuf, mais peu à peu, de façon à préparer une pâte coulante; en essayer une petite partie au four, afin de juger son point précis.

Cirer des petites plaques, les fariner, les masquer avec l'appareil, en l'étalant mince; le cuire à four chaud; en le sortant, le diviser en carrés, ayant 11 centimètres de long sur 8 de large; détacher aussitôt ces carrés de la plaque, les rouler en cornet pendant que la pâte est chaude. Cuire ensuite la deuxième partie de l'appareil, le diviser également en carrés. — Coller sur le centre d'un plat, un fond en pastillage décoré, ayant sur son centre une petite pyramide à deux gradins, légèrement évasés sur le haut. A l'aide de sucre au cassé, ou de glace royale, coller de ces cornets autour du gradin inférieur, l'un à côté de l'autre; en coller 6 contre le deuxième gradin, et enfin un debout sur le haut. Au moment de servir, emplir les cornets avec de la crème fouettée, ferme, parfumée à la vanille.

1077. Tartelettes de groseilles vertes, à l'Allemande. — Foncer une quinzaine de moules à tartelettes avec de la pâte sucrée (Voy. art. 1079), les faire cuire à four modéré sans les garnir; quand la pâte est froide, la masquer intérieurement avec une couche mince de marmelade. — Plonger à l'eau bouillante quelques poignées de groseilles à maquereaux, encore vertes, mais bien formées; au premier bouillon, les égoutter, les ranger dans une terrine, les saupoudrer avec du sucre en poudre, les laisser refroidir; les enlever alors avec une écumoire, les dresser en dôme dans les tartelettes; mêler un peu de sucre au sirop des fruits, le faire réduire jusqu'à ce qu'il soit bien serré; quand il est froid, le prendre avec une cuiller, en napper les groseilles.

1078. Tarte aux framboises. — Choisir des framboises fraîches, mûres à point, en supprimer la queue, les ranger par couches dans un plat à tarte, en saupoudrant chaque couche avec une poignée de sucre en poudre. Élever les fruits en dôme au-dessus du niveau du plat; saupoudrer également le dessus avec du sucre en poudre, humecter les bords du plat, les masquer avec une bande de pâte à tarte, humecter la pâte; masquer les fruits avec une large abaisse de pâte, l'appuyer avec le bout des doigts contre la base du dôme formé par les fruits, l'appuyer ensuite sur les bords du plat, afin de la souder avec la première bande; la couper tout autour, la canneler; l'humecter, la saupoudrer avec du sucre; cuire la tarte pendant 45 minutes; la laisser refroidir.

1079. Tartelettes aux pêches (Dessin 340). — *Pâte à tartelette.* — Tamiser 500 grammes de farine, sur la table, faire un creux au milieu; dans ce creux, déposer 375 grammes de beurre divisé en petites parties, 3 jaunes d'œuf, une pincée de sel, 2 cuillerées-à-bouche de sucre en poudre, ainsi qu'un peu d'eau froide; incorporer, peu à peu, le beurre et le liquide avec la farine, afin de former une pâte lisse, mais sans la travailler beaucoup.

Avec la pâte, foncer une douzaine de moules à tartelette; les masquer au fond avec une petite couche de marmelade de pommes, les emplir à moitié avec du riz bien cuit, à la crème; les cuire à four doux, en les couvrant avec du papier; 10 minutes après qu'elles sont sorties du four, emplir les tartelettes avec

Fig. 340.

du bon riz à la crème, parfumé, fini avec du beurre fin; sur celui-ci, poser une demi-pêche, cuite comme pour compote, mais tenue un peu ferme, coupée au coupe-pâte, afin de l'obtenir ronde; entourer alors les pêches avec une chaîne de points ronds en meringue, disposés entre la pâte et les pêches; saupoudrer la meringue, tenir les tartelettes à la bouche du four pendant 10 minutes; en les sortant, napper les pêches au pinceau avec leur sirop réduit en gelée; dresser les tartelettes en buisson, sur une serviette.

1080. **Tarte à la rhubarbe** [1] (Dessin 341). — *Pâte à tarte* [2]. — Tamiser sur la table 500 grammes de belle farine de froment; l'étaler en couronne avec

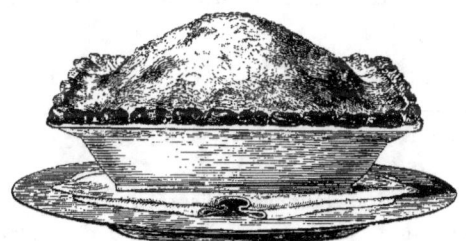

Fig. 341.

la main. Déposer dans le centre 250 grammes de beurre, divisé en petites parties, un grain de sel, 3 jaunes d'œuf, 200 grammes de sucre en poudre, quelques cuillerées-à-bouche d'eau. Mélanger d'abord le beurre et les œufs; puis incorpo-

---

[1]. La rhubarbe anglaise est la meilleure que j'aie trouvée; celle qu'on cultive sur le continent est généralement trop âcre.
[2]. En Angleterre on emploie souvent la pâte feuilletée, mais la pâte sucrée est bien préférable.

rer peu à peu la farine, de façon à obtenir une pâte lisse, de même consistance que la pâte brisée; la mouler, la laisser reposer pendant un quart d'heure.

Choisir des tiges de rhubarbe, tendres, les éplucher, les couper sur le travers, en tronçons de 3 à 4 centimètres de long; diviser ceux-ci en plusieurs parties, les ranger par couches, dans un plat à tarte, en les saupoudrant avec de la bonne cassonnade. Monter la rhubarbe en dôme, au-dessus du niveau du plat, la saupoudrer également en dessus, avec de la cassonnade; humecter les bords du plat, les masquer avec une bande de pâte à tarte; couvrir ensuite le dôme et les bords du plat, avec une abaisse mince. Presser d'abord la pâte contre la base du dôme, puis sur les bords du plat, afin de la souder avec la bande primitive; couper la pâte autour du plat, la canneler à l'aide du couteau; l'humecter en dessus avec du blanc d'œuf, la saupoudrer avec du sucre en poudre, la cuire à four modéré, pendant 45 minutes. — On sert cette tarte chaude ou froide, en l'accompagnant avec de la cassonnade.

1081. **Tarte aux pommes, à la Flamande.** — Couper en quartiers une quinzaine de bonnes pommes, les peler, en supprimer les cœurs, les émincer, les mettre dans une casserole plate avec du beurre, les sauter à feu vif; les sucrer, et faire réduire leur humidité; aussitôt qu'elles sont bien atteintes, sans être brisées, les verser dans un plat à tarte, les lisser avec la lame du couteau, en les montant un peu en dôme, les laisser refroidir. Masquer alors le dôme avec une couche de crème frangipane aux amandes, préparée selon les prescriptions données art. 1062, mais en la tenant un peu consistante; masquer cette crème avec une mince couche de meringue; appliquer un petit décor sur le haut, à l'aide du cornet, le saupoudrer avec du sucre fin, tenir la tarte au four très-doux pendant 20 minutes.

1082. **Tarte aux pommes, à la Westphalienne.** — Peler et émincer une quinzaine de pommes; les faire sauter vivement avec du beurre, de façon à les cuire sans les briser; les lier avec 4 cuillerées de marmelade d'abricots, les verser dans un plat à tarte.

D'autre part, travailler 150 grammes de beurre avec une cuiller, afin de le lier en crème; lui mêler alors, un à un, 4 à 5 jaunes d'œuf; quand l'appareil est mousseux, incorporer 2 blancs d'œuf, et 150 grammes de mie de pain de pumpernikel râpé, passé à la passoire, ainsi que 100 grammes de sucre en poudre, vanillé. Avec cet appareil, masquer les pommes, le lisser en dessus, avec la lame d'un couteau, le saupoudrer avec du sucre, tenir le plat à four doux pendant 25 minutes.

1083. **Tarte aux prunes noires.** — Peler à cru 4 à 5 douzaines de prunes entières, en laissant adhérer les noyaux; les ranger dans un plat à tarte, par couches, en les saupoudrant avec du sucre en poudre; masquer les bords du

ENTREMETS SUCRÉS, POMMES AU BEURRE, SOUFFLÉS. 503

plat avec une bande de pâte brisée, fine ; le couvrir avec une abaisse de la même pâte ; canneler les bords ; humecter légèrement la tarte en dessus, la saupoudrer avec du sucre fin, la cuire à four modéré pendant 45 minutes.

1084. Pommes meringuées (Dessin 342). — Choisir 8 ou 10 petites pommes de reinette ; les peler, les vider, les faire cuire dans un sirop léger, en

Fig. 342.

les tenant bien blanches ; les égoutter, les laisser refroidir, les napper avec le sirop de leur cuisson, réduit en gelée ; placer dans le creux de chacune d'elles quelques cerises confites.

D'autre part, couper 8 ou 10 autres pommes en quartiers ; les peler, en supprimer le cœur, les blanchir légèrement, les ranger dans une casserole plate avec du beurre fondu, et un morceau de vanille ; les saupoudrer avec du sucre ; les cuire pendant quelques minutes, en les retournant, et tenant les morceaux entiers, les arroser ensuite avec 4 cuillerées de marmelade d'abricot ; finir de les cuire ainsi, les retirer du feu, les laisser refroidir dans la casserole.

Trois quarts d'heure avant de servir, coller dans le fond du plat quelques croûtons de pain frit, en formant un cercle ; masquer le vide de ce cercle avec une couche de marmelade de pommes ; sur celle-ci, dresser en pyramide les pommes cuites en quartiers ; masquer alors la pyramide avec des perles en meringue, de forme longue, poussées à l'aide d'une poche à douille : le décor est une imitation d'ananas. Il faut commencer à pousser des petites perles en couronne sur le haut, en augmentant leur volume à mesure que le cercle s'élargit ; piquer des filets d'amandes aux pointes ; saupoudrer la meringue avec du sucre en poudre, la faire légèrement colorer à four doux. En sortant le plat du four, piquer sur le haut, des feuilles d'angélique coupées en pointe, entourer la pyramide avec les petites pommes entières.

1085. Soufflé à l'orange. — Déposer 7 blancs d'œuf dans une bassine, ajouter un grain de sel, les fouetter. Mettre les 7 jaunes dans un poêlon, leur mêler 3 cuillerées-à-bouche de sucre en poudre; travailler l'appareil avec une cuiller, pendant 5 minutes; ajouter 175 grammes de beurre fin, divisé en petites parties; quelques secondes après, le tourner sur feu jusqu'à ce qu'il soit lié comme une crème, mais sans le faire bouillir; le retirer, lui incorporer aussitôt la moitié des blancs fouettés; verser l'appareil sur le restant des blancs, ajouter encore 2 cuillerées de sucre à l'orange, râpé sur le zeste, le verser dans une casserole à soufflé, beurrée; poser celle-ci dans un petit plafond avec quelques verres d'eau bouillante dedans, le pousser à four doux; cuire le soufflé pendant 30 à 40 minutes; si le four était trop chaud [1], couvrir le soufflé avec du papier; le glacer deux fois avec du sucre avant de le sortir du four.

Ce soufflé est d'une grande délicatesse; il peut se maintenir en parfait état pendant un quart d'heure, soit à l'étuve, soit à la bouche du four ouvert. Si on prend la précaution de le faire transporter jusqu'à la salle à manger dans le plafond où il a cuit, on peut le servir aux convives sans qu'il ait rien perdu ni de sa physionomie ni de ses qualités.

1086. Pouding de Sans-Souci. — Choisir 4 à 5 pommes de *Borsdorf* ou de reinette franche; les peler, en supprimer les parties dures; couper les chairs en dés, les mettre dans une casserole avec du beurre fondu, les saupoudrer avec une poignée de sucre, les faire sauter à feu vif pour les chauffer; les retirer aussitôt du feu.

Délayer 200 grammes de farine avec un verre de lait chaud, infusé à la vanille; ajouter un grain de sel, un petit morceau de beurre, 200 grammes de sucre; cuire l'appareil en le tournant sur feu; lui faire prendre la consistance d'un appareil à soufflé, un peu serré; à ce point, le retirer du feu, lui incorporer 100 grammes de beurre et 6 jaunes d'œuf; quelques minutes après, lui incorporer 6 à 7 blancs fouettés, et enfin les pommes; le verser alors dans un moule beurré, le cuire au bain-marie pendant trois quarts d'heure. — Au moment de servir, démouler le pouding sur un plat, le masquer avec une crème anglaise.

1087. Soufflé parfait, au chocolat (Dessin 343). — Malgré tout ce qui a été dit et écrit sur les soufflés d'entremets, il est un point qu'on ne saurait contester; c'est que les soufflés ont toujours été et sont encore l'écueil des cuisiniers; j'espère que désormais cet entremets pourra être inséré sans crainte, dans les menus, car les cuisiniers pourront compter sur lui, en pleine sécurité.

Râper 2 tablettes de bon chocolat, le mettre dans une petite casserole, l'arroser

---

[1]. Quand on a des soufflés à cuire, on ne peut pas prendre trop de précautions avec le four. Il faut non-seulement en baisser la température, mais encore pouvoir maintenir celle-ci au même degré pendant toute la durée de la cuisson.

ENTREMETS SUCRÉS. — SOUFFLÉS, PLOMPOUDING.

avec 2 cuillerées-à-bouche d'eau chaude ; placer la casserole à la bouche du four ; quand le chocolat est dissous, le retirer du feu, le broyer avec une cuiller en bois,

Fig. 343.

lui mêler 4 cuillerées-à-bouche de sucre vanillé ; quand il est bien lié, ajouter 5 jaunes d'œuf crus, puis la moitié de 5 blancs fouettés, bien fermes, légèrement sucrés ; verser l'appareil dans le restant des blancs ; quand le mélange est opéré, verser le tout dans une caisse en papier, ou une casserole à soufflé, beurrée. Cuire le soufflé à feu doux pendant 15 minutes. — Ce soufflé, d'un apprêt si simple, se maintient très-bien.

1088. **Plompouding au bain-marie** (*plum-pudding*) (Dessin 344). — Hacher fin 250 grammes de graisse de rognon de bœuf, épluchée, avec 175

Fig. 344.

grammes de farine ; les déposer dans une terrine ; ajouter 4 œufs entiers, l'un après l'autre, en travaillant l'appareil avec une cuiller ; 7 à 8 minutes après, lui mêler 175 grammes de sucre en poudre, autant de raisins de Smyrne, autant de Corinthe, 100 grammes de cédrat confit, coupé en petits dés, 4 cuillerées de marmelade d'abricots, un grain de sel, un brin de zeste haché, un peu de muscade râpée, 2 clous de girofle pulvérisés, 5 à 6 cuillerées de cognac, et enfin 3 pommes hachées.

Beurrer un moule cannelé, à cylindre, le fariner, l'emplir avec l'appareil; le poser dans une casserole avec de l'eau jusqu'à moitié de hauteur, faire bouillir celle-ci, cuire le pouding au four pendant une heure et demie. — Au moment de servir, égoutter le pouding, le démouler sur un plat. — Chauffer la valeur d'un demi-verre de rhum et de cognac par parties égales, lier le liquide avec une égale quantité de marmelade d'abricots; le verser sur l'entremets. — Ce pouding est très-délicat, excellent à manger.

1089. **Taoutatalet à la Turque.** — Avec 3 verres de crème froide, délayer 250 grammes de farine de riz; passer l'appareil au tamis dans une casserole, le tourner sur feu, de façon à obtenir une bouillie lisse; au premier bouillon, ajouter 250 grammes de sucre en poudre; faire réduire la bouillie pendant 20 minutes sur feu très-doux.

Dans l'intervalle, lever les chairs d'estomac de 2 petits poulets cuits, en supprimer la peau; les piler, en leur mêlant 7 à 8 jaunes d'œuf et un peu de zeste; retirer la pâte, la passer au tamis; déposer la purée dans une casserole. Quand la bouillie est réduite, lui mêler peu à peu la volaille, en travaillant vigoureusement l'appareil; lui donner un seul bouillon, le verser aussitôt dans un plat creux ou une casserole d'argent; décorer la surface avec quelques gouttes de caramel, en le laissant tomber à distance, et le remuant ensuite avec la pointe d'un petit couteau, de façon à imiter une marbrure.

1090. **Pouding de pain, à la Badoise.** — Mettre dans une terrine 250 grammes de beurre à moitié fondu, le travailler à la cuiller, le lier en crème, en incorporant, peu à peu, 4 jaunes et 4 œufs entiers. — Couper en dés 500 grammes de mie de pain, l'humecter avec du lait; 10 minutes après, l'exprimer avec la main, afin d'en extraire l'humidité; la broyer avec une cuiller, lui mêler 300 grammes de sucre en poudre, et une pincée de farine; la travailler encore quelques minutes, la mêler à l'appareil, ainsi que 500 grammes de petits raisins secs, mêlés, une poignée de cédrat confit, coupé en petits dés.

Humecter le centre d'une serviette, la beurrer à l'endroit mouillé, la fariner; l'étaler sur une terrine, verser l'appareil dans le creux de la serviette; en rapprocher les bouts, en la serrant à niveau de l'appareil, la ficeler fortement; plonger le pouding à l'eau bouillante, le cuire pendant une heure et quart; l'égoutter, le déballer, écarter la serviette; renverser le pouding sur un plat, le masquer avec un sabayon au vin du Rhin.

1091. **Pouding au madère, à l'Anglaise** (*tipsy-pudding*), (Dess. 345).

ENTREMETS SUCRÉS. — POUDINGS.

— Avec 250 grammes de sucre, 4 œufs, 2 jaunes, 3 blancs fouettés, 200 grammes de beurre, 175 grammes de farine, un grain de sel, un peu de zeste râpé, préparer une pâte génoise (Voy. Gâteau génois). Beurrer un moule à dôme, le fariner, l'emplir

Fig. 345.

avec la pâte préparée; le couvrir, l'envelopper dans un linge, le plonger à l'eau bouillante, lui donner 2 heures d'ébullition continue. — Au moment de servir, égoutter le moule, renverser le pouding dans un plat; l'imbiber alors avec du bon madère chaud, autant qu'il peut en absorber; le masquer au pinceau avec de la marmelade d'abricots, puis piquer sur ses surfaces des amandes mondées, coupées en filets, séchées au four.

1092. **Pouding de Weimar** (Dessin 346). — Mettre 200 grammes de beurre dans une terrine, le travailler avec une cuiller afin de le rendre mousseux;

Fig. 346.

lui mêler alors un œuf entier et 5 jaunes, un à un, puis 2 tablettes de chocolat râpé, passé au tamis, le même poids de sucre fin, et 4 à 5 cuillerées de poudre de biscuit; lui incorporer 5 blancs fouettés, le verser dans un moule beurré et fariné, le cuire au bain-marie pendant 40 minutes; le renverser sur un plat, le masquer avec une sauce chocolat à la crème.

1093. **Pouding Albert.** — Déposer 250 grammes de sucre dans une terrine, ajouter 7 jaunes d'œuf; travailler l'appareil comme pour biscuit. Mêler 150 grammes de moelle de bœuf, fondue avec 100 grammes de beurre; quand le liquide a perdu sa plus grande chaleur, l'incorporer peu à peu à l'appareil, et continuer à le travailler; quand il est mousseux, lui mêler 250 grammes de farine tamisée, et en même temps 7 blancs d'œuf fouettés; en dernier lieu, ajouter 250 grammes d'écorces de cédrat et de citron confits, coupés en petits dés, ainsi que 250 grammes de raisins noirs de Corinthe, préalablement mêlés et saupoudrés avec une pincée de farine, afin qu'ils ne tombent pas au fond; ajouter une pincée de zeste de citron et d'orange, hachés; verser l'appareil dans une serviette beurrée et farinée sur le centre, nouer la serviette, la plonger dans un vase d'eau bouillante; cuire le pouding pendant 2 heures; l'égoutter alors, le déballer, le renverser sur un plat, le masquer avec une sauce au chocolat, ou simplement un sabayon. — Avec la quantité indiquée de cet appareil, on peut obtenir 2 poudings.

1094. **Pouding glacé, à la Romaine.** — Mêler un demi-verre de sirop à 30 degrés avec demi-verre de jaunes d'œuf crus et demi-verre d'eau; fouetter l'appareil, le passer, le faire prendre sur feu, comme une crème anglaise; le passer alors dans une bassine, le fouetter sur glace jusqu'à ce qu'il soit bien refroidi, légèrement mousseux; ajouter un quart de verre de liqueur d'alkermès ou de marasquin, le verser dans un moule à dôme, masqué de papier, et frappé sur de la glace salée; fermer le moule, luter les jointures avec de la pâte crue, le couvrir avec de la glace salée, le faire frapper pendant 2 heures au moins. Démouler le pouding sur un plat, l'arroser avec la même liqueur qui a été mêlée à l'appareil.

1095. **Pouding de Francfort.** — Verser dans une terrine, 500 grammes de beurre à moitié fondu, le travailler avec une cuiller afin de le lier, en mêlant 6 à 7 jaunes d'œuf; quand il est mousseux, ajouter 150 grammes d'amandes moulues, puis 150 grammes de sucre vanillé; quelques minutes après, ajouter 100 grammes de pain noir, séché, pulvérisé et passé; ajouter encore 150 grammes d'écorces confites, une pincée de cannelle en poudre, un grain de sel; incorporer à l'appareil 6 blancs fouettés; le verser aussitôt dans un moule à dôme, beurré, et glacé au sucre; placer le moule dans une casserole plate avec de l'eau bouillante dedans, cuire le pouding au bain-marie, à four doux, pendant 25 à 30 minutes; le démouler, le servir avec une sauce aux cerises autour, sans le masquer. — L'appareil de ce pouding exige d'être préparé avec beaucoup de soin.

1096. **Nid de cigogne** (Dessin 347). — Pour 6 nids : 175 grammes de sucre, 6 œufs, zeste de citron haché. — Battre quelques minutes les œufs et le sucre, ajouter de la farine autant qu'il est nécessaire pour former une pâte de la même consistance que la pâte à nouille; l'abaisser avec le rouleau, en abaisse mince et longue; puis, avec une roulette à pâtisserie, la diviser en rubans d'un

ENTREMETS SUCRÉS. — POUDINGS, NID DE CIGOGNE. 509

centimètre et demi de largeur, prendre un des rubans, l'entrelacer, en formant un rond plat, placer celui-ci sur un couvercle de casserole, légèrement fariné, le plonger à friture chaude ; retirer la friture sur le côté du feu ; quand la pâte est

Fig. 347.

colorée d'un côté, la retourner, à l'aide de l'écumoire ; au bout de 5 à 6 minutes, l'égoutter, la saupoudrer avec du sucre ; ce gâteau se mange froid. Il faut mettre la friture dans une casserole plus haute que large, et ne cuire qu'un nid à la fois.

1097. **Pouding de cabinet** (Dessin 348). — Beurrer un moule uni, à cylindre, le décorer, au fond et autour, avec des bandes de biscuit coupées en pointe, et aussi avec des fruits confits : cerises, angélique, écorces, raisins. Masquer alors le moule avec du biscuit coupé en gros dés, mêlé avec une égale

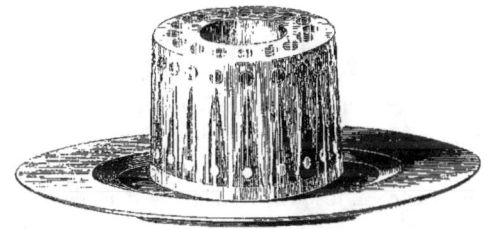

Fig. 348.

portion de raisins secs et fruits confits, coupés comme le biscuit. Arroser alors le biscuit, peu à peu, avec la valeur d'un demi-litre de crème crue, préparée, comme il est dit pour la crème au bain-marie, parfumée à la vanille ou aux zestes. Quand la crème arrive à peu près à hauteur des bords, couvrir le moule avec un rond de papier beurré, le placer dans une casserole avec de l'eau bouillante jusqu'à moitié de hauteur ; faire pocher le pouding au bain-marie pendant à peu près une heure. Au moment de servir, le renverser sur un plat, le masquer avec une crème anglaise, parfumée comme la crème de l'appareil.

1098. **Pouding hollandais.** — Imbiber dans du lait, 250 grammes de mie de pain, en exprimer l'humidité, la placer dans une casserole et la broyer ; lui mêler alors 175 grammes de moelle de bœuf, autant de graisse de rognons de bœuf hachés ; ajouter 6 jaunes d'œuf, 3 œufs entiers, un peu de zeste haché, 200 grammes de sucre, autant de raisins secs, sans pepins, 4 cuillerées d'écorces confites, coupées en dés. Verser l'appareil dans un moule beurré, le placer dans une casserole avec de l'eau bouillante, jusqu'à moitié de sa hauteur ; couvrir la casserole, la tenir sur feu modéré, la couvrir ; cuire le pouding pendant une heure : l'eau doit toujours bouillir, il faut l'allonger à mesure qu'elle s'évapore.

Au moment de servir, démouler le pouding sur un plat, le masquer avec de la marmelade d'abricots délayée avec du sirop et du rhum.

1099. **Pouding de Hanovre.** — Mettre dans une terrine 250 grammes de beurre à moitié fondu ; le travailler avec une cuiller jusqu'à ce qu'il soit bien lié ; lui mêler alors, peu à peu, un œuf entier, 4 à 5 jaunes ; ajouter 6 cuillerées-à-bouche de sucre en poudre, à l'orange, 2 cuillerées d'écorces confites, coupées, autant de raisins secs, 2 cuillerées de farine, et 150 grammes de mie de pain, humectée au lait, puis bien exprimée ; verser l'appareil dans un moule à dôme, beurré, fermer le moule, l'envelopper dans une serviette, le plonger à l'eau bouillante, le cuire pendant 2 heures.

Au moment de servir, démouler le pouding, le masquer avec une sauce d'abricots au marasquin.

1100. **Pouding saxon.** — Faire bouillir un verre et demi de lait ; avec ce lait, délayer peu à peu 250 grammes de farine, dans une casserole, de façon à obtenir une pâte lisse ; ajouter 120 grammes de beurre, autant de sucre, un grain de sel ; tourner l'appareil sur feu jusqu'à ce qu'il commence à se lier, le retirer alors, mais sans cesser de le travailler ; quand la pâte est lisse, la remettre sur le feu, la travailler encore, jusqu'à ce qu'elle se détache de la casserole : elle doit avoir la consistance d'une pâte à chou, légère ; la verser dans une terrine, la travailler de nouveau, en incorporant peu à peu 10 jaunes d'œuf, 120 grammes de sucre à l'orange, autant de beurre, un grain de sel. Quand l'appareil est mousseux, lui incorporer 7 à 8 blancs fouettés, le verser dans un moule à dôme ou à cylindre, beurré, glacé avec du sucre et de la fécule ; poser le moule dans une casserole avec de l'eau bouillante jusqu'à moitié de sa hauteur, le cuire à four doux pendant 40 minutes.

Au moment de servir, renverser le pouding sur un plat, le saupoudrer avec du sucre vanillé ; verser une purée de framboises au fond du plat, en servir une saucière séparément.

1101. **Pouding de Malaga.** — Verser dans une terrine 250 grammes de beurre à moitié fondu ; le travailler avec une cuiller en bois jusqu'à ce qu'il soit lié; lui mêler alors, peu à peu, 15 jaunes d'œuf, et 250 grammes de sucre pilé; quand l'appareil est mousseux, ajouter 4 cuillerées de marmelade de pommes, délayée avec un peu de l'appareil, afin qu'elle puisse mieux se mêler; ajouter en outre 8 blancs d'œuf fouettés.

Beurrer un grand moule à cylindre, l'emplir avec l'appareil, par couches alternées avec des biscuits-à-la-cuiller, trempés dans du vin de Malaga. Cuire le pouding au bain-marie pendant 40 minutes; le démouler sur un plat chaud, le masquer avec un sabayon, préparé avec du vin de Malaga.

1102. Pouding du Prince (Dessin 349). — Faire rôtir, dans un poêlon, 200 grammes de café en grains; quand il commence à suer, le verser dans 6 dé-

Fig. 349.

cilitres de lait bouillant tenu sur le côté du feu; couvrir la casserole, la retirer, laisser refroidir l'infusion. — Fouetter dans une terrine, 10 à 12 jaunes d'œuf, les délayer avec l'infusion passée au tamis; sucrer l'appareil, lui mêler 7 à 8 feuilles de gélatine dissoute. — Mettre dans une terrine, 150 grammes de raisins de Smyrne propres, 18 marrons confits ou au sirop, divisés chacun en deux parties; ajouter 3 cuillerées-à-bouche de pistaches coupées, arroser ces fruits avec un décilitre de kirsch.

Fendre en deux, sur leur longueur, une quinzaine de biscuits-à-la-cuiller, les couper en travers, de façon à former des carrés; les tenir sur une assiette.

Avec de la glace pilée, entourer un grand moule à dôme, à cylindre, bas de forme; le décorer, à la base et sur le haut des parois intérieures, avec des ronds d'angélique, trempés à mesure dans de la gelée mi-prise; décorer le centre avec une guirlande composée avec des petits raisins et des fruits confits, puis chemiser l'intérieur du moule avec une petite partie de l'appareil préparé; lier sur glace le restant; quand il est à point, lui mêler les fruits, et le retirer; le prendre alors avec une cuiller, emplir le vide du moule, par couches, en alternant celles-ci avec une partie du biscuit coupé en dés, imbibé avec du kirsch.

Une heure après, tremper le moule à l'eau chaude, l'essuyer, et renverser le pouding sur un plat, ayant un petit tampon en pain frit collé sur son centre, masqué avec de la marmelade. Sur ce pain, piquer 6 petits hâtelets garnis de fruits, en piquer un plus gros sur le centre. Envoyer séparément une saucière de crème anglaise, parfumée au café, refroidie sur glace.

1103. Pouding de marrons. — Mettre 5 à 600 grammes de purée de marrons dans une casserole, la sucrer, lui incorporer 3 à 4 œufs entiers, un grain de sel, 250 grammes de raisins de Smyrne et de Corinthe, le quart d'un verre de rhum.

Foncer un moule à dôme avec de la pâte à pouding, à la graisse ; verser l'appareil dans le vide du moule, le couvrir avec de la pâte ; envelopper le moule dans une serviette, nouer fortement celle-ci du côté opposé à l'ouverture du moule ; plonger le pouding à l'eau bouillante, le cuire une heure et quart. Au moment de servir, l'égoutter, le déballer, le renverser sur un plat ; le masquer largement avec une sauce abricots au rhum.

1104. Pouding aux cerises. — Travailler pendant 10 minutes 200 grammes de beurre, dans une terrine ; lui incorporer 12 jaunes d'œuf l'un après l'autre, puis 200 grammes de sucre fin. Quand l'appareil est mousseux, ajouter 100 grammes de mie de pain bis, une pincée de cannelle, et enfin 7 ou 8 blancs fouettés, bien fermes.

Beurrer un grand moule à timbale, un peu épais, le paner avec de la mie de pain ; verser au fond une couche d'appareil, sur cette couche, ranger une petite poignée de cerises confites, mais bien égouttées ; emplir ainsi le moule, en alternant les couches d'appareil et de cerises, mais sans que les cerises touchent aux parois du moule ; poser celui-ci sur un plafond couvert d'une couche de cendres, cuire le pouding à bon four pendant 25 minutes ; le renverser sur un plat, masquer le fond avec une sauce aux cerises.

1105. Pouding de l'Alma. — Mettre dans une terrine 125 grammes de graisse de rognon de bœuf, épluchée et hachée, lui mêler une égale quantité de mie de pain, 100 grammes de sucre en poudre, 30 grammes d'écorces d'oranges, autant de citron et de cédrat confits, coupés en petits dés. Lier l'appareil avec 250 grammes de marmelade d'abricots, 4 jaunes d'œuf et un blanc, ajouter le zeste d'un demi-citron râpé, et un grain de sel.

Beurrer un moule à dôme, avec du beurre fondu, le masquer intérieurement avec du papier, beurrer également celui-ci ; emplir le moule avec l'appareil, le poser dans une casserole avec de l'eau jusqu'à moitié de hauteur, mais en l'appuyant sur un petit trépied, ou simplement sur un coupe-pâte ; couvrir la casserole, cuire le pouding pendant 5 heures à feu modéré ou au four. — En Angleterre,

ENTREMETS SUCRÉS. — FRUITS AU RIZ, CROUTES.

on sert avec ce pudding un sabayon au madère, ou bien une sauce abricot, au madère : cette dernière est préférable.

1106. Fruits au riz (Dessin 350). — Beurrer un moule plat, à bordure ; l'emplir avec du riz à la crème, fini avec quelques jaunes d'œuf, mais en laissant

Fig. 350.

un vide dans le milieu ; emplir celui-ci avec de la marmelade d'abricots, un peu ferme ; la couvrir avec une couche de riz, tenir le moule au bain-marie pendant 25 minutes.

D'autre part, couper 6 ou 7 tranches d'ananas cru, les diviser en deux, les ranger dans une casserole, les couvrir avec du sirop à 28 degrés, les tenir au bain-marie. Couper également quelques tranches d'ananas en petits dés, les mettre dans une casserole ; ajouter une égale quantité d'abricots confits, autant d'amandes vertes, autant de cerises confites, un petit morceau d'angélique, 2 cuillerées-à-bouche de raisins de Smyrne lavés, autant de pistaches mondées. Arroser ce salpicon avec quelques cuillerées de marasquin.

Au moment de servir, renverser la bordure sur un plat chaud. Égoutter le liquide du salpicon, le lier avec quelques cuillerées de marmelade d'abricots à la vanille, le dresser dans le centre de la bordure ; sur ces fruits, dresser un bouquet de cerises en compote ou en demi-sucre : en ce dernier cas, lavées à l'eau tiède ; les entourer avec les tranches d'ananas ; entourer la bordure, à sa base, avec une chaîne de reines-Claude cuites, envoyer séparément une saucière de marmelade d'abricots, au marasquin.

1107. Cerises aux croûtes, à la Turque. — Préparer une compote de cerises fraîches, en leur donnant trois façons.

Sur des tranches de pain de cuisine, ayant un centimètre d'épaisseur, couper, à l'aide d'un coupe-pâte, des croûtons de forme ronde, les ranger les uns à côté des autres, les faire frire dans une casserole avec du beurre épuré, en les retournant ; quand ils sont de belle couleur, les mouiller à moitié de hauteur avec du sirop des cerises, le faire bouillir jusqu'à ce que les croûtes aient absorbé le sirop; dresser alors les cerises sur un plat; enlever les croûtes de la casserole, à l'aide d'une palette, les dresser autour des cerises.

1108. Pouding de pommes au riz. — Laver 3 à 400 grammes de riz, trié, le plonger à l'eau bouillante, un peu abondante, le cuire jusqu'à ce qu'il ne croque plus sous la dent; l'égoutter, le déposer dans une terrine; lui mêler un morceau de beurre et du zeste râpé; le sucrer, le couvrir, le laisser refroidir.

Humecter une serviette avec de l'eau froide, l'exprimer, la beurrer au centre, l'étaler sur une terrine; ranger le riz, par couches, sur le centre de la serviette, en l'alternant avec des pommes de reinette coupées en quartiers, légèrement revenues au beurre, avec un peu de sucre; nouer la serviette, en serrant l'appareil; plonger le pouding à l'eau bouillante, le cuire pendant une heure et demie; le déballer, le renverser sur un plat, le masquer avec un sirop au jus de pommes, parfumé à l'orange.

1109. Pouding de semoule à l'Impératrice. — Verser 2 verres de lait dans une casserole, lui mêler une cuillerée de sucre vanillé, un grain de sel, un morceau de beurre; poser la casserole sur feu; au premier bouillon, incorporer au liquide 200 grammes de semoule fine, en la faisant tomber en pluie. Quand l'appareil est lisse, lui mêler le sucre nécessaire, le cuire pendant 10 à 12 minutes sur le côté du feu; le verser ensuite dans une casserole, lui incorporer un morceau de beurre divisé en petites parties, et en même temps 5 ou 6 jaunes d'œuf.

Une demi-heure avant de servir, mêler à l'appareil un salpicon de fruits confits, composé : d'ananas, de reines-Claude, de cédrat et de cerises mi-sucre; lui incorporer 4 blancs fouettés, et la moitié de ce volume de crème fouettée; le verser dans un moule à cylindre uni, beurré; poser ce moule dans une casserole d'eau bouillante, arrivant à moitié de sa hauteur, cuire le pouding au four pendant 45 minutes; en le sortant, le renverser sur un plat, le masquer avec du sirop au caramel et à la vanille; envoyer séparément une saucière de ce sirop.

1110. Rolled-pudding. — Étaler sur la table 400 grammes de farine, faire un creux sur le centre, déposer dans celui-ci 225 grammes de graisse de rognon de bœuf hachée très-fin; ajouter un peu de sel, un verre d'eau froide; amalgamer, peu à peu, la farine et la graisse, assembler la pâte sans la travailler; l'abaisser, avec le rouleau, en abaisse de forme longue, ayant de 20 à 25 centimètres de large, de l'épaisseur d'un quart de centimètre. Sur cette pâte, étaler une couche de marmelade de framboise, ferme, consistante, en ayant soin de laisser sur les bords de l'abaisse un petit espace vide; humecter celui-ci, puis rouler l'abaisse sur elle même en forme de boudin, ayant l'épaisseur d'une galantine de poulet; l'envelopper dans un linge beurré et fariné, le ficeler sur les deux bouts et sur le milieu, le plonger à l'eau bouillante, le cuire pendant 2 heures;

ENTREMETS SUCRÉS. — BOUENBOCCONI, POUDINGS.

l'égoutter ensuite sur un plafond, le débal cer, le dresser sur un plat, le masquer avec du sirop de fruits.

1111. Bouenbocconi à la gênoise (Dessin 351). — Cet entremets est considéré à Gênes comme un mets national, par conséquent très-recherché.

Faire dégorger 250 grammes de moelle de bœuf, l'égoutter, la piler, la passer au tamis. Hacher et piler une égale quantité d'écorce de cédrat et d'oranges con-

Fig. 351.

fites, ajouter une pincée de fleurs d'oranger pralinées, une poignée de poudre de biscuit, 4 macarons écrasés, et enfin 2 œufs entiers ; 2 minutes après, passer l'appareil, le mêler avec la moelle, dans une terrine ; ajouter un peu de zeste de citron râpé ; le prendre alors par petites parties, rouler celles-ci entre les mains, humectées avec de l'eau de fleurs d'oranger : elles doivent être de la grosseur d'une noisette ; les ranger à mesure sur un plat.

Abaisser du demi-feuilletage, en 2 abaisses minces ; sur l'une, ranger les petites boules, à distance de 2 centimètres et demi, en ligne droite ; humecter légèrement les intervalles, puis couvrir cette abaisse avec l'autre ; appuyer sur les intervalles avec la main, puis appuyer le tour des boulettes avec le revers d'un petit coupe-pâte, et couper les beignets avec un autre coupe-pâte de 2 centimètres et demi de diamètre ; en appuyer légèrement le tour, puis les pincer avec les doigts. Quelques minutes avant de servir, plonger les beignets à friture chaude, en deux poêles ; aussitôt que la pâte est sèche, les égoutter, les rouler dans du sucre en poudre, chauffé à la bouche du four, les dresser sur une serviette pliée.

1112. Pouding d'écrevisses, à la vanille. — Imbiber 200 grammes de mie de pain de cuisine avec du lait chaud ; 5 minutes après, en exprimer l'humidité, la mettre dans une casserole, la chauffer, en la broyant avec une cuiller ; la retirer, lui mêler 2 cuillerées-à-bouche de farine, une pincée de sucre, un œuf entier. — Faire dissoudre à moitié 150 grammes de beurre d'écrevisses, avec 100 grammes de beurre fin, le verser dans une terrine, le travailler avec une cuiller jusqu'à ce qu'il soit lié ; lui mêler, peu à peu, 6 jaunes d'œuf et 4 cuillerées de sucre vanillé ; quand l'appareil est mousseux, lui incorporer la panade, en même temps que 5 blancs fouettés ; le verser dans un moule à cylindre, beurré et fariné, le faire cuire au bain-marie pendant trois quarts d'heure. — Au moment de servir, démouler le pouding sur un plat, le masquer avec une crème anglaise à la vanille. — Tout singulier que paraisse ce mets, il est très-estimé dans quelques contrées de l'Allemagne.

1113. **Piroguis russes aux confitures.** — Délayer 15 grammes de levûre avec un verre de lait chaud. Tamiser 400 grammes de farine, la déposer dans une terrine tiède ; faire un creux sur le centre, et dans celui-ci, verser le lait ; mélanger la farine avec le liquide, de façon à obtenir une pâte pas trop consistante ; la faire lever à l'étuve tiède ; quand elle a doublé de volume, la travailler avec la main ; ajouter un grain de sel, un peu de zeste râpé, 4 cuillerées-à-bouche de sucre en poudre, 100 grammes de beurre fondu, et enfin 6 jaunes d'œuf. Couvrir la terrine, faire de nouveau lever la pâte.

Couper des feuilles de papier en deux, les beurrer au pinceau, puis étaler sur le milieu de ces feuilles une cuillerée de la pâte ; sur le centre de celle-ci, étaler une cuillerée de marmelade d'abricots ; couvrir cette marmelade avec un peu de la même pâte, puis rouler le papier sur lui-même sans replier les bouts ; ranger les gâteaux sur une plaque ; une demi-heure après, les cuire à four un peu chaud ; en les sortant, enlever le papier, couper les deux bouts des gâteaux, les humecter avec du beurre fondu, les rouler dans du sucre en poudre, les dresser sur une serviette pliée.

1114. **Mazurka à la Polonaise.** — Ce gâteau fait partie de ceux que les Polonais servent pour le *béni* du jour de Pâques (voir art. 627) ; c'est un appareil à génoise aux blancs d'œuf, cuit dans 2 caisses en papier en forme de carré long ; donner au gâteau l'épaisseur de 4 à 5 centimètres ; quand il est cuit, parer les abaisses, les masquer sur une surface avec de la marmelade d'abricots, et les poser l'une sur l'autre ; puis masquer le gâteau sur le haut et sur les côtés avec de la glace au blanc d'œuf, un peu épaisse, disposer alors sur les bords, en diagonale, des lignes aussi droites que possible, faites avec du sucre en grain coloré rouge, jaune ou vert, mais surtout, en ayant soin de n'employer à la colorisation de ce sucre que des couleurs végétales telles que le vert-d'épinards, la cochenille ou le carmin clarifié, et le zeste d'orange ou de citron râpé sur le sucre même. Chaque ligne de couleur doit être alternée avec une ligne blanche formée par la surface glacée du gâteau.

1115. **Petits pains de riz au lait d'amandes** (Dessin 352). — Ranger sur un petit plafond une douzaine de grands moules à dariole, les entourer avec de la glace pilée, les décorer autour et au fond avec des fruits : angéliques, ananas ou écorces confites, en ayant soin de tremper à mesure les détails du dé-

ENTREMETS SUCRÉS. — MAZURKA.

cor dans de la gelée mi-prise. Quand les moules sont saisis, les chemiser avec une mince couche d'appareil de blanc-manger; quand cette couche est raffermie, emplir le vide avec un appareil bavarois, au riz, mêlé avec un salpicon de

Fig. 352.

fruits confits. Au moment de servir, tremper les moules à l'eau chaude, les essuyer; démouler les petits pains, les dresser en pyramide sur un plat dont le fond est masqué avec une mince couche de gelée prise sur glace, afin de les empêcher de glisser.

1116. Dampfnouilles à la crème. — Faire tiédir, dans une terrine, trois quarts de litre de farine tamisée; délayer 15 à 20 grammes de bonne levûre avec un verre de lait chaud, passer le liquide, et avec lui, délayer la farine, en formant une pâte molle, mais avec beaucoup de corps. Couvrir la terrine, faire lever la pâte à température douce; quand elle a monté au double de son volume, la travailler avec la main, lui mêler 125 grammes de beurre fondu, un grain de sel, 4 cuillerées-à-bouche de sucre en poudre, 4 ou 5 jaunes d'œuf, l'un après l'autre, en travaillant la pâte.

Quand les œufs sont incorporés, la pâte ne doit pas être trop légère; au besoin, il faudrait lui mêler une poignée de farine. Faire de nouveau lever la pâte à température de la cuisine, puis la renverser sur la table farinée; la laisser raffermir, l'abaisser légèrement, la diviser en bandes de l'épaisseur du doigt; couper celles-ci transversalement, de façon à obtenir des morceaux en forme de boules de la grosseur d'une noisette; les rouler avec la main, de forme ronde, les ranger à mesure sur le fond d'une casserole plate, beurrée : ces boules ne doivent pas se toucher, mais elles doivent être placées très-près l'une de l'autre. Laisser de nouveau lever la pâte pendant une heure, à température de la cuisine.

Infuser un bâton de vanille dans un verre de lait, sucrer celui-ci, le tenir au chaud. Quand les dampfnouilles sont levées, les mouiller, juste à couvert avec du lait chaud; fermer la casserole, la pousser à four chaud, cuire les dampfnouilles pendant 12 minutes, c'est-à-dire le temps nécessaire pour que le liquide soit évaporé, mais il ne faut pas ouvrir la casserole avant que les dampfnouilles soient cuites ; quand elles sont à sec, elles doivent se trouver bien rondes, délicates, de couleur blonde ; les détacher alors du fond de la casserole, à l'aide d'une palette, ou avec la lame d'un couteau ; les dresser à mesure en buisson sur un plat, les masquer légèrement avec de la crème anglaise à la vanille, envoyer séparément une saucière de la même crème.

1117. **Tourte à la moelle.** — Battre 4 œufs dans une terrine, leur mêler 150 grammes de farine, un grain de sel, les délayer avec 6 décilitres de lait ; passer l'appareil au tamis, dans une casserole ; lui mêler un morceau de beurre, le lier, sur feu, sans faire de grumeaux ; ajouter 200 grammes de sucre vanillé, le travailler encore 7 ou 8 minutes sur le feu ; le retirer, lui incorporer 2 cuillerées-à-bouche de lait d'amandes, 250 grammes de moelle de bœuf, fondue.

Étaler, sur une plaque, une abaisse en pâte brisée ou rognure de feuilletage, ayant 30 centimètres de diamètre ; la couper ronde, l'humecter avec de l'eau, à 3 centimètres des bords, puis étaler l'appareil à la moelle sur les parties non mouillées, en couche d'un centimètre d'épaisseur ; autour de l'appareil, sur les parties humectées, appliquer une bande en feuilletage, ayant 3 centimètres de large sur une d'épaisseur ; en souder les deux bouts, dorer sa surface, et pousser la tourte au four chaud. Quand la bande de feuilletage est bien levée, sèche, de belle couleur, la glacer au sucre, ainsi que la crème ; 2 minutes après, sortir la tourte, l'envoyer aussitôt, car elle perd toutes ses qualités si elle est mangée froide.

1118. **Croûtes aux cerises du Grand-Duc.** — Couper 8 ou 10 tranches de pain de cuisine, d'un centimètre et quart d'épaisseur, de forme ovale, d'une égale dimension ; les cerner d'un côté, avec la pointe d'un couteau ; les faire frire de belle couleur, dans du beurre, les égoutter, les vider ; emplir le vide avec de la frangipane aux amandes ; saupoudrer celle-ci avec du sucre fin, la glacer à la salamandre.

D'autre part, retirer les noyaux à trois quarts de litre de belles cerises ; les mettre dans un poêlon d'office, avec un peu de sucre et un verre de vin ; les cuire pendant quelques minutes, les enlever avec une écumoire ; retirer un peu du liquide, mêler au restant 2 poignées de sucre et le zeste d'un citron ; réduire vivement ce sirop jusqu'à ce qu'il soit serré ; ajouter alors les cerises, les verser dans un plat creux ; dresser les croûtes sur les cerises.

1119. **Napfkuchen, baba Allemand** (Dessin 353). — Le *napfkuchen* est un gâteau national de l'Allemagne ; on le prépare généralement bien dans toutes les contrées.

Tamiser 500 grammes de farine, la déposer dans une terrine, la tenir à l'étuve douce pendant 20 minutes. Délayer 25 grammes de levûre avec trois quarts de

ENTREMETS SUCRÉS. — BABA, CHARLOTTES.

verre de lait chaud. Avec ce liquide, et le quart de la farine, former un levain dans une terrine chaude, le faire lever à l'étuve, jusqu'à ce qu'il soit monté du double de son volume.

D'autre part, prendre la terrine où est la farine, l'écarter avec la main, faire un creux; dans ce creux, verser le quart d'un verre de lait tiède. Battre

Fig. 353.

5 œufs dans une petite casserole, les chauffer, au bain-marie, jusqu'à ce qu'ils soient tièdes; leur mêler alors 175 grammes de beurre fondu, épuré; puis verser la moitié de cet appareil dans le creux de la farine, incorporer, peu à peu, celle-ci, de façon à former une pâte consistante; la travailler pendant 7 ou 8 minutes, afin de lui donner du corps, en incorporant peu à peu le restant du beurre et des œufs. Quand la pâte est légère, élastique, lui mêler le levain; la travailler encore 5 ou 6 minutes; ajouter 100 grammes d'amandes douces et amères, pilées, puis 200 grammes de raisins de Corinthe et de Smyrne, une pincée de zeste d'orange haché, enfin, une pincée de macis. Couvrir la terrine, faire lever la pâte.

Beurrer, avec du beurre épuré, l'intérieur d'un moule à cylindre, en terre ou en cuivre, le saupoudrer avec des amandes hachées. Quand la pâte est levée à point, la briser avec la main, puis la prendre par petites parties à la fois, et avec elle, emplir le moule aux trois quarts de sa hauteur. Faire de nouveau lever la pâte jusqu'à ce qu'elle arrive à hauteur des bords. Poser le moule sur un plafond, le pousser à four modéré; cuire le gâteau pendant trois quarts d'heure; en le sortant, le démouler, le laisser refroidir. — Avec cette quantité de farine, on peut obtenir 2 grands gâteaux.

1120. **Charlotte de pommes à l'Allemande.** — Peler une quinzaine de pommes de reinette-franches, les émincer, les mettre dans une casserole, avec quelques cuillerées d'eau; les couvrir, les faire cuire jusqu'à ce que le liquide soit réduit; les sucrer alors; ajouter un morceau de cannelle, un morceau de zeste; les remuer jusqu'à ce que l'appareil soit en marmelade; les retirer du feu, enlever le zeste et la cannelle, ajouter une poignée de raisins de Corinthe, autant de cédrat confit coupé en petits dés.

Beurrer un moule à charlotte, le foncer avec du pain, emplir le vide avec l'appareil aux pommes, tiède; couvrir le dessus avec un tranche ronde de pain, poser le moule sur un petit plafond, le pousser au four, et cuire la charlotte pendant 35 minutes; quand le pain est de belle couleur, renverser la charlotte sur un plat et la servir.

1121. **Charlotte Westphalienne.** — Couper une quinzaine de pommes en quartiers, les peler, les parer, les émincer, les mettre dans une casserole avec 200 grammes de beurre fondu, les faire sauter à feu vif jusqu'à ce qu'elles aient réduit leur humidité; les saupoudrer avec quelques poignées de sucre en poudre; ajouter un peu de zeste de citron, un morceau de cannelle, les cuire quelques minutes, les retirer du feu.

Faire sécher, puis tamiser, à une passoire fine, 5 à 600 grammes de mie de pain noir (*pumpernikel*) râpé; mettre cette mie de pain dans une casserole plate avec 250 grammes de beurre chaud, la faire revenir pendant quelques minutes pour la sécher légèrement; verser alors l'appareil dans une terrine; lui mêler un peu de zeste haché, 2 cuillerées de sucre de cannelle; l'imbiber avec un demi-verre de vin de Malaga ou de Madère, et avec lui, masquer le fond et le tour d'un moule à charlotte beurré; lui donner l'épaisseur d'un centimètre et demi, mais en pressant fortement le pain, afin de lui faire prendre de la résistance; emplir le vide avec les pommes tièdes; couvrir le dessus avec une tranche ronde de pain beurré; poser le moule sur un plafond, le pousser à four modéré; cuire la charlotte pendant 40 minutes; en la sortant du four, la dégager autour, la renverser sur un plat, la saupoudrer avec du sucre fin.

1122. **Croûtes aux fruits** (Dessin 354). — Couper 7 à 8 tranches de

Fig. 354.

pain, de forme ovale, ayant un peu plus d'un centimètre d'épaisseur; en couper

ENTREMETS SUCRÉS. — CHARLOTTES, CROUTES.

3 autres de forme ronde; les cerner d'un côté, les faire frire au beurre, les vider, en les ouvrant; les masquer à l'intérieur avec un peu de marmelade, les garnir avec un salpicon de fruits confits, mêlés avec des cerises mi-sucre, liés avec un peu de marmelade d'abricots, délayée avec du madère. Dresser les croûtes ovales sur un plat, ayant un montant en pain frit collé sur son centre, en les posant presque debout, mais en les appuyant sur des fruits. Dresser les croûtes rondes sur le haut; piquer sur le montant un hâtelet garni de fruits. Masquer légèrement les croûtes et le fond du plat avec un peu de sauce abricots au madère; mêler au restant de la sauce quelques cuillerées de raisins de Smyrne, lavés à l'eau chaude, cuits 2 minutes dans un sirop léger. Verser cette sauce dans une saucière.

1123. Charlottes de poires (Dessin 355). — Diviser, chacune en deux parties, 8 à 10 moyennes poires de beurré-blanc ou gris; les peler, couper chaque

Fig. 355.

moitié, sur la longueur, en 3 ou 4 morceaux; les mettre dans une casserole plate, avec du beurre fondu, un demi-bâton de vanille; les sauter sur feu vif, les saupoudrer avec une poignée de sucre, les cuire jusqu'à ce qu'elles aient réduit leur humidité; les égoutter alors; les mêler avec 2 cuillerées de marmelade d'abricots, les laisser refroidir.

Faire fondre 250 grammes de beurre, le verser dans une casserole plate, en le décantant. — Couper minces des tranches de pain de cuisine, en donnant aux parties coupées la forme d'un triangle allongé dont la longueur forme exactement la moitié du diamètre du moule; les tremper dans du beurre fondu, les ranger en rosace, sur le fond du moule, en les posant à cheval; couper le pain sur le milieu avec un coupe-pâte, remplacer les parties enlevées par un rond un peu épais, coupé avec le même coupe-pâte.

Couper sur des tranches de pain de cuisine, des bandes de la hauteur du moule, ayant 3 à 4 centimètres de large; les tremper dans du beurre fondu, les appliquer à cheval, contre les parois, en les faisant porter sur la couche inférieure de pain.

Vingt-cinq minutes avant de servir, emplir le vide de la charlotte avec les poires légèrement chauffées, les couvrir avec de larges tranches de pain, beurrées; poser le moule sur un plafond, le pousser à four chaud; 20 minutes après, le retirer, renverser la charlotte sur un plat; la saupoudrer avec du sucre fin, l'envoyer aussitôt.

1124. **Charlotte de pêches à la Milanaise.** — Choisir 7 ou 8 bonnes pêches, en mettre 2 de côté; couper les autres en deux parties, en retirer les noyaux, les peler, les couper en petits quartiers; les déposer dans une terrine, les saupoudrer avec un peu de sucre en poudre, vanillé, les arroser avec 2 cuillerées de rhum.

Avec des biscuits-à-la-cuiller, coupés, foncer un moule à charlotte; le poser dans une terrine, l'entourer avec de la glace pilée. Un quart d'heure après, dresser au fond du moule une couche de quartiers de pêches, et sur ceux-ci, verser quelques cuillerées de gelée fouettée, au marasquin, très-forte en liqueur, peu fouettée, peu prise, de façon qu'elle puisse s'introduire dans les creux formés par les pêches : la gelée doit les couvrir juste; laisser prendre cette couche, et dresser sur elle une autre couche de quartiers de pêches; les masquer aussi avec la gelée; laisser raffermir celle-ci; puis répéter la même opération jusqu'à ce que le moule soit plein; le couvrir alors, le tenir pendant une demi-heure sur glace.

Au moment de servir, renverser la charlotte sur un plat, imbiber aussitôt le biscuit au pinceau avec du marasquin; couper les pêches réservées en quartiers, les peler, les dresser en couronne autour de la charlotte, les arroser avec du sirop au marasquin.

1125. **Timbale aux marrons** (Dessin 356). Déposer dans une terrine 300 grammes de sucre, 300 grammes de farine et 300 grammes de beurre fondu, épuré, 5 jaunes d'œuf, un grain de sel, et zeste d'orange râpé; mêler l'appareil, le travailler pendant 2 minutes; incorporer 5 blancs fouettés, l'étaler ensuite sur des plaques beurrées, en lui donnant l'épaisseur d'un demi-centimètre; le cuire à four doux; en le sortant, couper sur modèle 6 montants en forme de carré long, ayant la hauteur d'un moule à timbale; en masquer très-légèrement la surface lisse avec de la marmelade, les glacer avec une glace blanche. Couper également sur modèle une abaisse de forme hexagone; la masquer avec de la marmelade, la glacer comme les 6 montants.

Quand la glace est sèche, couper en biais les montants en Génoise, afin de les assembler; monter la caisse de la timbale, en les collant avec de la glace royale; orner chaque face de la timbale avec un décor en glace nuancée, poussée au

ENTREMETS SUCRÉS. — MARRONS, BAQUET A LA CRÈME.   523

cornet. Dissimuler les jointures avec un filet de glace, poser la timbale sur un fond bordé en pastillage.

Au moment de servir, emplir le vide de la timbale avec une plombière aux

Fig. 356.

marrons et à la vanille, mêlée avec des fruits confits coupés en dés ; couvrir la timbale avec le couvercle glacé, fixer une petite aigrette en sucre filé sur le centre de celui-ci.

1126. **Petit baquet à la crème** (Dessin 357). — Préparer un appareil à gaufre, aux amandes, dans les proportions prescrites art. 1075 ; l'étaler sur une

Fig. 357.

longue plaque cirée et farinée, en couche pas trop mince ; en le sortant du four, couper la pâte en bande, ayant 50 à 55 centimètres de long sur 10 à 11 de large. Couper les bouts en biais dans le même sens, puis appliquer cette bande contre une forme en bois de tamis, faite exprès, ayant le profil évasé ; la couper juste, la maintenir en forme avec du papier ; aussitôt que la pâte est froide, la souder à l'intérieur, à l'aide d'un appui en pâte, collé avec de la glace-royale. Fixer alors sur le haut du baquet 2 anses parallèles, formées avec la même pâte, percées à jour ; entourer le corps du baquet avec des cerceaux imités en pâte d'amandes, blanche, le fixer sur le centre d'un plat, l'emplir, au moment, avec une plombière, ou avec de la crème fouettée.

1127. **Strudel à la Bavaroise.** — Préparer une pâte à nouille avec 500 grammes de farine, 200 grammes de beurre, 4 œufs entiers, un blanc d'œuf, un grain de sel, un demi-verre d'eau : l'eau doit être tiède, et le beurre fondu dans l'eau, de façon à obtenir une pâte très-élastique ; la laisser reposer, sous un moule chaud, pendant 10 minutes. Poser cette pâte sur un linge fariné, afin de l'amincir aussi subtile que possible, en la tirant, peu à peu, avec les mains, à l'aide du linge : les cuisiniers Bavarois font cette opération avec une dextérité remarquable. Donner à l'abaisse une forme de carré long.

D'autre part, peler une quinzaine de bonnes pommes, les diviser en quartiers, en supprimer le cœur, les émincer et les couper en dés fins ; les déposer dans une terrine, les saupoudrer avec quelques poignées de sucre fin, les faire macérer pendant 20 minutes, en les sautant de temps en temps. Les égoutter ensuite sur un plat, ajouter quelques cuillerées de raisins de Corinthe, et d'amandes hachées, une pincée de cannelle en poudre. Étaler cet appareil, en couche mince, sur les deux tiers de l'abaisse seulement, la saupoudrer avec un peu de sucre ; plier la pâte en boudin, sur sa longueur, en ayant soin de l'humecter à mesure avec du beurre fondu ; ranger ce boudin dans un plafond beurré, en le disposant en forme de colimaçon ; le dorer au pinceau, le pousser à four modéré, le cuire pendant trois quarts d'heure ; en le sortant du four, le saupoudrer avec du sucre fin, le diviser en tronçons, le dresser sur un plat. — On peut aussi finir de cuire le strudel avec un peu de lait dans le plafond, de façon que le liquide se trouve réduit quand le gâteau est à point. — C'est là un entremets national de la Bavière.

1128. **Flan de pommes, à l'Allemande.** — Je recommande cet entremets comme une variété très-estimable, digne d'être introduite dans le répertoire français.

Couper en quartiers 7 ou 8 bonnes pommes ; les peler, les parer des parties dures du cœur ; les émincer en travers ; les mettre dans une terrine, les saupoudrer avec un peu de sucre en poudre, les faire macérer pendant une demi-heure, en les sautant.

Poser un cercle à flan sur un plafond ; le foncer avec de la pâte à tartelette (Voy. art. 1079) ; saupoudrer les pommes avec 2 cuillerées de sucre à l'orange, autant de raisins de Corinthe, autant d'amandes hachées ; les ranger dans la caisse, en les montant un peu en dôme au-dessus du niveau des bords, parce que les pommes diminuent de volume en cuisant. Couvrir les pommes avec une abaisse de la même pâte ; la souder avec celle des bords, pincer correctement la crête, pousser le gâteau à four doux, le cuire pendant 45 minutes ; le sortir, laisser tomber la pâte du dessus, la masquer au pinceau avec un peu de glace royale délayée. Enlever le cercle, avant d'envoyer le flan.

1129. **Meringues perlées, à la crème** (Dessin 358). — Verser 5 blancs d'œuf dans une bassine, leur mêler un grain de sel, les fouetter d'abord

Fig. 358.

tout doucement, avec un fouet de cuisine ; à mesure qu'ils deviennent mousseux, les fouetter plus vivement, et leur faire absorber de l'air le plus possible ; quand ils sont bien fermes, leur mêler, à l'aide d'une cuiller en bois, et peu à peu, 250 grammes de sucre en poudre. Quand l'appareil est lisse, compacte, le prendre, par parties, avec une cuiller-à-bouche ; coucher celles-ci sur des bandes de papier, en leur donnant une forme ovale, régulière, afin de former des demi-coquilles de meringues; les saupoudrer avec du sucre en poudre ; enlever le superflu de ce sucre, en penchant vivement les bandes ; puis poser celles-ci sur des planches, préalablement trempées à l'eau froide, en les rangeant les unes à côté des autres ; les pousser à four très-doux, afin de sécher la meringue, et perler le dessus de chaque coquille ; les détacher des bandes de papier, les vider légèrement du côté plat, en retirant, avec une petite cuiller, la partie de l'appareil restée molle. Remettre les coquilles au four, les sécher intérieurement ; les tenir à l'étuve pendant 6 heures ; les retirer ensuite, les laisser refroidir. — Un quart d'heure avant de servir, garnir 30 de ces coquilles avec de la crème fouettée, sucrée, parfumée à la vanille ; les accoupler de deux en deux, les dresser en buisson, sur une serviette pliée.

1130. **Noques Viennois.** — Verser dans une terrine 250 grammes de beurre à moitié fondu, le travailler à la cuiller, en lui mêlant 8 jaunes d'œuf, un à un ; quand l'appareil est mousseux, lui incorporer 6 cuillerées-à-bouche de farine, et 6 blancs d'œuf fouettés.

Faire bouillir dans une large casserole 2 verres de lait sucré, ajouter un morceau de vanille. Prendre l'appareil avec une cuiller chaude, le laisser tomber en forme de quenelle, dans le lait, afin de les pocher; les égoutter à mesure, les ranger ensuite sur un plat, ou dans une casserole à légumes, beurrée, en les saupoudrant avec du sucre en poudre; les faire alors glacer de belle couleur, au four ou avec du feu sur le couvercle; en les sortant, les arroser avec un peu de crème anglaise à la vanille, les envoyer aussitôt.

1131. **Gâteau des Rois, à la Bordelaise.** — Ce gâteau ne peut pas être préparé en petite quantité, il faut faire au moins 2 kilogrammes de pâte.

500 grammes de farine, 175 grammes de sucre, 175 grammes de beurre, 225 grammes de levain de pain, 3 œufs entiers, 25 cuillerées d'eau de fleurs d'oranger, un décilitre d'eau tiède, un grain de sel.

Prendre le levain chez le boulanger, le placer dans une terrine, le couvrir, le tenir à température douce, le rompre ou le rafraîchir trois fois, en le travaillant pendant quelques minutes avec la main humide. Étaler la farine en couronne sur une table, dans un lieu chaud. Couper les œufs, les faire tiédir au bain-marie, en les battant; les verser dans le centre de la couronne; ajouter le levain, la moitié de l'eau tiède, et la fleur d'oranger; incorporer peu à peu les ingrédients avec le levain, et quand il ne reste plus de liquide, incorporer une partie de la farine avec le levain, puis ajouter le restant de l'eau et le beurre fondu, les faire absorber au levain avant d'incorporer le restant de la farine; quand celle-ci est incorporée, la pâte, par le grand travail qu'elle a subi, doit se trouver très-lisse et élastique, on doit pouvoir l'appuyer avec la main sans qu'elle s'y attache. A ce point, la mettre dans une terrine tiède, saupoudrée avec un peu de farine; la couvrir avec un linge, la faire lever à température douce jusqu'à ce qu'elle soit légère; la rompre alors, et la travailler avec la main; la faire de nouveau lever, et recommencer la même opération encore deux fois; renverser enfin la pâte sur la table farinée, la mouler en rond, l'abaisser, en l'appuyant avec la main; écarter la pâte sur le centre, afin de former une couronne. Enlever alors la pâte avec un couvercle lisse de casserole, la poser sur un rond de fort papier, beurré avec une couche de beurre battu en pommade. Laisser revenir la pâte pendant une demi-heure, la dorer, la saupoudrer avec du sucre en grain. Prendre le gâteau sur une large pelle, le pousser adroitement à four bien chauffé, mais tombé à chaleur modérée: il faut que le papier appuie directement sur les dalles du four: 12 à 15 minutes de cuisson suffisent. — Ce gâteau est très-difficile à réussir en été.

1132. **Dampfnouilles à la mode de Munich** (*Dukatennudeln*), (Dessin 359). — *Pâte à dampfnouille.* — Tamiser 500 grammes de farine, dans une terrine, la faire tiédir à l'étuve. Délayer 20 grammes de levure avec un demi-verre de lait tiède, et avec ce liquide, ainsi que le quart de la farine, préparer le levain dans la terrine même; le couvrir avec le restant de la farine, le faire lever à température douce; quand il est monté du double de son volume, le travailler avec la main, lui mêler 100 grammes de beurre fondu, 5 jaunes d'œuf, un peu de lait tiède ; incorporer la farine de façon à obtenir une pâte molle ; la travailler vigoureusement afin de lui donner du corps ; en dernier lieu, lui mêler 100 grammes de sucre, un grain de sel, une pincée de zeste ; faire de nouveau lever la pâte à température douce.

Étaler la pâte sur la table saupoudrée de farine, la travailler pendant quelques minutes avec la main farinée, afin de la raffermir, la faire refroidir et lui donner du

Fig. 359.

corps ; l'abaisser ensuite avec le rouleau, en abaisse mince, la laisser reposer pendant 5 minutes, la distribuer en ronds avec un coupe-pâte de 3 à 4 centimètres de diamètre ; ranger à mesure ces ronds sur un linge fariné, à distance les uns des autres ; les couvrir avec du papier ; faire légèrement lever la pâte à température de la cuisine ; prendre ensuite ces ronds un à un, les humecter avec du beurre d'écrevisses, les ranger en couronne dans un moule uni, à cylindre, en les posant à cheval, les uns sur les autres : la pâte ne doit arriver qu'aux trois quarts de hauteur du moule ; la faire de nouveau lever jusqu'à ce qu'elle arrive aux bords ; entourer alors le moule avec des bandes de papier beurrées, le poser sur un plafond, le pousser à four modéré ; faire cuire le gâteau pendant 40 minutes ; en le sortant du four, le renverser sur un plat ; envoyer séparément une crème anglaise à la vanille.

1133. Galette des Rois, à la Parisienne. — Tamiser sur la table 500 grammes de belle farine, faire un creux sur le centre ; dans celui-ci, placer une pincée de sel, 175 grammes de beurre, et 2 verres d'eau froide ; manier d'abord le beurre avec le liquide, incorporer, peu à peu, la farine, de façon à obtenir une pâte lisse, comme pour la pâte feuilletée ; la laisser reposer pendant un quart d'heure.

Manier, dans un linge, 250 grammes de beurre, ferme, lui donner une forme carrée, plate. Poser sur la table la pâte préparée, l'abaisser avec la main afin de lui donner aussi la forme carrée ; sur cette pâte, poser le beurre, couvrir celui-ci avec les bords excédants de la pâte ; tourrer alors cette pâte comme du feuilletage, en lui donnant 5 tours ; au dernier tour, la pâte doit avoir 2 centimètres d'épaisseur ; la couper à l'aide d'un modèle en carton, de forme ronde, de la largeur voulue, mais il faut la couper en la cannelant, à l'aide d'un petit couteau d'office. Renverser cette abaisse sur une plaque, la dorer sur sa surface, rayer légèrement celle-ci avec la pointe du couteau, la faire cuire à bon four pendant 45 minutes ; saupoudrer le gâteau avec du sucre en poudre, avant de le sortir du four. — Pour la fête des Rois, il est d'usage en France de cacher une fève dans le gâteau.

1134. **Dampfnouilles à la Polonaise.** — Prendre 7 à 800 grammes de pâte à dampfnouille (Voy. art. 1132) ; l'abaisser avec le rouleau, en abaisse mince, la distribuer en ronds avec le dixième coupe-pâte ; poser au centre de chaque rond une petite boulette de marmelade de pommes, réduite, ferme, mêlée avec un peu de rhum. Ramener les bords des abaisses sur la marmelade, en les plissant, de façon à enfermer la marmelade ; les ranger à mesure dans un plafond creux, beurré, en les renversant ; faire lever la pâte pendant trois quarts d'heure ; humecter alors les dampfnouilles au pinceau avec du beurre fondu, les pousser à four modéré ; quand elles sont cuites, les saupoudrer avec du sucre fin ; quelques secondes après, les sortir du four, les détacher les unes des autres, les dresser en buisson sur une serviette pliée.

1135. **Gâteaux du ramazan à la Turque** (*malibe*). — Délayer 250 grammes de farine de riz avec 2 verres de lait ; passer l'appareil dans une casserole ; le faire cuire à feu modéré, en le tournant, le sucrer convenablement, le faire réduire sur feu pendant 7 à 8 minutes ; lui mêler alors quelques gouttes d'essence de rose ou de jasmin, le verser sur un plafond, préalablement humecté à l'eau froide, en lui donnant à peu près l'épaisseur de 2 centimètres ; lisser les surfaces. Quand l'appareil est refroidi, le saupoudrer avec du sucre fin, le distribuer en morceaux ronds, carrés ou en losanges.

1136. **Gâteaux à l'anis.** — Battre 5 œufs entiers avec 500 grammes de sucre ; quand l'appareil est mousseux, lui incorporer 500 grammes de farine et une pincée d'anis ; le prendre par petites parties, avec une cuiller, coucher celles-ci en ronds, à distance, sur une plaque beurrée ; tenir la plaque à l'étuve douce pendant 25 minutes ; cuire les gâteaux à four modéré.

1137. **Brioche pour thé** (Dessin 360). — La brioche est un vrai gâteau français. On en fait peu à l'étranger, et jamais meilleure qu'à Paris. La supériorité du beurre est l'auxiliaire le plus indispensable à la perfection de la brioche.

ENTREMETS SUCRÉS. — BRIOCHE, GATEAU MOUSSELINE.

Choisir un moule à brioche cannelé, bas de forme, ayant 22 centimètres de diamètre à l'ouverture.

Tamiser 500 grammes de farine, sur la table. Avec la valeur d'un demi-verre d'eau chaude, délayer 12 à 15 grammes de bonne levûre[1]; avec ce liquide, et le quart de la farine, former une pâte à levain molle, mais pouvant être moulée; la déposer dans une petite casserole dont le fond est humecté avec 2 cuillerées d'eau tiède; la couvrir, la tenir à l'étuve jusqu'à ce qu'elle ait doublé de volume.

Dans l'intervalle, étaler en couronne le restant de la farine; déposer dans le centre une cuillerée à café de sel, 2 cuillerées de sucre en poudre, 5 œufs entiers, 250 grammes de beurre fin, divisé en petites parties; manier d'abord le beurre et les œufs; incorporer ensuite la farine avec le liquide, de façon à obtenir une pâte lisse, nerveuse; la travailler à deux mains afin de lui faire prendre plus de corps; 5 minutes après, incorporer 150 grammes de beurre, par petites parties,

Fig. 360.

en les alternant avec 2 œufs entiers. Quand la pâte est bien lisse, veloutée, élastique au toucher, se maintenant en tas sans s'affaisser, l'abaisser avec la main, et étaler le levain sur sa surface; couper la pâte avec les mains, en entassant les parties coupées. Travailler encore vigoureusement la pâte pendant 5 minutes, la déposer dans une terrine, la couvrir, la faire lever pendant 6 heures dans un lieu frais. — La pâte à brioche gagne beaucoup à fermenter sans violence.

Quand la pâte a levé à peu près du double de son volume, la *rompre*, c'est-à-dire la travailler avec la main, afin de la ramener à son premier état. La placer alors à température de la cuisine; aussitôt qu'elle a sensiblement augmenté de volume, l'enlever de la terrine, la déposer sur la table farinée, la battre avec les mains (farinées) pour l'aplatir, et ramener les bords vers le centre; la placer sur un plafond, tenir celui-ci dans le timbre ou sur glace pendant 25 ou 30 minutes.

[1]. La levûre n'ayant pas les mêmes qualités dans tous les pays, il faut en augmenter les quantités, en raison de sa faiblesse.

Prendre les deux tiers de la pâte, la placer sur la table, la mouler en boule, la poser aussitôt dans un moule à brioche bien beurré, en appuyant les plis de la pâte au fond de celui-ci ; mouler le restant de la pâte, en lui donnant une forme allongée ; avec trois doigts humides, faire un creux dans le centre de la pâte qui est dans le moule, et dans ce creux, introduire le côté pointu de la plus petite partie, devant former la tête de la brioche ; l'appuyer avec la main, et la dorer ; poser le moule sur une plaque, le pousser à feu modéré ; cuire la brioche pendant une heure et quart, en ayant soin de la couvrir avec du papier aussitôt qu'elle commence à prendre couleur ; la démouler 5 minutes après qu'elle est sortie du four, la laisser refroidir, la dresser sur une serviette pliée. — On sert ces brioches à déjeuner ou avec le thé.

1138. **Gâteau mousseline.** — Avec 250 grammes de sucre parfumé à l'orange, 175 grammes de farine, 20 grammes de fécule, 8 jaunes, 8 blancs fouettés, le zeste d'une orange râpé sur du sucre, un grain de sel, préparer un appareil de biscuit à l'orange ; le cuire dans un moule bas de forme, du diamètre du fond d'un plat. Quand le biscuit est sorti du four, le démouler, le laisser refroidir. — Mettre dans un poêlon 4 à 5 cuillerées-à-bouche de purée de fraises et de framboises mêlées ; leur incorporer du sucre en poudre (à l'orange) en quantité suffisante pour former un appareil de la consistance d'une pâte à frire. Le chauffer tout doucement, en le tournant, sans le faire bouillir. — Prendre 4 blancs d'œuf fouettés, bien fermes, leur incorporer l'appareil aux fruits, de façon à former une espèce de meringue italienne ; ajouter le jus d'un citron.

Vider en partie le biscuit sur le dessus, le poser sur une grille, l'arroser avec quelques cuillerées de curaçao ; emplir le vide avec l'appareil aux blancs d'œuf, en le montant en pyramide ; décorer celle-ci en forme d'ananas. — Avec 2 cuillerées de purée de fraises et framboises, du sucre en poudre fine, quelques gouttes d'eau, préparer une glace légère ; avec cette glace, masquer l'appareil, ainsi que le gâteau ; la laisser sécher pendant une demi-heure. — Au moment de servir, glisser l'entremets sur une serviette pliée. — Ce gâteau, simple par sa nature, est une innovation très-méritoire.

1139. **Saint-Honoré à la crème** (Dessin 361). — *Pâte à choux.* — Verser dans une casserole la valeur d'un verre d'eau, un grain de sel, une pincée de sucre, un morceau de zeste de citron, 100 grammes de beurre ; faire bouillir le liquide, le retirer du feu ; enlever le zeste, lui incorporer aussitôt 250 grammes de farine, de façon à former une bouillie lisse, consistante ; la dessécher pendant 4 à 5 minutes sur feu ; la changer de casserole, lui incorporer, un à un, 4 œufs entiers, en même temps que 150 grammes de beurre.

Étaler sur une tourtière, une abaisse de pâte brisée, ayant 20 centimètres de diamètre, la couper ronde. Introduire la pâte à choux dans une poche à douille,

ENTREMETS SUCRÉS. — GATEAU ST-HONORÉ.

pousser tout autour de l'abaisse un cordon de l'épaisseur d'une saucisse ordinaire. Dorer la pâte, piquer le centre de l'abaisse, pousser la tourtière à four modéré. Avec le restant de la pâte, coucher, sur une plaque, des petits choux ronds; les dorer, les faire cuire au four. — Mettre dans une casserole 175 grammes de farine, moitié froment, moitié farine de riz; lui mêler 4 jaunes d'œuf, un grain de sel, 150 grammes de sucre en poudre, un morceau de zeste; délayer l'appareil avec la

Fig. 361.

valeur d'un verre de lait; le tourner sur feu modéré; au premier symptôme d'ébullition, le retirer, lui incorporer 4 blancs d'œuf fouettés, le tourner jusqu'à ce qu'il soit à peu près refroidi.

Quand la croûte du gâteau est refroidie, prendre les petits choux, les tremper, un à un, dans du sucre au cassé, et les coller, l'un à côté de l'autre, sur le haut de la couronne en pâte à choux; sur chacun de ces choux, poser immédiatement une cerise mi-sucre, également trempée dans du sucre au cassé. Glisser alors le gâteau sur un plat, emplir le vide avec l'appareil à la crème; le laisser refroidir avant de l'envoyer.

1140. **Corne d'abondance aux fruits** (Dessin 362). — Avec 300 grammes d'amandes coupées en filets, et 150 grammes de sucre, préparer du

Fig. 362.

nougat (Voy. art. 1145); avec celui-ci, foncer un moule à corne, préalablement huilé. Quand le nougat est raffermi, démouler la corne; la fixer sur un plat, avec le bout pointu en haut, dans les conditions représentées par le dessin, en ayant soin de la soutenir en dessous avec un appui en nougat. Orner alors l'embouchure de la corne avec des feuilles en pâte d'amandes, ou en pastillage, puis emplir le vide avec des fruits confits et des fruits crus, glacés au sucre au cassé. Ces fruits peuvent se composer de petites poires, de reines-Claude, d'amandes vertes et blanches, de pistaches, de quartiers d'oranges, et enfin de raisins frais, blancs et noirs; ils doivent être glacés d'abord, puis groupés sur le plat, en les entremêlant avec des feuilles imitées en angélique, mais ils ne doivent pas être collés, afin que les convives auxquels ils sont présentés puissent s'en servir sans embarras.

1141. **Gâteau Moka, à la moderne.** — Avec 250 grammes de sucre, 200 grammes de farine, une cuillerée-à-bouche de fécule, 200 grammes de beurre, 6 jaunes d'œuf, 1 œuf entier, 6 blancs fouettés, 2 cuillerées de cognac, un grain de sel, préparer un appareil madeleine; le cuire dans un moule uni, à cylindre, beurré; quand il est sorti du four, le démouler, le laisser refroidir. — Battre 4 à 5 blancs d'œuf; quand ils sont bien fermes, leur incorporer 250 grammes de sucre en poudre; fouetter l'appareil sur feu jusqu'à ce qu'il soit bien lié; le faire refroidir à moitié, sans cesser de le travailler; lui mêler alors la valeur d'un quart de verre d'infusion de café très-concentrée, ou de l'essence de café : l'appareil doit prendre une teinte foncée; — ramollir 250 grammes de beurre fin, en le maniant dans un linge, le déposer dans une terrine, le travailler avec une cuiller; quand il est en crème, lui incorporer, peu à peu, l'appareil au café.

Quand le biscuit est refroidi, le couper droit, le diviser en tranches transversales et minces; masquer chaque tranche avec une couche d'appareil, reformer le gâteau, le masquer tout autour et en dessus avec une couche d'appareil; lisser les surfaces, le décorer, le glisser sur une serviette pliée; garnir le centre avec le restant de l'appareil.

1142. **Gâteau Ricasoli** (Dessin 363). — Avec 500 grammes de sucre, 300 grammes de fécule et farine, mêlées, 150 grammes de beurre fondu, 6 jaunes d'œuf, 7 blancs fouettés, un grain de sel, un bâton de vanille, préparer un appareil à biscuit, en procédant selon la méthode ordinaire, mais, en ayant soin d'incorporer le beurre après les blancs.

Avec cet appareil, emplir un moule à dôme, beurré, glacé à la fécule; cuire le biscuit à four doux; quand il est démoulé et refroidi, le diviser en tranches transversales, puis reformer le biscuit, une tranche après l'autre, en imbibant chacune d'elles avec un peu de liqueur d'*alkermès*[1], et les masquant à mesure avec une

---

1. Cette liqueur est peu connue en France, mais elle est très-estimée en Italie; on la fabrique à Florence dans le couvent de *Santa-Maria-Novella*. Avec l'alkermès on prépare d'excellentes gelées.

ENTREMETS SUCRÉS. — RICASOLI, FRASCATI.

couche de frangipane à la vanille, également finie avec de l'alkermès. Quand le biscuit est reformé, le placer sur un plat froid; masquer d'abord les surfaces avec une mince couche de marmelade d'abricots ou de reines-Claude, puis avec

Fig. 363.

une couche de crème fouettée, bien ferme, sucrée et parfumée; lisser les surfaces, les décorer avec de la même crème poussée au cornet, dans le sens que le dessin représente : ce gâteau doit être servi, autant que possible, aussitôt qu'il est terminé.

1143. **Gâteau Frascati, chaud** (Dessin 364). — Cuire un biscuit fin à l'orange (Voy. art. 1163) dans un moule à timbale rond; en le sortant du four, le

Fig. 364.

renverser sur un plafond, le parer droit en dessus, le diviser transversalement en tranches d'un centimètre d'épaisseur; diviser ensuite ces tranches, chacune en quatre parties; les ranger sur le centre d'un plat, les unes sur les autres, puis reformer le gâteau, mais en ayant soin d'arroser à mesure chaque tranche avec quelques cuillerées-à-bouche de crème anglaise parfumée à l'orange, et les saupoudrer aussi avec une pincée d'écorce d'orange confite, coupée en dés très-fins. Quand le gâteau est monté, l'entourer, à sa base, avec des moitiés de pommes en hérisson, c'est-à-dire, cuites au beurre, bien entières, un peu fermes, glacées avec de la marmelade d'abricots, puis piquées avec des amandes en filets, et sèches, saupoudrées avec du sucre, glacées à la salamandre ; poser aussi une demi-pomme sur le haut ; envoyer le gâteau en même temps qu'une saucière de crème anglaise.

1144. **Pâté de foie-gras pour dessert (imitation)**, (Dessin 365). — Monder 350 grammes d'amandes, les égoutter, les piler, les passer au tamis. — Cuire au petit-cassé un kilogramme de sucre, avec un bâton de vanille ; quand il est à point, le retirer du feu, lui mêler les amandes pilées, de façon à former une pâte ; verser celle-ci dans le mortier, la piler jusqu'à ce qu'elle soit lisse ; la retirer alors, la travailler sur la table saupoudrée avec du sucre fin, la diviser ; colorer les différentes parties : en *rouge veiné* de blanc, pour imiter le jambon ; en *café au lait*, pour imiter le foie-gras ; en *noir* avec du chocolat et du caramel, pour imiter les truffes ; enfin, en couleur de *pâte cuite*. Avec celle-ci, abaissée mince, foncer un petit moule uni, à pâté de Strasbourg. Humecter intérieurement la pâte, la masquer avec une autre abaisse en pâte blanche afin d'imiter la pâte mal cuite de l'intérieur des pâtés. — Hacher quelques parties de pâte de couleur blanche et rouge, café au lait et noire, les mêler ensemble : cette pâte hachée, doit imiter la farce ; la lier avec un peu de gelée de pommes, en déposer une couche au fond de la caisse foncée. Couper en gros carrés la pâte *café au lait* imitant le foie-gras. Larder ces carrés avec quelques filets carrés de pâte *noire* imitant la truffe, puis couper des filets carrés sur la pâte *marbrée* et la pâte *blanche*. Mêler ces différentes pâtes dans une terrine, leur adjoindre quelques petites noix confites (très-noires et bien égouttées), des poires et des abricots également confits et coupés ; ajouter quelques petits filets de pâte de coings ou de pommes. Ceci constitue la garniture intérieure du pâté qu'il faut ranger dans le vide de la caisse, en distribuant les nuances avec discernement ; mais il faut surtout observer de laisser un petit vide entre les viandes imitées et la croûte du pâté. Dans ce vide, couler de la gelée douce, au zeste ou aux liqueurs, mais plus collée qu'à l'ordinaire, et un peu foncée en couleur : cette gelée ne doit être coulée que froide, légèrement liée ; quand elle est prise, appuyer tout doucement l'appareil, le monter en dôme, le couvrir avec une abaisse ; souder celle-ci avec les bords de la caisse, la couper droit, la pincer de même façon qu'on opère à l'égard de pâtés ordinaires. Faire une cheminée sur le centre du dôme, et orner celui-ci avec des feuilles imitées. Enlever ensuite le moule, et pincer les parois de la pâte.

Quand le pâté est pincé, il faut nuancer la pâte, du haut et du tour, avec du caramel réduit en sirop serré, afin de brunir très-légèrement les parties saillantes du pâté, la crête et le dôme. — Au moment de servir, couper un morceau du pâté, de façon à mettre à nu la garniture intérieure; le poser sur un plat, l'envoyer tel, ou entouré avec de la gelée douce, hachée ou coupée en croûtons,

Fig. 365.

comme la gelée grasse. — Cet entremets ne peut être servi qu'au dessert, car la pâte d'amandes étant très-sucrée, rassasie promptement. Si le pâté est bien imité, il est rare qu'il n'occasionne pas à table, quelque méprise agréable.

1145. Corbeille en nougat, garnie de crème (Dessin 366). — Prendre 600 grammes d'amandes mondées, les émincer sur le travers, les faire

Fig. 366.

sécher à l'étuve douce pendant 5 à 6 heures, les peser, les chauffer sans les colorer. Prendre moitié de leur poids de sucre en poudre, le mettre dans un poêlon non étamé, ajouter le jus de 2 citrons, le tourner sur feu jusqu'à ce qu'il soit dissous; le faire bouillir pendant quelques secondes, sans le colorer; lui incorporer aussitôt les amandes, et retirer le poêlon du feu.

Avec cet appareil, foncer vivement un moule à corbeille, en trois pièces, préalablement huilées, en observant de tenir le nougat d'une égale épaisseur, mais mince; le laisser bien refroidir avant de le démouler. Monter alors la corbeille, en collant les différentes pièces avec du sucre au cassé. Avec le surplus du nougat, foncer à moitié un moule à charlotte, le renverser sur un plat, en le collant, puis coller la corbeille sur ce fond. Décorer les bords de la corbeille, d'abord avec une bordure en feuilletage à blanc, puis avec une couronne de reines-Claude confites, glacées au cassé; coller 2 anneaux en feuilletage sur les côtés, entourer la base de la coupe avec une couronne de dartois ou gâteaux fourrés, en forme de carré-long; emplir la corbeille avec une glace à la crème, vanillée.

1146. Biscuit au beurre. — Déposer dans une bassine 250 grammes de sucre, 7 jaunes, un œuf entier, un grain de sel, un peu de zeste de citron haché; travailler l'appareil jusqu'à ce qu'il soit mousseux et léger; incorporer alors 8 blancs d'œuf fouettés, en même temps que 250 grammes de farine tamisée, bien sèche, mais par petite quantité à la fois, en l'alternant avec 250 grammes de beurre fondu, épuré et refroidi; avec cet appareil, emplir un moule à biscuit, beurré et fariné; faire cuire le biscuit à four modéré, le démouler, le laisser refroidir, le dresser sur une serviette pliée.

1147. Biscuit à l'Espagnole. — Préparer un appareil de biscuit à l'orange (Voy. art. 1163) dans les proportions de 500 grammes de sucre, 275 grammes de fécule et farine par parties égales, 14 œufs, un grain de sel et zestes. — Cuire le biscuit dans un moule à dôme; en le sortant du four, le couper droit sur le haut, l'imbiber, peu à peu, avec la valeur d'un grand verre de xérès sucré, ou de bon malaga; le démouler sur un plat, et l'imbiber aussi, avec le vin, sur les surfaces; le masquer entièrement avec une couche d'œufs filés (Voy. art. 612). Envoyer séparément une saucière de marmelade d'abricots, allégée avec du xérès.

1148. Gâteaux aux pommes, à l'Allemande. — Couper 6 pommes de reinette en quartiers; les peler, les parer, les émincer, les mettre dans une casserole avec 200 grammes de beurre fondu, les faire sauter à feu vif jusqu'à ce qu'elles soient bien chaudes, les retirer aussitôt. — Déposer 100 grammes de farine dans une terrine, la délayer avec un verre de lait froid, et 4 ou 5 œufs entiers; fouetter l'appareil, le passer au tamis, lui mêler 3 cuillerées-à-bouche de sucre, un peu de zeste d'orange, un grain de sel.

Beurrer largement une casserole plate, mêler les pommes avec l'appareil préparé, verser celui-ci dans la casserole; cuire le gâteau à four doux pendant 40 minutes. — Aussitôt que l'appareil est raffermi, et un peu sec, le saupoudrer largement avec du sucre en poudre; 10 minutes après, le retirer du four, le diviser

ENTREMETS SUCRÉS. — SAINT-AMAND.

en carrés longs; enlever les gâteaux, à l'aide d'une palette, les dresser sur une serviette pliée.

1149. Gâteau Saint-Amand (Dessin 367). — Faire chauffer 350 grammes de farine dans une terrine; en prendre le quart dans une petite casserole. Avec 15 à 20 grammes de levûre, les trois quarts d'un verre de lait tiède, former un levain; couvrir la casserole, la tenir à l'étuve jusqu'à ce que la pâte soit montée

Fig. 367.

du double. — Avec la main, faire un creux dans le restant de la farine; dans ce creux, placer 3 jaunes et un œuf entier, 4 cuillerées-à-bouche de crème tiède, 100 grammes de beurre, une pincée de sel, 4 ou 5 cuillerées de sucre vanillé. Mêler le beurre, la crème et les œufs, incorporer la farine peu à peu, en tenant la pâte ferme, la travailler vigoureusement pendant 10 à 12 minutes, ajouter 2 œufs entiers, un à un; quand ils sont incorporés, mêler le levain à la pâte; travailler celle-ci pendant quelques minutes, lui incorporer encore 100 grammes de beurre; couvrir la pâte, la faire lever à température douce pendant une heure et demie; la travailler alors avec la main, lui incorporer 4 cuillerées de crème fouettée.

Beurrer un grand moule à bordure, à fond bombé; l'emplir aux trois quarts avec la pâte, mais par couches, en alternant chaque couche avec des marrons confits, bien égouttés, divisés; poser le moule sur une plaque, faire lever la pâte pendant 20 minutes; quand elle arrive à peu près à hauteur des bords, entourer le moule avec une bande de papier beurré; le pousser à feu modéré; cuire le gâteau pendant 40 minutes; en le sortant du four, l'imbiber avec la valeur d'un demi-verre de sirop de marrons, vanillé, chaud, mêlé, au dernier moment, avec 4 cuillerées de marasquin; laisser refroidir le gâteau, le dresser sur un plat froid; garnir le centre avec une glace à la purée de marrons, finie avec de la crème fouettée. Entourer la glace avec une couronne de feuilles d'angélique, coupées en pointe, et la base du gâteau, avec une couronne de reines-Claude.

1150. Gâteau mille-feuille, à la Bavaroise. — Prendre 5 à 600 grammes de rognures de feuilletage ; diviser la pâte en douze parties de la grosseur d'un œuf ; les abaisser en abaisses rondes et minces, les ranger sur des plaques, les couper avec un moule à charlotte, les cuire à four doux ; en les sortant du four, les tenir sous presse légère, simplement pour les égaliser ; quand elles sont froides, les masquer tour à tour avec une couche d'appareil bavarois à la vanille, les couper chacune en quatre parties, les monter régulièrement les unes sur les autres. Masquer le gâteau avec une couche d'appareil, le saupoudrer avec des pistaches hachées, le tenir sur glace pendant une demi-heure.

1151. Gâteau Héloïse. — Préparer un appareil à biscuit, dans les proportions de 24 jaunes d'œuf pour 500 grammes de sucre (Voy. art. 1163), le cuire dans un moule à timbale.

Mêler 10 jaunes d'œuf, dans une casserole, avec 200 grammes de sucre, 125 grammes de beurre, 2 cuillerées-à-bouche d'eau de fleur d'oranger ; lier la crème sur feu, en la tournant, mais sans la faire bouillir. — Quand le biscuit est démoulé, le couper droit, l'émincer en tranches transversales, le reformer, en masquant chaque tranche avec une couche de la crème préparée ; quand il est monté, le poser sur une grille, le masquer entièrement avec une glace crue à l'orange, préparée avec de l'eau et de la glace de sucre ; le dresser sur une serviette pliée.

1152. Gâteaux de Milan. — Travailler dans une terrine 125 grammes de sucre avec 2 œufs et 2 jaunes, comme pour biscuit ; quand l'appareil est mousseux, ajouter 2 cuillerées-à-bouche d'amandes moulues, puis 125 grammes de beurre fondu ; travailler encore l'appareil pendant 3 minutes, lui incorporer 250 grammes de farine, ainsi que 4 cuillerées de cédrat confit : la pâte doit être ferme. La prendre avec une cuiller, par parties de la grosseur d'une noix, les déposer sur la table légèrement farinée, les rouler avec la main, les arrondir, les ranger à mesure sur une plaque, à distance ; les cuire à four modéré pendant 14 à 15 minutes. — Cet appareil donne 24 gâteaux.

1153. Gâteau dauphin (Dessin 368). — Mêler 16 jaunes d'œuf dans une casserole avec 500 grammes de beurre ; cuire l'appareil, en le tournant, le lier à point, sans le faire bouillir, le laisser refroidir ; lui mêler alors 16 jaunes d'œuf crus, et 500 grammes de sucre ; le travailler vigoureusement avec une cuiller, afin de le rendre léger comme un appareil à biscuit ; additionner un grain de sel, et le zeste râpé d'une orange ; incorporer 16 blancs fouettés, en même temps qu'une cuillerée de fécule ; verser l'appareil sur des plaques couvertes de papier beurré, en lui donnant 3 centimètres d'épaisseur ; le cuire à four doux, le laisser refroidir.

Découper l'appareil cuit, en abaisses rondes, mais graduées, de façon à former le dôme, les monter sur un plat comme un napolitain, en les masquant à mesure avec de la marmelade d'abricots; masquer la surface avec une couche de merin-

Fig. 368.

gue, puis le décorer au cornet dans le genre représenté par le dessin; saupoudrer le décor avec du sucre fin, le faire colorer légèrement à four doux. En sortant le gâteau du four, orner les cavités du décor avec des cerises mi-sucre. Envoyer séparément une sauce abricot.

1154. **Cambridge cake.** — Travailler, sur la table, 500 grammes de farine avec 250 grammes de beurre; quand la pâte est lisse, ajouter 250 grammes de sucre, 2 œufs entiers et gros comme 2 têtes d'épingle d'ammoniac. Travailler vigoureusement la pâte : elle doit être légèrement ferme : l'abaisser de l'épaisseur d'un tiers de centimètre, la couper avec un coupe-pâte rond, uni; pincer alors les gâteaux tout autour, les rayer en dessus avec la pointe d'un petit couteau; les ranger sur une plaque, les dorer, les cuire à four modéré; ils doivent rester blonds.

1155. **Biscuit au madère.** — Travailler dans une terrine 250 grammes de sucre avec 5 œufs entiers; quand l'appareil est mousseux, ajouter 100 grammes d'écorces d'orange, confites, hachées, un demi-verre de madère, une pincée de carbonnade, 250 grammes de farine et 190 grammes de beurre, à demi fondu, mais froid; cuire le biscuit à four modéré dans un moule uni, beurré, empli aux trois quarts.

1156. **Pommes à la Florentine.** — Peler 7 ou 8 bonnes pommes de reinette; les vider, avec un tube à colonne, les faire cuire dans un sirop léger, acidulé, en les tenant un peu fermes, et bien entières; les égoutter, emplir le vide avec du riz sucré, masquer celui-ci avec de la marmelade d'abricots.

Étaler sur un plat, une couche de purée de marrons un peu ferme, sucrée, vanillée, finie avec quelques jaunes d'œuf. Ranger les pommes sur cette couche, les glacer au pinceau avec de la marmelade d'abricots, les chauffer pendant quelques minutes au four ; en les sortant, les saupoudrer avec des pistaches hachées.

1157. Riz au lait à l'Espagnole. — Laver 500 grammes de riz, le mettre dans une casserole avec de l'eau froide ; le cuire à moitié ; l'égoutter, et finir de le cuire dans du lait ; le tenir sur feu jusqu'à ce qu'il soit bien tendre, mais non pâteux ; le sucrer en dernier lieu ; quand il est à point, le dresser sur un plat creux ; lisser la surface, et sur celle-ci, poser un papier découpé à jour, et beurré, formant un ornement quelconque ; puis saupoudrer le papier avec de la cannelle en poudre, mêlée avec un peu de sucre, de façon qu'en retirant le papier, le dessin découpé sur celui-ci reste tracé et visible sur la surface du riz.

1158. Riz à la Béarnaise. — Faire blanchir 250 grammes de riz pendant 6 à 7 minutes ; l'égoutter, le remettre dans la casserole, le mouiller avec du lait chaud, le faire cuire à feu modéré ; quand il est bien tendre, et à sec, le sucrer ; le couvrir, le tenir ainsi jusqu'à ce qu'il soit à peu près refroidi ; lui mêler alors la valeur d'un demi-verre de marasquin, et quelques cuillerées de sirop à l'orange.

D'autre part, poser un moule à dôme sur une couche de glace pilée, salée ; couvrir le moule, l'entourer aussi avec de la glace ; quand il est bien frappé, ranger le riz dans le vide, par couches, en les saupoudrant avec des fruits confits, coupés en gros dés, lavés à l'eau tiède, macérés dans du marasquin pendant une heure. Quand le moule est plein, le couvrir, d'abord, avec un rond de papier dépassant les bords, puis avec son couvercle ; mastiquer les jointures avec du beurre ou de la pâte, laisser frapper l'appareil pendant une heure. — Au moment de servir, laver vivement le moule à l'eau tiède, l'essuyer, dresser le riz sur un plat froid, en le renversant.

1159. Forteresse en biscuit (Dessin 369). — Travailler dans une terrine 600 grammes de sucre en poudre (parfumé à l'orange) avec 4 œufs entiers et 12 jaunes ; quand l'appareil est mousseux, incorporer, peu à peu, 400 grammes de beurre fondu, épuré ; continuer à le travailler ; quelques minutes après, incorporer 4 cuillerées-à-bouche de rhum, un grain de sel, puis 5 ou 6 blancs d'œuf fouettés, en même temps que 300 grammes de farine ou fécule, en les tamisant sur l'appareil ; cuire les trois quarts de celui-ci dans des moules en fer-blanc, sans fond, ou des caisses en papier, du diamètre que doit avoir la forteresse. Cuire le restant de l'appareil sur une plaque. Quand le biscuit est sorti du four et refroidi, monter les abaisses l'une sur l'autre, en les masquant à mesure avec de la marmelade d'abricots ; l'égaliser autour en le coupant, fixer sur le haut une abaisse mince, et sur celle-ci, coller une bande mince crénelée. Creuser les meurtrières dans l'épaisseur du biscuit, et masquer les parois avec de la marmelade d'abricots; le poser ensuite sur une abaisse aussi en biscuit, ou un fond masqué en pastillage, plus large; entourer celui ci avec une bande crénelée, et la masquer également avec de la marmelade.

Avec de la glace royale poussée au cornet, border les créneaux et rayer le corps

Fig. 369.

de la forteresse. Cerner le dessus du biscuit, afin de le creuser légèrement. Fixer dans les embrasures la bouche de quelques canons, imités en biscuit ou en pâte d'amande. Poser la forteresse sur un plat dont le fond est masqué avec une serviette. Au moment de servir, emplir le vide du haut avec de la crème Chantilly sucrée et parfumée, ou bien avec une crème plombière.

Comme variété, les deux bandes crénelées peuvent être imitées en pâte d'amande blanche, un peu épaisse, et bordées avec un cordon de glace royale de couleur rose.

1160. **Blanc-manger à la Russe.** — Prendre la valeur d'un demi-litre de lait d'amandes, sucré, parfumé au zeste d'orange; ajouter 6 feuilles de gélatine dissoute; le verser dans un poêlon, le lier sur glace, en le tournant; lui incorporer alors la valeur de 2 verres de crème fouettée; verser l'appareil dans un moule à dôme, préalablement frappé avec de la glace pilée, salée; fermer le moule, luter les jointures avec de la pâte, le couvrir avec de la glace salée; une heure après tremper le moule à l'eau tiède, renverser le blanc-manger sur une serviette.

1161. **Pain d'abricots.** — Choisir de bons abricots mûrs, les peler, passer les chairs au tamis fin; sucrer cette purée, lui mêler un peu de kirsch, quelques cuillerées de lait d'amandes, le jus de 2 oranges ou de 2 citrons, la délayer avec

7 ou 8 feuilles de gélatine dissoute à l'eau; passer l'appareil à l'étamine; en essayer une partie sur la glace pour juger de sa consistance; s'il est à point, le mettre dans un poêlon, le tourner sur glace jusqu'à ce qu'il commence à se lier; le verser aussitôt dans un moule à cylindre incrusté sur glace. Une heure après, tremper vivement le moule à l'eau chaude, essuyer et renverser le pain sur un plat froid.

1162. Couques Hollandaises. — Un simple et bon gâteau que je recommande pour servir avec les entremets, avec les glaces ou le thé. — Préparer 500 gr. de feuilletage, avec trois quarts de beurre et 500 gr. de farine; lui donner 6 tours; quand il est reposé, abaisser la pâte de l'épaisseur d'un centimètre, la diviser en ronds, de 5 à 6 centimètres de diamètre, avec un coupe-pâte cannelé comme pour de grosses bouchées. Étaler une couche de sucre en poudre sur la table. Prendre les ronds de pâte, un à un, les appuyer d'un côté sur la farine, et de l'autre sur du sucre en poudre; les poser sur la table de ce côté, abaisser tour à tour ces ronds, en leur donnant la longueur de 10 centimètres; les poser alors sur une plaque, en les appuyant du côté fariné, et en les rangeant à petite distance les uns des autres; les cuire de belle couleur, à four modéré.

1163. Biscuit de Savoie à l'orange (Dessin 370). — Déposer dans une terrine 250 grammes de sucre en poudre, 50 grammes de sucre d'orange, râpé sur le zeste, un grain de sel; ajouter 7 à 8 jaunes d'œuf; travailler fortement l'appareil, avec une cuiller, jusqu'à ce qu'il soit mousseux; incorporer alors 100 grammes de farine et 60 grammes de fécule (tamisées), en même temps que 8 blancs fouettés. Opérer le mélange sans briser les blancs, ni corder l'appareil.

Prendre un moule à biscuit propre, bien sec à l'intérieur; le chauffer, le beurrer avec de la graisse de rognons de veau, dissoute, bien chaude. Égoutter le moule, en le renversant, le glacer ensuite avec de la glace de sucre, mêlée avec une égale quantité de fécule. — Avec cet appareil, emplir le moule, aux trois quarts seulement, en ayant soin cependant de monter l'appareil jusqu'aux bords, en l'appuyant contre les parois à l'aide d'une cuiller. Avec ce soin, le biscuit se colore d'une égale nuance en bas comme en haut. Poser le moule sur un plafond couvert avec une couche de cendres, le pousser à four doux, le cuire pendant une heure. — En sortant le biscuit du four, le démouler sur une grille d'office, sur un clayon ou sur un tamis; quand il est refroidi, le parer droit du côté qui se trouvait en dessus dans le four : si le gâteau est cuit avec soin, il doit être de belle couleur dorée, mais surtout bien lisse.

D'autre part, cuire dans une casserole plate un rond de génoise, aux blancs d'œuf, ayant 4 centimètres d'épaisseur; il doit être un peu plus large que le biscuit; masquer les surfaces de ce rond avec une glace à l'orange; le placer sur un plat, et poser le biscuit sur son centre; l'entourer avec des petits paniers imités

ENTREMETS SUCRÉS. — BISCUIT, BOULES DE NEIGE.

avec des mandarines; entourer sa base avec des quartiers d'orange rubanés. Pour préparer ces quartiers d'orange, il faut d'abord les vider, à l'aide d'une

Fig. 370.

cuiller à légumes, par une petite ouverture pratiquée du côté où était la tige de l'orange; quand elles sont bien propres, à l'intérieur, en boucher les fissures avec du beurre, les ranger à mesure sur de la glace pilée. Emplir alors le vide des oranges avec des couches alternées de blanc-manger et de la gelée à l'orange légèrement rougie. Quand l'appareil est raffermi, diviser les oranges en quartiers, du haut en bas; couper droit chaque quartier, d'un côté. — Il faut observer que la gelée ne reste pas longtemps dans les écorces des oranges, car elle prendrait bientôt de l'amertume.

1164. Boules de neige (Dessins 371, 372). — Pour préparer cet entre-

Fig. 371.   Fig. 372.

mets, il faut disposer de 2 ou 3 moules de forme ronde, à charnières, de la grosseur d'une orange, percés de petits trous, dans le genre représenté par le dessin 371. Tamiser 200 grammes de farine, l'étaler en couronne, sur la table; verser dans le milieu un demi-verre de vin blanc; ajouter 3 jaunes d'œuf, une cuillerée de sucre, un grain de sel; incorporer la farine au liquide, de façon à obtenir une pâte lisse, de même consistance que la pâte à nouille; la tourrer à 6 tours, en procédant comme pour le feuilletage; la diviser en douze parties; abaisser celles-ci au rouleau, en abaisses minces et rondes. Ciseler alors la pâte en bandes, à l'aide d'une roulette, mais sans couper les bords de l'abaisse, puis enlever celle-ci avec le manche d'une cuiller en bois, en introduisant ce manche entre les bandes coupées; laisser tomber cette pâte dans le moule, fermer celui-ci avec la charnière qui lui adhère, le plonger à friture chaude; 5 à 6 minutes après, égoutter les boules sur un tamis, les ouvrir afin d'en retirer les beignets; rouler ceux-ci dans du sucre en poudre, vanillé; les dresser en buisson, dans une petite corbeille en pâte d'office.

1165. Flamri à la semoule. — Mettre dans une casserole la valeur de 3 verres de vin blanc et autant d'eau, ajouter un grain de sel; faire bouillir le liquide; lui incorporer 200 grammes de semoule, pas trop fine, en la laissant tomber en pluie, de façon à obtenir un appareil léger; le cuire pendant 6 à 7 minutes; ajouter le zeste d'un demi-citron et 250 grammes de sucre. Quand l'appareil est bien lié et consistant, le retirer du feu, lui incorporer aussitôt 7 ou 8 blancs d'œuf fouettés; quand il est lisse, le verser dans un grand moule à charlotte, ou ouvragé, préalablement humecté à l'intérieur avec de l'eau froide; laisser bien refroidir l'appareil sur glace; 2 heures après, le démouler sur un plat froid, le masquer avec une purée de fruits sucrée, fraises ou framboises.

1166. Gâteau Napolitain (Dessin 373). — Étaler en cercle, sur la table, 250 grammes de farine; placer sur le centre 250 grammes de beurre, autant d'amandes moulues, autant de sucre pilé; ajouter un grain de sel, une pincée de zeste haché, 2 œufs entiers, 2 jaunes. Mêler d'abord le beurre, les œufs, le sucre et les amandes, puis la farine, peu à peu: la pâte doit être bien lisse, peu travaillée; la tenir sur glace pendant une heure; la diviser, et avec elle, préparer une douzaine d'abaisses de forme ronde, minces, ayant 14 à 15 centimètres de largeur, les cuire à four modéré; en les sortant, les couper juste du diamètre voulu, les vider avec un coupe-pâte, les ranger les unes sur les autres de six en six; les faire refroidir sous presse légère.

Prendre ces abaisses, une à une, les masquer d'un côté, avec de la marmelade d'abricots, les monter les unes sur les autres, de façon à obtenir un gâteau de jolie forme, surtout bien droit; le couper légèrement tout autour, en lissant les surfaces, puis le placer sur une abaisse ronde, en pâte d'office, cuite, masquée de marmelade; masquer également le gâteau, sur les côtés, avec une couche de marmelade réduite, encore tiède. Aussitôt qu'elle est refroidie et sèche, décorer les parois du gâteau avec des ornements en pâte d'amande, ou en feuilletage à blanc:

ce gâteau ne doit être servi que le lendemain du jour où il a été préparé. Le dresser sur un plat ou sur une serviette, emplir le vide avec de la crème fouettée,

Fig. 373.

sucrée, parfumée; le couvrir avec une petite sultane en sucre filé, mais cet ornement n'est pas indispensable.

1167. Tailli-Kataïf, à la Turque. — A Constantinople, on peut acheter le kataïf confectionné : voici la manière de le préparer soi-même. — Avec 500 grammes de farine, un grain de sel, une pincée de sucre, 100 grammes de beurre fondu ou de l'huile et un peu d'eau, préparer une pâte à frire, bien lisse; l'introduire dans des cornets en fort papier, coupés de façon à laisser passer des cordons de pâte ayant l'épaisseur d'un vermicelle; pousser ceux-ci sur la surface d'une grande casserole plate, beurrée, placée sur feu doux et sur un trépied, sans faire toucher les cordons. Quand ils sont raffermis, les enlever pour en pousser d'autres; quand ils sont froids, les placer dans un moule à biscuit-manqué, plat, beurré; les arroser ensuite avec du beurre clarifié, pousser le moule au four très-doux; 20 minutes après, le sortir, renverser l'entremets sur un plat, l'arroser avec un sirop vanillé, à l'orange ou à la rose.

1168. Gnoquis sucrés à l'Italienne. — Déposer la valeur d'un verre de farine dans une casserole, ajouter 3 œufs entiers, 2 jaunes, un grain de sel, 2 cuillerées-à-bouche de sucre ; délayer l'appareil avec un verre de lait, le passer au tamis dans une casserole, lui adjoindre un petit morceau de beurre; tourner l'appareil sur feu modéré pour le lier; aussitôt qu'il commence à faire des grumeaux, le retirer, le travailler vigoureusement afin de le lisser; à ce point le remettre sur le feu, additionner encore un morceau de beurre, le faire bouillir pendant 7 à 8 minutes sans cesser de le travailler; le verser alors dans une terrine; lui incorporer 2 jaunes d'œuf crus, ainsi qu'une pincée de zeste d'orange râpé; le prendre avec une cuiller, par petites parties, déposer celles-ci sur la table farinée, les rouler en boule avec la main, puis les aplatir avec la lame d'un couteau.

Dix minutes avant de servir, plonger les gnoquis à l'eau bouillante, leur donner 2 minutes d'ébullition, les retirer du feu; 5 minutes après, les égoutter à l'écumoire sur un tamis; les dresser sur un plat, par couches, les saupoudrer avec du sucre à la cannelle, les masquer avec 3 cuillerées-à-bouche de mie de pain cuite au beurre; les arroser en outre avec du beurre cuit à la noisette.

1169. **Nougat rose de Provence.** — Dans le midi de la France, le *nougat* est très-recherché par toutes les classes de la population; il n'est pas de festins, grands ou petits, où cette friandise ne figure. On fait donc beaucoup de nougat en Provence, et généralement on le prépare en toute perfection. J'en ai mangé dans bien des pays, mais par équité je dois avouer que je n'ai jamais trouvé un produit pouvant lui être comparé.

Il y a deux espèces de nougat, le blanc et le brun; le premier est le plus distingué, le brun est le nougat populaire. Celui que je vais décrire est une innovation récente, du plus grand mérite, de confection simple, donnant néanmoins d'excellents résultats; j'espère que les cuisiniers et les pâtissiers sauront le mettre à profit.

Choisir 2 kilogrammes de petites amandes douces, les monder, les faire bien sécher, les tenir au chaud. — Mettre dans une bassine un kilogramme de sucre pilé, non déglacé; lui mêler 500 grammes de miel blanc, poser la bassine sur feu, cuire le sucre en l'écumant; au premier bouillon, ajouter 4 cuillerées-à-bouche de sirop de froment et quelques gouttes d'acide citrique. Quand le sucre est arrivé au degré du *cassé*, le retirer, le parfumer à l'essence de rose ou de néroli, ajouter quelques gouttes de carmin végétal, le verser sur un marbre huilé; à l'aide d'une palette, le ramener vers le centre jusqu'à ce qu'il forme une masse malléable.

Prendre alors l'appareil avec les mains pour le tirer comme on tire du sucre tors; soit en l'accrochant, soit à deux personnes, mais vivement et sans le laisser refroidir; lui mêler aussitôt les amandes chaudes et 2 poignées de pistaches mondées; le ranger dans une caisse en bois à rainures, de forme basse, carrée, foncée à l'intérieur avec de larges bandes d'hosties. Égaliser le nougat en dessus, en lui donnant l'épaisseur de 3 à 4 centimètres; le masquer aussi avec des hosties; appliquer sur sa surface le couvercle de la caisse; charger ce couvercle avec un poids suffisant pour bien presser le nougat. Dix minutes après, démonter la caisse, distribuer le nougat *en barres*, c'est-à-dire en carrés longs, en le coupant avec un gros couteau à hacher, en forme de demi-lune.

1170. Croustade de fruits, à la Viennoise (Dessin 374). — Avec de la pâte à tartelette, foncer un cercle à flanc cannelé, ou un moule à pâté-chaud

Fig. 374.

de forme basse, décorer la crête des bords avec des feuilles en pâte, les dorer, puis masquer les parois et le fond de la caisse avec du papier beurré; emplir le vide, soit avec des noyaux de cerises secs, soit avec de la farine ordinaire : c'est ce qu'on appelle cuire une croûte *à blanc;* la pousser à four modéré; 40 minutes après, la retirer, la vider; quand elle est froide, la masquer à l'intérieur avec une couche de marmelade d'abricots. Un quart d'heure avant de servir, dresser la croûte sur un plat, emplir le vide avec un appareil bavarois au riz et au lait d'amande, lié au moment sur glace, en le dressant par couches alternées avec de la marmelade, et le faisant bomber sur le milieu; laisser raffermir l'appareil sur glace pendant quelques minutes, l'entourer ensuite avec une couronne de reines-Claude, et une couronne de moitiés de pêches, cuites comme pour compote; garnir le vide de la couronne, avec des cerises cuites ou des fraises crues; napper les fruits au pinceau avec leur sirop froid, mêlé avec du suc de pomme, réduit à point. Cet entremets n'est pas seulement joli, il est luxueux et excellent.

1171. Charlotte de Francfort. — Foncer un moule à charlotte avec du papier, le couvrir, le placer dans un seau, en l'appuyant sur une épaisse couche de glace pilée, salée; l'entourer également avec de la glace; quand il est bien saisi, le masquer, au fond et autour, avec une couche de glace aux amandes, ayant à peu près un centimètre d'épaisseur. Dix minutes après, emplir le vide du moule, par couches, avec une plombière aux abricots, en alternant chaque couche avec une couche de biscuit à la cuiller, imbibé au marasquin; fermer le moule, luter les jointures avec de la pâte crue, le couvrir avec de la glace salée. Une heure après, laver le moule à l'eau froide, enlever le couvercle, renverser la charlotte sur une serviette pliée.

1172. Moscovite au champagne. — Prendre des fruits confits variés, les laver à l'eau chaude, les éponger, les couper en dés ; les déposer dans une terrine, les arroser avec le quart d'un verre de cognac, les faire macérer pendant une heure.

Prendre la valeur de 6 feuilles de gélatine clarifiée, la verser dans une terrine, lui mêler le quart d'un verre de sirop parfumé à l'orange, et la valeur d'une demi-bouteille de champagne ; ajouter au liquide 4 cuillerées-à-bouche de suc de citron, autant de suc ou sirop d'ananas. Verser cet appareil dans une petite sorbetière frappée, mais à moitié seulement de la dose ordinaire ; faire prendre l'appareil, le travailler sans discontinuer, jusqu'à ce qu'il soit mousseux et élastique ; lui mêler alors le salpicon de fruits, égoutté, le prendre avec une grande cuiller, et avec lui, emplir un moule à gelée frappé au sel, depuis un quart d'heure ; à défaut de couvercle pour fermer le moule, le couvrir avec un rond de papier, puis avec une casserole pleine de glace salée. Un quart d'heure après, enlever le moule de la glace, le laver, le tremper vivement à l'eau chaude, l'essuyer, et renverser la moscovite sur un plat froid ; l'arroser avec une purée de fraises ou de framboises, sucrée et refroidie sur glace ; la servir aussitôt.

1173. Pain de groseilles rouges. — Écraser quelques poignées de petites groseilles rouges, sans grappes, les passer au tamis dans un vase en terre vernie : le métal étamé ne doit jamais toucher à la purée ou au jus de fruits rouges. Sucrer la purée, la délayer avec le jus de 2 oranges, ainsi qu'avec de la gélatine clarifiée (15 feuilles). Dix minutes après, passer l'appareil au tamis dans un poêlon rouge, en essayer une petite partie, le tourner sur glace, le lier à point ; le verser alors dans un moule disposé dans une terrine, entouré avec de la glace pilée, chemisé avec de la gelée ; une heure après, tremper le moule à l'eau chaude, démouler le pain sur un plat froid.

1174. Riz aux poires (Dessin 375). — Choisir une douzaine de petites poires d'une égale grosseur, en les laissant entières, les vider légèrement sur le côté rond, leur laisser adhérer une partie de la queue, les faire cuire comme pour compote. Avec quelques autres poires, de cresane ou de beurré, préparer une marmelade, la faire réduire avec un bâton de vanille, en la tenant un peu ferme.

Beurrer un moule à dôme, le masquer, au fond et autour, avec une couche un peu épaisse de riz à la crème (Voy. art. 1179), fini avec un morceau de beurre fin, et quelques jaunes d'œuf. Emplir le vide formé par le riz avec la marmelade de poire, masquer celle-ci avec une couche de riz. Poser le moule dans une casserole, en l'appuyant sur un coupe-pâte; verser de l'eau chaude dans la casserole jusqu'à moitié de hauteur; le tenir au bain-marie pendant 25 minutes.

Au moment de servir, démouler le pain sur un plat chaud; l'entourer avec les

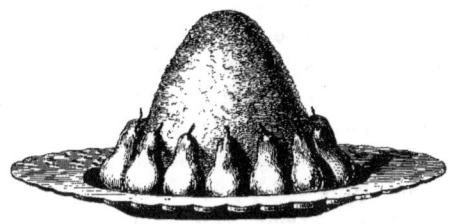

Fig. 375.

poires, napper celles-ci au pinceau avec leur sirop, réduit avec de la gelée de pommes. Verser dans le fond du plat quelques cuillerées de sirop vanillé.

1175. **Flan de riz aux fruits** (Dessin 376). — Avec de la pâte à tartelette (Voy. art. 1079) foncer un cercle à flan un peu haut de forme, le couper en

Fig. 376.

dessus, pour le pincer; l'emplir avec du riz cuit à la crème et à la vanille, fini avec un morceau de beurre fin et quelques cuillerées de crème fouettée. Enlever alors le cercle, pincer les parois, et les entourer avec une bande de papier, en la ficelant; couvrir également le dessus avec du papier; cuire le flan à four modéré pendant 25 à 30 minutes; en le sortant, enlever la croûte supérieure du riz, dresser sur les bords une couronne de moitiés de pêches cuites; garnir le centre de cette couronne avec un bouquet de cerises en compote, ou de cerises mi-sucre; napper les pêches avec le sirop de leur cuisson réduit, puis piquer, entre les pêches et les cerises, quelques feuilles d'angélique coupées en pointes.

1176. **Flan de cerises à l'Allemande.** — Cet entremets est une création des plus estimables de l'école allemande. — Étaler en rond, sur la table, 250 grammes de farine, déposer dans le centre 175 grammes de beurre, bien froid, 85 grammes de sucre, 4 jaunes d'œuf, un grain de sel ; lier vivement la pâte pour la rendre ferme, sans la travailler beaucoup ; la faire refroidir sur glace pendant 20 minutes. — Supprimer les queues et les noyaux à un demi-litre de petites cerises aigres (*saure Kirschen*) bien mûres; écraser une poignée des plus mûres, les presser dans un linge, afin d'en extraire le suc. Piler la moitié des noyaux, les mettre dans un poêlon avec le jus des cerises, 2 cuillerées de vin rouge.

Avec la pâte, foncer un cercle à flan ; rogner les bords, les pincer en dessus, puis enlever le cercle, et pincer la pâte autour, contre les parois externes; entourer le flan avec une bande de papier afin de soutenir la pâte ; emplir le vide avec les cerises, en les serrant ; cuire le flan à four doux.

Mêler dans une casserole un œuf entier et un jaune, une poignée de sucre, 2 cuillerées de crème double ou aigre ; travailler l'appareil pendant 2 minutes, le délayer avec le jus des cerises infusé, en le tournant sur feu, simplement pour le chauffer. Quand le flan est à peu près cuit, le retirer du four, l'arroser en dessus avec le jus des cerises; le pousser de nouveau au four ; 10 minutes après, le retirer tout à fait, le laisser refroidir, le déballer; le placer alors sur une feuille de papier, blanchir les parois avec du sucre en poudre ; le saupoudrer aussi en dessus, le dresser sur un plat.

1177. **Flan de fraises, à la crème.** — Foncer un cercle à flan avec de la pâte à tartelette (Voy. art. 1079); masquer cette pâte, au fond et autour, avec du papier beurré, la cuire à four doux. En sortant la croûte du four, enlever le papier, masquer la pâte avec une couche mince de marmelade d'abricots. Emplir le vide de la croûte avec des fraises de bois choisies, en les rangeant les unes à côté des autres, en couches serrées ; les arroser avec un peu de sirop très-épais, puis les masquer avec de la crème fouettée, ferme, sucrée, parfumée. Lisser la crème avec la lame d'un couteau, en la montant un peu en dôme. Dresser le flan sur une serviette pliée.

1178. **Ananas à la ville de Francfort** (Dessin 377). — Couper la couronne d'un ananas cru, en laissant adhérer un peu de chairs. Peler l'ananas, sans le déformer, le déposer dans un poêlon, le mouiller à couvert avec du sirop bouillant (25 degrés); couvrir le poêlon, laisser refroidir le sirop hors du feu. Quand l'ananas est froid, le vider, en laissant une mince épaisseur, le tenir chaud (à couvert) avec un peu de sirop.

Parer les chairs d'ananas de leurs parties dures, les couper en petits dés, en mettre les deux tiers dans une casserole, les lier avec 4 cuillerées-à-bouche de marmelade d'abricots, les tenir au bain-marie.

D'autre part, cuire 300 grammes de riz à la crème et à la vanille(Voy. art. 1179); quand il est à point, le finir avec un morceau de beurre fin, et ensuite avec une

ENTREMETS SUCRÉS. — FLAN DE FRAISES, ANANAS.

liaison de 3 jaunes d'œuf; ajouter quelques cuillerées-à-bouche de salpicon d'ananas réservé, puis le verser dans un moule à bordure, à fond rond, bien beurré, décoré avec de l'angélique et des cerises mi-sucre; tenir la bordure à l'étuve pendant 10 minutes, renverser ensuite le riz sur un plat; coller, au centre de celui-ci,

Fig. 377.

un support en pain frit, à peu près de la hauteur de la bordure, garnir le vide, entre le riz et le pain, avec des cerises mi-sucre, préalablement lavées à l'eau tiède, bien épongées. Égoutter l'ananas, en découper la moitié en tranches, le reformer, le poser sur le support en pain; l'emplir avec le salpicon préparé; traverser la couronne de l'ananas avec une petite brochette en argent, la poser sur l'ananas même; glacer celui-ci au pinceau avec un peu de la marmelade, envoyer en même temps une saucière de cette marmelade délayée avec du sirop d'ananas.

1179. **Pêches au riz** (Dessin 378). — Diviser 8 à 10 bonnes pêches, chacune en deux parties, en supprimer les noyaux, les plonger à l'eau bouillante; les égout-

Fig. 378.

ter aussitôt que la peau s'en détache; les déposer dans une terrine, les couvrir avec du sirop à 30 degrés.

Trier et laver 250 grammes de riz, le faire blanchir pendant 7 à 8 minutes, l'égoutter, le rafraîchir, le remettre dans la casserole ; le mouiller à couvert avec du lait chaud, le faire cuire à feu modéré, en allongeant le liquide avec de la crème, à mesure qu'il est absorbé ; en dernier lieu, ajouter un bâton de vanille coupé, 2 poignées de sucre en poudre ; le retirer, le tenir à couvert ; 10 minutes après, incorporer à l'appareil 100 grammes de beurre fin. Avec ce riz, emplir un moule à bordure, beurré, en le tassant, le tenir à l'étuve ; 10 minutes après, le démouler sur un plat ; emplir alors le centre de la bordure avec les moitiés de pêches, en les dressant en dôme ; les napper avec une partie du sirop, réduit avec un peu de sirop de pommes ; poser une demi-amande sur chaque moitié de pêche, envoyer séparément le restant du sirop, mêlé avec un peu de marasquin.

1180. **Dattes à l'Arabe.** — Peler quelques douzaines de dattes fraîches, en supprimer le noyau, piler les chairs, les passer au tamis ; sucrer la purée, lui mêler quelques gouttes d'essence de rose ou de citron, l'étaler en couche dans un plat à tarte, la masquer avec une bouillie d'arrow-root ou de fécule de riz, cuite au lait, parfumée à l'orange ou au citron.

1181. **Riz à la Marquise.** — Frapper un moule à bombe avec de la glace salée, le tenir à couvert. Verser dans une terrine la valeur d'un verre de purée de riz cuit au lait ; délayer cette purée avec un verre et demi de crème à l'Anglaise, vanillée ; passer l'appareil à l'étamine, le faire glacer à la sorbetière, en procédant selon la méthode prescrite art. 1206. Quand la glace est à point, la prendre avec une cuiller, et, avec elle, masquer les parois et le fond du moule frappé, de façon à laisser un creux dans le milieu ; emplir alors ce creux avec une glace à l'ananas légèrement prise, mêlée avec un salpicon de fruits confits. Fermer le moule, en lutant les jointures, le saupoudrer avec du sel, le masquer avec de la glace salée, le frapper pendant trois quarts d'heure. Au moment de servir, tremper le moule à l'eau tiède, démouler le pouding sur un plat froid, couvert d'une serviette pliée.

1182. **Gâteau Génois** (Dessin 379). — Travailler, dans une terrine, à l'aide d'une cuiller, 500 grammes de sucre en poudre, avec 500 grammes d'œufs (blancs et jaunes), ajouter un grain de sel, et le zeste râpé d'une orange ; quand l'appareil est mousseux, lui incorporer 500 grammes de farine tamisée, puis 500 grammes de beurre fondu, épuré et presque froid. Étaler cet appareil sur deux plaques beurrées, et farinées, en lui donnant l'épaisseur d'un demi-centimètre ; le cuire à four doux.

Préparer un modèle en carton de forme hexagone ; en sortant la Génoise du four, couper sur sa surface, à l'aide du modèle, une douzaine d'abaisses hexagones ; les vider sur le centre avec le plus grand coupe-pâte uni, les placer les unes sur les autres, de trois en trois, les faire refroidir sous presse légère. Prendre ensuite ces abaisses, les poser tour à tour sur un moule à charlotte renversé, les masquer

ENTREMETS SUCRÉS. — GATEAU GÉNOIS, BAVAROIS.

avec une couche de marmelade d'abricots, et sur celle-ci, poser une autre abaisse, en faisant bien rapporter les angles; la masquer aussi avec de la marmelade; continuer à monter le gâteau à hauteur voulue, le parer régulièrement sur les

Fig. 379.

contours; masquer ceux-ci, ainsi que le dessus, avec de la marmelade bien réduite et tiède, de façon qu'en séchant elle puisse prendre de la consistance et du brillant. Décorer les six faces avec un ornement en fruits coupés; glisser le gâteau sur un plat; au moment de servir, emplir le vide avec une glace à l'orange, délicate et moelleuse.

1183. **Bavarois aux fraises, à l'Anglaise** (Dessin 380). — Éplucher une assiette de fraises, les écraser, en leur mêlant une poignée de sucre,

Fig. 380.

les passer au tamis; tenir cette purée dans un vase en faïence, car elle ne doit pas toucher le cuivre étamé.

Verser dans un poêlon 8 feuilles de gélatine dissoute; lui mêler 250 grammes de sucre pilé; aussitôt que celui-ci est fondu, retirer l'appareil du feu; ajouter le jus d'une orange, ainsi qu'un peu de zeste ; le passer au tamis dans un autre poêlon ; le tourner, hors du feu, jusqu'à ce qu'il soit refroidi ; incorporer alors la purée de fraises, peu à peu ; poser le poêlon sur glace, tourner l'appareil jusqu'à ce qu'il soit lié ; à ce point, lui mêler 4 cuillerées de crème fouettée ; 2 minutes après, le verser dans un moule à dôme, en porcelaine ou en cristal [1], préalablement huilé, incrusté sur glace. Quand l'appareil est pris, renverser le bavarois sur un fond de génoise, coupé de la largeur du plat, glacé à la vanille ; sur les bords de ce fond, ranger une couronne de petits savarins vidés, emplis aussi avec de l'appareil aux fraises, légèrement glacés à l'orange ; poser sur le haut une belle fraise.

1184. Bavarois à l'Algérienne. — Faire prendre autour d'un moule à dôme une couche de gelée à l'orange, ayant un demi-centimètre d'épaisseur ; emplir alors le vide du moule, par couches alternées avec un appareil bavarois aux fraises, et un autre à la vanille ; une demi-heure après, dresser le bavarois.

1185. Coings au kaïmac. — Voici la méthode pour préparer ce fameux *kaïmac* dont les Turcs font un si grand usage, et qu'ils appliquent à la plus grande partie de leurs entremets : — Verser dans une large casserole plate, en terre vernie, bien propre, 10 à 12 litres de bon lait non écrémé : les Turcs emploient de préférence le lait de buffle ; le faire chauffer, un peu plus que tiède, le retirer sur le côté, de façon à le maintenir au même degré pendant 2 heures, sans le remuer ; le retirer, le tenir dans un lieu frais (sur un trépied), pendant 7 à 8 heures. La surface du liquide se trouve alors couverte d'une épaisse couche de crème solidifiée : c'est ce qui constitue le *kaïmac* ; couper celui-ci en carrés, les enlever à l'écumoire, les étaler sur un plat, en attendant de les employer. — En tenant cet appareil au frais on peut le conserver pendant 2 ou 3 jours.

Peler 5 à 6 coings bien mûrs, les creuser à l'intérieur, avec une cuiller à légumes, en laissant une épaisseur suffisante ; les cuire dans un sirop léger, en les conservant bien entiers. Quand ils sont froids et égouttés, les garnir avec du *kaïmac* sucré, les dresser sur un plat, les masquer avec le sirop des fruits réduit, les orner avec des feuilles vertes. — On sert souvent le *kaïmac* au naturel après l'avoir saupoudré avec du sucre parfumé.

1186. Pain de fraises (Dessin 381). — Passer au tamis fin 250 grammes de bonnes fraises. Délayer la purée avec le jus de 2 oranges, et la valeur de 2 verres de gelée claire, sucrée ; ajouter un brin de zeste d'orange, passer de nouveau l'appareil ; le verser dans un poêlon d'office, le lier légèrement sur glace, en

---

[1]. En Angleterre, on trouve des formes en verre ou en porcelaine destinées à mouler les entremets préparés avec des fruits rouges, afin d'éviter le contact de l'étain avec le suc des fruits.

ENTREMETS SUCRÉS. — PAIN DE FRAISES.

le tournant. — Chemiser un moule à gelée, avec de la gelée claire, l'entourer avec de la glace pilée, l'emplir avec l'appareil préparé. Trois quarts d'heure après,

Fig. 381.

tremper le moule à l'eau chaude, l'essuyer, renverser le pain sur un fond en pastillage; entourer celui-ci avec de petites bouchées en biscuit, moitié glacées blanches, moitié roses.

1187. **Crème bavaroise au café** (Dessin 382). — Préparer la valeur de trois quarts de litre de crème anglaise au café; quand elle est passée et refroidie,

Fig. 382.

lui mêler 8 à 9 feuilles de belle gélatine dissoute et dépouillée; la tourner sur glace afin de la lier légèrement; lui mêler alors la valeur de 3 à 4 décilitres de crème fouettée; le mélange opéré, verser l'appareil dans un moule à cylindre incrusté sur glace. Une heure après, le retirer, le tremper à l'eau chaude, et démouler la crème sur un petit fond masqué avec du papier blanc ou du pastillage; l'entourer avec une garniture de petits pains de la Mecque.

1188. **Kissel à la Russe.** — Écraser un kilogramme de *preisselbeeren* (canneberges), les délayer avec 3 verres d'eau, passer le liquide à travers un linge, le verser dans un poêlon rouge.

Déposer dans une terrine 4 cuillerées-à-bouche de fécule de pommes de terre, la délayer avec un verre d'eau froide, la mêler avec le jus. Poser le poêlon sur feu modéré, tourner le liquide avec une cuiller, jusqu'au moment où le premier bouillon va se développer. Retirer alors le poêlon du feu, sucrer l'appareil avec du sucre en poudre; quelques minutes après, le verser dans un moule, préalablement trempé à l'eau froide; poser le moule sur glace, laisser raffermir l'appareil; démouler celui-ci sur un plat froid, le servir avec de la bonne crème double, crue.

1189. **Pain de pêches au marasquin.** — Peler une douzaine de pêches, passer les chairs au tamis fin; placer la purée dans une petite bassine, ajouter un verre de sirop à la vanille, mêlé avec la valeur de 10 à 12 feuilles de gélatine clarifiée. Poser la bassine sur glace, fouetter l'appareil jusqu'à ce qu'il commence à se lier; lui mêler alors le quart d'un verre de marasquin, un peu de bon kirschwasser, puis la valeur de 2 verres de crème fouettée, sucrée; verser l'appareil dans un moule à gelée, placé dans une terrine, entouré avec de la glace pilée; le couvrir, le tenir ainsi pendant une heure, tremper le moule à l'eau chaude, démouler le pain.

1190. **Sicilienne.** — Préparer la valeur de 2 verres de purée d'abricots frais; la délayer avec du sirop; ajouter un brin de zeste, le jus d'une orange, ainsi que 4 feuilles de gélatine dissoute; verser l'appareil dans un moule à bordure uni; placer celui-ci dans une terrine, l'entourer avec de la glace pilée, salée; le faire frapper pendant une demi-heure.

D'autre part, préparer une macédoine de fruits, frais, en compote ou confits: les espèces peuvent être mêlées; les déposer dans un moule à dôme, les arroser avec un peu de sirop parfumé, les tenir sur glace salée. Au moment de servir, tremper la bordure à l'eau tiède, démouler le pain d'abricots sur un plat; dresser les fruits dans le centre et les masquer soit avec un sorbet à l'ananas, soit simplement avec une purée de fraises ou de framboises, épaisse, sucrée, bien refroidie.

1191. **Timbale d'abricots frais** (Dessin 383). — Masquer le fond et les parois d'un moule à timbale, avec du biscuit coupé en pointe, de façon à former une rosace; couper du biscuit en carrés longs, les ranger debout contre les parois, tenir le moule sur glace.

Fendre par le milieu 5 ou 6 gros abricots; les peler, les plonger à l'eau bouillante, les égoutter aussitôt; les couper en quartiers, les mettre dans une terrine avec un peu de sucre en poudre vanillé.

D'autre part, peler 2 douzaines de moyens abricots; les émincer et les faire

ENTREMETS SUCRÉS. — TIMBALE D'ABRICOTS.

fondre dans une casserole avec un peu d'eau et une poignée de sucre en poudre ; les passer au tamis, les mettre dans un poêlon d'office avec 4 feuilles de gélatine dissoute à l'eau, avec du sucre vanillé, et 2 cuillerées-à-bouche de lait d'amandes,

Fig. 383.

préparé avec les noyaux des abricots ; tourner l'appareil sur glace jusqu'à ce qu'il commence à se lier ; le retirer alors, et avec lui, emplir le vide de la timbale, par couches alternées avec les quartiers d'abricots, entremêlés avec quelques moitiés de leurs amandes fendues en deux. Laisser raffermir l'appareil, et renverser la timbale sur un plat ; l'entourer avec quelques moules de gelée et des reines-Claudes.

1192. **Mousse aux macarons.** — Faire frapper un moule à dôme sur de la glace pilée, salée. — Prendre la valeur d'un litre de crème fouettée, bien égouttée, sucrée, parfumée à la vanille ; la dresser par couches dans le moule à dôme frappé, en alternant chaque couche avec des macarons imbibés au kirsch. Fermer le moule, en luter les jointures avec de la pâte ordinaire ; saupoudrer le couvercle du moule avec une forte poignée de sel, le masquer avec une épaisse couche de glace salée. — Une heure et quart après, tremper le moule à l'eau tiède, renverser la mousse sur une serviette pliée.

1193. **Mousse aux marrons.** — Délayer la valeur de 250 grammes de purée de marrons, avec un peu de sirop vanillé, lui incorporer la valeur de 3 verres de crème fouettée. Verser l'appareil dans un moule à dôme, frappé à la glace salée ; couvrir le moule, mastiquer les jointures, le tenir ainsi pendant une heure. — Au moment de servir, tremper le moule à l'eau, l'essuyer, démouler la mousse sur une serviette pliée.

1194. **Riz au lait glacé, à l'Espagnole.** — Trier 500 grammes de bon riz, le laver, le plonger à l'eau bouillante, le cuire à moitié ; l'égoutter, le mettre dans une casserole, finir de le cuire avec du lait, en le tenant un peu plus liquide qu'à l'ordinaire ; le laisser à peu près refroidir, lui mêler alors un demi-litre de sirop à 30 degrés, parfumé à l'orange, puis la valeur d'un verre de bonne crème crue, afin d'alléger sa consistance; le verser dans une sorbetière frappée au sel, mais très-légèrement; remuer le riz de temps en temps, sans tourner la sorbetière; aussitôt qu'il est bien refroidi, c'est-à-dire au bout de 25 à 30 minutes, le dresser sur un plat froid, l'entourer avec des quartiers d'oranges, parés à vif.

1195. **Plombière du Caire.** — Peler 12 à 15 bananes, mûres à point, passer les chairs au tamis, déposer la purée dans une terrine, la délayer avec 3 verres de crème anglaise à la vanille; passer de nouveau l'appareil; quand il est froid, le faire glacer à la sorbetière (Voy. art. 1206); quand la glace est à point, lui mêler la valeur de 2 verres de crème fouettée, sucrée. Finir la plombière en lui incorporant le quart d'un verre de bon marasquin; la dresser en rocher sur une serviette pliée.

1196. **Kalte-schale à l'ananas.** — Choisir un ananas mûr à point, en supprimer la peau, le fendre en deux, retirer les parties dures du cœur. Râper la moitié des chairs, les faire infuser pendant une heure dans un verre et demi de sirop tiède; les passer à l'étamine, puis mêler dans une terrine en porcelaine la purée et les chairs de la seconde moitié de l'ananas, émincées fin; poser la terrine sur glace.

Piler les parures de l'ananas, les déposer dans une terrine, ajouter un verre de sirop tiède, le zeste d'une orange et d'un citron; les faire infuser pendant une heure, les passer à l'étamine; mêler le liquide avec l'appareil tenu sur glace; ajouter alors une bouteille de vin du Rhin, une demi-bouteille de champagne, le jus de 2 oranges passé au tamis. Quand l'appareil est bien refroidi, le verser dans des verres.

1197. **Gelée d'épines-vinettes.** — Faire ramollir 16 à 18 feuilles de belle gélatine dans une terrine, avec de l'eau froide, pendant une demi-heure, l'égoutter, la mettre dans une casserole avec trois litres d'eau chaude, la faire dissoudre, en la tournant; lui mêler 350 grammes de sucre en pain, la retirer du feu, la laisser refroidir.

Battre un ou deux blancs d'œuf, pendant quelques secondes, leur mêler le jus de 3 citrons et d'une orange, le quart d'un verre d'eau froide, mêler le tout à la gélatine dissoute, fouetter le liquide sur feu jusqu'au premier bouillon, le retirer alors sur le côté, de façon à le maintenir au même degré, sans bouillir; ajouter le jus d'un citron, couvrir la casserole, mettre des cendres chaudes sur le couvercle. Un quart d'heure après, la gelée doit se trouver claire; la verser alors dans une poche, la filtrer jusqu'à ce qu'elle passe limpide.

Détacher les épines-vinettes des grappes, en prendre 3 poignées, les jeter dans 2 décilitres de sirop léger, en ébullition; retirer aussitôt le sirop du feu, laisser infuser les fruits pendant une demi-heure; filtrer ensuite le sirop, le mêler avec la valeur de 15 feuilles de gélatine clarifiée, le passer; essayer une petite partie de l'appareil; s'il est de consistance voulue, le verser dans un moule à gelée, le faire prendre sur glace; le démouler ensuite sur un plat, après avoir trempé vivement le moule à l'eau chaude.

1198. **Timbale de Savoie** (Dessin 384). — Cuire, dans un moule à timbale, ou à charlotte, de belle forme, un appareil de biscuit fin (Voy. art. 1163); quand il est démoulé et froid, le couper droit sur le haut, le renverser, le glacer

Fig. 384.

extérieurement avec une glace de sucre à l'orange; le cerner en dessus, le vider, en décorer les parois avec des détails de fruits confits, disposés dans l'ordre représenté par le dessin. Au moment de servir, dresser la timbale sur un plat, l'entourer, à sa base, avec des petites tartelettes aux fraises; emplir le vide avec une crème plombière à l'orange, mêlée avec un salpicon de fruits confits; entourer la plombière avec une couronne de reines-Claude.

1199. **Gelée à l'Anglaise.** — Les deux dessins représentés par les dessins 76, 78 (page 17) figurent, le premier, un moule plein, sans cylindre, à six cannelons, le second, un moule à sept tubes, en spirale, mobiles, disposés sur une plaque coupée juste de la dimension, et ayant les contours du moule, de façon à pouvoir s'y adapter; ces tubes servent de double fond au moule principal : ils sont garnis à l'intérieur, chacun d'un tube cylindrique servant au dégagement de l'air.

Pour préparer cet entremets, il faut d'abord entourer le moule avec de la glace pilée, placer le double fond à l'intérieur, en l'assujettissant sur le haut du moule. — Préparer un appareil à gelée, très-blanc, et un appareil de blanc-manger ou crème bavaroise, qu'il est facultatif de nuancer en rose avec du carmin végétal, ou en vert avec des pistaches.

Quand le double fond est dans le moule, emplir celui-ci avec la gelée, et la laisser tout à fait prendre ; les tubes doivent alors être retirés, les uns après les autres, en les emplissant avec de l'eau chaude, et les tournant dans le sens de leur moulure. C'est alors seulement que l'appareil nuancé est introduit dans le vide laissé par les tubes : cette opération est de la plus grande simplicité.

Quand l'appareil des tubes est raffermi, tremper le moule à l'eau chaude, renverser la gelée sur un plat froid. — Les nuances de l'appareil, à travers la teinte légère de la gelée, sont d'un joli effet. Mais il est facile d'obtenir une diversion, également très-jolie, en opérant en sens contraire, c'est-à-dire avec de la gelée rose et avec un appareil de blanc-manger laissé à son état naturel. — Ce moule est d'origine Anglaise.

1200. **Gelée russe, aux liqueurs.** — Avec de la gelée douce, collée à point, emplir aux trois quarts un moule à gelée, ouvragé ; verser cette gelée dans une terrine vernie, lui mêler le quart d'un verre de rhum, autant de cognac, autant de suc d'orange filtré ; ajouter un peu de zeste d'orange et de citron ; 5 minutes après, passer l'appareil dans une bassine étamée, le fouetter légèrement sur glace jusqu'à ce qu'il commence à être trouble, et à se lier, mais sans le rendre trop mousseux ; lui mêler alors 4 à 5 cuillerées-à-bouche d'ananas confit, coupé en dés, le verser dans un moule préalablement incrusté sur glace. Une heure après, tremper ce moule à l'eau chaude, renverser la gelée sur un plat froid ; la servir aussitôt.

1201. **Mousse à la Napolitaine** (Dessin 385). — Cuire 250 grammes de sucre au lissé ; le verser sur 5 blancs d'œuf fouettés, pour préparer un appareil à meringue italienne ; quand il a perdu sa plus grande chaleur, lui incorporer, peu à peu, 6 cuillerées-à-bouche de bon kirsch, et la valeur de 2 verres de crème fouettée ; le verser dans un moule à dôme, frappé avec de la glace pilée, salée. Couvrir le moule, mastiquer les jointures avec de la pâte ordinaire, le saupoudrer avec du sel, le couvrir avec de la glace salée, le frapper pendant 50 minutes.

D'autre part, préparer un salpicon de fruits confits, variés, coupés en petits dés ; les faire macérer pendant une heure avec quelques cuillerées de kirsch, en égoutter le liquide, les lier avec quelques cuillerées de marmelade d'abricots. Enlever le moule de la glace, le tremper à l'eau froide, l'essuyer, l'ouvrir, et le pencher afin de retirer les parties molles de l'appareil qui se trouvent au milieu. Emplir alors le vide avec le salpicon de fruits, masquer celui-ci avec une couche de l'appareil, refermer le moule comme auparavant ; le frapper encore avec de la glace salée, pendant une demi-heure. — Au moment de servir, tremper le moule à l'eau à peine tiède, renverser la mousse sur un fond en biscuit, glacé aux pistaches, fixé sur un plat ; l'entourer, à sa base, avec une couronne de triangles en angélique; former une rosace sur le haut; poser sur le centre un anneau en pâte de coings ou de pommes, et sur le centre de celui-ci, poser une

Fig. 385.

reine-Claude confite; entourer la base du fond en biscuit avec une garniture de petits gâteaux plats, glacés, décorés.

1202. **Biscuit à la printanière** (Dessin 386). — Préparer un appareil de biscuit à l'orange, dans les conditions prescrites art. 1163. — Beurrer un grand

Fig. 386.

moule à dôme, de forme un peu pointue, le glacer au sucre, l'emplir aux trois quarts avec l'appareil préparé; le poser sur un petit plafond, couvert d'une couche de cendres, cuire le biscuit à four doux pendant 40 minutes; le démouler, le laisser refroidir, le diviser en deux parties sur sa hauteur. Glacer extérieurement les deux moitiés, l'une avec de la glace blanche, l'autre avec de la glace rose ; diviser aussitôt chaque partie en 5 ou 6 tranches coupées de haut en bas. Quand la glace est sèche, remettre les parties coupées dans le moule, en alternant les nuances ; tenir celui-ci sur glace ; un quart d'heure après, emplir le vide avec un appareil de pain de fraise, collé, lié à point sur glace, en le tournant. — Au bout d'une demi-heure, renverser le biscuit sur un fond décoré en pastillage, imitant une couronne. Orner les pointes avec de petites boules en sucre filé, fixer sur le haut un petit pompon.

1203. Gelée aux framboises. — Mettre dans une terrine vernie la valeur de 250 grammes de framboises fraîches, mûres à point, épluchées ; ajouter 2 cuillerées de sucre en poudre, les écraser, les verser sur un tamis fin, disposé sur un plat, afin d'en recueillir le suc ; mêler à celui-ci le jus de 2 oranges, le filtrer soit sur un tamis, soit dans un entonnoir en faïence ou en verre, à l'aide de papier sans colle, ramolli à l'eau, et déchiré en petites parties ; cette méthode de filtrer les fruits est la plus simple et la meilleure. — Mêler ce suc avec trois quarts de litre de gelée clarifiée, refroidie ; verser l'appareil dans un moule à gelée, placé dans une terrine, entouré avec de la glace pilée. Trois quarts d'heure après, démouler la gelée sur un plat froid, après avoir trempé le moule à l'eau chaude. — Les gelées préparées avec du suc de fruits rouges, doivent rester dans les moules le moins longtemps possible, car le contact de l'étain en altère la couleur. Il serait facile d'éviter cet inconvénient, en faisant galvaniser l'intérieur des moules.

1204. Gelée rubanée (Dessin 387). — Avec 15 feuilles de gélatine, préparer à peu près la valeur d'un litre de gelée (Voy. art. 1197), claire et blanche, sans parfum ; la diviser en deux parties, un tiers d'une part, les deux tiers de l'autre ; mêler à la plus petite quantité 4 cuillerées-à-bouche de jus de fraise ou de framboise filtré, limpide, ainsi que quelques gouttes de carmin végétal, de façon à lui donner une belle nuance rose. Mêler à l'autre partie quelques cuillerées de liqueur à la crème de vanille, blanche : l'addition des liqueurs ne doit avoir lieu qu'alors que la gelée a perdu toute sa chaleur.

Placer dans une terrine un moule à cylindre, l'entourer avec de la glace pilée ; garnir aussi le cylindre du moule avec de la glace ; verser au fond du moule une couche de gelée blanche dont l'épaisseur doit former le cinquième de la hauteur du moule. Aussitôt que cette couche est prise, en couler une autre couche de même épaisseur, mais rouge. Finir d'emplir le moule, en alternant les nuances, mais sans attendre que la couche de gelée sur laquelle on verse se trouve trop raffermie, car alors les deux appareils pourraient ne pas s'unir et se détacher, en renversant la gelée.

ENTREMETS SUCRÉS. — GELÉES.

Trois quarts d'heure après, tremper vivement le moule à l'eau chaude, l'essuyer, renverser la gelée sur un fond-d'appui en pastillage, décoré, ayant un creux

Fig. 387.

sur son centre, de façon à pouvoir fixer sur celui-ci une colonne masquée en pastillage, ou avec du papier blanc, ornée avec une petite *aigrette* en sucre filé. Entourer la base du fond décoré avec des tartelettes de fruits, meringuées.

1205. Gelée macédoine au marasquin (Dessin 388). — Placer dans une terrine un moule à macédoine, à double fond, l'entourer avec de la glace

Fig. 388.

pilée; emplir le double fond aussi avec de la glace. — Mêler un verre de marasquin avec trois quarts de litre de gelée froide, verser l'appareil dans le vide du moule, le laisser raffermir. Retirer la glace du double fond, la remplacer par de l'eau chaude, afin d'enlever ce double fond après l'avoir décroché.

Préparer une macédoine de fruits crus ou cuits, mais variés en espèces et en nuances; les égoutter, les éponger sur un linge. — Prendre le restant de la gelée au marasquin, la verser dans une bassine; la fouetter légèrement sur glace; aussitôt qu'elle commence à se lier, lui mêler la macédoine de fruits; prendre alors l'appareil avec une cuiller, et, avec lui, emplir le vide laissé par le double fond. Une heure après, démouler la gelée sur un fond en pastillage, vert ou rouge, décoré à blanc; entourer celui-ci avec des tranches d'ananas, crues, macérées dans du sirop pendant une heure. Envoyer aussitôt l'entremets.

1206. Glace à l'orange. — Mêler un peu de zeste, et le jus de 4 ou 5 oranges, à trois quarts de litre de sirop froid, à 25 degrés; 10 minutes après, passer l'appareil au tamis; il doit donner 22 degrés, au pèse-sirop; le verser dans une sorbetière sanglée, fermer celle-ci, la tourner vigoureusement pendant 5 à 6 minutes; puis, à l'aide d'une grosse spatule à glacer, racler les parois et le fond de la sorbetière afin d'en détacher les parties congelées; continuer à tourner la sorbetière, et à détacher l'appareil jusqu'à ce qu'il soit arrivé au point de consistance d'une crème. Travailler alors la glace, seulement avec la spatule, mais de façon à faire tourner aussi la sorbetière; pour cela faire, il suffit d'appuyer fortement la spatule, par secousses, entre les parois et le fond.

Pour bien comprendre la portée du travail des glaces, il faut se pénétrer de cette vérité pratique, que plus la glace est travaillée, plus elle devient lisse, élastique, moelleuse: une glace grumeleuse est une glace manquée.

Quand la glace est au point voulu, la laisser reposer pendant quelques minutes dans la sorbetière, la dresser ensuite dans des verres, ou simplement en rocher sur une serviette pliée, l'entourer avec des petits gâteaux secs.

Si on voulait servir ces glaces moulées, il faudrait foncer un moule quelconque avec du papier, le mettre dans un seau, l'entourer avec de la glace pilée et salée, le faire bien frapper, et l'emplir avec l'appareil, en l'appuyant avec soin pour ne pas laisser de jour. Fermer le moule avec son couvercle, le saupoudrer avec du sel, le tenir ainsi pendant une demi-heure. — Au moment de servir, tremper le moule à l'eau froide afin de le laver, retirer le couvercle, et renverser la glace sur une serviette.

1207. Gelée au curaçao (Dessin 389). — Préparer la valeur d'un litre de gelée claire (Voy. art. 1197); quand elle est filtrée, et à peu près froide, ajouter les trois quarts d'un verre de curaçao; la verser dans un moule à gelée disposé dans une terrine avec de la glace autour. Trois quarts d'heure après, tremper le moule à l'eau chaude, l'essuyer, renverser la gelée sur un fond en pastillage ; entourer celui-ci avec des quartiers d'oranges rubanés avec de la gelée rose et du blanc-manger. — Pour obtenir ces quartiers il faut vider

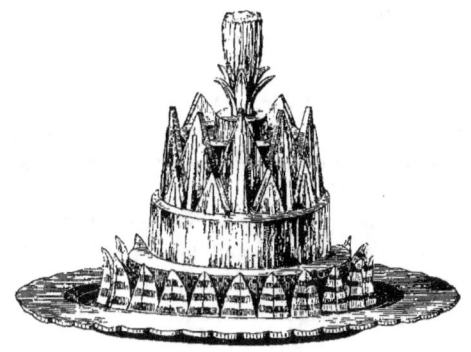

Fig. 389.

d'abord les oranges, les poser sur la glace, les emplir par couches, en alternant les nuances, les diviser quand l'appareil est raffermi.

1208. **Glace aux truffes.** — J'avais souvent entendu mettre en doute les qualités des glaces aux truffes. J'ai donc voulu en préparer moi-même, pour me rendre compte de leur valeur, et j'ai reconnu que cet apprêt était digne de l'attention des gourmets. J'engage les incrédules à ne pas en médire avant d'y avoir goûté. — Peler 4 truffes noires, fraîches, bien propres ; faire infuser les parures dans 2 verres de lait bouillant ; 10 minutes après, passer l'infusion au tamis, puis avec elle, 6 jaunes d'œuf, 300 grammes de sucre, préparer une crème Anglaise. Quand elle est refroidie la faire glacer à la sorbetière ou à la machine. — Émincer les truffes, les plonger dans un peu de sirop bouillant, retirer aussitôt la casserole du feu, laisser refroidir les truffes dans le sirop ; les égoutter ensuite pour les piler, les passer au tamis ; mêler le sirop à cette purée, délayer celle-ci avec un peu de la glace préparée, afin de la bien refroidir ; puis la verser dans la sorbetière, peu à peu, afin de pouvoir mieux la mêler à la glace ; faire raffermir celle-ci, en la travaillant ; au moment de servir, la dresser en rocher sur une serviette pliée.

1209. **Glace à la Palermitaine.** — Cette glace, que j'ai récemment mangée à Palerme, est une des meilleures et des plus distinguées que je connaisse. — Monder 4 à 500 grammes de pistaches aussi fraîches que possible, les mettre dans un mortier avec une poignée de sucre, les piler ; les délayer avec la valeur d'un demi-litre de crème Anglaise à peu près refroidie, les laisser infuser pendant un quart d'heure; passer l'appareil au tamis fin, le faire glacer, en procédant comme il est dit art. 1206. Dix minutes avant de dresser la glace, lui incorporer, peu à peu, 5 à 6 cuillerées-à-bouche de véritable eau de fleurs d'oranger, préalablement mêlée avec un peu de l'appareil. La dresser ensuite en rocher sur une serviette pliée.

1210. **Glace au gingembre.** — Avec 2 verres de lait, 12 jaunes d'œuf, 250 gr. de sucre, un peu de zeste d'orange ou de citron, préparer une crème Anglaise (Voy. art. 1212); quand elle est froide, la faire glacer à la sorbetière, jusqu'à ce qu'elle soit bien liée. Piler 250 gr. de gingembre confit, le passer au tamis, le délayer, d'abord avec quelques cuillerées-à-bouche de rhum, puis avec quelques cuillerées de la glace préparée; verser le tout dans la sorbetière; travailler encore la glace pendant quelques minutes; quand elle est bien raffermie, la dresser en rocher sur une serviette pliée; l'envoyer aussitôt.

1211. **Glaces au four.** — Cet entremets peut être utilisé comme diversion ou comme surprise dans les dîners familiers. — Préparer un appareil de glace à la crème bien ferme (Voy. art. 1212). D'autre part, préparer de la meringue italienne (art. 1201), avec 4 blancs d'œuf et du sucre cuit. Quelques minutes avant de servir, dresser la glace en dôme sur un plat très-froid, posé bien d'aplomb sur une casserole plate, celle-ci emplie avec de la glace pilée et salée; masquer vivement la glace à la crème avec la meringue, la décorer au cornet, et pousser immédiatement la casserole à four vif, simplement pour saisir la meringue et lui faire prendre une légère couleur blonde. Retirer aussitôt le plat, l'essuyer, l'envoyer sans retard.

1212. **Glace aux noix, à la crème.** — *Crème Anglaise.* — Déposer 7 à 8 jaunes d'œuf dans une casserole, ajouter 400 grammes de sucre en poudre, travailler l'appareil avec une cuiller en bois, comme pour biscuit; quand il est mousseux, le délayer avec trois quarts de litre de lait bouillant, ajouter un bâton de vanille coupé; tourner la crème sur feu jusqu'à ce qu'elle soit liée, sans la faire bouillir; la verser alors dans une terrine, ajouter 6 cuillerées-à-bouche de noix fraîches, pilées avec quelques amandes douces; la laisser refroidir, la tourner de temps en temps, la passer au tamis, la faire glacer à la sorbetière jusqu'à ce qu'elle soit prise et bien lisse.

Casser une douzaine de noix, en les conservant bien entières, les couper par le milieu, les faire macérer une heure dans du sirop tiède. Masquer le fond et le tour d'un moule à dôme avec du papier blanc, le poser dans un seau, sur une couche de glace pilée, salée, l'entourer jusqu'à hauteur, aussi avec de la glace salée.

Quand la glace est lisse, la dresser par couches dans le moule, en alternant chaque couche avec les demi-noix ; fermer le moule, le couvrir de glace ; trois quarts d'heure après, l'enlever, le tremper à l'eau froide, et démouler la glace sur une serviette pliée.

1213. **Glace au pumpernikel.** — Râper 250 grammes de pain noir de Westphalie (pumpernikel), le faire sécher, le passer à travers une passoire pour l'obtenir fin ; l'imbiber avec un peu de sirop. — Préparer un appareil de glace à la crème, à la vanille ; quand la glace est prise, lui incorporer la valeur de 2 verres de crème fouettée, sucrée ; délayer le pumpernikel avec de l'appareil glacé, l'incorporer à celui-ci, dans la sorbetière ; travailler la glace encore quelques minutes, la laisser raffermir, et la dresser.

1214. **Glaces aux fruits** (Dessin 390). — Préparer un appareil de glace blanche, au citron ou à l'ananas, et un appareil de glace rouge, aux

Fig. 390.

fraises, aux groseilles ou aux framboises ; avec ces appareils, emplir quelques moules en étain, imitant des poires, des pêches et des abricots, emplir aussi un petit moule à ananas. Fermer bien les moules, les envelopper dans du papier, les ranger à mesure sur une couche de glace pilée, mêlée avec du sel salpêtré ; les saupoudrer également avec du sel, les masquer avec une épaisse couche de glace salée, salpêtrée.

Foncer avec du papier un moule à pyramide, uni, à fond plat, le poser sur une couche épaisse de glace salée, l'envelopper aussi avec de la glace ; l'emplir alors, par couches alternées, avec un appareil de glace blanche et rose. Fermer l'ouverture, mastiquer les jointures avec de la pâte ordinaire, le saupoudrer avec du sel, le couvrir avec une épaisse couche de glace salée.

Une heure après, tremper le moule à pyramide à l'eau froide, l'essuyer et démouler la glace sur le centre d'un plat froid, couvert d'une serviette pliée. Démouler aussi les petits moules de fruits, les ranger autour de la pyramide; poser le petit ananas en dessus, en l'entourant avec quelques feuilles vertes.

1215. Confitures de pastèques. — La *pastèque* est un fruit du Midi, connu dans le Nord sous le nom de *melon-d'eau;* il y a deux espèces de pastèques, l'une qu'on mange en été, l'autre qui ne s'emploie qu'en hiver pour faire les confitures; mais on peut également préparer ces confitures avec les deux espèces. — Diviser les pastèques en tranches, retirer les semences adhérentes aux chairs, ainsi que l'écorce verte, couper les chairs en bandes, les émincer en petits carrés de l'épaisseur d'une pièce de 50 centimes; peser ces chairs, en même temps que la moitié de leur poids de sucre concassé, sans être pulvérisé; ranger les fruits dans une terrine vernie, couche par couche, en les alternant avec le sucre; les laisser macérer pendant 2 ou 3 heures, les verser dans une bassine; poser celle-ci sur un bon feu, cuire la confiture jusqu'à ce que le sirop arrive à faire la nappe, sur la surface de l'écumoire, en la sortant du liquide; lui mêler alors le zeste de 2 citrons, râpé (pour 2 litres de confitures); retirer aussitôt la bassine du feu, verser la confiture dans des vases en faïence ou en grès, vernis à l'intérieur; la laisser complétement refroidir avant de couvrir les vases; les couvrir d'abord avec un petit rond de papier trempé à l'eau-de-vie, ensuite avec un rond assez large pour masquer l'orifice du vase et retomber sur les bords. — Pour que l'opération réussisse parfaitement, il ne faut pas cuire plus d'un kilogramme de fruits à la fois.

1216. Pâte de coings. — Choisir les fruits bien mûrs, les essuyer, les plonger à l'eau bouillante, les faire cuire à vase couvert; les prendre alors un à un, et, avec un couteau, râper les chairs, en ne laissant que la grappe du fruit; passer ces chairs au tamis, les peser, les mettre dans une casserole; ajouter trois quarts de leur poids de sucre pilé, et faire réduire l'appareil jusqu'au point d'une marmelade très-serrée, compacte; le verser alors dans un plafond à rebords; l'étaler en couches d'un centimètre d'épaisseur; lisser la surface avec la lame d'un couteau, le faire sécher à l'étuve tiède, jusqu'à ce que la pâte se détache du plafond et devienne maniable; la saupoudrer avec du sucre en poudre, la retourner sur du papier. La faire sécher à l'air tiède, pour la découper ensuite.

1217. Sorbet à l'Américaine (Dessin 391). — Ce sorbet est une variété que je recommande à l'attention des praticiens. A New-York, on le prépare avec du vin de *Catawba*, de provenance californienne, mais on peut le composer avec du vin du Rhin ou du champagne. Ce qui lui donne son caractère particulier, c'est qu'il est servi dans des imitations de verres formés en glace naturelle. Pour obtenir ceux-ci, il faut avoir à sa disposition des moules en étain, imitant un verre à pied. On emplit ces moules avec de l'eau naturelle blanche ou nuan-

ENTREMETS SUCRÉS. — SORBETS, COMPOTES.

cée, on les ferme bien, on les sangle fortement avec de la glace salpêtrée. Trois quarts d'heure après, l'eau se trouve glacée, et a pris la forme du moule, en laissant des parties liquides sur le centre. On vide alors ce liquide, on emplit

Fig. 391.

le creux avec un appareil de sorbet au vin. Le sorbet est un appareil de glace à 16 degrés, composée avec moitié sirop de fruits, moitié vin et jus de citron ou d'oranges. Quand le sorbet est fini, il ne doit pas être trop ferme, mais il doit cependant pouvoir être dressé en pointe, dans les verres.

1218. Compote de coings. — Diviser en quartiers 4 ou 5 coings, bien mûrs, les peler, en supprimer les cœurs, les jeter à mesure dans de l'eau acidulée ; les plonger ensuite dans de l'eau en ébullition, également acidulée ; les couvrir, les faire cuire sans violence ; quand ils sont bien atteints, les égoutter avec une écumoire, les ranger dans une terrine, les couvrir avec du sirop à 25 degrés. Une heure après, faire réduire le sirop, le verser sur les fruits dressés dans un compotier.

1219. Compote d'abricots entiers. — Peler une quinzaine d'abricots, pas trop mûrs, les piquer, les plonger à l'eau bouillante ; les retirer aussitôt qu'ils remontent sur l'eau, les ranger dans une terrine vernie. — Verser la moitié d'un verre de leur cuisson dans une casserole, lui mêler 300 grammes de sucre coupé ; faire bouillir le liquide jusqu'à ce que le sirop soit serré, le verser alors sur les abricots ; laisser refroidir la compote pour la dresser.

1220. Compote de pêches. — Fendre par le milieu 7 à 8 pêches, en supprimer le noyau, les plonger à l'eau bouillante ; les égoutter aussitôt que la peau s'en détache, les peler, les ranger dans une terrine, les couvrir avec du sirop un peu serré, chaud, vanillé ; quand le sirop est froid, dresser les pêches en couronne, les arroser avec le sirop. — Quand on opère avec des pêches à chairs fermes, dont le noyau ne se détache pas, il faut les peler avec un couteau, les faire blanchir à fond, dans de l'eau ; les égoutter ensuite, les déposer dans une terrine, les arroser avec du sirop réduit, les faire macérer pendant une heure.

1221. Compote de dattes fraîches. — Choisir les dattes mûres et fraîches, en couper les deux extrémités, les peler; pousser les noyaux d'un bout afin de les faire sortir du bout opposé; les plonger à l'eau bouillante, les cuire 2 secondes, les égoutter dans une terrine, les couvrir avec du sirop parfumé; quand elles sont froides, les dresser sur un compotier, les arroser avec le sirop réduit.

1222. Compote de bananes. — Choisir les bananes pas trop mûres, les éplucher, en supprimer les gros fils, mais sans les toucher avec une lame en métal; les plonger à l'eau bouillante, les égoutter aussitôt pour les jeter dans du sirop chaud; les retirer du feu, les laisser refroidir dans le sirop. Au bout d'une heure, égoutter les bananes, faire réduire le sirop, le parfumer au zeste d'orange, le verser de nouveau sur les bananes; quand elles sont froides, les dresser.

1223. Compote de Crémone. — Les Italiens du Nord sont très-amateurs de cette compote, qu'ils mangent avec la viande rôtie, à l'égal des Allemands.

Égoutter de leur sirop 2 kilogrammes de fruits à peu près confits, tels que, abricots, prunes, petites poires, amandes-vertes, melon, reines-Claude; les déposer dans une terrine, ou dans un bocal. — Préparer un demi-litre de sirop à 28 degrés, lui mêler un demi-verre de vinaigre, le faire bouillir, le laisser à moitié refroidir. Déposer dans une terrine à peu près un verre de poudre de moutarde délayée à l'eau, lui mêler, peu à peu, le sirop, sans cesser de remuer avec une cuiller. Verser cet appareil sur les fruits, les laisser macérer pendant 24 heures, avant de les servir.

1224. Compote savoyarde. — Cette compote se compose de fruits et de légumes à moitié confits : en fruits on emploie des petites poires, amandes-vertes, écorces d'oranges ou de citrons, groseilles-vertes. En légumes on emploie des carottes, haricots-verts, concombres, cornichons. Les carottes sont coupées en boules, les concombres, les haricots et cornichons, sont coupés en losanges : ces derniers sont préalablement reverdis. Les gros fruits sont coupés en boules, en losanges, ou en quartiers; les amandes et les groseilles sont aussi reverdies.

Les fruits et les légumes sont cuits à l'eau, puis confits à moitié, c'est-à-dire, en leur donnant 3 ou 4 façons au sucre. Pour donner ces façons il faut, après avoir blanchi à fond les fruits et les légumes, les placer séparément dans de petites terrines, les couvrir avec du sirop tiède, à 15 degrés. Huit à dix heures après, égoutter tour à tour le sirop, mêler à celui-ci séparément un peu de sucre, le cuire, en lui donnant 3 degrés de plus; quand il a perdu sa plus grande chaleur,

ENTREMETS SUCRÉS. — COMPOTES, PUNCHS.

le verser sur les fruits ou les légumes : dix heures après, recommencer la même opération.

Quand les fruits et les légumes sont bien pénétrés par le sucre, les égoutter, les mêler dans une grande terrine ; les mouiller juste à hauteur, avec du sirop au vinaigre ayant 30 degrés. — Cette compote est très-bonne, elle peut être servie avec des rôtis de gibier.

1225. Compote Russe. — Choisir 2 bonnes poires et 2 pommes ; les diviser en quartiers, les peler, en supprimer les parties dures ; couper les chairs en tranches minces, diviser également en petits quartiers 2 ou 3 bonnes oranges ; parer à vif les chairs, supprimer les semences. Prendre le quart d'un ananas, le peler à vif, couper les chairs en tranches minces, étroites. Ranger ces fruits dans un compotier, par couches, en entremêlant les espèces et les nuances, et saupoudrant chaque couche avec du sucre pilé, vanillé ; couvrir le compotier, le tenir sur glace pendant une heure.

Au moment de servir la compote, égoutter le sirop dans une petite terrine, lui mêler 2 ou 3 cuillerées-à-bouche de fine-champagne, c'est-à-dire, du vieux et bon cognac ; le verser sur la compote.

1226. Punch chaud, à la Royale. — Faire fondre 250 grammes de sucre dans un poêlon avec un grand verre à vin de rhum, enflammer celui-ci, le faire brûler jusqu'à ce qu'il soit réduit de moitié. Imbiber avec un peu d'eau 4 à 500 grammes de sucre ; quand il est dissous, lui mêler une demi-bouteille de vin du Rhin vieux, un grand verre de cognac, autant de madère ; mêler au liquide les parures d'un ananas frais, préalablement pilées, le zeste d'une orange, celui d'un citron, ceux de 3 à 4 petites oranges vertes ; chauffer le liquide, ajouter le sirop au rhum, le passer au tamis fin ; lui mêler alors les chairs crues de l'ananas, émincées en julienne ; l'envoyer aussitôt.

1227. Punch à la Polonaise. — Déposer dans un poêlon d'office 5 à 600 grammes de sucre en pain, concassé, l'arroser avec un verre de kirsch, autant de rhum, un peu de cognac ; enflammer le liquide, le laisser brûler jusqu'à ce que le sucre soit dissous ; lui mêler alors une bouteille de champagne, le jus d'une orange, et la moitié d'un ananas coupé en tranches. Chauffer le punch avant de le servir.

1228. Punch glacé, ananas et champagne. — Prendre un ananas mûr, en supprimer la peau dure, en lui laissant adhérer un peu de chairs. Piler ces épluchures, les déposer dans une terrine propre ; ajouter un brin d'écorce d'orange et de citron, les arroser avec un demi-litre de sirop à 28 degrés, tiède. Une demi-heure après, passer le liquide au tamis, dans une autre terrine, lui mêler le suc de 2 oranges et de 3 citrons, puis l'eau nécessaire afin d'obtenir le sirop à 22 degrés. Verser cette préparation dans une sorbetière sanglée, tourner celle-ci en travaillant l'appareil d'après la même méthode des glaces. Quand la composition est glacée, lui incorporer peu à peu la valeur de 3 blancs d'œuf de meringue à l'Italienne, préparée avec du sucre cuit au lissé (Voy. art. 1204); lui incorporer ensuite une bouteille de vin de Champagne, mais toujours peu à peu, sans cesser de travailler l'appareil; en dernier lieu, ajouter 4 cuillerées-à-bouche de bon kirschwasser; le servir dans des verres à pied. — Le punch glacé est ordinairement servi avant, ou en même temps que le rôti.

1229. **Bischof du Prince Albert.** — Couper en morceaux 500 grammes de sucre, le mettre dans un vase en porcelaine, avec le jus de 3 oranges et un peu d'eau, le faire dissoudre; ajouter le zeste de 2 oranges vertes, ainsi qu'une bouteille de bon médoc, infuser le liquide pendant une demi-heure, le passer au tamis.

1230. **Bol aux fruits, à la Russe.** — Parer à vif le quart d'un ananas frais, diviser les chairs en lames, les couper en petits dés, les déposer dans une terrine; ajouter 4 à 5 pêches mûres, divisées en deux, émincées en tranches; autant d'abricots, également pelés et émincés, une poignée de cerises sans noyaux, 2 poignées de belles framboises, et enfin 2 poignées de groseilles rouges; arroser ces fruits avec un verre de sirop vanillé, mêlé avec 2 grands verres de vin de Bordeaux; poser la terrine sur glace.

Piler les parures d'ananas, les passer au tamis fin avec la valeur d'un litre de fraises fraîches; étendre cette purée avec le suc de 2 oranges, un verre de sirop, et une bouteille de champagne, la mêler au liquide de la terrine sur glace. Envoyer la terrine en même temps qu'une assiette de biscuits à la cuiller, coupés en dés.

1231. **Orgeat frais.** — Le sirop d'orgeat cuit, qu'on conserve en bouteilles, est certainement très-estimable quand il est bien préparé, et commode en même temps parce qu'il n'exige plus qu'un apprêt bien simple; mais pour les vrais amateurs, l'orgeat frais est bien préférable; son arome est plus pur, plus délicat. — Choisir un kilogramme d'amandes douces, mêlées avec un cinquième de leur poids d'amandes amères; les monder à l'eau chaude, les faire dégorger à l'eau froide pendant plusieurs heures; les égoutter, les piler par petites parties à la fois, avec un peu de sucre; quand elles sont converties en pâte fine, leur mêler le zeste haché d'une orange, et autant de sucre qu'elles peuvent en absorber, de façon à former une pâte solide. Conserver cette pâte dans un vase verni, en la pressant fortement, la tenir sur glace, ou dans un lieu frais. — La pâte d'orgeat constituée dans ces conditions, peut être conservée fraîche pendant quinze jours; quand on veut préparer de l'orgeat, il suffit de prendre une petite partie de cette pâte, la délayer peu à peu avec de l'eau froide afin d'amener le liquide au point de douceur voulu, le passer ensuite à travers un linge, le faire bien refroidir.

1232. Cardinal aux fraises (Dessin 392). — Râper le zeste d'une orange sur un morceau de sucre en pain pesant 100 grammes, le mettre dans un vase en porcelaine avec 400 grammes de sucre concassé; l'humecter avec un demi-litre

Fig. 392.

d'eau froide, et le jus de 6 oranges, passé; quand le sucre est fondu, ajouter une bouteille de bon rhum, plonger une poignée de fraises fraîches dans la boisson, verser celle-ci dans un vase en verre, et la tenir sur glace pendant une heure. Au moment de servir, placer le vase sur un plateau, l'entourer avec des verres, le servir dans les conditions représentées par le dessin.

1233. Maïtrank. — C'est une boisson qu'on boit en Allemagne, au printemps; on la prépare dès les mois d'avril et de mai, aussitôt qu'il est possible de trouver des feuilles fraîches d'*aspérule odorante*[1]; les Russes et les Allemands l'estiment beaucoup. — Déposer dans une terrine vernie 150 grammes de sucre concassé, l'arroser avec quelques cuillerées d'eau froide afin de le faire dissoudre, et lui mêler une bouteille de vin blanc de la Moselle; ajouter une pincée de feuilles d'aspérule lavées; laisser infuser celles-ci pendant 25 minutes; passer ensuite le liquide dans un vase à punch.

1234. Orangeade au vin. — Râper le zeste de 2 oranges sur du sucre, gratter ce sucre avec le couteau, le déposer dans un vase en porcelaine, ajou-

---

[1]. On appelle aussi cette plante *muguet des bois, hépatique étoilée*.

ter le jus de 4 oranges, un demi-litre de sirop, un peu serré et froid, une demi-bouteille de bon vin blanc ; passer le liquide à travers un linge, le faire bien refroidir.

1235. Cardinal. — Déposer 500 grammes de sucre en pain dans un vase en faïence, l'arroser avec un verre d'eau froide afin de le faire dissoudre ; ajouter alors une bouteille de vin du Rhin et une demi-bouteille de champagne, quelques brins de zeste d'orange et de citron, ainsi que le jus de 2 oranges ; passer le liquide à travers un linge, le faire bien refroidir sur glace avant de le servir.

1236. Marquise. — Mettre 500 grammes de sucre dans un vase en faïence, l'imbiber avec un peu d'eau afin de le faire dissoudre ; le délayer alors avec une bouteille de vin du Rhin et 2 bouteilles d'eau de Seltz ; ajouter au liquide 2 ou 3 citrons coupés en tranches, égrenés ; faire refroidir cette boisson avant de la servir.

1237. Sirop de caramel. — Mettre deux poignées de sucre en poudre dans un poêlon, poser celui-ci sur feu modéré, tourner le sucre avec une cuiller en bois jusqu'à ce qu'il soit dissous et légèrement brun ; le mouiller alors avec la valeur de 2 verres d'eau, ajouter un bâton de vanille, ainsi que 5 à 600 grammes de sucre concassé ; faire bouillir le liquide jusqu'à ce qu'il soit converti en sirop serré (30 degrés), le retirer aussitôt pour l'employer chaud ou froid. — Ce sirop est excellent (au naturel) pour sauce d'entremets, et aussi pour boisson, après l'avoir coupé avec de l'eau.

1238. Knickebein. — C'est une boisson restaurante très en vogue en Allemagne. — Déposer au fond d'un verre à champagne (flûte), un jaune d'œuf bien frais entier ; sur ce jaune, verser tout doucement un demi-verre à liqueur de bon cognac, et sur celui-ci, un verre d'*alkermès* ou de bon curaçao, en ayant soin que ce dernier reste au-dessus, sans se mêler avec la liqueur du fond. — On avale cette boisson d'un seul trait.

PUBLICATIONS CULINAIRES

URBAIN-DUBOIS

I. ÉCOLE DES CUISINIÈRES

MÉTHODES ÉLÉMENTAIRES

PREMIÈRE ÉDITION

Prix : 6 francs

250 figures démonstratives, dont 2 planches et un frontispice gravés hors texte.

Ce livre, d'un ordre simple, détaillé, instructif, va devenir le guide de toutes les cuisines où le travail s'opère dans des mesures restreintes, basées sur l'économie, en même temps que sur la simplification des méthodes.

Le défaut capital des livres de cuisine, ceux surtout destinés à la bourgeoisie, c'est de n'avoir pas tenu un compte suffisant des sujets de démonstration, tant au point de vue des apprêts qu'à celui du dressage des mets; cependant, il est avéré que, même pour les gens du métier, certaines opérations, pour être bien comprises, exigent d'être sciemment démontrées; en tout cas, on ne saurait nier que les sujets démonstratifs ne soient d'un puissant secours. C'est ce motif qui a déterminé l'auteur à en produire un si grand nombre, ceux entre autres s'appliquant aux procédés élémentaires du travail.

Ce livre possède donc des avantages d'une importance première, car, à côté des méthodes simplement décrites, viennent se placer les figures démonstratives qui en facilitent l'exécution.

L'ÉCOLE DES CUISINIÈRES renferme encore une série de menus pour déjeuners et dîners, auxquels est adapté le nom des vins qu'il convient de servir avec chaque mets, depuis le potage jusqu'au dessert. C'est la première fois que les menus d'un livre de cuisine sont reproduits dans ces conditions. Cette innovation était d'autant plus nécessaire, qu'aux yeux des gourmets, le choix des vins est toujours d'une grande importance, par rapport aux mets servis, et que les maîtresses de maison sont en général peu familiarisées avec les règles adoptées sur ce point délicat.

II. CUISINE DE TOUS LES PAYS

TROISIÈME ÉDITION

Un fort volume grand in-quarto renfermant 392 grands dessins gravés sur bois, et 3 planches gravées hors texte.

Prix : 18 fr.

Ce livre est un type d'originalité, riche d'enseignement et de démonstration ; s'il est d'une importance moins élevée que la Cuisine-Classique, il n'est cependant ni moins remarquable, ni moins intéresssant : dans son ensemble, il représente toutes les écoles, et met en évidence les méthodes les plus modernes ; il traite avec la plus grande exactitude les mets nationaux de tous les pays, du moins en ce qu'ils offrent de plus acceptable ; les prescriptions qu'il renferme ont été puisées aux meilleures sources, et sont le résultat d'une étude constante sur les procédés divers pratiqués un peu partout.

En fait, ce livre est une sorte d'encyclopédie universelle : attrayant par ses nombreux dessins, plein d'intérêt pour ceux qui voudront l'étudier dans ses détails, il est digne de l'attention des gourmets aussi bien que des cuisiniers ; son mérite consiste surtout à être neuf et vrai.

Près de quatre cents dessins accompagnent les formules, afin d'en démontrer l'application ; ces dessins sont d'un fini irréprochable, tout à la fois élégants et précis.

De même que les formules de la Cuisine-Classique appartiennent à un autre ordre d'idées, de même les dessins de celui-ci ont leur cachet tout particulier, car ils sont traités à un point de vue différent : l'auteur n'a pas voulu se copier, il a préféré innover.

A ce livre, est aussi adjointe une série de menus authentiques, servis dans toutes les contrées de l'Europe ; l'intérêt se rattachant à cette partie du livre ne peut échapper à personne.

III. CUISINE-CLASSIQUE

CINQUIÈME ÉDITION

2 grands volumes in-quarto, 65 planches gravées hors texte.

Prix : 20 fr. le volume.

La renommée de la Cuisine-Classique est Européenne : c'est une œuvre sérieuse, plus complète qu'aucune de celles publiées jusqu'ici sur la cuisine.

Par son luxe, elle a sa place marquée dans les bibliothèques des grandes maisons; par son mérite réel, elle est devenue le conseiller des hommes du métier aimant l'étude.

Les amphitryons, les maîtresses de maison, les cuisiniers et les cuisinières peuvent tirer un égal profit des multiples ressources de ce livre, puisqu'il traite tout à la fois du service de la table, de la composition des menus de grands festins, et enfin de toutes les branches de la cuisine.

Dans l'ordre culinaire, c'est le seul livre réunissant tant d'éléments divers d'instruction, et qui, se plaçant à un point de vue élevé, ait cependant réussi à vulgariser en quelque sorte la science culinaire, en la rendant plus compréhensible et facile à pratiquer.

Toutes les méthodes qu'il enseigne s'appuient sur des démonstrations de la plus parfaite exactitude.

Les gravures qu'il renferme sont d'une abondance et d'une vérité remarquables.

Pour paraître très-prochainement

IV. CUISINE-ARTISTIQUE

Ouvrage en deux parties renfermant cent et une planches.

Ce livre est tout à la fois la suite et le complément de la Cuisine-Classique ; il est du même format, il est établi dans les mêmes conditions de luxe et d'élégance.

L'ouvrage contiendra plus de cent planches, gravées hors texte ; il est divisé en deux parties.

La première renferme les différentes divisions d'une grande cuisine: le service de la table et celui des buffets de bal; les entrées et hors-d'œuvre chauds ; les relevés de poisson, de boucherie et de volaille ; les rôts de volaille et de gibier.

La seconde partie, renferme les entremets chauds et froids ; la pâtisserie dans son expression la plus distinguée : socles, pièces montées, sultanes, aigrettes, grands et petits gâteaux, le froid au complet, c'est-à-dire, les entrées et pièces froides ; les socles, trophées, et enfin, les sujets d'ornement, ainsi que les grandes pièces ornementées.

Tout est nouveau dans ce livre, tout est complet ; mais son caractère distinctif, c'est que chacune de ses descriptions est accompagnée par le dessin du sujet dont elle traite. C'est là une innovation d'un grand prix, comme motif d'instruction et de facilité.

Dans la première partie du livre, les relevés offrent un véritable intérêt, car ils renferment une collection nombreuse de poissons de mer et d'eau douce, choisis parmi les espèces les plus remarquables connues en Europe et en Amérique, tous sont gravés d'après nature, ou d'après des photographies très-exactes.

Dans la deuxième partie, les planches sont d'un ordre élevé et distinct ; les sujets, en général, n'ont pas seulement le mérite de la nouveauté, ils ont aussi celui d'être artistiquement composés et reproduits.

TABLE DES MATIÈRES

Batterie et meubles de cuisine.

	Pages.
Armoire à glace	57
Batterie de cuisine	de 1 à 20
Buffet de salle à manger	85
Étuve en fer	31
Étuves de salle à manger	»
Four en fer	29
Fourneau en fer	72
— système mixte	73
Hatelets chauds et froids	91-92
Rôtisserie à l'ancienne	49
— à l'anglaise	40-41
Timbre de cuisine	65

Fonds-de-cuisine.

	Art.
Béchamel	161
Caisse-à-bain-marie (D. 99)	164
Court-bouillon	163
Glace de viande	158
Jus	157
Marmite pour fonds-de-cuisine	156
Mirepoix	162
Sauce espagnole	159
— veloutée	160

Sauces diverses, Garnitures, Pâtes.

	Art.
Beurre de Montpellier	201
Pommade à l'ail	302
Sauce Bavaroise	256
— Berlinoise	790
— au beurre	199
— bigarrade	873
— Catalane	640
— au chasseur Polonais	841
— Colbert	468
Sauce aux cerises	793
— échalotes	181
— Béarnaise	196
— écrevisses	193
— à l'essence d'anchois	212
— à la crème de crevettes	172
— flamande	320
— de Genève	991
— des gourmets	197
— Italienne	420
— au pain frit	937
— au pauvre homme pour filet	367
— au persil	225
— hachée	455
— Mayonnaise	274
— Mayonnaise chaude	200
— Périgueux	774
— Portugaise	797
— raifort froide	365
— remoulade chaude	552
— aux raisins	416
— de Provence	315
— à la Russe	351
— ravigotte chaude Bordelaise	602
— poivrade	621
— verte à la Vénitienne	205
— Victoria	870
— Toulousaine	668
— rouge	319
— réforme	548
— soya	240
— à l'archevêque	818
— à l'orange	925
— Hongroise	250
— aux cerises d'entremets	1065
Garniture financière	448
— jardinière	482

Quenelles de pommes de terre	65	Ouka aux truites	154
— à la moelle	79	Pilau de langouste à la Marseillaise	134
Riz à l'Indienne	731	Pilaw à la Turque	54
Godiveau	474	Pot-au-feu (D. 86)	3
Pâte à coulibiac	217	Poule au pot, à la Béarnaise	101
— brisée	194	Puchero, pot-au-feu à l'Espagnole	6
— fine	505	Purée de canard à la Rouennaise	64
— à pouding	378	— d'herbes, aux quenelles de p. d. t.	65
— à taillarini et à nouille	936	— de volaille au riz	66
— feuilletée	397	— d'oseille aux tanches	67
— à tartelette	1079	— Belge	68
— à tarte	1080	— de topinambours	69
— à dampfnouille	1132	— de chicorée, aux quenelles de foie	70
— à choux	1139	— d'oignons, aux tanches	71
		— de racines à la crème	72
Soupes, bouillons, consommés.		— de marrons, aux saucisses	73
		— de tomates aux quenelles	74
Barsch de Galicie	126	— de courge, aux riz	75
— au lièvre, à la Polonaise	104	— de pommes de terre, à la génevoise	76
Bisque aux écrevisses, de Nauheim	135	— de pommes de terre, hollandaise	77
Borsch moldave	114	— de lentilles, maigre	78
Borsch à la Polonaise	131	— de cardons aux quenelles de moelle	79
Bourride à la Provençale	149	— de bœuf, à la Russe	83
Bouillabaisse pour soupe	136	— de mauviettes, à la Persane	84
Bouillon blanc	1	— de lentilles, à l'Anglaise	86
Bouillon succulent	2	Riz aux choux, à la Milanaise	32
Busega, à la Milanaise	118	Rossolnick de canard, à la Russe	88
Cocki Leeki, à l'Écossaise	29	— d'esturgeon	150
Consommé aux quenelles	7	Rosol, pot-au-feu à la Polonaise	5
— de faisan aux nouilles	8	Sagou au vin de Bordeaux	59
— au pain de faisan	9	Soubise des Princes	85
— aux ravioles de gibier	10	Soupe aux morilles	22
— à la bonne femme	11	— aux cerises à l'Allemande	23
— de poisson aux quenelles	12	— à la bière, à la Berlinoise	24
— aux biscottes, à la Viennoise	13	— du Holstein	25
— aux Épicuriens	14	— du Pacha	26
— des jacobins	15	— d'orge au céleri	27
— aux noques à la Génevoise	16	— Brunoise aux quenelles	28
Couscous des Arabes	21	— aux courgerons, à l'Italienne	30
Crème de riz aux ailerons	60	— de riz au lait d'amandes	31
— d'avenas	61	— riz aux choux à la Milanaise	32
— de riz à la Florentine	62	— à la fermière	33
— d'orge à la Viennoise	63	— aux choux gratinés	34
Crécy au sagou	80	— aux morilles farcies	35
Croûte-au-pot à la Parisienne	20	— aux carottes nouvelles	37
Cucido, pot-au-feu à la Portugaise	4	— aux laitues	38
Garbure Italienne	45	— du Grand-duc	39
— Béarnaise	46	— au cresson	40
Hoche-pot	108	— aux choux	41
Julienne à la Faubonne	17	— sauté	42
— à la Russe	18	— mille-fanti	43
— à la Polonaise	19	— au fromage	44
Klodnick à la Polonaise	140	— de Noël à la Napolitaine	47
Menestrone à la Milanaise	36	— au macaroni à la crème	48
Odge-Podge	123	— aux capelletti, à la Bolognaise	49
Okrochka, à la Russe	117	— à l'orge, aux légumes nouveaux	50
— maigre	143	— aux noques, à la farine	51
Ouka à l'Allemande	153	— au chat, à l'Espagnole	52

TABLE DES MATIÈRES. 581

	Art.
Soupe à l'oignon, à la Parisienne	53
— de blé-vert à l'Allemande	55
— d'œufs au parmesan	56
— à la farine	57
— à la St-Cloud	81
— St-Germain	82
— aux orties, à la Russe	87
— au canard, à la Lithuanienne	89
— de canard, à la Polonaise	91
— aux abatis, à l'Anglaise	92
— aux abatis, à la Poméranienne	93
— de poulet, à l'Anglaise (chicken-soup)	94
— au lièvre, à l'Ecossaise	95
— aux grives, à la Provençale	96
— de perdreaux, à l'Espagnole	97
— à la Westmoreland	98
— aux pigeons, à l'Anglaise	99
— de pigeons au cary	100
— à la Malmesbury	102
— à la Dolgoroucki	103
— au blanc de chapon, à l'Espagnole	105
— à la Reine de Hollande	106
— aux queues de veau, à l'Indienne	107
— aux jarrets de veau, à l'Anglaise	109
— de queues de mouton, à la Persane	110
— au mou de veau, à l'Allemande	111
— du soldat victorieux	112
— Ecossaise (scotch broth)	113
— de mouton, à l'Anglaise (mutton-broth)	119
— aux joues de bœuf à l'Anglaise (ox-cheek-soup)	120
— aux oreilles de porc, à l'Allemande	121
— d'agneau à la Grecque	122
— aux tendons de veau	124
— Kalbspolet, à la Hollandaise	125
— de riz, à la marinière	127
— maigre, aux huîtres	128
— aux huîtres, à l'Américaine	129
— d'anguille, à la Hollandaise	130
— aux crevettes, à la Nantaise	132
— de vongoli	137
— de turbot au cary	138
— calia, à la Russe	139
— de fielas à la Marseillaise	141
— au poutin à la mode de Nice	142
— batwiina à la Russe	144
— aux anguilles, à la mode de Hambourg	145
— aux tanches	146
— aux tanches à la Polonaise	147
— de ierchis, à la Russe	148
— tortue, à l'Américaine	151
— de lottes, à la Russe	152
— aux clams-chouders	155
Stchi de Vilna	116
Stschy de canard à la Russe	90
Stschy vert à la Russe	115
Stschy maigre à la Russe	133
Tapioka aux tomates	58

Poisson : Relevés et entrées.

	Art.
Aiguillettes de thon, frites	300
Alose au court-bouillon	342
Anges à cheval	269
Anguille à la broche	228
— au beurre de Montpellier (D. 129)	230
Aspic aux huîtres	265
Ayoli à la Provençale	302
Barbue à la Parisienne (D. 127)	226
Beignets d'anchois à la mode de Nice	349
Bouchées aux huîtres (D. 133)	261
— aux laitances de carpe	293
Bouillabaisse Provençale (D. 118)	189
— à la Parisienne	190
— russe	284
Brancino, sauce verte, à la Vénitienne	205
Brandade de morue à la mode de Montpellier (D. 140)	301
Brème grillée, sauce échalote	181
Brochet en fricassée à l'Allemande	236
— à la Polonaise	237
— à la mode de Potsdam	239
— sauce soya (D. 130)	240
— à l'Égyptienne	243
Brochet à la Russe	24
— à l'aigre-doux	245
Buisson de crevettes et langoustes (D. 152)	334
— à la marinière	185
Cappon-magro à la génoise (D. 156)	344
Carpe à la marinière (D. 138)	291
— de Noël à la Polonaise	292
— à la Russe	294
— à la bière	295
Cary de homards, à l'Indienne	321
Caviar	359
Clovisses et praires pour hors-d'œuvre	233
Coquilles de langoustes à la crème	318
Côtelettes de saumon, sauce échalote à la Béarnaise	196
— de brochet à la soubise	238
Coulibiac de saumon à la Russe	211
— de truites D. 125)	217
Crevettes en buisson	186
Cromesquis d'écrevisses à l'Allemande	176
Cromesquis d'huîtres	260
Croquettes à l'Indienne (D. 154)	339
Croquettes aux huîtres d'Amérique	263
Croûtes aux huîtres	270
— de foie de raie, Nantaise	280
Darne de cabillaud sauce Flamande (D. 147)	320
Darne de saumon au beurre de Montpellier (D. 121)	201
— , sauce au beurre	199
Dartois Russes (sausselis)	234
Demi-turbot sauce à la crème de crevettes (D. 114)	172

TABLE DES MATIÈRES.

	Art.
Ecrevisses à la marinière	170
— à la Lorraine	174
— à la Provençale	178
— à la crème aigre	179
Eperlans bouillis	330
Esturgeon à la sauce piquante	251
— en fricandeau aux olives	252
Filets de maquereaux au gratin	223
Filets de soles à la Flamande	307
— — aux champignons (D. 142)	308
— — à la sauce de Provence	315
— — à la Villeroi	309
— — à la Rouennaise (D. 145)	314
Fritto-misto à l'Espagnole	333
Galantine d'anguille à la gelée (D. 129)	235
Goujons au gratin	206
Gratin de filets de soles à la Marseillaise	312
Grondins à l'Egyptienne	336
Gros crabes à l'Anglaise	331
Grosse anguille grillée	227
Harengs salés de Hollande	213
— frais, au cary	215
— farcis	219
— saurs, aux fines-herbes	222
Homard à la Parisienne	322
— au gratin	323
— à la marinière	324
— en coquilles (D. 148)	325
— bouilli à la sauce rouge	319
— à la maryland	327
— à la mode de Hambourg	328
Huîtres au naturel	258
— au cary	259
— grillées à l'Américaine	262
— d'Amérique à la béchamel	264
— frites à la Provençale	266
— à la mode de Hambourg	267
— à la Tartare	268
Hure de saumon à la Dieppoise	204
— de saumon, sauce à l'essence d'anchois (D. 129)	212
Ierschis au vin blanc	208
Kadgiori de turbot	166
Kaviar	359
Laitances de harengs au gratin	220
— de maquereaux en petites caisses	224
Lamproie à la Piémontaise	287
— à la Bordelaise	288
— à la Bourguignonne	290
Langoustes à la ravigote (D. 153)	335
— à la Bordelaise	317
Macreuses rôties à la Provençale	357
Maquereaux bouillis, sauce au persil	225
Matelote de carpe (D. 139)	296
— russe	276
Mayonnaise de saumon à la gelée	195
Merlan frit, à la Provençale	187
Meurette de Bourgogne	343

	Art.
Moules à la marinière	182
— à la Bordelaise	183
— farcies à la Turque	271
Mulets ou muges sauce aux câpres	353
— à la matelote	354
Navagas d'Astrakan au vin blanc	352
Noix de tortue à l'anglaise	285
Œufs à la Russe (D. 158)	361
Ombre-écaillé de Lausanne	345
Omelette de poissons blancs, à la Napolitaine	282
Oursins pour hors-d'œuvre	332
Pain de merlan à la Parisienne (D. 117)	184
— de brochet aux écrevisses	242
— — aux truffes (D. 131)	246
Pâte à coulibiac	217
Pâté-chaud de saumon	194
— d'anguille	231
— de turbot, à la Danoise	167
— froid de saumon, aux truffes	202
— de sterlet	281
Perches à la Suédoise	209
— bouillies à la mode de Hollande	210
Petits-pains d'écrevisses à la gelée (D. 115)	175
— de caviar aux huîtres	363
Petits-pâtés russes, au wésiga	253
Petites anguilles du Tibre, aux petits-pois	229
Petites lamproies frites à la Piémontaise	289
Petites truites au court-bouillon	272
Piklings (Buklinge) à l'Allemande	355
Pommade à l'ail	302
Poutargue à l'huile	299
Quenelles de brochet aux champignons	241
— de fogosch à la Hongroise	250
Queues de homards à la gelée (D. 149-150)	326
— de merlan à la mode de Cherbourg	188
Raie à la sauce piquante	279
Rastagaïs de saumon à la Russe	203
Rissoles d'écrevisses aux champignons	177
Rougets à la Livournaise	337
— à la Bordelaise	338
— grillés à la Nantaise	341
Royans grillés à la Bordelaise	346
Salade de turbot (D. 113)	171
— de queues d'écrevisses (D. 116)	180
— de harengs à l'allemande	214
— de goujons-perches (ierschis) (D. 124)	216
— de filets de soles (D. 143-144)	313
— de homards à la gelée (D. 151)	329
— Russe au caviar (D. 157)	360
— Russe à la gelée (D. 155)	340
— de langoustes à la gelée (D. 155)	340
Sandres à la mode de Dantzig	254
— bouilli, sauce Bavaroise (D. 132)	256
Sardines au gratin à la Provençale	347
Saumon salé, à la Norwégienne	192
— du Rhin, sauce écrevisses (D. 119)	193
— de Vatel	198
— froid à la ravigote (D. 122)	207

TABLE DES MATIÈRES.

	Art.
Siguis au gratin	350
— fumé, sauce à la Russe	351
Soles au vin blanc	304
— à la Hambourgeoise	305
— au gratin	306
— à la Rochelaise	310
— grillée, sauce Colbert	311
Soudac des gourmets	255
— à la Moscovite	257
Sterlet au chablis (D. 136)	282
Stondin de sterlet	283
Tanches au cary	247
— à la silésienne	248
— au gratin	249
Terrapines, fricassées à la Maryland	358
Tourte à la marinière (D. 137)	286
— de filets de soles (D. 116)	316
— aux anchois	348
Tranche de saumon à la mode de Francfort	191
— de saumon, sauce des gourmets (D. 120)	197
— de saumon grillées à la mayonnaise chaude	200
— de thon, grillée	297
— de thon aux petits-pois	298
Tronçon de saumon à la matelote (D. 126)	221
Tronçons de truites à la Mayonnaise (D. 134)	274
Truite à la Génevoise	273
— à la gelée (D. 135)	275
— à l'Epicurienne	277
— saumonée, aux truffes	278
Turban de filets de soles à la Parisienne (D. 141)	303
Turbot à l'Anglaise (D. 112)	165
— à la crème, gratiné	168
— à l'Indienne	173
Turbotin à la Hollandaise	169
Vives au gratin	356
White-bait à l'Anglaise	218
Zakouskis à la Russe	362

Boucherie.

	Art.
Agneau sauté aux tomates	593
Agnoloti de Turin	393
Aloyau salé, à l'Anglaise	366
Andouilles de Nancy	638
Animelles de mouton frites	557
Arischtiou à l'Anglaise	533
Aspic à la Normande (D. 181)	476
Attereaux de palais de bœuf	411
Béni Russe (D. 211-212)	627
Biftecks à la Châteaubriand	377
— à l'Américaine	379
— à la Napolitaine	381
— à la Nelson (D. 102)	383
Blanquette d'agneau	586

	Art.
Bœuf à la Prussienne (Schmorbraten)	388
— à la daube, de Marseille (D. 165)	389
— salé de Hambourg, aux épinards	390
Bord de plat (D. 189)	521
Bouchées de palais de bœuf	410
Carbonnades de mouton à la crème	570
— — glacées (D. 198)	573
Carbonnade de veau à la Toulousaine	487
Cassolet de Castelnaudary	565
— à la mode de Carcassonne	566
Cervelas de Strasbourg	639
Cervelles de mouton à la rémoulade chaude	552
Cervelles de veau à l'oseille	488
— à la matelote	489
— à la ravigote chaude	492
Cochon de lait rôti	624
— — froid à la Russe	625
Coquilles de cervelles de veau	490
— ris d'agneau	582
Coquilles de ris de veau	451
Côtelettes d'agneau à la bouchère	576
— — en crépinettes	577
— — sautées, à la purée de champignons (D. 200)	578
— — à l'anglaise	579
Côtelettes de mouton à la Bretonne	546
— — à l'estragon	547
— — sauce réforme	548
— — à la Provençale	549
— — grillées, purée de pommes de terre (D. 194)	554
Côtelettes de porc, sauce à la Catalane	640
Côtelettes de veau grillées à la sauce Colbert (D. 179)	468
— à la Berlinoise	469
— à la bouchère	470
— glacées à la Lyonnaise	471
— à la Provençale	472
— braisées, à la Périgueux (D. 180)	473
Coulibiac à la Moldave	486
Cromesquis de cervelle de veau	491
Cromesquis de veau à la bouchère (D. 185)	500
Croquettes d'agneau aux artichauts	592
— de ris de veau	450
Croustade de filets-mignons de veau (D. 182)	481
Croûtes aux rognons de veau (D. 199)	574
— à la moelle de bœuf	398
Double d'agneau rôti	587
Émincé d'agneau aux cèpes	594
Émincé de filet de bœuf, à la Polonaise	376
Émincé de veau à l'Italienne	465
Entrecôtes des gourmets	396
Épaules d'agneau en canetons (D. 201)	584
— à l'Italienne	585
Épaule de mouton farcie	545
Farce cuite de veau	457
Filet de bœuf rôti, sauce au pauvre homme	367
— à la Vernon	368

TABLE DES MATIERES.

	Art.
Filet de bœuf à la Richelieu (D. 160)	369
— aux truffes	370
— sauce tortue	371
— à la hussarde	372
— piqué, découpé en entaille (D. 161)	374
— à la purée de céleri	373
— de palais de bœuf, gratinés	409
Filets-mignons de mouton au chasseur	551
Foie d'agneau grillé à la Provençale	599
Foie de veau à l'Anglaise	501
— à la Bordelaise	503
— rôti à la Lyonnaise	504
— à la Parisienne	497
Fraise d'agneau à la sauce ravigote, Bordelaise	602
Fraises d'agneau au cary	600
Fraissure d'agneau à l'Italienne	597
— à la Lyonnaise	598
Fricandeau de veau à l'oseille	453
Gayettes à la Provençale	637
Gigot de mouton à la Soubise	522
— — à la Polonaise	523
— — à la Milanaise	524
— — à l'eau	525
— — bouilli à l'Anglaise	527
— — en pot-pourri, à la mode de Bourgogne	528
— — rôti aux haricots (D. 191)	529
— — des Ardennes, à la Flamande	530
Godiveau	474
Gras-double à la Lyonnaise	399
— à la Toulousaine	401
— à la Vénitienne	402
— à la mode du Dauphiné	403
— à la mode de Caen	404
— à la mode de Dijon	405
— grillé à la Tartare	406
Grenadins de veau à la Jardinière	482
Hachis de mouton aux œufs mollets	562
— de porc frais	636
— de veau cru	454
Jambon fumé à l'Alsacienne	606
— des Epicuriens	607
— de Tonkin rôti à la Vernon	608
— à l'Anglaise (D. 205)	609
— d'Asturie aux œufs filés (D. 206)	612
— à la gelée (D. 207)	613
— à l'Américaine	614
Karapulka à l'Espagnole	641
Kebap à la Persane	561
Kimalé beurek	541
Kulasch à la Hongroise	422
Langue de bœuf à l'oseille	414
— à la mode de Palerme	415
— à l'écarlate, sauce aux raisins	416
— à la financière (D. 168)	417
— salée à la choucroute	418
— à l'écarlate, purée de marrons	419
— sauce Italienne	420

	Art.
Langue de mouton aux navets	555
— à la Macédoine (D. 196)	564
— aux oranges	567
Langue de veau en tortue	479
— froides à la macédoine	483
Longe de porc frais, rôtie, à la Bordelaise	616
Longe de Tonkin, rôtie, à l'Anglaise	620
— veau rôtie à la broche	440
— veau à la crème	441
Mironton de bœuf	392
Montglas de veau à la Russe	477
— aux croûtons	478
Mouton-chopp des brasseurs	550
Mufle de bœuf au cary	408
Navarin	571
Noix de veau à la soubise	424
— à la Provençale	435
— à la cuiller	425
— aux petits-pois	426
— à la duchesse (D. 170)	427
— à la Bordelaise	428
— à la mode de Pontoise	429
— à la broche	430
— à la béchamel	431
— au gratin	432
— à la Génevoise	434
Oreilles de mouton en croustade (D. 197)	568
Oreilles de porc salées, à la purée de lentilles	642
Oreilles de veau à la marinade	508
— à la Bordelaise	509
— à la Villeroi	506
— frites sauce tomate	507
Ouson Kebap, rôti, à la Turque	421
Pain de foie de veau à l'Allemande	493
— à la Française	494
— glacé	495
— à la gelée (D. 184)	496
Paëlla à l'Espagnole	391
Paquets à la mode de Marseille	531
Pâté à la ciboulette	514
Pâté de godiveau à la mode de Metz	474
Pâté de mouton à l'Anglaise (D. 195)	559
Pâté-chaud d'agneau à l'Anglaise	603
Pâté-chaud de porc frais, à l'Anglaise	646
Pâté-chaud à la financière (D. 183)	485
Pâté-froid d'agneau	604
Pâté-froid de jambon	610
Pâté-froid pour découper (D. 208-209)	617
Paupiettes (brasciole) à la Milanaise	462
— de Schwalbach	463
— de veau, glacées (D. 178)	464
Perkœll à la Hongroise	623
Petits-pâtés feuilletés, à la graisse de bœuf (D. 166)	397
Petits-pâtés au jus à la Provençale	484
Petits-pâtés à la Nimoise	553
Petits vol-au-vent de ris de veau	443
Petites chartreuses de ris d'agneau (D. 202)	588
Petites caisses de ris d'agneau (D. 204)	605

TABLE DES MATIÈRES. 585

	Art.
Petites timbales à l'Anglaise (D. 186)	505
Pièce de bœuf au gratin	382
— braisée, à la Parisienne (D. 163)	384
— à la cuiller	385
— à l'Allemande	386
— bouillie, aux choux (D. 164)	387
Pieds de mouton à la vinaigrette	542
— à la poulette	544
Pieds de porc à la Piémontaise	643
— à la Ste-Menehould	644
— aux truffes	645
Pieds de veau à la Genévoise	517
— à la Hongroise	518
— à la mode d'Anvers	519
— à l'Américaine	920
Pilaff d'agneau à la Grecque	595
Pilaff de filet de bœuf à la mode de Barcelone	375
Pilaw à la Persane	537
Poitrines d'agneau grillées	580
Pouding de biftecks aux huîtres	378
Pouding de mouton à l'Anglaise	563
Pouding de rognons de veau	512
Quartier d'agneau rôti	589
Quartier de mouton braisé (D. 193)	543
— de porc salé, bouilli à l'Anglaise	618
— de veau rôti, à l'Anglaise (D. 171)	433
Quartier de veau à l'Allemande	436
Quenelles de veau à la Toulouse (D. 188)	515
Quenelles de foie de veau à l'Allemande	502
Queue de bœuf grillée à l'Alsacienne	412
— à la purée de marrons	413
Ragoût d'agneau aux petits-pois	590
— à la Valencienne	591
Ragoût de mouton à l'Égyptienne	534
— à la Persane	535
— aux pommes de terre	536
— à l'Indienne	539
— à la Turque	540
— d'épaule de veau aux légumes	467
Ravioles à la Grecque	569
Ris d'agneau piqués à la purée de pois	581
Ris de veau à la Parisienne (D. 173)	442
— à la Piémontaise	444
— à la broche	445
— frits à l'Italienne	446
— à la Chartreuse (D. 174)	447
— à la financière	448
— à la sauce Périgueux	452
Rissoles à l'Anglaise	461
Rognons d'agneau glacés	596
Rognons de mouton à la Flamande	575
Rognons de mouton à la Vieville	572
Rognons de veau à la Bretonne	511
— au vin	513
— à la Polonaise	516
— à la Jardinière (D. 172)	438
Rosbif à l'Anglaise (D. 159)	364
— froid au raifort	365

	Art.
Rôti de mouton à la Turque	558
Rumstecks grillés (D. 167)	400
Saucisses de Francfort à la choucroute	626
Saucisses fraîches aux truffes, grillées (D. 213)	628
— à griller de Neufchâtel	629
— fumées au cumin	630
Saucisses à la Persane	560
Saucisson fumé à la mode Suisse	631
— de foie	632
— — aux truffes	633
— à la mode de Francfort	634
— de Bologne	635
Schaschliks de mouton à la Tartare	538
Schnitzel à la Viennoise	466
Selle de mouton, rôtie, à l'Anglaise (D. 190)	526
— à l'Allemande (D. 192)	532
Soufassu à la mode de Grasse	556
Soufflé de foie de veau	499
Srasis aux oignons	394
— à la Polonaise	395
Subric à l'Italienne	498
Terrine de veau	437
Tête de porc fourrée, à l'Allemande	619
— frais à la sauce poivrade	621
— de veau à la sauce hachée	455
— à la financière (D. 175)	456
Tête de veau à la Royale (D. 177)	460
Timbale d'amourettes à la Romaine (D. 169)	423
— de ris d'agneau	583
— de ris d'agneau, en écailles (D. 203)	601
— en colimaçon (D. 187)	510
— de filets-mignons de veau	458
— de veau à la Française	475
— froide de jambon	611
Tournedos au Madère	380
Tourte de ris de veau	449
Tourte de palais de bœuf	407
Tranche de jambon de Bayonne à la Zingara	615
Veau à la Marengo	480
Veau en thon	439
Vol-au-vent à la Parisienne (D. 176)	459
Zampino aux haricots-verts (D. 210)	622

Volaille et Gibier.

	Art.
Abatis de dinde à la Chipolata	654
— d'oie en hochepot	778
Ailerons de dinde en tortue	662
Aspic de crêtes aux truffes (D. 219)	732
Attereaux de foie-gras	777
Bécasses rôties, aux croûtes (D. 302)	899
— farcies (D. 301)	890
Bécasseaux en petites croustades (D. 304)	908
Bécassines rôties (D. 305)	909
— en chaufroix (D. 306)	914
— à la Rouennaise	895
— en petites croustades (D. 305)	909
Becs-fins rôtis	916

TABLE DES MATIÈRES.

	Art.
Beignets italiens au fromage	716
Bigos à la Polonaise	819
Boudins de lapereaux aux petits-pois (D. 280)	831
Brochettes de dinde à la Turque	656
— de foies de poulardes	678
— à la Génoise	669
Cailles au laurier, à la Provençale	900
— en caisses	901
— à la cendre	902
— à la Turque	903
— aux truffes	904
— aux petits-pois (D. 307)	918
Canard à la Bordelaise	783
— aux petits-pois	786
— à la Sicilienne	787
— aux cerises à la Flamande	788
— sauvages, rôtis à la Polonaise	926
Canetons rôtis (D. 266)	780
— à la choucroute (D. 267)	785
Canneloni de Marseille	773
Cannelons à la purée de perdreaux (D. 296)	874
Cary à l'Indienne	731
Chapon au gros sel	681
— à la Parisienne (D. 232)	683
— au riz à la Provençale	684
— de Caux, rôti à la casserole	685
Chapon de Toulouse à la Chipolata	689
— rôti au four (D. 235)	692
— de Lulli (v. page 304)	675
Chartreuse de pigeons	749
Chaufroix de perdreaux aux truffes (D. 288)	850
Cimier de daim à la Polonaise (D. 271)	795
— de cerf à l'Allemande	801
Civet de lièvre à la Provençale	815
— des chasseurs	816
Coquilles de foie-gras aux champignons	769
Côtelettes de chevreuil à la purée de marrons (D. 273)	804
— de lièvre aux truffes (D. 277)	821
— de perdreaux à la Pojarski	837
— de grouses, sauce Victoria (D. 294)	870
— de volaille, Parisienne (D. 231)	682
Crépinettes de grives	912
— de filets de perdreaux	854
Crêtes de volaille à la Bordelaise	713
Croquettes à la Gastronome (D. 224)	670
— de poulets à la Soubise	704
— de riz, à l'Italienne (D. 260)	765
— de perdreaux à la Lyonnaise	862
Croustades à la Reine (D. 298)	879
Cuisses de poulets en côtelettes	711
Dinde glacée, aux nouilles	647
— poêlée à l'écarlate (D. 217)	648
— de Noël à la Provençale	651
— truffée, à la mode de Toulouse (D. 218)	652
— rôtie, aux olives noires	653
— froide, à la gelée (D. 221)	660

	Art.
Dinde piquée, à la purée de marrons	661
Dindonneau rôti, au cresson (D. 222)	663
Épigrammes de chevreuil aux truffes	803
— de perdreaux, à la Provençale	856
— de pigeons	743
Escabescia de perdreaux	857
Escalopes de foie-gras à l'Alsacienne	782
Etuves de salle à manger (D. 312-313)	927
Faisan à la Silésienne	828
— à la Bohémienne	832
— piqué et rôti (D. 284)	839
— rôti, découpé (D. 286)	843
Faisandeaux à la Piémontaise	835
Filets de sarcelles, sauce à l'orange	925
Filets de dinde à la Milanaise	650
— à l'écarlate (D. 220)	659
Filets de poulets à l'Anglaise (D. 237)	695
— — à la Béarnaise	734
— — à la Bordelaise	708
— — piqués à la purée de champignons (D. 250)	736
Filets de lièvre à la Russe	814
— sautés à l'Allemande	809
Filets de perdreaux à l'ancienne	877
— sauce bigarade	873
Filets de pigeons à la chartreuse (D. 258)	756
Filets-mignons de daim, sauce Portugaise	797
— de poulardes à la Parisienne (D. 225)	671
Foie de canard à la mode de Toulouse	784
Foies de poulardes en caisse	674
Foie-gras d'oie à la mode de Strasbourg	772
— d'oie, sauce Périgueux	774
— aux truffes (D. 264)	776
Fricandeau de daim	798
Fricassée de poulets en bordure (D. 252)	740
Fritot de poulets à la Viennoise	735
Galantine de dinde à la gelée	649
— de poulet à la gelée (D. 241)	706
— de perdreaux à la gelée (D. 289-290)	855
Ganseklein à la Berlinoise	781
Gélinottes à la Russe (D. 299)	884
— à la Tartare	887
Gratin de pluviers	898
Grives rôties à l'Allemande	915
Grouses rôties, à la mie de pain	869
Hanche de venaison à l'Anglaise	796
Hure de marcassin, sauce Berlinoise (D. 269)	790
Lapins grillés à l'Anglaise	824
— de garenne, au cary	825
Levraut sauté à la Provençale	822
— sauce à l'archevêque	810
Lièvre à la crème	805
— à la provençale (D. 276)	813
— à la Bavaroise	817
Mauviettes au riz	907
— au gratin	920
— de Leipzig	911
Montglas de poularde en croustades (D. 226)	673

TABLE DES MATIÈRES.

	Art.
Oie rôtie à l'Allemande	760
— à la mode du Mecklembourg	771
— braisée à la mode de Strasbourg (D. 259)	761
— confite à la Toulousaine	762
— confite à l'Allemande (Weiss-sauer)	767
— sauvage à la choucroute	764
Oison rôti à l'Anglaise	768
Ortolans à la Toulousaine	917
Outarde à la daube	896
Pain de perdreaux à la Périgueux	852
— — aux olives (D. 291)	860
— — aux truffes (D. 292)	861
Pain de poularde à la Conti (D. 223)	667
— de faisan à la Montglas	834
— de lièvre à la gelée (D. 274)	808
— de lièvre, sauce poivrade	806
— de foie-gras aux truffes (D. 270)	791
Pain de volaille à la Duchesse	657
— — à l'écarlate (D. 255)	748
— — à la Russe (D. 245)	720
— — à l'estragon (D. 234)	691
— — à la gelée (D. 236)	694
Pain de gélinottes à la Suédoise	886
— aux truffes (D. 300)	889
Paon rôti à la crème aigre	792
Pâté des chasseurs	689
— de faisan, façon de Strasbourg (D. 281-282)	833
Pâté de grouses à l'Écossaise	872
— de lièvre à la Saxonne	807
— de pigeons à l'Anglaise	758
— de poulets à la Russe (D. 253)	745
Pâté-chaud de bécassines	894
— de coq de bruyères, à la Russe	875
— de foie-gras	763
— de poulets à l'Ecossaise	690
Pâté-froid de bécasses (D. 303)	905
— de coq de bruyère (D. 297)	878
— de gélinottes	885
— de perdreaux (D. 295)	871
Pattes d'ours à la Russe	827
Paupiettes de filets de dinde à la Romaine (D. 219)	655
— de filets de lièvre au madère	811
Perdreaux à la lithuanienne	840
— sauce au chasseur	841
— à la choucroute	844
— sautés, à la diplomate	847
— aux choux rouges	848
— à la Sierra-Morena	849
— au chasseur	851
— à l'Italienne	864
— à la Sybarite	866
— à la Piémontaise	867
— gris rôtis, à la Polonaise	868
— rôtis truffés	876
— à la Catalane	880
— à la purée de lentilles	882

	Art.
Perdreaux aux choux	883
Petits aspics de levraut (D. 279)	830
Petits-pâtés fontange (D. 239-240)	702
Petits-pâtés froids (D. 265)	779
— — de mauviettes (D. 308)	919
Petits poulets en entrée de broche (D. 242)	707
— grillés à l'estragon	738
— à la crème	739
Petites caisses de grives aux truffes (D. 309)	923
— timbales à la Montglas (D. 227)	676
— timbales de nouilles à la purée de perdreaux (D. 293)	865
Pigeons aux petits-pois	744
— à la Valencienne	750
— à la Périgueux	754
— aux écrevisses à l'Allemande	757
— farcis à l'Italienne	759
Pigeonneaux en caisse	747
Poularde en galantine	664
— des gourmets	665
— aux huîtres	666
— rôtie, sauce Toulousaine	668
— à la Régence (D. 228)	677
— à l'Anglaise (D. 230)	680
— rôties découpées (D. 233)	687
Poule de neige rôtie (D. 275)	812
Poulets à la Valencienne	703
— à la Tyrolienne	718
— à la Bordelaise	719
— à la mode de Nice	721
— à la sauce d'estragon	722
— et langues découpés (D. 217)	724
— aux fines-herbes	726
— au risot à l'Italienne	733
Poulets sautés aux fines-herbes	693
— à la Marengo	709
— à la Monaco	712
— au Madère (D. 244)	714
— à l'Espagnole	696
— à la Cumberland	697
— à la fermière	699
Poulets rôtis à la Napolitaine (D. 238)	698
— aux artichauts, à la Bordelaise	700
— de Hambourg, rôtis, à l'Allemande	701
— à la printanière	741
— au paprika à la Hongroise	742
— à l'écarlate (D. 254)	746
— du Sahara	727
— frits à l'Italienne (D. 251)	737
Purée de bécasse aux œufs de vanneaux	888
— de perdreaux aux croûtons	858
Quartier de cerf sauce poivrade	799
— de chevreuil glacé (D. 272)	800
— de chevreuil à la broche	802
— de marcassin, sauce aux cerises	793
Quenelles de faisan aux truffes (D. 283)	838
— de gélinottes aux truffes (D. 246)	723
— de volaille à l'essence de champignons	725

TABLE DES MATIÈRES.

	Art.
Quenelles de volaille aux champignons (D. 229).	679
— de perdreaux, au fumet.	853
Ragoût de dinde à la mode de Nancy.	658
Ragoût-fin (*menuto*) à la Milanaise.	715
— de sot-l'y-laisse.	729
Rissoles de foie-gras (D. 262).	770
— Russes.	820
— de perdreaux à la Russe.	859
— de crêtes de poulets au jambon.	730
Riz à l'Indienne.	731
Salade de poulets à l'ancienne (D. 213).	710
— tartare.	881
Salmis de bécasses à la Provençale.	892
— de grives à la Provençale.	912
— de perdreaux aux truffes (D. 287).	846
Salpicon de poulet aux œufs pochés.	705
Sanglier à l'aigre-doux, à la Romaine.	794
Sarcelles aux cardons.	922
Sauté de faisan aux truffes.	829
Soufflé de bécasses en petites caisses.	891
— de faisan (D. 285).	842
Terrine de bécasses.	893
— de foie-gras de canard (D. 264).	789
— — de Strasbourg (D. 263).	775
— de foies de poulardes.	672
Terrine de lièvre aux truffes.	810
— de pigeons à la Provençale.	755
— de perdreaux rouges.	845
— de vanneaux.	897
Timbale aux alouettes, à la Florentine.	906
— de foie-gras (D. 261).	766
— de levraut.	823
— de macaroni aux grives (D. 310).	924
— Milanaise (D. 278).	826
— d'ortolans à la Provençale.	921
— de perdreaux à l'Alsacienne.	863
— de pigeons aux olives (D. 257).	751
— de poulets aux truffes.	717
— de poulets à la Bourguignonne.	688
Tourte de mauviettes.	910
— de pigeons.	752
— Russe.	836
Turban de filets de volaille (D. 248).	728

Légumes et farinages.

	Art.
Artichauts à la barigoule.	1001
— bouillis (D. 327).	1021
Asperges à l'Espagnole.	989
— à la sauce de Genève.	991
Aubergines au parmesan.	1034
— farcies à la Turque.	1030
— à la Napolitaine.	1035
— à la Turque.	1036
Beignets de pommes de terre (D. 321).	993
Blinis Russes (D. 314, 315, 316).	956
— autre procédé.	957
Boudins blancs à la Polonaise.	968

	Art.
Brocolis à l'Italienne.	1003
Buckro heat-cakes.	960
Cardons à la moelle (D. 326).	1015
Carottes et petits-pois à l'Alsacienne.	1023
Céleris à la demi-glace (D. 320).	985
Cèpes à la crème-aigre.	1046
— au gratin.	1047
Champignons de couche farcis.	1050
Cigara beurrek à la Turque.	969
Concombres farcis à la Turque.	998
Coquilles de truffes à la crème.	1043
Coucoucelles à la Romaine.	987
— frits à la Génoise.	988
Coulibiac de choux à la Russe.	1016
Courgerons à la Grecque.	984
— à la Génoise.	988
— longs farcis à la mode de Nice.	986
Crissins au fromage.	955
Dolmas de Constantinople.	1021
— du Caucase.	1022
— de choux à la Turque.	1023
Farinade de Gênes.	958
Fidelini au beurre.	944
Fonds d'artichauts frits (D. 323).	1006
Fondue aux truffes de Piémont.	966
— à la Genévoise.	867
Fromage pour dessert.	962
Galimafrée.	1014
Garbanços bouillis.	1004
Gaspaschio à l'Andalouse.	1051
Gâteau de maïs à l'Américaine.	959
Gnoquis à la florentine.	928
— Parisiens.	929
Gougère au fromage, à la Suisse.	935
Gribouis (cèpes) à la crème aigre.	1046
Haricots-verts garnis de fonds d'artichauts (D. 322).	1000
Haricots-asperges au lard.	1005
Hunkiar beyendi.	1031
Kalalou à l'Orientale.	1024
Kasche Russe.	953
Klœuses au pain.	939
— à la farine.	940
— viennois.	941
Laitues romaines farcies.	1018
Lasagnes à la Génoise.	938
Macaroni à la Sicilienne.	946
— maigre à la Napolitaine.	947
— à la Livournaise.	948
Menestra à l'Espagnole.	1032
Morilles farcies.	1044
Moussaka à la Moldave.	1033
Navets de Teltow aux marrons.	999
Nouilles à l'Allemande, sauce au pain frit.	937
Noques à l'Allemande.	942
Œufs mollets au beurre d'anchois.	972
— farcis au maigre (D. 318).	973
— à la Montglas.	974

TABLE DES MATIÈRES.

	Art.
Œufs pochés à la Parisienne	975
— à l'aigre-doux	976
— brouillés aux queues de crevettes	977
— de vanneaux dans un nid en beurre	980
Omelette aux pointes d'asperges-vertes	992
— aux tomates, Provençale	1028
— aux artichauts	1002
— du chasseur	978
— à la Lyonnaise	979
— du désert	981
— à l'Allemande	982
Pâte à nouille	936
Pâté de cèpes à la Russe	1018
Petits-pâtés de cèpes à la crème	1045
Petits-pois aux laitues	983
Piroguis aux carottes	970
Pizza à la Napolitaine	949
Pommes de terre au beurre	994
— à la hanovrienne	997
— soufflées	995
Pouding de truffes noires	1039
Quiche à la Lorraine	945
Ramequins de Dijon	965
Ravioles aux épinards	1007
Ravioles de Gênes	931
Risot maigre, à la Russe	950
— des Épicuriens	951
— à la Napolitaine	952
Salade de pommes de terre aux harengs	1008
— Parisienne	1009
— de choucroute	1010
— de légumes à la gelée (D. 224)	1012
— de cardons à l'Espagnole	1013
— de Brunswick	1017
— Italienne (D. 327)	1025
— aux truffes à la Toulousaine	1041
— de truffes noires à la Russe	1042
— d'asperges à l'Allemande	990
Soufflé au fromage, en petites caisses (D. 317)	961
Soya	1049
Spaghetti à la Napolitaine	943
Strohl-Cheese à l'Anglaise	954
Subric d'épinards	1019
Surtout de riz à l'Italienne	932
— de pouleinte à la Milanaise	933
Taillarini à l'Italienne	936
Tartelettes suisses au fromage	963
Tartines de Munster	964
Timbale de truffes au Périgord	1040
— de pommes de terre	996
— de choucroute, Alsacienne	1011
— aux gnoquis, à la Parisienne (D. 311)	930
— de pouleinte à la Piémontaise	934
Tomates farcies à la Turque	1026
— au gratin	1027
Truffes blanches à l'Italienne	1037
— noires au gratin	1038
Watrouskis à la Russe	971

Entremets sucrés, Pâtisserie, Glaces, Compotes.

	Art.
Abricots au riz (D. 336)	1067
Ananas à la ville de Francfort (D. 377)	1178
Bavarois aux fraises à l'Anglaise (D. 380)	1183
— à l'Algérienne	1184
Beignets de brioche au sabayon	1661
— de semoule à la gelée de groseilles (D. 334)	1064
— à la Marie-Louise (D. 335)	1066
Biscuit au beurre	1146
— à l'Espagnole	1147
— au madère	1155
— de Savoie à l'orange (D. 370)	1163
— à la printanière (D. 386)	1202
Bischof du Prince Albert	1229
Blanc-manger à la Russe	1160
Bol aux fruits à la Russe	1230
Bouchées du Sultan à la Turque	1069
Bouenbocconi à la génoise (D. 351)	1111
Boules de neige (D. 372)	1164
Brioche	1137
Cambridge-cake	1154
Cardinal	1235
— aux fraises (D. 392)	1232
Cerises aux croûtes, à la Turque	1107
Charlotte de pommes à l'Allemande	1120
— Westphalienne	1121
— de poires (D. 355)	1123
— de pêches à la Milanaise	1124
— de Francfort	1171
Coings au Kaïmac	1185
Compote de coings	1218
— de bananes	1222
— d'abricots entiers	1219
— de pêches	1220
— de dattes fraîches	1221
— de Crémone	1223
— Savoyarde	1224
— Russe	1225
Confitures de pastèques	1215
Corbeille en nougat, garnie de crème (D. 366)	1145
Corne d'abondance aux fruits (D. 362)	1140
Couques hollandaises	1162
Crème anglaise	1212
Crème Bavaroise au café (D. 382)	1187
Crêpes à la Marquise	1057
Croustade de fruits, à la Viennoise (D. 374)	1170
Croûtes aux cerises du grand-duc	1118
— aux fruits (D. 354)	1122
— aux pêches	1071
Dampfnouilles à la mode de Munich (D. 359)	1132
— à la Polonaise	1134
— à la crème	1116
Dattes à l'arabe	1180
Flamri à la semoule	1165

TABLE DES MATIÈRES.

	Art.
Flan de riz aux fruits (D. 376)	1175
— de cerises à l'Allemande	1176
— de fraises à la crème	1777
— de pommes à l'Allemande	1128
Forteresse en biscuit (D. 369)	1159
Frangipane	1062
Fruits au riz (D. 350)	1106
Galette des Rois, à la Parisienne	1133
— des Rois, à la Bordelaise	1131
Gâteau du Ramazan, à la Turque	1135
— Napolitain (D. 373)	1166
— à l'anis	1136
— mousseline	1138
— Moka à la moderne	1141
— Ricasoli (D. 363)	1142
— Frascati chaud (D. 364)	1143
— aux pommes, à l'Allemande	1148
— St-Amand (D. 367)	1149
— Millefeuille à la Bavaroise	1150
— Héloïse	1151
— de Milan	1152
— Dauphin (D. 368)	1153
— Génois (D. 369)	1182
— St-Honoré à la crème (D. 361)	1139
Gaufres à la levûre	1072
— en cornets à la crème (D. 339)	1076
Gelée d'épines-vinettes	1197
— Anglaise	1199
— russe aux liqueurs	1200
— aux framboises	1203
— rubanée (D. 387)	1204
— macédoine au marasquin (D. 388)	1205
— au curaçao	1207
Glace à l'orange	1206
— aux truffes	1208
— à la Palermitaine	1209
— au gingembre	1210
— au four	1211
— aux noix à la crème	1212
— au pumpernickel	1213
— aux fruits (D. 390)	1214
Gnoquis sucrés, à l'Italienne	1168
Grenades aux cerises	1065
Grosse poire farcie (D. 331)	1059
Kalte Schale à l'ananas	1196
Kissel à la Russe	1188
Knickebein	1238
Macédoine aux pêches (D. 338)	1075
Maîtrank	1233
Marquise	1236
Marrons soufflés	1073
Mazurka à la Polonaise	1114
Meringues perlées à la crème (D. 358)	1129
Moscovite au champagne	1172
Mousse aux macarons	1192
— aux marrons	1193
— à la Napolitaine (D. 385)	1201
Napfkuchen, baba Allemand (D. 353)	1119

	Art.
Nid de cigogne (D. 347)	1096
Noques Viennois	1130
Nougat rose de Provence	1169
Œufs à la neige moulés (D. 332)	1060
Omelette aux fraises	1052
— aux pommes	1053
— fourrée aux pommes (D. 328)	1054
— au kirsch (D. 329, 330)	1055
— au sucre à l'allemande	1056
Orangeade au vin	1234
Orgeat frais	1231
Pain d'abricots	1161
— de fraises (D. 381)	1186
— de groseilles rouges	1173
— de pêches au marasquin	1189
Pannequets au gingembre (D. 333)	1063
Pâte de coings	1216
— à choux	1139
— à tarte	1080
— à tartelettes	1079
— à dampfnouilles	1132
Pâté de cerises au pain bis	1073
Pâté de foie-gras pour dessert (D. 365)	1114
Pâté de coing	1216
Pêches au riz (D. 378)	1179
Petit baquet à la crème (D. 357)	1126
Petits pains de riz au lait d'amandes (D. 352)	1115
Piroguis Russes aux confitures	1113
Plombière du Caire	1195
Plompouding au bain-marie (D. 344)	1088
Pommes meringuées (D. 342)	1084
— à la Florentine	1156
Pouding de Sans-Souci	1086
— de pain à la Badoise	1090
— au madère à l'Anglaise (D. 345)	1091
— de Weimar (D. 346)	1092
— Albert	1093
— glacé à la Romaine	1094
— de Francfort	1095
— de cabinet (D. 348)	1097
— hollandais	1098
— de Hanovre	1099
— Saxon	1100
— de Malaga	1101
— du Prince (D. 349)	1102
— de marrons	1103
— aux cerises	1104
— de l'Alma	1105
— de pommes au riz	1108
— de semoule à l'Impératrice	1109
— d'écrevisses à la vanille	1112
Punch chaud, à la Royale	1226
— à la Polonaise	1227
— glacé, ananas et champagne	1228
Rissoles à la Hongroise	1058
Riz au lait à l'Espagnole	1157
— à la Béarnaise	1158
— aux poires (D. 375)	1174

TABLE DES MATIÈRES.

	Art.
Riz à la marquise	1181
— au lait glacé à l'Espagnole	1194
Rolled-pudding	1110
Savarin aux fruits (D. 337)	1070
Sicilienne	1190
Sirop de caramel	1237
Sorbet à l'Américaine (D. 391)	1217
Soufflé à l'orange	1085
— parfait au chocolat (D. 343)	1087
St-Honoré à la crème (D. 361)	1139
Strudel à la crème d'orange	1127
Strudel à la Bavaroise	1127
Tarte aux framboises	1078
Tarte à la rhubarbe (D. 341)	1080
— aux pommes à la Flamande	1081
— à la Westphalienne	1082
— aux prunes noires	1083
Tartelettes de groseilles vertes à l'Allemande	1077
— aux pêches (D. 340)	1079
Tailli kataïf à la Turque	1167
Taoutatalet à la Turque	1089
Timbale d'abricots frais (D. 383)	1191
— de Savoie (D. 384)	1198
— aux marrons (D. 356)	1125
Tourte à la moelle	1117
Zuppinglese à la Romaine	1062

FIN DE LA TABLE DES MATIÈRES.

APPENDICE
MAISONS RECOMMANDÉES

BORDEAUX

HOTEL DES PRINCES ET DE LA PAIX

GRÉMAILLY FILS AINÉ
PROPRIÉTAIRE

Cet Hôtel, de premier ordre et de réputation ancienne, vient d'être entièrement remis à neuf, et offre aux Voyageurs tout le confortable et les aisances possibles.

Il est situé dans le plus beau quartier de la ville, en face du Grand-Théâtre et de la Préfecture, ayant vue sur le port et l'esplanade des Quinconces.

Personnel parlant toutes les langues. — Restaurant et table d'hôte. — Prix modérés. — Cave exceptionnelle, où l'on peut goûter, comme type, tous les grands vins de Bordeaux.

Arrangements à la semaine ou au mois pour les familles.

FABRIQUE DE CONSERVES ALIMENTAIRES

ANCIENNE MAISON E. E. DANIEL

C. CHEVALIER
SUCCESSEUR

SPÉCIALITÉ

POUR TOUTES SORTES DE LÉGUMES CONSERVÉS

22, RUE DE L'OASIS, A PUTEAUX (SEINE).

COMESTIBLES

CARNET ET SAUSSIER

PARIS — 26, RUE MONTMARTRE, 26 — PARIS

FOURNITURES SPÉCIALES POUR LES PROVINCES ET L'ÉTRANGER

GRANDS VINS DE SAUTERNE

DES CRUS DE CLOS-SAINT-ROBERT ET TOUR-DE-RODET

APPARTENANT

A M. PONCET-DEVILLE JEUNE

Membre de l'Académie de Paris.

Ces Vins, recherchés de tous les vrais amateurs, ont obtenu des récompenses aux diverses Expositions, et entre autres une grande médaille d'or à l'Académie nationale de Paris.

Leurs qualités exceptionnelles les placent au premier rang, bien qu'ils soient à la portée de tout le monde par leur prix modéré.

Envois en caisses de 12, 25 et 50 bouteilles.

Prix de 12 bouteilles : 36, 50, 80 à 120 francs, suivant âge et qualité.

Adresser demandes et renseignements à M. Poncet-Deville jeune, propriétaire, soit au Clos-Saint-Robert, par Barsac (Gironde); soit à Bordeaux, 37, quai des Chartreux.

LE MEILLEUR CHOCOLAT
EST
LE CHOCOLAT PERRON

MÉDAILLES DE PREMIÈRE CLASSE AUX EXPOSITIONS UNIVERSELLES
LONDRES, NEW-YORK, PARIS

composé exclusivement de sucre raffiné et de cacaos de choix

VÉRITABLE CHOCOLAT DE SANTÉ

Santé, demi-kilo : 2 fr. ; — demi-caraque : 2 fr. 50 ; — pur caraque : 3 fr.

Le chocolat exempt de tout mélange ne doit pas épaissir. Le chocolat épais contient le plus souvent des matières très-nuisibles à la santé.

Nous engageons les consommateurs à le comparer au chocolat qu'ils croient supérieur parce qu'ils le payent plus cher.

J^H CAUVARD

19, RUE DU JOUR

FOURNISSEUR DE COURS ÉTRANGÈRES

SPÉCIALITÉ POUR CUISINE ET PATISSERIE

AMANDES TRIÉES, FRUITS CONFITS, ESSENCES
RAISINS DE CORINTHE ET DE SMYRNE, EAU DE FLEURS D'ORANGER, CHOCOLAT, VANILLE, GÉLATINE
CONSERVES, FRUITS, CONFITURES, SIROP DE FROMENT, MACARONI

FRANCE — EXPORTATION

MAISON FONDÉE EN 1826

A. BATTENDIER FILS

8, Rue Coquillière, Paris

EXPOSITIONS UNIVERSELLES 1855-1862-1867

MÉDAILLES D'ARGENT

Truffes fraîches et conservées par un procédé particulier, conservation indéfinie sans altération de qualité sous toutes les températures.

Légumes fins, conserves de toutes espèces fabriquées spécialement pour l'usage de la grande cuisine.

EXPÉDITION DE TOUT CE QUI LA CONCERNE

H. ET O. BEYERMAN

PROPRIÉTAIRES DE VIGNOBLES ET NÉGOCIANTS

BORDEAUX

FOURNISSEURS DE PLUSIEURS COURS

Cette maison se recommande par sa vieille renommée de ne livrer dans le commerce que des vins d'origine authentique et des premiers crus.

VINS FINS
DE CHAMPAGNE

DE

VEUVE POMMERY ET FILS

(ANCIENNE MAISON POMMERY ET GRENO)

REIMS

PRINCIPAUX DÉPOTS

A Berlin,   chez M. Louis MERTENS, Adlerstrasse, n° 6.
A Bruxelles, chez M. VANLOO, vieille Halle-aux-Blés, n° 23.
A Londres,   chez M. HUBINET, Mark-Lane, City, n° 24.
A Paris,   chez M.   , boulevard des Italiens, n° 18.

L. HENRY FILS

RUE DU DOME, A STRASBOURG

MAISON FONDÉE EN 1829

PATÉS ET TERRINES DE FOIE-GRAS
TIMBALES DE FOIE-GRAS AU MADÈRE

TERRINES ET BOITES DE FER-BLANC HERMÉTIQUES

RENFERMANT DES

PATÉS DE FOIE-GRAS, DE GIBIER ET DE SAUMON DU RHIN

CES DERNIERS ARTICLES SONT SPÉCIALEMENT DESTINÉS A L'EXPORTATION

ANCIENNE MAISON HAUTOY

GLEIZE
CHAUDRONNIER

RUE NEUVE-DES-CAPUCINES, 11, ET RUE DES MOINEAUX, 8, A PARIS

MÉDAILLE DE BRONZE A L'EXPOSITION UNIVERSELLE DE 1867

(La plus haute récompense accordée à cette industrie)

Fournisseur de Sa Majesté l'Empereur et de plusieurs Cours étrangères

SPÉCIALITÉ DE BATTERIE DE CUISINE
POUR MAISONS BOURGEOISES, HOTELS, RESTAURATEURS

FABRICATION DE MOULES
SORBETIÈRES MÉCANIQUES

ET TOUTES PIÈCES NÉCESSAIRES POUR LE SERVICE DES CUISINIERS, PATISSIERS ET GLACIERS

ÉPICES DES CUISINIERS

Composées par M. D. HONNORÉ

Les meilleures qui aient été produites jusqu'ici

Dépôt chez MM. CARNET et SAUSSIER

26, Rue Montmartre, PARIS

L'assaisonnement précis des aliments est, au fond, une des bases essentielles de la bonne cuisine : les mets les plus délicats sont sans attrait pour le goût, sans profit pour la santé, si l'assaisonnement est faux, incomplet, sans mesure. Mais la perfection de l'assaisonnement réside tout entière dans la juste combinaison des aromes de haut ton. Or, il est évident que dans le travail, cette combinaison devient difficile, sinon impossible pour les cuisiniers, sans le secours d'épices sciemment composées, résumant en elles le mélange méthodique des produits employés : c'est ce puissant auxiliaire qui manquait à la cuisine française : les *Épices des cuisiniers* viennent combler cette lacune.

Ces épices, composées avec les meilleurs produits exotiques, sont le résultat de longues recherches ; elles ont été analysées par des chimistes, elles ont reçu l'approbation d'un grand nombre de cuisiniers, auxquels elles ont été soumises. Ce qui les distingue surtout des épices communes, c'est le goût fin, relevé, savoureux qu'elles communiquent aux mets ; c'est que, loin d'échauffer l'estomac, elles donnent du ton, de la vigueur aux organes digestifs, sans les fatiguer, sans les irriter.

Les qualités hygiéniques de ces épices ont donc le double avantage d'apporter aux cuisiniers un élément nouveau de perfection, et en même temps de calmer les appréhensions légitimes des gourmets, redoutant l'influence dangereuse d'un assaisonnement imparfait.

Les *Épices des cuisiniers* s'appliquent également aux mets chauds et aux pièces froides, grasses ou maigres, surtout aux galantines et aux pâtés.

ÉPICES DES CUISINIERS

Composées par M. D. HONNORÉ

Les meilleures qui aient été produites jusqu'ici

Dépôt chez MM. CARNET et SAUSSIER
26, Rue Montmartre, PARIS

L'assaisonnement précis des aliments est, au fond, une des bases essentielles de la bonne cuisine : les mets les plus délicats sont sans attrait pour le goût, sans profit pour la santé, si l'assaisonnement est faux, incomplet, sans mesure. Mais la perfection de l'assaisonnement réside tout entière dans la juste combinaison des aromes de haut ton. Or, il est évident que dans le travail, cette combinaison devient difficile, sinon impossible pour les cuisiniers, sans le secours d'épices sciemment composées, résumant en elles le mélange méthodique des produits employés : c'est ce puissant auxiliaire qui manquait à la cuisine française : les *Épices des cuisiniers* viennent combler cette lacune.

Ces épices, composées avec les meilleurs produits exotiques, sont le résultat de longues recherches; elles ont été analysées par des chimistes, elles ont reçu l'approbation d'un grand nombre de cuisiniers, auxquels elles ont été soumises. Ce qui les distingue surtout des épices communes, c'est le goût fin, relevé, savoureux qu'elles communiquent aux mets ; c'est que, loin d'échauffer l'estomac, elles donnent du ton, de la vigueur aux organes digestifs, sans les fatiguer, sans les irriter.

Les qualités hygiéniques de ces épices ont donc le double avantage d'apporter aux cuisiniers un élément nouveau de perfection, et en même temps de calmer les appréhensions légitimes des gourmets, redoutant l'influence dangereuse d'un assaisonnement imparfait.

Les *Épices des cuisiniers* s'appliquent également aux mets chauds et aux pièces froides, grasses ou maigres, surtout aux galantines et aux pâtés.

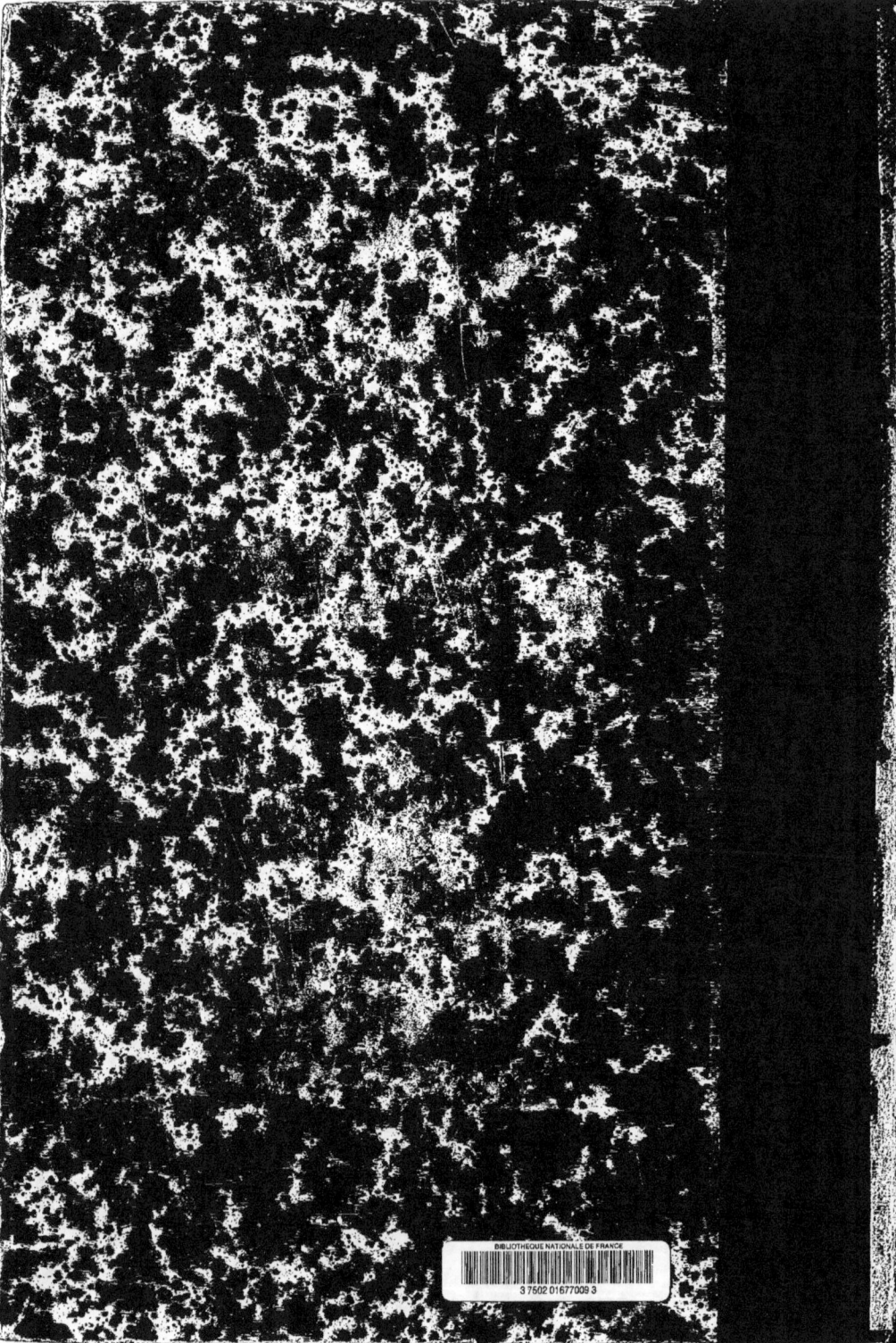

www.ingramcontent.com/pod-product-compliance
Lightning Source LLC
Chambersburg PA
CBHW051326230426
43668CB00010B/1160